Fromm/Sellmann/Zuck
Personenbeförderungsrecht

Beck'sche Kompakt-Kommentare

Personen-beförderungsrecht

Personenbeförderungsgesetz
mit Freistellungs-Verordnung, BOKraft,
Berufszugangsverordnung, VO (EG) Nr. 1370/2007 sowie
weiteren EU-Vorschriften und nationalen Nebenbestimmungen

von

Dr. jur. Klaus-Albrecht Sellmann
Rechtsanwalt a. D.

Prof. Dr. jur. Holger Zuck
Rechtsanwalt
Lehrbeauftragter an der Fachhochschule Heilbronn

5. Auflage 2022

C.H.BECK

Das Werk wurde von Karlheinz Meyer begründet und von Dr. Günter Fromm und Michael Fey bis zur 2. Auflage fortgeführt.

Zitiervorschlag:
Fromm/Sellmann/Zuck/Bearbeiter PBefG § ... Rn. ...

www.beck.de

ISBN 978 3 406 78381 4

Wilhelmstr. 9, 80801 München
Druck: Friedrich Pustet GmbH & Co. KG, Gutenbergstraße 8, 93051 Regensburg
Satz: Druckerei C. H. Beck, Nördlingen
Umschlaggestaltung: Fernlicht – Gregor Schmidpeter

CO_2 neutral
chbeck.de/nachhaltig

Gedruckt auf säurefreiem, alterungsbeständigem Papier
(hergestellt aus chlorfrei gebleichtem Zellstoff)

Vorwort zur 5. Auflage

Die 5. Auflage setzt vor allem die Gesetzesnovelle des PBefG mit Gesetz vom 16.4.2021 um. In den vergangenen acht Jahren seit der 4. Auflage hat es außerdem neue Rechtsprechung gegeben. Sie wurde bestmöglich verwertet, bei erst- und zweitinstanzlichen Entscheidungen aber nur, wenn von ihnen Impulse für die weitere Rechtsentwicklung ausgehen könnten.

Die PBefG-Gesetzesnovelle 2021 hat das seit 1934 bestehende Prinzip des geschlossenen Kreises bei den Genehmigungsarten und -formen aufrechterhalten. Linienbedarfsverkehr (§ 44 PBefG) und gebündelter Bedarfsverkehr (§ 50 PBefG) sind in diesem geschlossenen Kreis die neuen Bedienformen im Linienverkehr und im Gelegenheitsverkehr.

Hoffnungen neuer Marktteilnehmer für alternative Bedienungsformen auf eine völlige Liberalisierung des Marktes haben sich nicht erfüllt. Das hat gute Gründe. Unverändert ist, dass gewerbliche Personenbeförderung aus gesetzgeberischer Sicht ein tendenziell gefährliches Handeln ist. Den daraus resultierenden Gefahren muss mit der Genehmigungspflicht vorgebeugt werden. Dies gilt auch für die neu geregelten alternativen Bedienungsformen in den §§ 44 und 50 PBefG.

Unverändert geblieben ist auch das seit der PBefG-Novelle 2012/2013 endgültig und unmissverständlich implementierte Recht der Aufgabenträger für den ÖPNV, bei dem ÖPNV-relevanten Verkehrsangebot – in welcher Genehmigungsform und -art auch immer – vor Ort Einfluss nehmen zu können. Auch das ist in den neuen §§ 44 und 50 PBefG abgebildet worden. Das PBefG schafft somit wie schon seit der Novelle 2012/2013 einen Spagat zwischen Gewerberecht und kommunaler Daseinsvorsorge.

Unverändert geblieben ist allerdings auch § 8 Abs. 3 PBefG, der den Vorrang der Eigenwirtschaftlichkeit der Verkehre vorschreibt, und damit einer jahrzehntealten Forderung der Verkehrswirtschaft Geltung verschafft, dass ÖPNV nutzerfinanziert werden muss.

Der vom PBefG nicht vorgegebene, aber hinterlassene Spagat hat also seit 2012/2013 unverändert drei Beine. Das spielt vor allem in den ländlichen Räumen in Deutschland eine zunehmend große Rolle und verlangt außerhalb des Gesetzes einen Interessenausgleich vor Ort.

Nach Ansätzen zum Klimawandel sucht man im 2021 novellierten PBefG vergeblich. Keine Berücksichtigung bei der PBefG-Novelle gefunden hat die Umstellung des ÖPNV auf saubere und emissionsfreie Fahrzeuge durch die CVD-Richtline. Diese Regelung findet sich nun als Querschnittsregelung im SaubFahrzeugBeschG vom 9.6.2021. Das PBefG wäre wegen seiner unverändert bestehenden Ansiedlung im Gewerberecht aber auch der falsche Ort dafür gewesen.

Auch zur Mobilitätswende findet sich im novellierten PBefG nichts. Sie muss angebotsseitig von den Aufgabenträgern finanziert begonnen werden und dann – im Regelfall erst Jahre später – von den Fahrgästen angenommen werden. Das PBefG sagt dazu in der Novelle 2021 zu Recht nichts. Das PBefG regelt nur, wer unter welchen Voraussetzungen Fahrgäste gewerblich befördern darf. Die Mobilitätswende ist dagegen ein über gewerberechtliche Bezugspunkte hinausgehendes gesellschafts- und finanzpolitisches Problem, welches im PBefG nicht gelöst werden kann.

Umsonst wird die Verkehrswende nicht zu haben sein. Wie sie finanziert werden wird, müssen Länder und Kommunen aber erst noch entscheiden und dann auch nachhaltig finanzieren. Für den Vollzug des PBefG sind das nur Rahmenbedingungen.

Von Günter Fromm stammt aus der 2. Auflage immer noch etwa unverändert fast ein Drittel des Textes dieses Kommentars zum PBefG. Daher bleibt er Autor in dieser Auflage. Die Autoren wahren damit zugleich sein Angedenken.

Lüneburg/Stuttgart, im Juli 2022

Klaus-Albrecht Sellmann
Holger Zuck

Inhaltsübersicht

Inhaltsverzeichnis

3. Verordnung über den Betrieb von Kraftfahrunternehmen im Personenverkehr (BOKraft)

1. Abschnitt. Allgemeine Vorschriften

2. Abschnitt. Vorschriften über den Betrieb

3. Abschnitt. Ausrüstung und Beschaffenheit der Fahrzeuge

Anhang

1. EU-Vorschriften

2. Nationale Vorschriften

Abkürzungsverzeichnis und Verzeichnis der abgekürzt zitierten Literatur

AEG	Allgemeines Eisenbahngesetz (FNA 930-9)
AO	Abgabenordnung (FNA 610-1-3)
AST	Anruf-Sammel-Taxiverkehr
Barth	Barth, Nahverkehr in kommunaler Verantwortung: der öffentliche Personennahverkehr nach der Regionalisierung (Schriftenreihe für Verkehr und Technik, Bd. 90), 2000
Battis/Krautzberger/Löhr	Battis/Krautzberger/Löhr, Baugesetzbuch, 14. Aufl. 2019
Batzill/Zuck, Personenbeförderungsrecht	Batzill/Zuck, Personenbeförderungsrecht im Spannungsfeld von Bahnstrukturreform, PBefG-Novelle, ÖPNV-Recht der Länder und EG-Recht: Zu den durch die Bahnstrukturreform und das In-Kraft-Treten EG-rechtlicher Bestimmungen aufgeworfenen Fragen der Anwendung des PBefG, 1997
BauGB	Baugesetzbuch (FNA 213-1)
BauR	Zeitschrift für das gesamte öffentliche und zivile Baurecht (Zeitschrift)
BDO	Bundesverband Deutscher Omnibusunternehmer
Beck AEG	Beck'scher AEG-Kommentar, Allgemeines Eisenbahngesetz, Hermes/Sellner (Hrsg.), 2. Aufl. 2014
Bidinger BOKraft	Bidinger, BOKraft, Kommentar, 6. Aufl. 2012
Bidinger Personenbeförderungsrecht	Bidinger, Helmuth, Personenbeförderungsrecht, Fortgeführt von Bidinger, Rita, 2. Aufl. 1971 (Loseblatt-Sammlung, Stand 1/2021)
BR-Drs.	Bundesrats-Drucksache
Britz/Hellermann/Hermes	Britz/Hellermann/Hermes (Hrsg.), EnWG Energiewirtschaftsgesetz, 3. Aufl. 2015
BSG	Bundessozialgericht
BSGE	Sammlung der Entscheidungen des Bundessozialgerichts
BT-Drs.	Bundestags-Drucksache
BT-Drs. 17/8233	Gesetzentwurf der Bundesregierung eines Gesetzes zur Änderung personenbeförderungsrechtlicher Vorschriften vom 21.12.2011

BT-Drs. 19/
26175 .... Gesetzentwurf der Fraktionen der CDU/CSU und SPD eines Gesetzes zur Modernisierung des Personenbeförderungsrechts vom 26.1.2021 (später Anlage 1 des Gesetzentwurfs der Bundesregierung zur Modernisierung des Personenbeförderungsrechts vom 19.2.2021)

BT-Drs. 19/
26819 .... Gesetzentwurf der Bundesregierung eines Gesetzes zur Modernisierung des Personenbeförderungsrechts vom 19.2.2021, dessen Text und Begründung gleichlautend mit der BT-Drs. 26175 (Anlage 1) ist.

BT-Drs. 19/
27288 .... Beschlussfassung und Bericht des Ausschusses für Verkehr und digitale Infrastruktur (15. Ausschuss) vom 3.3.2021

Buchholz .... Sammel- und Nachschlagewerk der Rechtsprechung des BVerwG

BZRG .... Bundeszentralregistergesetz (FNA 312-7)

DAR .... Deutsches Autorecht (Zeitschrift)

DÖV .... Die Öffentliche Verwaltung (Zeitschrift)

DPV .... Der Personenverkehr (Zeitschrift)

Dreher/
Stockmann .... Dreher/Stockmann, Kartellvergaberecht, Auszug aus Immenga/Mestmäcker, Wettbewerbsrecht, 4. Aufl. 2008

DSt .... Deutscher Städtetag

DVBl. .... Deutsches Verwaltungsblatt (Zeitschrift)

DZWiR .... Deutsche Zeitschrift für Wirtschaftsrecht (Zeitschrift)

EKrG .... Gesetz über Kreuzungen von Eisenbahnen und Straßen (Eisenbahnkreuzungsgesetz) (FNA 910-1)

ENeuOG .... Gesetz zur Neuordnung des Eisenbahnwesens (Eisenbahnneuordnungsgesetz) vom 27.12.1993 (BGBl. S. 2378)

ESVGH .... Entscheidungssammlung des Hessischen Verwaltungsgerichtshofs

FG BVerwG ...... Bachof/Heigl/Redeker (Hrsg.), Verwaltungsrecht zwischen Freiheit, Teilhabe und Bindung, Festgabe aus Anlass des 25jährigen Bestehens des Bundesverwaltungsgerichts, 1978

Fickert Planfeststellung für den
Straßenbau .... Fickert, Planfeststellung für den Straßenbau, Kommentar, Systematische Erläuterung unter besonderer Berücksichtigung des Umweltschutzes mit Rechts- und Verwaltungsvorschriften zur Planfeststellung, 1978

Fickert, Straßenrecht .... Fickert, Straßenrecht in Nordrhein-Westfahlen. Kommentar. Unter besonderer Berücksichtigung des Zusammenhangs straßenrechtlicher Grundsatzvorschriften mit dem Städtebaurecht und dem Straßenverkehrsrecht, 3. Aufl. 1989

Fielitz/Grätz ...... Fielitz/Grätz, Personenbeförderungsgesetz, Kommentar (Loseblatt-Sammlung, Stand Juli 2020)

FS Sendler .... Festschrift für Sendler, Bürger – Richter Staat, Franßen/Redeker/Schlichter/Wilke (Hrsg.), 1991

FStrAbG .... Fernstraßenausbaugesetz (FNA 921-4)

FStrG .... Bundesfernstraßengesetz (FNA 911-1)

GewArch .... Gewerbearchiv (Zeitschrift)

GewO .... Gewerbeordnung (FNA 7100-1)

GK-KartellR ..... Müller-Henneberg/Schwartz/Hootz, Gesetz gegen Wettbewerbsbeschränkungen und europäisches Kartellrecht. Gemeinschaftskommentar. 5. Aufl. 2000

GRUR .... Gewerblicher Rechtsschutz und Urheberrecht (Zeitschrift)

GVFG .... Gemeindeverkehrsfinanzierungsgesetz (FNA 910-6)

Heinze/Fehling/Fiedler .... Heinze/Fehling/Fiedler, Personenbeförderungsgesetz; Kommentar, 2. Aufl. 2014

Hole/Gern .... Hole/Gern, BOKraft. Kommentar. 23. Aufl. 2011

Hoppe/Schlarmann/Buchner/Deutsch Verkehrsanlagen .... Hoppe/Schlarmann/Buchner/Deutsch, Rechtsschutz bei der Planung von Verkehrsanlagen und anderen Infrastrukturvorhaben. Grundlagen der Planfeststellung, 4. Aufl. 2011

Immenga/Mestmäcker .... Immenga/Mestmäcker, Wettbewerbsrecht, Band 2, GWB, 6. Aufl. 2020

Jarass/Pieroth ..... Jarass/Pieroth, Grundgesetz für die Bundesrepublik Deutschland, Kommentar. 16. Aufl. 2020

KG .... Kammergericht, Kommanditgesellschaft

Knauff Gewährleisungsstaat .... Knauff, Der Gewährleistungsstaat: Reform der Daseinsvorsorge. Eine rechtswissenschaftliche Untersuchung unter besonderer Berücksichtigung des ÖPNV (Schriften zum Öffentlichen Recht. Bd. 976), 2004

Kodal StraßenR-HdB .... Kodal, Handbuch Straßenrecht. Systematische Darstellung des Rechts der öffentlichen Straßen, Wege und Plätze in Bund und Ländern, 8. Aufl. 2021
Kolks .... Kolks (Hrsg.), Verkehrswesen in der Kommunalen Praxis. Bd. II, Förderung und Finanzierung, 1998
Kopp/Ramsauer/VwVfG .... Kopp/Ramsauer, Verwaltungsverfahrensgesetz, 22. Aufl. 2021
Kopp/Schenke ... Kopp/Schenke, Verwaltungsgerichtsordnung, 27. Aufl. 2021
Kromer, FStrG ... Müller/Schulz (Hrsg.), Bundesfernstraßengesetz mit Bundesfernstraßenmautgesetz, Kommentar. 2. Aufl. 2013
Kühling/Hermann .... Kühling/Hermann, Fachplanungsrecht. 2. Aufl. 2000

Linke .... Linke (Hrsg.), VO (EG) 1370/2007, Verordnung über öffentliche Personenverkehrsdienste, Kommentar, 2. Aufl. 2019
Linke Gewährleistung des Daseinsvorsorgeauftrags .. Linke, Die Gewährleistung des Daseinsvorsorgeauftrags im öffentlichen Personennahverkehr (Schriften zum Wirtschaftsverwaltungs- und Vergaberecht. Bd. 24), 2010
LKV .... Landes- und Kommunalverwaltung (Zeitschrift)
Ls. .... Leitsatz
LT-Drs. .... Landtags-Drucksache
LVG .... Landesverwaltungsgericht

Marschall .... Marschall, Bundesfernstraßengesetz, Kommentar, 6. Aufl. 2012
Marschall/Schweinsberg ..... Marschall/Schweinsberg, Eisenbahnkreuzungsgesetz, 6. Aufl. 2018
MDR .... Monatsschrift für Deutsches Recht (Zeitschrift)
MüKoWettbR ... Montag/Säcker (Hrsg.), Münchner Kommentar zum Europäischen und Deutschen Wettbewerbsrecht (Kartellrecht), Bd. 3: Beihilfen- und Vergaberecht. 2011
Münz/Haselau ... Münz/Haselau, Wirtschaftsrecht des Straßenverkehrs, seit 1. Oktober 1988 fortlaufend (Loseblatt-Ausgabe)
M-V .... Mecklenburg-Vorpommern

Nds.OVG .... Niedersächsisches Oberverwaltungsgericht
NdsRpfl. .... Niedersächsische Rechtspflege (Zeitschrift)
NdsVBl. .... Niedersächsische Verwaltungsblätter (Zeitschrift)
NJW .... Neue Juristische Wochenschrift (Zeitschrift)
NJW-RR .... NJW-Rechtsprechungs-Report Zivilrecht

Novelle 2012 ..... Art. 1 (Änderung des Personenbeförderungsgesetzes) des Gesetzes zur Änderung personenbeförderungsrechtlicher Vorschriften vom 14.12.2012 (BGBl. S. 2598)
Novelle 2021 ..... Art. 1 (Änderung des Personenbeförderungsgesetzes) des Gesetzes zur Modernisierung des Personenbeförderungsrechts vom 16.4.2021 (BGBl. S. 822)
NStZ .... Neue Zeitschrift für Strafrecht (Zeitschrift)
NuR .... Natur und Recht (Zeitschrift)
NVwZ .... Neue Zeitschrift für Verwaltungsrecht (Zeitschrift)
NVwZ-RR ...... NVwZ-Rechtsprechungs-Report Verwaltungsrecht (Zeitschrift)
NWVBl. .... Nordrhein-Westfälische Verwaltungsblätter, Zeitschrift für öffentliches Recht und öffentliche Verwaltung
NZV .... Neue Zeitschrift für Verkehrsrecht (Zeitschrift)

OHG .... Offene Handelsgesellschaft
OLG .... Oberlandesgericht
OVG .... Oberverwaltungsgericht
OWiG .... Ordnungswidrigkeitengesetz

PBefAusglV .... VO über den Ausgleich gemeinwirtschaftlicher Leistungen im Straßenpersonenverkehr (siehe Anh. 2. d)
PflVersG .... Pflichtversicherungsgesetz (FNA 925-1)
Pkm .... Personen-Kilometer
PlVereinfG .... Gesetz zur Vereinfachung der Planungsverfahren für Verkehrswege (Planungsvereinfachungsgesetz) (FNA 910-9)
PlVereinhG .... Gesetz zur Verbesserung der Öffentlichkeitsbeteiligung und Vereinheitlichung von Planfeststellungsverfahren vom 31.5.2013 (BGBl. I 538)
PStS .... Parlamentarischer Staatssekretär
Püttner .... Püttner (Hrsg.), Der regionalisierte Nahverkehr, 1997, (Muthesius ab S. 103)
Püttner .... Püttner, Die öffentlichen Unternehmen. 2. Aufl. 1985
Püttner HDKWP Püttner, Günter (Hrsg.), Handbuch der Kommunalen Wissenschaft und Praxis, Bd. 5, 2. Aufl. 1984, 341

RdE .... Recht der Elektrizitätswirtschaft (Zeitschrift)
RGSt. .... Entscheidungen des Reichsgerichts in Strafsachen
R-P .... Rheinland-Pfalz
RVO .... Reichsversicherungsordnung

SachsAnhVerfG .. Verfassungsgerichtshof des Landes Sachsen-Anhalt
SGB .... Sozialgesetzbuch
Stelkens/Bonk/
Sachs .... Stelkens/Bonk/Sachs, Verwaltungsverfahrensgesetz, Kommentar, 9. Aufl. 2018
StrWG .... Straßen- und Wegegesetz

TAufhG .... Gesetz zur Aufhebung der Tarife im Güterverkehr (Tarifaufhebungsgesetz) vom 13.8.1993 (BGBl. I 1489)

UPR .... Umwelt- und Planungsrecht (Zeitschrift)
UVP .... Umweltverträglichkeitsprüfung
UVPG .... Gesetz über die Umweltverträglichkeitsprüfung (FNA 2129-20)

VBlBW .... Verwaltungsblätter für Baden-Württemberg (Zeitschrift)
VDV .... Verband Deutscher Verkehrsunternehmen e. V.
VergRModG ..... Gesetz zur Modernisierung des Vergaberechts vom 17.2.2016 (BGBl. I 203)
VerkMitt .... Verkehrsrechtliche Mitteilungen
VerkPBG .... Verkehrswegeplanungsbeschleunigungsgesetz vom 16.12.1991 (BGBl. I 2174, ber. I 691) – außer Kraft –
VerkPlGen-
BeschlG 2018 .... Gesetz zur Beschleunigung von Planungs- und Genehmigungsverfahren im Verkehrsbereich vom 29.11.2018 (BGBl. I 2237)
VersR .... Versicherungsrecht (Zeitschrift)
VerwArch .... Verwaltungsarchiv (Zeitschrift)
VerwRspr. .... Verwaltungsrechtsprechung in Deutschland (Zeitschrift)
VG .... Verwaltungsgericht
VGH .... Verwaltungsgerichtshof
VkBl. .... Verkehrsblatt (Amtsblatt des BMV)
VKU .... Verband kommunaler Unternehmen e. V.
VO (EWG)
Nr. 1191/69 nF .. Verordnung (EWG) Nr. 1191/69 des Rates vom 26.6.1969 über das Vorgehen der Mitgliedsstaaten bei mit dem Begriff des öffentlichen Dienstes verbundenen Verpflichtungen auf dem Gebiet des Eisenbahn-, Straßen- und Binnenschiffsverkehrs (ABl. L 156 S. 1 vom 28.6.1969) idF der Verordnung (EWG) Nr. 1893/91 des Rates vom 20.6.1991 (ABl. 1991 L 169, 1)
VÖV .... ehemals Verband Öffentlicher Verkehrsbetriebe (jetzt: VDV)
VRS .... Verkehrsrechts-Sammlung
VwGO .... Verwaltungsgerichtsordnung (FNA 340-1)
VwVfG .... Verwaltungsverfahrensgesetz (FNA 201-6)

WaffG .... Waffengesetz (FNA 7133-4)
Werner Nach
der Regionalisie-
rung .... Werner, Nach der Regionalisierung – Der Nahverkehr im Wettbewerb, Rechtlicher Rahmen, Verantwortlichkeiten, Gestaltungsoptionen, 2. Aufl. 1998
WertpMitt. .... Wertpapier-Mitteilungen (Zeitschrift)

WiVerw .... Wirtschaft und Verwaltung (Zeitschrift)
WRP .... Wettbewerb in Recht und Praxis (Zeitschrift)
WuW .... Wirtschaft und Wettbewerb (Zeitschrift)

Ziekow Fachplanungs R-HdB ..... Ziekow, Handbuch des Fachplanungsrechts, 2. Aufl. 2014
Ziekow/Völlink .. Ziekow/Völlink (Hrsg.), Vergaberecht, Kommentar, 2011
ZögU .... Zeitschrift für öffentliche und gemeinwirtschaftliche Unternehmen (Zeitschrift)
ZUR .... Zeitschrift für Umweltrecht (Zeitschrift)

1. Personenbeförderungsgesetz (PBefG)

In der Fassung der Bekanntmachung vom 8.8.1990 (BGBl. I 1690)
FNA 9240-1

Zuletzt geändert durch Art. 1 Gesetz zur Modernisierung des Personenbeförderungsrechts vom 16.4.2021 (BGBl. I 822)

I. Allgemeine Vorschriften

§ 1 Sachlicher Geltungsbereich

(1) Den Vorschriften dieses Gesetzes unterliegt die entgeltliche oder geschäftsmäßige Beförderung von Personen mit Straßenbahnen, mit Oberleitungsomnibussen (Obussen) und mit Kraftfahrzeugen. Als Entgelt sind auch wirtschaftliche Vorteile anzusehen, die mittelbar für die Wirtschaftlichkeit einer auf diese Weise geförderten Erwerbstätigkeit erstrebt werden.

(1a) Eine Beförderung von Personen im Sinne von Absatz 1 Satz 1 liegt auch vor, wenn die Vermittlung und Durchführung der Beförderung organisatorisch und vertraglich verantwortlich kontrolliert wird.

(2) Diesem Gesetz unterliegen nicht Beförderungen

1. mit Personenkraftwagen, wenn
   a) die Beförderung unentgeltlich erfolgt oder
   b) das Gesamtentgelt je Kilometer zurückgelegter Strecke den in § 5 Absatz 2 Satz 1 des Bundesreisekostengesetzes genannten Betrag nicht übersteigt;

2. mit Krankenkraftwagen, wenn damit kranke, verletzte oder sonstige hilfsbedürftige Personen befördert werden, die während der Fahrt einer medizinisch fachlichen Betreuung oder der besonderen Einrichtung des Krankenkraftwagens bedürfen oder bei denen solches auf Grund ihres Zustandes zu erwarten ist.

Satz 1 Nummer 1 gilt auch, wenn die Beförderungen geschäftsmäßig sind.

(3) Den Vorschriften dieses Gesetzes unterliegt außerdem die Vermittlung von Beförderungen gemäß Absatz 1. Vermittlung im Sinne von Satz 1 ist die Tätigkeit von Betreibern von Mobilitätsplattformen, deren Hauptgeschäftszweck auf den Abschluss eines Vertrages über eine gemäß § 2 genehmigungspflichtige Beförderung ausgerichtet ist, und die nicht selbst Beförderer nach Absatz 1 Satz 1 sind.

Das Gesetz gilt für jede entgeltliche oder geschäftsmäßige Beförderung von Personen mit den in Abs. 1 Satz 1 bezeichneten Verkehrsmitteln, soweit nicht ausdrücklich Ausnahmen vorgesehen sind. Der Geltungsbereich erstreckt sich auch auf den grenzüberschreitenden Verkehr (§ 52) sowie den Transitverkehr (§ 53) und auf die Personenbeförderung außerhalb öffentlicher Straßen, zB auf einer Bahn, die dem Verkehr innerhalb eines Flughafens dient. 1

1a Durch Art. 1 (Änderung des Personenbeförderungsgesetzes) des am 1.1.2013 in Kraft getretenen Gesetzes zur Änderung personenbeförderungsrechtlicher Vorschriften vom 14.12.2012 (BGBl. I 2598) – **Novelle 2012** – hatte das Gesetz zahlreiche, zT erhebliche Änderungen erfahren. Dabei ging es insbesondere um Regelungen zur Gewährung von Ausgleichsleistungen für Verkehrsleistungen, die Anforderungen an die Vergabe von öffentlichen Aufträgen zur Erbringung von öffentlichen Personenverkehrsdiensten und das Genehmigungsverfahren bei konkurrierenden eigenwirtschaftlichen Genehmigungsanträgen, die Liberalisierung des Omnibusfernlinienverkehrs sowie Erleichterungen des Gelegenheitsverkehrs mit Kraftfahrzeugen. Veranlassung für das Änderungsgesetz war vor allem die am 3.12.2009 in Kraft getretene Verordnung (EG) Nr. 1370/2007 des Europäischen Parlaments und des Rates vom 23.10.2007 über öffentliche Personenverkehrsdienste auf Schiene und Straße und zur Aufhebung der Verordnungen (EWG) Nr. 1191/69 und (EWG) Nr. 1107/70 des Rates (ABl. L 315, 1 vom 3.12.2007) – **VO (EG) Nr. 1370/2007** – gewesen. Sie hatte nationale Anpassungen des PBefG an diese unionsrechtliche Verordnung und Durchführungsregelungen erforderlich gemacht.

1b Während es sich bei den Änderungen des PBefG dann in der Zeit nach der Novelle 2012 wie zB durch das 8. GWB-G vom 26.6.2013, das VergRModG vom 17.2.2016, das KlSchStG vom 21.12.2019 oder zuletzt das Gesetz zur weiteren Beschleunigung von Planungs- und Genehmigungsverfahren im Verkehrsbereich vom 3.3.2020 sowie das Gesetz zur Beschleunigung von Investitionen vom 3.12.2020 vornehmlich um Anpassungen infolge von Novellierungen in anderen mit dem PBefG vergleichbaren Rechtsbereichen gehandelt hat, geht es bei dem (Artikel-)**Gesetz zur Modernisierung des Personenbeförderungsrechts** vom 16.4.2021 (BGBl. I 822), dessen **Art. 1 die Änderung des Personenbeförderungsgesetzes** betrifft, vorrangig darum, für die in diesem Verkehrsbereich entstehenden, mittels Digitalisierung Plattformgestützten Mobilitätsangebote, den erforderlichen und bedarfsgerechten Rechtsrahmen zu schaffen. So sind Schwerpunkte der **Novelle 2021** die Änderung des sachlichen Anwendungsbereichs des PBefG durch die Einführung der zwei neuen Verkehrsformen des digital basierten **„Linienbedarfsverkehrs“** (§ 44) und des **„gebündelten Bedarfsverkehrs“** (§ 50) sowie die Tätigkeit von Betreibern von Mobilitätsplattformen, deren Hauptgeschäftszweck auf den Abschluss eines Vertrages über eine gemäß § 2 genehmigungspflichtige Beförderung ausgerichtet ist, und die nicht selbst Beförderer iSd § 1 Abs. 1 Satz 1 sind (**„Vermittler“** nach § 2 Abs. 1b). Nach der Begründung des Gesetzentwurfs sollen damit die auf den Verkehrsmarkt drängenden „alternativen Bedienformen“ und den vorgegebenen Typen des PBefG oft nicht eindeutig zuzuordnenden neuen bedarfsorientierten Mobilitätsangebote eine klare und rechtssichere Grundlage erhalten (siehe u. a. BT-Drs. 19/26175, 1 f., 23 f., 37, 39; 19/26819, 1 f.).

2 Beförderung von Personen ist die Fortbewegung von Fahrgästen mit Fahrzeugen von einem Ort zum anderen (KG VRS 67, 276); der Zweck spielt keine Rolle. Der Personenbeförderung wird zugerechnet die Beförderung von Gepäck, Tieren und anderen Sachen, wenn solche Gegenstände von einem Fahrgast mitgeführt werden (KG VRS 67, 276: Tiertaxis); vgl. auch § 15 BOKraft,

§§ 11, 12 BefBedV. Auch die vertraglich vereinbarte Mitnahme von Begleitpersonen beim entgeltlichen Transport von Haustieren ist eine Personenbeförderung (BVerwG NZV 1993, 247 = TranspR 1993, 393 = VRS 85, 239). Leichenbeförderung ist keine Personenbeförderung.

Beförderungsmittel können Straßenbahnen (§ 4 Abs. 1 und 2), Obusse (§ 4 **3** Abs. 3) und Kraftfahrzeuge (§ 4 Abs. 4), nicht hingegen sog. Fahrradrikschas sein. Die mitgeführten Anhänger stehen den sie bewegenden Fahrzeugen gleich (§ 4 Abs. 5). Die Beförderung mit Lastkraftwagen ist grundsätzlich ausgeschlossen (§ 7).

Entgeltlich ist die Beförderung, wenn für sie irgendeine Gegenleistung **4** gewährt wird (BGH NZV 1991, 348). Dazu gehören nicht nur Geldleistungen als Fahrpreisentrichtung, sondern auch Zuschüsse und Beiträge sowie Natural-, Werk- und Dienstleistungen. Es ist unerheblich, ob das Beförderungsentgelt vom Fahrgast oder einem Dritten entrichtet wird (BVerwG StT 1979, 527). Dagegen ist die Gestellung von Bussen mit Fahrern an einen Dritten keine Beförderungsleistung (FG Münster EFG 1993, 471).

Nach **Abs. 1 Satz 2** sind als Entgelt auch wirtschaftliche Vorteile anzuse- **5** hen, die **mittelbar** für die Wirtschaftlichkeit einer auf diese Weise geförderten Erwerbstätigkeit erstrebt werden (OLG München GewArch 1994, 113; VG Hamburg VRS 57, 233). Darunter fallen insbesondere Zubringer- und Abholdienste gewerblicher Unternehmer, wie Hotels, Gastwirtschaften, Kaufhäuser usw. (BayObLG NZV 2000, 424; OLG München GewArch 1994, 113; OVG Lüneburg GewArch 1996, 108: Zubringerdienst für Arztpraxen). Die Beförderung von Arbeitnehmern durch den Arbeitgeber erfüllt im Allgemeinen nicht den Begriff der mittelbaren Entgeltlichkeit (Bidinger PBefG § 1 Rn. 133; aA Fielitz/Grätz Rn. 12). Jedoch kommen auch in diesem Fall mittelbare Vorteile des Arbeitgebers in Betracht, die die Beförderung zu einer entgeltlichen iSd Abs. 1 Satz 1 machen können.

Geschäftsmäßig handelt, wer beabsichtigt, die Tätigkeit in gleicher Art zu **6** wiederholen und dadurch zu einem wiederkehrenden oder sogar dauernden Bestandteil seiner Beschäftigung zu machen (BGHZ 80, 303 = NJW 1981, 1842; BayObLGSt 1980, 58 = NStZ 1981, 29; BayObLG NStZ 1985, 33; KG Rn. 2). Ob diese Absicht verwirklicht werden kann, spielt keine Rolle. Die Geschäftsmäßigkeit ist eine Frage der inneren Einstellung (BayObLSt 1980, 58 = NStZ 1981, 29; BayObLG NStZ 1985, 33). Wenn die Wiederholungsabsicht besteht, genügt eine Einzelhandlung (RGSt 72, 313). Eine fortgesetzte Tätigkeit ist nicht erforderlich. Die Häufigkeit der Beförderungsfälle wird idR auf Geschäftsmäßigkeit hindeuten. Für die Frage der Geschäftsmäßigkeit kommt es nicht darauf an, ob die Personenbeförderung haupt- oder nebenberuflich betrieben wird. Es ist nicht einmal erforderlich, dass sie in Ausübung eines Berufs vorgenommen wird. Gleichgültig ist auch, ob sie entgeltlich oder unentgeltlich betrieben wird (ebenso VG Lüneburg NdsVBl. 1997, 286). Wenn ein Entgelt genommen wird, ist die Geschäftsmäßigkeit aber zu vermuten. Eine Gewinnerzielung braucht nicht beabsichtigt zu sein; Gewerbsmäßigkeit ist nicht erforderlich (vgl. BGHZ 80, 303 = NJW 1981, 184).

Der Regelungsgehalt des durch die **Novelle 2021** eingefügten **Abs. 1a** **6a** ergibt sich bei einer Gesamtschau mit der ebenso durch die **Novelle 2021** angefügten Bestimmung des **Abs. 3,** der gleichfalls die Vermittlung von (Personen-)Beförderungen zum Gegenstand hat. Die dort geregelte Vermittlung ist die Tätigkeit der Betreiber von Mobilitätsplattformen, deren Hauptgeschäftszweck der Abschluss eines Vertrages über eine gemäß § 2 genehmigungspflichtige Beförderung gerichtet ist, und die nicht selbst Beförderer nach Abs. 1 sind. Das Gesetz unterscheidet insoweit diesen Betreiber als „Vermittler", der nicht im Besitz einer Genehmigung sein muss, von dem „Unternehmer", der genehmigungspflichtige Beförderungen und damit auch die der mit dem Gesetz neu eingeführten genehmigungspflichtigen Verkehrsformen des Linienbedarfsverkehrs, und des gebündelten Bedarfsverkehrs durchführt, wie aus Abs. 1a iVm Abs. 3 und § 2 Abs. 1b und den §§ 3 sowie 3a bis 3c folgt. Die reine Vermittlung von Fahrten wie zB durch die herkömmlichen Taxizentralen ist danach weder genehmigungspflichtig noch ist sie zur Bereitstellung von Mobilitätsdaten verpflichtet (vgl. BT-Drs. 19/26175, 24, 37 und 39).

7 Nach Abs. 2 Satz 1 Alt. 2 bish. Fassung unterlagen Beförderungen mit Personenkraftwagen dem Gesetz nicht, wenn das gesamte **Entgelt** die Betriebskosten nicht überstieg (Abs. 2). Dadurch sollten in erster Linie Gefälligkeitsfahrten, wie die Mitnahme von Bekannten auf Ferienreisen oder von Kollegen auf der Fahrt zur Arbeitsstelle, vom Genehmigungszwang ausgenommen werden (BGH VRS 44, 81; weitergehend zur bish. Rechtslage Nds. OVG GewArch 1996, 108: nur Gefälligkeitsfahrten). In Rechtsprechung und Praxis der Genehmigungsbehörden wurde die Frage, ob die **Betriebskosten** nicht mit den Selbstkosten gleichzusetzen sind, unterschiedlich beurteilt (dazu die → 4. Aufl. 2013, Rn. 7 und zuletzt BVerwG 8.5.2019 – 10 C 1/19, BeckRS 2019, 16871). Durch die jetzt geänderte Regelung des Begriffs des Gesamtentgelts mit dem – dynamischen Verweis – auf den in § 5 Abs. 2 Satz 1 Bundesreisekostengesetz genannten Betrag pro Fahrtkm hat der Gesetzgeber mit der Novelle 2021 insoweit die genehmigungsfreie Personenbeförderung mit dem Pkw bundeseinheitlich festgelegt. Danach ist **Gesamtentgelt** die Summe der von den Mitfahrern geleisteten Einzelentgelte (OLG Hamm NJW 1962, 1207). Der Begriff umfasst jedoch nach wie vor auch die mittelbaren Vorteile iSd Abs. 1 Satz 2, nicht nur das unmittelbar durch Zahlung entrichtete Entgelt (BGH VRS 44, 81 = GRUR 1973, 146 mAnm Klaka; siehe auch BT-Drs. 19/26175, 24, 37 und BayVGH VRS 131, 41 sowie BVerwGE 165, 282 = TanspR 2020, 90, zur Bestimmung der Betriebskosten und des Gesamtentgelts nach bish. Recht); daher unterliegen Reisebüros, die Kunden mit eigenen Personenwagen zu einem unter den Betriebskosten liegenden Preis zum Flughafen befördern, insoweit den Vorschriften des PBefG (BGH VRS 44, 81 = GRUR 1973, 146).

8 **Unentgeltliche Beförderungen** mit Personenkraftwagen sind jetzt ausdrücklich ebenfalls vom Genehmigungszwang befreit. Es wäre unverständlich, wenn die Beförderung zwar gegen Entrichtung eines die Betriebskosten nicht übersteigenden Entgelts, aber nicht ohne Entgelt zulässig wäre. Vgl. auch → Rn. 11. Die Ergänzung der Nr. 1 durch die Novelle 2012 soll klarstellen, dass die Ausnahmevorschrift alle Beförderungen erfasst, die unentgeltlich oder bis zur Betriebskostengrenze entgeltlich vorgenommen werden, mögen sie auch nur geschäftsmäßig oder gleichzeitig entgeltlich und geschäftsmäßig sein

(BT-Drs. 17/8233, 12). Außerdem ist mit dem durch die Novelle 2012 gleichfalls eingefügten neuen Satz 2 nunmehr ausdrücklich geregelt, dass Beförderungen gemäß Satz 1 Nr. 1 auch dann genehmigungsfrei sind, wenn sie geschäftsmäßig sind (aM bisher Nds.OVG Nds. OVG GewArch 1996, 108; Bidinger PBefG § 1 Rn. 161 f.).

Beförderungen mit Krankenkraftwagen fallen seit dem 1.1.1992 nicht **9** mehr unter das Gesetz, sofern die in Abs. 2 Nr. 2 genannten Voraussetzungen erfüllt sind. Sie haben ihre Regelung in den Rettungsdienstgesetzen der Länder gefunden, vgl. zB HambRDG vom 9.6.1992 (GVBl. 117) idF vom 19.4.2011 (GVBl. 123), BgbRettG vom 14.7.2008 (GVBl. 186), NRettDG vom 2.10.2007 (GVBl. 437) idF vom 7.12.2012 (GVBl. 548), S-HRDG vom 29.11.1991 (GVBl. 579, ber. GVBl. 1992 32) idF vom 13.7.2011 (GVOBl. 218) und RettDG-RP vom 22.4.1991 (GVBl. 217) idF vom 13.3.2012 (GVBl. 113). Vgl. dazu im Einzelnen Fielitz/Grätz Rn. 20.

Der Bundesgesetzgeber hat seinen Kompetenzverzicht in Bezug auf die **10** Regelung der Personenbeförderung mit Krankenkraftwagen (Schlagwort: „Liegendentransport“) mit der Erwartung verbunden, dass der Betätigung von Privatunternehmen der aus verfassungsrechtlicher Sicht gebotene Spielraum verbleibt (vgl. Fromm NJW 1989, 2378). Die Beförderung von Kranken, für die es keiner Krankenkraftwagen bedarf (Schlagwort: „Sitzendentransport“), unterliegt nach wie vor dem PBefG und findet idR mit Taxen oder Mietwagen statt (dazu näher Fielitz/Grätz Rn. 24 f.).

Der mit der **Novelle 2021** angefügte neue **Abs. 3** betrifft in der Gesamt- **10a** schau mit Abs. 1a die Tätigkeit von Mobilitätsanbietern, die als Hauptgeschäftszweck mittels der Möglichkeiten der Digitalisierung über eine Mobilitätsplattform (App) bedarfsorientierte Beförderungsleistungen einschließlich Abwicklung des Buchungs- und Bezahlprozesses anbieten, ohne selbst die Transporte durchzuführen (siehe dazu die Zitate → Rn. 1b und aus der Rspr. insbesondere beispielhaft BVerwGE 152, 382 = NVwZ 2016, 695 sowie aus dem Schrifttum Kment NVwZ 2020, 366 sowie Rodi DVBl. 2021, 1396, jeweils mwN). Namentlich § 1 Abs. 1a und Abs. 3 sowie die §§ 2 Abs. 1 Satz 1 Nr. 3 und 4, Abs. 1b, die ebenfalls neu eingefügten §§ 3a bis 3c und § 46 Abs. 2 Nr. 4 bilden insofern zusammen mit weiteren Ergänzungen oder Änderungen verschiedener Bestimmungen den Rechtsrahmen für die „Modernisierung des Personenbeförderungsrechts“, wie die Zielsetzung des (Artikel-)Gesetzes vom 16.4.2021 lautet.

§ **1 der Freistellungs-VO** nimmt bestimmte Beförderungen von den Vor- **11** schriften des PBefG aus. Vgl. Nr. 2.

Für zahlreiche Bereiche der Personenbeförderung finden Vorschriften des **12** mit Vorrang vor dem PBefG geltenden Unionsrechts Anwendung. Es sind dies insbesondere die VO (EG) Nr. 1073/2009 vom 21.10.2009 über gemeinsame Regeln für den Zugang zum grenzüberschreitenden Personenkraftverkehrsmarkt und zur Änderung der Verordnung (EG) Nr. 561/2006 (Anhang 1.c)), die VO (EG) Nr. 1071/2009 vom 21.10.2009 zur Festlegung gemeinsamer Regeln für die Zulassung zum Beruf des Kraftverkehrsunternehmers und zur Aufhebung der Richtlinie 96/26/EG (Anhang Nr. 1.2.) und namentlich die VO (EG) Nr. 1370/2007 (Anhang 1.a)) sowie das Gesetz zur

Durchführung der VO (EU) Nr. 181/2011 des Europäischen Parlaments und des Rates vom 16.2.2011 über die Fahrgastrechte im Kraftomnibusverkehr und zur Änderung der VO (EG) Nr. 2006/2004 vom 23.7.2013 (BGBl. I 2547). Schließlich spielen die von den Ländern erlassenen Gesetze zur Regelung des ÖPNV eine erhebliche Rolle.

§ 1a Klimaschutz und Nachhaltigkeit

Bei Anwendung dieses Gesetzes sind die Ziele des Klimaschutzes und der Nachhaltigkeit zu berücksichtigen.

1 Der mit der **Novelle 2021** in das PBefG eingefügte neue **§ 1a** verleiht den verfassungsrechtlich durch Art. 20a GG verankerten Prinzipien des Klimaschutzes und der (ökologischen) Nachhaltigkeit (statt aller Jarass/Pieroth Art. 20a Rn. 3 und 10; BVerwGE 125, 68) auch für das Personenbeförderungsrecht als einen wesentlichen Verkehrsbereich allgemeine Bedeutung. Klimaschutz und Nachhaltigkeitsprinzip als durch das GG geschützte Umweltkomponenten sind bislang im PBefG speziell zB nur als „Umweltqualität" der vom Aufgabenträger im Nahverkehrsplan zu „definierenden" Anforderungen an die Qualität des Verkehrsangebots angesprochen. Indem sie nunmehr gemäß der ausdrücklichen gesetzlichen Regelung als „Ziele" bei der „Anwendung" des Gesetzes zu „berücksichtigen" sind, sollen nach der Begründung des Gesetzesentwurfs die „beteiligten Akteure (kommunale Aufgabenträger, Genehmigungsbehörden, Länder)"- wobei wohl zu Unrecht nicht auch die „Unternehmer" und die „Vermittler" (Mobilitätsanbieter) genannt werden – „stärker für eine nachhaltige und umweltorientierte Personenbeförderung im Geltungsbereich des PBefG sensibilisiert werden" (BT-Drs. 19/26175, 37). Als zu berücksichtigen werden sie in ihrer rechtlichen Wirkung nicht wie die aus der Raumordnung und Landesplanung bekannten „Ziele", sondern eher wie die im Planungsrecht zu findenden sog. **Optimierungsgebote** zu behandeln sein. Während die Ziele in der Raumordnung und Landesplanung gemäß § 4 Abs. 1 ROG für die Adressaten bindende Wirkung und damit Letztentscheidungscharakter haben, sind die in § 1a formulierten Zielsetzungen nur zu „berücksichtigen". Sie unterliegen damit wie die Optimierungsgebote als gesetzgeberische Zielvorgaben nach Rspr. und Schrifttum zwar auch der (planerischen) Abwägung, haben jedoch mehr Gewicht als sonstige abwägungserhebliche Belange (vgl. dazu im Einzelnen BVerwGE 71, 163 (164 f.) = VkBl. 1985, 639 = DVBl. 1985, 899; BVerwGE 85, 348 (362 f.) = DÖV 1991, 294 = DVBl. 1991, 209; Hoppe DVBl. 1992, 853). Bei allem bedarf es sicher noch weiterer Prüfung, welche Tragweite auch hier dem im Schrifttum als „bahnbrechende Sensation" und als „verfassungsdogmatischen Paukenschlag" bezeichneten Klimabeschluss des Bundesverfassungsgerichts vom 24.3.2021 (– 1 BvR 2656/18, 1 BvR 78/20, 1 BvR 96/20, 1 BvR 288/20 –, PM des BVerfG Nr. 31/2021 v. 29.4.2021 DVBl. 2021, 808 = NVwZ 2021, 951 und dazu Frenz DVBl. 2021, 810 und Leisner-Engensperger DVBl. 2022, 202) zukommt.

Konkrete Ausgestaltung und Anwendung durch die **Novelle 2021** finden die Zielsetzungen des § 1a u. a. im Nahverkehrsplan (§ 8 Abs. 3 Satz 1 und Abs. 3a Satz 1), Genehmigungsverfahren (§ 13 Abs. 5a und Abs. 5b) und in der Regelung der Berichtspflichten des Bundesministeriums für Verkehr und digitale Infrastruktur (§ 66 Abs. 2). Siehe dazu auch SaubFahrzeugBeschG vom 9.6.2021 (BGBl. I 1691). 2

§ 2 Genehmigungspflicht

(1) Wer im Sinne des § 1 Abs. 1
1. mit Straßenbahnen,
2. mit Obussen,
3. mit Kraftfahrzeugen im Linienverkehr (§§ 42, 42a, 43 und 44) oder
4. mit Kraftfahrzeugen im Gelegenheitsverkehr (§ 46)
Personen befördert, muß im Besitz einer Genehmigung sein. Er ist Unternehmer im Sinne dieses Gesetzes.

(1a) Wer als Nachunternehmer im Auftrag des Unternehmers eine entgeltliche Beförderung von Personen mit Kraftomnibussen durchführt, muss eine Genehmigung nach diesem Gesetz besitzen, die die eingesetzten Fahrzeuge umfasst. Dies gilt nicht, wenn die Voraussetzungen nach Artikel 1 Absatz 4 Buchstabe b oder c der Verordnung (EG)Nr. 1071/2009 des Europäischen Parlaments und des Rates vom 21. Oktober 2009 zur Festlegung gemeinsamer Regeln für die Zulassung zum Beruf des Kraftverkehrsunternehmers und zur Aufhebung der Richtlinie 96/26/EG des Rates (ABl. L 300) vom 14.11.2009, S. 51), die zuletzt durch die Verordnung (EU) Nr. 517/2013 (ABl. L 158 vom 10.6.2013, S. 1) geändert worden ist, erfüllt sind oder der Nachunternehmer ausschließlich innerstaatliche Beförderungen im Sinne des Artikels 1 Absatz 5 der Verordnung (EG) Nr. 1071/2009 durchführt.

(1b) Wer im Sinne des § 1 Absatz 3 eine Beförderung vermittelt, muss nicht im Besitz einer Genehmigung sein. Er ist Vermittler im Sinne dieses Gesetzes.

(2) Der Genehmigung bedarf auch
1. jede Erweiterung oder wesentliche Änderung des Unternehmens,
2. die Übertragung der aus der Genehmigung erwachsenden Rechte und Pflichten (Genehmigungsübertragung) sowie
3. die Übertragung der Betriebsführung auf einen anderen.

(3) Abweichend von Absatz 2 Nr. 2 dürfen im Verkehr mit Taxen die aus der Genehmigung erwachsenden Rechte und Pflichten nur übertragen werden, wenn gleichzeitig das ganze Unternehmen oder wesentliche selbständige und abgrenzbare Teile des Unternehmens übertragen werden.

(4) Die Genehmigungsbehörde kann bei einem Linienverkehr nach § 43 dieses Gesetzes und bei Beförderungen nach § 1 Nr. 4 Buchstaben d und i der Freistellungs-Verordnung Befreiung vom Verbot der Mitnahme anderer Fahrgäste erteilen, wenn dies im öffentlichen Verkehrsinteresse geboten und mit Rücksicht auf bestehende öffentliche Verkehrseinrichtungen wirtschaftlich vertretbar ist.

(5) Einer Genehmigung bedarf es nicht zum vorübergehenden Einsatz von Kraftfahrzeugen bei Notständen und Betriebsstörungen im Verkehr, insbesondere

im Schienen-, Bergbahn- oder Obusverkehr. Wenn die Störungen länger als 72 Stunden dauern, haben die Unternehmer der von der Störung betroffenen Betriebe der Genehmigungsbehörde (§ 11) Art, Umfang und voraussichtliche Dauer eines solchen vorübergehenden Einsatzes von Kraftfahrzeugen unverzüglich mitzuteilen.

(5a) Wer Gelegenheitsverkehre in der Form der Ausflugsfahrt (§ 48 Abs. 1) oder der Ferienziel-Reise (§ 48 Abs. 2) plant, organisiert und anbietet, dabei gegenüber den Teilnehmern jedoch eindeutig zum Ausdruck bringt, dass die Beförderungen nicht von ihm selbst, sondern von einem bestimmten Unternehmer, der Inhaber einer Genehmigung nach diesem Gesetz ist, durchgeführt werden, muss selbst nicht im Besitz einer Genehmigung sein.

(6) Anstelle der Ablehnung einer Genehmigung kann im Fall einer Beförderung, die nicht alle Merkmale einer Verkehrsart oder Verkehrsform erfüllt, eine Genehmigung nach denjenigen Vorschriften dieses Gesetzes erteilt werden, denen diese Beförderung am meisten entspricht, soweit öffentliche Verkehrsinteressen nicht entgegenstehen.

(7) Zur praktischen Erprobung neuer Verkehrsarten oder Verkehrsmittel kann die Genehmigungsbehörde auf Antrag im Einzelfall Abweichungen von Vorschriften dieses Gesetzes oder von auf Grund dieses Gesetzes erlassenen Vorschriften für die Dauer von höchstens fünf Jahren genehmigen, soweit öffentliche Verkehrsinteressen nicht entgegenstehen.

1 Diese Vorschrift unterstellt die in §§ 1 Abs. 1, 2 Abs. 1 bezeichneten Arten der Personenbeförderung dem Genehmigungszwang. Sie ist um die mit der **Novelle 2021** neu eingefügten Verkehrsform des Linienbedarfsverkehrs nach § 44 ergänzt worden; die Genehmigungspflicht für den ebenfalls neuen gebündelten Bedarfsverkehr (§ 50) folgt aus der durch die Novelle 2021 um die Nr. 4 erweiterte Bestimmung des § 46 Abs. 2. Der Genehmigungszwang ist jedoch nicht auf diese Verkehrsarten beschränkt, weil das „Prinzip des geschlossenen Kreises" nicht nur den Grundsatz der Rechtsstaatlichkeit (BVerfGE 17, 313 = NJW 1964, 1219), sondern auch das Übermaßgebot verletzt. Dazu auch → § 46 Rn. 1. Deswegen sind unter bestimmten Voraussetzungen nach den Abs. 6 und 7 andere Formen der Personenbeförderung zulässig. Ein **öffentlicher Dienstleistungsauftrag** gemäß Art. 2 lit. i, 3 Abs. 1 VO (EG) Nr. 1370/2007 **ersetzt nicht** die **Genehmigung.**

2 Der **Unternehmer** muss im Besitz einer Genehmigung sein. Unternehmer ist nach **Abs. 1,** wer Personen mit den dort bezeichneten Fahrzeugen befördert. Die Unternehmereigenschaft ist also an den Tatbestand der Beförderung geknüpft, wobei der Befördernde im Außenverhältnis, also den Fahrgästen gegenüber als verantwortlicher Vertragspartner auftreten muss (BVerwG DÖV 1992, 881 = NVwZ 1992, 1198 = NZV 1992, 502 L = TranspR 1993, 313; BVerwGE 152, 382 = NVwZ 2016, 695; BayVGH VRS 64, 396; OVG Magdeburg 7.4.1998 – A 1/4 S 221/97, BeckRS 2008, 30553; OVG Hamburg NVwZ 2014, 1528; OVG Berlin-Brandenburg 10.4.2015 – OVG 1 S 96/14, BeckRS 2015, 44779; BVerwG NVwZ 2016, 695; aM OLG München TranspR 1995, 85 = MDR 1995, 475, wonach allein die faktische Beförderung genügt). Wer Beförderungen nur vermittelt,

ist nicht Unternehmer iSd § 2 Abs. 1. Geht es um eine Vermittlung im Sinne von § 1 Abs. 3, ist der Akteur gemäß dem durch die **Novelle 2021** eingefügten **Abs. 1c Vermittler,** der nicht einer Genehmigung bedarf. Wenn ein Reisebüro Fahrten veranstaltet, für die ein Busunternehmer die Fahrzeuge und Fahrer zur Verfügung stellt, ist daher dieser der Unternehmer (OLG Hamm VRS 61, 336). Wer jedoch sein Fahrzeug lediglich einem Unternehmer mietweise zur Verfügung stellt, ohne gegenüber den Fahrgästen selbst als Beförderer aufzutreten, ist nicht Unternehmer iSd § 2 (VGH München VRS 64, 396; ebenso für § 20 Abs. 1 LuftVG BGH NJW-RR 1990, 465) und bedarf deshalb auch keiner Genehmigung (OLG Köln VRS 69, 312). Er erbringt auch umsatzsteuerrechtlich keine Beförderungsleistung, sondern eine sonstige Leistung, wenn die Vertragsbeziehungen zwischen den Beteiligten als Miet- bzw. Dienstverschaffungsverträge anzusehen sind (vgl. FG Münster EFG 1993, 471). Die Unternehmereigenschaft erfordert nicht die Verfügungsgewalt im rechtlichen Sinne, dh etwa Eigentum und Rechtsstellung als Arbeitgeber, über die Betriebsmittel wie Fahrzeuge oder Betriebseinrichtungen und das Betriebspersonal (OVG Münster GewArch 1988, 341 = DÖV 1988, 927). Zu den durch die **Novelle 2021** neu eingeführten Verkehrsformen des **Linienbedarfsverkehrs** und des **gebündelten Bedarfsverkehrs** → § 1 Rn. 1b und u. a. die Erläuterungen zu den §§ 44 und 50.

Damit das PBefG den Vorgaben der VO (EG) Nr. 1071/2009 zur Fest- **2a**
legung gemeinsamer Regeln für die Zulassung zum Beruf des Kraftverkehrsunternehmers entspricht, hat der Gesetzgeber durch die mit **Abs. 1b** der **Novelle 2021** neu eingefügten Vorschrift gemäß Satz 2 ausdrücklich für **Nachunternehmer** von den in der unionsrechtlichen VO enthaltenen Ausnahmeregelungen hinsichtlich der in Satz 1 klargestellten Genehmigungsanforderungen Gebrauch gemacht (dazu näher BT-Drs. 19/26175, 3).

Der gleichfalls durch die **Novelle 2021** eingefügte neue **Abs. 1b** betrifft **2b**
allein die in § 1 Abs. 3 geregelte Vermittlung von Beförderungen, den Vermittler iSd Gesetzes. Dieser Akteur der Beförderungen gemäß Satz 2 der Vorschrift ist vom Unternehmer zu unterscheiden, der als Akteur Personen gemäß Abs. 1 und 3 befördert (→ Rn. 2 und → § 3 Rn. 2) und einer Genehmigung bedarf (nach Rodi DVBl. 2020, 1396 und Kment NVwZ 2020, 366 wäre der Vermittler im Anschluss an EuGH EuZW 2018, 131 = GewArch 2018, 105 = VR 2018, 175 wohl eher als Unternehmer anzusehen). Der Vermittler ist jedoch nach dem mit der **Novelle 2021** eingefügten § 3a wie der Unternehmer ebenfalls verpflichtet, bestimmte näher bezeichnete **Mobilitätsdaten** bereitzustellen.

Die Genehmigung wird dem Unternehmer nach § 3 Abs. 1 nur für einen **3**
bestimmten Verkehr und nur für seine Person erteilt. Der Unternehmer muss die Beförderung grundsätzlich im eigenen Namen, unter eigener Verantwortung und für eigene Rechnung betreiben (§ 3 Abs. 2 Satz 1). Wegen weiterer Voraussetzungen der Genehmigung vgl. § 13.

Erweiterung des Unternehmens (**Abs. 2** Nr. 1) sind die Vergrößerung **4**
der Beförderungskapazität und die räumliche Ausweitung, die in erster Linie bei einer Verlängerung der Strecken und einer Änderung des Fahrplans auf

erweiterter oder gleichbleibender Strecke vorliegt (vgl. VGH München VRS 62, 318). Die Erweiterung ist auch dann genehmigungspflichtig, wenn sie unwesentlich ist.

5 Eine **wesentliche Änderung** des Unternehmens liegt nur vor, wenn einer der Tatbestände geändert worden ist, die der Prüfung der objektiven Genehmigungsvoraussetzungen des § 13 Abs. 2, 2a und 3 zugrunde gelegen haben (OLG Celle VRS 47, 227). Darunter fallen jede Änderung der Linienführung, die Verwendung einer anderen Betriebskraft oder die Verlegung des Betriebssitzes in eine andere Gemeinde (OLG Celle VRS 47, 227). Änderungen der Beförderungsentgelte fallen nicht unter § 2 Abs. 2 Nr. 1. Insoweit ist § 39 lex specialis (OLG Stuttgart 21.2.1990 – 1 U 191/89).

6 Die **Übertragung der** aus der **Genehmigung** erwachsenden Rechte und Pflichten (Abs. 2 Nr. 2) ist ein Wechsel in der Innehabung der Genehmigung. Sie kann, muss aber nicht mit dem Übergang des Betriebs verbunden sein. Die Geltungsdauer der bisherigen Genehmigung bleibt von der Übertragung der Genehmigung unberührt. Auch der Unternehmenskauf ist als Übertragung der aus der Genehmigung erwachsenden Rechte und Pflichten anzusehen, weil ihm dieselben Rechtswirkungen eigen sind (vgl. Erlass des Verkehrsministeriums Baden-Württemberg vom 5.4.1993 – 21–3890.4/3). Derjenige, auf den die Genehmigung übertragen werden soll, und der Übertragende haben einen Rechtsanspruch auf Genehmigung der Übertragung, sofern im Übrigen die subjektiven Zulassungsvoraussetzungen nach § 13 Abs. 1 erfüllt sind (VGH BW DVBl. 2004, 843 L = UPR 2004, 240 L; OVG Lüneburg GewArch 1996, 109). Die Genehmigung zur Übertragung einer Taxikonzession muss bei befristeten Genehmigungen nicht nur vor Ablauf der Befristung beantragt werden, sondern kann auch nur bis zu deren Ablauf erteilt werden (BVerwG 3.12.2019 – 8 B 55/19, BeckRS 2019, 34773). Die Zuverlässigkeit des Genehmigungsinhabers ist nicht Voraussetzung für die Genehmigung der Übertragung (BVerwG GewArch 2021, 460).

7 Die **Übertragung der Betriebsführung** (Abs. 2 Nr. 3) beschränkt sich auf einen Wechsel in der Betriebsführung. Der Genehmigungsinhaber bleibt der alte. Er überträgt den Betrieb im Rahmen eines Pachtvertrages auf einen Dritten, der nunmehr im eigenen Namen und auf eigene Rechnung tätig wird (BGH VRS 71, 245). Der Betriebsführer wird für die Dauer der Übertragung zum Unternehmer, weil dies ausschließt, dass der Genehmigungsinhaber neben dem Betriebsführer die Personenbeförderung eigenständig und selbstverantwortlich betreibt (BVerwG DÖV 1992, 881 = NVwZ 1992, 1198 = NZV 1992, 502 L = TranspR 1993, 313). Vom Betriebsführer zu unterscheiden ist der sog. Auftragsunternehmer. Er erbringt seine Leistung für den Genehmigungsinhaber und/oder Betriebsführer gegen ein bestimmtes Entgelt (zB Kilometerpreis) und benötigt – entgegen einer verbreiteten Meinung – keine Genehmigung nach dem PBefG (OLG Köln VRS 69, 312; ebenso Heinze/Fehling/Fiedler Rn. 36 ff.). Den Fahrgästen gegenüber tritt er nicht als Partner der Beförderungsverträge in Erscheinung (VGH München VRS 64, 396). Während der Auftragsunternehmer für die regelmäßige Überwachung der Fahrzeuge nach §§ 29 ff. StVZO in seiner Eigenschaft als Fahrzeughalter verantwortlich ist, trägt der Unternehmer/Betriebsführer per-

sonenbeförderungsrechtlich die uneingeschränkte Verantwortung für die Durchführung des Verkehrs.

Unternehmer oder Betriebsführer müssen den Verkehr im eigenen Namen, unter eigener Verantwortung und für eigene Rechnung betreiben. Das ist nicht der Fall, wenn Unternehmer einen Verbund in gesellschaftsrechtlicher Form bilden und der Gesellschaft die Betriebsführung einschließlich der in § 3 Abs. 2 geregelten Pflichten übertragen. Dann ist die Gesellschaft Unternehmer (BVerwG DÖV 1992, 881 = NVwZ 1992, 1198 = NZV 1992, 502 L = TranspR 1993, 313), es sei denn, es ist eine Ausnahme nach Satz 2 erteilt. Wie im Falle der Genehmigungsübertragung haben die an einer Übertragung der Betriebsführung Beteiligten einen Rechtsanspruch auf Genehmigung (dazu → Rn. 6). Der Betriebsführer kann die Aufhebung der Genehmigung gegen seinen Willen anfechten (aM Nds.OVG NVwZ-RR 2005, 105; dazu kritisch Heinze/Fehling/Fiedler Rn. 43). 8

Die Genehmigung gemäß **Abs. 2** ist eine separate (weitere) Genehmigung (Zusatzgenehmigung), die eine Genehmigung gemäß Abs. 1 voraussetzt. Für sie gelten auch §§ 14 und 15. Bei der Genehmigungsübertragung und bei der Übertragung der Betriebsführung findet lediglich eine Prüfung der subjektiven Zulassungsvoraussetzungen nach § 13 Abs. 1 und 1a statt; das ergibt sich aus § 13 Abs. 7. Die Vorschriften dienen nicht den rechtlichen Interessen von Konkurrenzunternehmen (hM, vgl. BVerwG 14.1.1993 – 7 B 143.92; VGH Mannheim VBlBW 1992, 436; VG Augsburg TranspR 1994, 126; aA OVG Münster VRS 49, 478). Sie sind im Übrigen die rechtliche Grundlage für den Handel mit Genehmigungen. 9

Bei Taxen ist eine Genehmigungsübertragung nur zulässig, wenn gleichzeitig das ganze Unternehmen oder wesentliche selbständige und abgrenzbare Teile von ihm übertragen werden (Abs. 3; dazu ausführlich Fielitz/Grätz Rn. 15 ff. mwN aus der Rspr.). Die Vorschrift ist mit dem GG vereinbar (BVerfG NZV 1990, 84 = NJW 1990, 1352 = VRS 78, 81). Doch ist zweifelhaft, ob die Vorschrift, die im Zusammenhang mit § 13 Abs. 4 und 5 gelesen werden muss, dazu angetan ist, dem unerwünschten Handel mit Taxengenehmigungen entgegenzutreten (vgl. Fromm NJW 1984, 351). Knappheitspreise werden nach wie vor gezahlt (vgl. Antwort des PStS Dr. Schulte vom 20.11.1989 auf die schriftliche Frage des Abg. Ewen (SPD), BT-Drs. 11/5824, 16). 10

Die **Mitnahme Dritter (Abs. 4)** im Schulbus- und Kindergartenverkehr soll das Verkehrsangebot im ÖPNV mit geringem Kostenaufwand verbessern helfen. Die Befreiung ist jedoch an die Voraussetzung geknüpft, dass die Öffnung im öffentlichen Verkehrsinteresse erforderlich ist und mögliche Verkehrseinbußen im allgemeinen Linienverkehr wirtschaftlich zumutbar sind. Die Genehmigungsbehörde muss deshalb, bevor sie eine solche Befreiung aussprechen will, die Unternehmer solcher Verkehre hören, vgl. § 28 VwVfG. 11

Notstand ist jedes Ereignis höherer Gewalt, das der Einwirkung des Unternehmens entzogen ist. **Betriebsstörungen** müssen auf Ereignissen beruhen, die den Verkehr mit den sonst vorhandenen Betriebseinrichtungen unmöglich machen **(Abs. 5).** Nach Ablauf von 72 Stunden müssen die Unternehmer 12 der von der Störung betroffenen Betriebe der Genehmigungsbehörde (§ 11) Art, Umfang und voraussichtliche Dauer eines solchen vorübergehenden Einsatzes (Schienenersatzverkehr im engeren Sinne) unverzüglich mitteilen. Ein über 72 Stunden andauernder Schienenersatzverkehr bedarf nach Abs. 1 einer Genehmigung oder einstweiligen Erlaubnis nach dem PBefG.

12a Die durch das Gesetz vom 19.7.2002 (BGBl. I 2691) eingeführte **Ausnahmeregelung** nach **Abs. 5a** gilt nur für die Veranstalter von Ausflugsfahrten (§ 48 Abs. 1) oder von Ferienziel-Reisen (§ 48 Abs. 2). Unter den in dieser Vorschrift genannten Voraussetzungen ist nicht der Veranstalter personenbeförderungsrechtlich Unternehmer, sondern der aufgrund eines Vertrages die Fahrt tatsächlich durchführende Unternehmer, der jedoch eine Genehmigung gemäß § 48 Abs. 1 oder 2 besitzen muss (OLG Köln VRS 106, 69).

13 Die Beschränkung der Genehmigungsfähigkeit auf die Verkehrsarten und Verkehrsformen, die im Gesetz vorgesehen sind, war mit dem GG nicht vereinbar (BVerfGE 17, 313 = NJW 1964, 1219). Deshalb wurde der **Auffangtatbestand** des **Abs. 6** geschaffen, der Ausnahmen nur im Einzelfall und in engen Grenzen zuließ (BVerwGE 148, 307 = NVwZ 2014, 746). Mit dem Wegfall der Genehmigungsvoraussetzung des besonders gelagerten Einzelfalls aufgrund der Novelle 2012 wird der Genehmigungsbehörde die Möglichkeit eröffnet, auf die sich namentlich im ländlichen Raum als Folge demografischer Änderungen entwickelnden neuen Formen der Verkehrsbedienung zu reagieren und von der Vorschrift mehr als bisher Gebrauch zu machen. Es steht jedoch im Ermessen der Genehmigungsbehörde, ob sie überhaupt von der Vorschrift Gebrauch macht (OVG Lüneburg DÖV 1973, 247 = VRS 24, 760). Verkehre, die die öffentlichen Verkehrsinteressen beeinträchtigen, sind bisher schon als nicht genehmigungsfähig angesehen worden, sodass die Ergänzung der Vorschrift durch die Novelle 2012 insoweit materiell keine Änderung bedeutet (vgl. OVG Lüneburg DÖV 1973, 247 = VRS 24,760; VG Braunschweig VRS 75, 392; VG Stuttgart NZV 1989, 447; nach VG München 25.9.1972 – Nr. 3193/71 und OVG Lüneburg 2.10.1992 – 7 M 2606/92 steht Unternehmern von Linienverkehr iSd § 42 eine geschützte Rechtsposition bei der Genehmigung von nicht im Gesetz geregelten Verkehrsarten zu, soweit diese nach den Vorschriften über den Linienverkehr genehmigt sind).

14 **Typische Anwendungsfälle** – der durch die Novelle 2021 nicht geänderten Vorschrift – sind nach Rspr. und Verwaltungspraxis der kostenlose Zubringerverkehr zu einem SB-Markt (VG Hamburg VRS 57, 233), der als einer Marktfahrt (§ 43 Nr. 3) ähnlich angesehen wird, und der unentgeltliche Zubringerverkehr von einem P+R-Platz in die Innenstadt an einem verkaufsoffenen Sonnabend (VG Braunschweig VRS 75, 392). Anruf-Sammel-Taxiverkehr (AST) ist nach den Vorschriften über den Linienverkehr nach § 42 zu genehmigen (VG Köln VRS 77, 474), Rufbusverkehr nach den Vorschriften über den Gelegenheitsverkehr mit Mietwagen (OVG Lüneburg 2.10.1992 – 7 M 2606/92; siehe auch Nds.OVG DVBl. 2007, 1579 L = VerkMitt 2008, 31 und VG Stade 25.7.2013 – 4 A 1475/12, BeckRS 2013, 54129), die Durchführung von Stadtrundfahrten mit Bussen in Hamburg dem Gelegenheitsver-

kehr nach § 46 Abs. 2 zuzurechnen (HambOVG NordÖR 2005, 43 L = DVBl. 2005, 260 L; für Linienverkehr zB BayVGH VRS 121, 150; OVG NW NVwZ-RR 2007, 561; zur umsatzsteuerrechtlichen Behandlung von Stadtrundfahrten BFH BStBl. II 2011, 1003). Im Saarland werden Flughafenzubringerverkehre als Mietwagenverkehr nach § 49 Abs. 4 iVm § 2 Abs. 6 genehmigt (vgl. Rundverfügung des Ministeriums für Umwelt, Energie und Verkehr des Saarlandes vom 14.9.1999 – F/4 – 800 P99). Nach der grundlegenden Entscheidung des BVerwG vom 27.8.2015 – 3 C 14/14 (BVerwGE 152, 382 = NVwZ 2016, 695 = GewArch 2016, 384), die auch bei der Entstehung der Novelle 2021 eine Rolle gespielt hat (→ § 1 Rn. 1b und 10a), sind ein unter Einschaltung mit der faktischen Durchführung beauftragter konzessionierter Mietwagenunternehmer organisierter „Flughafen-Shuttle" als Sonderform des Linienverkehrs nach § 2 Abs. 1 Satz 1 Nr. 3 und sog. Event-, Firmen- und Schnäppchen-Shuttle als Gelegenheitsverkehr in der Form des Mietwagenverkehrs gemäß§ 46 Abs. 2 Nr. 3 und § 49 Abs. 4 iVm § 2 Abs. 1 Satz 1 Nr. 4 genehmigungspflichtig. Siehe auch VDV (Hrsg.), Differenzierte Bedienung im ÖPNV – Flexible Bedienungsweisen als Baustein eines marktorientierten Leistungsangebotes, 2009, insbesondere S. 93 ff.

Mit der **Experimentierklausel (Abs. 7)** wird dem Umstand Rechnung **15** getragen, dass sich in den letzten Jahren Verkehrsarten entwickelt haben, die aus Sicht des PBefG atypisch sind, zB Anruf-Sammel-Taxen und Bürgerbusse. Ihre Zuordnung zu den Verkehrsformen des Gesetzes bereitet Schwierigkeiten, abgesehen davon, dass es sich z. T. nicht mehr um Einzelfälle handelt. Zudem befindet sich manche Entwicklung noch im Fluss (vgl. Bericht über den ÖPNV in der Fläche, BT-Drs. 11/5746, 18). Siehe dazu ebenfalls VDV (Hrsg.), Differenzierte Bedienung im ÖPNV – Flexible Bedienungsweisen als Baustein eines marktorientierten Leistungsangebotes, 2009, insbesondere S. 93 ff. Rn. 14. Hier müsste im Übrigen eine Genehmigung gemäß dem neugefassten Abs. 6 als geeignete Lösung in Betracht kommen. Die mit der **Novelle 2021** um ein Jahr erhöhte Dauer für die Erprobung ermöglicht ein längeres Experimentieren und gibt mehr Zeit unter Beibehaltung des Erprobungscharakters (BT-Drs. 19/26175, 38)

Es bleibt abzuwarten, welche rechtliche und praktische Bedeutung die **15a** Bestimmungen der Abs. 6 und 7 nach der Schaffung des Linienbedarfsverkehrs und des gebündelten Bedarfsverkehrs durch die **Novelle 2021** haben werden.

§ 3 Unternehmer

(1) Die Genehmigung wird dem Unternehmer für einen bestimmten Verkehr (§ 9) und für seine Person (natürliche oder juristische Person) erteilt.

(2) Der Unternehmer oder derjenige, auf den die Betriebsführung übertragen worden ist, muß den Verkehr im eigenen Namen, unter eigener Verantwortung und für eigene Rechnung betreiben. Die von der Landesregierung bestimmte Behörde kann in Einzelfällen Ausnahmen zulassen.

(3) Sollen Straßenbahnbetriebsanlagen von einem anderen als dem Unternehmer gebaut werden, kann die Genehmigung für ihren Bau und für die Linienführung (§ 9 Abs. 1 Nr. 1) dem anderen erteilt werden; die für den Unternehmer geltenden Vorschriften des Gesetzes und der auf Grund des Gesetzes erlassenen Rechtsverordnungen sind entsprechend anzuwenden.

1 Es gibt keine allgemeine Genehmigung der Personenbeförderung. Dem Unternehmer kann nur ein bestimmter Verkehr (oder deren mehrere) genehmigt werden (§ 9), – letzteres auch in Form der **Bündelung** mehrerer Liniengenehmigungen (vgl. dazu → § 9 Rn. 5). Ferner gilt die Genehmigung nur für die Person des Unternehmers. Unternehmer können Einzelpersonen und juristische Personen des öffentlichen und privaten Rechts sowie Gesellschaften des Handelsrechts in jeder Form sein. Bei einer Personenmehrheit muss jede Person die Genehmigung besitzen; bei den juristischen Personen wird sie deren Organen erteilt. Daher müssen sie vor Erteilung der Genehmigung namentlich bezeichnet werden.

2 Der Unternehmer oder der Betriebsführer muss die **Verfügungsgewalt** über die Fahrzeuge und Einrichtungen sowie über das Betriebspersonal haben, was jedoch zB hinsichtlich der sächlichen Mittel nicht das Eigentum erfordert (zweifelnd VG Freiburg 12.11.1999 – 3 K 2269/99). Er muss nur tatsächlich in der Lage sein, seine öffentlich- und privatrechtlichen Verpflichtungen, ggf. unter Einschaltung Dritter, zu erfüllen (OVG Magdeburg TranspR 1999, 31 = LKV 1999, 31). Im eigenen Namen betreibt das Unternehmen nur, wer nach außen als dessen Inhaber auftritt. Das allein genügt aber wegen der Gefahr vorgeschobener Strohmänner nicht. Vielmehr muss die eigene Verantwortung für die ordnungsgemäße Führung und das Tragen der Lasten und Nutzungen des Betriebs, wenigstens zum großen Teil, dem Unternehmer zufallen. Beim Einsatz von Auftragsunternehmen bleibt der Auftraggeber der Unternehmer (VGH München VRS 64, 396). Er ist iSd Gesetzes der Unternehmer, der einer Genehmigung bedarf (→ § 2 Rn. 2); der Auftragsunternehmer bedarf einer Genehmigung nach § 49 PBefG (aA OLG Köln VRS 69, 312). Vom Unternehmer zu unterscheiden ist der Vermittler iSd Gesetzes, der nicht selbst Beförderer ist und nicht der Genehmigungspflicht unterliegt (§ 1 Abs. 3, § 2 Abs. 1b). Durch eine **Ausnahmegenehmigung** kann der Unternehmer von der Einhaltung des Abs. 2 Satz 1 ganz oder teilweise befreit werden. Eine solche Genehmigung, deren Erteilung im Ermessen der Behörde steht, kommt nur in Betracht, wenn im Einzelfall das öffentliche Interesse an einer betriebssicheren und ordnungsgemäßen Verkehrsbedienung nicht entgegensteht. Praktische Bedeutung kann die Vorschrift bei Gemeinschaftslösungen, insbesondere Verkehrsverbünden, erlangen, wenn den beteiligten Unternehmen alle Essentials des Leistungs- und Preisangebots von den Organen des Verbundes vorgegeben werden. Eine vergleichbare Situation könnte mit der Vergabe von öffentlichen Dienstleistungsaufträgen gemäß Art. 2 Buchst. i, 3 Abs. 1 und Art. 4 VO (EG) Nr. 1370/2007 eintreten, auch wenn die notwendige Inanspruchnahme öffentlicher Ausgleichszahlungen nicht von vornherein einen Verkehrsbetrieb unter eigener Verantwortung und auf eigene Rechnung ausschließt.

Wird der Straßenbahnverkehr von einer – rechtlich selbständigen – Verkehrsgesellschaft betrieben, während die Betriebsanlagen ganz oder teilweise von einem Dritten, idR einer kommunalen Gebietskörperschaft, vornehmlich einer kreisfreien Stadt, errichtet werden, findet eine **Aufspaltung der Genehmigung** (Abs. 3) statt. Werden die Betriebsanlagen in vollem Umfang von der Stadt gebaut, wird die Genehmigung für den Bau und die Linienführung dieser, die Genehmigung für den Betrieb dagegen der Gesellschaft erteilt. Wird nur ein Teil der Betriebsanlagen von der Stadt errichtet – die Städte beschränken sich häufig auf den Tunnelbau und überlassen die Anlage von Oberbau, Fahrleitung, Stromversorgungsanlagen usw. der Gesellschaft –, muss auch die für den Bau und die Linienführung geltende Genehmigung entsprechend dieser Aufgabenteilung „aufgespalten" werden. Die Regelung beruht auf der Novelle 1965. Damals wurde bezweifelt, dass ein anderer als der Unternehmer eine Genehmigung erhalten könne (vgl. Fromm BB 1965, 1010). Wenn eine „Aufspaltung" der Genehmigung stattfindet, sollen die Genehmigungsverfahren nach Möglichkeit miteinander verbunden werden (§ 12 Abs. 4; dazu → § 12 Rn. 4). Der Dritte kann jedoch nach geltendem Recht mangels entsprechender Regelung nicht auch – oder ausschließlich – den Betrieb der Betriebsanlagen in personenbeförderungsrechtlichem Sinn übernehmen. Eine („aufgespaltene") Genehmigung für eine (nur) die Anlagen betreibende, zB durch „Ausgliederung" aus der Verkehrsgesellschaft entstandene – rechtlich selbständige – Infrastrukturgesellschaft als Unternehmer gemäß Abs. 1 ist anders als im Eisenbahnrecht (siehe dort die Unterscheidung zwischen Eisenbahnverkehrs- und Eisenbahninfrastrukturunternehmen nach § 2 Abs. 1 AEG) gemäß Abs. 3 nicht vorgesehen. 3

§ 3a Bereitstellung von Mobilitätsdaten

(1) Der Unternehmer und der Vermittler sind verpflichtet, die folgenden statischen und dynamischen Daten sowie die entsprechenden Metadaten, die im Zusammenhang mit der Beförderung von Personen im Linienverkehr nach den §§ 42, 42a und 44 sowie im Gelegenheitsverkehr nach den §§ 47, 49 und 50 entstehen, nach Maßgabe der nach § 57 Absatz 1 Nummer 12 zu erlassenden Rechtsverordnung über den Nationalen Zugangspunkt nach § 2 Nummer 11 des Intelligente Verkehrssysteme Gesetzes vom 11. Juni 2013 (BGBl. I S. 1553), das zuletzt durch Artikel 1 des Gesetzes vom 17. Juni 2017 (BGBl. I S. 2690) geändert worden ist, bereitzustellen:

1. Daten im Zusammenhang mit der Beförderung von Personen im Linienverkehr:
   - **a) Name und Kontaktdaten des Anbieters, Fahrpläne, Routen, Preise oder Tarifstruktur, Buchungs- und Bezahlmöglichkeiten sowie Daten zur Barrierefreiheit und zum Umweltstandard der eingesetzten Fahrzeuge;**
   - **b) Ausfälle, Störungen sowie Verspätungen und die voraussichtliche Abfahrts- und Ankunftszeit sowie die tatsächliche oder prognostizierte Auslastung des Verkehrsmittels;**
   - **c) Bahnhöfe, Haltestellen und andere Zugangsknoten sowie Daten zu deren Barrierefreiheit; hierunter fallen auch Daten zur vorhandenen Infrastruktur**

an den Zugangsknoten wie Plattformen, Verkaufsstellen, Treppenhäuser, Rolltreppen und Aufzügen sowie

d) aktueller Betriebsstatus der unter Buchstabe c genannten Zugangsknoten und der dort vorhandenen Infrastruktur;

2. Daten im Zusammenhang mit der Beförderung von Personen im Gelegenheitsverkehr:

a) Name und Kontaktdaten des Anbieters, Bediengebiet und -zeiten, Standorte und Stationen einschließlich ihrer Anzahl, Preise, Buchungs- und Bezahlmöglichkeiten, Daten zur Barrierefreiheit sowie zum Umweltstandard der eingesetzten Fahrzeuge;

b) Daten zur Verfügbarkeit von Fahrzeugen an Stationen und im Verkehr inklusive deren Auslastung in Echtzeit sowie Daten zu den tatsächlich abgerechneten Kosten.

(2) Die Bereitstellung der in Absatz 1 Nummer 1 Buchstabe a und c sowie in Nummer 2 Buchstabe a genannten Daten hat einmalig, die Bereitstellung der in Absatz 1 Nummer 1 Buchstabe b und d und Nummer 2 Buchstabe b genannten Daten hat fortlaufend in Echtzeit zu erfolgen. Die Daten sind in einem maschinenlesbaren Format bereitzustellen. Näheres bestimmt die nach § 57 Absatz 1 Nummer 12 zu erlassende Rechtsverordnung. Unternehmer und Vermittler müssen die in Absatz 1 Nummer 1 Buchstabe a und c und Nummer 2 Buchstabe a genannten Daten aktualisieren, soweit sich in ihrem Geschäftsbetrieb Änderungen ergeben.

(3) Natürliche oder juristische Personen, die als Einzelunternehmer firmieren, sind von der Bereitstellungspflicht nach Absatz 1 ausgenommen. Die freiwillige Bereitstellung von Daten nach Absatz 1 bleibt hiervon unberührt.

(4) Unternehmer und Vermittler können sich bei der Erfüllung ihrer Bereitstellungspflicht eines Erfüllungsgehilfen bedienen.

(5) Stehen für die nach Absatz 1 Nummer 1 bereitzustellenden Daten auf Länderebene Systeme zur Verfügung, die dem Zweck der landeseinheitlichen Zusammenführung von Daten dienen, so sind die Daten vorrangig an diese Systeme zu liefern. Die Landessysteme garantieren, dass die bereitgestellten Daten und Metadaten umgehend an den Nationalen Zugangspunkt weitergeleitet werden. Dynamische Daten sind in Echtzeit weiterzuleiten. Hierzu müssen die Landessysteme mit dem Nationalen Zugangspunkt über eine funktionsfähige Schnittstelle verbunden sein. Die technischen Vorgaben des Nationalen Zugangspunktes sind einzuhalten.

1 Der mit der **Novelle 2021** in das PBefG eingefügte neue § 3a führt eine Pflicht für personenbefördernde und die Beförderungsleistung vermittelnde Unternehmer zur Bereitstellung von statischen und dynamischen Mobilitätsdaten ein.

1a Hierdurch soll eine effektivere Kontrolle von Vorgaben des PBefG ermöglicht und so für einen fairen Wettbewerb unter den Verkehrsformen gesorgt werden. Ebenso kann die Nutzung entsprechender Daten der Anbieter von Beförderungsdienstleistungen durch Länder und Kommunen – etwa für die Verkehrslenkung – einen Beitrag für einen effizienteren und klimafreundlicheren Verkehr leisten. Dies ist vor dem Hintergrund der mit § 1a bezweckten regulatorischen Neuausrichtung des PBefG (Umweltverträglichkeit) zwingend erforderlich. Die Verkehrsträgerübergreifende Bereitstellung und Nutzbarmachung aktueller Mobilitätsdaten ist nicht zuletzt notwendige Voraussetzung, um die Entwicklung datenbasierter, multimodaler Mobilitätsdienste weiter voranzutreiben. Die vorgenannten Gesichtspunkte erfordern in ihrer Gesamtschau grundsätzlich die Erfassung aller Mobilitätsanbieter im Anwendungsbereich des PBefG (das heißt Taxen, Mietwagen, Poolingfahrzeuge und den Öffentlichen Personennahverkehr). Die neue Regelung dient zugleich der Durchsetzung der VO (EU) 2017/1926. Die Funktion des Nationalen Zugangspunkts nimmt seit Ende 2019 der Mobilitäts Daten Marktplatz (MDM), betrieben von der Bundesanstalt für Straßenwesen, wahr (vgl. BT-Drs. 19/26175, 38).

Abs. 1 konkretisiert die verpflichteten Unternehmer im Linien- und Gele- 2
genheitsverkehr (siehe zu Einzelunternehmern aber Abs. 3) und definiert abschließend die bereitzustellenden Datenkategorien. Von der Datenbereitstellungspflicht sind nur die klassischen Linien- und Gelegenheitsverkehre umfasst. Die Bereitstellungspflicht findet demgegenüber keine Anwendung auf die Sonderformen des Linien- bzw. Gelegenheitsverkehrs, wie zum Beispiel Theater- und Schülerfahrten oder Ausflugsfahrten und Ferienziel-Reisen. Das Inkrafttreten von konkreten Bereitstellungspflichten nach § 3a Abs. 1 erfolgt gemäß Art. 7 der **Novelle 2021** zeitlich gestaffelt: Nr. 1 Buchst. a zum 1.9.2021, Nr. 1 Buchst. c und Nr. 2 Buchst. a zum 1.1.2022, und Nr. 1 Buchst. b und d sowie Nr. 2 Buchst. b zum 1.7.2022. **Abs. 1** ist im Hinblick auf das Grundrecht auf Berufsfreiheit nach Art. 12 GG als Indienstnahme Privater für öffentliche Zwecke anzusehen, die ohne Ausgleich der dadurch entstehenden Mehraufwendungen grundsätzlich nicht zulässig ist. Die neuen §§ 3a bis 3c regeln dazu nichts. Also ist der Ausgleich der Mehraufwendungen Sache der Länder, die das PBefG vollziehen.

Nach **Abs. 2** sind näher bestimmte Daten einmalig (vorbehaltlich Ände- 3
rungen im Geschäftsbetrieb), andere dagegen fortlaufend bereitzustellen. Die Bereitstellung hat nach Satz 2 in einem maschinenlesbaren Format zu erfolgen. Näheres regelt nach Satz 3 die nach § 57 Abs. 1 Nr. 12 erlassene sog. Mobilitätsdatenverordnung (Anhang 2. f)).

Nach **Abs. 3** sind Einzelunternehmen von der Bereitstellungspflicht aus- 4
genommen. Bei diesen Adressaten kann unter dem Gesichtspunkt der Verhältnismäßigkeit nicht davon ausgegangen werden, dass der Nutzen durch die Datenbereitstellung die bei den Verpflichteten entstehenden Aufwendungen überwiegt (vgl. BT-Drs. 19/26175, 39).

Abs. 4 erlaubt, dass sich der Verpflichtete bei der Erfüllung seiner Pflicht 5
von Dritten unterstützen lassen kann. Damit wird auch dem Umstand Rechnung getragen, dass es im Bereich der Bereitstellung von Daten im Linienverkehr bereits Netzwerke auf Länder- und Verbundebene (zum Beispiel DELFI) gibt, die schon jetzt einen Beitrag zur Bündelung der zahlreichen Unternehmen des ÖPNV leisten. Damit verbundene getätigte Investitionen sollen durch die Neuregelung in § 3a nicht entwertet werden. Der Gesetzgeber geht davon aus, dass auch im Gelegenheitsverkehr eine solche Bündelung (wie zum Beispiel durch Taxizentralen) stattfinden wird (vgl. BT-Drs. 19/26175, 40).

6 **Abs. 6** erlaubt Systeme auf Länderebene, die dem Zweck der landeseinheitlichen Zusammenführung der bereitzustellenden Daten dienen, und räumt ihnen den Vorrang für die Lieferung vor dem Nationalen Zugangspunkt ein. Voraussetzung dafür ist, dass die Landessysteme die Weiterleitung an den Nationalen Zugangspunkt garantieren, dass dynamische Daten in Echtzeit weitergeleitet werden, dass die Landesssysteme mit dem Nationalen Zugangspunkt über eine funktionsfähige Schnittstelle verbunden sind, und dass die technischen Vorgaben des Nationalen Zugangspunkts eingehalten werden.

§ 3b Datenverarbeitung

(1) Der Nationale Zugangspunkt ist befugt, die Daten nach § 3a Absatz 1 zu erheben, zu speichern, zu verwenden und auf Anfrage nach Maßgabe der nach § 57 Absatz 1 Nummer 12 zu erlassenden Rechtsverordnung an die folgenden Empfänger zu übermitteln:

1. **Daten im Sinne von § 3a Absatz 1 Nummer 1 Buchstabe a und c und Nummer 2 Buchstabe a an Behörden nach dem § 8 Absatz 3 sowie den §§ 11 und 29 zur Überprüfung von Maßgaben nach den §§ 40, 41, 49 Absatz 4, § 50 Absatz 3 und 4 sowie den §§ 51 und 51a und Daten nach § 3a Absatz 1 Nummer 2 Buchstabe b an Behörden nach § 8 Absatz 3 und § 11 zur Überwachung von Maßgaben nach § 49 Absatz 4, § 50 Absatz 3 und 4 sowie zur Überwachung von Maßgaben nach § 51a Absatz 1, 2 und 4;**
2. **Daten im Sinne von § 3a Absatz 1 Nummer 1 Buchstabe a und c und Nummer 2 Buchstabe a sowie Daten im Sinne von § 3a Absatz 1 Nummer 2 Buchstabe b in anonymisierter Form an Länder, Behörden nach § 8 Absatz 3 und Kommunen zur Durchführung von Verkehrsuntersuchungen, zur Ausgestaltung von Maßnahmen zur effizienten Verkehrsplanung und Verkehrslenkung oder zur Durchführung von Maßnahmen im Bereich des Klimaschutzes oder zur Fortentwicklung der Barrierefreiheit nach § 50 Absatz 3 und §§ 64b und 64c;**
3. **Daten im Sinne von § 3a Absatz 1 Nummer 1 und 2 an Dritte zur Erbringung bedarfsgesteuerter Mobilitätsdienstleistungen oder multimodaler Reiseinformationsdienste für Endnutzer nach Artikel 2 Nummer 12 der Delegierten Verordnung (EU) 2017/1926 der Kommission vom 31. Mai 2017 zur Ergänzung der Richtlinie 2010/40/EU des Europäischen Parlaments und des Rates hinsichtlich der Bereitstellung EU-weiter multimodaler Reiseinformationsdienste (ABl. L 272 vom 21.10.2017, S. 1; L 125 vom 14.5.2019, S. 24); Daten nach § 3a Absatz 1 Nummer 2 Buchstabe b dürfen vom Nationalen Zugangspunkt nicht übermittelt werden, wenn er Kenntnis davon erlangt, dass auf Grund der besonderen Umstände des Einzelfalls die Gefahr besteht, dass mit diesen Daten Bewegungen oder Standorte individualisierbarer Personen nachvollzogen werden können und diese Personen nicht in die Übermittlung eingewilligt haben;**
4. **Daten im Sinne von § 3a Absatz 1 Nummer 1 und 2 Buchstabe a an das Bundesministerium für Verkehr und digitale Infrastruktur zur Erfüllung seiner Aufgaben, insbesondere seiner Berichtspflichten nach § 66, sowie zur Fortentwicklung von Maßnahmen im Zusammenhang mit der Entwicklung intelligen-**

ter Verkehrssysteme nach § 4 des Intelligente Verkehrssysteme Gesetzes sowie zur Erfüllung der Berichtspflicht aus Artikel 10 Absatz 2 der Delegierten Verordnung (EU) 2017/1926;
5. Daten im Sinne von § 3a Absatz 1 Nummer 1 Buchstabe a, b und c an das Statistische Bundesamt und die jeweiligen Landesämter für Statistik zur Erfüllung von Aufgaben nach § 1 Nummer 7 des Verkehrsstatistikgesetzes.

(2) Der Nationale Zugangspunkt darf Daten nach § 3a Absatz 1 in anonymisierter Form ferner zur Verfügung stellen
1. den Bundesministerien für eigene oder in deren Auftrag durchzuführende wissenschaftliche Studien sowie
2. den Ländern und Kommunen für hoheitliche Zwecke, wie etwa die Verkehrslenkung oder den Klimaschutz,

wenn die Daten zur Erreichung dieser Zwecke erforderlich sind. Die Bundesministerien dürfen die nach Satz 1 erhaltenen Daten auch Dritten zur Durchführung wissenschaftlicher Studien zur Verfügung stellen, wenn die Dritten ihnen gegenüber die Fachkunde nachgewiesen und die vertrauliche Behandlung der Daten zugesichert haben.

(3) Behörden nach § 8 Absatz 3 sowie §§ 11 und 29 sind befugt,
1. Daten nach § 3a Absatz 1 Nummer 1 Buchstabe a und c sowie Nummer 2 Buchstabe a zu erheben, zu speichern und zu verwenden, soweit dies zur Überprüfung von Maßgaben nach den §§ 40, 41, 49 Absatz 4, § 50 Absatz 3 und 4 sowie §§ 51 und 51a erforderlich ist, und
2. Daten nach § 3a Absatz 1 Nummer 2 Buchstabe b zu erheben, zu speichern und zu verwenden, soweit dies zur Überwachung von Maßgaben nach § 49 Absatz 4, § 50 Absatz 3 und 4 sowie § 51a Absatz 4 erforderlich ist.

(4) Erbringer bedarfsgesteuerter Mobilitätsdienstleistungen oder multimodaler Reiseinformationsdienste für Endnutzer nach Artikel 2 Nummer 12 der Delegierten Verordnung (EU) 2017/1926 sind befugt, Daten nach § 3a Absatz 1 zu erheben, zu speichern und zu verwenden, soweit dies zur Erbringung ihrer Dienste gegenüber Endnutzern erforderlich ist.

(5) Das Bundesministerium für Verkehr und digitale Infrastruktur ist befugt, Daten nach § 3a Absatz 1 Nummer 1 und 2 Buchstabe a zu erheben, zu speichern und zu verwenden, soweit dies jeweils erforderlich ist
1. zur Erfüllung der Berichtspflichten nach § 66,
2. zur Fortentwicklung von Maßnahmen im Zusammenhang mit der Entwicklung intelligenter Verkehrssysteme nach § 4 des Intelligente Verkehrssysteme Gesetzes oder
3. zur Erfüllung der Berichtspflicht aus Artikel 10 Absatz 2 der Delegierten Verordnung (EU) 2017/1926.

(6) Das Statistische Bundesamt und die Landesämter für Statistik sind befugt, Daten nach § 3a Absatz 1 Nummer 1 Buchstabe a, b und c zu erheben, zu speichern und zu verwenden, soweit dies zur Erstellung der Personenverkehrsstatistik nach § 1 Nummer 7 des Verkehrsstatistikgesetzes erforderlich ist.

Der mit der **Novelle 2021** in das PBefG eingefügte neue § 3b regelt die **1**
datenschutzrechtlichen Befugnisse des Nationalen Zugangspunkts und der jeweiligen Empfänger von Daten nach § 3a Abs. 1.

2 **Abs. 1** Satz 1 ermächtigt zunächst den Nationalen Zugangspunkt, die Daten nach § 3a Abs. 1 zu erheben, zu verwenden, zu speichern und zu übermitteln. **Abs. 1** Satz 2 und **Abs. 2** regeln, an welche Empfänger eine Übermittlung erfolgen darf, und bindet diese Übermittlung an konkrete Zwecke.

3 Die **Abs. 3 bis 6** regeln die Datenverarbeitungsbefugnisse der jeweiligen Empfänger.

§ 3c Datenlöschung

(1) Der Nationale Zugangspunkt und Behörden nach § 8 Absatz 3 sowie §§ 11 und 29 haben personenbezogene Daten unverzüglich zu löschen, wenn sie für die in § 3b Absatz 1 oder 3 genannten Zwecke nicht mehr erforderlich sind, spätestens jedoch

1. sobald der jeweilige Empfänger
   a) im Fall von Adressdaten des Unternehmers Kenntnis über den Widerruf, die Rücknahme oder das Erlöschen der Genehmigung oder über den Ablauf der Geltungsdauer erlangt hat,
   b) im Fall von Adressdaten des Vermittlers Kenntnis über die Geschäftsaufgabe erlangt hat und
2. im Fall von Daten nach § 3a Absatz 1 Nummer 2 Buchstabe b, soweit die Daten nicht durch Überschreiben gelöscht wurden, drei Monate nach deren Übermittlung.

Der Nationale Zugangspunkt hat dynamische Daten nach § 3a Absatz 1 Nummer 2 Buchstabe b, bei denen er davon Kenntnis erlangt, dass auf Grund der besonderen Umstände des Einzelfalls die Gefahr besteht, dass mit diesen Daten Bewegungen und Standorte individualisierbarer Personen nachvollzogen werden können und diese Personen nicht in die Übermittlung eingewilligt haben, unverzüglich zu löschen.

(2) Erbringer bedarfsgesteuerter Mobilitätsdienstleistungen oder multimodaler Reiseinformationsdienste für Endnutzer nach Artikel 2 Nummer 12 der Delegierten Verordnung (EU) 2017/1926 haben personenbezogene Daten unverzüglich zu löschen, wenn sie für die in § 3b Absatz 4 genannten Zwecke nicht mehr erforderlich sind, spätestens jedoch wenn

1. im Fall von Adressdaten des Unternehmers Kenntnis über den Widerruf, die Rücknahme oder das Erlöschen der Genehmigung oder über den Ablauf der Geltungsdauer erlangt wurde,
2. im Fall von Adressdaten des Vermittlers Kenntnis über die Geschäftsaufgabe erlangt wurde,
3. im Fall von Daten nach § 3a Absatz 1 Nummer 2 Buchstabe b eine Reiseinformation an Endnutzer übermittelt wurde oder
4. ihnen durch den Nationalen Zugangspunkt die Zulassung zur Datenverarbeitung entzogen wurde.

(3) Das Bundesministerium für Verkehr und digitale Infrastruktur hat personenbezogene Daten zu löschen, wenn diese nicht mehr für die in § 3b Absatz 5 genannten Zwecke erforderlich sind, spätestens jedoch

1. ein Jahr nach Erfüllung der jeweiligen Berichtspflicht oder

2. ein Jahr nach Inkrafttreten einer Maßnahme nach § 4 des Intelligente Verkehrssysteme Gesetzes.

(4) Das Statistische Bundesamt und die Landesämter für Statistik haben personenbezogene Daten zu löschen, wenn diese nicht mehr für die in § 3b Absatz 6 genannten Zwecke erforderlich sind, spätestens jedoch ein Jahr nach Erstellung der jeweiligen Statistik.

Der mit der **Novelle 2021** in das PBefG eingefügte neue § 3c präzisiert die 1
sich aus dem allgemeinen Datenschutzrecht ergebenden Regelungen zur Löschung personenbezogener Daten.

§ 4 Straßenbahnen, Obusse, Kraftfahrzeuge

(1) Straßenbahnen sind Schienenbahnen, die

1. den Verkehrsraum öffentlicher Straßen benutzen und sich mit ihren baulichen und betrieblichen Einrichtungen sowie in ihrer Betriebsweise der Eigenart des Straßenverkehrs anpassen oder

2. einen besonderen Bahnkörper haben und in der Betriebsweise den unter Nummer 1 bezeichneten Bahnen gleichen oder ähneln

und ausschließlich oder überwiegend der Beförderung von Personen im Orts- oder Nachbarschaftsbereich dienen.

(2) Als Straßenbahnen gelten auch Bahnen, die als Hoch- und Untergrundbahnen, Schwebebahnen oder ähnliche Bahnen besonderer Bauart angelegt sind oder angelegt werden, ausschließlich oder überwiegend der Beförderung von Personen im Orts- oder Nachbarschaftsbereich dienen und nicht Bergbahnen oder Seilbahnen sind.

(3) Obusse im Sinne dieses Gesetzes sind elektrisch angetriebene, nicht an Schienen gebundene Straßenfahrzeuge, die ihre Antriebsenergie einer Fahrleitung entnehmen.

(4) Kraftfahrzeuge im Sinne dieses Gesetzes sind Straßenfahrzeuge, die durch eigene Maschinenkraft bewegt werden, ohne an Schienen oder eine Fahrleitung gebunden zu sein, und zwar sind

1. Personenkraftwagen: Kraftfahrzeuge, die nach ihrer Bauart und Ausstattung zur Beförderung von nicht mehr als neun Personen (einschließlich Führer) geeignet und bestimmt sind,

2. Kraftomnibusse: Kraftfahrzeuge, die nach ihrer Bauart und Ausstattung zur Beförderung von mehr als neun Personen (einschließlich Führer) geeignet und bestimmt sind,

3. Lastkraftwagen: Kraftfahrzeuge, die nach ihrer Bauart und Einrichtung zur Beförderung von Gütern bestimmt sind.

(5) Anhänger, die von den in Absatz 1 bis 4 genannten Fahrzeugen zur Personenbeförderung mitgeführt werden, sind den sie bewegenden Fahrzeugen gleichgestellt.

(6) Krankenkraftwagen im Sinne dieses Gesetzes sind Fahrzeuge, die für Krankentransport oder Notfallrettung besonders eingerichtet und nach dem Fahrzeugschein als Krankenkraftwagen anerkannt sind.

1 **Abs. 1** enthält die Begriffsbestimmung der klassischen **Straßenbahn,** als „straßenabhängige Bahn" bezeichnet (vgl. § 1 Abs. 2 Nr. 1 BOStrab), **Abs. 2** stellt bestimmte „unabhängige Bahnen" (vgl. § 1 Abs. 2 Nr. 2 BOStrab) den Straßenbahnen gleich. Beiden ist gemeinsam, dass sie ausschließlich oder überwiegend der Personenbeförderung im Orts- und Nachbarschaftsbereich dienen müssen. Diese Voraussetzungen können ersichtlich auch S-Bahnen erfüllen, zumal zum Nachbarschaftsbereich nicht nur die unmittelbar angrenzenden Nachbarorte, sondern auch Orte gehören, die nur im weiteren Sinne als benachbart anzusehen sind (nach HambOVG 14.12.1999 – 2 E 22/96 P, BeckRS 2001, 20100 – ist das Hamburger S-Bahn-Netz nicht als Schienenbahn iSd PBefG anzusehen). Die zu § 13 Abs. 2 Nr. 2c Satz 4 aF ergangene Rechtsprechung kann zur Auslegung dieses Begriffs herangezogen werden (vgl. BVerwGE 30, 257 = VRS 36, 392; BVerwGE 55, 159 = NJW 1978, 1065 = DÖV 1978, 371; OVG Lüneburg NordÖR 2016, 516 = NdsVBl 2017, 46, wonach der Fährverkehr zwischen der Insel Borkum und Emden-Außenhafen trotz der Trennung der Gemeindegebiete durch das Wattenmeer und Fahrtdauer von 2 Stunden und 15 Minuten Nahverkehr im Sinne des § 147 Abs. 1 Nr. 7 SGB IX ist, bestätigt durch BVerwGE 163, 232 = NVwZ-RR 2019, 231). Die Unterscheidung ist nicht nur für die Gesetzgebungszuständigkeit und die Aufsicht von Bedeutung, sondern auch für Art und Weise der Ausgleichszahlungen gemäß § 45a (→ § 45a Rn. 6). In der Regel weisen Stadtbahnsysteme geringere Haltestellenabstände auf als S-Bahnen (Anhalt: 1500 m bzw. 2500 m). Zweisystem-Stadtbahnverkehre sind sowohl nach dem PBefG als auch nach dem AEG zu genehmigen, mit der Folge, dass für den Verkehr auf Stadtbahngleisen das PBefG und die auf seiner Grundlage erlassenen Vorschriften gelten, und für den Verkehr auf Eisenbahngleisen die des AEG. Die Ertüchtigung der Bestandsstrecke einer Eisenbahn zur Mitbenutzung durch Straßenbahnfahrzeuge führt nicht zum Verlust der Eigenschaft als Eisenbahnbetriebsanlage und der Anwendung des eisenbahnrechtlichen Planfeststellungsverfahrens auf die Schaffung der technischen Voraussetzungen für die Aufnahme von Schienenfahrzeugen der Straßenbahn; die auf dieser Bahnstrecke betriebenen Straßenbahnfahrzeuge verkehren dort als Eisenbahnen (BVerwG VRS 138, 34 = UPR 2020, 264). Entsteht Streit darüber, welchen Charakter eine Schienenbahn hat, ist entweder nach § 10 PBefG oder nach § 2a AEG zu verfahren. Magnetschwebebahnen sind keine Schwebebahnen iSv Abs. 2, sondern unterfallen dem Allgemeinen Magnetschwebebahngesetz (AMbG vom 19.7.1996, BGBl. I 1019).

2 Dass **Bergbahnen** nicht den Straßenbahnen zugerechnet werden können, ergibt sich aus Art. 74 Nr. 23 GG (BVerfGE 56, 249, 263). Eine der Personenbeförderung dienende, schienen- und seilgebundene Bahn, die eine Verbindung auf einen Berg herstellt, ist eine Bergbahn (BFH BStBl. 1974 II, 649). Die Wendelsteinbahn ist eine Bergbahn (BFH BStBl. 1977 II, 105). **Seilbahnen** sind keine Schienenbahnen (vgl. Jarass/Pieroth GG Art. 74 Rn. 67), schienengestützte **Standseilbahnen** dagegen schon.

3 Personenbeförderung mit **Obussen (Abs. 3)** ist nach § 41 eine eigenständige Verkehrsart. ISd Straßenverkehrsrechts (vgl. § 1 Abs. 2 StVG, § 62

StVZO), des Kraftfahrzeugsteuergesetzes (vgl. § 2 Abs. 1 KraftStG) und der haftungsrechtlichen Bestimmungen sind Obusse Kraftfahrzeuge.

Abs. 4 enthält die Begriffsbestimmung für **Personenkraftwagen, Kraftomnibusse** und **Lastkraftwagen.** Personenbeförderung mit LKW ist nur ausnahmsweise zulässig (§ 7). Zur Unterscheidung eines Kraftomnibusses von einem PKW ist auf die Anzahl der Fahrgastplätze bei tatsächlicher Nutzung, nicht aufgrund der serienmäßigen Ausstattung abzustellen (OLG Düsseldorf VRS 85, 223 (225); OLG Karlsruhe VRS 104, 390), und im Übrigen auf die eingetragene Sitzplatzzahl im Fahrzeugschein. 4

Anhänger (Abs. 5) sind nach der Begriffsbestimmung des § 18 Abs. 1 StVZO hinter Kraftfahrzeugen mitgeführte Fahrzeuge mit Ausnahme von betriebsunfähigen Fahrzeugen, die abgeschleppt werden, und von Abschleppachsen. Abs. 5 stellt sie den sie bewegenden Fahrzeugen gleich. Hinter Kraftomnibussen darf nur ein lediglich für die Gepäckbeförderung (zB auch von Fahrrädern) bestimmter Anhänger mitgeführt werden (§ 32a Satz 4 StVZO). 5

Dass **Krankenkraftwagen** (dazu → § 1 Abs. 2 Nr. 2) als solche nach dem Fahrzeugschein anerkannt werden können, ergibt sich aus § 52 Abs. 3 Nr. 4 StVZO. Voraussetzung dafür ist, dass es sich entweder um einen Rettungstransportwagen (RTW) oder Krankentransportwagen (KTW) handelt, deren Ausrüstung sich nach dem Normblatt DIN 75080 Blatt 1 und 2 bzw. Blatt 1 und 3 richtet (vgl. Bidinger PBefG § 4 Anm. 9). 6

§ 5 Dokumente

Genehmigungen, einstweilige Erlaubnisse und Bescheinigungen oder deren Widerruf nach diesem Gesetz oder nach einer auf Grund dieses Gesetzes erlassenen Rechtsverordnung oder Allgemeinen Verwaltungsvorschrift sind schriftlich oder in elektronischer Form mit einer dauerhaft überprüfbaren Signatur nach § 37 Absatz 4 des Verwaltungsverfahrensgesetzes zu erteilen.

Die mit dem Gesetz vom 21.8.2002 (BGBl. I 3322) eingeführte Regelung des § 5 öffnet das PBefG für die **elektronische Kommunikation,** die auch in der Verwaltung zunehmend die Schriftform ersetzt. Die dazu zunächst in Satz 1 vorgeschriebene Schriftform ergibt sich zB für Genehmigungen und Erlaubnisse bereits aus den diese Verwaltungsakte betreffenden §§ 15 Abs. 1 Satz 1, 20 Abs. 2 Satz 1 (für Bescheinigungen siehe zB §§ 4 Abs. 4, 5 Abs. 2 BOKraft; §§ 1 Abs. 2, 6 Abs. 3, 7 Abs. 2 PBZugV). Hierbei wird das Erfordernis der Schriftform ebenfalls für die Rücknahme im Rechtssinn gemäß § 48 VwVfG zu gelten haben (vgl. Bauer Rn. 4; Fielitz/Grätz Rn. 2), zumal der in § 25 verwendete Begriff „Widerruf" nicht im rechtstechnischen Sinn gemäß § 49 VwVfG zu verstehen sein wird (Heinze/Fehling/Fiedler § 25 Rn. 1) und im Übrigen das allgemeine Verwaltungsverfahrensrecht gilt (→ § 25 Rn. 1 f.). 1

Die elektronische Form, die bislang ausgeschlossen war und eine ausdrückliche Zulassung voraussetzte, kann nunmehr auf Grund einer entsprechenden Änderung der Vorschrift durch die **Novelle 2021** kraft Gesetzes für die 2

Kommunikation gewählt werden. Für die Aufhebung der genannten Verwaltungsakte als actus contrarius wird das ebenfalls zu gelten haben.

§ 6 Umgehungsverbot

Die Verpflichtungen des Unternehmers nach diesem Gesetz werden durch rechtsgeschäftliche oder firmenrechtliche Gestaltungen oder Scheintatbestände, die zur Umgehung der Bestimmungen des Gesetzes geeignet sind, nicht berührt.

1 Bei **Gesetzesumgehungen** durch **rechtsgeschäftliche Gestaltungen** handelt es sich um ernstgemeinte und formal zulässige vertragliche Gestaltungen, die auf einen Missbrauch der Vertragsfreiheit zum Zweck der Gesetzesumgehung hinauslaufen (vgl. BGH VRS 64, 349; OLG Hamm VRS 42, 312). Eine solche Umgehung liegt immer vor, wenn die Rechtsfolgen des Gesetzes dadurch vermieden werden sollen, dass zur Erreichung eines wirtschaftlichen Erfolges nicht der den Umständen nach gewöhnliche und zweckmäßige Weg, sondern unter Ausnutzung der Vertragsfreiheit ein anderer, den wirtschaftlichen Vorgängen ferner liegender und daher ungewöhnlicher Weg eingeschlagen wird, der an den vom Gesetz angeordneten Rechtsfolgen vorbeiführen soll (BGH NJW 1960, 1057; VRS 64, 349; NJW-RR 1993, 367). In Betracht kommen vor allem Umgehungen der Genehmigungspflicht (zu § 49 Abs. 4: OVG Greifswald 24.8.2021 – 1 LB 514/18 OVG, BeckRS 2021, 26373), des Erfordernisses der Unternehmereigenschaft und der Festtarifpflicht nach §§ 39 Abs. 3 Satz 1, 41 Abs. 3, 45 Abs. 2, 51 Abs. 5; die in Betracht gezogenen Tatbestände müssen zur Umgehung des Gesetzes geeignet sein (OVG Berlin-Brandenburg 10.4.2015 – OVG 1 S 96.14, CR 2015, 376; siehe auch Heinze/Fehling/Fiedler Rn. 1 und Fielitz/Grätz Rn. 4 ff. mit zahlreichen Beispielen).

2 Auch eine Gesetzesumgehung durch **firmenrechtliche Gestaltungen** ist unzulässig. Natürliche Personen dürfen nicht als Unternehmer auftreten, wenn sie verpflichtet sind, den Weisungen des eigentlichen Unternehmers zu folgen. In Betracht kommen etwa die Vereinbarung einer stillen Gesellschaft, in der der Inhaber einer Genehmigung zur Personenbeförderung wirtschaftlich die Stellung eines Verpächters hat (vgl. KG NJW 1956, 713), die Umgehung des § 3 Abs. 2 Satz 1 durch Vereinbarung einer stillen Gesellschaft, in der der stille Gesellschafter tatsächlich der Unternehmer ist, die Überlassung der Genehmigung an einen Dritten zur Nutzung (vgl. BVerwG VRS 16, 319) und die Vorspiegelung der Übertragung eines Unternehmens (vgl. BGH VRS 32, 253).

3 **Scheintatbestände** liegen etwa vor, wenn sich der Ehemann die Genehmigung erteilen lässt, die Ehefrau das Gewerbe aber auf eigene Rechnung betreibt (KG DAR 1972, 329 = VersR 1972, 467), wenn das Gewerbe in einem Bezirk angemeldet wird, in dem sich der Betriebssitz nicht befindet, wenn, weil die Genehmigung zum Betrieb des Mietwagenverkehrs fehlt, ein PKW an einen „Selbstfahrer“ unter Gestellung eines Fahrers „vermietet“ wird (OLG Celle VRS 16, 223), oder wenn behauptet wird, es handele sich bei

den beförderten Personen um einen eng begrenzten Kreis, während tatsächlich jedermann den Zutritt durch Zahlung des Fahrpreises erlangen kann. Die Genehmigungspflicht nach § 43 Nr. 1 wird umgangen, wenn die Beförderung der Arbeitnehmer durch den Arbeitgeber nicht zwischen Arbeitsstellen desselben Betriebs, sondern zwischen Arbeitsstellen und Sammelstellen stattfindet (BVerwGE 40, 331 = NJW 1973, 72 = VRS 43, 476).

Das Verbot des § 6 führt dazu, dass der Umgehungstatbestand unbeachtet **4** bleibt, das Verhalten der Beteiligten vielmehr die rechtlichen Folgen auslöst, die das Gesetz an das dem erstrebten wirtschaftlichen Zweck angemessene und für ihn gewöhnliche Verhalten knüpft (BGH NJW 1960, 1057; VRS 64, 349). Der Sachverhalt ist so zu beurteilen, wie er sich ohne die Schaffung des Scheintatbestands darstellt (BayObLGSt 1960, 21 = VRS 19, 479; KG VRS 57, 66). Unternehmer, deren nach § 13 Abs. 2 geschützter Verkehr geschädigt wird, haben Anspruch auf Unterlassung und Schadensersatz; § 6 ist ein **Schutzgesetz** iSd § 823 Abs. 2 BGB.

Wer durch Gesetzesumgehung oder durch Schaffung von Scheintatbestän- **5** den Personenbeförderung ohne die erforderliche Genehmigung betreibt, begeht eine Ordnungswidrigkeit nach § 61 Abs. 1 Nr. 1 (→ § 61 Rn. 10).

§ 7 Beförderung von Personen auf Lastkraftwagen und auf Anhängern hinter Lastkraftwagen und Zugmaschinen

(1) Zu einer Personenbeförderung, die nach diesem Gesetz genehmigungspflichtig ist, dürfen Lastkraftwagen sowie Anhänger jeder Art hinter Lastkraftwagen oder hinter Zugmaschinen nicht verwendet werden.

(2) Die Genehmigungsbehörde kann in Einzelfällen Ausnahmen zulassen.

Personenbeförderung mit Lastkraftwagen (Abs. 1) ist grundsätzlich ver- **1** boten, wenn sie nach dem PBefG genehmigungspflichtig ist. Die Gestattung von Ausnahmen ist auf Einzelfälle von unabweisbarer Notwendigkeit beschränkt. Diese Auslegung ist mit Rücksicht auf § 21 Abs. 2 Satz 2 StVO und § 32a StVZO geboten (OLG Bremen VRS 61, 65). Angesichts der dort verankerten Verbote wird die Genehmigungsbehörde nach dem PBefG nur im Falle eines Notstands anders verfahren können.

§ 8 Förderung der Verkehrsbedienung und Ausgleich der Verkehrsinteressen im öffentlichen Personennahverkehr

(1) Öffentlicher Personennahverkehr im Sinne dieses Gesetzes ist die allgemein zugängliche Beförderung von Personen mit Straßenbahnen, Obussen und Kraftfahrzeugen im Linienverkehr, die überwiegend dazu bestimmt sind, die Verkehrsnachfrage im Stadt-, Vorort- oder Regionalverkehr zu befriedigen. Das ist im Zweifel der Fall, wenn in der Mehrzahl der Beförderungsfälle eines Verkehrsmittels die gesamte Reiseweite 50 Kilometer oder die gesamte Reisezeit eine Stunde nicht übersteigt.

(2) Öffentlicher Personennahverkehr ist auch der Verkehr mit Taxen oder Mietwagen, der eine der in Absatz 1 genannten Verkehrsarten ersetzt, ergänzt oder verdichtet.

(3) Für die Sicherstellung einer ausreichenden den Grundsätzen des Klimaschutzes und der Nachhaltigkeit entsprechenden Bedienung der Bevölkerung mit Verkehrsleistungen im öffentlichen Personennahverkehr sind die von den Ländern benannten Behörden (Aufgabenträger) zuständig. Der Aufgabenträger definiert dazu die Anforderungen an Umfang und Qualität des Verkehrsangebotes, dessen Umweltqualität sowie die Vorgaben für die verkehrsmittelübergreifende Integration der Verkehrsleistungen in der Regel in einem Nahverkehrsplan. Der Nahverkehrsplan hat die Belange der in ihrer Mobilität oder sensorisch eingeschränkten Menschen mit dem Ziel zu berücksichtigen, für die Nutzung des öffentlichen Personennahverkehrs bis zum 1. Januar 2022 eine vollständige Barrierefreiheit zu erreichen. Die in Satz 3 genannte Frist gilt nicht, sofern in dem Nahverkehrsplan Ausnahmen konkret benannt und begründet werden. Im Nahverkehrsplan werden Aussagen über zeitliche Vorgaben und erforderliche Maßnahmen getroffen. Bei der Aufstellung des Nahverkehrsplans sind die vorhandenen Unternehmer frühzeitig zu beteiligen; soweit vorhanden sind Behindertenbeauftragte oder Behindertenbeiräte, Verbände der in ihrer Mobilität oder sensorisch eingeschränkten Fahrgäste und Fahrgastverbände anzuhören. Ihre Interessen sind angemessen und diskriminierungsfrei zu berücksichtigen. Der Nahverkehrsplan bildet den Rahmen für die Entwicklung des öffentlichen Personennahverkehrs. Die Länder können weitere Einzelheiten über die Aufstellung und den Inhalt der Nahverkehrspläne regeln.

(3a) Die Genehmigungsbehörde wirkt im Rahmen ihrer Befugnisse nach diesem Gesetz und unter Beachtung des Interesses an einer wirtschaftlichen, den Klimaschutz und die Nachhaltigkeit sowie die Gleichwertigkeit der Lebensverhältnisse berücksichtigenden Verkehrsgestaltung an der Erfüllung der dem Aufgabenträger nach Absatz 3 Satz 1 obliegenden Aufgabe mit. Sie hat hierbei einen Nahverkehrsplan zu berücksichtigen, der unter den Voraussetzungen des Absatzes 3 Satz 6 zustande gekommen ist und vorhandene Verkehrsstrukturen beachtet.

(3b) Für Vereinbarungen von Verkehrsunternehmen und für Beschlüsse und Empfehlungen von Vereinigungen dieser Unternehmen gilt § 1 des Gesetzes gegen Wettbewerbsbeschränkungen nicht, soweit sie dem Ziel dienen, für eine Integration der Nahverkehrsbedienung, insbesondere für Verkehrskooperationen, für die Abstimmung oder den Verbund der Beförderungsentgelte und für die Abstimmung der Fahrpläne, zu sorgen. Sie bedürfen zu ihrer Wirksamkeit der Anmeldung bei der Genehmigungsbehörde. Für Vereinigungen von Unternehmen, die Vereinbarungen, Beschlüsse und Empfehlungen im Sinne von Satz 1 treffen, gilt § 19 Absatz 1 in Verbindung mit Absatz 2 Nummer 1 des Gesetzes gegen Wettbewerbsbeschränkungen entsprechend. Verfügungen der Kartellbehörde, die solche Vereinbarungen, Beschlüsse oder Empfehlungen betreffen, ergehen im Benehmen mit der zuständigen Genehmigungsbehörde.

(4) Verkehrsleistungen im öffentlichen Personennahverkehr sind eigenwirtschaftlich zu erbringen. Eigenwirtschaftlich sind Verkehrsleistungen, deren Aufwand gedeckt wird durch Beförderungserlöse, Ausgleichsleistungen auf der Grundlage von allgemeinen Vorschriften nach Artikel 3 Absatz 2 und 3 der Verordnung (EG) Nr. 1370/2007 des Europäischen Parlaments und des Rates vom

23. Oktober 2007 über öffentliche Personenverkehrsdienste auf Schiene und Straße und zur Aufhebung der Verordnungen (EWG) Nr. 1191/69 und (EWG) Nr. 1107/70 des Rates (ABl. L 315 vom 3.12.2007, S. 1) und sonstige Unternehmenserträge im handelsrechtlichen Sinne, soweit diese keine Ausgleichsleistungen für die Erfüllung gemeinwirtschaftlicher Verpflichtungen nach Artikel 3 Absatz 1 der Verordnung (EG) Nr. 1370/2007 darstellen und keine ausschließlichen Rechte gewährt werden. Ausgleichszahlungen für die Beförderung von Personen mit Zeitfahrausweisen des Ausbildungsverkehrs nach § 45a sind aus dem Anwendungsbereich der Verordnung (EG) Nr. 1370/2007 ausgenommen.

1 Die seit dem 1.1.1996 geltende Vorschrift beschäftigt sich, anders als früher, **ausschließlich** mit dem **ÖPNV. Abs. 1** enthält dessen Begriffsbestimmung. Sie stimmt, allerdings mit der Beschränkung auf die dem PBefG unterliegenden Verkehrsarten, mit der Definition überein, die § 2 des ebenfalls mit Wirkung ab dem 1.1.1996 geltenden Regionalisierungsgesetzes und § 2 Abs. 5 AEG enthalten, und lehnt sich an § 12 Abs. 2 Nr. 10 UStG 1980 an. Der Begriff ist weiter als der des Orts- und Nachbarortslinienverkehrs, weil er auch den Regionalverkehr umfasst. Ob dafür auch eine kommunale Gebietskörperschaft als Aufgabenträger oder zuständige Behörde iSv Art. 1 Abs. 5 VO (EWG) Nr. 1191/69 nF bestimmt werden kann, ist zweifelhaft, weil es insoweit an dem erforderlichen örtlichen Bezug fehlt (vgl. Jarass/Pieroth GG Art. 28 Rn. 18; Schmidt-Assmann in FS Sendler 1991, 121 (128); Fielitz/Grätz Rn. 5; SachsAnhVerfG NVwZ-RR 1999, 96, zur Geltung des Prinzips der Konnexität bei der Zuweisung des ÖPNV als Pflichtaufgabe in eigener Verantwortung).

2 **Abs. 2** ist sprachlich missglückt. Dass der Taxenverkehr den öffentlichen Verkehr ergänzt, ist seit jeher hM (vgl. BVerfGE 11, 168; BVerwG VRS 59, 306). Diese Funktion soll hier jedoch anscheinend nicht angesprochen werden. Vielmehr ist offenbar an Verkehre gedacht, die den Linienverkehr – und natürlich auch den Verkehr mit Straßenbahnen und Obussen – in concreto substituieren, insbesondere in Gestalt des AST (in diesem Sinne auch PStS Carstens in seiner Antwort auf die Frage des Abg. Kubatschka (SPD), Plenarprotokoll 12/210 vom 24.2.1994, S. 18211 A, B). Die Einbeziehung der Mietwagen ist ein Novum, wurde ihnen doch bislang jede Nähe zum öffentlichen Verkehr abgesprochen (vgl. BVerfGE 11, 168; 65, 246). Werden sie im Rahmen des Linienverkehrs eingesetzt – eine auf den ersten Blick nicht ohne weiteres nachvollziehbare Vorstellung –, ist für die Beschränkungen, die § 49 Abs. 4 enthält, ebenso wenig mehr Raum wie für die abweichende Behandlung bei der Umsatzsteuer (vgl. BVerfGE 65, 246 = HFR 1992, 257; BVerfGE 85, 238 = NJW 1992, 1815 = NZV 1992, 205). Dasselbe gilt für die Benutzung von Busspuren, die bisher – und auch das nur ausnahmsweise – Taxen vorbehalten ist (vgl. § 41 Abs. 2 StVO iVm Zeichen 245). Das Gesetz zur Modernisierung des Personalbeförderungsrechts vom 16.4.2021 hat mit Art. 2 die Definition des ÖPNV in § 2 RegG dahingehend ergänzt, dass der Verkehr mit Taxen – nur dieser und nicht auch der Verkehr mit Mietwagen – nunmehr öffentlicher Personennahverkehr im Sinne dieses Gesetzes ist, wenn er die in Satz 1 genannte Verkehrsnachfrage zur Beseitigung einer räumlichen

oder zeitlichen Unterversorgung befriedigt. Nach der Begründung des Gesetzesentwurfs sollen dadurch verstärkt Taxenverkehre zum Einsatz kommen und auf Grundlage des Regionalisierungsgesetzes (RegG) mit Regionalisierungsmitteln finanziert werden; die Begründung gibt nichts dafür her, warum dies trotz der Regelung des § 2 Abs. 2 PBefG nicht auch für den Verkehr mit Mietwagen gelten soll (vgl. BT-Drs. 19/26175, 54).

3 Bis zur Novelle 2012 hat **Abs. 3** Satz 1 und 2 sowie Satz 5 und 6 – Satz 3 und 4 sind erst durch das Gesetz vom 27.4.2002 (BGBl. I 1467) sowie Satz 7 bis 10 durch die 6. GWB-Novelle vom 26.8.1998 (BGBl. I 2521) idF des Gesetzes vom 7.7.2005 (BGBl. I 1954) eingefügt worden – gleichsam als **Grundnorm** die **Verteilung** der **Aufgabe** des **ÖPNV** auf die Genehmigungsbehörde, die Aufgabenträger und die Verkehrsunternehmer sowie die wechselseitige Abgrenzung der Rechtspositionen geregelt und mit Satz 2 als ein neues Rechtsinstitut des Personenbeförderungsrechts den vom Aufgabenträger zu beschließenden **Nahverkehrsplan** eingeführt. Satz 3 und 4 haben die Berücksichtigung der Belange behinderter und anderer Menschen mit Mobilitätsbeeinträchtigung im Nahverkehrsplan vorgeschrieben. Satz 7 bis 10 haben die bis dahin in §§ 99 Abs. 1 Nr. 2, 104 GWB aF geregelten Bereichsausnahmen für die Personenbeförderung im Inland in das PBefG integriert.

4 Die Novelle 2012 hat diesen bisher einen Absatz in drei Absätze – Abs. 3, 3a und 3b – aufgeteilt. Dabei hat sie vor allem die **Aufgaben-** und **Rechtsstellung** der wie bisher von den Ländern zu benennenden zuständigen Behörden – den **Aufgabenträgern** – und die Bedeutung des Nahverkehrsplans **ausgebaut, ohne** allerdings eine **allgemeine Bindung** der Genehmigungsbehörde an den Nahverkehrsplan einzuführen. Insgesamt ist die Stellung der Aufgabenträger im Verhältnis zur Genehmigungsbehörde und den Verkehrsunternehmern jedoch deutlich gestärkt worden (VG Augsburg 24.3.2015 – Au 3 K 13.2063, Au 3 K 14.34, BeckRS 2015, 47705; Heinze/Fehling/Fiedler Rn. 11).

5 So haben nach **Abs. 3 Satz 1 und 2** idF der Novelle 2012 die Aufgabenträger eine ausreichende Bedienung der Bevölkerung mit Verkehrsleistungen im öffentlichen Personennahverkehr und damit auch grds. in den durch die **Novelle 2021** neu eingeführten Verkehrsformen des **Linienbedarfsverkehrs** und des gebündelten Bedarfsverkehrs **mit Taxen und Mietwagen,** soweit die Voraussetzungen des Abs. 2 erfüllt sind, sicherzustellen (siehe auch § 1 Abs. 1 RegG) und dazu die Anforderungen an Umfang und Qualität des Verkehrsangebotes, dessen Umweltqualität sowie die Vorgaben für die verkehrsmittelübergreifende **Integration** der Verkehrsleistungen **in der Regel** in einem **Nahverkehrsplan** zu definieren (dazu VG Augsburg 24.3.2015 – 3 K 13.2063, Au 3 K 14.34, BeckRS 2015, 47705; Heinze/Fehling/Fiedler Rn. 11). Hiernach ist diese „Definition" auch in einer anderen Rechtsform als der des Nahverkehrsplans gemäß den Bestimmungen des PBefG und der Ländergesetze (Satz 7) – etwa in Gestalt eines einfachen Beschlusses des zuständigen Organs – möglich, dann jedoch ohne die im Einzelnen gesetzlich geregelten Rechtswirkungen eines Nahverkehrsplans. Mit der Ergänzung des Satzes 1 durch die Einfügung, dass die Verkehrsbedienung gleichrangig auch den Grundsätzen des Klimaschutzes und der Nachhaltigkeit entsprechen soll,

erhalten zum einen die nach Satz 2 in einem Nahverkehrsplan zu bestimmenden Anforderungen an die Umweltqualität des Verkehrsangebots und zum anderen die in § 1a vorgegebenen Ziele des Klimaschutzes und der Nachhaltigkeit durch Schaffung bzw. Weiterentwicklung eines emissionsarmen Straßenpersonenverkehrs zusätzliche Bedeutung (BT-Drs. 19/26175, 37 und 92; → § 1a Rn. 2). Die wie bisher in **Satz 3** vorgeschriebene Berücksichtigung der Belange behinderter Menschen bei der Aufstellung des Nahverkehrsplans soll dazu dienen, für die Nutzung des ÖPNV eine möglichst weitreichende **Barrierefreiheit** zu erreichen; nach § 12 Abs. 1 Nr. 1c hat der Genehmigungsantrag eine Darstellung der Maßnahmen zur Erreichung des Ziels der vollständigen Barrierefreiheit des beantragten Verkehrs entsprechend den Aussagen im Nahverkehrsplan (§ 8 Abs. 3 Satz 3) zu enthalten. Die Novelle 2012 verleiht dieser Zielsetzung dadurch ein zusätzliches Gewicht, dass eine vollständige Barrierefreiheit bis zum 1.1.2022 zu erreichen ist und Ausnahmen im Nahverkehrsplan konkret zu benennen und zu begründen sind. Ob und wie sich diese Vorschrift wird durchsetzen lassen, wird die Praxis erst noch zeigen müssen (dazu näher Linke/Niemann DVBl. 2016, 344). Dies gilt insbesondere für den barrierefreien Aus- oder Umbau von Haltestellen, für die der den Nahverkehrsplan aufstellende Aufgabenträger für den ÖPNV nicht Träger der Straßenbaulast ist.

Während bislang die Aufstellung des Nahverkehrsplans der Regelung durch Länderrecht zugewiesen gewesen ist, können die Länder jetzt gemäß **Satz 9** „nur" noch weitere Einzelheiten über die Aufstellung und den Inhalt der Nahverkehrspläne regeln. Materiell hat die Novelle 2012 damit nichts geändert. Denn auch schon bisher haben insoweit in mehrfacher Hinsicht Einschränkungen durch Bundesrecht gegolten. So soll der Nahverkehrsplan nach dem Gesetzeswortlaut (Satz 8) lediglich den **Rahmen** für die Entwicklung des ÖPNV bilden (VG Minden 3.12.2014 – 7 K 1047/13, BeckRS 2015, 40518, zur Zulässigkeit der Festlegung eines Stundentaktes in einem Nahverkehrsplan). Er könnte damit auf „konzeptionelle Vorgaben" beschränkt sein. Nach der Entstehungsgeschichte der seit dem 1.1.1996 geltenden Vorschrift bleiben Organisation und Durchführung ebenso Sache des Unternehmers wie Struktur und Höhe der Beförderungsentgelte (vgl. BT-Drs. 12/6269, 143; ebenso PStS Carstens in Mitteilung Nr. 38/94 des Bundesministeriums für Verkehr vom 15.2.1994; aber auch → Rn. 6). **5a**

Der **Genehmigungsbehörde** kommt nach **Abs. 3a** die Aufgabe zu, im Rahmen ihrer Befugnisse und unter Beachtung des Interesses an einer wirtschaftlichen – nunmehr durch die **Novelle 2021** eingefügt – den Klimaschutz und die Nachhaltigkeit und die Gleichwertigkeit der Lebensverhältnisse berücksichtigenden Verkehrsgestaltung an der Erfüllung der dem Aufgabenträger nach Abs. 3 Satz 1 obliegenden Aufgabe **mitzuwirken.** Für die Ergänzung des Satzes 1 gilt, soweit es um Klimaschutz und Nachhaltigkeit geht, das zu Abs. 3 Satz 1 Gesagte (→ Rn. 5) entsprechend; die zu berücksichtigende Gleichwertigkeit der Lebensverhältnisse als abzuwägender Belang folgt ebenfalls aus der Zielsetzung des Gesetzes, nämlich der Reduzierung des urbanen Verkehrsaufkommens und zudem einer verbesserten Versorgung insbesondere ländlicher Räume mit effizienterer Mobilitätsangebote (BT-Drs. 19/26175, **6**

26). Dabei hat sie den Nahverkehrsplan zu „berücksichtigen". Gemäß dem durch die Novelle 2012 in § 13 neu eingefügten Abs. 2b hat sie ebenso im Falle einer „Auswahlentscheidung" die „Festlegungen eines Nahverkehrsplans zu berücksichtigen" (Satz 2; dazu → § 13 Rn. 15d). Ferner kann sie nach § 13 Abs. 2a eine (konkrete) Genehmigung versagen, wenn der beantragte Verkehr mit einem Nahverkehrsplan iSv § 8 Abs. 3 nicht in Einklang steht. Dies alles setzt wiederum Aussagen und einen Konkretisierungsgrad voraus, der über einen bloßen Rahmen, was auch immer darunter zu verstehen sein mag, deutlich hinausgeht, wenn man sich die dem Aufgabenträger nach Abs. 3 Satz 1 und 2 obliegenden Vorgaben für die Sicherstellung einer ausreichenden Verkehrsbedienung vergegenwärtigt. So sind Detailierungsgrad und zulässiger Inhalt eines Nahverkehrsplanes von Anfang an umstritten gewesen und dürften es auch weiterhin sein (ausführlich zum Streitstand Barth S. 279 ff.). Eine zusätzliche rechtliche Relevanz hat der Nahverkehrsplan durch den mit der Novelle 2012 eingefügten (zwingenden) Versagungsgrund gemäß § 13 Abs. 2 Satz 1 Nr. 3 Buchst. d erhalten (dazu → § 9 Rn. 5 und → § 13 Rn. 13).

6a Die Novelle 2021 hat im Ganzen insoweit keine entscheidende Änderung gebracht. Die Ergänzungen des Gesetzes durch den neu eingefügten § 1a, die zu berücksichtigenden Belange des Klimaschutzes und der Nachhaltigkeit sowie der Gleichwertigkeit der Lebensverhältnisse und die Anforderungen der Umweltqualität des Verkehrsangebots gemäß Abs. 3 Satz 1 und Abs. 3a sowie die in § 64b und § 64c normierten Regelungsbefugnisse iVm den Versagungsgründen gemäß § 13 Abs. 5b und 5c (siehe dazu BT-Drs. 19/27288, 35 f.) entbehren letztlich der notwendigen Konkretisierung und Bestimmtheit, um (bundes)rechtlich durchsetzbare Vorgaben für den möglichen Inhalt eines Nahverkehrsplans zu bilden. Eine Ausnahme ist insofern die Regelung des § 13 Abs. 2 Satz 1 Nr. 3d, aus der sich ergibt, dass in einem Nahverkehrsplan zB Linienbündel festgelegt werden können (speziell zum Ermessen der Genehmigungsbehörde beim Abweichen von einem Nahverkehrsplan VG Köln 18.3.2019 – 18 K 11690/16, juris). Ähnlich verhält es sich mit der gemäß Abs. 3 Satz 3 bis zum 1.1.2022 zu erreichenden vollständigen Barrierefreiheit, für die das Gesetz zB iVm § 12 Abs. 1 Satz 1 Nr. 1c eine Darstellung der Maßnahmen zur Erreichung des Ziels der vollständigen Barrierefreiheit entsprechend den Aussagen des Nahverkehrsplans vorsieht. Damit vergleichbare Regelungen fehlen etwa zum verpflichtenden Inhalt von Nahverkehrsplänen, soweit es zB um den Einsatz von emissionsarmen Fahrzeugen oder überhaupt um die Reduzierung von durch Personenbeförderung verursachte Emissionen geht (vgl. Rodi DVBl 2020, 1396 und Kment NVwZ 2020, 366 zu weiteren Vorschlägen zur Inklusion neuer Mobilitätsformen in den ÖPNV und mwN zum Schrifttum dazu aus jüngerer Zeit).

Jedenfalls aber ist die Beschlussfassung über den Nahverkehrsplan durch die dafür zuständigen Organe unabdingbare Voraussetzung dafür, dass er zu berücksichtigen ist (vgl. BVerwG DVBl. 1994, 1194).

6b Außerdem schreibt Bundesrecht in Abs. 3 Satz 6 und 7 die frühzeitige **Beteiligung** der vorhandenen Unternehmer und die **Anhörung** der im Einzelnen aufgeführten Beauftragten, Beiräte und Verbände vor. Ihre Interessen sind angemessen und diskriminierungsfrei zu berücksichtigen. Da das

Gesetz anders als für das Anhörungsverfahren gemäß § 14 Abs. 1 nicht auf (bereits) Linienverkehr betreibende Unternehmen abhebt, beschränkt sich der Kreis der vorhandenen Unternehmer nicht auf solche, die eine Genehmigung besitzen (OVG RP 10.11.1998 – 7 A 12844/97.OVG, BeckRS 2014, 59138; Barth S. 279; aM Muthesius S. 103).

Soweit der **Nahverkehrsplan** gemäß **Abs. 3a** – bisher Abs. 3 Satz 1 und 2 – von der **Genehmigungsbehörde** bei den ihr zukommenden Entscheidungen zu **berücksichtigen,** also nicht wie im Falle des Versagungsgrundes gemäß § 13 Abs. 2 Satz 1 Nr. 3d iS einer Bindung zu beachten ist (VG Köln 18.3.2019 – 18 K 11690/16; → § 13 Rn. 12), stellt er einen **abwägungserheblichen Belang** dar, nicht weniger, aber auch nicht mehr (aM Fehling DVBl. 2015, 464, nach dessen Ansicht unter Bezugnahme auf BVerwG 13.12.2012 – 3 B 46.12, BeckRS 2013, 46749 von Fall zu Fall zu entscheiden ist, mit welchem Gewicht). Das steht im Einklang damit, dass das Mitwirken der Genehmigungsbehörde in Planungsentscheidungen mündet, die nur beschränkt richterlich nachprüfbar sind (BVerwGE 82, 260 = DÖV 1990, 29 = NZV 1990, 206; BVerwG NZV 1992, 165 = DÖV 1992, 534; VGH Mannheim NVwZ-RR 1993, 291 und NVwZ-RR 1993, 292; VGH Mannheim 2.5.1995 – 3 S 886/94, BeckRS 9998, 39352; zu Klagemöglichkeiten des Aufgabenträgers VG Köln 18.3.2019 – 18 K 11690/16). Da der Nahverkehrsplan weder Verwaltungsakts- noch Rechtsnormqualität besitzt, kann er nur inzidenter im Rahmen einer Klage, die die Erteilung oder Versagung einer Genehmigung/Zustimmung betrifft, Gegenstand einer (rechtsstaatlichen Abwägungs-) Kontrolle durch die Gerichte sein (vgl. OVG RP 10.11.1998 – 7 A 12844/97.OVG, BeckRS 2014, 59138; Barth S. 288 f.). 7

Abs. 3b enthält die bislang in Abs. 3 Satz 7 bis 10 geregelten **Bereichsausnahmen** für die Personenbeförderung im Inland. **Verträge** von **Verkehrsunternehmen,** deren Gegenstand die **Integration** der Nahverkehrsbedienung iSv Abs. 3b Satz 1 ist, sind, wenn nicht überhaupt, so doch in ihren wesentlichen Aussagen **Kartellverträge.** Das gilt insbesondere für Demarkationsabsprachen und den damit verbundenen Verzicht auf Antragstellungen bei der Genehmigungsbehörde. Satz 1 und 2 nehmen sie unter zwei Voraussetzungen vom Anwendungsbereich des § 1 GWB aus. Sie müssen dem Ziel des Satzes 1 **dienen** und bedürfen der **Anmeldung** bei der Genehmigungsbehörde. Die Anmeldung muss von **allen** Beteiligten abgegeben werden (vgl. Kuder WuW 1981, 1 (12)). Ob die Anmeldung konstitutive oder lediglich deklatorische Bedeutung hat, ist streitig (jeweils zu § 99 GWB aF in ersterem Sinne GK-KartellR/Hootz GWB § 99 Rn. 9, 10; aA Immenga/Mestmäcker GWB § 99 Rn. 44; Jüngst DÖV 1991, 221 (223)). Angesichts der Tatsache, dass die Anmeldung bei der Genehmigungsbehörde vorzunehmen ist, wird man ihr konstitutive Bedeutung beimessen müssen (ebenso Heinze/Fehling/Fiedler Rn. 105), ist doch kaum anzunehmen, dass sich die Genehmigungsbehörde auf eine Briefträgerrolle beschränken soll. Aber auch insoweit wirksame Verträge unterliegen gemäß Satz 3 dem **Verbot** des **Missbrauchs einer marktbeherrschenden Stellung** (§ 19 GWB). Die Kartellbehörde hat jedoch im Benehmen mit der zuständigen Genehmigungsbehörde tätig zu werden (Satz 4). Die Freistellung lässt die **Zusammen-** 8

schlusskontrolle (§§ 35 ff. GWB) unberührt. **Verkehrsverbünde** und andere **Nahverkehrskooperationen,** die im Interesse leistungsfähiger ÖPNV-Netze und einer flächendeckenden Nahversorgung gebildet werden, sind unter den Voraussetzungen der Sätze 1 und 2 vom Kartellverbot freigestellt und fallen, wenn sie in die Rechtsform einer GmbH gegossen werden, auch nicht unter die Vorschriften der Zusammenschlusskontrolle, sofern es sich um rein kooperative Gemeinschaftsunternehmen handelt, die den Gesellschaftern ausschließlich als Forum für die Koordinierung ihrer ÖPNV-Leistungen dienen und alle formalen und materiellen Voraussetzungen für eine Freistellung als Nahverkehrskooperation erfüllen (Bericht des Bundeskartellamts über seine Tätigkeit in den Jahren 1997/98, BT-Drs. 14/1139, 144 f.; Bundeskartellamt, Beschl. 7.5.1997 – B9-60210-U-21/97).

9 Das Gesetz sagt im Übrigen nichts darüber, in welcher Form im Einzelnen zB eine verkehrsmittelübergreifende Integration der Verkehrsleistungen und eine wirtschaftliche Verkehrsgestaltung geschehen sollen; es verweist nur unter verschiedenen Aspekten in § 9 Abs. 2, § 12 Abs. 1 Satz 1 Nr. 1 Buchst. c, § 13 Abs. 2 Satz 1 Nr. 3c, Abs. 2a, Abs. 2b und Abs. 3 sowie § 16 Abs. 2 allgemein auf § 8 oder speziell auf § 8 Abs. 3. Eine gewisse Institutionalisierung ist unvermeidlich, weil es sich ihrer Natur nach um eine ständige Aufgabe handelt und alle Unternehmer, die für eine Betätigung im ÖPVN in Betracht kommen, zu beteiligen sind, gegebenenfalls – das ist eine Folge von Abs. 2 – auch Taxi- und Mietwagenunternehmer. Sie haben einen Rechtsanspruch auf Beteiligung am Verfahren. Das Verfahren ersetzt nicht das Anhörungsverfahren nach § 14.

10 **Abs. 4** ist die maßgebende Bestimmung für die mit Wirkung ab dem 1.1.1996 eingeführte Unterscheidung bei der Erteilung von Liniengenehmigungen im ÖPNV nach eigenwirtschaftlichen und gemeinwirtschaftlichen Verkehren. Während sich die Genehmigung von eigenwirtschaftlichen Verkehren weiter nach § 13 richtete, sind die Genehmigungen für gemeinwirtschaftliche Verkehrsleistungen in § 13a geregelt gewesen, den die Novelle 2012 aufgehoben hat. **Satz 1** bestimmt als Grundsatz, dass Verkehrsleistungen eigenwirtschaftlich zu erbringen sind. Daraus hat die höchstrichterliche Rspr. einen **Vorrang** der **eigenwirtschaftlichen vor der gemeinwirtschaftlichen Verkehrsbedienung** und hieraus **Folgerungen für das Genehmigungsverfahren** abgeleitet (BVerwGE 127, 42 = NVwZ 2007, 330 = DVBl. 2007, 307; BVerwGE 135, 198 = NVwZ 2010, 559 = DVBl. 2010, 790 L). Die Novelle 2012 hat an diesem – auch durch die Novelle 2021 unberührt gebliebenen 2–2 Vorrang nichts geändert (Knauff GewArch 2014, 157; ders. NVwZ 2020, 1171, Gemeinwohl und Wettbewerb im straßengebundenen ÖPNV; VG Minden 3.12.2014 – 7 K 1047/13, BeckRS 2015, 40518: Klagebefugnis begründendes subjektiv-öffentliches Recht eines konkurrierenden Antragstellers, der Vorrang der eigenwirtschaftlichen Verkehrsbedienung geltend macht; anders OLG Frankfurt VergabeR 2017, 407 für das vergaberechtliche Nachprüfungsverfahren; VG Köln 18.3.2019 – 18 K 11690/16: Einschränkung der Sicherstellungsaufgabe des Aufgabenträgers durch die gesetzgeberische Grundentscheidung, dem eigenwirtschaftlichen Verkehr den Vorrang einzuräumen). Sie unterscheidet jedoch nicht mehr zwischen der

Genehmigung eigenwirtschaftlicher und der Genehmigung gemeinwirtschaftlicher Verkehrsleistungen (vgl. Hübner VergabeR 2012, 468). Sie differenziert vielmehr danach, ob einen öffentlichen Dienstleistungsauftrag voraussetzende (öffentliche) Ausgleichsleistungen gleich welcher Art oder/und **ausschließliche Rechte** für die Erfüllung gemeinwirtschaftlicher Verpflichtungen gewährt werden (vgl. Art. 3 Abs. 1 VO (EG) Nr. 1370/2007). Das Verwaltungsverfahren für die außerdem nach wie vor erforderliche, von der Genehmigungsbehörde zu erteilende (personenbeförderungsrechtliche) Genehmigung trennt nicht nach der Art der Förderung und kennt nicht mehr eine § 13a vergleichbare besondere Regelung der Genehmigung gemeinwirtschaftlicher Verkehre, sondern nur noch die Genehmigung nach § 13 (vgl. § 12 Abs. 1 Satz 1 Nr. 1e; zur Bedeutung für Antragsfristen nach § 12 Abs. 5 und 6 siehe zB OVG NRW 18.1.2017 – 13 A 208/16, BeckRS 2017, 100912).

Abs. 4 **Satz 2** definiert die eigenwirtschaftlichen Verkehrsleistungen, zu **10a**
denen auch die Verkehrsleistungen gezählt werden, deren Aufwand durch **sonstige Unternehmenserträge im handelsrechtlichen Sinne** gedeckt wird, jetzt allerdings mit der Einschränkung, dass diese keine Ausgleichsleistungen für die Erfüllung gemeinwirtschaftlicher Verpflichtungen nach Art. 3 Abs. 1 VO (EG) Nr. 1370/2007 darstellen und keine ausschließlichen Rechte gewährt werden dürfen. Die Definition ist wie bisher sehr breit angelegt, um möglichst viele Einnahmen der Verkehrsunternehmen wie zB Fahrzeugförderung und Werbeeinnahmen zu erfassen (BT-Drs. 17/8233, 12 f.; zu Zahlungen für Durchtarifierungs- und Harmonisierungsverluste bei Verbund- und Gemeinschaftstarifen als Ausgleichsleistungen auf der Grundlage von allgemeinen Vorschriften gemäß Art. 3 Abs. 2 der VO (EG) Nr. 1370/2007 → § 45a Rn. 6a). Dabei hat der Gesetzgeber zu beachten gehabt, dass die Begriffsbestimmung nicht mit der VO (EG) Nr. 1370/2007 kollidiert. Diese definiert in Art. 2 Buchst. g als „Ausgleichsleistungen für gemeinwirtschaftliche Verpflichtungen" jeden Vorteil, insbesondere finanzieller Art, der mittelbar oder unmittelbar von einer zuständigen Behörde aus öffentlichen Mitteln während des Zeitraums der Erfüllung einer gemeinwirtschaftlichen Verpflichtung oder in Verbindung mit diesem Zeitraum gewährt wird. Sie erfasst idR alle Zahlungen oder sonstigen, namentlich finanziellen Vorteile, die einem Verkehrsunternehmen gewährt werden, um einen defizitären Verkehr durchführen zu können (ebenso BT-Drs. 17/8233, 13). Wird Art. 3 VO (EG) Nr. 1370/2007 nicht beachtet, können die allgemeinen beihilferechtlichen Regelungen des Unionsrechts mit allen Konsequenzen greifen. Der **Aufgabenträger** hat ein **Wahlrecht,** ob er die Mindereinnahmen aus einem nicht auskömmlichen Verbundtarif durch die Vergabe eines öffentlichen Dienstleistungsauftrags oder durch den Erlass einer allgemeinen Vorschrift nach § 8 Abs. 4 Satz 2 iVm Art. 3 Abs. 2 Satz 1 der VO ausgleicht (BVerwGE 166, 368 = NVwZ 2020, 244 = TranspR 2020, 190 = BeckRS 2019, 34646).

Mit der Einführung der Gewährung eines **ausschließlichen Rechts** iSd **10b**
Art. 2 Buchst. f der VO (EG) Nr. 1370/2007 hat die Novelle 2012 von einem weiteren Förderungsinstitut als Gegenleistung für die Erfüllung einer gemeinwirtschaftlichen Verpflichtung gemäß Art. 1 Abs. 1 UAbs. 2 der VO Gebrauch gemacht. Es setzt nach Art. 3 Abs. 1 der VO einen **öffentlichen**

Dienstleistungsauftrag des Aufgabenträgers voraus und unterliegt so den dafür geltenden Regelungen wie zB Art. 4 Abs. 1 der VO. Zu den weiteren Anforderungen an die Gewährung eines ausschließlichen Rechts und seinen Rechtswirkungen wird im Einzelnen auf § 8a Abs. 2 (Vorabbekanntmachung) und Abs. 8 sowie § 13 Abs. 2 Satz 1 Nr. 2 verwiesen. Mit der Übernahme des Rechtsinstituts des ausschließlichen Rechts iSd Art. 2 Buchst. f der VO (EG) Nr. 1370/2007 und seiner rechtlichen Ausgestaltung durch die Novelle 2012 misst der Gesetzgeber dem bislang durch § 13 Abs. 2 Nr. 2 geregelten Konkurrenzschutz nicht die Rechtswirkung der Begründung eines ausschließlichen Rechts iS der unionsrechtlichen VO durch die Erteilung einer Genehmigung nach § 13 bei. Die insoweit in Rspr. und Schrifttum streitige Rechtsfrage (dazu auch → § 8b Rn. 10 und statt vieler Linke Gewährleistung des Daseinsvorsorgeauftrags, 2010 S. 172 ff. mwN; MüKoWettbR/Hölzl VO (EG) Nr. 1370/2007 Art. 2 Rn. 16 ff., Ziekow/Völlink/Zuck VO (EG) Nr. 1370/2007 Art. 2 Rn. 12 ff. und Art. 4 Rn. 15 sowie Winnes DVBl 2019, 696) wird damit als entschieden zu betrachten sein. Der Konkurrenzschutz durch die Genehmigungsbehörde gemäß § 13 Abs. 2 Satz 1 Nr. 3 im Verfahren der Genehmigung des Verkehrsangebots eines Dritten bleibt daneben bestehen.

11 Bei der bish. Regelung des Abs. 4 ist von zentraler Bedeutung die von Anfang an umstrittene Frage gewesen – und dies wird auch für die neue Regelung gelten –, welche Formen der Finanzierung von Verkehren im ÖPNV (etwa Verlustausgleich durch Einlagen auf gesellschaftsrechtlicher Basis oder Zahlungen des Eigners auf sonstiger vertraglicher Grundlage oder innerhalb eines – steuerlichen – Querverbunds, Ausgleichszahlungen in Verkehrs- und Tarifverbünden) unter den Begriff der sonstigen Unternehmenserträge im handelsrechtlichen Sinne fallen und ob insbesondere das Angewiesen-Sein eines Linienverkehrs im ÖPNV auf Zuschüsse der öffentlichen Hand – auch aus Gründen des Gemeinschaftsrechts (zB Beihilfeverbot des Art. 87 Abs. 1 EG, jetzt Art. 107 Abs. 1 AEUV) – zur Gemeinwirtschaftlichkeit und damit zur Anwendung der VO (EWG) Nr. 1191/69 nF, dem „Vorläufer" der VO (EG) Nr. 1370/2007, führt (ausführlich zum bish. Streitstand statt vieler Barth, S. 237 ff.; Heinze/Fehling/Fiedler Rn. 59 ff.; H. Zuck DÖV 1994, 941; schließlich vor allem Fromm in der letzten Veröffentlichung vor seinem Tode, BB 1994, 2366). Nach höchstrichterlicher Rspr. (zur bish. Rechtslage) umfasst das **Genehmigungsverfahren** nach § 13 für einen **eigenwirtschaftlichen Linienverkehr nicht** die **Prüfung, ob** die **Finanzierung** der Verkehrsleistungen teilweise **durch** eine gemeinschaftsrechtlich **unzulässige Beihilfe** erfolgen soll (insbesondere BVerwGE 127, 42 = NVwZ 2007, 330 = DVBl. 2007, 307). Die die Maßgeblichkeit des Gemeinschaftsrechts bei nicht ausreichender Verkehrsbedienung regelnden bish. Sätze 3 und 4 des Abs. 4 aF kehren in § 8a Abs. 1 wieder. Mit der Herausnahme der Ausgleichszahlungen nach § 45a durch den neuen Satz 3 (ebenso der Erstattungszahlungen nach § 145 SGB IX – Anhang 2.a) – durch Art. 3 der Novelle 2012), typischer Ausgleichszahlungen nach Satz 2, macht der Gesetzgeber von der Ermächtigung des Art. 3 Abs. 3 der VO (EG) Nr. 1370/2007 Gebrauch; dazu näher → § 45a Rn. 1a und → § 64a Rn. 1.

§ 8a Vergabe öffentlicher Dienstleistungsaufträge

(1) Soweit eine ausreichende Verkehrsbedienung für eine Gesamtleistung nach § 8a Absatz 2 Satz 4 oder für eine Teilleistung nicht entsprechend § 8 Absatz 4 Satz 1 möglich ist, ist die Verordnung (EG) Nr. 1370/2007 maßgebend. Die zuständige Behörde im Sinne der Verordnung (EG) Nr. 1370/2007 (zuständige Behörde) kann zur Sicherstellung einer ausreichenden Verkehrsbedienung allgemeine Vorschriften im Sinne des Artikels 3 Absatz 2 und 3 der Verordnung (EG) Nr. 1370/2007 erlassen oder öffentliche Dienstleistungsaufträge nach Maßgabe des Artikels 3 Absatz 1 der Verordnung (EG) Nr. 1370/2007 erteilen. Wer zuständige Behörde ist, richtet sich nach dem Landesrecht; sie soll grundsätzlich mit dem Aufgabenträger nach § 8 Absatz 3 identisch sein.

(2) Sind öffentliche Dienstleistungsaufträge im Sinne der Verordnung (EG) Nr. 1370/2007 für den Verkehr mit Straßenbahnen, Obussen oder mit Kraftfahrzeugen zugleich öffentliche Aufträge im Sinne des § 103 des Gesetzes gegen Wettbewerbsbeschränkungen, gilt Teil 4 des Gesetzes gegen Wettbewerbsbeschränkungen. Die zuständige Behörde ist auch in diesem Fall zur Veröffentlichung nach Artikel 7 Absatz 2 der Verordnung (EG) Nr. 1370/2007 (Vorabbekanntmachung) verpflichtet; die Veröffentlichung soll nicht früher als 27 Monate vor Betriebsbeginn erfolgen und hat den Hinweis auf die Antragsfrist in § 12 Absatz 6 zu enthalten. In der Vorabbekanntmachung sollen die mit dem beabsichtigten Dienstleistungsauftrag verbundenen Anforderungen für Fahrplan, Beförderungsentgelt und Standards angegeben werden. Es kann angegeben werden, inwieweit eine Vergabe als Gesamtleistung beabsichtigt ist (Netz, Teilnetz, Linienbündel, Linie). Die Angaben können auch durch Verweis auf bestimmte Inhalte des Nahverkehrsplans im Sinne des § 8 Absatz 3 oder durch Verweis auf andere öffentlich zugängliche Dokumente geleistet werden.

(3) Die zuständige Behörde ist unter den in der Verordnung (EG) Nr. 1370/2007 genannten Voraussetzungen befugt, Verkehrsleistungen im Nahverkehr nach Artikel 5 Absatz 2 der Verordnung (EG) Nr. 1370/2007 selbst zu erbringen oder nach Artikel 5 Absatz 2 und 4 der Verordnung (EG) Nr. 1370/2007 direkt zu vergeben.

(4) Bei der Vergabe eines öffentlichen Dienstleistungsauftrages nach Artikel 5 Absatz 3 und 4 der Verordnung (EG) Nr. 1370/2007 für den Verkehr mit Straßenbahnen, Obussen oder mit Kraftfahrzeugen sind die Interessen des Mittelstandes angemessen zu berücksichtigen. Bei der Vergabe eines öffentlichen Dienstleistungsauftrages nach Artikel 5 Absatz 3 der Verordnung (EG) Nr. 1370/2007 sind Leistungen in Lose aufgeteilt zu vergeben.

(5) Beabsichtigt die zuständige Behörde, Verkehrsleistungen im Nahverkehr selbst zu erbringen oder nach Artikel 5 Absatz 2 oder 4 der Verordnung (EG) Nr. 1370/2007 direkt zu vergeben, so hat sie interessierte Unternehmer auf Antrag über die Gründe für die beabsichtigte Entscheidung zu informieren. Der Antrag ist innerhalb einer Frist von sechs Monaten nach der Vorabbekanntmachung zu stellen.

(6) Die Unternehmen können verlangen, dass die zuständige Behörde die Bestimmungen über die Vergabe öffentlicher Dienstleistungsaufträge einhält.

(7) Die Vergabe eines öffentlichen Dienstleistungsauftrages nach Artikel 5 Absatz 2 bis 5 der Verordnung (EG) Nr. 1370/2007 für den Verkehr mit Straßenbah-

nen, Obussen oder Kraftfahrzeugen unterliegt der Nachprüfung nach Teil 4 Kapitel 2 des Gesetzes gegen Wettbewerbsbeschränkungen. Die Prüfungsmöglichkeiten der Aufsichtsbehörde der zuständigen Behörde bleiben unberührt.

(8) Die zuständige Behörde im Sinne der Verordnung (EG) Nr. 1370/2007 kann in dem öffentlichen Dienstleistungsauftrag ein ausschließliches Recht im Sinne von Artikel 2 Buchstabe f der Verordnung (EG) Nr. 1370/2007 gewähren. Das ausschließliche Recht darf sich nur auf den Schutz der Verkehrsleistungen beziehen, die Gegenstand des öffentlichen Dienstleistungsauftrages sind. Die zuständige Behörde bestimmt hierbei den räumlichen und zeitlichen Geltungsbereich sowie die Art der Personenverkehrsdienstleistungen, die unter Ausschluss anderer Betreiber zu erbringen sind. Dabei dürfen solche Verkehre, die das Fahrgastpotenzial der geschützten Verkehre nur unerheblich beeinträchtigen, nicht ausgeschlossen werden.

1 Die durch die Novelle 2012 eingefügte Vorschrift ist die national-rechtliche Schaltstelle zur Anwendung der VO (EG) Nr. 1370/2007, indem sie die Maßgeblichkeit der unionsrechtlichen Normen für den Fall vorsieht, dass eine ausreichende Verkehrsbedienung für eine Gesamtleistung (Netz, Teilnetz, Linienbündel, Linie) oder für eine Teilleistung durch eigenwirtschaftliche Verkehrsleistungen nicht möglich und eine Intervention der zuständigen öffentlichen Stelle, dh im Sinne des Unionsrechts der „zuständigen Behörde" erforderlich ist **(Abs. 1 Satz 1).** Abs. 1 **Satz 2** nennt die dafür nach Unionsrecht in Betracht kommenden Handlungsinstrumente. Die Vorschrift regelt nicht dem durch die Novelle 2012 aufgehobenen § 13a vergleichbar eine eigenständige Genehmigung nicht eigenwirtschaftlicher Verkehrsleistungen. Vielmehr betrifft sie den Erlass allgemeiner Vorschriften und die Vergabe öffentlicher Dienstleistungsaufträge – einschließlich Rechtsschutz – als Voraussetzung für die Gewährung ausschließlicher Rechte und/oder von Ausgleichsleistungen für die Erfüllung gemeinwirtschaftlicher Verpflichtungen (Art. 3 Abs. 1 VO (EG) Nr. 1370/2007). Beide Handlungsinstrumente stehen gleichrangig nebeneinander und räumen dem **Aufgabenträger** als zuständiger Behörde ein **Wahlrecht** ein; der Vorrang der Eigenwirtschaftlichkeit begründet keinen Anspruch auf Erlass einer allgemeinen Vorschrift (BVerwGE 166, 368 = TransportR 2020, 190 = NVwZ 2020, 244; ebenso schon vorher u. a. VG Augsburg 24.3.2015 – Au 3 K 13.2063, Au 3 K 14.34, BeckRS 2015, 100053). Nach Art. 2 Buchst. i VO (EG) Nr. 1370/2007 ist damit keine bestimmte Rechtsform wie etwa ein Vertrag oder Verwaltungsakt noch ein bipolares Rechtsverhältnis vorgegeben (Ziekow/Völlink/Zuck VO (EG) Nr. 1370/2007 Art. 2 Rn. 19; auch → Rn. 4 zum „dreifachen Betrauungsakt"). Außerdem schafft die Vorschrift durch Regelungen für die zeitliche Abstimmung der verschiedenen Verfahren Transparenz und Wettbewerbsoffenheit der Vergabe – wie auch der Genehmigungsverfahren.

2 Soweit der Gesetzgeber nicht mit der Novelle 2012 das nationale Recht im Hinblick auf die VO (EG) Nr. 1370/2007 – wie zB mit Abs. 1 Satz 2 – angepasst bzw. ergänzt hat, kommt die unmittelbare Geltung der unionsrechtlichen VO zum Tragen. Das sind hinsichtlich des obligatorischen Inhalts öffentlicher Dienstleistungsaufträge und allgemeiner Vorschriften iSd Art. 3

Abs. 2 und 3 der VO die Bestimmungen des **Art. 4** der VO. Die nach Abs. 1 dieser Vorschrift erforderlichen Angaben zur klaren Definition der zu erfüllenden gemeinwirtschaftlichen Verpflichtungen und zum geografischen Geltungsbereich (Buchst. a), zur objektiven und transparenten Aufstellung der Parameter für die Berechnung der Ausgleichsleistung und der ggf. gewährten Ausschließlichkeit vor Vergabe des öffentlichen Dienstleistungsauftrages und zur Vermeidung einer übermäßigen Ausgleichsleistung (Buchst. b Satz 1) mit Besonderheiten für Direktvergaben gemäß Art. 5 Abs. 2, 4, 5 und 6 der VO (Buchst. b Satz 2) sowie zur Festlegung von Durchführungsvorschriften für die Aufteilung der Kosten und Einnahmen (Buchst. c und Abs. 2) sind dabei **inhaltliche Mindestanforderungen.** Diese müssen sowohl bei Vergaben im Wettbewerb als auch bei Direktvergaben beachtet werden (MüKoWettbR/Hölzl VO (EG) Nr. 1370/2007 Art. 4 Rn. 1; siehe zum obligatorischen Inhalt auch Ziekow/Völlink/Zuck VO (EG) Nr. 1370/2007 Art. 4 Rn. 1 f., dass Abs. 4, 4a, 4b, 5, 6 und 8 nur dann verpflichtend sind, wenn die jeweilige Bedingung für die Laufzeitverlängerung, den fingierten Betriebsübergang oder die Qualitätsstandards eintritt). Abs. 3 und 4 regeln die zulässige Geltungsdauer öffentlicher Dienstleistungsaufträge (dazu → § 16). Nach Abs. 5 können in öffentlichen Dienstleistungsaufträgen Arbeitnehmerrechte und Sozialstandards geregelt werden. Abs. 6 ermöglicht es der zuständigen Behörde/dem zuständigen Aufgabenträger, den Betreiber eines öffentlichen Dienstes zur Einhaltung nach nationalem Recht vorgesehener Qualitätsstandards zu verpflichten. Soll das geschehen, sind diese Qualitätsstandards in die Unterlagen für das wettbewerbliche Vergabeverfahren und in die öffentlichen Dienstleistungsaufträge aufzunehmen (siehe hierzu für das Genehmigungsverfahren §§ 12 Abs. 1a, 21 Abs. 1 Satz 2 und Abs. 4 Satz 3). Nach Abs. 7 ist in den Unterlagen des wettbewerblichen Vergabeverfahrens und den öffentlichen Dienstleistungsaufträgen anzugeben, ob und in welchem Umfang eine Vergabe von Unteraufträgen in Frage kommt (siehe dazu auch § 8b Abs. 5). Der betraute Betreiber muss bei Zulässigkeit von Unteraufträgen einen **bedeutenden Teil** der öffentlichen Personenverkehrsdienste selbst erbringen (siehe zur strengeren Regelung des Art. 5 Abs. 2 → § 8b Rn. 6b). Umfasst ein öffentlicher Dienstleistungsauftrag gleichzeitig Planung, Aufbau und Betrieb öffentlicher Personenverkehrsdienste, kann eine vollständige Übertragung des Betriebs dieser Dienste an Unterauftragsunternehmer vorgesehen werden.

Das nationale Recht bestimmt nicht näher, was unter **Sicherstellung** einer **ausreichenden Verkehrsbedienung** zu verstehen ist. Da das nationale Recht von einer eigenen Definition des Begriffs abgesehen hat, ist es gerechtfertigt, an das Unionsrecht, aus dem der Begriff übernommen worden ist, anzuknüpfen (ebenso zu § 8 Abs. 4 Satz 3 aF im Hinblick auf die VO (EWG) Nr. 1191/69 Barth S. 159; Kolks Rn. 592), das allerdings auch nur einige Anhaltspunkte zur Auslegung des Begriffs liefert. Hiernach ist eine ausreichende Verkehrsbedienung nach Angebot und Nachfrage im Verkehr und den Bedürfnissen der Allgemeinheit, insbesondere unter Berücksichtigung sozialer, umweltpolitischer und landesplanerischer Faktoren zu beurteilen (EuGH 17.9.1998 – C-412/96, BeckRS 2004, 77114; Barth S. 158 ff.; Werner § 6 I. 2.; Knauff Gewährleisungsstaat, S. 422 ff.). Der Begriff der ausreichenden Verkehrsbedie- 3 nung ist ein unbestimmter Rechtsbegriff (ebenso Barth, S. 169). Was als ausreichende Verkehrsbedienung anzusehen ist, kann nur unter Würdigung aller Umstände des Einzelfalls – also auch der wirtschaftlichen Leistungsfähigkeit der zuständigen Behörde (VG Dessau 20.12.1999 – 2 B 1368/99 DE) – für einen bestimmten Zeitraum entschieden werden (vgl. Bund/Länder-Fachausschuss Straßenpersonenverkehr, Der Nahverkehr 6/1997, 8; Barth, S. 169). Die zuständigen Behörden/Aufgabenträger (vgl. Abs. 1 Satz 2) verfügen über ein weites Ermessen, soweit es darum geht, ob die Sicherstellung einer ausreichenden Verkehrsbedienung ein Tätigwerden verlangt (EuGH 17.9.1998 – C-412/96, BeckRS 2004, 77114; VG Dessau 20.12.1999 – 2 B 1368/99 DE; Batzill/Zuck, Personenbeförderungsrecht, S. 17).

3a Aus der Einleitung des Abs. 1 Satz 1 mit dem Wort „soweit" ergibt sich, dass nach der Novelle 2012 auch für **Teile** eines von der zuständigen Behörde definierten Verkehrsangebots zur Sicherstellung einer ausreichenden Verkehrsbedienung eine eigenwirtschaftliche Erbringung der Verkehrsleistungen möglich ist. Die zuständige Behörde kann das jedoch gemäß Abs. 2 Satz 4 in der Vorabbekanntmachung ausschließen, indem sie angibt, dass die Vergabe als Gesamtleistung beabsichtigt ist.

4 **Abs. 1** besagt nichts über das Erfordernis einer zusätzlichen – noch hinzutretenden – Genehmigung nach den Bestimmungen des PBefG und die Voraussetzungen ihrer Erteilung, für die die sich ebenfalls nach Landesrecht richtende Genehmigungsbehörde (→ § 11 Rn. 1) zuständig ist. So kann gemäß der nationalen Rechtslage nach dem die Finanzierung der Verkehrsunternehmen im Verkehrsverbund Rhein-Ruhr betreffenden Beschluss der EU-Kommission vom 23.2.2011 – C 58/2006 (ABl. EU 2011 L 210, 1) ein „öffentlicher Dienstleistungsauftrag" (die Betrauung) gemäß Art. 2 Buchst. i VO (EG) Nr. 1370/2007 aus mehreren rechtsverbindlichen Akten (unterschiedlicher Rechtsform) verschiedener Behörden wie zB Genehmigungen (einseitigen Hoheitsakten – Verwaltungsakten), Nahverkehrsplänen und Finanzierungsbescheiden auf Grund einer Finanzierungsrichtlinie (Satzung) bestehen, einem so genannten **„dreifachen Betrauungsakt"** (Beschluss, insbesondere Rn. 56, 222, 233 f., 242; Ziekow/Völlink/Zuck VO (EG) Nr. 1370/2007 Art. 2 Rn. 18 ff.).

5 Bei der Bestimmung des **Abs. 2 Satz 1** handelt es sich um eine Klarstellung (so auch BT-Drs. 17/8233, 13), da sich die Anwendung des allgemeinen (öffentlichen) Vergaberechts gemäß Teil 4 des GWB, wenn die öffentlichen Dienstleistungsaufträge öffentliche Aufträge im Sinne des § 103 GWB sind, bereits aus Art. 5 Abs. 1 Satz 2 VO (EG) Nr. 1370/2007 ergibt. Hiernach finden die die „Vergabe öffentlicher Dienstleistungsaufträge" betreffenden Vorschriften der Abs. 2 bis 6 von Art. 5 der VO (EG) Nr. 1370/2007 und damit zB das sog. wettbewerbliche Verfahren gemäß Abs. 3 nur dann Anwendung, wenn es sich um Dienstleistungsaufträge oder öffentliche Dienstleistungsaufträge iS der unionsrechtlichen Vergaberichtlinien 2004/17/EG (SKR) oder 2004/18/EG (VKR) für öffentliche Personenverkehrsdienste mit Bussen und Straßenbahnen handelt und diese Aufträge nicht unter das allgemeine Vergaberecht nach dem GWB bzw. unter diese EU-Richtlinien fallen. So gilt das spezielle Vergaberecht der VO (EG) Nr. 1370/2007 auf

Grund der tatsächlichen Verhältnisse im ÖPNV praktisch allein für **Dienstleistungskonzessionen** iS der Art. 1 Abs. 3 Buchst. b SKR und Art. 1 Abs. 4 VKR und bei Aufträgen mit einem **Wert unter** dem nach Vergaberecht maßgeblichen **Schwellenwert;** streitig ist, ob auch **In-House-Vergaben** iS der („Teckal"- und „Stadt Halle"-) Rspr. des EuGH zum Anwendungsbereich des Vergaberechts nach Art. 5 Abs. 2 bis 6 VO (EG) Nr. 1370/2007 gehören (insgesamt zum Streitgegenstand jeweils mwN u. a. EuGH VergR 2017, 152 – Hörmann Reisen; EuGH EuZW 2019, 388 – Hüttebräucker; EuGH NZBau 2019, 658 = VergabeR 2019, 642 – Rhenus Veniro; BGH NZBau 2020, 179 = TranspR 2020, 411; OLG München NZBau 2016, 583; OLG München VergabeR 2020, 241; OLG Düsseldorf NVwZ 2012, 216 = NZBau 2011, 244; Byok, NJW 2012, 1124; Hübner, VergabeR 2009, 363; Knauff NZBau 2012, 65; Ziekow/Völlink/Zuck VO (EG) Nr. 1370/2007 Art. 5 Rn. 10 ff. mwN aus der Rspr.)

Gemäß den zit. Definitionen in den Vergaberichtlinien SKR und VKR sind **6** unter **Dienstleistungskonzessionen** Verträge zu verstehen, die von öffentlichen Dienstleistungsaufträgen nur insoweit abweichen, als die Gegenleistung für die Erbringung der Dienstleistungen ausschließlich in dem Recht zur Nutzung der Dienstleistung oder in diesem Recht zuzüglich der Zahlung eines Preises besteht. Dafür ist entscheidend, dass der Erbringer der Dienstleistung das wirtschaftliche – nach neuerer Rspr. das betriebliche – Risiko trägt, wobei dieses nach neuster Rspr. des EuGH (NZBau 2011, 239 = VergabeR 2011, 430) gering sein kann (dazu im Einzelnen mwN aus Rspr. und Schrifttum EuGH NVwZ 2012, 236; BGH NZBau 2011, 175; OLG München VergabeR 2020, 241; OLG Koblenz 25.3.2015 – Verg 11/14, BeckRS 2015, 16566 = NZBau 2015 H 5/VI; MüKoWettbR/Hölzl VO (EG) Nr. 1370/2007 Art. 5 Rn. 15 ff.; Ziekow/Völlink/Zuck VO (EG) Nr. 1370/2007 Art. 5 Rn. 12 ff.).

Nach Abs. 2 **Satz 2 Hs. 1** hat die zuständige Behörde, also idR der Auf- **7** gabenträger, auch die Vergabe solcher, dem allgemeinen Vergaberecht unterliegenden öffentlichen Dienstleistungsaufträge gemäß Art. 7 Abs. 2 VO (EG) Nr. 1370/2007 spätestens 1 Jahr vor Einleitung des Vergabeverfahrens – Vorabbekanntmachung –, jedoch nicht früher als 27 Monate vor Betriebsbeginn im Amtsblatt der EU zu veröffentlichen. Um die nötige Transparenz für den Fall konkurrierender Anträge für eigenwirtschaftliche Verkehre mit der von der zuständigen Behörde auf Grund ihrer Prognose für notwendig gehaltenen Vergabe öffentlicher Dienstleistungsaufträge gemäß Abs. 1 zu gewährleisten, hat die Veröffentlichung gemäß Art. 7 Abs. 2 VO (EG) Nr. 1370/2007 nach **Satz 2 Hs. 2** einen Hinweis auf die Antragsfrist in dem durch die Novelle 2012 neu eingeführten § 12 Abs. 6 zu enthalten (so sinngemäß schon BVerwGE 135, 198 = NVwZ 2010, 559 = DVBl. 2010, 790 L für die bish. Rechtslage; dazu Winnes DVBl. 2010, 790). Danach ist der Antrag auf Erteilung einer Genehmigung für einen eigenwirtschaftlichen Verkehr spätestens drei Monate nach dieser Veröffentlichung zu stellen. Die **Angaben,** die die **Vorabbekanntmachung** nach Abs. 2 Satz 3 ff. zu dem beabsichtigten öffentlichen Dienstleistungsauftrag enthalten soll (Anforderungen für Fahrplan, Beförderungsentgelt und Standards) oder kann (Vergabe als Gesamtleistung), sind gemäß § 13 Abs. 2a Satz 2 bis 5 für die Genehmigungsfähigkeit von innerhalb der Frist nach § 12 Abs. 6 gestellten konkurrierenden Anträgen für eigenwirtschaftliche Verkehre von rechtlicher Bedeutung (dazu im Einzelnen → § 13 Rn. 15 ff.). Der Aufgabenträger sollte deshalb die mit dem in Betracht kommenden Inhalt der Vorabbekanntmachung eröffneten Möglichkeiten nutzen.

8 Im (personenbeförderungsrechtlichen) **Genehmigungsverfahren** kann sich der Antragsteller für einen eigenwirtschaftlichen Verkehr auf die Einhaltung des Verfahrens gemäß Abs. 1 Satz 1 und Abs. 2 Satz 1 und 2 und damit auf den **Vorrang** des eigenwirtschaftlichen Verkehrs berufen (auch → § 8 Rn. 10). Genügt die Verfahrensgestaltung des Aufgabenträgers nicht diesen gesetzlichen Anforderungen und fehlt überhaupt eine – von der Genehmigungsbehörde zu überprüfende und gerichtlicher Kontrolle zugängliche – Prognose oder eine hinreichend gesicherte Prognose darüber, dass eine ausreichende Verkehrsbedienung durch einen eigenwirtschaftlichen Verkehr nicht möglich ist, ist die Genehmigungsbehörde gehindert, die Genehmigung für einen nicht eigenwirtschaftlichen Verkehr auf der Grundlage eines vom Aufgabenträger vergebenen öffentlichen Dienstleistungsauftrages oder einer Direktvergabe zu erteilen (so sinngemäß zur bish. Rechtslage bereits BVerwG 135, 198 = NVwZ 2010, 559 = DVBl. 2010, 790 L; Heinze DVBl. 2011, 534; Hübner VergabeR 2012, 466). Nach in der Rspr. hM gehört die Frage, ob ein öffentlicher Aufgabenträger, der sich zur europaweiten Ausschreibung von Leistungen des ÖPNV iSd § 8 Abs. 1 entschließt, zuvor geprüft hat, ob eine ausreichende Verkehrsbedienung durch eigenwirtschaftliche Verkehrsleistungen möglich ist, nicht zum Prüfungsumfang im vergaberechtlichen Nachprüfungsverfahren nach den §§ 155 ff. GWB (u. a. OLG Düsseldorf NZBau 2011, 244 = VergabeR 2011, 471; OLG Jena VergabeR 2012, 461; dazu Hübner VergabeR 2012, 466).

9 Da die Veröffentlichung die 3-Monats-Frist für derartige Anträge in Gang setzt, soll diese Veröffentlichung nicht früher als 27 Monate vor Betriebsbeginn erfolgen, um nicht eigenwirtschaftliche Anträge von Verkehrsunternehmen zu erschweren (so BT-Drs. 17/8233, 13). Die Genehmigungsbehörde kann jedoch gemäß § 12 Abs. 6 Satz 2 im Einvernehmen mit dem Aufgabenträger verspätete Anträge zulassen (BT-Drs. 17/8233, 13).

9a Mit der ausdrücklichen Regelung des **Abs. 3** stellt die Novelle für das nationale Recht im Hinblick auf den Art. 5 Abs. 2 und Abs. 4 VO (EG) Nr. 1370/2007 einleitenden Vorbehalt nationalen Rechts klar, dass der Aufgabenträger von der unionsrechtlichen Befugnis der Selbsterbringung oder der Direktvergabe nach diesen Bestimmungen unter den dort genannten Voraussetzungen Gebrauch machen kann. **Selbsterbringung** und **Direktvergabe** an einen internen Betreiber müssen sich jedoch prinzipiell am Grundrecht der Berufsfreiheit (Art. 12 Abs. 1 GG), am allgemeinen Gleichbehandlungsgrundsatz (Art. 3 Abs. 1 GG), dem Grundsatz der Verhältnismäßigkeit (Art. 2 Abs. 1 iVm Art. 20 GG) sowie dem haushaltsrechtlichen Gebot der Wirtschaftlichkeit und Sparsamkeit und im Falle kommunaler Aufgabenträger an den kommunalrechtlichen Bestimmungen zur Zulässigkeit einer wirtschaftlichen Betätigung messen lassen (dazu aus der Rspr. unter den Stichworten nachvollziehbare „Dokumentation" bezüglich der Direktvergabevoraussetzungen OLG Frankfurt VergabeR 2016, 239; „Urenkelgesellschaft“ und Möglichkeit der „Tätigkeit außerhalb des Zuständigkeitsbereichs“ der zuständigen örtlichen Behörde OLG München VergabeR 2016, 613; Kontrolle der zuständigen Behörde über beauftragtes Verkehrsunternehmen „wie über eine eigene Dienststelle“ und „Wahlrecht“ zwischen „wettbewerblichem“ Verfahren und „Direktvergabe“ OLG Jena NZBau 2020, 59 = VergabeR 2020, 63; Zulässigkeit von „Unterschwellenvergaben“ und „Dokumentation“ OLG München VergabeR 2020, 241; MüKoWettbR/Hölzl VO (EG) Nr. 1370/2007 Art. 5 Rn. 24 f.; Heinze/Fehling/Fiedler Rn. 46 ff.; Ziekow/Völlink/Zuck VO (EG) Nr. 1370/2007 Art. 5 Rn. 57 f.; siehe auch BayVerfGH DVBl. 2012, 906, wonach die Vorrangstellung der Hilfsorganisationen beim Rettungsdienst gegen das Grundrecht der Berufsfreiheit verstößt). Die unmittelbar geltende unionsrechtliche Ermächtigung nach Art. 5 Abs. 5 VO (EG) Nr. 1370/2007 bleibt von der Klarstellung unberührt.

Die der Förderung mittelständischer Interessen dienende Vorschrift des § 97 Abs. 4 GWB kommt nur bei der Vergabe öffentlicher Dienstleistungsaufträge gemäß Abs. 2 Satz 1 und nicht auch bei Vergaben im wettbewerblichen Verfahren und bei Vergaben von KMU-Aufträgen nach Art. 5 Abs. 3 und 4 VO (EG) Nr. 1370/2007 zur Anwendung, sodass eine vergleichbare Förderreglung bei diesen Vergaben eine gesonderte Vorschrift erfordert. Die allerdings nur für Vergaben im wettbewerblichen Verfahren verpflichtend eingeführte, in Lose aufgeteilte Vergabe der Leistungen gemäß **Abs. 4** Satz 2 soll der Bedeutung der Losvergabe für die Ausbildung von Wettbewerb Rechnung tragen (BT-Drs. 17/8233, 13). In der Praxis werden die mittelständischen Interessen bei der ohne Ermessensspielraum gebotenen losweisen Vergabe aus Gründen personenbeförderungsrechtlicher Vorgaben bei der Bildung von Linien, Liniennetzen und Linienbündeln zu berücksichtigen sein. Dabei sind widerstreitende verkehrliche Belange mit mittelständischen Interessen sachgerecht abzuwägen. Ebenso kann der Loszuschnitt auf Grund der konkreten Marktverhältnisse dazu führen, dass nur wenige oder gar keine Angebote eingehen (OLG Düsseldorf NZBau 2012, 515). **10**

Während Abs. 2 mit der 3-Monats-Frist eigenwirtschaftliche Anträge bei der Vergabe von öffentlichen Dienstleistungsaufträgen betrifft, die dem allgemeinen (öffentlichen) Vergaberecht unterliegen, regelt **Abs. 5** die beabsichtigte Selbsterbringung von Verkehrsleistungen im Nahverkehr und die Direktvergaben nach Art. 5 Abs. 2 (Direktvergabe an internen Betreiber) oder Abs. 4 (Vergabe von KMU-Aufträgen) der VO (EG) Nr. 1370/2007. Auch hier gilt die 3-Monats-Frist für Anträge auf Erteilung einer Genehmigung für einen eigenwirtschaftlichen Verkehr mit Straßenbahnen, Obussen und Kraftfahrzeugen im Linienverkehr, wie sich aus § 12 Abs. 6 Satz 1 ergibt. Abs. 5 eröffnet darüber hinausgehend für interessierte Verkehrsunternehmen die Möglichkeit, innerhalb einer Frist von 6 Monaten nach der Vorabbekanntmachung die **Information** des **Aufgabenträgers** über die Gründe für die beabsichtigte Entscheidung zu beantragen. Die Vorschrift ergänzt die unionsrechtliche Regelung der Informationspflicht gemäß Art. 7 Abs. 4 VO (EG) Nr. 1370/2007 über die Gründe für die Entscheidung über die Direktvergabe eines öffentlichen Dienstleistungsauftrages. Sie dient wie Art. 7 **11**

Abs. 2 der VO der Transparenz und der Selbstkontrolle des Aufgabenträgers wie auch dem Rechtsschutz interessierter Mitbewerber (siehe insoweit zu Art. 7 Abs. 4 Fehling VO (EG) 1370/2007 Art. 7 Rn. 87 ff.). Gegenstand der Information ist die Begründung dafür, warum die Voraussetzungen für eine Selbsterbringung oder Direktvergabe gemäß Art. 5 Abs. 2 oder Abs. 4 VO (EG) Nr. 1370/2007 bejaht werden und nicht ausgeschrieben werden soll. Da es sich bei Abs. 5 um eine Vorschrift verfahrensrechtlicher Natur handelt, wird ein Verstoß gegen die Informationspflicht als solche nicht die materielle Rechtmäßigkeit der Entscheidung des Aufgabenträgers für eine Selbsterbringung oder Direktvergabe in den genannten Fällen berühren können (siehe Fehling VO (EG) Nr. 1370/2007 Art. 7 Rn. 111 ff. zu den Folgen fehlender oder formell unzureichender Begründung nach Art. 7 Abs. 4).

12 Mit der Vorschrift des **Abs. 6** erhalten die für die zuständige Behörde geltenden Vorschriften über die Vergabe öffentlicher Dienstleistungsaufträge nach den Bestimmungen des PBefG den Rechtscharakter eines subjektiven Rechts auf Einhaltung der Verfahrensbestimmungen im Sinne des § 97 Abs. 6 GWB. Die Einräumung eines solchen subjektiven Rechts ist für die Rechtsschutzeröffnung nach nationalem Recht erforderlich (dazu Ziekow NVwZ 2010, 793). Die Vorschrift trägt dem unionsrechtlichen Gebot der Gewährleistung eines effektiven Rechtsschutzes auch bei anderen als den nach Art. 5 Abs. 1 der VO (EG) Nr. 1370/2007 zu vergebenden Aufträgen nach Art. 5 Abs. 2 ff. Rechnung (vgl. Ziekow/Völlink/Zuck VO (EG) Nr. 1370/2007 Art. 5 Rn. 119).

13 Das gilt insbesondere für **Abs. 7** Satz 1, der den erforderlichen wirksamen Rechtsschutz bei der Vergabe öffentlicher Dienstleistungsaufträge nach Art. 5 Abs. 2 bis 5 der VO (EG) Nr. 1370/2007 durch die Anwendung der Bestimmungen über das Nachprüfungsverfahren nach dem GWB regelt. Zum Prüfungsumfang im Nachprüfungsverfahren → Rn. 8 (kritisch zu auf Kommunalwirtschafts- oder Umweltrecht gestützten vergaberechtlichen Abwehransprüchen mit Beispielen aus der Rspr. Brüning NVwZ 2012, 671). Bei der Bestimmung des Satzes 2 des Abs. 7 kann es sich lediglich um einen – nicht konstitutiven – Merkposten handeln. Denn der Gesetzgeber des PBefG besitzt keine Gesetzgebungskompetenz für die Regelung der Rechte der Aufsichtsbehörde der zuständigen Behörde, wenn man sich die Rechtsstellung kommunaler Aufgabenträger vergegenwärtigt (zB etwaige Beschränkungen für kommunale Verkehrsunternehmen auf Grund kommunalrechtlicher Grenzen wirtschaftlicher Betätigung, beispielsweise gemäß § 107 GONRW, § 136 NKomVG).

14 Mit **Abs. 8 Satz 1** ermächtigt die Novelle 2012 die zuständige Behörde, dh den Aufgabenträger als Gegenleistung für die Erfüllung gemeinwirtschaftlicher Verpflichtungen an Stelle von Ausgleichsleistungen gleich welcher Art oder zusätzlich **ausschließliche Rechte** iSd Art. 2 Buchst. f. der VO (EG) Nr. 1370/2007 im Rahmen eines öffentlichen Dienstleistungsauftrages zu gewähren (dazu auch → § 8 Rn. 10 ff.). Dabei ist unter der gemäß Art. 4 Abs. 1 Satz 1 Buchst. a der VO im öffentlichen Dienstleistungsauftrag klar zu definierenden **gemeinwirtschaftlichen Verpflichtung,** die der Betreiber zu erfüllen hat, nach der Begriffsbestimmung des Art. 2 Buchst. e der VO eine von der zuständigen Behörde festgelegte oder bestimmte Anforderung

im Hinblick auf die Sicherstellung von im allgemeinen Interesse liegenden öffentlichen Personenverkehrsdiensten zu verstehen, die der Betreiber unter Berücksichtigung seines eigenen wirtschaftlichen Interesses nicht oder nicht im gleichen Umfang oder nicht zu den gleichen Bedingungen ohne Gegenleistung übernommen hätte (zur gebotenen **Unterscheidung** zwischen gemeinwirtschaftlichem Verkehr nach nationalem Recht und gemeinwirtschaftlichen Verpflichtungen iSd Unionsrechts BVerwGE 135, 198 = NVwZ 2010, 559 = DVBl. 2010, 790 L, im Anschluss an EuGH, Slg. 2009. I-3867 = ABl. EU Nr. C 153, S. 7 L). Nach **Satz 2** darf sich das ausschließliche Recht als Gegenleistung nur auf den Schutz von Verkehrsleistungen beziehen, die Gegenstand des öffentlichen Dienstleistungsauftrages sind. Der Schutz durch die zuständige Behörde besteht darin, dass sie nach **Satz 3** den räumlichen und zeitlichen Geltungsbereich sowie die Art der Personenverkehrsleistungen bestimmt, die unter **Ausschluss** anderer Betreiber zu erbringen sind. Mit dieser Regelung trägt die Novelle 2012 Art. 4 Abs. 1 Buchst. b VO (EG) Nr. 1370/2007 Rechnung, wonach im öffentlichen Dienstleistungsauftrag zuvor in objektiver und transparenter Weise die Art und der Umfang der gewährten Ausschließlichkeit aufzustellen sind. Das ausschließliche Recht bewirkt zum einen die **Selbstbindung** der zuständigen Behörde. Sie ist rechtlich gehindert, einem anderen einen öffentlichen Dienstleistungsauftrag zu erteilen oder im Wege der Selbsterbringung tätig zu werden, wodurch die von dem ausschließlichen Recht geschützten Verkehrsleistungen beeinträchtigt werden. Ausgenommen hiervon sind gemäß **Satz 4** nur solche Verkehre, die das Fahrgastpotential des geschützten Verkehrs nur unerheblich beeinträchtigen können. Ob der Gesetzgeber mit der Beeinträchtigung des Fahrgastpotentials das geeignete Kriterium gewählt hat oder nicht eher auf die Wirtschaftlichkeit des geschützten Verkehrsangebots hätte abstellen sollen, erscheint zumindest zweifelhaft. Zum anderen ist die Verletzung eines gemäß § 8a Abs. 8 gewährten ausschließlichen Rechts im personenbeförderungsrechtlichen **Genehmigungsverfahren** nach dem mit der Novelle 2012 eingeführten § 13 Abs. 2 Satz 1 Nr. 2 ein **zwingender Versagungsgrund** für die Erteilung einer Genehmigung (dazu → § 13 Rn. 3a).

§ 8b Wettbewerbliches Vergabeverfahren

(1) Ein wettbewerbliches Vergabeverfahren nach Artikel 5 Absatz 3 der Verordnung (EG) Nr. 1370/2007 muss die Anforderungen nach den Absätzen 2 bis 7 erfüllen.

(2) Die Bekanntmachung über das vorgesehene wettbewerbliche Vergabeverfahren muss allen in Betracht kommenden Bietern zugänglich sein. Sie kann auf der Internetseite www.bund.de veröffentlicht werden. Die Bekanntmachung muss alle für die Teilnahme an dem Vergabeverfahren erforderlichen Informationen enthalten, insbesondere Informationen über

1. den vorgesehenen Ablauf des wettbewerblichen Vergabeverfahrens,
2. vorzulegende Nachweise der Fachkunde, Zuverlässigkeit und Leistungsfähigkeit (Eignungsnachweis),

3. Anforderungen an die Übermittlung von Unterlagen sowie
4. Zuschlagskriterien einschließlich deren vorgesehener Gewichtung.

(3) Die Dienstleistungen sind eindeutig und umfassend zu beschreiben, sodass alle in Betracht kommenden Bieter die Beschreibung im gleichen Sinne verstehen müssen und miteinander vergleichbare Angebote zu erwarten sind. Fristen sind unter Berücksichtigung der Komplexität der Dienstleistungen angemessen zu setzen.

(4) Die Teilnehmer an dem wettbewerblichen Vergabeverfahren sind gleich zu behandeln. Der Zuschlag ist auf das unter Berücksichtigung aller Umstände wirtschaftlichste Angebot zu erteilen.

(5) Werden Unteraufträge zugelassen, kann vorgegeben werden, dass die Übertragung von Unteraufträgen nach wettbewerblichen Grundsätzen vorzunehmen ist.

(6) Das Vergabeverfahren ist von Beginn an fortlaufend zu dokumentieren. Alle wesentlichen Entscheidungen sind zu begründen.

(7) Der Aufgabenträger hat die nicht berücksichtigten Bieter über den Namen des ausgewählten Unternehmens, über die Gründe für ihre Nichtberücksichtigung und über den frühesten Zeitpunkt der Beauftragung unverzüglich zu informieren. Die §§ 134 und 135 des Gesetzes gegen Wettbewerbsbeschränkungen gelten entsprechend.

1 Die mit der Novelle 2012 eingefügte neue Vorschrift regelt das von der zuständigen Behörde gemäß Art. 5 Abs. 3 Satz 1 VO (EG) Nr. 1370/2007 einzuhaltende wettbewerbliche Verfahren, wenn für die Vergabe des öffentlichen Dienstleistungsauftrages keine Direktvergabe an einen internen Betreiber gemäß Art. 5 Abs. 2 VO (EG) Nr. 1370/2007 oder eine Direktvergabe gemäß Art. 5 Abs. 4, 5 oder 6 VO (EG) Nr. 1370/2007 in Betracht kommt. Danach ist für die Vergabe von öffentlichen Personenverkehrsdiensten mit Straßenbahnen und Bussen ein **wettbewerbliches Verfahren** durchzuführen, wenn es sich bei dem Dienstleistungsauftrag um eine **Dienstleistungskonzession** im Sinne der unionsrechtlichen Vergaberichtlinien handelt **oder** der **Wert** des zu vergebenden Auftrages **unter** dem nach Vergaberecht maßgeblichen **Schwellenwert** liegt. Zwischen dem wettbewerblichen Vergabeverfahren und der Vergabe nach dem unionsrechtlichen Vergaberecht besteht keine **Wahlfreiheit,** wohl aber zwischen **Direktvergabe** nach Art. 5 Abs. 2 der VO und **wettbewerblichem Vergabeverfahren** (OLG Jena NZBau 2020, 59 = VergabeR 2020, 63; MüKoWettbR/Hölzl VO (EG) Nr. 1370/2007 Art. 5 Rn. 20; Ziekow/Völlink/Zuck VO (EG) Nr. 1370/2007 Art. 5 Rn. 21; → § 8a Rn. 9a). Art. 5 Abs. 3 VO (EG) Nr. 1370/2007 verweist für das einzuhaltende Verfahren weder auf das EU-Vergaberecht noch stellt er vergleichbar hohe Anforderungen. Er verlangt lediglich ein allen Betreibern offenstehendes, faires und den Grundsätzen der Transparenz und Gleichbehandlung genügendes Verfahren (Satz 2), die sich nach der Rspr. des EuGH aus dem Primärrecht, insbesondere Art. 49 und 56 AEUV ergeben (hierzu MüKoWettbR/Hölzl VO (EG) Nr. 1370/2007 Art. 5 Rn. 60 f. mwN). Die in Art. 5 Abs. 3 geregelten Grundzüge des wettbewerblichen Vergabeverfahrens werden durch die nicht mit ihrem Regelungsgehalt in § 8b aufgenom-

mene **Veröffentlichungspflicht** gemäß **Art. 7 Abs. 2** VO (EG) Nr. 1370/2007 ergänzt, wonach spätestens 1 Jahr vor Einleitung des wettbewerblichen Verfahrens die zuständige Behörde mindestens die Art des geplanten Vergabeverfahrens und die von der Vergabe möglicherweise betroffenen Dienste und Gebiete im **Amtsbl.** der **EU** zu veröffentlichen hat.

Die Bestimmungen der Abs. 2 bis 7 des § 8b sollen das unionsrechtlich nur in seinen Grundzügen geregelte wettbewerbliche Vergabeverfahren konkretisieren und ausgestalten, um in der Praxis einheitlich ein transparentes und wettbewerbliches Verfahren bei der Vergabe von Verkehrsdienstleistungen nach der VO (EG) Nr. 1370/2007 sicherzustellen. Dabei beschränkt sich diese Konkretisierung ihrerseits auf wenige, aber grundlegende Bestimmungen zur Gleichbehandlung, zur Zuschlagserteilung und zur Dokumentations-, Begründungs- und nachträglichen Informationspflicht. Der Aufgabenträger soll nach dem Auftragsgegenstand angemessenen sachlichen Erwägungen entscheiden, wie er das Vergabeverfahren genau durchführt (so die Begründung des Gesetzentwurfs, BT-Drs. 17/8233, 14; siehe näher zur Ausgestaltung des konkreten Ablaufs des wettbewerblichen Vergabeverfahrens wie zB zur Annäherung an die Vergabeverfahren gemäß § 101 – jetzt § 134 – GWB, auch etwa zur Zulässigkeit des Verhandlungsverfahrens Knauff NZBau 2011, 655 mwN). 2

Die **Bekanntmachung** gemäß **Abs. 2** ist **nicht** die nach **Art. 7 Abs. 2** VO (EG) Nr. 1370/2007 vorgeschriebene Veröffentlichung, wie sich auch aus Satz 2 ergibt, wonach diese Bekanntmachung auf der Internetseite www.bund.de veröffentlicht werden kann. Ihr Gegenstand ist die beabsichtigte Vergabe eines öffentlichen Dienstleistungsauftrages, und ihre Veröffentlichung im Amtsbl. der EU ist nicht vorgesehen (Knauff NZBau 2011, 655). Sie kann jedoch zusammen mit der Bekanntmachung nach Art. 7 Abs. 2 VO (EG) Nr. 1370/2007 spätestens 1 Jahr vor der Einleitung des wettbewerblichen Verfahrens im Amtsbl. der EU erfolgen, da diese Vorschrift nur bestimmte, näher bezeichnete Informationen nennt, die diese Veröffentlichung mindestens enthalten muss, und weitere, auch spätere Bekanntmachungen nicht ausschließt. Bei der Festlegung des Inhalts zusätzlicher Informationen darf es sich jedoch nicht um Informationen handeln, die bereits zum Mindestinhalt der Veröffentlichung nach Art. 7 Abs. 2 gehören. Das gilt zB namentlich für die Informationen hinsichtlich der betroffenen Dienste und Gebiete. Wird für die Bekanntmachung nicht die Internetseite www.bund.de genutzt, muss die Veröffentlichung jedenfalls so ausgestaltet sein, dass, um ein offenes Verfahren sicherzustellen, grundsätzlich alle potentiell interessierten Betreiber von der Vergabe erfahren und diskriminierungsfrei teilnehmen können; dabei darf der Teilnehmerkreis jedoch aus sachlichen Gründen beschränkt werden (MüKoWettbR/Hölzl VO (EG) Nr. 1370/2007 Art. 5 Rn. 62). Die Aufzählung der Informationen nach Satz 3 ist beispielhaft und nicht abschließend. 3

Abs. 3 konkretisiert den Grundsatz des fairen Verfahrens (so BT-Drs. 17/8233, 15) und trägt zugleich den Grundsätzen der Transparenz und Nichtdiskriminierung Rechnung, die gewährleisten sollen, dass ein Vergabeverfahren unparteiisch und gerecht durchgeführt wird (MüKoWettbR/Hölzl VO 4

(EG) Nr. 1370/2007 Art. 5 Rn. 64). Das schließt allerdings nicht aus, dass der Kreis der potentiellen Teilnehmer aus – zu dokumentierenden (Abs. 6) – sachlichen Gründen wie etwa der technischen und betrieblichen Leistungsfähigkeit oder dem Erfordernis einer konkreten betrieblichen Infrastruktur beschränkt wird und sich daraus eine Ungleichbehandlung ergibt.

5 Das in **Abs. 4** Satz 1 normierte Gebot, dass die Teilnehmer am wettbewerblichen Verfahren gleich zu behandeln sind, ist Ausfluss der Verpflichtung zur Nichtdiskriminierung. Mit der Entscheidung für das **wirtschaftlichste Angebot** als ausschlaggebendes Zuschlagskriterium hat der Gesetzgeber das für das allgemeine (öffentliche) Vergaberecht gemäß § 97 Abs. 1 Satz 2 GWB geltende Wirtschaftlichkeitsprinzip übernommen. Eine verbindliche Vorgabe hat dazu nach Art. 5 Abs. 3 VO (EG) Nr. 1370/2007 nicht bestanden. Das Unionsrecht enthält insoweit keine zwingende Regelung. Es wäre zB auch möglich gewesen, dem durch die Novelle 2012 eingefügten neuen § 13 Abs. 2b vergleichbar wie bei der Genehmigung konkurrierender Anträge als maßgebliches Zuschlagskriterium darauf abzustellen, welches Verkehrsunternehmen die „beste Verkehrsbedienung" anbietet. Der Preis ist bei dem wirtschaftlichsten Angebot nur eines der Kriterien, nach denen dieses Angebot zu bestimmen ist. So kann der Aufgabenträger durch eine entsprechende **Definition der Zuschlagskriterien** als die Summe derjenigen quantitativen und qualitativen Kriterien (Beispiele dafür wie etwa Qualität, Umwelteigenschaften, Betriebskosten anhand der unionsrechtlichen Vergaberichtlinien bei Dreher/Stockmann Kartellvergaberecht § 97 Rn. 216), nach denen die von den Bietern angebotenen Leistungen auf ihre Wirtschaftlichkeit hin bewertet werden, und durch die Festlegung ihrer Gewichtung (Abs. 2 Satz 3 Nr. 4) das Angebot einer Verkehrsbedienung steuern (vgl. Dreher/Stockmann Kartellvergaberecht § 97 Rn. 214 ff.; Ziekow/Völlink/Ziekow GWB § 45 Rn. 127 ff.), mit der die Sicherstellung einer ausreichenden Verkehrsbedienung im Sinne des § 8a Abs. 1 erreicht wird.

6 Während nach Art. 4 Abs. 7 Satz 1 und 2 VO (EG) Nr. 1370/2007 in den Unterlagen des wettbewerblichen Verfahrens und in dem öffentlichen Dienstleistungsauftrag im Einzelnen anzugeben ist, ob und in welchem Umfang eine Vergabe von Unteraufträgen in Frage kommt, regelt **Abs. 5** nur, dass die Übertragung von Unteraufträgen nach wettbewerblichen Grundsätzen (zB Einholung mehrerer Angebote) vorgegeben werden kann. Er konkretisiert damit im Sinne des Art. 4 Abs. 7 Satz 4 VO (EG) Nr. 1370/2007 die für eine Vergabe von Unteraufträgen geltenden Bedingungen, für die es bisher weder im Unionsrecht noch im nationalen Recht Vorgaben gibt. Aus Gründen der Rechtssicherheit ist die **Aufnahme** dieser **Bedingungen zwingend** (MüKoWettbR/Hölzl VO (EG) Nr. 1370/2007 Art. 4 Rn. 45; Ziekow/Völlink/Zuck VO (EG) Nr. 1370/2007 Art. 4 Rn. 50) und nicht in das Ermessen des Auftragnehmers gestellt. Abs. 5 bestimmt nur eine mögliche Form der Vergabe und gibt lediglich die Vorgabe, dass Unteraufträge nach wettbewerblichen Grundsätzen zu übertragen sind, dem pflichtgemäßen Ermessen anheim; Unteraufträge oberhalb der Schwellenwerte unterliegen jedoch als Dienstleistungsaufträge der EU-weiten Ausschreibungspflicht (Ziekow/Völlink/Zuck VO (EG) Nr. 1370/2007 Art. 4 Rn. 50; siehe auch Linke NZBau

2012, 338). Im Übrigen fällt auf, dass nach der allgemeinen Regelung der Vergabe von Unteraufträgen der betraute Betreiber **bloß** einen **„bedeutenden Teil"** der öffentlichen Personenverkehrsdienste selbst zu erbringen hat, während im Falle der Direktvergabe an einen internen Betreiber dieser gemäß Art. 5 Abs. 2 Satz 2 Buchst. e den „überwiegenden Teil" und damit zumindest einen Anteil von mehr als 50 % selbst zu erbringen hat; die Vorschrift bestimmt jedoch nicht den Maßstab des Überwiegens (Ziekow/Völlink/Zuck VO (EG) Nr. 1370/2007 Art. 5 Rn. 56; siehe auch MüKoWettbR/Hölzl VO (EG) Nr. 1370/2007 Art. 5 Rn. 56).

Die in **Abs. 6** festgelegte **Dokumentationspflicht** ergibt sich aus dem Grundsatz der Durchführung eines transparenten Vergabeverfahrens und folgt ebenfalls aus dem Diskriminierungsverbot. Hiernach ist die zuständige Behörde verpflichtet, zugunsten potentieller Bieter einen Grad von Öffentlichkeit sicherzustellen und eine nachvollziehbare und zeitnahe Dokumentation aller verfahrensrelevanten Entscheidungen der zuständigen Behörde zu gewährleisten, um eine nachträgliche Kontrolle hinsichtlich der Einhaltung der Unparteilichkeit und des Grundsatzes der Nichtdiskriminierung zu ermöglichen (dazu näher MüKoWettbR/Hölzl VO (EG) Nr. 1370/2007 Art. 5 Rn. 65 ff.). 7

Dem dienen ebenso die in **Abs. 7** Satz 1 geregelten **Informationspflichten** der zuständigen Behörde und die entsprechende Geltung der §§ 134 und 135 GWB gemäß Satz 2, die einen wirksamen Rechtsschutz auch im wettbewerblichen Verfahren gemäß Art. 5 Abs. 3 VO (EG) Nr. 1370/2007 gewährleisten sollen. Die Nachprüfung der Vergaben in diesem Verfahren gemäß Teil 4 Kapitel 2 des GWB ist im Übrigen in § 8a Abs. 7 geregelt. 8

Die Vorschrift über das wettbewerbliche Verfahren nimmt nicht Art. 5 Abs. 3 Satz 3 VO (EG) Nr. 1370/2007 auf, demzufolge nach Abgabe der Angebote und einer eventuellen Vorauswahl unter Einhaltung dieser Grundsätze Verhandlungen geführt werden können, um festzulegen, wie der Besonderheit oder der Komplexität der Anforderungen am besten Rechnung zu tragen ist. Dessen unbeschadet kommt diese unionsrechtliche Regelung jedoch wegen der unmittelbaren Geltung der unionsrechtlichen Verordnung und der Bestimmung des § 8a Abs. 1 ebenfalls zur Anwendung. Gemäß Erwägungsgrund 22 kommen solche Verhandlungen zwischen der zuständigen Behörde und einem oder mehreren potentiellen Betreibern in Betracht, wenn es darum geht, komplexe Systeme festzulegen und zu erläutern sowie die Einzelheiten des Auftrages auszuhandeln. Reine Preisverhandlungen sind unzulässig (Knauff NZBau 2011, 655). 9

Sollte sich in dem bish. Meinungsstreit um die Frage, ob die **personenbeförderungsrechtliche Genehmigung** ein **ausschließliches Recht** gewährt und deshalb ein Vergabeverfahren nach der VO (EG) Nr. 1370/2007 erfordert (zum Streitstand → § 8 Rn. 10b), die ein solches Verfahren verlangende Ansicht durchsetzen, kommt jedenfalls das wettbewerbliche Verfahren gemäß § 8b nach den Vorstellungen des Gesetzgebers dafür nicht in Frage. Denn in Abs. 7 Satz 1 ist ausdrücklich der Aufgabenträger angesprochen. 10

II. Genehmigung

§ 9 Umfang der Genehmigung

(1) Die Genehmigung wird erteilt

1. bei einem Verkehr mit Straßenbahnen für den Bau, den Betrieb und die Linienführung,

2. bei einem Verkehr mit Obussen für den Bau, den Betrieb und die Linienführung,

3. bei einem Linienverkehr mit Kraftfahrzeugen für die Einrichtung, die Linienführung und den Betrieb,

3a. bei einem Linienbedarfsverkehr mit Kraftfahrzeugen abweichend von Nummer 3 für die Einrichtung, das Gebiet, in dem der Verkehr durchgeführt wird, und den Betrieb

4. bei einem Gelegenheitsverkehr mit Kraftomnibussen für den Betrieb,

5. bei einem Gelegenheitsverkehr mit Personenkraftwagen für die Form des Gelegenheitsverkehrs und den Betrieb mit bestimmten Kraftfahrzeugen unter Angabe ihrer amtlichen Kennzeichen und ergänzend bei einem gebündelten Bedarfsverkehr für das Gebiet, in dem der Verkehr durchgeführt wird.

(2) Soweit es die Zielsetzung des § 8 erfordert, kann in den Fällen des Absatzes 1 Nr. 1 bis 3 die Genehmigung für eine Linie oder für mehrere Linien gebündelt erteilt werden.

(3) (weggefallen)

(4) (weggefallen)

1 Die Vorschrift lässt sich über die Reichweite der Genehmigung aus. Mit den **Ergänzungen** des **Abs. 1** der Bestimmung um eine neu eingefügte **Nr. 3a** und den **Zusatz** in **Nr. 5** hinsichtlich des gebündelten Bedarfsverkehrs folgt die **Novelle 2021** der Einführung der neuen genehmigungspflichtigen Verkehrsformen des Linienbedarfsverkehrs (§ 44) und des gebündelten Bedarfsverkehrs (§ 46 Abs. 2 Nr. 4, § 50). Die für beide Verkehrsformen erforderliche Festlegung des Gebiets, in dem der Verkehr durchgeführt wird, ist notwendig, um Konflikte öffentlicher Verkehrsinteressen berücksichtigen bzw. vermeiden und die Verkehrseffizienz dieser Verkehre für bestimmte Verkehrsräume sicherstellen zu können (vgl. BT-Drs. 19/26175, 47 f., 50 ff.). Sie bezieht sich bei **Straßenbahnen** (Abs. 1 Nr. 1) auf Bau, Betrieb und Linienführung und weist damit, obwohl in erster Linie Unternehmergenehmigung, **planerischen Einschlag** auf (vgl. Steinberg DÖV 1982, 619). Diese Genehmigung allein eröffnet noch nicht die Befugnis zur Betriebseröffnung; hierzu bedarf es vielmehr idR der Planfeststellung oder Plangenehmigung (§ 28 Abs. 4) oder, wenn weder das eine noch das andere geboten ist, der Zustimmung der Technischen Aufsichtsbehörde (TAB) nach § 60 Abs. 3 BOStrab. Wenn Bau und Betrieb nicht in einer Hand liegen, findet eine **Aufspaltung** der Genehmigung statt (§ 3 Abs. 3). Die beiden Genehmigungsverfahren sollen jedoch nach Möglichkeit miteinander verbunden wer-

den (§ 12 Abs. 4). Die Genehmigung für Straßenbahnen deckt, weil nicht auf den Linienverkehr beschränkt, auch **Sonderfahrten,** zB mit Oldtimern, ab. In solchen Fällen ist davon auszugehen, dass von den Grundpflichten der §§ 21, 22, 39 und 40 stillschweigend Befreiung erteilt worden ist.

Für die Genehmigung des Verkehrs mit **Obussen** (Abs. 1 Nr. 2) gilt das zuvor Gesagte entsprechend. Allerdings ist eine Zustimmung der TAB unbekannt, und ebenso wenig ist – weil dafür ein Bedürfnis nicht besteht – eine Aufspaltung der Genehmigung vorgesehen. **2**

Planerischen Einschlag hat auch die Genehmigung für den Linienverkehr mit Kraftfahrzeugen, und zwar seit der Novelle 2021 auch für den Linienbedarfsverkehr (Abs. 1 Nr. 3 und 3a; so jedenfalls schon zu Nr. 3 BVerwGE 82, 260; BVerwG VRS 82, 479; auch → § 8 Rn. 6 und 7); das trifft nach dem 1.1.1996 allerdings nur noch für den ÖPNV zu. Seit der Novelle 1990 erstreckt die Genehmigungspflicht sich nicht mehr auf die einzusetzenden Fahrzeuge. Bei der Linienführung ist die Genehmigungsbehörde an Entscheidungen der Straßenverkehrsbehörde nach § 45 Abs. 1 Satz 2 Nr. 3 StVO über Verkehrsbeschränkungen zum Schutz der Wohnbevölkerung vor Lärm und Abgasen gebunden (BVerwG NZV 1990, 366 = DVBl. 1990, 734 = DÖV 1990, 839). **3**

Die bis zum ÄndG vom 14.8.2006 (BGBl. I 1962) in Abs. 1 Nr. 4 geregelte Erteilung der Genehmigung für den Gelegenheitsverkehr mit Kraftfahrzeugen, die auch für mehrere Formen des Gelegenheitsverkehrs, insbesondere für Ausflugsfahrten und den Verkehr mit Mietomnibussen, uno actu erfolgen konnte, ist mit Wirkung ab dem 1.9.2007 getrennt in Regelungen für den **Gelegenheitsverkehr mit Kraftomnibussen** (Nr. 4) und den **Gelegenheitsverkehr mit Personenkraftwagen** (Nr. 5). Dieser Gelegenheitsverkehr setzt nicht voraus, dass der Unternehmer eigene Fahrzeuge besitzt (BVerwGE 70, 28). Die ebenfalls mit dem ÄndG vom 14.8.2006 aufgehobene frühere Regelung des Abs. 4, wonach beim Gelegenheitsverkehr mit Bussen ohne besondere Genehmigung auch die einem anderen Unternehmer des Gelegenheitsverkehrs genehmigten Kraftomnibusse verwendet werden durften, konnte deshalb wegfallen. **4**

Der seit dem 1.1.1996 geltende **Abs. 2** gestattet, die Genehmigung für mehrere Linien **„gebündelt"** zu erteilen. Auf diese Weise sollen verbundene Verkehrsleistungen auch genehmigungsrechtlich zusammengeführt werden können und eine gesamtwirtschaftliche Bewertung ermöglichen, die einen Ausgleich zwischen guten und schlechten Risiken gestattet. Dabei ist allerdings das Gebot der Förderung mittelständischer Interessen zu berücksichtigen (→ § 8a Rn. 10). Außerdem wird durch die Bündelung das Genehmigungsverfahren erleichtert. Es bleibt aber bei der Festlegung der einzelnen Linienführungen – gerade auch im Hinblick auf den neu eingeführten Linienbedarfsverkehr –, weil anders der Fahrplanpflicht (§ 40) und der Festlegung der Haltestellen nach § 32 BOKraft nicht entsprochen werden kann (vgl. BT-Drs. 12/6269, 143). Eine gebündelt erteilte Genehmigung setzt nicht die Darstellung eines entsprechenden „Linienbündels" im Nahverkehrsplan voraus (zur Bündelung als Gegenstand der Nahverkehrsplanung OVG RP 10.11.1998 – 7 A 12844/97.OVG, BeckRS 2014, 59138). Weist ein Nah- **5** verkehrsplan jedoch im rechtlich zulässigen Rahmen „Linienbündel“ aus, kann dies gemäß § 13 Abs. 2a Satz 1 von Belang sein (vgl. Barth, S. 277). Bis zur Novelle 2012 ist streitig gewesen, ob die in einem Nahverkehrsplan vorgesehene Bündelung von Linien auch unter dem Aspekt der öffentlichen Verkehrsinteressen gemäß § 13 Abs. 2 Nr. 2 umgesetzt werden kann (so Barth, S. 277). Diese Frage hat nunmehr der Gesetzgeber mit dem neu in § 13 Abs. 2 Satz 1 – jetzt – Nr. 3 eingefügten Buchst. d entschieden. Danach ist die Genehmigung zu versagen, wenn der beantragte Verkehr einzelne ertragreiche Linien oder ein Teilnetz aus einem im Nahverkehrsplan festgelegten Linienbündel herauslösen würde. Die gemäß Abs. 2 gebündelte Erteilung der Genehmigung kommt nur für Linien in Betracht, deren Genehmigungen zu demselben Zeitpunkt auslaufen und neu erteilt werden müssen. Erforderlich sind Genehmigungsanträge **eines** Unternehmers für sämtliche zu dem vorgesehenen Bündel gehörende Linien (ebenso wohl auch Barth, S. 275). Bei Genehmigungen von Linienbedarfsverkehren gemäß Abs. 1 Nr. 3a scheidet nach Abs. 2 eine „Linienbündelung“ aus.

§ 10 Entscheidung in Zweifelsfällen

Entstehen Zweifel darüber, ob eine Personenbeförderung den Vorschriften dieses Gesetzes unterliegt oder welcher Verkehrsart oder Verkehrsform ein Verkehr zugehört oder wer Unternehmer im Sinne des § 3 Abs. 1 und 2 ist, so entscheidet die für den Sitz des Unternehmers zuständige, von der Landesregierung bestimmte Behörde.

1 Im Einzelfall können Zweifel darüber bestehen, ob eine Personenbeförderung den Vorschriften des Gesetzes unterliegt – Straßenbahn oder Eisenbahn des öffentlichen Verkehrs? – oder welcher Verkehrsart oder Verkehrsform sie zugehört. Verkehrsarten iS der Vorschrift sind der Verkehr mit Straßenbahnen (§§ 28 ff.), der Obusverkehr (§ 41), der Linienverkehr mit Kraftfahrzeugen (§§ 42 ff.; der Linienbedarfsverkehr gemäß § 44 gilt nach der Definition in Satz 1 als Linienverkehr nach § 42). Verkehrsformen sind die einzelnen Sonderformen des Linienverkehrs nach § 43 und die Formen des Gelegenheitsverkehrs nach §§ 47, 48 und 49 sowie § 46 Abs. 2 Nr. 4 iVm § 50. Ebenso können Meinungsverschiedenheiten darüber bestehen, wer Unternehmer iSd § 3 Abs. 1 und 2 ist (BVerwG DÖV 1992, 881 = VRS 83, 302), oder ob die Übertragung der Betriebsführung sich durch Kündigung des Vertrags erledigt hat (BVerwG NVwZ-RR 2016, 128).

2 Das **Feststellungsverfahren** kann auf Antrag – vom Genehmigungsbewerber selbst oder von einem Verkehrsunternehmer, dessen rechtlich geschützte Interessen durch einen bereits betriebenen Verkehr oder einen neu einzurichtenden Verkehr berührt werden – oder von Amts wegen eingeleitet werden (VGH München 4.8.1969 – Nr. 300 VI 67). Die Entscheidung der Genehmigungsbehörde ist ein **feststellender Verwaltungsakt,** der, sobald unanfechtbar geworden, andere Behörden und Gerichte bindet. Die Bindungswirkung ergibt sich daraus, dass die Befugnis zur Feststellung in Form einer

verbindlichen Entscheidung der Genehmigungsbehörde vom Gesetzgeber zugewiesen ist (vgl. Seibert S. 101).

Für die Entscheidung kommt auch ein Verwaltungsakt in Form einer **All-** 3
gemeinverfügung nach § 35 Satz 2 VwVfG in Betracht: Er wendet sich an den Personenkreis, der beabsichtigt, einen bestimmten Verkehr zu eröffnen (vgl. Rundverfügung des Ministeriums für Umwelt, Energie und Verkehr des Saarlandes vom 14.9.1999 – F/4–800 P99 – betreffend Flughafenzubringerverkehre).

§ 11 Genehmigungsbehörden

(1) Die Genehmigung erteilt die von der Landesregierung bestimmte Behörde.

(2) Zuständig ist

1. bei einem Straßenbahn-, Obusverkehr oder einem Linienverkehr mit Kraftfahrzeugen die Genehmigungsbehörde, in deren Bezirk der Verkehr ausschließlich betrieben werden soll,

2. bei einem Gelegenheitsverkehr mit Kraftfahrzeugen die Genehmigungsbehörde, in deren Bezirk der Unternehmer seinen Sitz oder seine Niederlassung im Sinne des Handelsrechts hat.

(3) Soll ein Straßenbahn-, Obusverkehr oder ein Linienverkehr mit Kraftfahrzeugen in den Bezirken mehrerer Genehmigungsbehörden desselben Landes betrieben werden, so ist die Genehmigungsbehörde zuständig, in deren Bezirk die Linie ihren Ausgangspunkt hat. Wird eine Genehmigung gemäß § 9 Absatz 2 für mehrere Linien gebündelt erteilt, ist die Genehmigungsbehörde zuständig, in deren Bezirk die Mehrzahl der Linien betrieben werden soll. Bestehen Zweifel über die Zuständigkeit, so wird die zuständige Genehmigungsbehörde von der von der Landesregierung bestimmten Behörde benannt. Die zuständige Genehmigungsbehörde trifft ihre Entscheidung im Einvernehmen mit den an der Linienführung beteiligten Genehmigungsbehörden; Genehmigungsbehörden, deren Bezirke im Transit durchfahren werden, sind nicht zu beteiligen. Kommt ein Einvernehmen nicht zustande, so entscheidet die von der Landesregierung bestimmte Behörde.

(4) Soll ein Straßenbahn-, Obus- oder Linienverkehr mit Kraftfahrzeugen in mehreren Ländern betrieben werden, so ist Absatz 3 Satz 1, 2 und 4 entsprechend anzuwenden. Bestehen zwischen den beteiligten Ländern Zweifel über die Zuständigkeit und kommt eine Einigung der obersten Landesverkehrsbehörden darüber nicht zustande, so entscheidet auf Antrag einer beteiligten obersten Landesverkehrsbehörde das Bundesministerium für Verkehr und digitale Infrastruktur. Das gleiche gilt, wenn über die Entscheidung eines Genehmigungsantrages zwischen den Genehmigungsbehörden der beteiligten Länder ein Einvernehmen nicht hergestellt und auch ein Einvernehmen zwischen den obersten Landesverkehrsbehörden darüber nicht erzielt werden kann.

Abs. 1 verhält sich über die **sachliche Zuständigkeit** für die Erteilung von 1
Genehmigungen. Das ist die von der Landesregierung bestimmte Behörde. Wer Landesregierung ist, bestimmt das Landesverfassungsrecht (BVerfGE 11,

77 = NJW 1960, 1291). Die Vorschrift wird für den grenzüberschreitenden Verkehr durch die §§ 52 Abs. 2, 53 Abs. 2 und 3 ergänzt.

2 Die **örtliche Zuständigkeit (Abs. 2 bis 4)** der Genehmigungsbehörde bestimmt sich teils danach, in welchem Bereich der Verkehr betrieben werden soll (Abs. 2 Nr. 1), teils nach dem Sitz des Unternehmers (Abs. 2 Nr. 2), wobei es nicht auf den im Handelsregister eingetragenen, sondern auf den tatsächlichen Sitz ankommt (BVerwG DVBl. 1985, 287). Beim Linienverkehr ist entscheidend, wo die erste Fahrt beginnt, – eine nicht immer ohne Weiteres zu beantwortende Frage.

3 **Besondere Regelungen** bestehen für den Fall, dass ein Straßenbahn- oder Obusverkehr oder ein Linienverkehr mit Kraftfahrzeugen innerhalb der Bezirke mehrerer Genehmigungsbehörden **(Abs. 3)** oder in mehreren Bundesländern **(Abs. 4)** betrieben werden soll. Im einen wie im anderen Falle ist die Genehmigungsbehörde zuständig, in deren Bezirk die Linie ihren **Ausgangspunkt** hat. Das ist bei einem Linienverkehr der Ort, an dem bei der ersten Fahrt eines jeden Fahrtenpaares zum ersten Mal Fahrgäste zusteigen können. Ergeben sich Zweifel über die Zuständigkeit, ist es Sache der von der Landesregierung bestimmten Behörde, die zuständige Genehmigungsbehörde zu benennen. Da es bei der „gebündelten" Erteilung der Genehmigung für mehrere Linien bei der Festlegung der einzelnen Linienführungen bleibt (→ § 9 Rn. 5), kann es zu Ausgangspunkten kommen, die in verschiedenen Bezirken der für die einzelnen Linien zuständigen Genehmigungsbehörden liegen. Dies hat bei der bislang geltenden Zuständigkeitsregelung in § 11 Abs. 2 in der Vollzugspraxis zu Problemen geführt. Dem soll mit der Bestimmung einer federführenden Genehmigungsbehörde gemäß dem mit der **Novelle 2021** eingefügten neuen Satz 2 begegnet werden (BT-Drs. 19/26175, 42; BT-Drs. 18/11160, 16). Im Übrigen ist die zuständige Behörde gehalten, ihre Entscheidung im Einvernehmen mit den an der Linienführung beteiligten Genehmigungsbehörden zu treffen. Das sind alle Genehmigungsbehörden, deren Bezirke nicht nur im Transit durchfahren werden. Dies bedeutet, dass die zuständige Genehmigungsbehörde an der Erteilung der Genehmigung gehindert ist, wenn auch nur eine der beteiligten Genehmigungsbehörden ihr Einvernehmen versagt. In diesem Fall ist eine andere, wiederum von der Landesregierung bestimmte Behörde zur Entscheidung berufen. Auf diese Weise wird vermieden, dass sich über das fehlende Einvernehmen einer beteiligten Genehmigungsbehörde erst – im Fall der Anfechtung der versagten Genehmigung – das Verwaltungsgericht hinwegsetzen kann. Das ist besonders in den Bundesländern von Bedeutung, in denen die örtliche Zuständigkeit für die Genehmigung von Linienverkehr mit Kraftfahrzeugen bei der unteren Verwaltungsbehörde liegt. Es bedeutet deshalb eine nicht zu unterschätzende Vereinfachung, dass Genehmigungsbehörden, deren Bezirke im Transit, dh ohne Halt, durchfahren werden, nicht zu beteiligen sind.

4 Diese Grundsätze sind, wie sich aus **Abs. 4** ergibt, im länderübergreifenden Verkehr entsprechend anzuwenden mit der Maßgabe, dass dann, wenn es zwischen den beteiligten Ländern nicht zu einer Einigung über die Zuständigkeit kommt oder aber ein Einvernehmen nicht hergestellt werden kann, an

die Stelle einer Landesbehörde das Bundesministerium für Verkehr tritt. Für den grenzüberschreitenden Verkehr gelten die Sonderregelungen der §§ 52, 53. Die Änderung von Satz 1 durch die **Novelle 2021** folgt aus der Änderung des Abs. 3.

§ 12 Antragstellung

(1) Der Antrag auf Erteilung der Genehmigung soll enthalten

1. in allen Fällen

a) Namen sowie Wohn- und Betriebssitz des Antragstellers, bei natürlichen Personen außerdem Geburtstag und Geburtsort,

b) Angaben darüber, ob der Antragsteller bereits eine Genehmigung für eine Verkehrsart besitzt oder besessen hat,

c) eine Darstellung der Maßnahmen zur Erreichung des Ziels der vollständigen Barrierefreiheit des beantragten Verkehrs entsprechend den Aussagen im Nahverkehrsplan (§ 8 Absatz 3 Satz 3),

d) Beginn und Ende der beantragten Geltungsdauer,

e) gegebenenfalls den Nachweis über einen öffentlichen Dienstleistungsauftrag im Sinne von Artikel 3 Absatz 1 der Verordnung (EG) Nr. 1370/2007;

2. bei einem Straßenbahn- oder Obusverkehr

a) eine Übersichtskarte, in der die beantragte Strecke mit Haltestellen und alle in dem Verkehrsgebiet bereits vorhandenen Schienenbahnen, Obuslinien, Kraftfahrzeuglinien und Schiffahrtslinien, letztere soweit sie dem Berufsverkehr dienen, eingezeichnet sind,

b) Beförderungsentgelte und Fahrplan,

c) auf Verlangen der Genehmigungsbehörde einen Bauplan mit Kostenanschlag sowie Beschreibung der Anlage, Angaben über die höchste und tiefste Lage des Fahrdrahts, Längs- und Querschnitte sowie Pläne für notwendige Änderungen an öffentlichen Straßen, Beschreibung der Fahrzeuge einschließlich der Schaltpläne und der Betriebsweise;

3. bei einem Linienverkehr mit Kraftfahrzeugen

a) eine Übersichtskarte in der unter Nummer 2 Buchstabe a beschriebenen Form,

b) die Länge der Linie, bei Unterwegsbedienung auch der Teilstrecken, in Kilometern,

c) Angaben über die Zahl, die Art und das Fassungsvermögen (Sitz- und Stehplätze) der zu verwendenden Fahrzeuge,

d) Beförderungsentgelte und Fahrplan;

3a. bei einem Linienbedarfsverkehr mit Kraftfahrzeugen abweichend von Nummer 3

a) eine Übersichtskarte, in der das beantragte Gebiet und alle in dem Gebiet bereits vorhandenen Verkehre entsprechend den Vorgaben in Nummer 2 Buchstabe a eingezeichnet sind,

b) Angaben über die Anzahl, die Art und das Fassungsvermögen der zu verwendenden Fahrzeuge und

c) Beförderungsentgelte und Bedienzeiten;

4. bei einem Gelegenheitsverkehr mit Kraftfahrzeugen
   a) Verkehrsform des Gelegenheitsverkehrs (§ 46),
   b) Angaben über die Zahl, die Art und das Fassungsvermögen (Sitzplätze) der zu verwendenden Fahrzeuge,
   c) und ergänzend bei einem gebündelten Bedarfsverkehr eine Übersichtskarte, in der das Gebiet, in dem der Verkehr durchgeführt werden soll, eingezeichnet ist.

Bei einem Personenfernverkehr (§ 42a Satz 1) genügt abweichend von Satz 1 Nummer 3 Buchstabe a eine Übersichtskarte, in der die beantragte Strecke mit Haltestellen eingezeichnet ist und abweichend von Satz 1 Nummer 3 Buchstabe d der Fahrplan. Der Antrag auf Erteilung der Genehmigung sowie die dafür notwendigen Dokumente können in elektronischer Form eingereicht werden.

(1a) Um bestimmte Standards des beantragten Verkehrs verbindlich zuzusichern, kann der Antragsteller dem Genehmigungsantrag weitere Bestandteile hinzufügen, die als verbindliche Zusicherungen zu bezeichnen sind.

(2) Dem Antrag sind Unterlagen beizufügen, die ein Urteil über die Zuverlässigkeit des Antragstellers und die Sicherheit und Leistungsfähigkeit des Betriebs ermöglichen.

(3) Die Genehmigungsbehörde kann weitere Angaben und Unterlagen, insbesondere Vorlage eines polizeilichen Führungszeugnisses, verlangen. Sie hat bei einem Antrag auf Erteilung der Genehmigung von Linien- oder Gelegenheitsverkehr mit Kraftfahrzeugen das Kraftfahrt-Bundesamt um Auskunft über den Antragsteller zu ersuchen. Bei einem Personenfernverkehr kann sie geeignete Unterlagen verlangen, aus denen sich ergibt, dass die zuständigen Stellen vor Ort den beantragten Haltestellen zugestimmt haben.

(4) Das Genehmigungsverfahren soll im Falle des § 3 Abs. 3 erst dann eingeleitet werden, wenn auch der Antrag auf Erteilung der Genehmigung für den Betrieb vorliegt. Die Verfahren sind nach Möglichkeit miteinander zu verbinden.

(5) Der Antrag auf Erteilung einer Genehmigung für einen eigenwirtschaftlichen Verkehr mit Straßenbahnen, Obussen oder Kraftfahrzeugen im Linienverkehr ist spätestens zwölf Monate vor dem Beginn des beantragten Geltungszeitraums zu stellen. Die Genehmigungsbehörde kann verspätete Anträge zulassen, wenn kein genehmigungsfähiger Antrag gestellt worden ist. Die Genehmigungsbehörde kann andere Termine setzen. Sie muss hierauf in der Bekanntmachung nach § 18 hinweisen. Danach sind Ergänzungen und Änderungen von Anträgen nur dann zulässig, wenn sie von der Genehmigungsbehörde im öffentlichen Verkehrsinteresse angeregt worden sind.

(6) Beabsichtigt die zuständige Behörde die Vergabe eines öffentlichen Dienstleistungsauftrages nach Artikel 5 Absatz 2 bis 4 der Verordnung (EG) Nr. 1370/2007 oder nach dem Vierten Teil des Gesetzes gegen Wettbewerbsbeschränkungen, ist der Antrag auf Erteilung einer Genehmigung für einen eigenwirtschaftlichen Verkehr mit Straßenbahnen, Obussen oder Kraftfahrzeugen im Linienverkehr spätestens drei Monate nach der Vorabbekanntmachung zu stellen. Die Genehmigungsbehörde kann im Einvernehmen mit dem Aufgabenträger verspätete Anträge zulassen. Das Einvernehmen des Aufgabenträgers nach Satz 2 gilt als erteilt, wenn der von dem Aufgabenträger beauftragte Verkehr den im Rahmen der Vor-

abbekanntmachung gesetzten Anforderungen nach § 8a Absatz 2 Satz 3 bis 5 nicht entspricht.

(7) Der Antrag auf Erteilung einer Genehmigung für Verkehr mit Straßenbahnen, Obussen oder Kraftfahrzeugen im Linienverkehr im Sinne von § 8a Absatz 1 Satz 1 in Verbindung mit Artikel 3 Absatz 1 der Verordnung (EG) Nr. 1370/2007 soll spätestens sechs Monate vor dem Beginn der beantragten Geltungsdauer gestellt werden. Die Genehmigungsbehörde kann auf Antrag die Frist verkürzen.

(8) Die Absätze 5 und 6 gelten nicht für den Personenfernverkehr (§ 42a Satz 1).

Abs. 1 legt fest, welche Angaben der Antrag enthalten soll und welche Unterlagen ihm beigefügt werden sollen. Der Antragsteller muss die Antragsformulare benutzen, deren Inhalt der Bundesminister für Verkehr am 8.7.1981 (VkBl. S. 299) bekanntgemacht hat. Die Novelle 2012 hat Nr. 1 um die Buchst. d und e ergänzt. Die Angabe von Beginn und Ende der beantragten Geltungsdauer ist in der Praxis üblich und notwendig, da § 16 lediglich Höchstgrenzen festlegt. Ist ein öffentlicher Dienstleistungsauftrag gegeben, so ist sein Inhalt für die Regelung der Geltungsdauer der Genehmigung und für die Prüfung der Beförderungsentgelte und der besonderen Beförderungsbedingungen von Bedeutung (dazu → § 39 Abs. 1 Satz 3 und Abs. 6 Satz 3). Die **Erleichterungen** für Anträge auf Genehmigung eines **Personenfernverkehrs** gemäß dem durch die Novelle 2012 in Abs. 1 eingefügten neuen Satz 2 tragen der mit der Novelle erfolgten Liberalisierung des Omnibusfernlinienverkehrs Rechnung (vgl. BT-Drs. 17/8233, 15). 1

Indem die **Novelle 2021** mit der Änderung des Abs. 1 Nr. 1c den Begriff der „möglichst weitreichenden" Barrierefreiheit durch die „vollständige" Barrierefreiheit ersetzt hat, ist die Neufassung des § 8 Abs. 3 durch die Novelle 2012 „nachgeholt" worden (vgl. BT-Drs. 19/26175, 43). Die Regelung der mit der eingefügten neuen Nr. 3a der bei einem Genehmigungsantrag für einen Linienbedarfsverkehr mit Kraftfahrzeugen gemäß § 44 erforderlichen Angaben und Unterlagen berücksichtigt, dass diese Verkehrsform zwar per Definition Linienverkehr gemäß § 42 ist, sich zu ihren Genehmigungsvoraussetzungen jedoch in verschiedenen Punkten von dem „herkömmlichen" Linienverkehr unterscheidet und deshalb andere Antragsunterlagen bedingt. So sind in der vorzulegenden Übersichtskarte das im Nahverkehrsplan vorgesehene Gebiet für das beantragte Verkehrsangebot ohne festen Linienweg und die bereits vorhandenen Verkehre einzuzeichnen sowie Bedienzeiten statt eines Fahrplans anzugeben. Denn auch der Linienbedarfsverkehr unterliegt der Betriebs-, Beförderungs- und Tarifpflicht und kann versagt werden, wenn die öffentlichen Verkehrsinteressen entgegenstehen (BT-Drs. 19/26175, 43, 47 f.). Die Ergänzung der Nr. 4 um den Buchst. c dient dazu, dass das Bediengebiet festliegt, das gemäß § 9 Abs. 1 Nr. 5 Gegenstand der Genehmigung ist. Der Abs. 1 angefügte neue Satz 3 soll es dem Fernlinienbetreiber ermöglichen, künftig mit den zuständigen Stellen (zB Kommune oder privater Busbahnhof) im Vorfeld zu klären, ob eine von ihm geplante Haltestelle verfügbar ist, und dadurch das Genehmigungsverfahren zu beschleunigen sowie die Genehmigungsbehörde zu entlasten; so soll es genügen, dass der 1a

Antrag wie bei den anderen allgemeinen Antragsinhalten in § 12 Abs. 1 entsprechende geeignete Unterlagen enthält (BT-Drs. 19/26175, 43).

1b Im Falle **konkurrierender Genehmigungsanträge** können von Antragstellern angebotene zusätzliche Standards wie etwa technische Spezifikationen der vorgesehenen Fahrzeuge und besondere Qualifikationen des Betriebspersonals eine ausschlaggebende Rolle spielen. Die mit der Novelle 2012 eingeführte Vorschrift des **Abs. 1a** eröffnet die Möglichkeit, solche als verbindliche Zusicherungen bezeichnete Standards zu verbindlichen Bestandteilen des Antrags zu machen. Die Zusicherung darf jedoch nicht zu unbestimmt sein (BVerwG 28.7.2021 – 8 C 33.20, BeckRS 2021, 34407). Wird die Genehmigung erteilt, werden diese Bestandteile verbindlicher Genehmigungsinhalt für die gesamte Laufzeit und damit Gegenstand der Betriebspflicht gemäß § 21 Abs. 1 Satz 2 (zur Behandlung im Falle einer Entbindung von der Betriebspflicht § 21 Abs. 4 Satz 3 und zur Bedeutung bei einer Änderung der Beförderungsentgelte § 39 Abs. 2 Satz 2 sowie der Fahrpläne § 40 Abs. 2a).

2 Dem Antrag müssen Unterlagen beigefügt werden, die die Prüfung der Zuverlässigkeit des Antragstellers und der Sicherheit und Leistungsfähigkeit des Betriebes ermöglichen **(Abs. 2).** Dazu gehören idR Bescheinigungen über abgelegte Prüfungen, der Nachweis der Abführung von Sozialversicherungsbeiträgen und der Beiträge zur Unfallversicherung. Ist Antragsteller eine eingetragene Firma, ist auch ein Handelsregisterauszug vorzulegen. Ein Führungszeugnis muss nur auf Verlangen der Behörde beigebracht werden (→ Rn. 3).

3 Die Genehmigungsbehörde kann **weitere Angaben und Unterlagen (Abs. 3)** verlangen, wenn sie zur Prüfung der Genehmigungsvoraussetzungen erforderlich sind. Insbesondere kann sie die Vorlage eines Führungszeugnisses fordern. Entgegen dem veralteten Gesetzeswortlaut handelt es sich nicht mehr um ein polizeiliches Führungszeugnis, sondern um ein bei der Meldebehörde zu beantragendes Zeugnis über den den Antragsteller betreffenden Inhalt des vom Bundesamt für Justiz geführten Bundeszentralregisters (§ 30 BZRG). Wird die Erteilung einer Genehmigung für den Linien- oder Gelegenheitsverkehr mit Kraftfahrzeugen beantragt, muss die Genehmigungsbehörde das Kraftfahrt-Bundesamt in Flensburg um Auskunft über den Antragsteller ersuchen. Diese Auskunft bezieht sich insbesondere darauf, ob in dem Verkehrszentralregister nach § 28 StVG Entscheidungen der Gerichte und Verwaltungsbehörden über Verkehrsstraftaten oder -ordnungswidrigkeiten oder über die Entziehung der Fahrerlaubnis eingetragen sind. Besteht Grund zu der Annahme, dass dem Antragsteller bereits eine Genehmigung versagt oder zurückgenommen worden ist, ersucht die Genehmigungsbehörde ferner um Auskunft aus dem Gewerbezentralregister. Wegen der Regelung der Meldepflichten gegenüber dem Gewerbezentralregister → § 15 Rn. 8.

4 Findet eine **Aufspaltung der Genehmigung** nach § 3 Abs. 3 statt, soll gemäß **Abs. 4** der Antrag auf Genehmigung der Straßenbahnbetriebsanlagen erst dann behandelt werden, wenn auch der Antrag auf Erteilung der Genehmigung für den Betrieb vorliegt; die Verfahren sind möglichst miteinander zu verbinden (→ § 3 Rn. 3).

Wird ein Antrag nicht nur unwesentlich geändert, bedarf es eines neuen Verwaltungsverfahrens (OVG Münster OVGE 41, 179). „Nachbesserungen" in einem eigenwirtschaftlichen Antrag eines Verkehrsunternehmens müssen nicht von der Genehmigungsbehörde berücksichtigt werden (OVG NRW 18.1.2017 – 13 A 208/16, BeckRS 2017, 100912). **5**

Mit der Novelle 2012 sind die Abs. 5–8 eingefügt worden. **6**

Abs. 5 betrifft die Antragstellung für **eigenwirtschaftliche Verkehre.** **7** Gemäß Satz 3 kann die Genehmigungsbehörde von der Frist von 12 Monaten gemäß Satz 1 abweichende Termine setzen, auf die gemäß Satz 4 in der Bekanntmachung nach § 18 hinzuweisen ist. Ein solcher abweichender Termin kann in Frage kommen, wenn sich abzeichnet, dass der Aufgabenträger zur Sicherstellung einer ausreichenden Verkehrsbedienung von der Möglichkeit der Vergabe eines öffentlichen Dienstleistungsauftrages mit der dabei zu beachtenden 1-Jahres-Frist (Art. 7 Abs. 2 VO (EG) Nr. 1370/2007; § 8a) Gebrauch machen will. Das erfordert ein frühzeitiges Zusammenwirken von Genehmigungsbehörde und Aufgabenträger (in diesem Sinne BVerwGE 135, 198 = NVwZ 2010, 559 = DVBl. 2010, 790 L, zur bish. Rechtslage). Ergänzungen und Änderungen von Anträgen (Stichwort: **Nachbesserungen**) sind gemäß Satz 5 nur unter Beachtung der Frist von 12 Monaten nach Satz 1 oder des von der Genehmigungsbehörde gemäß Satz 3 gesetzten anderen Termins zulässig. Danach sind sie lediglich dann zulässig, wenn sie von der Genehmigungsbehörde im öffentlichen Verkehrsinteresse angeregt worden sind (auch → Rn. 6).

Die **Frist** für einen Antrag auf Erteilung einer Genehmigung für einen **8** eigenwirtschaftlichen Verkehr ist **kürzer als** diese **12 Monate,** wenn die zuständige Behörde die Vergabe eines öffentlichen Dienstleistungsauftrages beabsichtigt oder die Vergabe eines Dienstleistungsauftrages nach dem allgemeinen (öffentlichen) Vergaberecht beabsichtigt (siehe dazu im Einzelnen § 8a) und damit die Initiative von ihr ausgeht. Denn in diesem Fall ist ein solcher Genehmigungsantrag nach Abs. 6 Satz 1 spätestens 3 Monate nach der Vorabbekanntmachung (Veröffentlichung gemäß § 8a Abs. 2 Satz 2 und Art. 7 Abs. 2 VO (EG) Nr. 1370/2007; wegen der besonderen Festlegung der Drei-Monats-Frist im Falle der Aufnahme der nach diesen Bestimmungen vorgeschriebenen Informationen in die Bekanntmachung der Genehmigungsbehörde nach § 18 Abs. 1 siehe § 18 Abs. 2) zu stellen (Vorrang eigenwirtschaftlicher Verkehrsbedienung), die spätestens 1 Jahr vor Einleitung des Vergabeverfahrens oder vor der Direktvergabe erfolgen muss. Im Einvernehmen mit dem Aufgabenträger kann die Genehmigungsbehörde jedoch verspätete Anträge zulassen, wenn weder ein eigen- noch ein gemeinwirtschaftlicher Antrag vorliegt (VG Gießen 14.2.2018 – 6 K 3691/16.GI, BeckRS 2018, 9434). Das wird entsprechend für von der Genehmigungsbehörde im öffentlichen Verkehrsinteresse angeregte Ergänzungen und Änderungen von Anträgen zu gelten haben. Nach Satz 3 gilt das Einvernehmen als erteilt, wenn der vom Aufgabenträger beauftragte Verkehr nicht den im Rahmen der Vorabbekanntmachung gesetzten Anforderungen entspricht. Damit wird Unternehmern erneut die Möglichkeit eröffnet, einen eigenwirtschaftlichen Antrag zu stellen, wenn der Aufgabenträger selbst von seinen in der Vorabbekanntmachung genannten Anforderungen abweicht (für das Genehmigungsverfahren siehe § 13 Abs. 2a Satz 2 ff.).

9 Bei den Fristen gemäß Abs. 5 und 6 handelt es sich um **Ausschlussfristen,** wenn im Übrigen die vorgeschriebene Verfahrensweise eingehalten ist. Selbst wenn das Gesetz dies nicht ausdrücklich vorschreibt, werden aus Gründen der Rechtssicherheit die erforderlichen Hinweise auch die Aussage enthalten müssen, dass nach Fristablauf gestellte eigenwirtschaftliche Anträge den Aufgabenträger nicht mehr wegen des Vorrangs der eigenwirtschaftlichen Verkehrsbedienung hindern, von der Möglichkeit einer Vergabe öffentlicher Dienstleistungsaufträge gemäß § 8a iVm der VO (EG) Nr. 1370/2007 Gebrauch zu machen (so schon BVerwGE 135, 198 = NVwZ 2010, 559 = DVBl. 2010, 790 L zur bish. Rechtslage bei vergleichbarer Verfahrensstufung im Erlasswege).

9a Die Antragsfrist nach § 12 Abs. 5 Satz 1 gilt für alle eigenwirtschaftlichen Verkehre mit Straßenbahnen, Obussen und Linienverkehr mit Kraftfahrzeugen. Beabsichtigt der Aufgabenträger die Vergabe einer gemeinwirtschaftlichen Verkehrsleistung, so haben alle Unternehmer gemäß dem Grundsatz des Vorrangs der Eigenwirtschaftlichkeit die Möglichkeit, diese Verkehrsleistung in eigener Initiative zu erbringen. Wie sich aus den Regelungen in § 12 Abs. 5 und 6 ergibt, führt ein nachträglich eingehender eigenwirtschaftlicher Antrag eines Verkehrsunternehmers nicht dazu, dass das Initiativrecht wieder an diesen zurückfällt (OVG NRW 18.1.2017 – 13 A 208/16, BeckRS 2017, 100912).

10 **Anträge** auf Erteilung einer Genehmigung für **nicht eigenwirtschaftliche Verkehre,** also auf einem öffentlichen Dienstleistungsauftrag gemäß Art. 3 Abs. 1 VO (EG) Nr. 1370/2007 beruhende Verkehrsleistungen (wegen des Nachweises siehe Abs. 1 Satz 1 Nr. 1 Buchst. e), sollen gemäß **Abs. 7** spätestens 6 Monate vor dem Beginn der beantragten Geltungsdauer gestellt werden; die Genehmigungsbehörde kann diese Frist auf Antrag verkürzen. Da der Genehmigungsantrag den Nachweis über einen öffentlichen Dienstleistungsauftrag enthalten soll und in diesem Zusammenhang die Veröffentlichungsfristen von 1 Jahr zu beachten sind (Art. 7 Abs. 2 VO (EG) Nr. 1370/2007, § 8a Abs. 2), ist die Regelung des Satzes 2 von praktischer Bedeutung, wonach die Genehmigungsbehörde die Frist von 6 Monaten auf Antrag verkürzen kann. Andererseits ist in der Praxis schon die Einhaltung der Antragsfrist von 6 Monaten im Hinblick auf die verschiedenen in Frage kommenden Nachprüfungsverfahren mehr als zweifelhaft, selbst wenn in diesen Fällen eine Ablehnung des Antrages wegen Fristversäumung nicht in Frage kommt, worauf die Begründung des Gesetzentwurfs zur Regelung als Soll-Vorschrift hinweist (BT-Drs. 17/8233, 16).

11 Wegen der mit der Novelle 2012 vorgesehenen weitgehenden Liberalisierung (→ Rn. 1) des **Fernbuslinienverkehrs** (§ 42a Abs. 1) verzichtet der Gesetzgeber gemäß **Abs. 8** auf die Geltung der Abs. 5 und 6 für diesen Verkehr.

§ 13 Voraussetzung der Genehmigung

(1) Die Genehmigung darf nur erteilt werden, wenn
1. die Sicherheit und die Leistungsfähigkeit des Betriebs gewährleistet sind,
2. keine Tatsachen vorliegen, die die Unzuverlässigkeit des Antragstellers als Unternehmer oder der für die Führung der Geschäfte bestellten Personen dartun,
3. der Antragsteller als Unternehmer oder die für die Führung der Geschäfte bestellte Person fachlich geeignet ist und
4. der Antragsteller und die von ihm mit der Durchführung von Verkehrsleistungen beauftragten Unternehmer ihren Betriebssitz oder ihre Niederlassung im Sinne des Handelsrechts im Inland haben.

Die fachliche Eignung nach Satz 1 Nr. 3 wird durch eine angemessene Tätigkeit in einem Unternehmen des Straßenpersonenverkehrs oder durch Ablegung einer Prüfung nachgewiesen.

(1a) Abweichend von Absatz 1 darf beim Verkehr mit Kraftomnibussen die Genehmigung nur erteilt werden, wenn die Anforderungen nach Artikel 3 Absatz 1 der Verordnung (EG) Nr. 1071/2009 des Europäischen Parlaments und des Rates vom 21. Oktober 2009 zur Festlegung gemeinsamer Regeln für die Zulassung zum Beruf des Kraftverkehrsunternehmers und zur Aufhebung der Richtlinie 96/26/EG des Rates (ABl. L 300 vom 14.11.2009, S. 51) erfüllt sind.

(2) Beim Straßenbahn-, Obusverkehr und Linienverkehr mit Kraftfahrzeugen ist die Genehmigung zu versagen, wenn
1. der Verkehr auf Straßen durchgeführt werden soll, die sich aus Gründen der Verkehrssicherheit oder wegen ihres Bauzustandes hierfür nicht eignen,
2. der beantragte Verkehr ein ausschließliches Recht im Sinne von Artikel 2 Buchstabe f der Verordnung (EG) Nr. 1370/2007 verletzt, das von der zuständigen Behörde nach § 8a Absatz 1 in einem öffentlichen Dienstleistungsauftrag nach Artikel 3 Absatz 1 der Verordnung (EG) Nr. 1370/2007 unter Beachtung der in § 8a Absatz 8 genannten Voraussetzungen gewährt wurde,
3. durch den beantragten Verkehr die öffentlichen Verkehrsinteressen beeinträchtigt werden, insbesondere
   a) der Verkehr mit den vorhandenen Verkehrsmitteln befriedigend bedient werden kann,
   b) der beantragte Verkehr ohne eine wesentliche Verbesserung der Verkehrsbedienung Verkehrsaufgaben wahrnehmen soll, die vorhandene Unternehmen oder Eisenbahnen bereits wahrnehmen,
   c) die für die Bedienung dieses Verkehrs vorhandenen Unternehmen oder Eisenbahnen bereit sind, die notwendige Ausgestaltung des Verkehrs innerhalb einer von der Genehmigungsbehörde festzusetzenden Frist und, soweit es sich um öffentlichen Personennahverkehr handelt, unter den Voraussetzungen des § 8 Absatz 3 selbst durchzuführen oder
   d) der beantragte Verkehr einzelne ertragreiche Linien oder ein Teilnetz aus einem vorhandenen Verkehrsnetz oder aus einem im Nahverkehrsplan im Sinne des § 8 Absatz 3 festgelegten Linienbündel herauslösen würde.

Satz 1 Nummer 2 und 3 gilt nicht für den Personenfernverkehr (§ 42a Satz 1).

(2a) Im öffentlichen Personennahverkehr kann die Genehmigung versagt werden, wenn der beantragte Verkehr mit einem Nahverkehrsplan im Sinne des § 8

Abs. 3 nicht in Einklang steht. Die Genehmigung ist zu versagen, wenn ein in der Frist nach § 12 Absatz 6 gestellter Antrag die in der Vorabbekanntmachung beschriebenen Anforderungen nicht erfüllt oder sich nur auf Teilleistungen bezieht, es sei denn, die zuständige Behörde erteilt gegenüber der Genehmigungsbehörde ihr Einvernehmen zu den beantragten Abweichungen. Die Genehmigung ist zu erteilen, wenn der beantragte und in seinen Bestandteilen verbindlich zugesicherte Verkehr mindestens dem bisherigen Verkehrsangebot entspricht und darüber hinaus von den in der Vorabbekanntmachung beschriebenen weitergehenden Anforderungen zur Sicherstellung der ausreichenden Verkehrsbedienung nur unwesentlich abweicht. Als wesentlich gelten grundsätzlich Abweichungen von Anforderungen zu Linienweg und Haltestellen, zu Bedienungshäufigkeit und Bedienungszeitraum, zur Abstimmung der Fahrpläne und zur Barrierefreiheit. Das Gleiche gilt für Anforderungen zur Anwendung verbundener Beförderungstarife und Beförderungsbedingungen, für die ein Ausgleich nach der Verordnung (EG) Nr. 1370/2007 gezahlt werden soll. Sofern diese Abweichungen Anforderungen betreffen, die über das bisherige Verkehrsangebot hinausgehen, sind sie nur dann wesentlich, wenn der Unternehmer, der diesen Verkehr bisher betrieben hat, hierzu angehört wurde und diese Anforderungen für die ausreichende Verkehrsbedienung erforderlich sind.

(2b) Werden im öffentlichen Personennahverkehr mehrere Anträge gestellt, die sich ganz oder zum Teil auf die gleiche oder im Wesentlichen gleiche Verkehrsleistung beziehen, so ist die Auswahl des Unternehmers danach vorzunehmen, wer die beste Verkehrsbedienung anbietet. Hierbei sind insbesondere die Festlegungen eines Nahverkehrsplans im Sinne des § 8 Absatz 3 zu berücksichtigen.

(2c) Auf Antrag des Aufgabenträgers ist die Genehmigungsbehörde verpflichtet, die Erfüllung der in den Absätzen 1, 1a und 2 Satz 1 Nummer 1 genannten Voraussetzungen bereits im Verfahren der Vergabe eines öffentlichen Dienstleistungsauftrages zu prüfen.

(3) Ist ein Verkehr von einem Unternehmer jahrelang in einer dem öffentlichen Verkehrsinteresse entsprechenden Weise betrieben worden, so ist dieser Umstand, im öffentlichen Personennahverkehr unter den Voraussetzungen des § 8 Abs. 3, angemessen zu berücksichtigen; das gilt auch im Falle des Absatzes 2 Nummer 3.

(4) Beim Verkehr mit Taxen ist die Genehmigung zu versagen, wenn die öffentlichen Verkehrsinteressen dadurch beeinträchtigt werden, daß durch die Ausübung des beantragten Verkehrs das örtliche Taxengewerbe in seiner Funktionsfähigkeit bedroht wird. Hierbei sind für den Bezirk der Genehmigungsbehörde insbesondere zu berücksichtigen

1. die Nachfrage nach Beförderungsaufträgen im Taxenverkehr,
2. die Taxendichte,
3. die Entwicklung der Ertrags- und Kostenlage unter Einbeziehung der Einsatzzeit,
4. die Anzahl und Ursachen der Geschäftsaufgaben.

Zur Feststellung der Auswirkungen früher erteilter Genehmigungen auf die öffentlichen Verkehrsinteressen soll die Genehmigungsbehörde vor der Entscheidung über neue Anträge einen Beobachtungszeitraum einschalten. Der Beobachtungs-

zeitraum soll höchstens ein Jahr seit der letzten Erteilung einer Genehmigung betragen.

(5) Bei der Erteilung der Genehmigung für den Taxenverkehr sind Neubewerber und vorhandene Unternehmer angemessen zu berücksichtigen. Innerhalb der Gruppen sollen die Antragsteller nach der zeitlichen Reihenfolge des Eingangs der Anträge berücksichtigt werden. Ein Antragsteller wird unabhängig vom Zeitpunkt der Antragstellung nachrangig behandelt, wenn er

1. das Taxengewerbe nicht als Hauptbeschäftigung zu betreiben beabsichtigt,
2. sein Unternehmen nicht als Hauptbeschäftigung betrieben hat oder innerhalb der letzten acht Jahre ganz oder teilweise veräußert oder verpachtet hat oder
3. seiner Betriebspflicht nicht ordnungsgemäß nachgekommen ist.

Einem Antragsteller darf jeweils nur eine Genehmigung erteilt werden, sofern nicht mehr Genehmigungen erteilt werden können, als Antragsteller vorhanden sind. Die Genehmigung ist Neubewerbern für die Dauer von zwei Jahren zu erteilen; die aus der Genehmigung erwachsenden Rechte und Pflichten dürfen während dieses Zeitraumes nicht übertragen werden.

(5a) Bei einem gebündelten Bedarfsverkehr kann die Genehmigung versagt werden, wenn die öffentlichen Verkehrsinteressen dadurch beeinträchtigt werden, dass durch die Ausübung des beantragten Verkehrs die Verkehrseffizienz im beantragten Bediengebiet nicht mehr sichergestellt ist. Hierbei sind für den Bezirk der Genehmigungsbehörde von dieser zu berücksichtigen:

1. die Festsetzung der zulässigen Höchstzahl der genehmigungsfähigen Fahrzeuge der zuständigen Behörde und
2. die Anzahl der bereits genehmigten Fahrzeuge im gebündelten Bedarfsverkehr.

(5b) Beim Verkehr mit Taxen, Mietwagen sowie beim gebündelten Bedarfsverkehr kann die Genehmigung versagt werden, wenn die mit dem Verkehr beantragten Fahrzeuge nicht die Anforderungen der Emissionsvorgaben im Sinne von § 64b erfüllen. Beim Verkehr mit Taxen und im gebündelten Bedarfsverkehr kann die Genehmigung darüber hinaus versagt werden, wenn die mit dem Verkehr beantragten Fahrzeuge nicht die Vorgaben zur Barrierefreiheit im Sinne von § 64c erfüllen.

(6) Bei juristischen Personen des öffentlichen Rechts gelten die Genehmigungsvoraussetzungen nach Absatz 1 als gegeben.

(7) Bei der Genehmigung in den Fällen des § 2 Abs. 2 Nr. 2 und 3 sind die Absätze 2, 4 und 5 Satz 1, 2, 4 und 5 nicht anzuwenden.

Mit dem Wegfall der in § 13a gesondert geregelten Genehmigungsvoraussetzungen bei nicht eigenwirtschaftlichen, bislang als gemeinwirtschaftliche Verkehrsleistungen bezeichneten Verkehren durch die Novelle 2012 gilt § 13 jetzt ohne Einschränkungen ebenso für die Genehmigung der nicht eigenwirtschaftlichen Verkehrsleistungen (dazu auch → § 8 Rn. 10). Auf die Erteilung einer Genehmigung zur Personenbeförderung besteht ein **Rechtsanspruch,** wenn der Antragsteller die in § 13 festgelegten subjektiven und objektiven Zulassungsvoraussetzungen erfüllt (BVerwG DVBl. 2000, 1614 = NVwZ 2001, 322; OVG Lüneburg DVBl. 1981, 641 = DÖV 1981, 227). Wenn und soweit die Genehmigung einen planerischen Einschlag hat, nämlich im Verkehr mit Straßenbahnen und Obussen sowie im Linienverkehr 1 mit Kraftfahrzeugen, reduziert sich dieser Anspruch darauf, dass die Genehmigungsbehörde den ihr zustehenden Beurteilungsspielraum sachgemäß wahrgenommen hat, sofern es um die Bewertung von Verkehrsbedürfnissen der unterschiedlichsten Art und ihre befriedigende Bedienung und damit auch darum geht, wie gewichtig einzelne öffentliche Verkehrsinteressen sowohl für sich gesehen als auch im Verhältnis zu anderen sind (so BVerwGE 82, 260; BVerwG VRS 82, 479; OVG NRW WuW 2020, 163; auch → § 8 Rn. 7 und → Rn. 5). Diese Auslegung, die schon zum bis 1.1.1996 geltenden Recht entwickelt wurde, ist jedenfalls insoweit, als der ÖPNV in Betracht kommt, auch für das neue Recht zugrunde zu legen, nachdem gemäß § 8 Abs. 3 und 3a die Genehmigungsbehörden an der Erfüllung der dem Aufgabenträger obliegenden Sicherstellung einer ausreichenden Verkehrsbedienung mitwirken, deren Anforderungen der Aufgabenträger idR in dem unter Beteiligung der vorhandenen Unternehmer aufzustellenden Nahverkehrsplan definiert (→ § 8 Rn. 5). Diese Interpretation kann für den **Fernlinienverkehr** keine Geltung mehr beanspruchen, weil sich § 8 nunmehr ausschließlich auf den ÖPNV beschränkt und dieser Verkehr nach der Definition des Personenfernverkehrs gemäß dem mit der Novelle 2012 eingefügten neuen § 42a dazu nicht gehört. Außerdem hat das BVerfG gegenüber einer Einschränkung der richterlichen Nachprüfung von Verwaltungshandeln Bedenken angemeldet (BVerfGE 84, 34, 49 = DVBl. 1991, 801; BVerfGE 88, 40, 50), die ein Umdenken auf dem Gebiet des Personenbeförderungsrechts nahelegen (vgl. Redeker NVwZ 1992, 305). Die Erteilung der Genehmigung für den Verkehr mit Mietomnibussen und Mietwagen unterliegt jedenfalls in vollem Umfang richterlicher Nachprüfung (BVerfGE 11, 168).

1a Die Aufrechterhaltung des Genehmigungserfordernisses für Verkehrsleistungen auf der Grundlage eines öffentlichen Dienstleistungsauftrages – etwa für eine Direktvergabe nach Art. 5 Abs. 2 VO (EG) Nr. 1370/2007 – und das Fehlen eines gesondert geregelten Genehmigungsverfahrens für diese Verkehre führen zu einer Abgrenzung der vom Aufgabenträger einerseits und der von der Genehmigungsbehörde andererseits zu treffenden Entscheidungen und ihrer jeweiligen Reichweite, für die in ihren Grundzügen Folgendes zu gelten haben wird, und zwar prinzipiell auch hinsichtlich der Stellung des Aufgabenträgers bei der Genehmigung eigenwirtschaftlicher Verkehre:

(1) Dass ein Unternehmer gemeinwirtschaftliche Leistungen erbringen darf, entfaltet **Außenwirkung** erst mit dem Bescheid über die Erteilung der Genehmigung nach § 15 Abs. 1. Ein vorhandener Unternehmer, der sich dadurch in seinen Rechten verletzt sieht, muss daher **diesen Bescheid** im Verwaltungsrechtsweg angreifen, nicht aber das vorgängige Verwaltungshandeln der „zuständigen Behörde" iS von §§ 8a und 8b (auch → § 8 Rn. 10, → § 8a Rn. 8).

(2) Die Verwaltungsgerichte – und zuvor ebenso schon die **Genehmigungsbehörden** – haben dabei **nicht zu prüfen,** ob das **vorausgegangene Vergabeverfahren** fehlerfrei durchgeführt worden ist. Dieses Verfahren fällt in die Zuständigkeit des Aufgabenträgers und unterliegt den Rechtsschutzmöglichkeiten im vergaberechtlichen Nachprüfungsverfahren gemäß §§ 8a

und 8b. An etwaige Gerichtsentscheidungen sind die Genehmigungsbehörden und die Verwaltungsgerichte gebunden.

(3) Der **Prüfung** durch die Genehmigungsbehörden und dem folgend die Verwaltungsgerichte unterliegt jedoch die von dem Aufgabenträger zu treffende **Entscheidung,** wegen Fehlens einer ausreichenden Verkehrsbedienung durch eigenwirtschaftliche Verkehrsleistungen von der Möglichkeit der **Vergabe** eines **öffentlichen Dienstleistungsauftrags** gemäß § 8a Abs. 1 **Gebrauch** zu **machen.** Das ergibt sich aus dem Vorrang der eigenwirtschaftlichen Verkehrsbedienung und der zu seiner Gewährleistung gesetzlich geregelten Verfahrensgestaltung; das schließt eine Kontrolle der vom Aufgabenträger anzustellenden Prognose nach den für die Überprüfung von Prognoseentscheidungen geltenden Einschränkungen ein, wobei zudem der planerische Einschlag einer Genehmigung zu beachten ist (→ § 8a Rn. 8).

(4) Die Genehmigungsbehörde hat im Rahmen ihrer Entscheidung über die Erteilung der personenbeförderungsrechtlichen Genehmigung ebenfalls, und zwar auch im Falle der Genehmigung eines gemeinwirtschaftlichen Verkehrs, gemäß Abs. 2 Satz 1 Nr. 3 Hs. 1 eine etwaige **Beeinträchtigung öffentlicher Verkehrsinteressen** zu **prüfen,** da das Gesetz insofern keine Ausnahme für Verkehrsleistungen auf der Grundlage eines öffentlichen Dienstleistungsauftrages macht. Das Gesetz sieht bis auf die ausdrücklich geregelten Fälle keine Bindung der Genehmigungsbehörde an Entscheidungen des Aufgabenträgers wie zB durch die Vorschrift des Abs. 2 Satz 1 Nr. 2 und 3 Buchst. d und des Abs. 2a Satz 2 ff. oder des § 16 Abs. 1 und 2 und damit keinen „Vorrang" der Entscheidung des Aufgabenträgers vor (auch → § 8 Rn. 9).

(5) Der **Aufgabenträger** muss eine **Genehmigung** im **Verwaltungsrechtsweg** angreifen können, wenn die Genehmigungsbehörde einen rechtswirksamen öffentlichen Dienstleistungsauftrag oder verbindliche Teile eines Nahverkehrsplans missachtet (siehe dazu zB Abs. 2 Satz 1 Nr. 2 und 3 Buchst. d und § 16) oder das ihr zukommende (Planungs/Abwägungs-)Ermessen fehlerhaft ausübt (siehe dazu Abs. 2a Satz 1) oder auch „nur" ihrer allgemeinen und in verschiedenen Bestimmungen herausgehobenen Verpflichtung, den Nahverkehrsplan zu „berücksichtigen" (siehe dazu etwa § 8 Abs. 3a Satz 2, § 13 Abs. 2b), nicht gerecht wird; die Pflicht zur Berücksichtigung bedeutet zwar keine (strikte) Bindung, erfordert aber zumindest eine sachgemäß abwägende Auseinandersetzung mit den Ausweisungen eines Nahverkehrsplans. Insofern verleihen das Recht zur Nahverkehrsplanung und die Finanzverantwortung bei der Gewährleistung einer ausreichenden Verkehrsbedienung dem Aufgabenträger in solchen Fällen ein Klagerecht gegen die Genehmigungsentscheidung (siehe Berkemann NuR 2012, 517, zur vergleichbaren Frage der Klagebefugnisse der Gemeinde als Träger des Lärmaktionsplanes gemäß § 47d Abs. 1 BImSchG; → § 8 Rn. 4, 7).

Sicherheit und **Leistungsfähigkeit** des Betriebs (**Abs. 1** Nr. 1) stehen in einem untrennbaren Zusammenhang. Die Sicherheit des Unternehmens, an der ein überragendes Interesse der Allgemeinheit besteht, kann nur dann gewährleistet werden, wenn der Betrieb leistungsfähig ist (BVerwG VRS 48, 315). Die Anforderungen, die der Antragsteller in dieser Hinsicht, aber auch **2**

in Bezug auf Zuverlässigkeit und fachliche Eignung (Abs. 1 Nr. 2 und 3) zu erfüllen hat, sind bislang in der Berufszugangsverordnung für den Straßenpersonenverkehr (PBZugV) vom 15.6.2000 (BGBl. I 851) enthalten, mit der zugleich die Richtlinie 96/26/EG (ABl. 1996 L 124, 1) idF der Richtlinie 98/76/EG vom 1.10.1998 (ABl. 1998 L 277, 17) in innerstaatliches Recht umgesetzt worden ist; die Richtlinie 96/26/EG ist inzwischen durch die mit Wirkung vom 4.12.2011 geltende VO (EG) 1071 vom 21.10.2009 aufgehoben worden (→ § 1 Rn. 12 und Anhang 1. b). Aus Gründen des europäischen Wettbewerbs sind die finanziellen Berufszugangsvoraussetzungen äußerst niedrig angesetzt worden. Die PBZugV ist nicht nur beim Neuzugang zum Beruf anzuwenden, sondern auch bei der Wiedererteilung einer personenbeförderungsrechtlichen Genehmigung (vgl. OVG Münster OVGE 42, 122 = VRS 85, 317). Die **finanzielle Leistungsfähigkeit** hängt nicht vom wirtschaftlichen Erfolg des zu genehmigenden Linienverkehrs und der Deckung eines etwaigen Defizits ab (BVerwG DVBl. 2000, 1614). Abs. 1 Nr. 4 ist mit dem ÄndG vom 14.8.2006 (BGBl. I 1962) eingefügt worden. Unionsrechtlich ist die die Kabotage regelnde VO (EG) Nr. 12/98 vom 11.12.1997, inzwischen durch die ab dem 4.12.2011 geltende VO (EG) Nr. 1073 vom 21.10.2009 aufgehoben (→ § 1 Rn. 12), zu beachten (Anhang 1. c), wonach die zum Personenkraftverkehr zugelassenen Verkehrsunternehmer aus einem Mitgliedstaat nicht zur Führung eines inländischen Betriebssitz bzw. einer Niederlassung verpflichtet sind (nach OVG Lüneburg 23.11.2016 – 7 ME 111/16, BeckRS 2016, 55231 entsprechen sich die Zulässigkeitsanforderungen nach § 13 Abs. 1 Satz 1 Nr. 2 PBefG und die nach Art. 3 Abs. 1 Buchst. b VO (EG) Nr. 1073/2009). **Abs. 1** ist **nicht drittschützend** (ebenso hinsichtlich Nrn. 1 und 2 VGH Mannheim NVwZ-RR 1993, 445 = GewArch 1993, 215; OVG Magdeburg LKV 1999, 31).

2a Der durch das ÄndG vom 22.11.2011 (BGBl. I 2272) eingefügte **Abs. 1a** regelt insbesondere, dass beim Verkehr mit Kraftomnibussen die Berufszugangsvoraussetzungen des unmittelbar geltenden Art. 3 Abs. 1 VO (EG) Nr. 1071/2009 erfüllt sein müssen, auch soweit diese VO keine unmittelbare Anwendung findet. Das betrifft zB beim grenzüberschreitenden Verkehr mit Kraftomnibussen Unternehmer, die ihren Betriebssitz außerhalb der EU haben. Die Vorschrift greift nur hinsichtlich des Verkehrs mit Kraftomnibussen. Für den Berufszugang zum Verkehr mit Straßenbahnen, Obussen und Personenkraftwagen gilt weiterhin § 13 Abs. 1.

3 **Die – objektiven – Versagungsgründe beim Straßenbahn- und Obusverkehr sowie beim Linienverkehr mit Kraftfahrzeugen** sind in **Abs. 2** geregelt. Satz 1 Nr. 1, der eine Versagung der Genehmigung für den Fall vorsieht, dass der Verkehr auf Straßen durchgeführt werden soll, die sich aus Gründen der Verkehrssicherheit oder wegen ihres Bauzustandes hierfür nicht eignen, rechtfertigt die Versagung nur, wenn der beabsichtigte Verkehr selbst einen feststellbar nachteiligen Einfluss auf die Verkehrssicherheit ausübt (VGH München VRS 58, 155). Der Bauzustand begründet nur dann einen Eignungsmangel, wenn die Straße insgesamt betrachtet eine Benutzung durch Verkehrsmittel der fraglichen Art nicht zulässt oder die Durchführung des geplanten Verkehrs unzumutbare Auswirkungen auf andere Verkehrsteilneh-

mer zur Folge hätte (VGH München VRS 58, 155). Wo öffentlicher Straßenverkehr stattfindet, wird idR auch ein Linienverkehr möglich sein (vgl. Fromm BB 1983, 862 mwN). Aus der Widmung der Straße können sich jedoch Nutzungsbeschränkungen ergeben, die Liniengenehmigung ermittelt kein Recht auf Benutzung des zum genehmigten Strecken- und Haltestellenbestand gehörenden Straßenraumes (OVG Mecklenburg-Vorpommern NVwZ-RR 2020, 120 = NordÖR 2019, 304; VGH Mannheim 21.7.2017 – 9 S 1452/16, BeckRS 2017, 120062). Mit Rücksicht auf den Versagungsgrund des Abs. 2 Satz 1 Nr. 1 hat die Genehmigungsbehörde vor der Entscheidung den Träger der Straßenbaulast (Wegeunterhaltungspflichtigen) zu hören (§ 14 Abs. 1 Satz 1 Nr. 2). Für den Straßenbahnverkehr hat das Problem im Übrigen in § 31 eine besondere Regelung gefunden. Eine Linienverkehrsgenehmigung bietet, selbst wenn sie der Eigentumsgarantie des Art. 14 GG unterliegt, keinen Schutz gegen die Teilentziehung einer für den Betrieb einer genehmigten Linie genutzten Straße (BVerfG NVwZ 2009, 1426). Siehe auch eingehend Fehling DVBl. 2015, 464 zu den Möglichkeiten und Grenzen einer Förderung des ÖPNV im knappen Straßenraum.

Soweit ersichtlich noch nicht gerichtsanhängig geworden ist der in Abs. 2 **3a** Satz 1 mit der Novelle 2012 eingefügte weitere zwingende objektive Versagungsgrund der **Verletzung** eines **ausschließlichen Rechts** iSd Art. 2 Buchst. f VO (EG) Nr. 1370/2007 durch den beantragten Verkehr gemäß **Nr. 2.** Die Regelung ist Ausfluss der Schutzwirkung, die das ausschließliche Recht auszeichnet (dazu → § 8a Rn. 14). Entscheidend sind insoweit der in dem vom Aufgabenträger erteilten öffentlichen Dienstleistungsauftrag im Einzelnen bestimmte räumliche und zeitliche Geltungsbereich und die Art der Personenverkehrsleistungen, die unter Ausschluss anderer Betreiber zu erbringen sind. Die Genehmigungsbehörde ist befugt, im Genehmigungsverfahren die Rechtmäßigkeit des ausschließlichen Rechts in formell- und materiellrechtlicher Hinsicht zu prüfen (§ 8a Abs. 8).

Die in Abs. 2 Satz 1 **Nr. 3** Buchst. a bis c enthaltenen objektiven Geneh- **4** migungsvoraussetzungen beanspruchen Geltung im Linienverkehr mit Kraftfahrzeugen (§ 42 – gemäß § 44 auch im Linienbedarfsverkehr) und seinen Sonderformen (§ 43), für die Verkehre, die nach § 2 Abs. 6 in Anlehnung an jene Verkehre zu genehmigen sind (OVG Berlin-Brandenburg 26.3.2020 – OVG 1 S 76.19, VerkMit Nr. 23 = BeckRS 2020, 5267: sog. Mehrfachgenehmigungsverbot gilt nicht bei konkurrierenden „Stadtrundfahrten"), sowie für den Verkehr mit Straßenbahnen und Obussen. In all diesen Fällen ist zu beachten, ob es sich um ÖPNV iSd § 8 Abs. 1 handelt, weil insoweit auf § 8 Abs. 3 Bedacht zu nehmen ist (siehe auch § 13 Abs. 2 Satz 1 Nr. 3 Buchst. c). Neu ist in Satz 1 Nr. 3 der durch die Novelle 2012 eingefügte weitere objektive Versagungsgrund gemäß Buchst. d.

Die **öffentlichen Verkehrsinteressen,** auf die Satz 1 Nr. 3 abhebt, bil- **5** den einen **unbestimmten Rechtsbegriff,** bei dem der Genehmigungsbehörde, soweit es sich um ÖPNV handelt, wegen seines planerischen Einschlags ein **Beurteilungsspielraum** zukommt (hM, vgl. BVerwGE 82, 260 = DVBl. 1990, 44 = DÖV 1990, 29; BVerwG VRS 82, 479; OVG Lüneburg VRS 79, 313 = TranspR 1990, 458; VGH Mannheim NVwZ-RR 1993,

291 und 292). Bedenken gegen diese Auslegung sind nicht von der Hand zu weisen. Mit ihr wurde eine Abkehr von jahrzehntelang geübter Praxis vollzogen, die, ohne ausdrücklich auf die Rechtsfrage einzugehen, eine vollständige Nachprüfungsbefugnis für sich in Anspruch nahm, – dies nicht zuletzt deshalb, weil der Gesetzgeber des PBefG 1961 mit Blick auf die Rechtsprechung des BVerfG die Erteilung der Genehmigung nicht mehr – positiv – vom Vorliegen eines Verkehrsbedürfnisses abhängig gemacht hat, sondern – negativ – lediglich eine Beeinträchtigung öffentlicher Verkehrsinteressen als Rechtfertigung für deren Versagung gelten lässt. Die Konsequenzen der hM werden daran sichtbar, dass immer dann, wenn planerische Momente eine Rolle spielen, die Prüfung der **beispielhaft** in Nr. 3 **aufgeführten Versagungsgründe** entfallen kann (BVerwG NZV 1992, 165 = DÖV 1992, 534 = VRS 82, 479). Neben diesen – in normierter Reihenfolge zu prüfenden (BVerwGE 30, 251 = GewArch 1969, 113 = VRS 36, 388) – „benannten" Versagungsgründen kann (bereits) nach Nr. 3 Satz 1 Hs. 1 eine Beeinträchtigung öffentlicher Verkehrsinteressen ohne Einschränkung, also jedweder Art und nicht nur von Interessen gleichartiger Verkehre, als „unbenannter" Versagungsgrund in Betracht kommen (BVerwGE 82, 260; BVerwG VRS 82, 479; OVG NRW 10.12.2019 – 13 A 254/17, WuW 2020, 163; BVerwG 2.10.1991 – 7 B 59.91, BeckRS 1991, 3946: im Verhältnis zu „unbenannten Versagungsgründen" keine zwingende Reihenfolge). Dazu rechnen zB die Verwirklichung öffentlicher Verkehrsprogramme (BVerwGE 82, 260; BVerwG VRS 82, 479) und eine „Bevorzugung der Schiene" (VG Trier 15.9.2000 – 4 K 399/00.TR), nicht aber die „Gewährleistung einer ausreichenden Verkehrsbedienung" iSd § 8a Abs. 1 Satz 1 (ebenso Batzill/Zuck Personenbeförderungsrecht S. 65; aM Bund/Länder-Fachausschuss Straßenpersonenverkehr, Der Nahverkehr 6/1997, 8; Barth S. 259 f.) oder die undifferenzierte „Verfolgung eines Gebietsschutzes" (OVG RP 10.11.1998 – 7 A 12844/97.OVG, BeckRS 2014, 59138). Abs. 2 Satz 1 Nr. 3 ist im Übrigen verfassungskonform dahingehend auszulegen, dass „öffentliche Verkehrsinteressen" iS dieser Vorschrift die Wahrnehmung von Aufgaben der öffentlichen Daseinsvorsorge durch die bish. Linienverkehre voraussetzen (so HambOVG NVwZ 2012, 272 L; BayVGH VRS 121, 150). Die Aufzählung der in Satz 1 Nr. 3 Buchst. a bis d benannten Belange ist nicht abschließend, wie sich aus der Formulierung „insbesondere" ergibt; öffentliche Verkehrsinteressen sind zB auch beeinträchtigt, wenn es konkrete Anhaltspunkte dafür gibt, dass der Bewerber um eine eigenwirtschaftliche Linienverkehrsgenehmigung die betreffende Linie wegen fehlender Kostendeckung nicht dauerhaft – also nicht während der gesamten Laufzeit der Genehmigung – in dem der Genehmigung zugrunde liegenden Umfang betreiben kann, obwohl ein entsprechendes Verkehrsbedürfnis besteht (BVerwGE 148, 175 = GewArch. 2014, 161; OVG Berlin-Brandenburg 29.4.2014 – 1 A 5.12; OVG NRW 25.8.2016 – 13 A 788/15, BeckRS 2016, 52143; OVG Schleswig NordÖR 2021, 154). Abs. 2 Satz 1 Nr. 3 hat **drittschützende Wirkung** (BVerwG DVBl. 2000, 1614 = NVwZ 2001, 322 = GewArch 2001, 341; OVG NRW OVG NRW 25.8.2016 – 13 A 788/15, BeckRS 2016, 52143).

Ein öffentliche Verkehrsinteressen beeinträchtigender Parallelverkehr kann im Übrigen auch dann gegeben sein, wenn zwei Verkehre zwar nicht auf derselben Trasse verlaufen, aber denselben Quell- und Zielverkehrsraum bedienen, und die Kurse der beiden Linien in einem echten Konkurrenzverhältnis stehen, so dass mit einem Abwandern der Fahrgäste an den gemeinsamen Haltestellen zu rechnen ist (BayVGH 8.3.2016 – 11 ZB 15.1901, BeckRS 2016, 44334). 5a

Geht es darum, festzustellen, ob eine **Lücke im Verkehrsangebot** besteht, ist eine Prüfung der beispielhaft aufgeführten Versagungsgründe in ihrer gesetzlichen Reihenfolge unverzichtbar (→ Rn. 5). Denn nur so kann die Frage beantwortet werden, ob eine befriedigende Verkehrsbedienung bereits vorliegt oder bei der Übernahme von Verkehrsaufgaben anderer Verkehrsträger eine wesentliche Verbesserung durch den beantragten Verkehr geboten wird. Dabei ist der Zeitpunkt der Antragstellung maßgebend (BVerwGE 55, 159 = DÖV 1978, 371), bei Verpflichtungsklagen der Zeitpunkt der mündlichen Verhandlung des Tatsachengerichts (BVerwGE 82, 260; zum maßgeblichen Zeitpunkt auch BVerwG DVBl. 2000, 1614 = NVwZ 2001, 322 = GewArch 2001, 341). 6

Ob die vorhandene Verkehrsbedienung befriedigend ist (Nr. 3 Buchst. a), muss vom Standpunkt der Verkehrsnutzer, dh der für den betreffenden Verkehr in Betracht kommenden Allgemeinheit aus beurteilt werden (OVG Lüneburg VRS 42, 457). Dabei ist nicht nur auf den Verkehr abzuheben, der im PBefG geregelt ist, sondern ebenso auf das Verkehrsangebot der öffentlichen Eisenbahnen und der Schifffahrt (vgl. Bidinger PBefG § 13 Anm. 40). Entgegen früherer Meinung ist auch das Angebot der Sonderformen des Linienverkehrs zu berücksichtigen (VGH Mannheim NVwZ-RR 1993, 292). Eine befriedigende Verkehrsbedienung liegt nicht vor, wenn die Nachfrage nach Verkehrsmitteln größer ist als das Angebot (OVG Lüneburg VRS 42, 457). Bei den Sonderformen des Linienverkehrs nach § 43 Nr. 1 (Berufsverkehr) und Nr. 2 (Schülerfahrten) ist vor allem den Interessen der Berufstätigen und der Arbeitgeber sowie der Schüler und der Lehranstalten Rechnung zu tragen (§ 45 Abs. 3 Satz 2). Zu berücksichtigen ist insbesondere der Zeitverlust für die Arbeitnehmer bei Benutzung der vorhandenen Verkehrsmittel, für den Arbeitgeber der mögliche Verlust der Arbeitskräfte bei Wegfall des von ihm betriebenen Verkehrs (BVerwGE 30, 342 = VRS 36, 380; BVerwG 16.1.1974 – VII B 16.73). 7

Auch für die Frage, ob der Antrag eine **wesentliche Verbesserung** der Verkehrsbedienung verspricht (Nr. 3 Buchst. b), kommt es auf den Standpunkt der Verkehrsnutzer an. Unwesentliche Abweichungen in der Gestaltung der Fahrpläne oder der Linienführung begründen kein neues öffentliches Verkehrsbedürfnis. Eine wesentliche Verbesserung kann darin liegen, dass Außenbezirke von Gemeinden in das innerörtliche Verkehrsnetz einbezogen werden (BVerwGE 55, 159 = NJW 1978, 1065), dass den Verkehrsnutzern ein günstigeres Tarifsystem angeboten wird (BVerwGE 55, 159 = NJW 1978, 1065). Aus Abs. 2 Satz 1 Nr. 3 Buchst. b folgt, dass von mehreren Bewerbern dem der Vorzug zu geben ist, der die bessere Verkehrsbedienung bietet (BVerwG BB 1972, 14; BVerwG GewArch 1981, 175; VGH Mannheim 8

BWVbl. 1972, 43; siehe jetzt auch Abs. 2b). Wird von allen eine gleich gute Bedienung angeboten, liegt es im Rahmen sachlicher Erwägungen, demjenigen den Vorzug zu geben, der zuerst seinen Antrag gestellt hat (BVerwG StT 1982, 48 = GewArch 1981, 175; BVerwG Buchholz 442.01 § 13 PBefG Nr. 15; BVerwG Buchholz 442.01 § 13 PBefG Nr. 35 offen gelassen, ob entsprechende Verpflichtung der Behörde besteht, wenn andere Unterscheidungskriterien fehlen; siehe OVG RP DVBl. 1997, 962 zur Pflicht, den unterlegenen Konkurrenten vor Erteilung der Genehmigung von der für ihn negativen Auswahlentscheidung zu unterrichten).

9 Bevor die Lücke im Verkehrsangebot durch Genehmigung eines neuen Linienverkehrs geschlossen wird, haben die vorhandenen Unternehmen und Eisenbahnen das Recht, durch **Ausgestaltung** ihres Verkehrs die bestehende Lücke selbst zu schließen (Nr. 3 Buchst. c). Diese Regelung beruht darauf, dass nach dem Willen des Gesetzgebers die Verkehrsbedienung auf einer Strecke möglichst in der Hand eines Unternehmens liegen soll (BVerwGE 30 257 = VerwRspr 20, 481 = VRS 36, 392; BVerwGE 31, 133 = GewArch 1969, 85 = VerwRspr 20, 491 = VRS 36, 470). Besteht ein solches Ausgestaltungsrecht, kann der Antragsteller mit seinem Begehren nur durchdringen, wenn in der vorgeschriebenen Form geklärt ist, dass das vorhandene Unternehmen sich darauf nicht beruft (BVerwG DB 1964, 986). Es verliert das Ausgestaltungsrecht, wenn es der Genehmigungsbehörde, die die vorhandenen Unternehmer von Amts wegen zum Selbsteintritt aufzufordern hat, innerhalb der von ihr gesetzten Frist keine befriedigende Zusage erteilt. Ein vertraglicher Verzicht auf das Vorrecht ist zulässig (OVG Münster VRS 49, 478). Der bisherige Genehmigungsinhaber kann sich bei konkurrierenden Anträgen nicht auf ein Ausgestaltungsrecht nach Nr. 3 Buchst. c berufen und ein Recht auf Berücksichtigung eines „nachgebesserten" Angebots auf diese Vorschrift stützen (BayVGH GewArch 2008, 307 = VRS 114, 98; VGH Mannheim 2.1.2007 – 3 S 2675/06, BeckRS 2007, 20250; aM ohne nähere Begründung Nds.OVG NVwZ-RR 2005, 105 = NZBau 2005, 53).

10 Von einer Ausgestaltung kann nur so lange die Rede sein, wie die betreffende Verkehrsbedienung in ihrem wesentlichen Kern erhalten bleibt. Sie liegt daher nicht mehr vor, wenn der vorhandene Unternehmer einen Verkehr **umgestalten** müsste, um dieselbe Verkehrsbedienung anbieten zu können, die mit dem beantragten Verkehr erreicht werden soll (BVerwGE 30, 352 = GewArch 1969, 209 = VerwRspr 20, 373 = VRS 36, 377). Die Verlängerung einer Linie fällt nicht unter den Begriff der Ausgestaltung (BVerwGE 82, 260 = DVBl. 1990, 44 = DÖV 1990, 29; VGH Mannheim DÖV 1993, 443 L).

11 Liegt ÖPNV vor, erfährt das Ausgestaltungsrecht eine weitere Einschränkung. Es muss nicht zum Zuge kommen, wenn seine Geltendmachung der von dem Aufgabenträger im Zusammenwirken mit der Genehmigungsbehörde und den Unternehmen entwickelten Zielsetzung für die Gestaltung des ÖPNV widersprechen würde. Das Ausgestaltungsrecht wird deshalb vor allem dann entfallen, wenn das vorhandene Unternehmen sich ohne zureichende Gründe weigert, an einer wie auch immer gearteten Kooperation mitzuwirken. Dasselbe gilt, wenn sich das Ausgestaltungsanerbieten mit einem vom

Aufgabenträger förmlich beschlossenen Nahverkehrsplan nicht in Einklang bringen lässt (siehe den mit „soweit" beginnenden Satzteil der Nr. 3 Buchst. c; vgl. BT-Drs. 12/6269, 144). Da diese Einschränkungen des Ausgestaltungsrechts in der Praxis nur bei **eigenwirtschaftlich** betriebenen Verkehren in Frage kommen dürften, wird ihre praktische Bedeutung gering sein. Das gilt insbesondere für den Fall, dass der Begriff der Eigenwirtschaftlichkeit dann nicht mehr als gegeben angesehen wird, wenn der Aufwand nicht durch Fahrgeldeinnahmen sowie Erträge aus gesetzlichen Ausgleichs- und Erstattungsregelungen gedeckt werden kann (vgl. dazu im Einzelnen → § 8 Rn. 10 f.).

Das Ausgestaltungs**vor**recht der Schienenunternehmen im Schienenparallel- und Schienenersatzverkehr, der nicht Orts- oder Nachbarortslinienverkehr ist, ist mit Wirkung vom 1.1.1996 ersatzlos entfallen, weil es der verkehrspolitischen Zielsetzung einer Erhaltung und Stärkung des Schienenverkehrs entgegenlief und eine Ausdünnung von Schienenverkehrsangeboten eher begünstigt haben soll (vgl. BT-Drs. 12/6269, 144). Bei dieser Gelegenheit ist auch die Legaldefinition des Nachbarortslinienverkehrs „auf der Strecke geblieben". Das dürfte, obwohl sie für die Auslegung von § 3 Abs. 4 PBefAusglV noch eine Rolle spielt, jedoch unschädlich sein, weil sie in der Rechtsprechung längst ihren Platz gefunden hat (OVG Lüneburg NZV 1990, 488 = TranspR 1990, 460). **12**

Der mit der Novelle 2012 in Abs. 2 Satz 1 Nr. 3 durch den **Buchst. d** **13** eingefügte zusätzliche objektive Versagungsgrund soll Genehmigungsanträge für einzelne ertragreiche Linien oder ein Teilnetz eines vorhandenen Verkehrsnetzes oder eines im Nahverkehrsplan im Sinne des § 8 Abs. 3 festgelegten Linienbündels (sog. Rosinenpickerei) verhindern, um zu vermeiden, dass die verbleibenden Linien oder Teile eines Verkehrsnetzes oder eines Linienbündels nicht mehr eigenwirtschaftlich betreiben werden können und die zuständige Behörde, dh der Aufgabenträger gemäß § 8a Abs. 1 Satz 1 von den Möglichkeiten der VO (EG) Nr. 1370/2007 Gebrauch machen muss (BT-Drs. 17/8233, 16). Das Gesetz definiert nicht den Begriff des „vorhandenen Verkehrsnetzes" und dementsprechend des „Teilnetzes". Aus der Differenzierung zwischen einem „vorhandenen Verkehrsnetz" und einem im Nahverkehrsplan „festgelegten Linienbündel" wird, da von der Sache her in inhaltlicher und nicht nur formaler Hinsicht keine Unterschiede erkennbar sind, zu folgern sein, dass ein vorhandenes Verkehrsnetz bislang nur auf Grund der tatsächlichen Gegebenheiten die Voraussetzungen eines Linienbündels erfüllt und lediglich wegen der bisher fehlenden förmlichen Festlegung im Nahverkehrsplan im Sinne des § 8 Abs. 3 noch nicht als ein Linienbündel im Rechtssinne betrachtet werden kann. Aus dem Sinn und Zweck der Bildung von Linienbündeln (dazu → § 9 Rn. 5) und dem Abheben auf einzelne ertragreiche Linien ist abzuleiten, dass der Versagungsgrund nicht greift, wenn der Eintritt einer Finanzierungslast des Aufgabenträgers ausgeschlossen werden kann. Im Übrigen erlangt der Nahverkehrsplan mit der Regelung des Buchst. d über eine bloße Berücksichtigung hinausgehend (dazu → § 8 Rn. 4 und 7) die Genehmigungsbehörde bindende Wirkung, da eine Genehmigung zu **versagen ist,** wenn die Voraussetzungen dieser Bestimmung erfüllt sind.

13a Gemäß dem mit der Novelle 2012 in **Abs. 2** neu eingefügten **Satz 2** wird der in § 42a definierte **Personenfernverkehr** im Zuge der mit der Novelle weitgehend erfolgten Liberalisierung aus dem Anwendungsbereich des Satzes 1 Nr. 2 und 3 ausgenommen. Damit wird der Konkurrenzschutz der Eisenbahnen im Fernverkehr (siehe schon zur bish. Rechtslage BVerwG NVwZ 2011, 115, wenn die Fahrpreise im Busfernverkehr erheblich günstiger als die entsprechenden Bahnpreise sind), aber ebenso nicht minder von bestehenden Omnibusfernlinien (insbesondere durch Abs. 2 Satz 1 Nr. 3 Buchst. a und b) aufgehoben. Andererseits bezwecken den Schutz des öffentlichen Personennahverkehrs die Regelungen des § 42a Sätze 2 und 3. Ob diese allerdings im Hinblick auf die negative Abgrenzung des Fernverkehrs gemäß § 42a Satz 1 und die Definition des öffentlichen Personennahverkehrs in § 8 Abs. 1 (siehe namentlich Satz 2) für den Schutz des Nahverkehrs in der Praxis reichen, erscheint zweifelhaft.

14 Im Rahmen des § 13 Abs. 2 ist der Schutz der Anwohner vor schädlichen Umwelteinwirkungen nicht zu prüfen (BVerwG NZV 1990, 366 = DVBl. 1990, 774 = DÖV 1990, 839).

15 **Abs. 2a Satz 1,** eingefügt durch die Novelle 1993, enthält, beschränkt auf den ÖPNV – und damit auch für die durch die **Novelle 2021** neu eingeführte Verkehrsform (dazu → § 1 Rn. 1b) des **Linienbedarfsverkehrs** –, einen **zusätzlichen fakultativen (objektiven) Versagungstatbestand.** Die Genehmigung braucht nicht erteilt zu werden, wenn sie mit einem Nahverkehrsplan nicht in Einklang steht (aM Barth, S. 261 ff. mit ausführlicher Darstellung des Streitstandes). Die Bedeutung der Vorschrift hängt davon ab, was – zulässigerweise – Inhalt des Nahverkehrsplans ist (BVerwG GewArch 2022, 22 zur Versagung einer Linienverkehrsgenehmigung bei unzureichender Bedienung des in einem Nahverkehrsplan ausgewiesenen Schulverkehrsplans; nach VG Trier 15.9.2000 – 4 K 399/00.TR ist ein Fall des Abs. 2a gegeben, wenn die beantragte Linie nicht im Nahverkehrsplan verzeichnet ist). Im Übrigen wird sich in der Praxis das Gewicht der Bestimmung in Grenzen halten, da die Vorschrift nur bei eigenwirtschaftlich betriebenen Verkehren in Betracht kommen wird. Die Novelle 2012 hat für den Nahverkehrsplan die Bestimmung der geänderten Fassung des § 8 Abs. 3 redaktionell angepasst.

15a Ferner hat Abs. 2a durch die Novelle 2012 mit den – wegen der Bezugnahme auf einen nach § 12 Abs. 6 gestellten Antrag nunmehr ausdrücklich – **eigenwirtschaftliche Verkehre** betreffenden **neuen Sätzen 2 ff.** eine erhebliche Erweiterung erfahren. Hiernach haben die vom Aufgabenträger in einer Vorabbekanntmachung (§ 8a Abs. 2 Satz 2) genannten **Anforderungen,** die mit einem beabsichtigten öffentlichen Dienstleistungsauftrag verbunden sein und so für einen gemeinwirtschaftlichen Verkehr gelten sollen, unter bestimmten Voraussetzungen **verbindliche Wirkung** für die Genehmigung eines beantragten eigenwirtschaftlichen Verkehrs (auch → § 8a Rn. 7). Die Vorschrift regelt damit im Einzelnen den auch nach der Novelle 2012 im Grundsatz fortbestehenden Vorrang der eigenwirtschaftlichen Verkehrsbedienung (dazu → § 8 Rn. 10). Sie eröffnet dem Aufgabenträger die Möglichkeit, über die Vorabbekanntmachung seine Vorstellungen von einer ausreichenden Verkehrsbedienung zu definieren.

Satz 2 bedeutet einen **weiteren** objektiven **Versagungsgrund.** Die Genehmigung für einen eigenwirtschaftlichen Verkehr ist zu versagen, wenn das beantragte Verkehrsangebot die in der Vorabbekanntmachung beschriebenen – prinzipiell nicht kumulativ zu verstehenden – Anforderungen nicht erfüllt oder sich nur auf (nicht zugelassene) Teilleistungen (dazu → § 8a Rn. 7) bezieht; der Aufgabenträger kann jedoch gegenüber der Genehmigungsbehörde sein Einvernehmen zu diesen Abweichungen erteilen. Eine Abweichung liegt auch dann vor, wenn der Antragsteller Linien beantragt, die über den Gegenstand der Vorabbekanntmachung hinausgehen (BVerwG 25.7.2019 – 8 B 53/19, BeckRS 2019, 19082). Entspricht hingegen der beantragte und in seinen Bestandteilen verbindlich zugesicherte (dazu → § 12 Abs. 1a und Rn. 1a) Verkehr mindestens dem bish. Verkehrsangebot und weicht er nur unwesentlich von den weitergehenden Anforderungen zur Sicherstellung der ausreichenden Verkehrsbedienung ab, **ist** der eigenwirtschaftliche Verkehr nach Satz 3 zu **genehmigen.** **15b**

Was jeweils grundsätzlich unter wesentlichen Abweichungen zu verstehen ist, regeln die anschließenden Sätze 4 bis 6. Danach **gelten** als wesentlich grundsätzlich Abweichungen von Anforderungen zu Linienweg und Haltestellen, zu Bedienungshäufigkeit und -zeitraum, zur Abstimmung der Fahrpläne und zur Barrierefreiheit (Satz 4) sowie zur Anwendung verbundener Beförderungstarife und -bedingungen, für die Ausgleich nach der VO (EG) Nr. 1370/2007 gezahlt werden soll (Satz 5). Da die genannten Abweichungen nach dem Gesetzeswortlaut „grundsätzlich" als wesentlich zu behandeln sind, müssen Ausnahmen von dieser Regel zulässig sein, wenn sich die aufgeführten Abweichungen im konkreten Einzelfall als geringfügig erweisen. Schließlich sind Abweichungen von Anforderungen, die über das bish. Verkehrsangebot hinausgehen, nur dann wesentlich, wenn der bish. Betreiber dieses Verkehrs hierzu angehört wurde **und** die Anforderungen für die ausreichende Verkehrsbedienung erforderlich sind (Satz 6). Die vorgeschriebene – vorherige – Anhörung des bish. Betreibers ist geeignet, sich dessen Erkenntnisse und Erfahrungen zu Nutze zu machen und – unabhängig vom Aufgabenträger – zusätzliches Informationsmaterial für die Beurteilung der Notwendigkeit der Anforderungen für die Sicherstellung einer ausreichenden Verkehrsbedienung zu erhalten. Im Übrigen kann auch der **Nahverkehrsplan** als **Entscheidungshilfe** in Betracht kommen. Weist er nicht die über das bish. Verkehrsangebot hinausgehenden Anforderungen aus, spricht dies im Zweifel dafür, dass die Anforderungen nicht notwendig sind. Andere Abweichungen als die von den in Satz 4 genannten Anforderungen **können wesentlich sein,** wenn sie bereits dem bish. Verkehrsangebot entsprechen oder der Aufgabenträger ihre Erforderlichkeit im konkreten Einzelfall nachweisen kann. **15c**

Mit dem durch die Novelle 2012 neu eingefügten **Abs. 2b** hat der Gesetzgeber die von der Rspr. im Einzelnen ausgeformte Verwaltungspraxis bei der Erteilung der Genehmigung im Falle **konkurrierender Anträge** aufgegriffen. Danach hat die Genehmigungsbehörde eine **Auswahlentscheidung** zu treffen, bei der dem Antragsteller die Genehmigung zu erteilen ist, der die bessere/beste Verkehrsbedienung angeboten hat (siehe zB VGH BW IR **15d**

2004, 67 = DVBl. 2004, 843 L = UPR 2004, 240 L; VGH BW DÖV 2006, 484 = VBlBW 2006, 240; Rn. 16; zur Priorität bei gleich guter Verkehrsbedienung als maßgebliches Kriterium oben Rn. 8). Die gemäß Satz 2 herausgehobene Berücksichtigung der Festlegungen eines Nahverkehrsplans unterstreicht die dem Nahverkehrsplan vom Gesetzgeber beigemessene besondere Bedeutung dieses Planungsinstruments der Aufgabenträger, ohne dem Nahverkehrsplan insoweit allerdings wie im Falle des Abs. 2 Satz 1 Nr. 3 Buchst. d Verbindlichkeit zu verleihen. In der Praxis wird die Regelung des Abs. 2b nur bei konkurrierenden eigenwirtschaftlichen Verkehrsbedienungen und bei einer rechtlich nicht ausgeschlossenen Konkurrenz solcher Angebote mit einem Genehmigungsantrag für einen gemeinwirtschaftlichen Verkehr (ebenso BT-Drs. 17/8233, 17) eine Rolle spielen, da § 13 jetzt auch für die Genehmigung nicht eigenwirtschaftlicher Verkehre gilt (→ Rn. 1).

15e Bei der Auswahlentscheidung hat sich die Genehmigungsbehörde daran zu orientieren, wer die beste Verkehrsbedienung anbietet, wobei gemäß Abs. 3 die langjährige beanstandungsfreie Bedienung einer Linie durch einen Bewerber angemessen zu berücksichtigen ist (OVG NRW 18.1.2017 – 13 A 30/16, BeckRS 2017, 100912). Werden in einem Angebot Bestandteile verbindlich zugesagt, hängt die Beantwortung der Frage nach dem besten Angebot von der Bedeutung des zugesicherten Standards ab (OVG RP TranspR 2015/302 = GewArch 2015, 321). Der Grundsatz der Linienbezogenheit bedeutet nicht, dass konkrete linienübergreifende Vor- und Nachteile wie etwa die Anbindung der Linie an andere Verkehrsmittel und eine einheitliche Tarifgestaltung nicht berücksichtigt werden dürfen (OVG Lüneburg 19.2.2019 – 7 LA 90/18).

15f Nach der durch die Novelle 2012 eingefügten Regelung des **Abs. 2c** kann das **Genehmigungsverfahren abgeschichtet** durchgeführt werden, indem der Aufgabenträger beantragen kann, dass die Genehmigungsbehörde bereits im Vergabeverfahren für einen öffentlichen Dienstleistungsauftrag die subjektiven Zulassungsvoraussetzungen gemäß Abs. 1 und Abs. 1a und die objektiven Versagungsgründe nach Abs. 2 Satz 1 Nr. 1 prüft. Die Entscheidung der Genehmigungsbehörde hat für das Vergabe- und das nachfolgende Genehmigungsverfahren bindende Wirkung.

16 Kann sich ein Unternehmer (nach Nds. OVG GewArch 2000, 337 ist dies im Verhältnis Genehmigungsinhaber–Betriebsführer der Genehmigungsinhaber; ebenso Nds. OVG NVwZ-RR 2005, 105 = NZBau 2005, 53, jedoch aufgehoben durch BVerwGE 127, 42 = NVwZ 2007, 330 = DVBl. 2007, 307, wonach sich bei einer Auswahlentscheidung zwischen dem Genehmigungsinhaber und dem Betriebsführer Letzterer auf Abs. 3 stützen kann, wenn er jahrelang den Verkehr durchgeführt hat) auf **Abs. 3 – Besitzstandsklausel** – berufen, folgt daraus nicht, dass ihm die beantragte Genehmigung erteilt werden muss. Die Vorschrift verpflichtet die Genehmigungsbehörde nicht zur Erteilung der Genehmigung, sondern lediglich dazu, bei ihrer Entscheidung über den Antrag des Altunternehmers gegenüber den Versagungsgründen des § 13 Abs. 2 Satz 1 Nr. 3 den Umstand, dass er den Verkehr jahrelang – das ist nach hM ein Zeitraum von mindestens 2 Jahren – in einer dem öffentlichen Verkehrsinteresse entsprechenden Weise betrieben hat, angemessen zu berücksichtigen (BVerwGE 148. 307: keine Gleichwertigkeit erforderlich; OVG NRW 18.1.2017 – 13 A 208/16, BeckRS 2017, 100912). Das Ausmaß der Gewährung von Besitzbestandsschutz hängt zum einen davon ab, ob und in welchem Umfang Aufwendungen für den Betrieb gemacht worden sind und in welcher Weise die Linie in der Vergangenheit bedient worden ist (BVerwG VkBl. 1969, 270). Zum anderen spielt eine Rolle, ob Besitzstandsschutz gegenüber einem Neubewerber oder einem vorhandenen Unternehmer in Betracht kommt. Während im erstgenannten Fall die Genehmigungsbehörde gewichtige Gründe haben muss, wenn sie den Schutz versagen will, verliert er gegenüber einem vorhandenen Unternehmer, der bereits den beantragten Verkehr befriedigend bedienen kann, an Gewicht (vgl. BVerwGE 30, 242); insoweit kann der in Abs. 3 zum Ausdruck kommende Rechtsgedanke auch zugunsten eines Bewerbers herangezogen werden, der die streitige Strecke jahrelang im sog. freigestellten Verkehr zur Beförderung von Schülern und Kindergartenkindern befahren hat (BVerwG 3.5.1999 – 3 B 20.99). Jedenfalls geht der Besitzstandsschutz nicht so weit, dass andere Verkehrsaufgaben nur deshalb nicht übernommen werden dürfen, weil sie nachteilige Auswirkungen auf einen Linienverkehr haben können (vgl. VGH München VerkMit 1981, 59). Den fortlaufenden Veränderungen des Verkehrsbedürfnisses muss Rechnung getragen werden können (BVerwGE 55, 159 = NJW 1978, 1065). Bei einem Berufsverkehr kann der Umstand, dass er die wesentliche Existenzgrundlage eines Unternehmers bildet, eine Rolle spielen (BVerwGE 31, 184 = VkBl. 1969, 483 = VerwRspr 20, 492). Die bisher hM, nach der es sich bei der Anwendung von Abs. 3 nicht um eine Ermessensentscheidung, sondern um eine vom Gericht in vollem Umfange nachprüfbare Tat- und Rechtsfrage handelt (BVerwGE 30, 242 = GewArch 1969, 87 = VerwRspr 20, 366), wird sich jedenfalls in den Fällen, in denen Planungsentscheidungen zu treffen sind, kaum aufrechterhalten lassen (siehe auch BVerwGE 127, 42 = NVwZ 2007, 330 = DVBl. 2007, 307).

Mit dem Hinweis auf § 8 Abs. 3 erfährt die Besitzstandsklausel für den **17**
Bereich des ÖPNV eine ausdrückliche Einschränkung. Danach kommt Besitzstandsschutz im Falle der Wiedererteilung der Genehmigung für bestimmte Linien nur im Rahmen der in § 8 Abs. 3 aufgestellten allgemeinen Zielvorgaben in Betracht (vgl. BT-Drs. 12/6269, 144). Ob diese Einschränkung des Besitzstandsschutzes in Fällen, in denen Unternehmer den Verkehr seit Jahrzehnten bedienen, angängig ist, ist zweifelhaft. Unternehmer, die solche Verkehre eigenwirtschaftlich bedienen, genießen den Schutz des eingerichteten und ausgeübten Gewerbebetriebes (BVerfG NZV 1990, 84 = NJW 1990, 1352 = VRS 78, 81 = DVBl. 1990, 38). Deshalb sind angemessene und zumutbare Überleitungsregelungen unabweisbar (vgl. BVerfG NVwZ 1986, 197; Rinne DVBl. 1993, 869 mwN aus der Rechtsprechung des BGH). Ein Nahverkehrsplan ist nur angemessen zu berücksichtigen und damit kein zwingendes Genehmigungshindernis (VG Freiburg 12.11.1999 – 3 K 2269/99).

Die **Versagungsgründe im Taxenverkehr (Abs. 4 und 5),** die Ähnlich- **18**
keiten mit den Zulassungsvorschriften für Betriebskrankenkassen aufweisen (vgl. BSGE 70, 153), sind wegen der in der Entscheidung BVerwGE 64, 238

= NJW 1982, 1168 aufgestellten Forderungen an den Gesetzgeber durch das 5. Änderungsgesetz zum PBefG vom 25.2.1983 (BGBl. I 196), die sog. Taxinovelle, neu geregelt worden (kritisch dazu Fromm NVwZ 1984, 348). Die „Anreicherung" der Vorschrift um eine Reihe neuer unbestimmter Rechtsbegriffe hat sie jedoch nicht wesentlich mehr an inhaltlicher Substanz gewinnen lassen (vgl. BVerwGE 79, 208 und 80, 270). Am Handel mit Taxengenehmigungen hat sich nichts geändert.

19 Das Merkmal der Beeinträchtigung der öffentlichen Verkehrsinteressen durch Bedrohung der **Funktionsfähigkeit** des örtlichen Taxengewerbes rechtfertigt nicht die Versagung weiterer Taxengenehmigungen mit dem Ziel, den am Ort bereits tätigen Unternehmen eine angemessene wirtschaftliche Existenz zu gewährleisten (vgl. BVerwG NJW 1988, 3221 = DBVl. 1989, 52 = DÖV 1988, 923; Schmidt-Preuß DVBl. 1993, 243). Davon kann jedenfalls keine Rede sein, wenn die Zahl der Beförderungsaufträge gestiegen ist, keine Geschäftsaufgaben, wohl aber zahlreiche Bewerber registriert sind und Genehmigungen zu erheblichen Preisen gehandelt werden (vgl. VG Münster DÖV 1989, 1046 = GewArch 1989, 248 L = NWVBl. 1990, 25). Die Funktionsfähigkeit ist vielmehr erst dann bedroht, wenn die insbesondere nach den Merkmalen des § 13 Abs. 4 Satz 2 konkret belegte Gefahr besteht, dass die Erteilung weiterer Genehmigungen zu schwerwiegenden Mängeln in der Bedienung durch Taxen führen kann (vgl. BVerwGE 82, 295 = NJW 1990, 1376 = NZV 1990, 85; nach OVG Münster VRS 95, 151 = NZV 1998, 264 bildet § 54a Abs. 1 eine hinreichend bestimmte Rechtsgrundlage für die Befragung von Taxiunternehmern). Bei der Einschätzung, wann das der Fall ist, steht der Genehmigungsbehörde ein nur begrenzt gerichtlich nachprüfbarer **Beurteilungsspielraum** zu (BVerwG NJW 1988, 3221; OVG Berlin GewArch 2000, 338). Der Rang auf der Vormerkliste, der sich nach dem Eingang des Antrags richtet (vgl. BVerwG NJW 1990, 1378 = NVwZ 1990, 5652 = NZV 1990, 246 L), gibt dem Bewerber eine den Schutz des § 42 Abs. 2 VwGO gewährende Rechtsposition, die u. a. zum Widerspruch gegen die Zuteilung einer Genehmigung außerhalb der Vormerkliste oder ohne Berücksichtigung der Rangfolge berechtigt (vgl. OVG Münster GewArch 1991, 23 = VRS 79, 463 = OVGE 42, 122). Ein Abweichen von der Vormerkliste ist nur dann zulässig, wenn die Genehmigungsbehörde das zu verteilende Kontingent offensichtlich falsch einschätzt (BVerwG NJW 1988, 3221; kritisch zu alledem Langer NJW 1990, 1328). In einem solchen Fall kann die Behörde auch durch einstweilige Anordnung zur Bescheidung der Anträge verpflichtet werden (OVG Hamburg GewArch 1988, 71). Unabhängig davon wird ein Bewerber allerdings nachrangig behandelt, wenn einer der Fälle des Abs. 5 Satz 3 vorliegt. Bund und Länder haben hierzu Allgemeine Grundsätze zur Durchführung und Neuregelung des Taxi- und Mietwagenverkehrs (wiedergegeben bei Fielitz/Grätz Rn. 67) entwickelt, die allerdings keine bindende Wirkung entfalten, sondern nur als Hinweise verstanden werden können.

20 Eine **angemessene Berücksichtigung von Altunternehmern und Neubewerbern** (Abs. 5 Sätze 1 und 2) setzt voraus, dass für beide Gruppen getrennte Vormerklisten geführt werden. Die Genehmigungsbehörde handelt

ermessensfehlerfrei, wenn sie neue Genehmigungen im Verhältnis 2:1 an Neubewerber und Altunternehmer vergibt (OVG Münster DÖV 1989, 1045 = VRS 77, 381). Neubewerbern ist die Genehmigung für die Dauer von nur 2 Jahren zu erteilen – angesichts der mit der Betriebsaufnahme verbundenen Investitionen ein äußerst knapper Zeitraum. Außerdem unterliegen sie für die Dauer von 2 Jahren einer „Übertragungssperre".

Die mit der **Novelle 2021** eingefügte Regelung des **Abs. 5a** betrifft aus- 20a schließlich die neue Verkehrsform des gebündelten Bedarfsverkehrs als eine Form des Gelegenheitsverkehrs iS der Personenbeförderung mit Kraftfahrzeugen nach § 1 Abs. 1 (§ 46 Abs. 2 Nr. 4). Die Versagung der Genehmigung ist hier in das **Ermessen** der Genehmigungsbehörde gestellt, wenn die Verkehrseffizienz als ein Fall der bei der Genehmigungserteilung relevanten öffentlichen Verkehrsinteressen im beantragten Bediengebiet nicht mehr sichergestellt ist. Dabei ist nach der Begründung des Gesetzesentwurfs der Begriff der Verkehrseffizienz zum einen dahingehend zu verstehen, dass die bereits vorhandenen gebündelten Bedarfsverkehre diese Verkehrsaufgaben bereits wahrnehmen und durch den beantragten Verkehr daher keine wesentliche Verbesserung der Verkehrsbedienung eintritt, zum anderen aber auch übergreifend in dem Sinne zu verstehen, dass durch die Zulassung unbegrenzter neuer gebündelter Bedarfsverkehre das ausgewogene Nebeneinander aller bereits bestehenden Verkehrsformen im Bediengebiet gefährdet sein könnte (BT-Drs. 19/26175, 43). Bei einem Vergleich der verfassungsgerichtlich gebilligten Gründe für die Versagung einer Taxengenehmigung (siehe BVerfGE 11, 168) mit den ihnen entsprechenden gemäß Satz 2 und unter Berücksichtigung der verfassungsrechtlich durch Art. 20a GG vorgegebenen Prinzipien des Klimaschutzes und der Nachhaltigkeit nach § 1a (siehe dazu auch § 64b und § 64c) wird die Regelung des Abs. 5a als objektive Berufswahlbeschränkung trotz ihres Eingriffs in die Freiheit der Berufswahl (Art. 12 GG) nicht zu beanstanden sein. Hierbei ist auch zu berücksichtigen, dass die Genehmigungsbehörde eine in ihr **Ermessen** gestellte Entscheidung zu treffen hat und zB gemäß § 50 Abs. 2 Satz 2 und Abs. 3 Satz 1 Beschränkungen verschiedener Art festlegen kann. Es kann sich eine Ermessensreduktion dahingehend ergeben, dass neuen Bewerbern der Zugang zum Markt verwehrt ist, weil die öffentlichen Verkehrsinteressen bereits negativ betroffen sind (vgl. eingehend BT-Drs. 19/26175, 43 f.).

Der ebenfalls mit der **Novelle 2021** eingefügte neue **Abs. 5b** enthält zwei 20b weitere **fakultative (objektive) Versagungstatbestände.** So kann gemäß **Satz 1** beim Verkehr mit Taxen, Mietwagen sowie beim gebündelten Bedarfsverkehr die Genehmigung aus näher bezeichneten Gründen des Klimaschutzes und der Nachhaltigkeit (vgl. § 1a) versagt werden, wenn die beantragten Fahrzeuge nicht die Anforderungen der Emissionsvorgaben iS von **§ 64b** iVm § 50 Abs. 4 erfüllen (BT-Drs. 19/27288). Nach den genannten Bestimmungen – ebenfalls durch die **Novelle 2021** geändert – können die Länder bzw. die Genehmigungsbehörden zum Schutz des öffentlichen Verkehrs im **Verordnungswege** Regelungen über Emissionsstandards von Fahrzeugen und den Einsatz lokal emissionsfreier Fahrzeuge treffen (vgl. BT-Drs. 19/26175, 52; BT-Drs. 19/27288, 36). Der gemäß **Satz 2** beim Verkehr mit

Taxen und im gebündelten Bedarfsverkehr zusätzlich geltende Versagungsgrund, dass die beantragten Fahrzeuge (dazu → § 12 Rn. 1) nicht die Vorgaben der Barrierefreiheit iSd – ebenfalls mit der **Novelle 2021** eingefügten neuen – **§ 64c** erfüllen, verstärkt den verpflichtenden Charakter der verschiedenen Vorschriften zum Einsatz barrierefreier Fahrzeuge (vgl. BT-Drs. 19/26175; BT-Drs. 19/27288, 38); dabei kommt besondere Bedeutung § 64c Abs. 1 Satz 3 zu, wonach die Maßgaben des § 35a Abs. 4a StVZO über Personenkraftwagen, in denen Rollstuhlbenutzer in einem Rollstuhl sitzend befördert werden, mit einem im Einzelnen benannten Anforderungen genügenden Rollstuhlplatz ausgerüstet sein müssen.

21 **Abs. 6** hat nur noch für die Eigenbetriebe der Kommunen Bedeutung. Sie sind vom Nachweis der subjektiven Zulassungsvoraussetzungen nach Abs. 1 befreit. Bei ihnen werden Sicherheit und Leistungsfähigkeit des Betriebs als vorhanden angesehen; die Zuverlässigkeit wird vorausgesetzt.

22 Bei der Genehmigung von Genehmigungsübertragungen und Übertragungen der Betriebsführung sind gemäß **Abs. 7** ausschließlich die subjektiven Zulassungsvoraussetzungen zu prüfen (auch → § 2 Rn. 9). Soweit es sich um Taxen handelt, hat die Genehmigungsbehörde außerdem zu prüfen, ob der Erwerber aus den in § 13 Abs. 5 Satz 3 Nr. 1 bis 3 genannten Gründen nachrangig zu behandeln ist.

§ 13a *(aufgehoben)*

§ 14 Anhörungsverfahren

(1) Vor der Entscheidung über den Antrag auf Erteilung der Genehmigung für die Beförderung von Personen mit Straßenbahnen, Obussen oder mit Kraftfahrzeugen im Linienverkehr hat die Genehmigungsbehörde

1. **die Unternehmer, die im Einzugsbereich des beantragten Verkehrs Eisenbahn-, Straßenbahn-, Obusverkehr oder Linienverkehr mit Kraftfahrzeugen betreiben, zu hören;**
2. **die Stellungnahmen der im Einzugsbereich des beantragten Verkehrs liegenden Gemeinden, bei kreisangehörigen Gemeinden auch der Landkreise, der Aufgabenträger und der Verbundorganisationen, soweit diese Aufgaben für die Aufgabenträger oder Unternehmer wahrnehmen, der örtlich zuständigen Träger der Straßenbaulast, der nach Landesrecht zuständigen Planungsbehörden und der für Gewerbeaufsicht zuständigen Behörden sowie anderer Behörden, deren Aufgaben durch den Antrag berührt werden, einzuholen;**
3. **die Industrie- und Handelskammern, die betroffenen Fachgewerkschaften und die Fachverbände der Verkehrtreibenden gutachtlich zu hören; sie kann auch weitere Stellen hören.**

Bei einem Antrag auf Erteilung einer Genehmigung für einen eigenwirtschaftlichen Verkehr mit Straßenbahnen, Obussen oder Kraftfahrzeugen im Linienverkehr ist das Anhörungsverfahren erst nach dem Ablauf der Antragsfrist in § 12 Absatz 5 oder 6 durchzuführen.

(2) Vor der Entscheidung über den Antrag auf Erteilung einer Genehmigung für die Beförderung von Personen mit Kraftfahrzeugen im Gelegenheitsverkehr hat die Genehmigungsbehörde die Gemeinde, in deren Gebiet der Betriebssitz des Unternehmers liegt, die nach Landesrecht für die Gewerbeaufsicht zuständige Behörde, die Industrie- und Handelskammer, die Fachgewerkschaften und Verkehrsverbände gutachtlich zu hören. Sie kann auch weitere Stellen hören.

(3) Die Genehmigungsbehörde kann von der Durchführung des Anhörungsverfahrens absehen, wenn sie aus eigener Kenntnis der Sachlage dem Antrag nicht entsprechen will oder in den Fällen des § 2 Abs. 2 die Durchführung des Anhörungsverfahrens nicht zur Sachverhaltsaufklärung erforderlich ist. Wird bei einem Gelegenheitsverkehr mit Kraftfahrzeugen ein Kraftfahrzeugaustausch beantragt, ist davon abzusehen.

(4) Die in den Absätzen 1 und 2 genannten Personen und Stellen können sich zu dem Antrag schriftlich gegenüber der Genehmigungsbehörde äußern. Stellungnahmen sind zu berücksichtigen, wenn diese binnen zwei Wochen, nachdem die Behörde die Vorgenannten über den Antrag in Kenntnis gesetzt hat, bei der Behörde eingehen.

(5) Bei Anträgen auf Erteilung einer Genehmigung für grenzüberschreitende Gelegenheitsverkehre oder für Transitverkehre sind die Absätze 1 bis 4 nicht anzuwenden. Bei Anträgen auf Erteilung einer Genehmigung für einen Personenfernverkehr (§ 42a Satz 1) sind nach Absatz 1 Satz 1 Nummer 1 nur die Unternehmer zu hören, deren Rechte nach § 42a Satz 3 berührt sein können; Absatz 1 Satz 1 Nummer 3 ist nicht anzuwenden.

Die Vorschrift ist lex specialis gegenüber § 28 VwVfG (vgl. Stelkens/Bonk/ 1
Sachs/Kallerhoff § 28 Rn. 5). Die **Anhörung** der in **Abs. 1** bezeichneten Behörden, Stellen, Unternehmer sowie – seit der Novelle 2012 – der Aufgabenträger und der Verbundorganisationen, soweit sie Aufgaben der Aufgabenträger oder Unternehmer wahrnehmen, ist bei Anträgen auf erstmalige oder erneute Genehmigung des Verkehrs, auf Erweiterung oder wesentliche Änderung des Unternehmens (§ 2 Abs. 2 Nr. 1), auf Übertragung der Genehmigung (§ 2 Abs. 2 Nr. 2) sowie Übertragung der Betriebsführung (§ 2 Abs. 2 Nr. 3) zwingend vorgeschrieben, sofern keiner der Ausnahmefälle des Abs. 3 vorliegt. Dabei sieht das Gesetz zwei unterschiedliche Arten der Anhörung vor. Soweit nichts anderes bestimmt ist, erfolgt die Anhörung unbeschränkt, und die Erhebung von Einwendungen des Anhörberechtigten führt zu der Rechtsfolge des § 15 Abs. 1. In den Fällen des Abs. 1 Nr. 3 handelt es sich dagegen nur um eine gutachtliche Anhörung, die in keinem Falle Rechte begründet. Ohne Rücksicht auf diesen Unterschied haben aber alle angehörten Behörden, Stellen, Organisationen und Personen die Aufgabe, die Genehmigungsbehörde beratend zu unterstützen und ihr die Entscheidung zu erleichtern. Bei der Anhörung der Unternehmer gemäß Abs. 1 Nr. 1 ist die Genehmigungsbehörde auf Grund des nach der Rspr. bestehenden Informationsanspruchs verpflichtet, konkurrierenden Unternehmern die wesentlichen Inhalte des gestellten Antrags zugänglich zu machen und Auskunft über die für die Entscheidung maßgebenden Kriterien sowie Modalitäten der Leistungserbringung zu erteilen (Heinze/Fehling/Fiedler Rn. 19 im An-

schluss an BVerwGE 118, 270 = NVwZ 2003, 1114 = DVBl. 2003, 1401 = GewArch 2003, 373; im Einzelnen str., siehe zB VG Braunschweig 8.7.2005 – 6 B 370/05, VGH Mannheim NVwZ-RR 2009, 720 und zu weiterer Rspr. Liebschwaiger NZBau 2011, 518).

2 Die Nennung der für die Gewerbeaufsicht zuständigen Behörden in Abs. 1 Nr. 2 sowie in Abs. 2 soll dazu beitragen, die Verkehrssicherheit dadurch zu erhöhen, dass bei der Erteilung von Genehmigungen Erkenntnisse berücksichtigt werden, die bei den Gewerbeaufsichtsbehörden vorhanden sind. Dieses Vorgehen entsprach schon bisher der Praxis vieler Genehmigungsbehörden, war aber nicht ausdrücklich vorgeschrieben und wurde deshalb häufig unterlassen (vgl. BT-Drs. 12/6269, 144).

2a Der mit der Novelle 2012 in Abs. 1 neu eingefügte Satz 2 korrespondiert mit den in § 12 neuen Abs. 5 und 6, wonach für Anträge auf Genehmigung eigenwirtschaftlicher Verkehre Ausschlussfristen von 12 bzw. 3 Monaten gelten. Bis zum Ablauf dieser Fristen sind zum einen konkurrierende Genehmigungsanträge denkbar, zum anderen auch vorallem noch Ergänzungen oder Änderungen und damit Nachbesserungen schon gestellter Anträge zulässig (→ § 12 Rn. 7 ff.). Die neue Vorschrift dient der verfahrensmäßigen Konzentration des/der Anhörungsverfahren.

3 Die Anhörung erfolgt in der Weise, dass sich die Anhörungsberechtigten gegenüber der Genehmigungsbehörde schriftlich äußern **(Abs. 4).** Machen sie Einwendungen geltend, ist zur Beschleunigung des Verfahrens auch eine mündliche Erörterung mit dem Antragsteller und den Beteiligten zulässig. Die gebotene, aber unterbliebene Anhörung stellt zwar einen Verfahrensfehler dar, der jedoch in analoger Anwendung von § 45 Abs. 1 Nr. 3 VwVfG durch Nachholung im Widerspruchsverfahren geheilt werden kann.

4 Die Anhörung ist **entbehrlich,** wenn die Genehmigungsbehörde dem Antrag nicht entsprechen will, weil sie die Voraussetzungen der Genehmigung aus eigener Kenntnis der Sachlage nicht für gegeben hält **(Abs. 3).** Woher die Behörde die Kenntnis hat, spielt keine Rolle. Gleichgültig ist auch, ob sie die Kenntnis schon zur Zeit der Antragstellung besitzt oder sich erst nach Eingang des Antrags verschafft. Entsprechendes gilt auch auf Grund der Ergänzung des Abs. 3 Satz 1 durch Gesetz vom 22.8.2006 (BGBl. I 1970), wenn die Genehmigungsbehörde in den Fällen des § 2 Abs. 2 die Durchführung des Anhörungsverfahrens zur Sachverhaltsaufklärung nicht für erforderlich hält. Nach der Begründung zum Gesetzentwurf (BT-Drs. 16/1407) wird die Genehmigungsbehörde in diesen Fällen wegen der bereits vorausgegangenen Genehmigungsverfahren häufig schon über die erforderlichen Kenntnisse verfügen. Die Genehmigung zum Austausch von Fahrzeugen im Gelegenheitsverkehr wird immer ohne Anhörungsverfahren durchgeführt (Abs. 3 Satz 2).

5 Da nach der Neuregelung des § 13 Abs. 2 Satz 2 Personenfernverkehre in Zukunft nicht mehr den Schutz des § 13 Abs. 2 Satz 1 Nr. 3 genießen (dazu § 13 Rn. 13a), sind gemäß dem durch die Novelle 2012 in **Abs. 5** eingefügten neuen Satz 2 richtigerweise, wie dies mit der **Novelle 2021** geändert worden ist, nur die durch § 42a Satz 3 geschützten Unternehmer zu hören; bei der Anfügung des Satzes 2 aufgrund der Novelle 2012 ist offenbar versehentlich auf § 13 Abs. 2 Bezug genommen worden (vgl. BT-Drs. 19/26175, 44; BT-Drs. 17/8233, 16). Ebenso entfällt die gutachtliche Stellungnahme der in Abs. 1 Satz 1 Nr. 3 genannten Stellen. Es fragt sich allerdings, ob diese Regelung nach der nunmehr geltenden Fassung des Satzes 1 noch sachgerecht ist. Denn die gutachtliche Stellungnahme der dort aufgeführten Stellen dient schließlich ebenfalls dem Schutze der Unternehmer, deren Rechte berührt sein können, und überhaupt der Prüfung einer etwaigen Beeinträchtigung öffentlicher Verkehrsinteressen.

§ 15 Erteilung und Versagung der Genehmigung

(1) Die Entscheidung über den Antrag erfolgt schriftlich; sie ist den Antragstellern und, soweit diese Einwendungen erhoben haben, auch den in § 14 Abs. 1 Nr. 1 und 2 genannten Personen und Stellen zuzustellen. Über den Antrag ist innerhalb von 3 Monaten nach Eingang bei der Genehmigungsbehörde zu entscheiden. Kann die Prüfung des Antrags in dieser Zeit nicht abgeschlossen werden, ist die Frist vor ihrem Ablauf in einem den Antragstellern mitzuteilenden Zwischenbescheid um den Zeitraum zu verlängern, der notwendig ist, um die Prüfung abschließen zu können. Die Verlängerung der in Satz 2 bezeichneten Frist darf höchstens 3 Monate betragen. Die Genehmigung gilt als erteilt, wenn sie nicht innerhalb der Frist versagt wird. Die Frist für eine Entscheidung über einen Antrag auf Erteilung einer Genehmigung für einen Verkehr mit Straßenbahnen, Obussen oder Kraftfahrzeugen im Linienverkehr beginnt frühestens mit dem ersten Kalendertag nach dem Ablauf der Antragsfrist in § 12 Absatz 5 oder 6.

(2) Ist die Entscheidung über den Antrag unanfechtbar geworden, wird dem Antragsteller eine Genehmigungsurkunde erteilt. Einer juristischen Person darf die Genehmigungsurkunde erst ausgehändigt werden, wenn die Eintragung in das Register nachgewiesen ist.

(3) Die Genehmigung kann unter Bedingungen und Auflagen erteilt werden, sofern sich diese Nebenbestimmungen im Rahmen des Gesetzes und der auf Grund dieses Gesetzes erlassenen Rechtsverordnungen halten. Wurden dem Genehmigungsantrag weitere Bestandteile im Sinne des § 12 Absatz 1a hinzugefügt, so ist deren Einhaltung durch eine Auflage zur Genehmigung abzusichern, in deren Kontrolle die zuständige Behörde auf ihren Wunsch eingebunden werden kann.

(4) Die Genehmigung darf nicht vorläufig oder mit einem Vorbehalt des Widerrufs erteilt werden.

(5) Die Genehmigungsbehörde hat die zuständige Berufsgenossenschaft von der Erteilung der Genehmigung zu unterrichten.

Die **Entscheidung** nach **Abs. 1** ist ein **anfechtbarer Verwaltungsakt.** Sie muss nach § 39 Abs. 1 VwVfG begründet werden. Auch dort, wo landesrechtlich nicht eine Pflicht zur Rechtsmittelbelehrung besteht, ergibt sich deren Zweckmäßigkeit aus § 58 Abs. 1 VwGO, weil anderenfalls eine Rechtsbehelfsfrist nicht in Gang gesetzt wird. 1

2 Die Sätze 2 bis 5, angefügt durch die Novelle 1993, sollen der Beschleunigung des Genehmigungsverfahrens dienen. Ob sich die Erwartungen erfüllt haben, ist zweifelhaft. Denn die Genehmigungsbehörden können dort, wo auch nur geringe Zweifel an der Begründetheit eines Antrags bestehen, ihn abschlägig bescheiden, um dem Verdikt der Fiktion zu entgehen, oder den Antragsteller zur Rücknahme seines Antrags veranlassen. Außerdem setzt der Eintritt der Genehmigungsfiktion einen **vollständigen Antrag** iSd § **12** voraus, der (regelmäßig) den Anforderungen des § 12 Abs. 1 Satz 1 Nrn. 1, 3 bzw. (zwingend) denen des § 12 Abs. 2 entsprechen und darüber hinaus Angaben über die fachliche Eignung enthalten muss (so OVG Magdeburg NZV 1996, 383 = DVBl. 1997, 964; HessVGH 18.11.2020 – 2 A 611/16, BeckRS 2020, 43883 mwN, wonach u. a. für den Nachweis der finanziellen Leistungsfähigkeit die Vorlage selbstschuldnerischer Bürgschaften der Gesellschafter nicht ausreicht; BVerwG VRS 135, 104 = NVwZ-RR 2019, 459; OVG MV NordÖR 2017, 208; dazu kritisch Bidinger PBefG Rn. 4, zum Teil anders Rn. 126 ff.). Auf die Genehmigungsfiktion kann **verzichtet** werden (vgl. VGH Mannheim BauR 1986, 678; dazu kritisch Heinze/Fehling/Fiedler Rn. 30; aM ebenfalls VG Gera LKV 2003, 532). Die Genehmigungsfiktion tritt unabhängig davon ein, ob der Genehmigungsbehörde mehrere konkurrierende Genehmigungsanträge vorliegen und auch unabhängig davon, ob ein Genehmigungsantrag von mehreren grundsätzlich Vorrang gemäß § 8 Abs. 4 PBefG genießt (HessVGH VRS 121, 171 mwN). Verzichtet der Antragsteller in seinem Antrag auf eine datumsmäßige Bezeichnung der Geltungsdauer für die beantragte Genehmigung, wird diese grundsätzlich mit ihrer Wirksamkeit – Fiktionseintritt – gültig (VGH Mannheim GewArch 2017, 151); soweit es um die Geltungsdauer geht, steht dem Eintritt der Genehmigungsfiktion gemäß dem Genehmigungsantrag ein in Aufstellung befindlicher Nahverkehrsplan nicht entgegen (VGH Mannheim ESVGH 67, 116). Der **Zwischenbescheid** nach Satz 3 muss dem Antragsteller innerhalb der Frist von 3 Monaten bekannt gegeben worden sein und ist nicht selbständig anfechtbar (§ 44a VwGO). Verlängerung der Fristsetzung über 3 Monate führt zu ihrer Unwirksamkeit, so dass Genehmigungsfiktion eintritt (VG Sigmaringen 25.4.2016 – 4 K 900/15, BeckRS 2016, 52510; VG Karlsruhe 14.5.2018 – 3 K 471/18, BeckRS 2018, 17865: Fiktionseintritt mit Ablauf der Regelfrist).

2a Mit dem durch die Novelle 2012 dem **Abs. 1** angefügten **Satz 6** wird die Entscheidungsfrist von 3 Monaten gemäß Satz 2 in Beziehung zu den in § 12 Abs. 5 und 6 geregelten Antragsfristen gesetzt. Die Vorschrift dient der Verfahrenskonzentration, indem die Genehmigungsbehörde gezwungen wird, alle bis zum Ablauf der Antragsfrist eingegangenen Anträge gleichzeitig zu bearbeiten und so miteinander zu vergleichen und, wenn eine Verlängerung der Entscheidungsfrist nach Satz 3 ausscheidet, spätestens zum selben Zeitpunkt über sie zu entscheiden.

3 Die in **Abs. 2** getroffene Bestimmung, dass die **Genehmigungsurkunde** erst dann ausgehändigt werden darf, wenn die Entscheidung über den Antrag unanfechtbar geworden ist, verlagert den **Rechtsschutz** des Konkurrenten in das Verwaltungsvorverfahren; die Aushändigung der Genehmigungsurkunde

ist kein Verwaltungsakt, sondern ein Realakt (BVerwG E. 163, 321 = VRS 135, 104 = NVwZ-RR 2019, 459). Die von der beamtenrechtlichen Konkurrentenklage her bekannten Probleme des Vertrauensschutzes vermögen nicht aufzutreten. Insbesondere scheitert eine Konkurrentenklage nicht an den in § 25 aufgezählten Widerrufsgründen (vgl. dazu im Einzelnen Fromm WiVerw 1989, 28; siehe aber auch BVerwG E 163, 321 = VRS 135, 104 = NVwZ-RR 2019, 459; OVG MV NordÖR 2017, 208, und dazu näher Fielitz/Grätz Rn. 9 f.). Mit § 20 PBefG hat der Gesetzgeber aber auch dafür Vorsorge getroffen, dass im Verkehrsgeschehen keine Nachteile eintreten. Wer – wegen einer Konkurrentenklage – keine Genehmigungsurkunde bekommen kann, kann eine einstweilige Erlaubnis erhalten, mit der – wegen der Möglichkeit der Wiederholung – auch länger andauernde Verwaltungsstreitverfahren überbrückt werden können. Bei einer Genehmigung für den Verkehr mit Taxen setzt die Erteilung der Urkunde nicht die Unanfechtbarkeit der Genehmigung voraus (BVerwG E. 163, 321 = VRS 135, 104 Rn. 35).

Mit **Abs. 3** werden die Voraussetzungen dafür geschaffen, dass der Geneh- 4
migung **Nebenbestimmungen** hinzugefügt werden können. Das war im Hinblick auf § 36 Abs. 1 VwVfG erforderlich. **Bedingung** ist eine Bestimmung, nach der der Eintritt oder der Wegfall einer Vergünstigung oder einer Belastung von dem ungewissen Eintritt eines zukünftigen Ereignisses abhängt; **Auflage** ist eine Bestimmung, durch die dem Begünstigten ein Tun, Dulden oder Unterlassen vorgeschrieben wird (vgl. § 36 Abs. 2 Nr. 2 und 4 VwVfG).

Ob die Genehmigungsbehörde der Genehmigung eine Bedingung oder 5
eine Auflage hinzufügt, steht – bis auf die Auflagen nach dem durch die Novelle 2012 eingefügten neuen Satz 2 – grundsätzlich in ihrem Ermessen. Eine Rechtspflicht besteht ausnahmsweise dann, wenn ohne Einschränkung der Genehmigung Rechte eines vorhandenen Unternehmers verletzt würden (vgl. OVG Münster VRS 50, 396). Die Nebenbestimmungen müssen ihre Rechtfertigung im Zweck des Gesetzes und der vom Gesetzgeber gewollten Ordnung des Verkehrswesens finden (vgl. BVerwG DVBl. 1979, 585; NJW 1977, 449; NJW 1979, 1112; DVBl. 1982, 306; BayObLGSt 1966, 28 = VRS 31, 235). Einer Genehmigung hinzugefügte Bedingungen können idR im Verwaltungsrechtsweg selbständig angefochten werden. Bei Auflagen wird dies dann verneint, wenn sie mit dem Gesamtinhalt des Verwaltungsaktes in einem untrennbaren Zusammenhang stehen (str., vgl. dazu im Einzelnen die Darstellung des Streitstandes, insbesondere der neueren Rspr. des BVerwG E 112, 221 = NVwZ 2001, 429; BVerwGE 112, 263 –, wonach jede Nebenbestimmung iSd § 36 VwVfG isoliert anfechtbar ist, bei Stelkens/Bonk/Sachs/Stelkens VwVfG § 36 Rn. 54 ff., 59 mwN). Genehmigungen dürfen nicht nachträglich mit einer Auflage versehen werden (OVG Münster VRS 50, 396).

Zulässig sind alle Auflagen, durch die die notwendige ständige Über- 6
wachung des Unternehmens verbessert oder auch nur erleichtert wird oder durch die dem Unternehmer im Interesse des öffentlichen Verkehrs Beschränkungen auferlegt werden. Für zulässig ist etwa die Auflage gehalten worden, dass der beantragte Verkehr nur auf einer Teilstrecke bedient werden darf

(OVG Münster VRS 50, 396) oder dass nur bestimmte Personengruppen befördert werden dürfen (Fielitz/Grätz Rn. 15). Unzulässig ist die Auflage an einen Taxenunternehmer, sich einer Funkzentrale anzuschließen (BVerwGE 51, 164 = NJW 1977, 449; ebenso jetzt Bidinger PBefG § 15 Rn. 67) oder einen Dienstplan einzuhalten (OLG Koblenz DPV 1963, 84). Eine auflösende Bedingung, die sich auf die Dauer der Genehmigung bezieht, scheidet mit Rücksicht auf Abs. 4 aus, weil sie im Ergebnis dem Widerrufsvorbehalt vergleichbare Folgen hätte (ebenso Bidinger PBefG § 16 Rn. 6c mit dem zutreffenden Hinweis auf § 16 Abs. 2).

6a Bei der Absicherung der Einhaltung der mit der Novelle 2012 eingeführten weiteren, als verbindlich bezeichneten Bestandteile eines Genehmigungsantrages (dazu → § 12 Abs. 1a, Rn. 1a) durch eine entsprechende Auflage gemäß dem neuen Abs. 2 Satz 2 ist der Gesetzgeber offenbar davon ausgegangen, dass für eine ggf. notwendige Durchsetzung eine solche Auflage erforderlich ist. Ob das rechtlich bei einem als verbindlich bezeichneten Bestandteil eines zur Genehmigung gestellten Verkehrsangebots zwingend ist, erscheint zumindest zweifelhaft (siehe auch § 21 Abs. 1 Satz 2 und → § 12 Rn. 1a sowie → § 21 Rn. 5). Die vorgesehene Einbindung der Aufgabenträger bei der Kontrolle – im Übrigen nur – derartiger Auflagen mag sinnvoll sein. Sie bedarf jedoch keiner ausdrücklichen Regelung, jedenfalls zumindest dann nicht, wenn sie in das Ermessen der Genehmigungsbehörde gestellt ist und der Aufgabenträger nicht einmal explizit ein Antragsrecht auf Beteiligung erhält, sondern diese lediglich wünschen kann.

7 Das Verbot des **Abs. 4,** vorläufige Genehmigungen oder Genehmigungen mit einem Vorbehalt des Widerrufs zu erteilen, schließt die Erteilung einer Genehmigung im Wege der einstweiligen Anordnung nach § 123 VwGO nicht aus (aA OVG Bautzen NVwZ 1994, 81, wenn eine vorläufige Genehmigung ausgeschlossen ist; HambOVG NVwZ 2007, 760, zur Zulässigkeit einer einstweiligen Anordnung auf Erteilung einer befristeten Taxengenehmigung; diese Lösung abl. Nds.OVG NdsVBl. 2012, 239 und stattdessen für grundsätzliche Zulässigkeit einer vorläufigen Genehmigung im Wege einer verfassungskonformen Auslegung bzw. teleologischen Reduktion des Abs. 4; aM Fielitz/Grätz Rn. 17). Das gilt jedoch nicht für den Linienverkehr mit Kraftfahrzeugen, weil insoweit § 20 PBefG als lex specialis eingreift (HambOVG NVwZ-RR 2012, 272 L).

8 Von der Erteilung der Genehmigung muss die Genehmigungsbehörde (§ 11) die zuständige Berufsgenossenschaft unterrichten **(Abs. 5);** der Unternehmer selbst ist nach § 192 SGB VII anzeigepflichtig. Die Regelung der Meldepflicht gegenüber dem Gewerbezentralregister ist durch das Dritte Rechtsbereinigungsgesetz als entbehrlich gestrichen worden, da die §§ 149 bis 153b GewO über das Gewerbezentralregister die Mitteilungspflicht abschließend regeln (vgl. BT-Drs. 11/4311, 20).

9 Wer durch die Entscheidung über den Antrag beschwert ist, kann gegen sie **Widerspruch** nach §§ 68 ff. VwGO und gegen den ablehnenden Widerspruchsbescheid **Klage** vor dem VG nach § 42 VwGO erheben. Beschwert ist durch die Entscheidung in erster Linie der Antragsteller, dessen Antrag ganz oder teilweise abgelehnt worden ist. Er kann Klage mit dem

Ziel erheben, die Genehmigungsbehörde zum Erlass eines dem Antrag entsprechenden Genehmigungsbescheides zu verpflichten (Verpflichtungsklage). Wird die Genehmigung erteilt, so ist jeder anfechtungsberechtigt, der dadurch in seinen Rechten betroffen ist (§ 42 Abs. 2 VwGO). Das sind alle Unternehmer, die im Verkehrsgebiet des neu genehmigten Unternehmens bereits Personenbeförderungsverkehr aufgrund einer Genehmigung oder in Ausnahmefällen auch aufgrund einer einstweiligen Erlaubnis betreiben und ein Anhörungsrecht nach § 14 haben (vgl. BVerwGE 9, 340 = NJW 1960, 548; BVerwG NJW 1969, 708; BVerwG DVBl. 2000, 1614 = NVwZ 2001, 322; OVG Koblenz NJW 1962, 1220). Widerspruch und Anfechtungsklage gegen die Genehmigung können mithin nur die vorhandenen Unternehmer des Straßenbahn- und Obusverkehrs sowie des Linienverkehrs mit Kraftfahrzeugen nach § 42 – einschließlich des Linienbedarfsverkehrs gemäß § 44 – und der konkurrierende Bewerber, dessen Genehmigungsantrag abgelehnt worden ist, erheben, nicht aber Unternehmer von Sonderformen des Linienverkehrs, die nach Maßgabe des § 45 Abs. 3 Satz 1 PBefG von der Betriebspflicht (§ 21), der Beförderungspflicht (§ 22), der Tarifpflicht (§ 39) und der Fahrplanpflicht (§ 40) ganz befreit worden sind. Ebensowenig steht diese Befugnis Unternehmern des Gelegenheitsverkehrs nach §§ 46 ff. – also auch nicht des gebündelten Bedarfsverkehrs nach § 50 – zu, insbesondere nicht den Taxiunternehmern (BVerwGE 16, 187 = NJW 1964, 72; VGH München NJW 1985, 758; OVG Münster NJW 1980, 2323; str., vgl. Fromm WiVerw 1989, 29 mwN). Auch die nach § 14 Abs. 1 Satz 1 Nr. 3 gutachtlich zu hörenden Industrie- und Handelskammern, Fachgewerkschaften und Fachverbände der Verkehrtreibenden sowie die nach § 14 Abs. 2 beteiligten Stellen haben kein Anfechtungsrecht (BVerwG VRS 18, 390). Dasselbe trifft auf Anlieger einer öffentlichen Straße wegen verkehrsbedingter Immissionen zu. Denn in der Genehmigung eines Linienverkehrs wird nicht auch darüber entschieden, ob die Lärm- und Abgasimmissionen, die von den Kraftfahrzeugen eines genehmigten Linienverkehrs ausgehen, von den Anwohnern zu dulden sind (BVerwG NZV 1990, 366 = DBVl. 1990, 774 = DÖV 1990, 839; siehe auch OLG Bremen OLG Report 2007, 501, zur Duldung von Geräuschimmissionen wegen des überragenden Allgemeininteresses an einem funktionierenden ÖPNV; zu Klagemöglichkeiten ebenfalls → § 13 Rn. 1a).

§ 16 Geltungsdauer der Genehmigung

(1) Die Geltungsdauer der Genehmigung für Straßenbahn- und Obusverkehr beträgt höchstens 15 Jahre. Sie kann unter den Voraussetzungen des Artikels 4 Absatz 3 Satz 2 und Absatz 4 der Verordnung (EG) Nr. 1370/2007 für einen längeren Zeitraum festgelegt werden. Bei Wiedererteilung der Genehmigung ist die Geltungsdauer so zu bemessen, dass die Genehmigung mit Vereinbarungen und Entscheidungen über die Benutzung öffentlicher Straßen nach § 31 Absatz 2 und 5 in Einklang steht. Ist die beantragte Verkehrsleistung Gegenstand eines öffentlichen Dienstleistungsauftrages im Sinne von Artikel 3 Absatz 1 der Ver-

ordnung (EG) Nr. 1370/2007, darf die Geltungsdauer der Genehmigung die Laufzeit des öffentlichen Dienstleistungsauftrages nicht überschreiten.

(2) Die Geltungsdauer der Genehmigung für Linienverkehr mit Kraftfahrzeugen ist unter Berücksichtigung der öffentlichen Verkehrsinteressen zu bemessen. Sie beträgt höchstens zehn Jahre. Die Genehmigung kann unter den Voraussetzungen des Artikels 4 Absatz 3 Satz 2 der Verordnung (EG) Nr. 1370/2007 für einen längeren Zeitraum festgelegt werden. Ist die beantragte Verkehrsleistung Gegenstand eines öffentlichen Dienstleistungsauftrages im Sinne von Artikel 3 Absatz 1 der Verordnung (EG) Nr. 1370/2007, darf die Geltungsdauer der Genehmigung die Laufzeit des öffentlichen Dienstleistungsauftrages nicht überschreiten. Im öffentlichen Personennahverkehr ist § 8 Absatz 3 zu beachten.

(3) Weicht im öffentlichen Personennahverkehr ein Genehmigungsantrag für einen eigenwirtschaftlichen Verkehr wesentlich vom bisherigen Verkehrsangebot ab und sichert die zuständige Behörde der Genehmigungsbehörde die Vergabe eines dem bisherigen Verkehrsangebot entsprechenden öffentlichen Dienstleistungsauftrages zu, so ist die Geltungsdauer der Genehmigung so zu bemessen, dass sie zu dem Zeitpunkt endet, den die zuständige Behörde als Zeitpunkt der geplanten Betriebsaufnahme des zugesicherten Verkehrs angibt. Setzt die zuständige Behörde ihre Zusicherung nicht um, so ist die Geltungsdauer der Genehmigung unter Beachtung der Absätze 1 und 2 neu festzusetzen.

(4) Die Geltungsdauer der Genehmigungen für Gelegenheitsverkehr mit Kraftomnibussen beträgt höchstens zehn Jahre und für sonstigen Gelegenheitsverkehr mit Kraftfahrzeugen höchstens fünf Jahre.

1 Das PBefG unterscheidet, was die Geltungsdauer der Genehmigung anlangt, zwischen dem Straßenbahn- und Obusverkehr sowie dem Linienverkehr mit Kraftfahrzeugen einerseits und dem Gelegenheitsverkehr mit Kraftfahrzeugen andererseits. In jedem Fall ist jedoch die Genehmigung **zeitlich beschränkt** zu erteilen. Ihre Erteilung auf unbestimmte Zeit ist ausgeschlossen. Die Novelle 2012 hat die Abs. 1 und 2 neugefasst und die **Geltungsdauer der Genehmigung** für Straßenbahn- und Obusverkehr sowie für Linienverkehr mit Kraftfahrzeugen den in Art. 4 Abs. 3 und 4 der VO (EG) Nr. 1370/2007 geregelten Laufzeiten eines öffentlichen Dienstleistungsauftrages angepasst. Die Geltungsdauer der Genehmigung darf nicht die Laufzeit eines öffentlichen Dienstleistungsauftrages überschreiten (Abs. 1 Satz 4 und Abs. 2 Satz 4). Das Gesetz legt jeweils nur eine Höchstdauer fest, die unter Beachtung der zeitlichen Begrenzung durch einen öffentlichen Dienstleistungsauftrag unter bestimmten Voraussetzungen überschritten werden kann.

2 Bei der Geltungsdauer der Genehmigung für **Straßenbahn- und Obusverkehr** setzt das Gesetz eine Höchstdauer von 15 Jahren fest **(Abs. 1).** Unter den Voraussetzungen der Art. 4 Abs. 3 Satz 2 (öffentlicher Dienstleistungsauftrag mit mehreren Verkehrsträgern, Maßgeblichkeit der überwiegenden Art der Verkehrserbringung) und Abs. 4 (hohe Investitionskosten/Amortisationsdauer, besondere geografische Lage) VO (EG) Nr. 1370/2007 kann eine längere Geltungsdauer in Frage kommen, die aber auf jeden Fall durch die Laufzeit eines öffentlichen Dienstleistungsauftrages begrenzt wird. Bei Wiedererteilung der Genehmigung muss – wie bisher – die Geltungsdauer

mit Vereinbarungen und Entscheidungen über die Benutzung öffentlicher Straßen nach § 31 Abs. 2 und 5 in Einklang stehen.

Das (nur beschränkt gerichtlich überprüfbare) **öffentliche Verkehrsbedürfnis** ist ständigem Wandel unterworfen. Das gilt in verstärktem Maße für den **Linienverkehr** mit Kraftfahrzeugen. **Abs. 2,** der die Geltungsdauer der Genehmigung bei diesem Verkehr auf höchstens 10 Jahre begrenzt und die Befristung insgesamt unter den Vorbehalt des öffentlichen Verkehrsinteresses stellt, gewährleistet, dass die Frage, ob ein solches Bedürfnis fortbesteht, in regelmäßigen Zeitabständen geprüft werden kann (BVerwGE 30, 252). Auch langfristige Planungen können einen Grund dafür abgeben, eine Genehmigung nicht erneut zu erteilen oder kürzer zu befristen, wenn anders sich eine Verkehrsplanung von überragendem öffentlichen Interesse, die konkrete Formen angenommen hat, nicht verwirklichen lässt (BVerwG NZV 1992, 165, 166). Das wird aber jeweils einer substantiierten Begründung bedürfen. Da sich insoweit mit der Novelle 2012 abgesehen von der Höchstdauer die bisherige Rechtslage nicht geändert hat, wird an der hier bislang vertretenen Ansicht festgehalten werden können, dass regelmäßig die Genehmigung für die volle Laufzeit zu erteilen ist, um dem Unternehmer eine angemessene Nutzung seiner Investitionen zu ermöglichen (vgl. Amtliche Begründung zu § 44 PBefG 1961, wiedergegeben bei Bidinger PBefG § 16 Rn. 6b; Stellungnahme der Bundesregierung zu dem vom Bundesrat eingebrachten Entwurf eines Sechsten Gesetzes zur Änderung des PBefG, BT-Drs. 10/3425, S. 16; zum Teil aA und im konkreten Fall differenzierend die Rechtsprechung, siehe die Nachweise bei Sellmann/Blume NVwZ 1999, 250 und VG Kassel 9.3.2000 – 2 E 4226/94). Ein Linienverkehrsunternehmen ist ein eingerichteter und ausgeübter Gewerbebetrieb (→ § 13 Rn. 17). 3

Liegt ÖPNV vor, ist § 8 Abs. 3 zu beachten (Abs. 2 Satz 5). Die Berücksichtigung der Interessen des Unternehmers an einer langfristigen Disposition relativiere sich, so die Begründung, bei der Bemessung der Genehmigungsdauer in dem Maße, in dem Nahverkehrskonzeptionen dem entgegenstehen bzw. Aufgabenträger und Verkehrsunternehmer andere vertragliche Regelungen getroffen haben (vgl. BT-Drs. 12/6269, 145; zur Anpassung von Genehmigungslaufzeiten aus Gründen einer beabsichtigten Bildung von Linienbündeln gemäß § 9 Abs. 2 siehe Hess. Min. f. Wirtschaft, Verkehr und Landesentwicklung 22.12.1999 – VIa 3–6 I 28.59.02, abgedr. in RMV Heft 11, November 2000, 66; VG Minden 2.11.2005 – 3 K 6443/03, BeckRS 2005, 30825; Barth S. 277 f.; → § 9 Rn. 5). Das darf jedoch nicht dazu führen, dass die berechtigten Belange des Unternehmers hintangestellt werden. Zumindest muss eine angemessene Übergangslösung gefunden werden. 4

Bei den Sonderformen des Linienverkehrs nach § 43 wird eine Genehmigung für mehr als 2 bis 4 Jahre nur in Betracht kommen, wenn sich die Verhältnisse für einen längeren Zeitraum übersehen lassen (vgl. Bidinger PBefG § 16 Rn. 7). 5

Die durch die Novelle 2012 eingefügte neue Regelung des **Abs. 3** betrifft den Fall, dass ein Aufgabenträger anders als bei einem nach der Vorabbekanntmachung gestellten Antrag auf Genehmigung eines eigenwirtschaftlichen Verkehrs zunächst von der Vergabe eines öffentlichen Dienstleistungsauftrages 5a absieht und sich erst im Genehmigungsverfahren herausstellt, dass ein beantragter eigenwirtschaftlicher Verkehr wesentlich vom bish. Verkehrsangebot abweicht und eine ausreichende Verkehrsbedienung nicht mehr gewährleistet ist. Hier kann der Aufgabenträger nach der neuen Vorschrift durch die Zusicherung der Vergabe eines dem bish. Verkehrsangebot entsprechenden öffentlichen Dienstleistungsauftrages mit einem bestimmten Zeitpunkt der Betriebsaufnahme erreichen, dass die Geltungsdauer der Genehmigung des eigenwirtschaftlichen Verkehrs entsprechend bemessen und eine darüber hinausgehende Genehmigung damit teilweise abgelehnt wird. Insofern besteht eine Parallele zu den Ablehnungsgründen gemäß § 13 Abs. 2a Satz 2 ff. Sie rechtfertigt es, trotz einer fehlenden gesetzlichen Verweisung auf die Definitionen der wesentlichen Abweichungen usw. auf diese Bestimmung zurückzugreifen und auf die Erl. dazu Bezug zu nehmen (→ § 13 Rn. 15c). Setzt der Aufgabenträger seine Zusicherung nicht um, hat die Genehmigungsbehörde nach Satz 2 die Geltungsdauer – wie auch sonst – gemäß Abs. 1 und 2 neu festzusetzen.

6 Die zwischen **Gelegenheitsverkehr** mit Kraftomnibussen einerseits und Personenkraftwagen andererseits unterscheidende Regelung der Geltungsdauer im Gelegenheitsverkehr ist mit der Neufassung des **Abs. 4** (vor der Novelle 2012 Abs. 3) durch das ÄndG vom 22.11.2011 (BGBl. I 2272) eingeführt worden und folgt der entsprechenden Trennung der Genehmigungen für den Gelegenheitsverkehr in § 9 (dazu → Rn. 4). Auch wenn die Geltungsdauer beim Gelegenheitsverkehr mit Kraftfahrzeugen insgesamt erhöht worden ist, lässt sich ein öffentliches Verkehrsinteresse an einer Befristung indessen nur für den Taxiverkehr ausmachen. Im Übrigen ist zweifelhaft, ob eine solche Befristung mit dem Grundgesetz vereinbar ist, weil sie letzten Endes nur dem Zweck dient, der Genehmigungsbehörde die Prüfung der Frage zu erleichtern, ob die subjektiven Genehmigungsvoraussetzungen dauerhaft gegeben sind (ebenso Bidinger PBefG § 16 Rn. 11 und 12; kritisch zu der durch Gesetz vom 14.8.2006 eingeführten Fünfjahresfrist auch Heinze/Fehling/Fiedler Rn. 16; siehe nunmehr aber auch Art. 12 Abs. 2 VO (EG) Nr. 1071/2009 – Anhang 1.b).

§ 17 Genehmigungsurkunde

(1) Die Genehmigungsurkunde muß enthalten:

1. **Name, Wohn- und Betriebssitz des Unternehmers,**
2. **Bezeichnung der Verkehrsart, für die die Genehmigung erteilt wird, im Gelegenheitsverkehr mit Personenkraftwagen auch der Verkehrsform,**
3. **Geltungsdauer der Genehmigung,**
4. **etwaige Bedingungen und Auflagen,**
5. **Bezeichnung der Aufsichtsbehörde,**
6. **bei Straßenbahn- oder Obusverkehr die Linienführung und im Falle des § 28 Abs. 4 einen Hinweis auf den Vorbehalt,**
7. **bei Linienverkehr mit Kraftfahrzeugen die Linienführung oder bei Linienbedarfsverkehr das Gebiet, in dem der Verkehr betrieben wird,**

8. bei Gelegenheitsverkehr mit Personenkraftwagen die amtlichen Kennzeichen der einzusetzenden Kraftfahrzeuge und ergänzend bei einem gebündelten Bedarfsverkehr das Gebiet, in dem der Verkehr durchgeführt wird.

(2) Im Falle eines Austausches von Kraftfahrzeugen im Gelegenheitsverkehr mit Personenkraftwagen hat der Unternehmer die Genehmigungsurkunde der Genehmigungsbehörde zur Ergänzung vorzulegen. Das gleiche gilt, wenn der Unternehmer ein Kraftfahrzeug nicht mehr im Gelegenheitsverkehr mit Personenkraftwagen einsetzt.

(3) Die Erteilung der Genehmigung kann nur durch die Genehmigungsurkunde oder eine amtliche Ausfertigung oder im Falle des Gelegenheitsverkehrs mit Kraftomnibussen durch eine beglaubigte Kopie der Gemeinschaftslizenz nach Artikel 4 der Verordnung (EG) Nr. 1073/2009 des Europäischen Parlaments und des Rates vom 21. Oktober 2009 über gemeinsame Regeln für den Zugang zum grenzüberschreitenden Personenkraftverkehrsmarkt und zur Änderung der Verordnung (EG) Nr. 561/2006 (ABl. L 300 vom 14.11.2009, S. 88) und die den Zusatz „Gilt auch als Genehmigung für die Beförderung im innerdeutschen Gelegenheitsverkehr" enthält, nachgewiesen werden.

(4) Im Gelegenheitsverkehr mit Kraftfahrzeugen ist die Genehmigungsurkunde oder eine gekürzte amtliche Ausfertigung oder eine beglaubigte Kopie der Gemeinschaftslizenz schriftlich oder in elektronischer Form während der Fahrt mitzuführen und auf Verlangen den zuständigen Personen zur Prüfung auszuhändigen. Im Linienverkehr mit Kraftfahrzeugen gilt Satz 1 nur, wenn die Genehmigungsurkunde eine entsprechende Auflage enthält.

(5) Ist eine Genehmigung anders als durch Fristablauf ungültig geworden, ist die Genehmigungsurkunde unverzüglich einzuziehen. Ist dies nicht möglich, ist sie auf Kosten des Unternehmers für kraftlos zu erklären.

Die den **Gelegenheitsverkehr** betreffenden Regelungen der **Abs. 1** Nr. 2 1
und 8 und **Abs. 2** gelten auf Grund der Ergänzungen durch Gesetz vom 14.8.2006 (BGBl. I 1962) seit dem 1.9.2007 nur noch für den Gelegenheitsverkehr mit Personenkraftwagen. Abs. 1 verhält sich über den zwingenden Inhalt der Genehmigungsurkunde. Nr. 1, der die Angabe von Name, Wohn- und Betriebssitz des Unternehmers verlangt, setzt voraus, dass der Betriebssitz mit Straße und Hausnummer angegeben wird (OVG Münster VRS 70, 156; BayObLG GewArch 2004, 254). Mit den Ergänzungen der Nrn. 7 und 8 des Abs. 1 hat die **Novelle 2021** die Bestimmungen der neu geschaffenen Verkehrsformen des Linienbedarfsverkehrs und des gebündelten Bedarfsverkehrs entsprechend angepasst (siehe dazu BT-Drs. 19/26175, 44).

Beim Austausch von Kraftfahrzeugen im Gelegenheitsverkehr mit Per- 2
sonenkraftwagen hat der Unternehmer die Genehmigungsurkunde der Genehmigungsbehörde zur Ergänzung vorzulegen (Abs. 2). Diese Verpflichtung gilt nur noch im Gelegenheitsverkehr, nachdem im Linienverkehr Zahl, Art und Fassungsvermögen der genehmigten Kraftfahrzeuge nicht mehr angegeben zu werden brauchen.

Der **Nachweis** der **Genehmigung** kann nur mit den in dieser Vorschrift 3
im Einzelnen aufgeführten Schriftstücken geführt werden. Andere Schriftstücke, Erklärungen von Zeugen und dergleichen reichen zum Nachweis

nicht aus. Bei der Neufassung des **Abs. 3** handelt es sich um eine redaktionelle Anpassung an geändertes Unionsrecht.

4 Die Pflicht zur **Mitführung** der **Genehmigungsurkunde,** einer gekürzten amtlichen Ausfertigung oder einer beglaubigten Kopie der Gemeinschaftslizenz während der Fahrt ist nur noch im **Gelegenheitsverkehr** vorgeschrieben **(Abs. 4);** der mit der **Novelle 2021** in Satz 1 eingefügte Nachweis „in elektronischer Form" ist zusammen mit den Änderungen der §§ 5 und 12 Abs. 1 Satz 3 folgerichtig. Im Linienverkehr besteht eine solche Verpflichtung nur dann, wenn die Genehmigungsurkunde eine entsprechende Auflage enthält. Zuständige Personen, denen die mitzuführenden Urkunden zur Prüfung auszuhändigen sind, sind nicht nur Polizeibeamte, sondern auch Beamte der Aufsichtsbehörde. Eine Ausweispflicht besteht während der Fahrt und solange noch ein Zusammenhang mit ihr besteht (vgl. OLG Hamm VRS 24, 463; OLG Koblenz VRS 45, 398).

5 Der Verstoß gegen die Vorschriften über das Mitführen und Vorzeigen der Urkunden ist eine Ordnungswidrigkeit nach § 61 Abs. 1 Nr. 3b.

§ 18 Informationspflicht der Genehmigungsbehörde

(1) Die Genehmigungsbehörde hat ein Verzeichnis aller Genehmigungen, die im öffentlichen Personennahverkehr für den Verkehr mit Straßenbahnen, Obussen oder Kraftfahrzeugen im Linienverkehr bestehen, am Ende jedes Kalenderjahres auf der Internetseite der zuständigen Genehmigungsbehörde bekannt zu machen. Die Bekanntmachung muss folgende Angaben enthalten:

1. die Linienführung,

2. die Geltungsdauer,

3. einen Hinweis darauf, dass der Antrag auf Genehmigung für den weiteren Betrieb des Verkehrs in den Fristen des § 12 Absatz 5 Satz 1 oder Absatz 6 Satz 1 gestellt werden kann.

(2) In die Bekanntmachung nach Absatz 1 können die nach Artikel 7 Absatz 2 der Verordnung (EG) Nr. 1370/2007 und die nach § 8a Absatz 2 Satz 2 dieses Gesetzes vorgeschriebenen Informationen der zuständigen Behörde aufgenommen werden. In diesem Fall ist die dreimonatige Frist für den Antrag auf Genehmigung eines Verkehrs abweichend von § 12 Absatz 6 Satz 1 besonders festzulegen.

1 Die mit der Novelle 2012 eingeführte jährliche Information der Genehmigungsbehörde über alle Genehmigungen, die im ÖPNV für den Verkehr mit Straßenbahnen, Obussen oder Kraftfahrzeugen im Linienverkehr bestehen, ist neu **(Abs. 1).** Das gilt auch namentlich für die Veröffentlichung im Amtsblatt der EU, was Art. 7 Abs. 1 Satz 1 VO (EG) Nr. 1370/2007 selbst für den Gesamtbericht der zuständigen Behörde über die in ihren Zuständigkeitsbereich fallenden gemeinwirtschaftlichen Verpflichtungen, die ausgewählten Betreiber eines öffentlichen Dienstes sowie die diesen Betreibern zur Abgeltung gewährten Ausgleichsleistungen und ausschließlichen Rechte nicht vorsieht; dort genügt die öffentliche Zugänglichkeit (dazu MüKoWettbR/Hölzl

VO (EG) Nr. 1370/2007 Art. 7 Rn. 6). Ansätze für die jetzt gesetzlich geregelte Informationspflicht der Genehmigungsbehörde hat es bereits im Anschluss an die Rspr. des BVerwG zum Anspruch eines Unternehmers im Vorfeld eines Genehmigungsverfahrens auf Mitteilung aller im Folgejahr ablaufenden Genehmigungen mit Enddaten und Streckenverlauf gegeben (BVerwGE 118, 270 = NVwZ 2003, 1114 = DVBl. 2003, 1401 = GewArch 2003, 373). Die Änderung des Abs. 1 Satz 1 durch die **Novelle 2021** geht auf eine Veränderung im Bund-Länder-Fachausschuss (BLFA) Straßenpersonenverkehr zurück, nachdem das (europäische) Amt Veröffentlichungen der Bekanntmachungen der Genehmigungsbehörden im EU-Amtsblatt nach anfänglicher Zustimmung später abgelehnt hatte (BT-Drs. 19/26175, 45).

Die Information der Genehmigungsbehörde soll die Transparenz des Ge- 2
nehmigungsverfahrens verbessern (BT-Drs. 17/8233, 16), indem interessierte Unternehmer, insbesondere im Falle eines erwogenen Betriebs einer eigenwirtschaftlichen Verkehrsbedienung, aus dem Verzeichnis für ihre Antragstellung wichtige Angaben und namentlich wegen der Regelung des Abs. 1 Satz 2 Nr. 3 die maßgeblichen Antragsfristen entnehmen können. Insofern unterscheidet sich diese Informationspflicht von dem öffentlich zugänglich zu machenden „Gesamtbericht" der zuständigen Behörde (des Aufgabenträgers) gemäß Art. 7 Abs. 1 VO (EG) Nr. 1370/2007. Dem Gesamtbericht können zwar interessierte Unternehmer zB im Hinblick auf die Angaben zu gewährten Ausgleichsleistungen und ausschließlichen Rechte (Art. 7 Abs. 1 Satz 1 iVm Satz 2) ebenfalls für sie relevante Informationen entnehmen (Fehling VO (EG) Nr. 1370/2007 Art. 7 Rn. 15, 25; MüKoWettbR/Hölzl VO (EG) Nr. 1370/2007 Art. 7 Rn. 7). Er soll jedoch in erster Linie der „Kontrolle und Beurteilung" durch die Öffentlichkeit und die EU-Kommission dienen (Fehling VO (EG) Nr. 1370/2007 Art. 7 Rn. 11 f.).

In die Bekanntmachung der **Genehmigungsbehörde** nach Abs. 1 können 3
auch die nach Art. 7 Abs. 2 VO (EG) Nr. 1370/2007 und § 8a Abs. 2 Satz 2 (Vorabbekanntmachung) erforderlichen Veröffentlichungen bei einer beabsichtigten Vergabe öffentlicher Dienstleistungsaufträge aufgenommen werden **(Abs. 2).** Das setzt allerdings eine entsprechende **Abstimmung** zwischen Genehmigungsbehörde und der **zuständigen Behörde,** dh dem Aufgabenträger wegen dessen Zuständigkeit für die Vergabe voraus. Weil in diesem Fall keine Veröffentlichung durch die zuständige Behörde/den Aufgabenträger erfolgt, wie dies Art. 12 Abs. 6 Satz 1 vorsieht, ist die dreimonatige Antragsfrist nach Abs. 2 Satz 2 besonders festzulegen.

§ 19 Tod des Unternehmers

(1) Nach dem Tode des Unternehmers kann der Erbe den Betrieb vorläufig weiterführen oder diese Befugnis auf einen Dritten übertragen; das gleiche gilt für den Testamentsvollstrecker, Nachlaßpfleger oder Nachlaßverwalter während einer Testamentsvollstreckung, Nachlaßpflegschaft oder Nachlaßverwaltung.

(2) Die Befugnis erlischt, wenn nicht der Erbe oder der Dritte binnen drei Monaten nach Ablauf der für die Ausschlagung der Erbschaft vorgesehenen Frist

oder die in Absatz 1 zweiter Halbsatz genannten Personen binnen drei Monaten nach der Annahme ihres Amtes oder ihrer Bestellung die Genehmigung beantragt haben; ein in der Person des Erben wirksam gewordener Fristablauf wirkt auch gegen den Nachlaßverwalter. Bei der Prüfung des Genehmigungsantrages ist § 13 Abs. 2 und 4 nicht anzuwenden. Wird dem Antrag stattgegeben, so ist als Zeitpunkt des Ablaufs der Genehmigung der Tag zu bestimmen, an dem die Genehmigung des Rechtsvorgängers abgelaufen sein würde.

(3) Bei Unternehmern mit Betriebspflicht nach § 21 hat die Genehmigungsbehörde dafür zu sorgen, daß der Betrieb keine Unterbrechung erfährt. Wird der Betrieb von den in Absatz 1 genannten Personen nicht vorläufig weitergeführt, so kann die Genehmigungsbehörde für die Übergangszeit zur Aufrechterhaltung des Betriebs eine einstweilige Erlaubnis nach § 20 an einen anderen erteilen.

(4) Im Falle der Erwerbs- oder Geschäftsunfähigkeit des Unternehmers oder der für die Führung der Geschäfte bestellten Person darf ein Dritter das Unternehmen bis zu einem Jahr weiterführen. In ausreichend begründeten Sonderfällen kann diese Frist um sechs Monate verlängert werden.

1 Abweichend von § 2 Abs. 2 bedarf die **Weiterführung** des **Betriebs** durch den Erben nach dem Tod des Unternehmers zunächst keiner Genehmigung. Vielmehr steht ihm die Befugnis zu, den Betrieb entweder vorläufig weiterzuführen oder aber auf einen Dritten zu übertragen. Wer Erbe ist, bestimmt sich nach den Vorschriften des bürgerlichen Rechts (§§ 1922, 1937 BGB). Miterben steht die Befugnis zur Betriebsfortführung gemeinschaftlich zu (§ 2038 BGB). Der Vermächtnisnehmer ist kein Erbe (§ 1939 BGB). Die gleiche Befugnis wie der Erbe haben Testamentsvollstrecker, Nachlasspfleger und Nachlassverwalter während der Dauer dieser Tätigkeit. Tritt bei juristischen Personen (§ 15 Abs. 2 Satz 2) eine Gesamtrechtsnachfolge ein, gilt § 19 entsprechend (ebenso Bidinger PBefG § 19 Rn. 2).

2 Die Befugnis zur Betriebsfortführung ist zeitlich befristet **(Abs. 2).** Sie erlischt, wenn der Erbe nicht innerhalb von 3 Monaten nach Ablauf der Frist für die Ausschlagung der Erbschaft (§ 1944 BGB) selbst die Genehmigung zur Personenbeförderung beantragt. Für den Testamentsvollstrecker, Nachlasspfleger und Nachlassverwalter erlischt die Befugnis, wenn sie nicht binnen 3 Monaten nach der Annahme ihres Amts oder ihrer Bestellung die Genehmigung beantragen. Dabei findet eine Prüfung objektiver Zulassungsvoraussetzungen nicht statt, weil – ebenso wie bei allgemeinen Genehmigungsübertragungen und Übertragungen der Betriebsführung – die Genehmigung nur bis zu dem Zeitpunkt gilt, an dem sie auch beim Rechtsvorgänger abgelaufen sein würde.

3 **Unternehmen mit Betriebspflicht (Abs. 3)** nach § 21 dürfen den Betrieb auch nach dem Tod des Unternehmers nicht unterbrechen. Findet eine vorläufige Betriebsfortführung nach Abs. 1 nicht statt, muss die Genehmigungsbehörde zur Aufrechterhaltung des Betriebs für die Übergangszeit eine einstweilige Erlaubnis erteilen, wenn sich dafür ein Antragsteller findet.

4 Bei **Erwerbs- oder Geschäftsunfähigkeit des Unternehmers oder Betriebsführers (Abs. 4)** ist die Betriebsfortführung durch einen Dritten für die Dauer eines Jahres nach deren Eintritt zulässig. Sie kann in Ausnahme-

fällen um 6 Monate verlängert werden. Voraussetzung dafür ist ein Antrag des Dritten.

§ 20 Einstweilige Erlaubnis

(1) Wenn eine sofortige Einrichtung, Erweiterung oder wesentliche Änderung eines Straßenbahn-, Obusverkehrs oder Linienverkehrs mit Kraftfahrzeugen im öffentlichen Verkehrsinteresse liegt, kann die Genehmigungsbehörde, in deren Bezirk der Verkehr betrieben werden soll, dem Antragsteller eine widerrufliche einstweilige Erlaubnis erteilen; die Voraussetzungen des § 13 Abs. 1 oder Absatz 1a müssen vorliegen. Die Erteilung ist auch den in § 14 Abs. 1 Nr. 1 genannten Unternehmern bekanntzugeben.

(2) Die einstweilige Erlaubnis wird schriftlich erteilt. Sie muß enthalten

1. **den Hinweis auf diese Vorschrift mit einem Zusatz, daß die einstweilige Erlaubnis einen Anspruch auf Erteilung einer Genehmigung nicht begründet,**
2. **Name, Wohn- und Betriebssitz des Unternehmers,**
3. **Geltungsdauer,**
4. **etwaige Bedingungen und Auflagen,**
5. **Linienführung oder beim Linienbedarfsverkehr das Gebiet, in dem der Verkehr betrieben wird.**

(3) Die einstweilige Erlaubnis erlischt nach sechs Monaten, soweit sie nicht vorher widerrufen wird. In den Fällen des Artikels 5 Absatz 5 der Verordnung (EG) Nr. 1370/2007 kann die einstweilige Erlaubnis auf bis zu zwei Jahre befristet werden. Sie begründet keinen Anspruch auf Erteilung einer Genehmigung. § 15 Abs. 3 und 5 gilt entsprechend.

(4) § 17 Abs. 3, 4 und 5 gilt entsprechend.

Die **einstweilige Erlaubnis** ist **nur** im **Linienverkehr mit Kraftfahrzeugen** (§§ 42, 43) zulässig, dort aber auch erforderlich, weil § 15 Abs. 4 die Erteilung vorläufiger Genehmigungen ausschließt (dazu → § 15 Rn. 7). Sie stellt für den Linienverkehr eine spezielle Regelung des vorläufigen Rechtsschutzes dar (HambOVG NVwZ-RR 2012, 272 L) und ist keine Genehmigung, steht ihr in den Wirkungen aber gleich. Einen Anspruch auf Erteilung einer Genehmigung begründet sie nicht (Abs. 3 Satz 3). Vor ihrer Erteilung sind die vorhandenen Unternehmer anzuhören; das ergibt sich aus Abs. 1 Satz 2, der die Bekanntgabe der Erteilung vorschreibt. Von der Anhörung kann nur dann abgesehen werden, wenn dafür ein triftiger Grund iSd § 28 Abs. 2 VwVfG vorliegt. Das dürfte nur selten der Fall sein, weil eine fernmündliche Unterrichtung nahezu immer möglich sein dürfte. Die einstweilige Erlaubnis kann **jederzeit widerrufen** werden (Abs. 1). Angesichts dieser Möglichkeit sind die Genehmigungsbehörden gut beraten, wenn sie einstweilige Erlaubnisse grundsätzlich auf die Höchstdauer von 6 Monaten erteilen. Kürzere Befristungen führen bei allen Beteiligten zu einem kaum vertretbaren Arbeits- und Zeitaufwand und sollten deshalb auf Ausnahmefälle beschränkt bleiben. Die einstweilige Erlaubnis erlischt nach 6 Monaten, kann aber **wiederholt erteilt** werden (OVG Koblenz 4.8.1980 – 6 B-54/80; VGH 1

Mannheim 28.6.1990 – 14 S 1005/90; vgl. in diesem Zusammenhang auch BVerwG NZV 1994, 244). Gemäß dem durch die Novelle 2012 in Abs. 3 eingefügten neuen Satz 2 kann bei einer Direktvergabe von Verkehrsleistungen in Notfällen gemäß Art. 5 Abs. 5 VO (EG) Nr. 1370/2007 eine einstweilige Erlaubnis bis höchstens 2 Jahre befristet werden. Nach der Gesetzesbegründung soll mit dieser Regelung der Zeitraum bis zu einer oft notwendigen Vergabe eines (neuen) Dienstleistungsauftrages in solchen Situationen überbrückt werden können (BT-Drs. 17/8233, 16 f.). Ob eine derartige Sonderregelung angesichts der Möglichkeit einer wiederholten Erteilung einer einstweiligen Erlaubnis erforderlich ist, erscheint zweifelhaft.

Wachsende Komplexität der Genehmigungsverfahren und Kontrolldichte verwaltungsgerichtlichen Rechtsschutzes sowie die Vorgaben von ÖPNV-Verkehren im Rahmen der VO (EG) Nr. 1370/2007 mit teilweise langwierigen Nachprüfungsverfahren können nicht nur in Linienverkehre mit Kraftfahrzeugen betreffenden Verkehren, sondern ebenso bei entsprechenden Verfahren für Straßenbahn- oder Obusverkehre den bestands- bzw. rechtskräftigen Abschluss im öffentlichen Verkehrsinteresse erforderlicher Verfahren erheblich verzögern. Dies hat den Gesetzgeber veranlasst, mit der **Novelle 2021** den Anwendungsbereich der einstweiligen Erlaubnisse auf Verkehre mit Straßenbahnen und Obusse auszudehnen (BT-Drs. 19/26175, 45).

1a Besteht im Gelegenheitsverkehr mit Personenkraftwagen (insbesondere im Taxen- und Mietwagenverkehr) ein vergleichbares Bedürfnis, weil die Wiedererteilung einer Genehmigung nicht rechtzeitig erfolgen kann, behilft sich die Praxis der Genehmigungsbehörden mit vorläufigen Verlängerungen. Wird ein solches Vorgehen verweigert, ist der Unternehmer auf einen Antrag nach § 123 VwGO angewiesen. Hierzu muss er glaubhaft machen können, in seiner wirtschaftlichen Existenz bedroht zu sein.

2 Die Erteilung einer einstweiligen Erlaubnis setzt voraus, dass die Einrichtung, Erweiterung oder wesentliche Änderung eines Linienverkehrs mit Kraftfahrzeugen keinen Aufschub duldet, dass sie im öffentlichen Interesse liegt und die Voraussetzungen des § 13 Abs. 1 oder Abs. 1a vorliegen. Sie scheidet deshalb zB bei touristischen Zwecken dienenden Stadtrundfahrten aus, auch wenn diese gemäß § 2 Abs. 6 dem Linienverkehr iSd Gesetzes zugeordnet werden (HambOVG NVwZ-RR 2012, 272). Dass ein Genehmigungsverfahren nach den §§ 12 ff. eingeleitet worden ist, bildet keine Voraussetzung. Die Erteilung einer einstweiligen Erlaubnis kommt in Betracht sowohl dann, wenn es um die Befriedigung eines kurzfristigen Bedarfs geht, um dessentwillen sich die Einleitung eines Genehmigungsverfahrens „nicht lohnt“, als auch in den Fällen, in denen es die Zeit zwischen der Entscheidung nach § 15 Abs. 1 und der Aushändigung der Genehmigungsurkunde nach § 15 Abs. 2 zu überbrücken gilt, sodass mit einem Antrag gemäß § 12 vorsorglich auch der Erlass einer Erlaubnis nach § 20 beantragt werden sollte.

3 Eine umfassende Prüfung der Frage, ob **Versagungsgründe** nach § 13 Abs. 2 Satz 1 Nr. 2 oder 3 bestehen, findet nicht statt (OVG Münster VRS 31, 466). Wird die einstweilige Erlaubnis erteilt, um die Zeit bis zur Unanfechtbarkeit des Bescheids nach § 15 zu überbrücken, können diese Versagungsgründe nur dann zur Ablehnung führen, wenn sie offensichtlich gegeben sind oder sich inzwischen die maßgebliche Sach- und/oder Rechtslage geändert hat (BVerwGE 30, 347 = DVBl. 1969, 367 = GewArch 1969, 112 = VRS 36, 398 = NJW 1969, 708; OVG Magdeburg 9.2.2007 – 1 M 267/06; HambOVG NordÖR 2011, 464). Die Prüfung hat freilich strenger auszufallen, wenn die einstweilige Erlaubnis wiederholt erteilt wird (vgl. VGH Mannheim 28.6.1990 – 14 S 1005/90). Der Genehmigungsbehörde steht bei der Entscheidung ein nur begrenzt richterlich nachprüfbares Planungsermessen zu (VGH Mannheim 28.6.1990 – 14 S 1005/90; siehe auch VGH Mannheim 2.1.2007 – 3 S 2675/06, BeckRS 2007, 20250).

Bei konkurrierenden Anträgen nach § 20 ist in der Regel sachgerecht, **3a** denjenigen Unternehmer zu bevorzugen, dem die endgültige, wenngleich noch nicht bestandskräftige Linienverkehrsgenehmigung erteilt worden ist (OVG Schleswig 20.10.2020 – 5 MB 22/20, BeckRS 2020, 29102).

Die Voraussetzungen, die für die Erteilung einer einstweiligen Erlaubnis **4** gegeben sein müssen, entsprechen denen, die die Anordnung der sofortigen Vollziehung eines Verwaltungsakts nach § 80 VwGO gestatten. Im Grunde genommen ist deshalb eine solche Anordnung entbehrlich. Der Konkurrenzunternehmer könnte auf § 80a VwGO verwiesen werden (vgl. dazu VGH Kassel DÖV 1992, 366). Die **hM** geht jedoch davon aus, dass es dann, wenn ein vorhandener Unternehmer Widerspruch gegen die Erteilung einer einstweiligen Erlaubnis an einen anderen erhebt, der **Anordnung** der **sofortigen Vollziehung** bedarf, um den Verkehr zu ermöglichen (OVG Lüneburg OVGE 18, 464; BayVGH 12.5.1997 – 11 ZE 97.1158; VG Freiburg 12.11.1999 – 3 K 2269/99; VGH Mannheim 2.1.2007 – 3 S 2675/06, BeckRS 2007, 20250; vgl. Bidinger PBefG § 20 Rn. 152). Hierfür braucht indessen kein besonderes Vollziehungsinteresse dargetan zu werden, weil dies schon in der Begründung der einstweiligen Erlaubnis enthalten ist (OVG Lüneburg 7.3.1975 – VII OVG-B 7/75; OVG Koblenz 4.8.1980 – 6 B-54/80 Rn. 1).

Ein aufgrund einstweiliger Erlaubnis zum Linienverkehr zugelassener Un- **5** ternehmer hat nicht die Rechtsstellung eines vorhandenen Unternehmers und infolgedessen keine Klagebefugnis gegen die einem anderen Unternehmer erteilte Genehmigung, es sei denn, sie ist ihm lediglich deshalb erteilt worden, weil der seinem Genehmigungsantrag stattgebende Bescheid nach § 15 nur von ihm selbst wegen der beigefügten Auflagen angefochten worden ist. Denn in einem solchen Fall ist der Genehmigungsbescheid im Übrigen unanfechtbar geworden (BVerwGE 31, 133 = VRS 36, 470). Ein Konkurrent kann die einem Mitbewerber erteilte einstweilige Erlaubnis dann anfechten, wenn durch diese Erlaubnis Linienverkehr gestattet wird, den der Konkurrent bislang als vorhandener Unternehmer iS von § 13 PBefG bedient hat oder für den er über eine unanfechtbare Genehmigung nach § 15 verfügt, es sei denn, dass sich die Unanfechtbarkeit auf den Begünstigten selbst beschränkt, weil nur er Widerspruch eingelegt hat (BVerwGE 30, 347; OVG Magdeburg VRS 92, 64; OVG MV DÖV 1996, 884 = NVwZ-RR 1997, 139). Zeichnet sich durch die wiederholte Erteilung einer einstweiligen Erlaubnis ab, dass diese Verfahrensweise der Genehmigungsbehörde zu einer „Dauereinrichtung“ wird, kann dem übergangenen Konkurrenten die Gewährung von Rechtsschutz durch Erlass einer einstweiligen Anordnung geboten sein (vgl. OVG

Rh.-Pf. LKV 2006, 276), allerdings nicht ohne einen (erfolgreichen) Antrag auf Wiederherstellung der aufschiebenden Wirkung seines gegen die einstweilige Erlaubnis erhobenen Widerspruchs (HambOVG NordÖR 2011, 464).

6 Über die einstweilige Erlaubnis wird nach Abs. 2 Satz 1 eine Bescheinigung erteilt, für die § 17 Abs. 3, 4 und 5 entsprechend gilt (Abs. 4). Die Ergänzung der Nr. 5 von Abs. 2 Satz 2 durch die **Novelle 2021** berücksichtigt, dass es bei dem als Linienverkehr geltenden Linienbedarfsverkehr statt eines festen Linienweges ein zwischen bestimmten Einstiegs- und Ausstiegspunkten festgelegtes Gebiet gibt, in dem der Verkehr betrieben wird (§ 44 Abs. 1 Satz 1). Wer den Vorschriften über das Mitführen und Vorzeigen von Urkunden zuwiderhandelt, begeht eine Ordnungswidrigkeit nach § 61 Abs. 1 Nr. 3b.

§ 20a (weggefallen)

§ 21 Betriebspflicht

(1) Der Unternehmer ist verpflichtet, den ihm genehmigten Betrieb aufzunehmen und während der Geltungsdauer der Genehmigung den öffentlichen Verkehrsinteressen und dem Stand der Technik entsprechend aufrechtzuerhalten. Gegenstand der Betriebspflicht sind alle Bestandteile der Genehmigung und die nach § 12 Absatz 1a zugesicherten Bestandteile des Genehmigungsantrages.

(2) Die Genehmigungsbehörde kann dem Unternehmer für die Aufnahme des Betriebs eine Frist setzen.

(3) Im öffentlichen Personennahverkehr kann die Genehmigungsbehörde dem Unternehmer auferlegen, den von ihm betriebenen Verkehr zu erweitern oder zu ändern, wenn die öffentlichen Verkehrsinteressen es erfordern und es dem Unternehmer unter Berücksichtigung seiner wirtschaftlichen Lage, einer ausreichenden Verzinsung und Tilgung des Anlagekapitals und der notwendigen technischen Entwicklung zugemutet werden kann. Für das Verfahren gelten die §§ 14, 15 und 17 entsprechend.

(4) Die Genehmigungsbehörde kann den Unternehmer auf seinen Antrag von der Verpflichtung nach Absatz 1 für den gesamten oder einen Teil des von ihm betriebenen Verkehrs vorübergehend oder auf Dauer entbinden, wenn ihm die Erfüllung der Betriebspflicht nicht mehr möglich ist oder ihm dies unter Berücksichtigung seiner wirtschaftlichen Lage, einer ausreichenden Verzinsung und Tilgung des Anlagekapitals und der notwendigen technischen Entwicklung nicht mehr zugemutet werden kann. Eine Entbindung von der Verpflichtung nach Absatz 1 für einen Teil des vom Unternehmer betriebenen Verkehrs darf darüber hinaus in der Regel nur vorgenommen werden, wenn das öffentliche Verkehrsinteresse nicht entgegensteht. Für Bestandteile des Genehmigungsantrages, die vom Unternehmer nach § 12 Absatz 1a verbindlich zugesichert wurden, bleibt die Erfüllung der Betriebspflicht in der Regel zumutbar. Bis zur Entscheidung über den Antrag hat der Unternehmer den Verkehr aufrechtzuerhalten. Die Genehmigungsbehörde informiert die zuständige Behörde über eine beabsichtigte Entbindung so

rechtzeitig, dass diese eine Notmaßnahme nach Artikel 5 Absatz 5 der Verordnung (EG) Nr. 1370/2007 ergreifen kann.

(5) Im Personenfernverkehr (§ 42a Satz 1) kann der Unternehmer unbeschadet des Absatzes 4 der Genehmigungsbehörde anzeigen, dass er den Verkehr einstellen will. In diesem Fall endet die Betriebspflicht drei Monate nach Eingang der Anzeige bei der Genehmigungsbehörde.

Die Betriebspflicht, die öffentlich-rechtlicher Natur ist und auf deren Einhaltung ein Rechtsanspruch der Verkehrsteilnehmer nicht besteht (vgl. Heinze/Fehling/Fiedler Rn. 12), gilt für alle Unternehmer des Straßenbahn- und Obusverkehrs sowie des Linienverkehrs mit Kraftfahrzeugen nach § 42. Bei den Sonderformen des Linienverkehrs nach § 43 kann die Genehmigungsbehörde (§ 11) auf die Einhaltung der Betriebspflicht ganz oder teilweise verzichten (§ 45 Abs. 3). Im Gelegenheitsverkehr mit Kraftfahrzeugen (§§ 46 ff.) besteht eine Betriebspflicht nur für den Taxenverkehr (§ 47). 1

Inhalt der Betriebspflicht ist zum einen die ordnungsgemäße **Einrichtung** 2 des Betriebs. Der Unternehmer muss den Betrieb aufnehmen und dabei die geltenden Vorschriften, gemäß dem durch die Novelle 2012 in Abs. 1 eingefügten neuen Satz 2 alle Bestandteile der Genehmigung einschließlich der nach § 12 Abs. 1a zugesicherten Bestandteile des Genehmigungsantrages (dazu → § 12 Rn. 1a) sowie die Bedingungen und Auflagen nach § 15 Abs. 3 beachten. Insbesondere muss er dafür sorgen, dass die Betriebssicherheit der Einrichtungen, Fahrzeuge und Anlagen gewährleistet ist. Zum anderen hat er den Betrieb ordnungsgemäß **aufrechtzuerhalten.** Die Betriebspflicht verbietet ihm, den Betrieb einzustellen, sofern dazu keine Genehmigung nach Abs. 4 vorliegt. Das nach § 64 Abs. 2 für den Straßenbahn- und Obusverkehr entsprechend anwendbare Gesetz über Maßnahmen zur Aufrechterhaltung des Betriebs von Bahnunternehmen des öffentlichen Verkehrs vom 7.3.1934 (RGBl. II 91) idF des Gesetzes vom 5.10.1994 (BGBl. I 2911) bestimmt ergänzend, dass solche Betriebe nur mit Genehmigung der Aufsichtsbehörde eingeschränkt oder stillgelegt werden dürfen. Bei der Aufrechterhaltung des Betriebs muss den Bedürfnissen des Verkehrs und dem Stand der Technik Rechnung getragen werden, wenngleich nicht jede technische Neuerung mitzumachen ist (vgl. BGH VRS 20, 134). Der Umfang des Betriebs darf nicht unverändert gelassen werden, wenn er den Verkehrsbedürfnissen nicht mehr gerecht wird. Über den jeweiligen Stand der Technik erteilte nach der Verordnung über die Erteilung von Auskünften zum Stand der Technik vom 25.2.1982 (BGBl. I 313) das Deutsche Patentamt in München Auskunft durch Mitteilung der dazu erschienenen Druckschriften; diese Verordnung ist allerdings durch die Verordnung vom 27.11.2001 (BGBl. I 3242) aufgehoben worden.

Welchen **Inhalt** die Betriebspflicht **im Einzelnen** hat, ergibt sich nicht aus 3 § 21, sondern aus der jeweiligen Verkehrsart oder Verkehrsform (vgl. BVerwGE 51, 164 = VRS 52, 312 = NJW 1977, 449; Fielitz/Grätz Rn. 7). Sowohl für den Verkehr mit Straßenbahnen als auch für den Linienverkehr mit Kraftfahrzeugen bedeutet das insbesondere, dass die **Fahrpläne,** denen die Genehmigungsbehörde nach § 40 Abs. 2 zugestimmt hat und die nach § 40 Abs. 4 bekanntgemacht worden sind, **eingehalten** werden müssen.

4 Im Taxenverkehr wird der Betriebspflicht durch das Bereitstellen nach § 47 Abs. 1 Satz 1 genügt. Eine Pflicht des Taxenunternehmers, sich einer Funkzentrale anzuschließen, kann aus § 21 nicht hergeleitet werden (vgl. BVerwGE 51, 164). Das Erreichen bestimmter Mindestbeförderungsleistungen und von Mindesteinnahmen erfordert die Betriebspflicht des Taxenunternehmers ebenfalls nicht (vgl. VGH München VRS 56, 477; VG Wiesbaden DPV 1982, 4/32).

5 Die **Verletzung der Betriebspflicht** ist nicht mit Geldbuße bedroht. Sie kann aber zu Zwangsmaßnahmen (vgl. § 27) und zum Widerruf der Genehmigung führen (§ 25 Abs. 1).

6 Im Linienverkehr mit Kraftfahrzeugen (§§ 42, 43) hat die Nichtaufnahme des Betriebs innerhalb der von der Genehmigungsbehörde gesetzten Frist **(Abs. 2)** das Erlöschen der Genehmigung zur Folge (§ 26 Nr. 1 Buchst. a).

7 Um die **Integration** der **Nahverkehrsbedienung,** für die gemäß § 8 Abs. 3 die Aufgabenträger unter Mitwirkung der Genehmigungsbehörde (§ 8 Abs. 3a) und unter Beteiligung der Verkehrsunternehmen (§ 8 Abs. 3) zu sorgen haben, zu erreichen, kann die Genehmigungsbehörde (§ 11) dem Unternehmer zwar nicht die Einrichtung einer neuen Linie, aber nach **Abs. 3** die Erweiterung oder Änderung eines Verkehrs zur Auflage machen, damit eine ausreichende Verkehrsbedienung erreicht wird. Diese Eingriffsmöglichkeit ist nach Ergänzung des Satzes 1 durch die Novelle 2012 ausdrücklich auf den ÖPNV beschränkt und für den Busfernverkehr wegen der Liberalisierung entbehrlich. Als ultima ratio ist sie jedoch dadurch begrenzt, dass nach den Vorstellungen des Gesetzgebers auch in diesem Verfahren die Rechte der vorhandenen Unternehmer, insbesondere ein ihnen etwa zustehender Besitzstandsschutz zu wahren sind. Damit dürfte gerade eine Entflechtung von Linien auf erhebliche Schwierigkeiten stoßen. Außerdem darf dem Unternehmer eine Verpflichtung dieser Art nur auferlegt werden, wenn sie ihm „unter Berücksichtigung seiner wirtschaftlichen Lage, einer ausreichenden Verzinsung und Tilgung des Anlagekapitals und der notwendigen technischen Entwicklung zugemutet werden kann“. Das entspricht der Forderung nach voller **Eigenwirtschaftlichkeit** der Verkehrsunternehmen (dazu → § 8 Rn. 10 f.). Da Abs. 3 auch für nicht eigenwirtschaftlich betriebene Verkehre gilt, denen ein öffentlicher Dienstleistungsauftrag zugrunde liegt, muss die Auferlegung dem Unternehmer entsprechend den Bedingungen des öffentlichen Dienstleistungsauftrages zuzumuten sein. Auflagen, die diesem Gebot widersprechen, sind unzulässig. Infolgedessen hat die Vorschrift bis jetzt wohl keine praktische Bedeutung erlangt. Der Hinweis des BVerwG auf diese „Steuerungsmöglichkeit“ der Genehmigungsbehörde (vgl. BVerwGE 82, 260) überrascht deshalb. Seit 1996 wird die Genehmigungsbehörde Erweiterungen oder Änderungen bestehender Verkehre nur noch auf dem Weg über § 8 Abs. 4 und seit der Novelle 2012 – bzw. dem Inkrafttreten der VO (EG) Nr. 1370/2007 am 3.12.2009 – über § 8a Abs. 1 herbeiführen können: Sie muss sich mit dem **Aufgabenträger** ins Benehmen setzen, in dessen Ermessen es liegt, dem Unternehmer mittels eines öffentlichen Dienstleistungsauftrages, der nach der Definition des Art. 2 Buchst. i VO (EG) Nr. 1370/2007 die Rechtsform eines Verwaltungsaktes haben kann (Zie-

kow/Völlink/Zuck VO (EG) Nr. 1370/2007 Art. 2 Rn. 19f.), eine entsprechende zusätzliche Leistung aufzuerlegen.

Wer die Auflage nicht befolgt, macht sich einer Ordnungswidrigkeit nach § 61 Abs. 1 Nr. 4 schuldig, wenn die Genehmigungsbehörde in ihrer schriftlichen Verfügung ausdrücklich auf diese Vorschrift verweist und die Verfügung vollziehbar ist, dh für sofort vollziehbar erklärt oder nicht mehr anfechtbar ist. 8

Im Fall der **Unzumutbarkeit** kann die Genehmigungsbehörde (§ 11) nach **Abs. 4** in der durch die Novelle 2012 zum Teil geänderten Fassung den Unternehmer auf Antrag von der Betriebspflicht entbinden, und zwar für den Betrieb im Ganzen oder für einen Teil (Satz 1; Beschränkung auf einzelne Linien, Wegfall einzelner Fahrtenpaare u. Ä.). Das Ermessen der Genehmigungsbehörde, das in der Kann-Vorschrift zum Ausdruck kommt, verdichtet sich auf Null, wenn die Eigenwirtschaftlichkeit des **gesamten** Linienverkehrs gefährdet ist (vgl. VG Neustadt a. d. W. 30.1.1998 – 7 K 3477.NW.; Barth S. 273f.). Dasselbe gilt, wenn der Unternehmer infolge Personenmangels nicht mehr in der Lage ist, den Betrieb im bisherigen Umfange aufrechtzuerhalten (vgl. VG Hannover 20.10.1965 – 1 A 69/65). Nach der durch die Novelle 2012 eingefügten neuen Regelung des Satzes 2 darf eine Entbindung für einen Teil des vom Unternehmer betriebenen Verkehrs idR nur vorgenommen werden, wenn das öffentliche Verkehrsinteresse nicht entgegensteht. Dadurch kann am Ende wirtschaftlich nicht realisierbaren Genehmigungsanträgen entgegengewirkt werden, die namentlich bei konkurrierenden Anträgen anzutreffen sind, die gestellt werden, um eine positive Entscheidung der Genehmigungsbehörde zu erreichen. Steht das öffentliche Verkehrsinteresse einer Teilentbindung entgegen, bleibt dem Unternehmer idR nur die Möglichkeit, die Entbindung für den gesamten von ihm betriebenen Verkehr zu beantragen, wenn er ihn nicht mehr in vollem Umfang durchführen kann. Auf derselben Linie liegen die Dinge bei den im Genehmigungsantrag vom Unternehmer nach § 12 Abs. 1a verbindlich zugesicherten Bestandteilen (dazu → § 12 Rn. 1a). Hier hält der Gesetzgeber gemäß dem ebenfalls durch die Novelle 2012 eingefügten neuen Satz 3 die Erfüllung der verbindlich zugesicherten Bestandteile für zumutbar. Eine insoweit in Betracht kommende Teilentbindung ist also nur in Ausnahmefällen möglich, namentlich etwa bei einer Änderung der Verkehrsbedürfnisse (so BT-Drs. 17/8233, 17). 9

Die bish. Regelung des **Abs. 4** Satz 2, wonach § 8 Abs. 4 aF entsprechend anzuwenden gewesen ist, wenn die Genehmigungsbehörde gleichwohl die Aufrechterhaltung des Betriebs mit Rücksicht auf das öffentliche Verkehrsinteresse für geboten hielt, ist mit der Novelle 2012 durch den neuen Satz 5 ersetzt worden. Danach muss sich die Genehmigungsbehörde mit dem **Aufgabenträger** ins Benehmen setzen, dh ihn so rechtzeitig von der vorgesehenen Entbindung informieren, dass dieser noch eine Notmaßnahme nach Art. 5 Abs. 5 VO (EG) Nr. 1370/2007 ergreifen kann. Insofern gibt es hier eine konkrete Vorgabe für ein im Übrigen im Ermessen liegendes Tätigwerden der Genehmigungsbehörde. Mit Rücksicht darauf, dass die Betriebspflicht gemäß Satz 4 bis zur Entscheidung über den Entbindungsantrag besteht und 10 damit die Genehmigung noch läuft, können Dritte erst zum Zuge kommen, wenn die Geltungsdauer der Genehmigung abgelaufen ist.

11 Abs. 4 Satz 4 stellt klar, dass der Unternehmer den Betrieb nicht von sich aus einstellen kann. Bis zur Entscheidung über den Antrag muss er ihn weiterführen.

12 Wird der Unternehmer von der Verpflichtung zur Aufrechterhaltung des Betriebs im Ganzen dauernd entbunden, erlischt nach § 26 Nr. 1 Buchst. b die Genehmigung.

13 Der mit der Novelle 2012 eingeführte **Abs. 5** berücksichtigt, dass das öffentliche Interesse an der Aufrechterhaltung einer Verkehrsbedienung im Omnibusfernverkehr geringer als im ÖPNV ist. So genügt im Busfernverkehr die gegenüber der Genehmigungsbehörde anzuzeigende Absicht, den Verkehr einstellen zu wollen (Satz 1). Gemäß Satz 2 endet die Betriebspflicht ohne eine Entbindungsentscheidung kraft Gesetzes 3 Monate nach Eingang der Anzeige bei der Genehmigungsbehörde. Daneben besteht jedoch auch beim Busfernverkehr die Möglichkeit einer Entbindung vor Ablauf von 3 Monaten nach Abs. 4.

§ 22 Beförderungspflicht

Der Unternehmer ist zur Beförderung verpflichtet, wenn

1. **die Beförderungsbedingungen eingehalten werden,**
2. **die Beförderung mit den regelmäßig eingesetzten Beförderungsmitteln möglich ist und**
3. **die Beförderung nicht durch Umstände verhindert wird, die der Unternehmer nicht abwenden und denen er auch nicht abhelfen kann.**

1 Die Vorschrift verpflichtet den Unternehmer, jeden Antrag auf Abschluss eines bürgerlich-rechtlichen Beförderungsvertrages (Werkvertrag iS der §§ 631 ff. BGB) anzunehmen, sofern die Voraussetzungen der Nrn. 1 bis 3 erfüllt sind (BVerwGE 51, 164). Die **Pflicht** zur **Beförderung** ist die Regel, das Recht zur Ablehnung die Ausnahme (KG VRS 65, 312; OVG Lüneburg VRS 68, 73). Eine unbeschränkte Beförderungspflicht besteht aber nur im Straßenbahn-, Obus- und Kraftfahrzeuglinienverkehr. Bei den Sonderformen des Linienverkehrs (§ 43) kann die Genehmigungsbehörde auf die Einhaltung des § 22 ganz oder teilweise verzichten (§ 45 Abs. 3). Im Taxiverkehr besteht die Beförderungspflicht nur für Fahrten innerhalb des Geltungsbereichs der nach § 51 Abs. 1 Satz 1 und 2, Abs. 2 Satz 1 festgesetzten Beförderungsentgelte, also im Pflichtfahrbereich (§ 47 Abs. 4).

2 Die in Nrn. 1 bis 3 aufgeführten Gründe entbinden den Unternehmer von der Beförderungspflicht, stehen aber dem Abschluss eines Beförderungsvertrags nicht entgegen, sofern nicht andere Bestimmungen den Ausschluss von der Beförderung zwingend vorschreiben. Zur Beförderungspflicht vgl. auch § 13 BOKraft und §§ 2, 3 BefBedV.

3 Der Begriff **Beförderungsbedingungen (Nr. 1)** ist in weitestem Sinne zu verstehen. Darunter fallen alle Bestimmungen über das Verhalten der Fahr-

gäste in der BOKraft, der BOStrab und der BefBedV, insbesondere die Vorschriften über den Ausschluss bestimmter Personen und Sachen von der Beförderung (§ 15 Abs. 2 BOKraft; § 3 Abs. 1 BefBedV). Hinzukommen die entsprechenden Vorschriften in den besonderen Beförderungsbedingungen, die die Unternehmer mit Zustimmung der Genehmigungsbehörde nach §§ 39 Abs. 6, 41 Abs. 3 aufgestellt haben. Beförderungsbedingungen iS der Nr. 1 sind ferner die tarifmäßigen Entgelte nach §§ 39, 41 Abs. 3, § 51.

Mit dem Dritten Rechtsbereinigungsgesetz vom 28.6.1990 (BGBl. I 1221) sind die bis dahin ferner in Nr. 1 genannten **behördlichen Anordnungen,** die die Beförderungspflicht ausschließen oder begrenzen, ersatzlos entfallen. 4

Regelmäßig eingesetzte Beförderungsmittel (Nr. 2) sind im Straßenbahn- und Obusverkehr die dem Unternehmer gewöhnlich zur Verfügung stehenden und bei durchschnittlichem Verkehrsaufkommen zahlenmäßig und nach ihrer Beschaffenheit ausreichende Fahrzeuge. Der Unternehmer ist nicht verpflichtet, Fahrzeuge oder besondere Fahrzeugeinrichtungen bereitzuhalten, um Beförderungen auch unter außergewöhnlichen Umständen durchführen zu können. 5

Unabwendbare Umstände (Nr. 3) sind vornehmlich betriebsfremde Ereignisse, die dem Einfluss des Unternehmers entzogen sind, wie Naturereignisse (Blitzschlag, Bergrutsch, Überschwemmung), aber auch verbrecherische Anschläge (zB Geiselnahme). Jedoch entbinden auch Ereignisse, die im Betrieb selbst ihre Ursache haben, von der Beförderungspflicht, wenn sie die Beförderung unmöglich machen und nicht konkret voraussehbar waren und wenn ihre Auswirkungen auch nicht durch zumutbare außergewöhnliche Maßnahmen abgewendet werden können (KG VRS 65, 312), wie zB der Ausfall der Stromversorgung bei Straßenbahnen und Obussen. Ob der Unternehmer verpflichtet ist, den Auswirkungen abzuhelfen, richtet sich nach den Umständen des Einzelfalls. Umwegfahrten sind zumutbar, wenn der Umweg nicht beträchtlich größer ist als die gewöhnliche Fahrstrecke. Beim Ausfall von Straßenbahnen und Obussen kann insbesondere die Einrichtung eines Ersatz- oder Pendelverkehrs mit Bussen zumutbar sein. 6

Ein **Verstoß gegen die Beförderungspflicht** liegt nicht nur in der Weigerung, den Fahrgast zu befördern, insbesondere mit der Begründung, die Fahrt erscheine nicht lohnend (vgl. OLG Düsseldorf GewArch 1990, 39; NZV 1993, 365 = VRS 85, 307), sondern auch darin, dass ein Taxifahrer die Beförderung von einer Vorleistung abhängig macht (OLG Düsseldorf VRS 58, 470), dass er Fahrgäste mit unrichtigen oder irreführenden Angaben, etwa über die Entfernung zum Zielort oder über Straßensperren auf dem Weg dorthin, davon abhält, auf der Durchführung der Fahrt zu bestehen (OLG Hamm VRS 32, 477), oder dass er es ohne zwingenden Grund ablehnt, einen Fahrgast auf dem Beifahrersitz zu befördern (KG VRS 65, 312). Die Vorlage eines Schwerbehindertenausweises mit dem Vermerk „die Notwendigkeit ständiger Begleitung ist nachgewiesen“ berechtigt nicht dazu, den Behinderten von der Beförderung ohne Begleitung auszuschließen (OVG Lüneburg VRS 68, 73). Dagegen verstößt ein Taxifahrer, der sich weigert, einen Fahrgast zu befördern, der nicht mit Bargeld, sondern mit einem Euroscheck bezahlen will, nicht gegen die Beförderungspflicht (OLG Frankfurt NJW 7

1987, 455 = MDR 1987, 167). Dasselbe gilt für einen Auftraggeber, der auf Anfrage keinen plausiblen Grund für die Verweigerung der Angabe seiner Rückrufnummer angibt. Insoweit können ernsthafte Zweifel daran bestehen, ob nicht ein fingierter Auftrag vorliegt (BayObLG MDR 1986, 259).

8 Die Beförderungspflicht erstreckt sich auch auf Sachen (Gepäck und Tiere), soweit diese so untergebracht und beaufsichtigt werden können, dass die Sicherheit und Ordnung des Betriebs nicht gefährdet und andere Fahrgäste nicht belästigt werden können (BayObLG MDR 1986, 77 = DAR 1986, 91). In München darf ein Taxifahrer die Beförderung nicht mit dem Hinweis verweigern, die vor ihm stehenden Taxis hätten Vorrang, wenn ein Fahrgast an einem Taxistand ein Taxi auswählt, das nicht in der vordersten Reihe steht (BayObLG TranspR 1994, 204).

9 Der Verstoß des Unternehmens oder Fahrers (OLG Köln NJW 1959, 65) gegen die Beförderungspflicht ist durch § 61 Abs. 1 Nr. 3 Buchst. c mit Geldbuße bedroht.

§ 23 Haftung für Sachschäden

(1) Der Unternehmer kann die Haftung für Sachschäden gegenüber jeder beförderten Person nur insoweit ausschließen, als der Schaden 1000 Euro übersteigt und nicht auf Vorsatz oder grober Fahrlässigkeit beruht.

(2) Abweichend von Absatz 1 kann der Unternehmer im Falle eines Unfalls mit einem Kraftomnibus, den er im Linienverkehr mit einer Wegstrecke von mindestens 250 Kilometern oder im Gelegenheitsverkehr einsetzt, die Haftung auf höchstens 1 200 Euro je Gepäckstück beschränken, soweit der Schaden nicht auf Vorsatz oder grober Fahrlässigkeit beruht.

(3) Im Linien- und Gelegenheitsverkehr mit Kraftomnibussen ist ein Haftungsausschluss für beschädigte oder abhandengekommene Mobilitätshilfen nicht zulässig.

1 Die **Haftung des Unternehmers** aufgrund des Beförderungsvertrages für die Tötung oder Verletzung eines Fahrgastes und für Schäden an Sachen, die der Fahrgast an sich trägt oder mit sich führt, beruht auf den Vorschriften über den Werkvertrag (§§ 631 ff. BGB). Danach ist der Unternehmer verpflichtet, für den gefahrlosen Zustand seiner Fahrzeuge, Anlagen und Einrichtungen zu sorgen; anderenfalls ist er zum Schadensersatz verpflichtet. Nach § 278 BGB haftet er auch für das von ihm eingesetzte Personal. Soweit eine vertragliche Haftung nicht besteht, kann der Unternehmer wegen unerlaubter Handlung nach §§ 823 ff. BGB schadensersatzpflichtig sein; auch Schmerzensgeldansprüche kommen insoweit in Betracht (§ 253 Abs. 2 BGB). Nach den Vorschriften des bürgerlichen Rechts hat der Unternehmer aber nur für Vorsatz und Fahrlässigkeit einzustehen (§ 276 Abs. 1 Satz 1 BGB). Eine weitergehende Gefährdungshaftung besteht im Straßenbahnverkehr nach dem Haftpflichtgesetz (HPflG) idF der Bekanntmachung vom 4.1.1978 (BGBl. I 145) und bei der Personenbeförderung durch Kraftfahrzeuge nach §§ 7, 8a StVG.

Ein **Haftungsausschluss** für Personenschäden ist ausgeschlossen, die Haftung für Sachschäden insoweit, als der Schaden gegenüber jeder beförderten Person € 1000,- nicht übersteigt und weder auf Vorsatz noch auf grober Fahrlässigkeit beruht. § 14 BefBedV ist entsprechend angepasst worden. 2

Da mit der **Novelle 2021** der Vorschrift zwei neue Absätze angefügt werden, muss der bish. Wortlaut dementsprechend Abs. 1 werden. Die Ergänzung ist unionsrechtlich bedingt. Art. 7 des VO (EU) Nr. 181/2011 über die Fahrgastrechte im Kraftomnibusverkehr regelt die Entschädigung des Fahrgastes bei aus der Nutzung des Kraftomnibusses resultierenden Unfällen. Die Vorschrift findet gemäß Art. 2 Abs. 1 bis 3 der VO (EU) Nr. 181/2011 nur auf Linienverkehre mit einer Wegstrecke von 250 km und mehr und auf Gelegenheitsverkehre Anwendung. Nach Art. 7 Abs. 2 Satz 2 Buchst. b der VO (EU) Nr. 181/2011 darf die Haftungshöchstgrenze bei Verlust oder Beschädigung von Gepäck nicht weniger als 1.200 Euro je Gepäckstück betragen. § 23, der den vertraglichen Haftungsausschluss des Unternehmers für Sachschäden auf 1.000 Euro begrenzt, musste daher entsprechend ergänzt werden. Die Ausnahmevorschrift bezieht sich allein auf die Haftungshöhe und nicht auf den Ausschluss von Vorsatz oder grober Fahrlässigkeit. Gemäß Art. 17 VO (EU) Nr. 181/2011 (Anhang 1.f) haften die Beförderungsunternehmer für von ihnen verursachte Verluste oder Beschädigungen von Rollstühlen und anderen Mobilitätshilfen oder Hilfsgeräten in Höhe des Wiederbeschaffungswertes bzw. der Reparaturkosten. Diese können unter Umständen auch mehr als 1.000 Euro betragen. Eine Verursachung liegt im Übrigen auch bei einfacher Fahrlässigkeit vor, so dass diesbezüglich ein Haftungsausschluss nicht zulässig ist (BT-Drs. 19/26175, 45). 3

§ 24 (weggefallen)

§ 25 Widerruf der Genehmigung

(1) Die Genehmigungsbehörde hat die Genehmigung zu widerrufen, wenn

1. nicht mehr alle Voraussetzungen des § 13 Absatz 1 Satz 1 Nummer 1 bis 3 vorliegen,
2. bei eigenwirtschaftlichen Verkehren die Betriebspflichten nachhaltig nicht erfüllt werden oder
3. bei Verkehren nach § 8a Absatz 1 Satz 2 in Verbindung mit Artikel 3 Absatz 1 der Verordnung (EG) Nr. 1370/2007 nach Feststellung der zuständigen Behörde kein wirksamer öffentlicher Dienstleistungsauftrag mehr besteht.

Die erforderliche Zuverlässigkeit des Unternehmers ist insbesondere nicht mehr gegeben, wenn in seinem Verkehrsunternehmen trotz schriftlicher Mahnung die der Verkehrssicherheit dienenden Vorschriften nicht befolgt werden oder den Verpflichtungen zuwidergehandelt wird, die dem Unternehmer nach diesem Gesetz oder nach den auf Grund dieses Gesetzes erlassenen Rechtsvorschriften obliegen.

(2) Die Genehmigungsbehörde kann die Genehmigung widerrufen, wenn die Voraussetzungen des § 13 Absatz 1 Satz 1 Nummer 4 nicht mehr vorliegen oder

der Unternehmer die ihm gesetzlich obliegenden arbeitsrechtlichen, sozialrechtlichen oder die sich aus seinem Unternehmen ergebenden steuerrechtlichen Verpflichtungen wiederholt nicht erfüllt oder in schwerwiegender Weise dagegen verstoßen hat.

(3) Auf Verlangen der Genehmigungsbehörde hat der Unternehmer den Nachweis zu führen, dass die Voraussetzungen des § 13 Absatz 1 Satz 1 Nummer 4 vorliegen und die sonst in Absatz 2 bezeichneten Verpflichtungen erfüllt werden. Die Finanzbehörden dürfen den Genehmigungsbehörden Mitteilung über die wiederholte Nichterfüllung der sich aus dem Unternehmen ergebenden steuerrechtlichen Verpflichtungen oder die Abgabe der Vermögensauskunft nach § 284 der Abgabenordnung machen.

(3a) Soweit beim Verkehr mit Kraftomnibussen eine Genehmigung nicht nach Artikel 13 Absatz 3 der Verordnung (EG) Nr. 1071/2009 zu entziehen ist, hat die zuständige Behörde die Genehmigung zu widerrufen, wenn nachträglich Tatsachen eintreten, die zur Versagung der Berufszulassung hätten führen müssen. Artikel 13 Absatz 1 der Verordnung (EG) Nr. 1071/2009 ist entsprechend anzuwenden. Absatz 3 Satz 2 gilt entsprechend.

(4) Die Absätze 1 bis 3a sind auf den Widerruf der Genehmigung für die Übertragung der Betriebsführung entsprechend anzuwenden.

1 Die Vorschrift enthält seit der Novelle 1990 – bis auf die durch die Novelle 2012 eingefügten, die Nichterfüllung der Betriebspflicht bei eigenwirtschaftlichen Verkehren und den Wegfall eines (erforderlichen) öffentlichen Dienstleistungsauftrages betreffenden Regelungen – nur noch Regelungen über den Widerruf, die wegen der Besonderheiten des Straßenpersonenverkehrs geboten sind. **Im Übrigen** gilt das **allgemeine Verwaltungsverfahrensrecht** (vgl. BT-Drs. 11/4310, 130; dazu auch Fielitz/Grätz Rn. 4; Heinze/Fehling/Fiedler Rn. 2).

2 Der mit der Novelle 2012 neu gegliederte und erweiterte **Abs. 1** steht als **zwingende Bestimmung** neben den fakultativen Widerrufsgründen in § 49 VwVfG. Unternehmern, die die subjektiven Zulassungsvoraussetzungen nach § 13 Abs. 1 Satz 1 Nr. 1 bis 3 nicht erfüllen, soll gemäß Satz 1 Nr. 1 die Möglichkeit genommen werden, sich mit öffentlich-rechtlichen Genehmigungen in diesem Bereich zu betätigen. Der nachträgliche Wegfall der Genehmigungsvoraussetzungen lässt die Genehmigung nicht rechtswidrig werden (BVerwG DVBl 2000, 1614 = NVwZ 2001, 322). Die Vorschrift hat keine drittschützende Wirkung (VGH Mannheim GewArch 1993, 215 = DVBl 1993, VII).

2a Der Wegfall der mit dem ÄndG vom 14.8.2006 (BGBl. I 1962) eingefügten Zulassungsvoraussetzung nach § 13 Abs. 1 Nr. 4 ist ein – weiterer – fakultativer Widerrufsgrund gemäß Abs. 2.

2b Der mit der Novelle 2012 eingefügte neue Widerrufsgrund der nachhaltigen Nichterfüllung der Betriebspflicht nach Satz 1 Nr. 2 betrifft nur eigenwirtschaftliche Verkehre. Ob diese Differenzierung zwischen eigenwirtschaftlichen und gemeinwirtschaftlichen Verkehren sachgerecht ist, erscheint zweifelhaft. Denn in beiden Fällen geht es gleichermaßen um die Gewährleistung einer ausreichenden Verkehrsbedienung im ÖPNV und um von der Genehmigungsbehörde mit der von ihr erteilten Genehmigung zugelassene Verkehre.

Bei gemeinwirtschaftlichen Verkehren hat allerdings der Aufgabenträger durch Aufhebung des öffentlichen Dienstleistungsauftrages die Möglichkeit, iVm dem ebenfalls durch die Novelle 2012 eingeführten zusätzlichen zwingenden Widerrufsgrund gemäß Satz 1 Nr. 3 den Widerruf der Genehmigung herbeizuführen. So kann beim vorzeitigen Wegfall eines der bisherigen Verkehrsbedienung zugrunde liegenden öffentlichen Dienstleistungsauftrages zB in Folge einer Kündigung die zuständige Behörde, dh der Aufgabenträger unter der Voraussetzung des § 8a Abs. 1 Satz 1 einen neuen Betreiber suchen oder eine inzwischen beantragte ausreichende eigenwirtschaftliche Verkehrsbedienung zum Zuge kommen. Außerdem ist bei eigenwirtschaftlichen und bei gemeinwirtschaftlichen Verkehren wie bislang schon im Falle einer Nichterfüllung betrieblicher Pflichten prinzipiell ein fakultativer Widerruf möglich. Die Initiative für einen Widerruf nach Satz 1 Nr. 3 geht mit der ihm obliegenden Feststellung, dass kein wirksamer öffentlicher Dienstleistungsauftrag mehr besteht, vom Aufgabenträger aus. Eine die Prüfung der Voraussetzungen dieses Widerrufsgrundes ausschließende Bindung der Genehmigungsbehörde an die Auffassung des Aufgabenträgers ist jedoch zu verneinen. Zum einen handelt es sich um den Widerruf eines von der Genehmigungsbehörde erlassenen und von ihr zu verantwortenden Verwaltungsakts. Zum anderen kann der betroffene Unternehmer den Widerruf der Genehmigungsbehörde auch im Verwaltungsrechtsweg angreifen und dabei den geltend gemachten Wegfall des öffentlichen Dienstleistungsauftrages inzidenter einer gerichtlichen Kontrolle zuführen. 2c

Die erforderliche **Leistungsfähigkeit** ist insbesondere dann nicht mehr gegeben, wenn der Insolvenzfall eingetreten ist, wenngleich dieser Entziehungsgrund durch eine Genehmigungsübertragung nach § 2 Abs. 2 Nr. 2 ausgeräumt werden kann (vgl. VGH Mannheim 11.6.1992 – 14 S 2912/90, BeckRS 1992, 4474). 3

Die erforderliche **Zuverlässigkeit** ist insbesondere dann nicht mehr anzunehmen, wenn in dem Verkehrsunternehmen trotz schriftlicher Mahnung die der Verkehrssicherheit dienenden Vorschriften nicht befolgt werden oder den Verpflichtungen zuwidergehandelt wird, die dem Unternehmer obliegen (OVG Münster 13.3.1969 – VII A 332/68). Dabei ist nicht daran gedacht, Bagatellverstöße einzubeziehen. Vielmehr geht es darum, Tatbestände, welche erhebliche Belange der Allgemeinheit berühren, regelmäßig mit dem Entzug der Genehmigung zu ahnden (vgl. BVerwG 26.6.1970 – VII B 17.70). Eine Mahnung ist allerdings dann entbehrlich, wenn dem Pflichtverstoß des Unternehmers so nachhaltiges Gewicht beikommt, dass eine Änderung seines Verhaltens nicht zu erwarten ist (BVerwG VerwRspr. 31, 736; VGH Kassel 16.12.1980 – II OE 167/78). Ebenso wie die Unzuverlässigkeit eines Strohmannes daraus folgt, dass er einem unzuverlässigen Hintermann die gewerbliche Betätigung ermöglicht, folgt die Unzuverlässigkeit eines Vertretungsberechtigten oder mit der Leitung eines Gewerbebetriebes Beauftragten bereits daraus, dass er einem unzuverlässigen Dritten die Leitung des Gewerbebetriebes vollständig überlässt (VGH Kassel DB 1993, 2021). 4

4a Die erforderliche **fachliche Eignung,** bei deren Wegfall die Genehmigungsbehörde die Genehmigung gleichfalls zu widerrufen hat, liegt dann nicht mehr vor, wenn im Betrieb weder ein fachkundiger Unternehmer noch eine für die Führung der Geschäfte bestellte fachkundige Person mehr vorhanden ist, und zwar unabhängig davon, ob der Unternehmer eine natürliche oder eine juristische Person ist (BVerwG Buchholz 442.01 § 13 PBefG Nr. 34).

5 **Abs. 2** regelt einen **fakultativen Widerruf** dergestalt, dass die Genehmigung entzogen werden kann, wenn der Unternehmer und die von ihm beauftragten Unternehmer ihren Betriebssitz oder ihre Niederlassung nicht mehr im Inland haben (§ 13 Abs. 1 Satz 1 Nr. 4) oder der Unternehmer die ihm gesetzlich obliegenden arbeitsrechtlichen, sozialrechtlichen oder die sich aus seinem Unternehmen ergebenden steuerrechtlichen Verpflichtungen wiederholt nicht erfüllt oder in schwerwiegender Weise dagegen verstoßen hat. Sozialrechtliche Pflichten sind vor allem die Rechtspflicht zum Abzug und zur Entrichtung der Beiträge zur Sozialversicherung. Grobe Verstöße gegen diese Pflichten werden idR auch die Unzuverlässigkeit des Unternehmers belegen. Die Verletzung steuerrechtlicher Pflichten ist nur insoweit ein Widerrufsgrund, als die Pflichten dem Unternehmer in dieser Eigenschaft obliegen. Über § 54a hinausgehend schreibt Abs. 3 vor, dass der Unternehmer auf Verlangen der Genehmigungsbehörde den Nachweis der Erfüllung der in Abs. 2 erwähnten Voraussetzungen und Verpflichtungen zu führen hat.

6 Mitteilungen der Finanzbehörde über wiederholte Nichterfüllung der steuerrechtlichen Verpflichtungen oder die Abgabe der eidesstattlichen Versicherung nach § 284 AO (Vermögensverzeichnis bei fruchtloser Vollstreckung) sind zulässig; das Steuergeheimnis nach § 30 AO steht dem nicht entgegen.

6a Nach dem durch das ÄndG vom 22.11.2011 (BGBl. I 2272) eingefügten zusätzlichen **zwingenden Widerrufsgrund** gemäß **Abs. 3a** soll bei dem Verkehr mit Kraftomnibussen, für den die VO (EG) Nr. 1071/2009 (Anhang 1. b) wie zB im Falle bestimmter Drittstaatenverkehre nicht unmittelbar gilt, ebenso wie bei den dieser VO unterliegenden Kraftomnibussen die Genehmigung entzogen werden, wenn die Voraussetzungen für die Berufszulassung nachträglich entfallen sind (dazu auch → § 13 Rn. 2a).

7 Da die Übertragung der Betriebsführung nach § 2 Abs. 2 Nr. 3 der Genehmigung bedarf, ist folgerichtig der Widerruf dieser Genehmigung unter den gleichen Voraussetzungen wie der der Unternehmergenehmigung vorgesehen **(Abs. 4).** Mit dem Widerruf der Übertragung der Betriebsführung treffen den Genehmigungsinhaber wieder alle Rechte und Pflichten.

8 Ein weiterer Widerrufsgrund ist dann gegeben, wenn die Genehmigungsbehörde entgegen § 15 Abs. 2 die Aushändigung der Genehmigungsurkunde schon vornimmt, bevor die Entscheidung über den Antrag unanfechtbar geworden ist. Die Zulässigkeit des Widerrufs ergibt sich in diesem Fall aus § 50 VwVfG (vgl. VGH Mannheim BWVBl 1972, 43). Der Widerruf der Genehmigung für den Linienverkehr mit Kraftfahrzeugen ist kein Verwaltungsakt mit Doppelwirkung (VGH München BayVBl. 1972, 159).

8a Die Vorschrift enthält keine Regelung für den Fall, dass nicht mehr wie in den Fällen der Abs. 1 bis 4 die Voraussetzungen für die Erteilung einer

Genehmigung für die mit der Novelle 2021 neu eingeführte Verkehrsform des gebündelten Bedarfsverkehrs gemäß § 13 Abs. 5a oder 5b gegeben sind. Dies lässt sich nicht erklären, auch nicht aus der Entstehungsgeschichte der Regelungen der Verkehrsformen des Linienbedarfsverkehrs und des gebündelten Bedarfsverkehrs. Es liegt nahe, hier eine planwidrige Lücke anzunehmen (dazu zB Thomas M. J. Möllers, Juristische Methodenlehre, 2017, § 6 Rn. 83 ff.) und diese im Wege einer Analogie zu schließen. Näher dürfte es allerdings liegen, wie im Falle der Rn. 8 Satz 1 zu verfahren und das allgemeine Verwaltungsverfahrensrecht, nämlich § 49 Abs. VwVfG anzuwenden (dazu Fielitz/Grätz Rn. 4; Heinze/Fehling/Fiedler Rn. 2).

§ 25a Untersagung von Personenkraftverkehrsgeschäften

Rechtfertigen Tatsachen die Annahme, dass beim Verkehr mit Kraftomnibussen der Unternehmer oder der Verkehrsleiter die Voraussetzungen hinsichtlich der Zuverlässigkeit nach Artikel 6 der Verordnung (EG) Nr. 1071/2009 nicht erfüllt, kann dem Unternehmer oder dem Verkehrsleiter die Führung von Personenkraftverkehrsgeschäften untersagt werden. Das Untersagungsverfahren kann unabhängig von einem Verfahren auf Widerruf der Genehmigung durchgeführt werden. Auf Antrag ist dem Unternehmer oder dem Verkehrsleiter die Führung von Personenkraftverkehrsgeschäften von der Behörde, die die Führung von Personenkraftverkehrsgeschäften untersagt hat, wieder zu gestatten, wenn Tatsachen die Annahme rechtfertigen, dass eine Unzuverlässigkeit im Sinne des Satzes 1 nicht mehr vorliegt. Vor Ablauf eines Jahres nach Bestandskraft der Untersagungsverfügung kann die Wiederaufnahme der Führung von Personenkraftverkehrsgeschäften nur gestattet werden, wenn hierfür besondere Gründe vorliegen.

Art. 6 Abs. 3 und Art. 14 Abs. 2 der VO (EG) Nr. 1071/2009, mit der die **1**
durch die PBZugV vom 15.6.2000 (BGBl. I 851) in nationales Recht umgesetzte Richtlinie 96/26/EG vom 29.4.1996 aufgehoben worden ist, regeln als unmittelbar geltendes Unionsrecht das bislang dem nationalen Personenbeförderungsrecht nicht bekannte Verfahren zur Untersagung der Führung von Personenkraftverkehrsgeschäften wegen fehlender Zuverlässigkeit (siehe dazu BR-Drs. 17/218/11, 37). Dementsprechend gibt es bisher auch keine nationale Regelung der Wiedergestattung der Führung von Personenkraftverkehrsgeschäften. Die danach erforderliche Ergänzung des Unionsrechts durch nationales Recht erfolgt mit der durch das ÄndG vom 22.11.2011 (BGBl. I 2272) eingefügten neuen Vorschrift des § 25a, deren Fassung sich hinsichtlich Verfahren, Antragserfordernis und Jahresfrist an § 35 Abs. 6 und 7 GewO anlehnt (vgl. im Einzelnen BR-Drs. 17/218/11, 37). Dabei ist (sind) unter dem „Verkehrsleiter" der Unternehmer selbst, falls es sich bei dem Unternehmen um eine natürliche Person handelt, oder die für die Führung der Geschäfte bestellte(n) Person(en) iSd § 13 Abs. 1 Satz 1 Nr. 2 zu verstehen.

§ 26 Erlöschen der Genehmigung

Die Genehmigung erlischt
1. bei einem Straßenbahn-, Obusverkehr oder Linienverkehr mit Kraftfahrzeugen sowie einem Taxenverkehr, wenn der Unternehmer
a) den Betrieb nicht innerhalb der ihm von der Genehmigungsbehörde gesetzten Frist aufgenommen hat oder
b) von der Verpflichtung zur Aufrechterhaltung des gesamten ihm genehmigten Verkehrs dauernd entbunden wird,
2. beim Taxenverkehr, wenn der Unternehmer seinen Betriebssitz in eine andere Gemeinde verlegt.

1 Im Straßenbahn-, Obus- oder Linienverkehr mit Kraftfahrzeugen sowie im Taxenverkehr erlischt die Genehmigung einmal dann, wenn der Betrieb nicht innerhalb der von der Genehmigungsbehörde gesetzten Frist aufgenommen worden ist (Nr. 1a). Das Erlöschen der Genehmigung setzt in diesem Falle mithin voraus, dass die Genehmigungsbehörde nach § 21 Abs. 2 tätig geworden ist und eine Frist gesetzt hat. Außerdem hat die dauernde Entbindung von der Betriebspflicht (Nr. 1b) das Erlöschen der Genehmigung zur Folge.

2 Die **Verlegung des Betriebssitzes** beim Taxenverkehr (Nr. 2) in eine andere Gemeinde bringt die Genehmigung ohne weiteres zum Erlöschen. Mit Rücksicht auf § 13 Abs. 4, der die Taxengenehmigung von den örtlichen Bedürfnissen abhängig macht, ist die Rechtsfolge unvermeidbar. Betriebssitz ist wie in § 11 Abs. 2 Nr. 2, § 47 Abs. 2 Satz 1 der Ort, von dem aus der Unternehmer seine Geschäfte führt; bei Taxenunternehmern ist das meist die Wohnung, seltener die besondere geschäftliche Niederlassung.

3 Vieles spricht dafür, dass auch die Genehmigung für eine Sonderform des Linienverkehrs nach § 43 erlischt, wenn auf die Einhaltung der Vorschriften über die Grundpflichten nach § 45 Abs. 3 Satz 1 verzichtet worden ist und der Werkvertrag mit dem Auftraggeber gegenstandslos geworden ist. Jedenfalls stellt eine solche Genehmigung in dem Augenblick, in dem der privatrechtliche Beförderungsauftrag entfallen ist, ein nudum ius dar (ebenso – im Ergebnis – VG Arnsberg 22.9.1981 – 6 L 392/81 und 7.12.1981 – 6 L 615/81, das dem Genehmigungsinhaber, dessen Beförderungsvertrag mit dem Auftraggeber sein Ende gefunden hatte, vorläufigen Rechtsschutz mit der Begründung versagte, die Erteilung einer einstweiligen Erlaubnis an den „neuen" Auftraggeber liege im öffentlichen Verkehrsinteresse).

§ 27 Zwangsmaßnahmen

Das Verwaltungszwangsverfahren richtet sich, soweit dieses Gesetz von Behörden der Länder ausgeführt wird, nach den landesrechtlichen Vorschriften.

1 **Verwaltungszwang** (Zwangsgeld, Ersatzvornahme, unmittelbarer Zwang) ist zur Durchsetzung von Entscheidungen der Verwaltungsbehörden zulässig. Da das PBefG von den Ländern als eigene Angelegenheit ausgeführt wird

(Art. 83 GG), gilt insoweit nicht das Verwaltungs-Vollstreckungsgesetz des Bundes vom 27.4.1953 (BGBl. I 157), sondern die entsprechenden, mit ihm im Wesentlichen übereinstimmenden Gesetze der Länder.

III. Sonderbestimmungen für die einzelnen Verkehrsarten

A. Straßenbahnen

§ 28 Planfeststellung und vorläufige Anordnung

(1) Betriebsanlagen für Straßenbahnen dürfen nur gebaut oder geändert werden, wenn der Plan vorher festgestellt ist. Bei der Planfeststellung sind die von dem Vorhaben berührten öffentlichen und privaten Belange einschließlich der Umweltverträglichkeit im Rahmen der Abwägung zu berücksichtigen. Für das Planfeststellungsverfahren gelten die §§ 72 bis 78 des Verwaltungsverfahrensgesetzes nach Maßgabe dieses Gesetzes. Die Maßgaben gelten entsprechend, soweit das Planfeststellungsverfahren landesrechtlich durch ein Verwaltungsverfahrensgesetz geregelt ist. Wird eine bestehende Betriebsanlage einer Straßenbahn erneuert, liegt nur dann eine Änderung im Sinne von Satz 1 vor, wenn der Grundriss oder der Aufriss der Betriebsanlage oder beides wesentlich geändert wird.

(1a) Für folgende Einzelmaßnahmen, die den Bau oder die Änderung von Betriebsanlagen für Straßenbahnen vorsehen, bedarf es keiner vorherigen Planfeststellung oder Plangenehmigung, sofern keine Pflicht zur Durchführung einer Umweltverträglichkeitsprüfung besteht:

1. Ausstattung einer Bahnstrecke mit einer Oberleitung,
2. die im Rahmen der Digitalisierung einer Straßenbahnstrecke erforderlichen Baumaßnahmen,
3. der barrierefreie Umbau, die Erhöhung oder Verlängerung von Bahnsteigen und
4. die Errichtung von Schallschutzwänden zur Lärmsanierung.

Für die in Satz 1 genannten Einzelmaßnahmen ist keine weitere baurechtliche Zulassung erforderlich; landesrechtliche Regelungen bleiben unberührt. Werden durch das Vorhaben private oder öffentliche Belange einschließlich der Belange der Umwelt berührt, kann der Unternehmer die Feststellung des Planes nach Absatz 1 Satz 1 beantragen. Ungeachtet dessen hat sich der Unternehmer vor Durchführung einer Einzelmaßnahme im Sinne des Satzes 1 Nummer 1 und 2 durch das Bundesamt für Infrastruktur, Umweltschutz und Dienstleistungen der Bundeswehr vor der Durchführung bestätigen zu lassen, dass keine militärischen Belange entgegenstehen. Kann für das Vorhaben die Pflicht zur Durchführung einer Umweltverträglichkeitsprüfung bestehen, hat der Unternehmer bei der Planfeststellungsbehörde den Antrag nach § 5 Absatz 1 Satz 2 Nummer 1 des Gesetzes über die Umweltverträglichkeitsprüfung zu stellen. Satz 1 Nummer 1 und 2 ist nur anzuwenden, wenn die zuständige Behörde feststellt, dass Vorgaben über die Errichtung und über wesentliche Änderungen von Anlagen eingehalten sind, die

in einer elektrische, magnetische oder elektromagnetische Felder betreffenden und aufgrund von § 23 Absatz 1 Satz 1 Nummer 1, 2 und 4 in Verbindung mit § 48b des Bundes-Immissionsschutzgesetzes in der Fassung der Bekanntmachung vom 26. September 2002 erlassenen Rechtsverordnung enthalten sind.

(2) Abweichend von § 74 Absatz 6 Satz 1 Nummer 3 des Verwaltungsverfahrensgesetzes kann für ein Vorhaben, für das nach dem Gesetz über die Umweltverträglichkeitsprüfung eine Umweltverträglichkeitsprüfung durchzuführen ist, an Stelle eines Planfeststellungsbeschlusses eine Plangenehmigung erteilt werden. § 29 Absatz 1a Satz 1 gilt entsprechend. Im Übrigen findet das Gesetz über die Umweltverträglichkeitsprüfung mit Ausnahme des § 21 Absatz 3 Anwendung.

(3) Bebauungspläne nach § 9 des Baugesetzbuches ersetzen die Planfeststellung nach Absatz 1 und die Plangenehmigung nach § 74 Absatz 6 des Verwaltungsverfahrensgesetzes, sofern darin Betriebsanlagen für Straßenbahnen ausgewiesen sind. Ist eine Ergänzung der Betriebsanlagen notwendig, ein Bebauungsplan unvollständig oder soll von Festsetzungen des Bebauungsplanes abgewichen werden, ist insoweit die Planfeststellung durchzuführen. Es gelten die §§ 40 und 43 Abs. 1, 2, 4 und 5 sowie § 44 Abs. 1 bis 4 des Baugesetzbuches. § 29 Abs. 3 ist nicht anzuwenden.

(3a) Ist das Planfeststellungsverfahren eingeleitet, kann die Planfeststellungsbehörde nach Anhörung der betroffenen Gemeinde eine vorläufige Anordnung erlassen, in der vorbereitende Maßnahmen oder Teilmaßnahmen zum Bau oder zur Änderung festgesetzt werden,

1. soweit es sich um reversible Maßnahmen handelt,
2. wenn an dem vorzeitigen Beginn ein öffentliches Interesse besteht,
3. wenn mit einer Entscheidung zugunsten des Unternehmers gerechnet werden kann und
4. wenn die nach § 74 Absatz 2 des Verwaltungsverfahrensgesetzes zu berücksichtigenden Interessen gewahrt werden.

In der vorläufigen Anordnung sind die Auflagen zur Sicherung der nach Satz 1 Nummer 4 zu wahrenden Interessen und der Umfang der vorläufig zulässigen Maßnahmen festzulegen. Sie ist den anliegenden Gemeinden sowie den Beteiligten zuzustellen oder öffentlich bekannt zu machen. Sie ersetzt nicht die Planfeststellung. § 32 bleibt unberührt. Soweit die vorbereitenden Maßnahmen oder Teilmaßnahmen zum Bau oder zur Änderung durch die Planfeststellung für unzulässig erklärt sind, ordnet die Planfeststellungsbehörde gegenüber dem Unternehmer an, den früheren Zustand wiederherzustellen. Dies gilt auch, wenn der Antrag auf Planfeststellung zurückgenommen wurde. Der Betroffene ist durch den Unternehmer zu entschädigen, soweit die Wiederherstellung des früheren Zustandes nicht möglich oder mit unverhältnismäßig hohem Aufwand verbunden oder ein Schaden eingetreten ist, der durch die Wiederherstellung des früheren Zustandes nicht ausgeglichen wird. Rechtsbehelfe gegen die vorläufige Anordnung haben keine aufschiebende Wirkung; ein Vorverfahren findet nicht statt.

(4) Eine Genehmigung nach § 9 Abs. 1 Nr. 1 darf nur erteilt werden vorbehaltlich einer nach den Absätzen 1 bis 3 erforderlichen Planfeststellung oder einer Plangenehmigung oder vorbehaltlich einer nach § 74 Absatz 7 Nummer 2 des Verwaltungsverfahrensgesetzes getroffenen Vereinbarung. Das Planfeststellungsverfahren kann gleichzeitig mit dem Genehmigungsverfahren durchgeführt werden.

(5) Unterhaltungsmaßnahmen bedürfen keiner vorherigen Planfeststellung oder Plangenehmigung. Unterhaltungsmaßnahmen sind Arbeiten zur Erhaltung oder Wiederherstellung der Funktionstätigkeit einer bestehenden Betriebsanlage einschließlich der Anpassung an geltendes Recht oder die anerkannten Regeln der Technik.

Die für **Betriebsanlagen** von **Straßenbahnen** gemäß §§ 28 ff. – und iVm § 41 für **Obusse** – geltenden Vorschriften haben durch das Gesetz zur weiteren Beschleunigung von Planungs- und Genehmigungsverfahren im Verkehrsbereich vom 3.3.2020 (BGBl. I 433) eine Reihe von Änderungen erfahren. So sind mit Wirkung ab dem 13.3.2020 eisenbahnrechtliche Regelungen zur Planungsbeschleunigung auf Genehmigungsverfahren für Straßen- und U-Bahnen durch die Änderungen der §§ 28, 29, 30a, 41 und 55 sowie Einfügung der neuen § 28b (Projektmanager), § 28c (Veröffentlichung im Internet) und § 36a (Besondere Pflichten im Interesse der Unterhaltung) übertragen worden. Durch das Gesetz zur Beschleunigung von Investitionen vom 3.12.2020 (BGBl. I 2694) ist dann mit Wirkung ab 10.12.2020 § 28 Abs. 1 noch ein Satz 5 angefügt worden, wonach näher definierte Unterhaltungsmaßnahmen keiner vorherigen Planfeststellung oder Plangenehmigung bedürfen; Abs. 1a hat eine Neufassung erhalten, derzufolge bestimmte Einzelmaßnahmen für den Bau oder die Änderung von Betriebsanlagen keiner vorherigen Planfeststellung oder Plangenehmigung bedürfen, sofern keine Pflicht zur Durchführung einer UVP besteht. Mit der **Novelle 2021** ist schließlich ein sinnentstellender Druckfehler in Abs. 1a S. 4 beseitigt worden, indem das Wort „Dienstleitungen" durch das Wort „Dienstleistungen" ersetzt worden ist. 1

Danach stellt sich die Rechtslage für Planfeststellung und vorläufige Anordnung bei Bau oder Änderung von Betriebsanlagen für Straßenbahnen und Obusse wie folgt dar:

Abs. 1 Satz 1 ordnet an, dass Betriebsanlagen für Straßenbahnen nur gebaut werden dürfen, wenn der Plan vorher festgestellt ist. Diese Anordnung hat zur Folge, dass gemäß § 1 Abs. 3 VwVfG die in den Verwaltungsverfahrensgesetzen der Länder enthaltenen Vorschriften über das Planfeststellungsverfahren zur Anwendung gelangen. Die Vorschriften des PBefG, die von diesen Bestimmungen abweichen oder sie ändern, sind jedoch vorrangig heranzuziehen. Das folgt bereits aus dem Vorrang des Bundesrechts (BVerwGE 81, 74; Kopp/Ramsauer VwVfG § 1 Rn. 30 ff., 39 ff.; zur Planfeststellung bei Straßenbahnen und Obussen im Einzelnen Ziekow FachplanungsR-HdB/Siegel § 13 und NZV 2004, 545), ist jedoch inzwischen auch ausdrücklich in Satz 3 bis 5 geregelt. Danach gelten die das „Planfeststellungsverfahren" im Einzelnen regelnden §§ 72 bis 78 VwVfG „nach Maßgabe dieses Gesetzes", also des PBefG; Satz 5 bestimmt, wann die Erneuerung einer bestehenden Betriebsanlage planfeststellungsdürftig ist (siehe dazu Fielitz/Grätz Rn. 10a). 1a

Die Planfeststellung ist nur dann rechtmäßig, wenn das Vorhaben aus Gründen des Gemeinwohls erforderlich ist. Diese sog. **Planrechtfertigung** (kritisch zu diesem Begriff Sendler, DVBl. 1994, 712) für ein Vorhaben ist schon dann gegeben, wenn es wie zB im Fall von Bundesfernstraßen in einem 2 dem Bedarfsplan nach dem FStrAbG vergleichbaren Programm Aufnahme gefunden hat. § 1 Abs. 2 FStrAbG idF d. Bek. vom 20.1.2005 (BGBl. I 201) ist entsprechend anzuwenden (vgl. dazu Fromm DVBl. 1986, 121). Aber selbst dann, wenn man in der Aufnahme des Vorhabens in ein solches Programm nur ein Indiz dafür sieht, dass für die geplante Maßnahme nach Maßgabe der vom PBefG allgemein verfolgten Ziele ein Bedürfnis besteht (vgl. dazu BVerwG NVwZ 1994, 688; VGH Mannheim NVwZ-RR 1994, 373), sind vom Planungsziel her sowohl der Ausbau eines Straßenbahnnetzes, der dem Anschluss eines Wohngebiets dient und dazu beiträgt, die Hauptverkehrsströme des ÖPNV auf einem schienengebundenen Streckennetz abzuwickeln, als auch der Bau von U- und Stadtbahnen in Großstädten gerechtfertigt, weil diese Bahnen besonders geeignet sind, die Verkehrsprobleme zu bewältigen (vgl. im Einzelnen die Nachweise bei Fromm DVBl. 1986, 128, und DÖV 1988, 1035). Im Übrigen ist eine Planrechtfertigung schon dann gegeben, wenn die Maßnahme „objektiv vernünftigerweise geboten" ist; die Maßnahme muss nicht absolut unumgänglich sein (BVerwG NVwZ 1988, 727 = DVBl. 1988, 500; BVerwGE 85, 44 = NVwZ 1990, 971; BVerwG NVwZ 2006, 1055; OVG Münster NWVBL 1993, 468). So kann dafür auch die Aufnahme in einen Nahverkehrsplan in Betracht kommen (BayVGH 2.3.2020 – 22 AS 19.40035, BeckRS 2020, 3218).

3 Abs. **1 Satz 2** schreibt das **Abwägungsgebot** fest. Der Hinweis auf die Berücksichtigung der Umweltverträglichkeit beruht auf §§ 2, 3 und 12 UVPG. Er stellt zugleich klar, dass die Ermittlung, Prüfung, Gewichtung und Berücksichtigung der Umweltbelange bei der Planfeststellung im Rahmen der materiellen Abwägung stattfinden (vgl. Schink DVBl. 2001, 321). Etwas grundsätzlich Neues stellt die Umweltverträglichkeitsprüfung nicht dar; das nationale Fachplanungsrecht genügte auch vor Inkrafttreten des UVPG im Wesentlichen den Anforderungen des Gemeinschaftsrechts (vgl. BVerwGE 100, 238 = NVwZ 1996, 788 = DVBl. 1996, 677, und 100, 370 = NVwZ 1996, 1016 = DVBl. 1996, 907; siehe dazu aber auch Wahl/Dreier NVwZ 1999, 614, und § 4 UmwRG vom 7.12.2006 (BGBl. I 2816) idF der Bekanntmachung vom 23.8.2017 (BGBl. I 3290), zuletzt geändert durch Art. 8 Gesetz vom 25.2.2021 (BGBl. I 306).

4 Die Anforderungen an das Gebot der gerechten Abwägung hat das BVerwG wie folgt zusammengefasst:

– Das Gebot gerechter Abwägung ist verletzt, wenn eine (sachgerechte) Abwägung nicht stattfindet.
– Es ist verletzt, wenn in die Abwägung an Belangen nicht eingestellt wird, was nach Lage der Dinge in sie eingestellt werden muss.
– Es ist ferner verletzt, wenn die Bedeutung der betroffenen privaten Belange verkannt oder wenn der Ausgleich zwischen den von der Planung berührten öffentlichen Belangen in einer Weise vorgenommen wird, der zur objektiven Gewichtigkeit einzelner Belange außer Verhältnis steht (BVerwGE 34, 301, 309; ausführlich zum Abwägungsgebot nach der Rspr. des BVerwG Storost DVBl. 2012, 457).

5 Zur Sammlung des Abwägungsmaterials gehört auch die Ermittlung etwaiger Planungsalternativen einschließlich der „Null-Variante" (BayVGH 2.3.2020 –

22 AS 19.40035, BeckRS 2020, 3218). Die Planfeststellungsbehörde braucht jedoch eine Grundstücksnutzung, die nicht genehmigt ist und auch nicht genehmigt werden kann, da sie dem materiellen (Bau-)Recht widerspricht, bei ihrer planerischen Abwägung grundsätzlich nicht zu berücksichtigen (BVerwG DÖV 1994, 344).

Zu den **Straßenbahnbetriebsanlagen** gehören Grundstücke, Aufbauten und ortsfeste technische Einrichtungen, die dazu bestimmt sind, der Abwicklung und Sicherung des äußeren Straßenbahnbetriebs zu dienen, also zB Gleisanlagen, Tunnelanlagen, besondere Bahnkörper, Rohrleitungen, Oberleitungen und Maste, Signalanlagen, Stellwerke, Bahnsteige mit Zugangsbauwerken und Überdachungen, Wartehallen und Straßenbahndepots einschließlich Werkstätten sowie ebenerdige oder mehrgeschossige P+R-Anlagen (vgl. Heinze/Fehling/Fiedler Rn. 3; Fielitz/Grätz Rn. 6; ferner BVerwGE 81, 111; OVG Münster 16.9.1981 – 9 B 1259/81; VGH Mannheim NVwZ 1990, 585; OVG Lüneburg 19.11.1992 – 7 L 3817/91, BeckRS 2014, 47720; VG München 21.6.1983 – M 3270 II 82 und 5.9.1988 – M 3 K 88.115; OVG NRW 16.6.2020 – 15 A 4343/19, BeckRS 2020, 15884). 5a

Die Planfeststellung – und damit ebenso die Plangenehmigung – gestattet auch **Betriebsregelungen.** Das ergibt sich aus §§ 74 Abs. 2 Satz 2, 75 Abs. 2 Satz 1 VwVfG, versteht sich aber im Grunde genommen von selbst, weil Planfeststellungsbeschlüsse anderenfalls weitgehend ein nudum ius wären (vgl. Fromm DÖV 1988, 1035; ebenso im Ergebnis zB BVerwGE 69, 256; BVerwGE 125, 116 = NVwZ 2006, Beilage zu Heft Nr. 8; BVerwG NVwZ 2014, 730; zur Zulässigkeit von Betriebsregelungen in Planfeststellungsbeschlüssen für Verkehrsinfrastrukturvorhaben Krappel DVBl. 2012, 674, und Hoppe/Schlarmann/Buchner/Deutsch Verkehrsanlagen Rn. 713, jeweils mwN aus Rspr. und Schrifttum; aA Blümel VerwArch Bd. 83, S. 146 ff.; Heinze/Fehling/Fiedler Rn. 2). Der VGH Mannheim (NVwZ-RR 1994, 197 = NZV 1994, 168 L) und das OVG Koblenz (NVwZ-RR 1994, 170) sind demgegenüber zum vergleichbaren Luftverkehrsrecht der Meinung, dass als sedes materiae für betriebsbezogene Änderungen das Genehmigungsverfahren, nicht aber das Planfeststellungsverfahren anzusehen sei (ebenso Hartmann S. 143 ff.; siehe auch VGH Mannheim NVwZ-RR 1999, 165 L, wonach Geschwindigkeitsbegrenzungen bereits im Planfeststellungsbeschluss festgelegt werden müssen, wenn dies zur Konfliktbewältigung geboten ist). Wäre diese These richtig, würde Betriebsregelungen nicht nur die lediglich einem Planfeststellungsbeschluss eigentümliche, weil ausdrücklich beigelegte Gestaltungswirkung fehlen; ebenso wenig ließe sich die Auffassung aufrechterhalten, dass Anlieger dann, wenn ein Vorhaben planfeststellungsbedürftig ist, nicht die Genehmigung, sondern den Planfeststellungsbeschluss anzufechten haben (→ Rn. 16). 5b

Der bish. **Abs. 1a** hatte die Möglichkeit geschaffen, an die Stelle eines Planfeststellungsbeschlusses aufgrund eines vereinfachten Verfahrens eine **Plangenehmigung** treten zu lassen (vgl. dazu im Einzelnen Ronellenfitsch, DVBl. 1994, 441). Diese Bestimmung ist mit dem Gesetz zur weiteren Beschleunigung von Planungs- und Genehmigungsverfahren im Verkehrsbereich vom 3.3.2020 (BGBl. I 433) aufgehoben worden; das Gesetz zur 6

Verbesserung der Öffentlichkeitsbeteiligung und Vereinheitlichung von Planfeststellungsverfahren vom 31.5.2013 (BGBl. I 1388) hatte § 74 Abs. 6 VwVfG insbesondere hinsichtlich des Instituts der Plangenehmigung bereits weitgehend dem PBefG angeglichen (vgl. BT-Drs. 19/607). Es gilt nunmehr auch für den Bau oder die Änderung von Betriebsanlagen für Straßenbahnen im Falle einer in Betracht gezogenen **Plangenehmigung** die Regelung des § 74 Abs. 6 und 7 VwVfG „nach Maßgabe" des PBefG. Die Voraussetzungen dafür unterscheiden sich in zwei Bereichen von denen, die es gestatten, von einer Planfeststellung oder auch Plangenehmigung überhaupt abzusehen (§ 74 Abs. 7 Nr. 1 Satz 2): Während bei Fällen von unwesentlicher Bedeutung feststehen muss, dass öffentliche Belange von dem Vorhaben nicht berührt sind oder die erforderlichen behördlichen Entscheidungen vorliegen und sie dem Plan nicht entgegenstehen, genügt für die Plangenehmigung, dass mit den Trägern öffentlicher Belange das Benehmen hergestellt, also zwischen den beteiligten Behörden in einen Gedankenaustausch eingetreten worden ist (§ 74 Abs. 6 Nr. 2; vgl. Heinze VerwArch Bd. 52, S. 168). Nur wenn **Rechte anderer** nicht beeinflusst werden oder mit den vom Plan Betroffenen entsprechende Vereinbarungen getroffen werden, können Planfeststellung oder auch Plangenehmigung entfallen (§ 74 Abs 7 Satz 2 Nr. 2). Die Plangenehmigung ist hingegen auch zulässig, wenn Rechte anderer **nicht wesentlich** beeinträchtigt werden (§ 74 Abs. 7 Satz 2 Nr. 1). Damit soll das erleichterte Plangenehmigungsverfahren auch dann zum Zuge kommen, wenn zB für den Bau eines Verkehrsweges nur ein kleiner, die Nutzung eines Grundstücks nicht beeinträchtigender Teil benötigt wird. In diesem Fall erscheint die Durchführung eines förmlichen Verwaltungsverfahrens unter dem Gesichtspunkt der Verfahrensbeschleunigung verzichtbar, zumal der Rechtsschutz des betroffenen Grundstückseigentümers dadurch nicht beeinträchtigt wird (vgl. Stellungnahme des Bundesrates, BT-Drs. 12/4328, 26).

6a Wegen der durch Art. 15 des Gesetzes zur Umsetzung der UVP-Änderungsrichtlinie, der IVU-Richtlinie und weiterer EG-Richtlinien zum Umweltschutz vom 27.7.2001 (BGBl. I 1950) zusätzlich eingefügten Nr. 1 in Abs. 1a Satz 1 (entsprechend auch bei Abs. 2) scheidet jedoch die Erteilung einer Plangenehmigung an Stelle eines Planfeststellungsbeschlusses aus, wenn es sich bei dem Vorhaben um ein Vorhaben handelt, für das nach dem UVPG eine Umweltverträglichkeitsprüfung durchzuführen ist. Nach Nr. 14.11 der Anlage 1 zu §§ 3 ff. UVPG (in der geänd. Fassung) ist allerdings der **Bau** einer **Bahnstrecke** für Straßenbahnen, Stadtschnellbahnen in Hochlage, Untergrundbahnen oder Hängebahnen iSd PBefG, jeweils mit den dazugehörenden Betriebsanlagen, **nicht zwingend,** sondern nur dann **UVP-pflichtig,** wenn sich dies aufgrund einer Vorprüfung des Einzelfalls gemäß § 3c UVPG ergibt (dazu eingehend Schink DVBl. 2001, 321). Der sog. **Schienenbonus** für Schienenbahnen, die ausschließlich BOStrab unterliegen, ist gemäß § 43 Abs. 1 Satz 2 BImSchG ab dem 1. Januar 2019 nicht mehr anzuwenden (BayVGH 2.3.2020 – 22 AS 19.40035, BeckRS 2020, 3218).

7 Nach **Abs. 1a** nF bedarf es für vier näher beschriebene **Einzelmaßnahmen,** die den Bau oder die Änderung von Betriebsanlagen vorsehen, keiner vorherigen Planfeststellung oder Plangenehmigung, sofern keine Pflicht zur Durchführung einer UVP besteht. Die Regelung dient dem beschleunigten Ausbau der Straßenbahninfrastruktur. Es muss sich jeweils um eine Maßnahme handeln, die für sich genommen ohne weitere genehmigungspflichtige Maßnahmen an anderen Bestandteilen der bestehenden Bahnstrecke oder notwendige Folgemaßnahmen verwirklicht wird (zu Beispielen Fielitz/Grätz Rn. 12a). Voraussetzung ist allerdings, dass keine Pflicht zur Durchführung einer UVP gemäß § 9 UVP besteht; ggfs. muss nach Satz 1 eine UVP-Vorprüfung gemäß § 5 Abs. 1 Satz 2 Nr. 1 beantragt werden. Für Einzelmaßnahmen, die keiner Planfeststellung oder Plangenehmigung bedürfen, ist **keine** weitere **baurechtliche** Zulassung erforderlich; Genehmigungspflichten aufgrund sonstiger Fachgesetze oder landesrechtlicher Vorschriften bleiben unberührt. Berührt die vorgesehene Maßnahme **private** oder öffentliche Belange einschließlich der Belange der Umwelt, kann gemäß Satz 3 – zB auch aus Gründen der Rechtssicherheit und im Hinblick auf u. U. in Anspruch genommenen Rechtsschutz – eine Planfeststellung gemäß Abs. 1 Satz beantragt werden.

Abs. 2 nF enthält eine „Maßgabe dieses Gesetzes“ iSd Abs. 1 Satz 3. Denn nach dieser Vorschrift ist die Erteilung einer Plangenehmigung statt eines Planfeststellungsbeschlusses auch dann zulässig, wenn an sich gemäß§ 74 Abs. 6 Satz 1 Nr. 3 VwVfG eine Plangenehmigung ausgeschlossen ist, weil andere Rechtsvorschriften eine den Anforderungen des § 73 Abs. 3 Satz 1 und Abs. 4 bis 7 entsprechende Öffentlichkeitsbeteiligung vorschreiben. Das ist bei einem Vorhaben der Fall, für das nach dem UVPG eine Umweltverträglichkeitsprüfung durchzuführen ist. 8

Abs. 2 aF, der bestimmte, dass bei Änderungen und Erweiterungen von **unwesentlicher Bedeutung** Planfeststellung und Plangenehmigung entfallen, und regelte im Einzelnen, wann Fälle unwesentlicher Bedeutung vorliegen. Da nunmehr gemäß Abs. 1 Satz 3 die §§ 72 bis 78 VwVfG nach „Maßgabe“ des PBefG gelten, findet jetzt § 74 Abs. 7 VwVfG Anwendung. Danach entfallen Planfeststellung und Plangenehmigung in Fällen von unwesentlicher Bedeutung, die vorliegen, wenn 9

1. andere öffentliche Belange nicht berührt sind oder die erforderlichen behördlichen Entscheidungen vorliegen und sie dem Plan nicht entgegenstehen,
2. Rechte anderer nicht beeinflusst werden oder mit den vom Plan Betroffenen entsprechende Vereinbarungen getroffen worden sind und
3. nicht andere Rechtsvorschriften eine Öffentlichkeitsbeteiligung vorschreiben, die den Anforderungen des § 73 Absatz 3 Satz 1 und Absatz 4 bis 7 entsprechen muss.

Daraus ergibt sich um Umkehrschluss, dass **Neubauten ausnahmslos** der einen oder anderen Form der Zulassung bedürfen (vgl. dazu OVG Sachsen 21.5.2019 – 3 B 45/19, BeckRS 2019, 11303). Von unwesentlicher Bedeutung ist eine Änderung oder Erweiterung dann, wenn sie Abwägungsvorgang und Abwägungsergebnis nach Struktur und Inhalt nicht berührt, also die Frage sachgerechter Zielsetzung und Abwägung iS der Gesamtplanung nicht erneut aufwerfen kann. Von einer wesentlichen Änderung ist hingegen dann auszugehen, wenn sie das Vorhaben insgesamt zur Disposition stellt, weil bereits entschiedene Fragen der Planung erneut aufgeworfen werden. Mit einem bloßen Änderungsverfahren kann es sein Bewenden nicht haben, wenn die beabsichtigte Änderung des Vorhabens die Gesamtkonzeption oder doch wesentliche Teile des übrigen Planinhalts in Frage stellt (BVerwGE 84, 31; OVG Lüneburg 19.11.1992 – 7 L 3817/91, BeckRS 2014, 47720).

10 Dass andere öffentliche Belange nicht berührt sind oder die erforderlichen behördlichen Entscheidungen vorliegen und sie dem Plan nicht entgegenstehen und Rechte anderer nicht beeinflusst werden oder mit den vom Plan Betroffenen entsprechende Vereinbarungen getroffen werden, ist anders als nach früherem Recht keine Voraussetzung mehr für einen Fall von unwesentlicher Bedeutung, sondern nur die Legaldefinition eines Beispiels. Ebenso liegt ein Fall unwesentlicher Bedeutung vor, wenn es sich nicht um eine Änderung oder Erweiterung handelt, für die nach dem UVPG eine Umweltverträglichkeitsprüfung durchzuführen ist (dazu → Rn. 6a).

11 Abs. 2 geht § 76 VwVfG vor. Er erfasst auch die Fälle, in denen Planänderungen nach Fertigstellung des Vorhabens vorgenommen werden (BVerwG Buchholz 316 § 76 VwVfG Nr. 8).

12 Die Ausweisung von Straßenbahnanlagen in **Bebauungsplänen,** und zwar auch in der Form von auf die Straßenbahnplanung beschränkten Bebauungsplänen – isolierte Straßenbahnplanung (BVerwGE 38, 152; BVerwG NVwZ 1992, 1093; VGH Mannheim NVwZ-RR 1991, 400) –, wird durch **Abs. 3** ermöglicht. Sie steht der planenden Gemeinde als Mittel eigener, allerdings nur städtebaulich zu begründender Verkehrspolitik zur Verfügung (BVerwG DÖV 1993, 341). Sie spielt in der Praxis nur eine geringe Rolle. Daran hat sich auch durch die Erweiterung des Katalogs der zulässigen Festsetzungen mit der Neufassung des BBauG vom 18.8.1976, die § 9 BauGB übernommen hat, nichts geändert. Denn die Neuregelung beschränkt sich, dem Wesen des Bebauungsplans entsprechend, auf die Flächensicherung der Anlage; so kann Abs. 3 nicht zur Anwendung kommen, wenn der Bebauungsplan nur eine Trasse für den öffentlichen Nahverkehr festsetzt (vgl. BayVGH 2.3.2020 – 22 AS 19.40035, BeckRS 2020, 3218). Findet keine – ergänzende – Planfeststellung statt (dazu BVerwG Buchholz 406.11 § 1 BauGB Nr. 103 = NVwZ 1999, 989), bedarf die **Bauausführung** überdies der Zustimmung der technischen Aufsichtsbehörde (§ 60 Abs. 1 und 3 BOStrab), und es müssen, weil diese als „schlichte Genehmigung" der Rechtswirkungen der Planfeststellung bzw. der Plangenehmigung ermangelt, im Zweifel noch andere Genehmigungen eingeholt werden (§ 60 Abs. 4 BOStrab).

13 Wird nach Abs. 3 verfahren, richtet sich eine ggf. erforderliche Enteignung nach den Vorschriften des BauGB. Kommt es zu einer ergänzenden Planfeststellung, finden die in § 28 Abs. 3 Satz 3 aufgeführten Bestimmungen des BauGB Anwendung (vgl. zu der entsprechenden Vorschrift des § 17b Abs. 2 Satz 3 – früher § 17 Abs. 3 Satz 3 – FStrG Fickert Straßenrecht S. 131 ff.; Kromer FStrG § 17b Rn. 37 ff.).

13a Die durch das Gesetz vom 3.3.2020 (→ Rn. 1) mit dem neuen **Abs. 3a** eingefügte Regelung der **vorläufigen Anordnung** ermöglicht es, die Planungs- und Bauzeiten für Straßenbahnbetriebsanlagen oder ihre Änderung

unter bestimmten Voraussetzungen zu beschleunigen, indem vorbereitende Maßnahmen oder Teilmaßnahmen schon vor einer vollziehbaren abschließenden Entscheidung in Gestalt eines Planfeststellungsbeschlusses oder einer Plangenehmigung nach Anhörung der betroffenen Gemeinde(n) begonnen oder durchgeführt werden können. Als **vorbereitende Maßnahme** nach **Satz 1** sind zB Kampfmittelbeseitigungen, archäologische Grabungen, Verlegung von Leitungen und als **Teilmaßnahmen** solche Maßnahmen anzusehen, die einen unvollständigen Teil des Gesamtvorhabens selbst darstellen und nicht in ihrer Gesamtheit bereits das vollständige Vorhaben bilden (vgl. Fielitz/Grätz Rn. 20). Damit die Planfeststellungsbehörde eine vorläufige Anordnung erlassen kann, müssen folgende 4 im Einzelnen benannte Voraussetzungen erfüllt sein. So kann eine vorläufige Anordnung nur ergehen, wenn
- die vorgesehene Maßnahme reversibel ist,
- an dem vorzeitigen Beginn ein öffentliches Interesse besteht,
- mit einer Entscheidung zugunsten des Unternehmers gerechnet werden kann und
- die nach § 74 Abs. 2 VwVfG zu berücksichtigenden Interessen gewahrt sind.

Im Einzelnen regeln die Sätze 2 bis 7 das Verfahren für den Erlass einer vorläufigen Anordnung und ihren Regelungsinhalt. Die vorläufige Anordnung ist ein Verwaltungsakt, gegen den nach Satz 9 Rechtsbehelfe keine aufschiebende Wirkung haben und kein Vorverfahren stattfindet. Siehe dazu auch § 55 Satz 2. **13b**

Die Genehmigung nach §§ 9 Abs. 1 Nr. 1, 15 Abs. 1 verleiht als **gewerberechtliche Genehmigung** („Unternehmergenehmigung") allgemein das Recht für alle baulichen Maßnahmen und Anlagen, die für den Straßenbahnverkehr erforderlich sind. Die Befugnis zur Inangriffnahme des Bauvorhabens – „Baufreigabe" – enthält sie jedoch nicht (BayVGH UPR 2007, 195). Hierzu bedarf es idR der Planfeststellung oder Plangenehmigung, der bei Inanspruchnahme fremder Grundstücke im Bedarfsfall eine Enteignung nachzufolgen hat (vgl. BVerfGE 45, 297). Deshalb ordnet **Abs. 4 Satz 1** bei der Erteilung der Genehmigung einen Vorbehalt zugunsten der Planfeststellung oder Plangenehmigung oder – gemäß Satz 1 nF – einer Vereinbarung mit den Betroffenen in Fällen unwesentlicher Bedeutung an (§ 74 Abs. 7 Nr. 2 VwVfG). Das Planfeststellungs- oder Plangenehmigungsverfahren kann allerdings nach Satz 2 gleichzeitig mit dem Genehmigungsverfahren durchgeführt werden. Die Genehmigung für den Bau und die Linienführung gemäß § 9 Abs. 1 Nr. 1 ihrerseits ist jedoch nicht Rechtmäßigkeitsvoraussetzung für die Planfeststellung und die Plangenehmigung und muss nicht vor oder gleichzeitig mit ihr erteilt werden (so BVerwGE 123, 286 = NVwZ 2005, 949; aM noch die 3. Aufl. im Anschluss an OVG Münster VRS 72, 467: ihr Vorliegen ist Voraussetzung für Baubeginn). **14**

Wo es bisher einer Planfeststellung oder Plangenehmigung nicht bedurfte, bezog sich der Vorbehalt auf die **Zustimmung,** falls es einer solchen bei einer unwesentlichen Änderung oder Erweiterung bedurfte. Insoweit war der Wortlaut der Vorschrift noch nicht auf die Änderung abgestimmt, die Abs. 2 durch das PlVereinfG erfahren hatte. **15**

16 Erfolgt die Erteilung einer Genehmigung unter dem Vorbehalt der Planfeststellung, ist eine Klage von Anliegern gegen die Genehmigung unzulässig; sie können sich nur gegen den Planfeststellungsbeschluss wenden (so übereinstimmend VGH München 25.7.1975 – Nr. 78 II 75 und VG München 28.11.1978 – M XVI 482 III 74 im Anschluss an die stRspr des BVerwG zu § 6 LuftVerkG, vgl. BVerwGE 56, 110 = DVBl. 1978, 845 = DÖV 1978, 804). Ebenso wenig können vorhabenbetroffene Dritte rügen, dass die Genehmigung erst später erteilt worden ist (dazu → Rn. 14); das Fehlen der Vorhabengenehmigung kann jedoch zu einem beachtlichen Abwägungsmangel des Planfeststellungsbeschlusses führen (OVG Münster DVBl. 1998, 356).

17 Bei fehlender Planfeststellung kommt ein Unterlassungsanspruch und dementsprechend der Erlass einer einstweiligen Anordnung nach § 123 VwGO zu dessen Sicherung nur dann in Betracht, wenn die behauptete Rechtsbeeinträchtigung – unterstellt, ein Planfeststellungsverfahren wäre durchgeführt worden, – voraussichtlich die Aufhebung des Planfeststellungsbeschlusses und nicht lediglich eine Planergänzung zur Folge haben würde (BVerwGE 56, 110 = NJW 1979, 64; VGH München NVwZ-RR 1993, 177; OVG Bremen NVwZ-RR 1994, 189).

18 Nach dem mit dem Gesetz vom 3.12.2020 angefügten neuen **Abs. 5 Satz 1** (dazu → Rn. 1) bedürfen **Unterhaltungsmaßnahmen** weder einer Planfeststellung noch einer Plangenehmigung. Gemäß der in Satz 2 enthaltenen gesetzlichen Definition des Begriffs der Unterhaltungsmaßnahmen sind darunter Arbeiten zur Erhaltung oder Wiederherstellung der Funktionstätigkeit einer bestehenden Betriebsanlage einschließlich der Anpassung an geltendes Recht oder die anerkannten Regeln der Technik zu verstehen. Werden Grundriss oder Aufriss oder beides wesentlich geändert, handelt es sich bei der vorgesehenen Maßnahme nicht mehr um eine Unterhaltungsmaßnahme, sondern gemäß Abs. 1 Satz 5 um eine Änderung der Betriebsanlage einer Straßenbahn, die einer Planfeststellung oder Plangenehmigung bedarf (dazu auch → Rn. 1a; Fielitz/Grätz Rn. 31a).

§ 28a Veränderungssperre; Vorkaufsrecht

(1) Sobald der Plan ausgelegt oder andere Gelegenheit gegeben ist, den Plan einzusehen, dürfen auf den vom Plan betroffenen Flächen bis zu ihrer Inanspruchnahme wesentlich wertsteigernde oder die geplanten Baumaßnahmen erheblich erschwerende Veränderungen nicht vorgenommen werden (Veränderungssperre). Veränderungen, die in rechtlich zulässiger Weise vorher begonnen worden sind, Unterhaltungsarbeiten und die Fortführung einer bisher ausgeübten Nutzung werden davon nicht berührt. Unzulässige Veränderungen bleiben bei der Anordnung von Vorkehrungen und Anlagen und im Entschädigungsverfahren unberücksichtigt.

(2) Dauert die Veränderungssperre über vier Jahre, können die Eigentümer für die dadurch entstandenen Vermögensnachteile Entschädigung verlangen.

(3) In den Fällen des Absatzes 1 Satz 1 steht dem Unternehmer an den betroffenen Flächen ein Vorkaufsrecht zu.

Die **Veränderungssperre,** in das PBefG durch Art. 5 Nr. 2 PlVereinfG eingeführt, sichert die Planung ab dem Zeitpunkt der Planauslage vor Veränderungen, die die geplante Baumaßnahme erheblich erschweren (siehe auch zur Veränderungssperre und zum Vorkaufsrecht Ziekow FachplanungsR-HdB/Siegel § 13 Rn. 15). Sie unterliegt nicht dem allgemeinen Abwägungsgebot, sondern lediglich der Prüfung, ob sie zur Erreichung des mit ihr verfolgten Sicherungszweckes erforderlich ist (BVerwG BauR 1993, 62, und dazu Broß VerwArch Bd. 85, S. 134 f.). Die Veränderungssperre endet mit der Übernahme der vom Plan betroffenen Grundstücksflächen durch den Träger des Vorhabens. Die Ausführung des Plans ist abgeschlossen, wenn die Grundstücksflächen entsprechend dem Grunderwerbsplan und dem Grunderwerbsverzeichnis als Bestandteil des Planfeststellungsbeschlusses erworben sind oder der Träger des Vorhabens hinsichtlich der Grundstücke die erforderliche Rechtsposition erlangt hat, um Dritte von der Verfügungsgewalt auszuschließen, was in der Mehrzahl der Fälle durch Besitzüberlassung aufgrund eines Kaufvertrages, durch vorzeitige Besitzeinweisung nach § 29a oder in selteneren Fällen durch vorläufige Besitzeinweisung in einem Flurbereinigungsverfahren nach § 65 FlurbG geschieht (vgl. Fickert Straßenrecht, § 40 StrWG Rn. 2). 1

Bei den **Tatbestandsmerkmalen** „wesentlich wertsteigernd" und „erheblich erschwerend" handelt es sich um **unbestimmte,** der verwaltungsgerichtlichen Nachprüfung unterliegende **Rechtsbegriffe,** deren Vorliegen nach objektiven Gesichtspunkten zu beurteilen ist. Im einen wie im anderen Falle geht es um Maßnahmen, die zu Veränderungen auf den Flächen führen, jedoch nicht deren genehmigungsbedürftige Bebauung betreffen. Unter den Begriff **„wesentlich wertsteigernde Veränderungen"** fällt zunächst jede den Wert des Grundstücks wesentlich erhöhende Nutzungsänderung, die Neuanlage von Obstkulturen, Aufforstung, Errichtung eines Lagerplatzes, räumliche Ausweitung des Abbaus einer Kiesgrube. Befinden sich auf den Flächen bauliche Anlagen, die im Zuge des Vorhabens beseitigt werden müssen, würden beispielsweise der Einbau einer Zentralheizung, die Modernisierung sanitärer Anlagen oder der Ausbau des Dachgeschosses zu wesentlich wertsteigernden Veränderungen führen, die deshalb nicht zulässig sind. 2

Unter den Begriff der **„erheblich erschwerenden Veränderungen"** fallen die Maßnahmen, die bei Durchführung des Vorhabens einen kostenmäßigen und zeitlichen Aufwand zur Beseitigung oder Änderung erfordern, wie die Errichtung einer Betonplatte auf einem gewerblich genutzten Grundstück, um dort schwere Maschinen zu verankern, oder die Verlegung von Leitungen im Bereich des Bahnkörpers, mit der bei In-Kraft-Treten der Veränderungssperre noch nicht begonnen worden ist. Eine für die Verlegung dem Leitungsunternehmen etwa eingeräumte Grunddienstbarkeit auf Flächen im Planbereich würde daran nichts ändern, weil es auf die **tatsächlichen** Maßnahmen ankommt, die „vorher", dh vor Beginn der Planauslegung begonnen sein müssen (vgl. BVerwG NJW 1973, 1711; BGH NVwZ-RR 2006, 634). 3

Von der Sperrwirkung werden Veränderungen, die in „rechtlich zulässiger Weise" – etwa aufgrund einer Genehmigung, Zustimmung oder Anzeige auf 4 den Gebieten des Bau-, Gewerbe- und Wasserrechts – **vor** Auslegung der Pläne begonnen worden sind, Unterhaltungsarbeiten und die Fortführung einer bereits vor der Veränderungssperre ausgeübten Nutzung ausgenommen. Dabei muss es sich um Veränderungen handeln, die **bereits begonnen worden** sind. Unterhaltungsarbeiten sind regelmäßige Instandhaltungs- und Instandsetzungsarbeiten, insbesondere Reparaturarbeiten an Dach, Fenster und dergleichen, um die übliche Benutzung von Gebäuden zu gewährleisten. Nicht hingegen gehören zu den Unterhaltungsarbeiten Modernisierungsarbeiten, wie Einbau eines wirtschaftlicher arbeitenden Zentralheizungskessels, von Lärmschutzfenstern, oder die vollständige Neueindeckung des Daches zur besseren Wärmeisolierung. Die Unterhaltungsarbeiten dürfen lediglich der **Erhaltung** der baulichen Anlage in ihrer Substanz dienen.

5 Die Zulässigkeit der **„Fortführung einer bisher ausgeübten Nutzung"** entspricht zwar § 14 Abs. 3 BauGB. Rechtsprechung und Schrifttum zu dieser Vorschrift können aber nur mit gewisser Zurückhaltung übertragen werden. Bei Straßenbahnbauvorhaben im Außenbereich etwa kann die Abgrenzung einer bisher bereits ausgeübten Nutzung von einer andersartigen Nutzung von erheblicher Bedeutung sein, beispielsweise bei Aufforstung eines brachliegenden Grundstücks oder infolge Ausdehnung der Sandgewinnung auf ein bisher nicht in Anspruch genommenes Grundstück, das unmittelbar an ein bereits der Sandgewinnung dienendes Feld angrenzt. Die Intensivierung einer Nutzung und die damit verbundene Ertragssteigerung werden im Allgemeinen nicht unter die Nutzungs**änderung** fallen (vgl. dazu im Einzelnen Beck AEG/Schütz AEG § 19 Rn. 30; Marschall/Dünchheim FStrG § 9a Rn. 7,9).

6 § 28a Abs. 1 Satz 3 bestätigt die höchstrichterliche Rechtsprechung. Für eine unerlaubt vorgenommene wesentlich wertsteigernde Veränderung auf den vom Plan betroffenen Flächen kann der Zuwiderhandelnde auch nach § 95 Abs. 2 Nr. 4 BauGB keine Entschädigung verlangen (BGH MDR 1969, 915).

7 Entsprechend der baurechtlichen Veränderungssperre (§§ 14 ff. BauGB) ist die Dauer, während der die Sperre entschädigungslos hinzunehmen ist, auf 4 Jahre befristet **(Abs. 2).** Während dieses Zeitraumes ist die Veränderungssperre als im Rahmen der Inhaltsbestimmung des Eigentums liegend anzusehen. Erst die Dauer über 4 Jahre hinaus wandelt die bis dahin entschädigungslos hinzunehmende Beschränkung der Nutzungsausübung iS der sog. Sozialbindung des Eigentums **(Inhalts- und Schrankenbestimmung)** in einen enteignenden Eingriff mit der erforderlichen Entschädigung nach Art. 14 Abs. 3 GG (BGHZ 73, 161 = NJW 1979, 653). Auf die Vierjahresfrist ist die Dauer einer vorangegangenen (selbständigen) Veränderungssperre als Folge der Festlegung eines Planungsgebietes anzurechnen, ferner eine städtebauliche Veränderungssperre, wenn diese ebenfalls der Sicherung des Vorhabens diente (BGHZ 78, 152 = NJW 1981, 209). Auch die Zeit einer faktischen Sperre kann einzurechnen sein (vgl. Battis/Krautzberger/Löhr/Battis BauGB § 18 Rn. 6 zur faktischen Bausperre).

8 Der Eigentümer hat bei einer längeren Dauer der Veränderungssperre als 4 Jahre einen Entschädigungsanspruch für die „dadurch" entstehenden Vermögensnachteile; sie müssen mithin adäquat kausal **Folge der Sperre** sein. Sie muss sich als ein **Eingriff in das Grundstück** auswirken. Zu entschädigen ist der Substanzverlust, nicht dagegen der entgangene Nutzen (BGHZ 37, 269; BGHZ 136, 182 = NJW 1997, 3432: kein Schadensersatz).

Die Vorschrift des **Abs. 3** dient der Verhinderung verzögernder Effekte und Komplikationen, die sich aus einem Eigentümerwechsel an planungsbefangenen Grundstücken im Vorfeld der Planfeststellung ergeben können. Durch das **Vorkaufsrecht** wird der Grundstückserwerb für das Verkehrsprojekt vereinfacht und dadurch die Planung beschleunigt (vgl. Bericht des Ausschusses für Verkehr des Deutschen Bundestages, BT-Drs. 12/5284, 34). 9

§ 28b Projektmanager

Die Anhörungsbehörde kann einen Dritten mit der Vorbereitung und Durchführung von Verfahrensschritten, insbesondere

1. **der Erstellung von Verfahrensleitplänen unter Bestimmung von Verfahrensabschnitten und Zwischenterminen,**
2. **der Fristenkontrolle,**
3. **der Koordinierung von erforderlichen Sachverständigengutachten,**
4. **dem Entwurf eines Anhörungsberichts,**
5. **der ersten Auswertung der eingereichten Stellungnahmen,**
6. **der organisatorischen Vorbereitung eines Erörterungstermins und**
7. **der Leitung eines Erörterungstermins**

auf Vorschlag oder mit Zustimmung des Unternehmers und auf dessen Kosten beauftragen. § 73 Absatz 9 des Verwaltungsverfahrensgesetzes bleibt unberührt. Die Entscheidung über den Planfeststellungsantrag verbleibt bei der zuständigen Behörde.

1 Die mit dem Gesetz vom 3.3.2020 (dazu § 28 Rn. 1) in das PBefG neu eingefügte, zB § 17a AEG entsprechende Bestimmung des **Projektmanagers** hat mit Wirkung ab dem 13.3.2020 zur Beschleunigung von Planungs- und Genehmigungsverfahren im Verkehrsbereich eine Verfahrensregelung übernommen, die bereits aus anderen Verwaltungsbereichen unter Stichworten wie etwa „Verfahrensprivatisierung“, „Einsatz privaten Verfahrensmanagements“ oder – zB im Baurecht (§ 46 BauGB) – „Einschaltung eines Dritten“ bekannt ist (dazu gewissermaßen exemplarisch Hoffmann-Riem DVBl. 1996, 225 Verfahrensprivatisierung als Modernisierung). Durch das Gesetz vom 3.12.2020 (dazu § 28 Rn. 1) ist die Vorschrift insofern geändert worden, als der Gesetzgeber den Begriff des „Vorhabenträgers“/„Träger des Vorhabens“ durch den des im PBefG verwendeten Begriff des „Unternehmers“ ersetzt hat. Für den Fall, dass die Straßenbahnbetriebsanlagen von einem anderen als dem Unternehmer gebaut werden, gilt im Übrigen die Regelung des § 3 Abs. 3.

2 Soweit die **Anhörungsbehörde** einen Dritten mit Aufgaben der in **Satz 1** Nr. 1 bis 7 der beispielhaft („insbesondere“) genannten Art beauftragt und die Stellungnahme zum Ergebnis des Anhörungsverfahrens nach § 73 Abs. 9

VwVfG bei der Anhörungsbehörde sowie die Entscheidung über den Planfeststellungsantrag gemäß **Satz 3** bei der zuständigen Behörde verbleiben, hat die Vorschrift nur klarstellende Bedeutung; dabei ist auch zu berücksichtigen, dass eine solche Beauftragung nur auf Vorschlag oder mit Zustimmung des Unternehmers erfolgen kann, der auch die Kosten zu tragen hat.

§ 28c Veröffentlichung im Internet

Wird der Plan nicht nach § 27a Absatz 1 des Verwaltungsverfahrensgesetzes oder § 20 des Gesetzes über die Umweltverträglichkeitsprüfung zugänglich gemacht, ist dieser vom Unternehmer zur Bürgerinformation über das Internet zugänglich zu machen. § 23 des Gesetzes über die Umweltverträglichkeitsprüfung gilt entsprechend. Maßgeblich ist der Inhalt des im Rahmen des Genehmigungsverfahrens zur Einsicht ausgelegten Plans. Hierauf ist bei der Zugänglichmachung hinzuweisen.

1 Die durch Gesetz vom 3.3.2020 in das PBefG neu eingefügte und mit dem Gesetz vom 3.12.2020 geringfügig geänderte Vorschrift (→ § 28 Rn. 1 und → § 28b Rn. 1), soweit es um die Ersetzung des Begriffs des „Vorhabenträgers" durch den Begriff „Unternehmer" geht, kommt nur zur Anwendung, wenn der Plan nicht schon nach § 27a Abs. 1 VwVfG oder § 20 UVG zugänglich gemacht wird. Diese in der Vorschrift geregelte Pflicht zur Bürgerinformation obliegt dem Unternehmer, sofern nicht die Anhörungsbehörde und die planbetroffene(ne) Gemeinde(n), in deren Gebiet sich das Vorhaben auswirkt, gemäß § 27a VwVfG auf einer Internetseite der Behörde und im zentralen Internetportal nach § 20 UVG über den Inhalt der Bekanntmachung öffentlich informieren (vgl. Fielitz/Grätz Rn. 3).

2 Die vom Unternehmer bewirkte „Bürgerinformation" ist kein Teil der förmlichen Planfeststellung und ersetzt nicht die Auslegung der Planunterlangen in der/den Gemeinde(n) gemäß § 73 Abs. 2 und 3 VwVfG. Auch im Übrigen bleiben die Bestimmungen und die Rechtsfolgen einer etwa fehlerhaften Auslegung unberührt.

3 Maßgeblich für den Inhalt der Veröffentlichung im Internet sind die zur Durchführung des Anhörungsverfahrens eingereichten Planunterlagen, bestehend aus den Zeichnungen und Erläuterungen, die das Vorhaben erkennen lassen, seinen Anlass und die von dem Vorhaben betroffenen Grundstücke und Anlagen erkennen lassen (§ 73 Abs. 1 VwVfG); dabei verweist § 28c Satz 2 ausdrücklich auf die entsprechende Geltung des § 23 UVPG über Geheimhaltung und Datenschutz sowie Schutz der Rechte am geistigen Eigentum.

§ 29 Planfeststellungsbehörde

(1) Planfeststellungsbehörde ist die Genehmigungsbehörde nach § 11. Diese stellt den Plan nach § 28 Absatz 1 fest, erteilt die Plangenehmigung nach § 28

Absatz 2 und § 74 Absatz 6 des Verwaltungsverfahrensgesetzes oder trifft die Entscheidung nach § 74 Absatz 7 des Verwaltungsverfahrensgesetzes.

(1a) Für das Anhörungsverfahren gilt § 73 des Verwaltungsverfahrensgesetzes mit folgenden Maßgaben:

1. Die Anhörungsbehörde kann von einer Erörterung im Sinne des § 73 Absatz 6 des Verwaltungsverfahrensgesetzes und des § 18 Absatz 1 Satz 4 des Gesetzes über die Umweltverträglichkeitsprüfung absehen. Findet keine Erörterung statt, so hat die Anhörungsbehörde ihre Stellungnahme innerhalb von sechs Wochen nach Ablauf der Einwendungsfrist abzugeben und zusammen mit den sonstigen in § 73 Absatz 9 des Verwaltungsverfahrensgesetzes aufgeführten Unterlagen der Planfeststellungsbehörde zuzuleiten.
2. Soll ein ausgelegter Plan geändert werden, so kann im Regelfall von der Erörterung im Sinne des § 73 Absatz 6 des Verwaltungsverfahrensgesetzes und des § 18 Absatz 1 Satz 4 des Gesetzes über die Umweltverträglichkeitsprüfung abgesehen werden.

(2) Werden Einwendungen gegen den Plan mit der Begründung erhoben, daß öffentliche Interessen im Bereich von Bundesbehörden oder von Behörden, die im Auftrag des Bundes tätig werden, beeinträchtigt werden und kommt eine Einigung zwischen der Planfeststellungsbehörde und den genannten Behörden nicht zustande, entscheidet die Planfeststellungsbehörde im Benehmen mit dem Bundesministerium für Verkehr und digitale Infrastruktur.

(3) Kommt eine Einigung über Einwendungen nichtbundeseigener Eisenbahnen oder von Bergbahnunternehmen nicht zustande, hat die Planfeststellungsbehörde die Entscheidung der von der Landesregierung bestimmten Behörde einzuholen und der Planfeststellung zugrunde zu legen.

(4) Für die Rechtswirkungen der Planfeststellung und Plangenehmigung gilt § 75 des Verwaltungsverfahrensgesetzes mit folgenden Maßgaben:

1. Wird mit der Durchführung des Plans nicht innerhalb von fünf Jahren nach Eintritt der Unanfechtbarkeit begonnen, so tritt er außer Kraft, es sei denn, er wird vorher auf Antrag des Unternehmers von der Planfeststellungsbehörde um höchstens fünf Jahre verlängert.
2. Vor der Entscheidung nach Nummer 1 ist eine auf den Antrag begrenzte Anhörung nach dem für die Planfeststellung oder für die Plangenehmigung vorgeschriebenen Verfahren durchzuführen.
3. Für die Zustellung und Auslegung sowie die Anfechtung der Entscheidung über die Verlängerung sind die Bestimmungen über den Planfeststellungsbeschluss entsprechend anzuwenden.
4. Wird eine Planergänzung oder ein ergänzendes Verfahren nach § 75 Absatz 1a Satz 2 des Verwaltungsverfahrensgesetzes erforderlich und unverzüglich betrieben, bleibt die Durchführung des Vorhabens insoweit zulässig, als es von der Planergänzung oder dem Ergebnis des ergänzenden Verfahrens offensichtlich nicht berührt ist.

(5) Für die Planergänzung und das ergänzende Verfahren im Sinne des § 75 Absatz 1a Satz 2 des Verwaltungsverfahrensgesetzes und für die Planänderung vor Fertigstellung des Vorhabens gilt § 76 des Verwaltungsverfahrensgesetzes mit der Maßgabe, dass im Falle des § 76 Absatz 1 des Verwaltungsverfahrensgesetzes von einer Erörterung im Sinne des § 73 Absatz 6 des Verwaltungsver-

fahrensgesetzes und des § 18 Absatz 1 Satz 4 des Gesetzes über die Umweltverträglichkeitsprüfung abgesehen werden kann. Im Übrigen gelten für das neue Verfahren die Vorschriften dieses Gesetzes.

(6) Vor Erhebung einer verwaltungsgerichtlichen Klage gegen einen Planfeststellungsbeschluß oder gegen eine Plangenehmigung für den Bau oder die Änderung von Betriebsanlagen für Straßenbahnen bedarf es keiner Nachprüfung in einem Vorverfahren. Die Anfechtungsklage gegen einen Planfeststellungsbeschluß oder eine Plangenehmigung für den Bau oder die Änderung von Betriebsanlagen für Straßenbahnen hat keine aufschiebende Wirkung. Der Antrag auf Anordnung der aufschiebenden Wirkung der Anfechtungsklage gegen einen Planfeststellungsbeschluß oder eine Plangenehmigung nach § 80 Abs. 5 Satz 1 der Verwaltungsgerichtsordnung kann nur innerhalb eines Monats nach Zustellung des Planfeststellungsbeschlusses oder der Plangenehmigung gestellt und begründet werden. Treten später Tatsachen ein, die die Anordnung der aufschiebenden Wirkung rechtfertigen, so kann der durch den Planfeststellungsbeschluß oder die Plangenehmigung Beschwerte einen hierauf gestützten Antrag nach § 80 Abs. 5 Satz 1 der Verwaltungsgerichtsordnung innerhalb einer Frist von einem Monat stellen. Die Frist beginnt in dem Zeitpunkt, in dem der Beschwerte von den Tatsachen Kenntnis erlangt.

(7) Der Kläger hat innerhalb einer Frist von zehn Wochen ab Klageerhebung die zur Begründung seiner Klage dienenden Tatsachen und Beweismittel anzugeben. Erklärungen und Beweismittel, die erst nach Ablauf dieser Frist vorgebracht werden, sind nur zuzulassen, wenn der Kläger die Verspätung genügend entschuldigt. Der Entschuldigungsgrund ist auf Verlangen des Gerichts glaubhaft zu machen. Satz 2 gilt nicht, wenn es mit geringem Aufwand möglich ist, den Sachverhalt auch ohne Mitwirkung des Klägers zu ermitteln. Die Frist nach Satz 1 kann durch den Vorsitzenden oder den Berichterstatter auf Antrag verlängert werden, wenn der Kläger in dem Verfahren, in dem die angefochtene Entscheidung ergangen ist, keine Möglichkeit der Beteiligung hatte. § 6 des Umwelt-Rechtsbehelfsgesetzes ist nicht anzuwenden.

1 **Abs. 1** weist der Genehmigungsbehörde sowohl die Planfeststellung als auch die Erteilung der Plangenehmigung zu und überträgt ihr die Entscheidung nach § 28 Abs. 2. Die Befugnis zur Planfeststellung umfasst nach § 75 Abs. 1 Satz 1 VwVfG auch **notwendige Folgemaßnahmen.** Darunter sind alle Regelungen außerhalb der eigentlichen Zulassung des Vorhabens zu verstehen, die für eine angemessene Entscheidung über die durch die Baumaßnahme aufgeworfenen Konflikte erforderlich sind. Die Abgrenzung kann im Einzelfall schwierig sein (vgl. BVerwG NVwZ 1994, 1002 mwN; BVerwG NVwZ-RR 1996, 187; BVerwGE 109, 192 = NVwZ 2000, 316 = DVBl. 1999, 1519; BVerwG DVBl. 2010, 1119; Gaentzsch DVBl. 2012, 129). Von § 75 Abs. 1 Satz 1 VwVfG zu unterscheiden ist § 78 VwVfG (Zusammentreffen mehrerer Vorhaben). Er bezweckt entsprechend dem Gebot einer einheitlichen Problembewältigung die Koordinierung von selbständigen Vorhaben (vgl. dazu im Einzelnen Ronellenfitsch, Die Koordination der verkehrlichen Fachplanung im zentralen Bereich Berlins, 1994; Stelkens/Bonk/Sachs/Neumann VwVfG § 78 Rn. 10 ff., 19 ff.). Praktische

Bedeutung hat diese Vorschrift vor allem für die „Verkehrsanlagen im Zentralen Bereich Berlin“ erlangt (dazu BVerwGE 101, 73 = NVwZ 1996, 901 = DVBl. 1996, 921 mit grundlegenden Ausführungen zur Auslegung von § 78 VwVfG).

Die Neufassung des **Abs. 1a** durch das Gesetz vom 3.3.2020 (dazu → § 28 Rn. 1) berücksichtigt, dass die bish. Nr. 1 bis 4 wegen der zwischenzeitlichen Änderungen des VwVfG (§ 73) eines eigenen Regelungsgehalts entbehren und die Nr. 5 umformuliert worden ist sowie der bish. Satz 2 jetzt in § 28 Abs. 1 Satz 4 seinen Platz hat. Stattdessen regelt die Bestimmung nunmehr zwei Maßgaben bei der Anwendung des § 73 VwVfG, wenn auf eine Anhörung verzichtet werden soll. Findet keine Erörterung iSd § 73 Abs. 6 VwVfG oder des § 18 UVPG statt, hat die Anhörungsbehörde ihre Stellungnahme innerhalb von sechs Wochen abzugeben und zusammen mit den sonstigen in § 73 Abs. 9 VwVfG aufgeführten Unterlagen der Planfeststellungsbehörde zuzuleiten (Nr. 1). Soll ein ausgelegter Plan geändert werden, so kann im Regelfall von der Erörterung iSd § 73 Abs. 6 VwVfG und des § 18 Abs. 1 Satz 4 UVPG abgesehen werden. Ein solcher Regelfall wird nur in Betracht kommen können, wenn der „geänderte“ Plan zB Personen, die Einwendungen erhoben haben, stärker belasten oder bisher nicht erkennbare Beeinträchtigungen bewirken oder überhaupt einen bislang nicht berührten Kreis potentiell Betroffener entstehen lassen könnte. Dies kann sich bei Vorhaben der hier behandelten Art von Vorhaben als eine besondere Schwierigkeit erweisen. Die Veränderung von Verkehrsströmen im ÖPNV durch die Schaffung von Betriebsanlagen für Straßenbahnen lässt sich im Voraus nicht abschließend feststellen, sodass die Anhörungsbehörde bei der Entscheidung über einen Verzicht auf die Anhörung vor eine kaum lösbare Aufgabe gestellt wird. (vgl. die Stellungnahme des Bundesrates in BT-Drs. 11/4311, 21). **2**

Die **Abs. 2** und **3** regeln das Verfahren im Falle von Einwendungen, die Bundesbehörden/Behörden, die im Auftrag des Bundes tätig werden (Abs. 2), oder nichtbundeseigene Eisenbahnen/Bergbahnunternehmen (Abs. 3) erhoben haben. Kommt hier keine Einigung zwischen Planfeststellungsbehörde und Einwender zustande, entscheidet die Planfeststellungsbehörde im Benehmen mit dem Bundesministerium für Verkehr und digitale Infrastruktur bzw. ist die Entscheidung der von der Landesregierung bestimmten Behörde – im Zweifel des Landesverkehrsministeriums – einzuholen und von der Planfeststellungsbehörde der Planfeststellung zugrundezulegen. **3**

Durch das Gesetz vom 3.3.2020 (dazu → § 28 Rn. 1) ist die bis dahin in Abs. 4 geregelte Präklusionswirkung für verspätete Einwendungen weggefallen. Sie ist nunmehr Gegenstand der ebenfalls geänderten Bestimmung des gemäß § 28 Abs. 1 Satz 3 geltenden § 73 Abs. 3a Satz 2 und Abs. 4 Satz 3 und 4 VwVfG. **Abs. 4 nF** enthält vier „Maßgaben“, nach denen § 75 VwVfG für die Rechtswirkungen der Planfeststellung und der Plangenehmigung gilt. Dabei geht es u. a. um die Möglichkeit einer Fristverlängerung für den Beginn der Durchführung des Plans (Nr. 1) nach einer auf den entsprechenden Antrag begrenzten Anhörung (Nr. 2) und die weitere Zulässigkeit der Durchführung des Vorhabens, soweit es von einer Planergänzung oder dem Ergebnis des ergänzenden Verfahrens offensichtlich nicht berührt ist (Nr. 4). **3a**

4 An die Stelle des ebenfalls aufgrund des Gesetzes vom 3.3.2020 weggefallenen Abs. 5 aF (dazu → § 28 Rn. 1) sind mit dem neu gefassten **Abs. 5** „Maßgaben“ getreten, nach denen die gemäß § 28 Abs. 1 Satz 3 geltenden §§ 72 bis 78 VwVfG anzuwenden sind. Sie betreffen § 76 im Falle der Planergänzung und des ergänzenden Verfahrens iSd § 75 Abs. 1a Satz 2 VwVfG sowie der Planänderung vor Fertigstellung des Vorhabens.

5 **Abs. 6** enthält die auch für die übrigen Verkehrswegegesetze getroffenen besonderen Regelungen für das verwaltungsgerichtliche Verfahren, insbesondere den Wegfall der aufschiebenden Wirkung der Anfechtungsklage gegen eine Plangenehmigung oder einen Planfeststellungsbeschluss sowie die Befristung des Antrages auf Wiederherstellung der aufschiebenden Wirkung, – ein Ergebnis des Vermittlungsverfahrens im Gesetzgebungsverfahren für das PlVereinfG (vgl. BR-Dr. 773/93; zur Auslegung der entsprechenden Vorschrift im FStrG VGH München DÖV 1994, 565). Außerdem wurde der Wegfall des Vorverfahrens für Planfeststellungsbeschlüsse und Plangenehmigungen aufgenommen. Damit ist unmittelbar und ohne Widerspruchsverfahren die verwaltungsgerichtliche Klage möglich.

5a Nach dem ebenfalls durch das Gesetz vom 3.3.2020 geänderten **Abs. 7** (dazu → § 28 Rn. 1) hat der Kläger innerhalb einer Frist von 10 statt bisher 6 Wochen die zur Begründung seiner Klage dienenden Tatsachen und Beweismittel anzugeben. Dies hat so konkret zu geschehen, dass der Sachverhalt, aus dem er den mit der Klage verfolgten Anspruch ableitet, unverwechselbar feststeht. Das schließt späteren vertiefenden Vortrag nicht aus (vgl. BVerwG NVwZ 1994, 371 = DVBl. 1994, 354). Im Übrigen ist die Regelung an § 87b Abs. 3 VwGO und § 6 UmwRG angelehnt, der gemäß S. 6 nicht anzuwenden ist.

6 Für Planfeststellungsverfahren und -genehmigungsverfahren für den Bau oder die Änderung neuer Strecken von Straßenbahnen ist nach § 48 Abs. 1 Nr. 7 VwGO das OVG (VGH) im ersten Rechtszug zuständig.

7 Die **Rechtsschutzgarantie** verlangt nicht in jedem Fall die Aufhebung von Planentscheidungen (vgl. BVerwG DÖV 1993, 432). **Abs. 8** ist durch das Gesetz vom 3.3.2020 (dazu → § 28 Rn. 1) aufgehoben worden. Die identische Regelung findet sich in § 75 Abs. 1a VwVfG, der gemäß § 28 Abs. 1 Satz 3 für das Planfeststellungsverfahren gilt. Im Übrigen sei auf die Ausführungen in der Voraufl. (→ 4. Aufl. 2013, § 29 Rn. 7) verwiesen.

§ 29a Vorzeitige Besitzeinweisung

(1) Ist der sofortige Beginn von Bauarbeiten geboten und weigert sich der Eigentümer oder Besitzer, den Besitz eines für den Bau oder die Änderung einer Betriebsanlage für Straßenbahnen benötigten Grundstücks durch Vereinbarung unter Vorbehalt aller Entschädigungsansprüche zu überlassen, so hat die Enteignungsbehörde den Unternehmer auf Antrag nach Feststellung des Planes oder Erteilung der Plangenehmigung in den Besitz einzuweisen. Der Planfeststellungsbeschluß oder die Plangenehmigung müssen vollziehbar sein. Weiterer Voraussetzungen bedarf es nicht.

(2) Die Enteignungsbehörde hat spätestens sechs Wochen nach Eingang des Antrags auf Besitzeinweisung mit den Beteiligten mündlich zu verhandeln. Hierzu sind der Unternehmer und die Betroffenen zu laden. Dabei ist den Betroffenen der Antrag auf Besitzeinweisung mitzuteilen. Die Ladungsfrist beträgt drei Wochen. Mit der Ladung sind die Betroffenen aufzufordern, etwaige Einwendungen gegen den Antrag vor der mündlichen Verhandlung bei der Enteignungsbehörde einzureichen. Sie sind außerdem darauf hinzuweisen, daß auch bei Nichterscheinen über den Antrag auf Besitzeinweisung und andere im Verfahren zu erledigende Anträge entschieden werden kann.

(3) Soweit der Zustand des Grundstücks von Bedeutung ist, hat die Enteignungsbehörde diesen bis zum Beginn der mündlichen Verhandlung in einer Niederschrift festzustellen oder durch einen Sachverständigen ermitteln zu lassen. Den Beteiligten ist eine Abschrift der Niederschrift oder des Ermittlungsergebnisses zu übersenden.

(4) Der Beschluß über die Besitzeinweisung ist dem Unternehmer und den Betroffenen spätestens zwei Wochen nach der mündlichen Verhandlung zuzustellen. Die Besitzeinweisung wird in dem von der Enteignungsbehörde bezeichneten Zeitpunkt wirksam. Dieser Zeitpunkt soll auf höchstens zwei Wochen nach Zustellung der Anordnung über die vorzeitige Besitzeinweisung an den unmittelbaren Besitzer festgesetzt werden. Durch die Besitzeinweisung wird dem Besitzer der Besitz entzogen und der Unternehmer Besitzer. Der Unternehmer darf auf dem Grundstück das im Antrag auf Besitzeinweisung bezeichnete Bauvorhaben durchführen und die dafür erforderlichen Maßnahmen treffen.

(5) Der Unternehmer hat für die durch die vorzeitige Besitzeinweisung entstehenden Vermögensnachteile Entschädigung zu leisten, soweit die Nachteile nicht durch die Verzinsung der Geldentschädigung für die Entziehung oder Beschränkung des Eigentums oder eines anderen Rechts ausgeglichen werden. Art und Höhe der Entschädigung sind von der Enteignungsbehörde in einem Beschluß festzusetzen.

(6) Wird der festgestellte Plan oder die Plangenehmigung aufgehoben, so ist auch die vorzeitige Besitzeinweisung aufzuheben und der vorherige Besitzer wieder in den Besitz einzuweisen. Der Unternehmer hat für alle durch die Besitzeinweisung entstandenen besonderen Nachteile Entschädigung zu leisten.

(7) Ein Rechtsbehelf gegen eine vorzeitige Besitzeinweisung hat keine aufschiebende Wirkung. Der Antrag auf Anordnung der aufschiebenden Wirkung nach § 80 Abs. 5 Satz 1 der Verwaltungsgerichtsordnung kann nur innerhalb eines Monats nach der Zustellung des Besitzeinweisungsbeschlusses gestellt und begründet werden.

(8) Die Absätze 1 bis 7 gelten entsprechend für Grundstücke, die für Unterhaltungsmaßnahmen benötigt werden. Bei Unterhaltungsmaßnahmen bedarf es nicht der vorherigen Planfeststellung oder Plangenehmigung. Über die vorzeitige Besitzeinweisung nach Absatz 1 entscheidet bei Unterhaltungsmaßnahmen die Enteignungsbehörde.

(9) Im Übrigen gelten die Enteignungsgesetze der Länder.

Die Vorschrift, ebenfalls durch Art. 5 PlVereinfG in das PBefG eingeführt, **1**
ermöglicht unter bestimmten Voraussetzungen die Inanspruchnahme von

Grundstücken für Baumaßnahmen, auch wenn eine Enteignung noch nicht erfolgt ist. Die Besitzeinweisung ist auch dann zulässig, wenn der Besitzer zwar eine Vereinbarung zur Besitzüberlassung anbietet, diese aber von Regelungen über die Entschädigung abhängig macht (VGH München DÖV 1994, 348; ausführlich zur vorzeitigen Besitzeinweisung nach dem PBefG Ziekow FachplanungsR-HdB/Siegel § 13 Rn. 50 ff. und NZV 2004, 545).

2 Die Vorschrift des **Abs. 7,** nach der ein Rechtsbehelf gegen die vorzeitige Besitzeinweisung keine aufschiebende Wirkung hat und der Antrag auf Anordnung der aufschiebenden Wirkung nach § 80 Abs. 5 Satz 1 VwGO nur innerhalb eines Monats nach der Zustellung des Besitzeinweisungsbeschlusses gestellt und begründet werden kann, hat ihr Vorbild in § 224 BauGB. Sie ist, weil bewährt, übernommen worden (vgl. Bericht des Ausschusses für Verkehr des Deutschen Bundestages, BT-Drs. 2/5284, 35).

3 Nach den der Vorschrift durch das Gesetz vom 3.12.2020 (dazu → § 28 Rn. 1) mit Wirkung ab dem 10.12.2020 angefügten Abs. 8 und 9 gelten die Bestimmungen entsprechend auch für Grundstücke, die für Unterhaltungsmaßnahmen benötigt werden; wie für die Enteignung gemäß § 30 sind im Übrigen die Enteignungsgesetze der Länder anzuwenden.

§ 30 Enteignung

(1) Die Enteignung ist zulässig, soweit sie zur Ausführung eines nach den §§ 28, 29 festgestellten oder genehmigten Bauvorhabens oder für Unterhaltungsmaßnahmen notwendig ist. Der festgestellte Plan oder die Plangenehmigung ist dem Enteignungsverfahren zugrunde zu legen und für die Enteignungsbehörde bindend. Die nach Landesrecht zuständige Behörde stellt die Zulässigkeit der Enteignung fest, soweit im Falle einer Unterhaltungsmaßnahme keine Feststellung in einem genehmigten oder festgestellten Plan getroffen ist.

(2) Im Übrigen gelten die Enteignungsgesetze der Länder.

1 In der Vorschrift schlägt sich die **enteignungsrechtliche Vorwirkung** von Planfeststellung und Plangenehmigung nieder (dazu BGH DVBl. 2003, 518; OVG Saarlouis NVwZ 2003, 1004). Ihre Anwendung ist durch die Änderung mit dem Gesetz vom 3.12.2020 (dazu → § 28 Rn. 1) auf Unterhaltungsmaßnahmen ausgedehnt worden. Abs. 1 Satz 1 bewirkt, dass es der Zulassung der Enteignung in einem besonderen Verfahren, wie es ansonsten nach Landesenteignungsrecht erforderlich ist, nicht bedarf (vgl. Oliver DÖV 1985, 697). Satz 2 beschränkt die Enteignungsbehörde auf die Prüfung der Frage, ob im Einzelfall eine Enteignung notwendig ist oder der Zweck auch auf andere, weniger schwer in die Rechte anderer eingreifende Weise verwirklicht werden kann (BVerfGE 45, 297; Hoppe/Schlarmann/Buchner/Deutsch Verkehrsanlagen Rn. 288 ff.). In der Praxis läuft das insbesondere auf die Frage hinaus, ob sich der Vorhabenträger ernsthaft um den freihändigen Erwerb der benötigten Grundstücke zu angemessenen Bedingungen vergeblich bemüht hat oder es anstelle der Entziehung von Grundeigentum mit dessen Belastung getan ist.

§ 30a Entschädigungsverfahren

Soweit der Unternehmer nach § 28 Absatz 3a oder auf Grund eines Planfeststellungsbeschlusses oder einer Plangenehmigung verpflichtet ist, eine Entschädigung in Geld zu leisten, und über die Höhe der Entschädigung keine Einigung zwischen dem Betroffenen und dem Unternehmer zustande kommt, entscheidet auf Antrag eines der Beteiligten die nach Landesrecht zuständige Behörde; für das Verfahren und den Rechtsweg gelten die Enteignungsgesetze der Länder entsprechend.

Die durch die Novelle 2012 eingefügte Vorschrift übernimmt Regelungen über 1 das Entschädigungsverfahren, die auf vergleichbare Regelungen zB nach § 22a AEG, § 19a FStrG und § 28a LuftVG zurückgehen. Durch das Gesetz vom 3.3.2020 (dazu → § 28 Rn. 1) ist ihre Anwendung auf Entschädigungsansprüche im Fall einer vorläufigen Anordnung gemäß § 28 Abs. 3a ausgedehnt worden, der ebenfalls durch Gesetz vom 3.3.2020 eingefügt worden ist (→ § 28 Rn. 13a). Sie betrifft nicht den Entzug des Grundeigentums und die dafür zu leistende Entschädigung, die in § 30a geregelt sind, sondern den Ausgleich wegen keine Enteignung darstellender nachteiliger Beeinträchtigungen von Rechtspositionen (§ 74 Abs. 2 Satz 3 VwVfG). § 30a begründet keine Entschädigungsansprüche. Die Bestimmung setzt vielmehr eine Entschädigungspflicht des Unternehmers voraus, wofür zB § 74 Abs. 2 Satz 3 VwVfG iVm einem Planfeststellungsbeschluss oder einer Plangenehmigung in Betracht kommt.

Insofern handelt es sich bei § 30a um eine Verfahrensvorschrift. Sie regelt das 2 Verfahren bei Streitigkeiten über die Höhe einer Entschädigung, die aufgrund einer entsprechenden Regelung in einem Planfeststellungsbeschluss oder einer Plangenehmigung zu zahlen ist (Hermes EnWG § 45a Rn. 2; Beck AEG/Dünchheim AEG § 22a Rn. 3), indem sie Streitigkeiten über die Höhe dieser Entschädigung in ein gesondertes Verfahren verweist, das die nach Landesrecht zuständige Enteignungsbehörde durchführt. Insoweit dient die Vorschrift der Verfahrensbeschleunigung. Die Verpflichtung zur Leistung einer Geldentschädigung ist jedoch dem Grunde nach im Planfeststellungsbeschluss oder in der Plangenehmigung oder vorläufigen Anordnung auszusprechen. Hinsichtlich der Höhe kann sich die Planfeststellungsbehörde auf die Angabe der für die Berechnung maßgebenden Faktoren beschränken (BVerwGE 71, 166 = DVBl. 1985, 900 = NVwZ 1986, 121). Es ist nicht ihre Aufgabe, Regelungen zum Ablauf des nachfolgenden Entschädigungsverfahrens und zur methodischen Ermittlung der Entschädigungshöhe festzulegen (BVerwG NVwZ 2013, 1393).

§ 31 Benutzung öffentlicher Straßen

(1) Der Unternehmer hat die Zustimmung des Trägers Straßenbaulast beizubringen, wenn

1. eine öffentliche Straße von der Straßenbahn benutzt werden soll,

2. Betriebsanlagen von Straßenbahnen eine öffentliche Straße höhengleich kreuzen.

(2) Vereinbarungen über die Höhe eines Entgelts für die Benutzung einer öffentlichen Straße bedürfen der Zustimmung der Genehmigungsbehörde. Bestehende Verträge zwischen dem Unternehmer und dem Träger der Straßenbaulast bleiben unberührt.

(3) Wird eine öffentliche Straße, die von einer Straßenbahn benutzt wird, erweitert oder verlegt, kann der Träger der Straßenbaulast von dem Unternehmer einen Beitrag zu den Kosten der Erweiterung oder Verlegung der Straße verlangen. Dabei ist zu berücksichtigen, ob und inwieweit die Erweiterung oder Verlegung der Straße durch die Straßenbahn, den sonstigen Straßenverkehr oder andere Gründe veranlaßt ist. Absatz 2 Satz 2 gilt entsprechend.

(4) Auf Verlangen des Trägers der Straßenbaulast hat der Unternehmer bei Ablauf der Genehmigung die Betriebsanlagen der Straßenbahn zu beseitigen und die Straße wiederherzustellen.

(5) Kommt in den Fällen der Absätze 1 und 3 eine Einigung nicht zustande, entscheiden die von der Landesregierung bestimmten Behörden.

(6) Auf Vereinbarungen des Unternehmers mit dem Träger der Straßenbaulast über die Benutzung öffentlicher Straßen ist im Planfeststellungsbeschluß oder in der Plangenehmigung hinzuweisen.

1 Die Benutzung öffentlicher Straßen durch Straßenbahnen ist eine Sondernutzung; sie gehört nicht zum Gemeingebrauch. Daher ist die Zustimmung des Trägers der Straßenbaulast erforderlich; in **Abs. 1** – in der bislang geltenden Fassung – ist durch die **Novelle 2021** ein „der" hinter dem Wort „Trägers" gestrichen worden. Sie ersetzt die Sondernutzungserlaubnisse, die die Straßengesetze des Bundes und der Länder vorsehen. Für höhengleiche Kreuzungen von öffentlichen Straßen mit Straßenbahnen gilt nach Abs. 1 Nr. 2 dasselbe. Straßenbahnen außerhalb des Verkehrsraumes einer Straße, die also auf besonderem Bahnkörper betrieben werden, werden nach § 1 Abs. 5 EKrG, wenn sie Straßen kreuzen, wie Eisenbahnen behandelt (dazu Marschall/Schweinsberg EKrG § 1 Rn. 5.1. ff.; siehe auch BVerwG NVwZ 2016, 152).

2 Wird für die Benutzung einer Straße ein Entgelt vom Träger der Straßenbaulast verlangt, ist nach **Abs. 2** ebenfalls die Zustimmung der Genehmigungsbehörde erforderlich; doch bleiben bestehende Verträge unberührt.

3 Für die Kostenersatzpflicht des Straßenbahnunternehmers bei der Erweiterung oder Verlegung von Straßen gilt nach **Abs. 3** das **Veranlassungsprinzip.** Der Anspruch des Straßenbaulastträgers auf Kostenersatz setzt voraus, dass die Straßenveränderung durch eine Zunahme des Straßenbahnverkehrs oder durch sonstige Wandlungen in den Betriebsverhältnissen der Straßenbahn veranlasst worden ist (BVerwGE 58, 336 unter Hinweis auf Peters/Salzwedel, Die Kostenverteilung zwischen Straßenbaulastträgern und öffentlichen Verkehrsunternehmern, 1960, S. 116).

4 Wenn die Genehmigung zum Betrieb des Straßenbahnverkehrs abgelaufen ist, hat der Unternehmer nach **Abs. 4** den früheren Zustand wiederherzustellen. Nach jetzigem Recht ist es der Genehmigungsbehörde verwehrt, dafür die Stellung einer Sicherheit zu verlangen.

5 **Abs. 5** sieht für den Fall, dass zwischen Straßenbaulastträger und Straßenbahnunternehmer eine Einigung nicht zustande kommt, die Entscheidung der

Genehmigungsbehörde vor. Darauf hat der Unternehmer einen Rechtsanspruch, weil seine Genehmigung sonst wertlos wäre.

Abs. 6 verpflichtet die Planfeststellungsbehörde, auf Vereinbarungen des Unternehmers mit dem Träger der Straßenbaulast über die Benutzung öffentlicher Straßen – idR als Straßenbenutzungsverträge bezeichnet – hinzuweisen. 6

§ 32 Duldungspflichten Dritter

(1) Eigentümer oder sonstige Nutzungsberechtigte haben

1. Vermessungen, Boden- und Grundwasseruntersuchungen einschließlich der vorübergehenden Anbringung von Markierungszeichen und sonstigen Vorarbeiten, die zur Planung von Betriebsanlagen und Straßenbahnen notwendig sind, zu dulden, wenn die Genehmigungsbehörde diesen Arbeiten zustimmt,

2. das Anbringen oder Errichten von Haltevorrichtungen für elektrische Leitungen, von Signalen und Haltestellenzeichen durch den Unternehmer oder von ihm Beauftragte zu dulden. Arbeits-, Betriebs- oder Geschäftsräume dürfen vom Unternehmer oder von ihm Beauftragte nur während der jeweiligen Arbeits- oder Geschäftsstunden, Wohnungen nur mit Zustimmung des Wohnungsinhabers betreten werden. Die Absicht, Vorarbeiten durchzuführen, ist dem Eigentümer oder sonstigen Nutzungsberechtigten mindestens 2 Wochen vorher unmittelbar und in den Gemeinden, in deren Gebiet Vorarbeiten durchgeführt werden sollen, ortsüblich bekanntzugeben.

(2) Die Zustimmung der Genehmigungsbehörde zu den Vorarbeiten begründet keinen Anspruch auf Erteilung der Genehmigung nach § 9 Abs. 1 Nr. 1.

(3) Über eine Verpflichtung zur Duldung der in Absatz 1 Nr. 2 bezeichneten technischen Einrichtungen ist beim Bau neuer Betriebsanlagen für Straßenbahnen im Planfeststellungsverfahren zu entscheiden. Im übrigen entscheidet die Genehmigungsbehörde.

(4) Für Schäden, die durch Vorarbeiten, das Anbringen, Errichten oder Entfernen technischer Einrichtungen verursacht worden sind, hat der Unternehmer Entschädigung zu leisten. § 31 Abs. 5 gilt entsprechend. Für die Geltendmachung von Entschädigungsansprüchen ist der ordentliche Rechtsweg gegeben.

Die Vorschrift beruht auf der Novelle 1990; sie fasst die früheren §§ 34 und 1
35 zusammen (vgl. BT-Drs. 11/4310, 146). Sie ist notwendig, um zu gewährleisten, dass der Unternehmer die zur Planung einer Straßenbahnbetriebsanlage erforderlichen Vorarbeiten durchführen kann (vgl. BR-Drs. 255, 30; siehe im Einzelnen zu dieser Vorschrift Ziekow FachplanungsR-HdB/Siegel § 13 Rn. 10 ff.).

Abs. 1 Nr. 1 umfasst die Vorarbeiten im engeren Sinne, nämlich Ver- 2
messungen, Boden- und Grundwasseruntersuchungen einschließlich der vorübergehenden Anbringung von Markierungszeichen sowie sonstige Vorarbeiten, die zur Planung von Betriebsanlagen notwendig sind. Eigentümer oder sonstige Nutzungsberechtigte haben sie zu dulden, wenn die Genehmigungsbehörde diesen Arbeiten zustimmt. Die Zustimmung steht im Ermessen

der Genehmigungsbehörde und setzt voraus, dass der Unternehmer mit der Erteilung einer Genehmigung nach § 13 rechnen kann.

3 **Abs. 1 Nr. 2** hat die **Duldung technischer Einrichtungen** zum Gegenstand, die für den Betrieb des Straßenbahnverkehrs unerlässlich sind. Alle Eigentümer von Grundstücken und von Baulichkeiten jeder Art, auch wenn sie keine Straßenanlieger sind, werden daher in Beschränkung ihres Eigentums verpflichtet, das Anbringen oder Errichten solcher Anlagen zu dulden. Arbeits-, Betriebs- oder Geschäftsräume dürfen Unternehmer oder von ihm Beauftragte allerdings nur während der jeweiligen Arbeits- oder Geschäftsstunden und Wohnungen nur mit Zustimmung des Wohnungsinhabers betreten. Damit wird dem Grundrecht der Unverletzlichkeit der Wohnung nach Art. 13 GG Rechnung getragen.

4 In jedem Fall ist die Absicht, Vorarbeiten durchzuführen, dem Eigentümer oder sonstigen Nutzungsberechtigten mindestens zwei Wochen vorher unmittelbar und in den Gemeinden, in deren Gebiet Vorarbeiten durchgeführt werden sollen, ortsüblich bekanntzugeben.

5 Über die Duldungspflicht wird nach **Abs. 3** beim Bau neuer Betriebsanlagen sowie bei wesentlichen Änderungen und Erweiterungen, sofern sie eine Planfeststellung oder eine Plangenehmigung erforderlich machen, in dem entsprechenden Verfahren entschieden. Ansonsten entscheidet die Genehmigungsbehörde in Form eines die Duldungspflicht feststellenden Verwaltungsakts. Die Anordnung der sofortigen Vollziehung nach § 80 Abs. 2 Nr. 4 VwGO kann erforderlich werden.

6 Sowohl die Vorarbeiten als auch das Anbringen, Errichten oder Entfernen technischer Einrichtungen kann Schäden verursachen. Dafür hat der Unternehmer Entschädigung zu leisten. Kommt es zwischen den Beteiligten darüber nicht zu einer Einigung, entscheidet in entsprechender Anwendung von § 31 Abs. 5 die Genehmigungsbehörde. Für die Geltendmachung der Entschädigungsansprüche ist der ordentliche Rechtsweg gegeben.

7 **Abs. 2,** der ausspricht, dass die Zustimmung der Genehmigungsbehörde zu den Vorarbeiten keinen Anspruch auf Erteilung der Genehmigung nach § 9 Abs. 1 Nr. 1 begründet, bewahrt das jeweilige Bundesland grundsätzlich vor Entschädigungsansprüchen, wenn wider Erwarten der Bau der Betriebsanlage später nicht ins Werk gesetzt werden kann. Schadensersatzansprüche aus Amtspflichtverletzung sind damit jedoch nicht ausgeschlossen.

§§ 33 bis 35 (weggefallen)

§ 36 Bau- und Unterhaltungspflicht

(1) Der Unternehmer ist verpflichtet, die ihm genehmigten Betriebsanlagen für Straßenbahnen zu bauen und während der Geltungsdauer der Genehmigung den öffentlichen Verkehrsinteressen und dem Stand der Technik entsprechend zu unterhalten.

(2) Die Genehmigungsbehörde kann dem Unternehmer eine Frist setzen, innerhalb derer die Betriebsanlagen zu bauen sind.

Bau und Unterhaltung der Straßenbahn sind Pflicht des Unternehmers. Sie sind Bestandteil der Betriebspflicht gemäß § 21. Wenn dabei in **Abs. 1** auf den Stand der Technik abgehoben wird, bedeutet das nicht, dass jede technische Neuerung eingeführt werden muss (BGH VRS 20, 134; auch → § 21 Rn. 2). 1

Die der Genehmigungsbehörde in **Abs. 2** erteilte Ermächtigung, dem Unternehmer eine Frist zu setzen, innerhalb derer die Betriebsanlagen zu bauen sind, korrespondiert mit § 26 Nr. 1, der bestimmt, dass die Genehmigung erlischt, wenn der Betrieb nicht innerhalb der von der Genehmigungsbehörde gesetzten Frist aufgenommen wird (ebenso Fielitz/Grätz Rn. 6) Der Fristablauf für die Bauausführung ist gehemmt, solange der Unternehmer nicht durch höhere Gewalt an ihr gehindert ist (OVG NRW 2013, 1499). 2

§ 36a Besondere Pflichten im Interesse der Unterhaltung

(1) Soweit es zur Unterhaltung einer Betriebsanlage für Straßenbahnen erforderlich ist, haben Eigentümer und sonstige Nutzungsberechtigte zu dulden, dass Beauftragte des Unternehmers die Grundstücke betreten oder vorübergehend benutzen. Das Grundrecht auf Unverletzlichkeit der Wohnung (Artikel 13 Absatz 1 des Grundgesetzes) wird insoweit eingeschränkt. Die Arbeiten müssen dem Eigentümer und sonstigen Nutzungsberechtigten angekündigt werden.

(2) Entstehen durch Handlungen nach Absatz 1 Schäden, hat der Geschädigte Anspruch auf Schadensersatz.

(3) Der Inhaber einer Sondernutzungserlaubnis hat, ohne Anspruch auf Entschädigung, zu dulden, dass die Ausübung seines Rechts durch Arbeiten zur Unterhaltung vorübergehend behindert oder unterbrochen wird. Auf die Interessen des Inhabers einer Sondernutzungserlaubnis ist Rücksicht zu nehmen.

Die Vorschrift ist durch das Gesetz vom 3.3.2020 (dazu → § 28 Rn. 1) mit Wirkung ab dem 13.3.2020 eingefügt worden und hat ihre seit dem 10.12.2020 geltende Fassung mit dem Gesetz vom 3.12.2020 (dazu → § 28 Rn. 1) erhalten. Sie begründet für Eigentümer und sonstige Nutzungsberechtigte vergleichbar mit der Regelung des § 32 im Zusammenhang mit Maßnahmen zur Unterhaltung der Betriebsanlagen Duldungspflichten und Anspruch auf Schadensersatz, wenn durch die Duldung des Betretens und der Nutzung des Grundstücks Schäden entstehen. 1

Mit Satz 2 des Abs. 1 wird Art. 13 GG Rechnung getragen. 2

§ 37 Aufnahme des Betriebs

Die Genehmigung zur Aufnahme des Betriebs der Straßenbahnen erteilt die Genehmigungsbehörde im Einvernehmen mit der für die technische Aufsicht zuständigen Behörde.

1 Die Aufnahme des Betriebs setzt die **Abnahme** voraus, die nach § 62 BOStrab der Technischen Aufsichtsbehörde (§ 54 Abs. 1 Satz 3 f.) obliegt. Wegen der Bedeutung der Abstimmung wird deren Einvernehmen verlangt (vgl. Begründung zum Entwurf des Dritten Rechtsbereinigungsgesetzes, BR-Drs. 510/88, 154).

§ 38 (weggefallen)

§ 39 Beförderungsentgelte und -bedingungen

(1) Beförderungsentgelte und deren Änderung bedürfen der Zustimmung der Genehmigungsbehörde. Mit der Zustimmung sind die Beförderungsentgelte allgemein verbindlich. Soweit die Beförderungsentgelte Gegenstand eines öffentlichen Dienstleistungsauftrages sind, hat die zuständige Behörde der Genehmigungsbehörde dies anzuzeigen; in diesem Fall gilt die Zustimmung als erteilt.

(2) Die Genehmigungsbehörde hat die Beförderungsentgelte insbesondere daraufhin zu prüfen, ob sie unter Berücksichtigung der wirtschaftlichen Lage des Unternehmers, einer ausreichenden Verzinsung und Tilgung des Anlagekapitals und der notwendigen technischen Entwicklung angemessen sind. Die Zustimmung zu einer Änderung der Beförderungsentgelte wird in der Regel nicht erteilt, wenn diese einer verbindlichen Zusicherung nach § 12 Absatz 1a widerspricht.

(3) Die nach Absatz 1 festgestellten Beförderungsentgelte dürfen nicht über- oder unterschritten werden; sie sind gleichmäßig anzuwenden. Ermäßigungen, die nicht unter gleichen Bedingungen jedermann zugute kommen, sind verboten und nichtig.

(4) Die Zustimmung zu den Beförderungsentgelten kann von der Genehmigungsbehörde nach Anhörung des Unternehmers widerrufen werden, wenn die für die Bildung der Beförderungsentgelte maßgebenden Umstände sich wesentlich geändert haben; in diesem Falle kann die Genehmigungsbehörde nach Anhörung des Unternehmers die Beförderungsentgelte anderweitig festsetzen.

(5) Eine Erhöhung der Beförderungsentgelte tritt frühestens am siebenten Tage nach der Veröffentlichung in Kraft.

(6) Die Beförderungsbedingungen sind vor ihrer Einführung der Genehmigungsbehörde zur Zustimmung vorzulegen, soweit die von den Allgemeinen Beförderungsbedingungen (§ 57 Abs. 1 Nr. 5) für das Unternehmen im Einzelfalle abweichen (Besondere Beförderungsbedingungen). Das gleiche gilt für Änderungen der Besonderen Beförderungsbedingungen. Absatz 1 Satz 3 und Absatz 2 Satz 2 gelten entsprechend. Die Genehmigungsbehörde kann eine Änderung der Beförderungsbedingungen verlangen, wenn die für ihre Festsetzung maßgeben-

den Umstände sich wesentlich geändert haben oder sich für die bessere Ausgestaltung des Verkehrs in einem Gebiet neue Gesichtspunkte ergeben, denen durch eine Änderung der Besonderen Beförderungsbedingungen Rechnung getragen werden kann. Zuständig ist die Genehmigungsbehörde, in deren Bezirk der Unternehmer seinen Betriebssitz hat.

(7) Die Beförderungsentgelte und die Besonderen Beförderungsbedingungen sind vom Unternehmer vor ihrer Einführung ortsüblich bekanntzumachen; die Bekanntmachung ist in den zum Aufenthalt der Fahrgäste bestimmten Räumen auszuhängen.

1 Die Vorschrift legt die **Tarifpflicht** fest, die es, soweit es die Erbringung von Verkehrsleistungen zu Lande und zu Wasser angeht, nach Erlass des TAufhG vom 13.8.1993 (BGBl. I 1489) und dem Außerkrafttreten des Bundesbahngesetzes mit Wirkung vom 1.1.1994 (vgl. Art. 8 § 1 Nr. 2 ENeuOG) nur noch im **Personenverkehr** gibt. Sie findet eine Entsprechung in § 12 Abs. 2 AEG.

2 Tarifpflicht besteht im Verkehr mit Straßenbahnen und Obussen (§ 41 Abs. 3) sowie im Linienverkehr mit Kraftfahrzeugen nach § 42 – also auch für den mit der **Novelle 2021** eingeführten Linienbedarfsverkehr –, ausgenommen der Personenfernverkehr (vgl. § 45 Abs. 2), und bei den Sonderformen des Linienverkehrs nach § 43, bei letzteren nur insoweit, als nicht auf die Einhaltung der Vorschriften über die Beförderungsentgelte nach § 45 Abs. 3 Satz 1 verzichtet worden ist. Tarifgeber ist der **Unternehmer.** Ihm obliegt die Gestaltung der Tarife, soweit die Beförderungsentgelte nicht Gegenstand eines öffentlichen Dienstleistungsauftrages sind (vgl. den mit der Novelle 2012 eingefügten Satz 3 in Abs. 1). Der Genehmigungsbehörde kommt im Rahmen des Zustimmungsvorbehalts allein eine **Rechtsaufsicht** zu (ebenso zur Tarifgenehmigung nach § 12 BTO Elt aF BVerwG RdE 1992, 114; Büdenbender Rn. 371). Das ergibt sich auch daraus, dass § 39 im Gegensatz zu § 15 Abs. 3 (und zB § 45a Abs. 4) Bedingungen und Auflagen nicht vorsieht. Auf die Erteilung der Zustimmung besteht deshalb ein **Rechtsanspruch,** wenn die in Abs. 2 zu prüfenden Gesichtspunkte ergeben, dass die Eigenwirtschaftlichkeit des Unternehmens anderenfalls gefährdet wäre (vgl. VG Dessau 20.12.1999 – 2 B 1371/99 DE; VG Dessau DÖV 2006, 569; BVerwGE 148, 175 = GewArch 2014, 161; OVG Berlin-Brandenburg 29.4.2014 – 1 A 5.12, BeckRS 2014, 51954; zum Begriff der Eigenwirtschaftlichkeit im Einzelnen → § 8 Rn. 10 ff.), und wenn im Falle einer Änderung der Beförderungsentgelte diese nicht der verbindlichen Zusicherung nach dem durch die Novelle 2012 eingeführten § 12 Abs. 1a widerspricht (Abs. 2 Satz 2; vgl. dazu die die Entbindung von der Betriebspflicht betreffende Regelung des § 21 Abs. 4 Satz 2 und → § 21 Rn. 9 sowie die entsprechende Regelung des § 40 Abs. 2a für die Fahrplanänderung).

3 Die durch die Novelle 2012 geänderte Fassung des **Abs. 2** enthält nicht mehr eine Abs. 2 Satz 2 aF vergleichbare Regelung, wonach im Falle einer aus Gründen des öffentlichen Verkehrsinteresses oder des Gemeinwohls versagten Zustimmung § 8 Abs. 4 aF entsprechend gegolten hat. Das kann jedoch nicht bedeuten, dass die Genehmigungsbehörde angemessenen Beför-

derungsentgelten iSd Abs. 2 Satz 1 auch dann zustimmen muss, wenn dem das öffentliche Verkehrsinteresse oder das Gemeinwohl entgegenstehen (siehe dazu BVerwGE 148, 175; OVG Berlin-Brandenburg 29.4.2014 – 1 A 5.12, BeckRS 2014, 51954). In einem solchen Fall wird sich die Genehmigungsbehörde vielmehr, bevor sie ihre Zustimmung etwa zu einem Antrag auf Erhöhung der Beförderungsentgelte erteilt, mit der „zuständigen Behörde", dh dem Aufgabenträger ins Benehmen setzen müssen, um zu klären, welche tarifpolitischen Vorstellungen er hegt. Hält sie Tariferhöhungen ganz oder teilweise für unerwünscht, wird sie dem zuständigen Aufgabenträger nahezulegen haben, mit dem Unternehmer gemäß § 8a Abs. 1 iVm Art. 3 Abs. 1, Art. 4 und Art. 6 der VO (EG) Nr. 1370/2007 mittels eines öffentlichen Dienstleistungsauftrages, der auch die Rechtsform eines Verwaltungsaktes haben kann (Ziekow/Völlink/Zuck VO (EG) Nr. 1370/2007 Art. 2 Rn. 19), eine Regelung über die Gewährung von Ausgleichsleistungen zur Vermeidung solcher Tariferhöhungen zu treffen. Das gilt namentlich dann, wenn es um die Änderung der Beförderungsentgelte für einen genehmigten Verkehr geht und hier nicht der Weg für einen neuen Betreiber frei ist.

4 Das Ergebnis findet seinen Niederschlag in der von der Genehmigungsbehörde zu erteilenden Zustimmung (vgl. VG Dessau 20.12.1999 – 2 B 1368/99 DE). Sie allein entfaltet **Außenwirkung.**

5 Die Zustimmung, und zwar auch die nach dem durch die Novelle 2012 eingefügten Abs. 1 Satz 3 als erteilt geltende, ist ein **gestaltender Verwaltungsakt** (vgl. Beck AEG/Gerstner AEG § 12 Rn. 76), der eine Besonderheit aufweist: Er gestattet dem Unternehmer nicht nur, die Beförderungsentgelte anzuwenden, denen zugestimmt worden ist, sondern verpflichtet ihn dazu. Denn sie werden mit der Zustimmung nach Abs. 1 Satz 2 **allgemein verbindlich** (vgl. auch Abs. 3 und → Rn. 7).

6 Gleichwohl geht die **hM** davon aus, dass die Zustimmung zu einer Erhöhung der Beförderungsentgelte von den Verkehrsnutzern nicht im Verwaltungsrechtsweg angegriffen werden kann (vgl. BVerwG Buchholz 310 § 42 VwGO Nr. 75; VGH München VRS 58, 239 = StT 1980, 259; VG München StT 1983, 140; Groß, DÖV 1996 52; zur Klagebefugnis eines Landkreises als Träger der Schülerbeförderung OVG Lüneburg 28.9.1995 – 7 M 5507/95). Sie seien der Billigkeitskontrolle durch die ordentlichen Gerichte zugänglich (vgl. BGH DÖV 1992, 583 mwN; zur Billigkeitskontrolle genehmigter Nutzungsentgelte nach §§ 21 ff. EnWG 2005 gemäß § 315 BGB siehe BGH ZNER 2012, 481). Dasselbe soll gelten, wenn sich Konkurrenten gegen ihrer Auffassung nach zu niedrige Tarife („Dumping") wenden (vgl. BVerwGE 21, 338, 340; VG Dessau 20.12.1999 – 2 B 1371/99 DE: § 39 Abs. 2 nicht drittschützend). Das wird der Tatbestandswirkung der Zustimmung, die den Charakter einer **Missbrauchsaufsicht** hat und deshalb eine Prüfung der Tarife auf ihre Billigkeit einschließt, nicht gerecht (vgl. Kopp DÖV 1980, 511; Kopp/Schenke VwGO Anh. § 42 Rn. 83). Ein Vergleich mit der Genehmigung für Tarifpreise nach § 12 BTO Elt aF geht deswegen fehl, weil diese Genehmigung lediglich eine öffentlich-rechtliche Gestattung für die Energieversorgungsunternehmen zur zivilrechtlichen Umsetzung der genehmigten Preise zum Inhalt hat, während die Zustimmung

nach § 39 Abs. 1 zur Folge hat, dass die Beförderungsentgelte allgemeinverbindlich werden (vgl. BVerwGE 95, 133; Büdenbender DZWiR 1994, 315).

Die Problematik der hM zeigt sich insbesondere bei der letzten Variante. 7
Während dann, wenn die Erteilung von Genehmigungen für den Linienverkehr mit Kraftfahrzeugen streitig ist, die – verwaltungsgerichtliche – **Konkurrentenklage** anerkannt ist (vgl. Fromm WuV 1988, 26), wird der Unternehmer, der sich durch die behördliche Regelung der Beförderungsentgelte bei einem anderen Unternehmer in seinen Rechten verletzt fühlt, auf den ordentlichen Rechtsweg verwiesen (speziell zum Festpreischarakter der Beförderungsentgelte im Taxenverkehr BGH NJW 2018, 2484, und ausführlich Fielitz/Grätz Rn. 16 ff., 25 und § 51 Rn. 20 mwN). Diese Konstruktion versagt zudem in den Fällen, in denen die Genehmigung erstmals erteilt wird und die Zustimmung nach § 39 in dem Bescheid über die Erteilung der Genehmigung nach § 15 Abs. 1 aufgeht, weil sie dessen notwendiger Bestandteil ist.

Die Zustimmung wird erstmals im Rahmen der Genehmigung des Betriebs 8
erteilt. Änderungen während der Betriebsdauer müssen besonders beantragt und genehmigt oder, wenn sie Gegenstand eines öffentlichen Dienstleistungsauftrages sind, von der zuständigen Behörde, dh dem Aufgabenträger angezeigt werden (Abs. 1 Satz 1 und 3). Solche Änderungen können auch im Wegfall von Fahrpreisermäßigungen für bestimmte Personengruppen bestehen. Den **Widerruf** der Zustimmung sieht **Abs. 4** Satz 1 bei wesentlicher Änderung der für die Bildung der Beförderungsentgelte maßgebenden Umstände vor. Die Genehmigungsbehörde kann die Tarife in diesem Fall selbst anderweitig festsetzen, hat zuvor jedoch den Unternehmer anzuhören. Sind die Beförderungsentgelte Gegenstand eines öffentlichen Dienstleistungsauftrages, wird auch die zuständige Behörde vorher anzuhören sein. Lassen sich die Änderungen nur „gemeinwirtschaftlich" verwirklichen, ist wie im Falle der erstmaligen Zustimmung gemäß Abs. 2 zu verfahren (zur entsprechenden Anwendung des § 8 Abs. 4 aF bis zum Inkrafttreten der Novelle 2012 vgl. VG Dessau 20.12.1999 – 2 B 1368/99 DE).

Die der Zustimmung als gestaltender Verwaltungsakt eigene **Tatbestands-** 9
wirkung bewirkt auch, dass die Genehmigungsbehörde, die der Einführung von Monatszeitfahrausweisen im Ausbildungsverkehr zugestimmt hat, diesen bei der Gewährung des Ausgleichs nach § 45a nicht die Anerkennung versagen kann (vgl. in diesem Sinne die Begründung zur Fünften Verordnung über die durchschnittlichen verkehrsspezifischen Kosten nach dem PBefG, BR-Dr. 152/90 vom 23.2.1990, S. 4; im Ergebnis aA OVG Münster TranspR 1991, 197; zur Abrechnung sog. Monatskarten im Abonnement als Jahreskarten siehe auch BVerwG NVwZ-RR 2008, 395 = DVBl. 2008, 471 L; differenzierend BVerwG 26.4.2012 – 3 C 28.11 Buchholz 442.01 § 45a PBefG Nr. 13 = NVwZ-RR 2012, 641).

Tariferhöhungen treten frühestens am siebten Tage nach ihrer Bekannt- 10
machung in Kraft **(Abs. 5).** Dasselbe muss man annehmen für Änderungen der Beförderungsentgelte, die einer Tariferhöhung gleichkommen, wie zB eine Verteuerung infolge Wegfalls von Fahrpreisermäßigungen oder Ände-

rungen des Tarifsystems, die teils Tariferhöhungen, teils Tarifermäßigungen zum Gegenstand haben.

11 Der Bundesminister für Verkehr hat aufgrund der Ermächtigung von § 57 Abs. 1 Nr. 5 **Allgemeine Beförderungsbedingungen** für den Straßenbahn- und Obusverkehr sowie den Linienverkehr mit Kraftfahrzeugen erlassen. Sie sind für Unternehmer und Fahrgäste verbindlich. Davon abweichende **Besondere Beförderungsbedingungen** sind nicht unzulässig, müssen aber vor ihrer Einführung der Genehmigungsbehörde (§ 11) zur Zustimmung vorgelegt werden **(Abs. 6).** Die Zustimmung hängt davon ab, dass die Abweichungen durch besondere Verhältnisse gerechtfertigt sind (§ 1 Abs. 1 Satz 2 BefBedV). Bei wesentlicher Änderung der für die Festsetzung wesentlichen Umstände kann die Genehmigungsbehörde eine Änderung der Besonderen Beförderungsbedingungen verlangen. Dasselbe gilt, wenn sich für die bessere Ausgestaltung des Verkehrs in einem Gebiet neue Gesichtspunkte ergeben, denen durch eine Änderung Rechnung getragen werden kann. Gemäß dem durch die Novelle 2012 eingefügten neuen Satz 3 gelten für Besondere Beförderungsbedingungen, die Gegenstand eines öffentlichen Dienstleistungsauftrages sind, und für Änderungen, die einer verbindlichen Zusicherung nach § 12 Abs. 1a widersprechen, die die Zustimmung zu Beförderungsentgelten betreffenden Bestimmungen entsprechend. Ab dem 1.3.2013 müssen die Beförderungsbedingungen die Vorgaben der Verordnung (EU) Nr. 181/2011 über die Fahrgastrechte im Kraftomnibusverkehr und zur Änderung der Verordnung (EG) Nr. 2006/2004 (Anhang Nr. 1. f) berücksichtigen. Da nach der bish. Regelung insbesondere beim Fernbuslinienverkehr die Zuständigkeit verschiedener Genehmigungsbehörden zu ggf. unterschiedlichen genehmigten Versionen führen konnte, ist gemäß dem mit der **Novelle 2021 Abs. 6** angefügten neuen Satz 4 nunmehr die Genehmigungsbehörde zuständig, in deren Bezirk der Unternehmer seinen Betriebssitz hat; sollte eine Änderung der Beförderungsbedingungen erforderlich sein, kann die für die jeweilige Linie zuständige Genehmigungsbehörde diese bei der Genehmigungsbehörde anmelden, in deren Bezirk der Unternehmer seinen Betriebssitz hat (BT-Drs. 19/26175, 46).

12 Sowohl die Beförderungsentgelte als auch die Besonderen Beförderungsbedingungen unterliegen einer **Bekanntmachungspflicht (Abs. 7).** Dasselbe gilt bei einer anderweitigen Festsetzung nach Abs. 4 oder einer Änderung nach Abs. 6 Satz 4. Ortsüblich wird im allgemeinen die Bekanntmachung in einer Tageszeitung oder in einem Amtsblatt, in kleineren Gemeinden auch durch öffentlichen Aushang sein. Auch Aushänge in Geschäftsräumen und Verkaufsstellen und die Ausgabe von Faltblättern sowie Postwurfsendungen kommen in Betracht. Die Bekanntmachung ist ferner in den zum Aufenthalt der Fahrgäste bestimmten Räumen (Wartehallen, Bahnhöfe) auszuhängen. Außerdem sind Beförderungsentgelte und Beförderungsbedingungen in den Fahrzeugen mitzuführen, und den Fahrgästen ist auf Verlangen Einsicht zu gewähren (vgl. § 10 BOKraft).

§ 40 Fahrpläne

(1) Der Fahrplan muß die Führung der Linie, ihren Ausgangs- und Endpunkt sowie die Haltestellen und Fahrzeiten enthalten.

(2) Fahrpläne und deren Änderungen bedürfen der Zustimmung der Genehmigungsbehörde. Ausgenommen sind Fahrplanänderungen, die wegen vorübergehender Störungen des Betriebs oder aus besonderen Anlässen vorgenommen werden und für einen Zeitraum von nicht länger als einen Monat gelten, sowie andere geringfügige Fahrplanänderungen. Als geringfügig sind auch Fahrplanänderungen anzusehen, die durch Baustellen verursacht werden und nicht länger als sechs Monate gelten. Werden durch Fahrplanänderungen die Interessen anderer Verkehrsunternehmen berührt, so sind diese vor der Zustimmung zu hören. Die in Satz 2 genannten Fahrplanänderungen sind der Genehmigungsbehörde anzuzeigen. Die Genehmigungsbehörde kann den angezeigten Fahrplanänderungen innerhalb einer Frist von zwei Wochen widersprechen, wenn die Voraussetzungen des Satzes 2 nicht vorliegen; die Fahrplanänderungen dürfen dann nicht in Kraft treten. Soweit die Fahrpläne Gegenstand eines öffentlichen Dienstleistungsauftrages sind, hat die zuständige Behörde diese der Genehmigungsbehörde anzuzeigen. In diesem Fall gilt die Zustimmung als erteilt.

(2a) Die Zustimmung zu einer Fahrplanänderung wird in der Regel nicht erteilt, wenn diese einer verbindlichen Zusicherung nach § 12 Absatz 1a widerspricht.

(3) Die Genehmigungsbehörde kann für einen eigenwirtschaftlichen Verkehr Änderungen des Fahrplans verlangen, wenn die maßgebenden Umstände sich wesentlich geändert haben oder sich für die bessere Ausgestaltung des Verkehrs in einem Gebiet neue Gesichtspunkte ergeben, denen durch eine Änderung des Fahrplans Rechnung getragen werden kann. Die Genehmigungsbehörde hat hiervon abzusehen, wenn die Änderungen dem Unternehmer unter Berücksichtigung seiner wirtschaftlichen Lage, einer ausreichenden Verzinsung und Tilgung des Anlagekapitals und der notwendigen technischen Entwicklung nicht zugemutet werden können.

(4) Fahrpläne und Fahrplanänderungen sind vom Unternehmer ortsüblich bekanntzumachen. Ferner sind die gültigen Fahrpläne in den zum Aufenthalt der Fahrgäste bestimmten Räumen anzubringen. An den Haltestellen sind mindestens die Abfahrtszeiten anzuzeigen.

Abs. 1 benennt den zwingenden Inhalt eines Fahrplans, nämlich Linienführung, Ausgangs- und Endpunkt sowie Haltestellen und Fahrzeiten. 1

Die Fahrpläne sind ebenso wie ihre Änderungen grundsätzlich zustimmungspflichtig. Die Zustimmung, ein **rechtsgestaltender Verwaltungsakt,** erteilt die Genehmigungsbehörde (§ 11). Bei der erstmaligen Aufstellung der Fahrpläne geschieht dies uno actu im Rahmen der Genehmigung (VGH Mannheim 2.5.1995 – 3 S 886/94, BeckRS 9998, 39352). Die Zustimmung kann auch nachträglich erteilt werden (BGH TranspR 1981, 102). Im Falle eines eigenwirtschaftlichen Verkehrs kann sie – vorausgesetzt, die Eigenwirtschaftlichkeit des Unternehmers bleibt gewährleistet – mit Auflagen versehen werden, wenn es um die in § 8 Abs. 3b Satz 1 angesprochene Abstimmung der Fahrpläne mit denen anderer Unternehmer geht (vgl. BVerwGE 82, 260; 2

Fromm BB 1969, 1158). Im Übrigen ergibt sich aus § 36 VwVfG, dass Bedingungen und Auflagen unzulässig sind (ebenso schon früher OVG Lüneburg GewArch 1968, 178). Findet die VO (EG) Nr. 1370/2007 Anwendung, können in einem öffentlichen Dienstleistungsauftrag dem Unternehmer entsprechende Vorgaben gemacht werden.

3 Nach **bisher hM** besteht auf die Erteilung der Zustimmung dann, wenn die Voraussetzungen erfüllt sind, ein **Rechtsanspruch.** Es handelt sich nicht um eine Ermessensentscheidung (vgl. VGH München 23.12.1964 – Nr. 12 II 64). Angesichts der neueren Rechtsprechung, die den Genehmigungsbehörden bei Entscheidungen, denen verkehrspolitische Entscheidungen zugrunde liegen, einen Beurteilungsspielraum zubilligt (vgl. BVerwGE 82, 260; BVerwG DÖV 1992, 534 = VRS 82, 479; OVG Lüneburg VRS 79, 313 = TranspR 1990, 458; VGH Mannheim BVlBW 1992, 210; VGH Mannheim 2.5.1995 – 3 S 886/94, BeckRS 9998, 39352), wird dies nur noch eingeschränkt gelten können. Ihre Grenze findet die Abwägung der Genehmigungsbehörde jedoch dort, wo bei eigenwirtschaftlichen Verkehren der Unternehmer Gefahr läuft, seiner Eigenwirtschaftlichkeit verlustig zu gehen. Bei gemeinwirtschaftlichen Verkehren sind die Regelungen/Vorgaben des öffentlichen Dienstleistungsauftrages zu beachten.

4 Das in dem durch das Gesetz vom 7.9.2007 (BGBl. I 2246) neugefassten **Abs. 2** enthaltene Gebot an die Genehmigungsbehörde, dann, wenn durch Fahrplanänderungen die Interessen anderer Verkehrsunternehmen berührt werden, diese vor der Zustimmung zu hören (Satz 3), begründet einen Anspruch auf Verfahrensteilhabe und geht damit über § 13 VwVfG hinaus. Unternehmer, die sich durch die erteilte Zustimmung in ihren Rechten beeinträchtigt fühlen – man denke an einen Fahrplan, der nahezu parallele Fahrten gestattet, – sind **klagebefugt** iS von § 42 Abs. 2 VwGO (vgl. VGH München 23.12.1964 – Nr. 12 II 64; VGH München 30.6.2013 – 11 B 10.1085; ebenso Fielitz/Grätz Rn. 4; Bidinger PBefG § 40 Rn. 3e). Dagegen können die Verkehrsnutzer die Zustimmung nicht anfechten (vgl. BVerwG DÖV 1980, 416; VGH München VRS 58, 239; VG München VRS 63, 80), ebenso wenig sind Straßenanlieger klagebefugt (BVerwG NJW 1990, 930 = DVBl. 1990, 774; OVG Lüneburg 19.11.1997 – 7 L 3228/96, BeckRS 2005, 21507).

5 Abs. 2 Satz 2 enthält eine **Bagatellklausel.** Die dort aufgeführten Fahrplanänderungen sind der Genehmigungsbehörde gemäß Satz 4 nur anzuzeigen; bei dem mit der **Novelle 2021** eingefügten neuen Satz 3 handelt es sich um eine gesetzliche Klarstellung (BT-Drs. 19/26175, 46). Sie dürfen nicht in Kraft treten, dh nicht gemäß Abs. 4 veröffentlicht werden, wenn die Genehmigungsbehörde innerhalb von zwei Wochen widerspricht (Satz 5).

5a Der mit der Novelle 2012 eingefügte neue **Abs. 2a** entspricht der vergleichbaren Regelung des § 39 Abs. 2 Satz 2 für eine Änderung der Beförderungsentgelte, die einer verbindlichen Zusicherung nach § 12 Abs. 1a widerspricht (dazu dort → Rn. 2).

6 Die Initiative zur Aufstellung der Fahrpläne ist grundsätzlich Sache des **Unternehmers,** sofern nicht gemäß § 8a Abs. 1 die VO (EG) Nr. 1370/2007 zur Anwendung kommt. So schränkt der durch die Novelle 2012

geänderte **Abs. 3** die Befugnis der Genehmigungsbehörde, Fahrplanänderungen zu verlangen, auf eigenwirtschaftliche Verkehre ein, weil für Verkehre auf der Grundlage eines öffentlichen Dienstleistungsauftrages unmittelbar die VO (EG) Nr. 1370/2007 gilt (vgl. BT-Drs. 17/8233, 17). Die Genehmigungsbehörde kann gemäß Satz 1 nur ausnahmsweise tätig werden und Änderungen verlangen, nämlich dann, wenn die maßgebenden Umstände sich wesentlich geändert haben oder sich für die bessere Ausgestaltung des Verkehrs neue Gesichtspunkte ergeben, denen durch eine Änderung des Fahrplans Rechnung getragen werden kann. Nach Satz 2 muss die Fahrplanänderung dem Unternehmer unter Berücksichtigung seiner wirtschaftlichen Lage, einer ausreichenden Verzinsung und Tilgung des Anlagekapitals und der notwendigen technischen Entwicklung zugemutet werden können. Das Änderungsverlangen darf m. a. W. nicht zur Folge haben, dass die Eigenwirtschaftlichkeit (vgl. § 8 Rn. 10 ff.) nicht mehr gewahrt bleibt. Andernfalls muss sich die Genehmigungsbehörde mit der „zuständigen Behörde" ins Benehmen setzen, um zu klären, welche Vorstellungen sie hegt. Hält sie Fahrplanänderungen für geboten, wird sie der zuständigen Behörde nahezulegen haben, mit dem Unternehmer darüber eine Regelung gemäß der VO (EG) Nr. 1370/2007 zu treffen (dazu → Rn. 3 zur insoweit vergleichbaren Regelung des § 39). Das Ergebnis findet seinen Niederschlag in der von der Genehmigungsbehörde zu erteilenden Zustimmung. Sie allein entfaltet **Außenwirkung.** Abgesehen davon, dass die Genehmigungsbehörde auch hier nur tätig werden kann, wenn und soweit die Eigenwirtschaftlichkeit des Unternehmers gewahrt bleibt, dürfte die Vorschrift auch sonst nur einen beschränkten Anwendungsbereich erfassen. Sie steht in Idealkonkurrenz zu § 21 Abs. 3 (ebenso im Ergebnis Bidinger PBefG § 40 Rn. 4a).

Abs. 4 regelt die **Bekanntmachungspflicht.** Der Unternehmer muss die 7
Fahrpläne und ihre Änderung ortsüblich bekanntmachen und die gültigen Fahrpläne in den zum Aufenthalt der Fahrgäste bestimmten Räumen anbringen. An den Haltestellen müssen mindestens die Abfahrtszeiten angezeigt werden. Der mit der Novelle 2012 dem Abs. 4 Satz 3 angefügte neue Satz 4 ist mit der **Novelle 2021** weggefallen, weil er durch die eingefügten neuen Regelungen zur Datenbereitstellung gemäß § 3a obsolet geworden ist (BT-Drs. 19/26175, 46).

Wer Verkehr ohne die vorgeschriebene Zustimmung zu den Fahrplänen 8
betreibt oder den Vorschriften des Gesetzes über die Bekanntmachung der gültigen Fahrpläne zuwiderhandelt, begeht nach § 61 Abs. 1 Nr. 2 bzw. § 61 Abs. 1 Nr. 3d eine **Ordnungswidrigkeit,** die mit Geldbuße bedroht ist.

B. Verkehr mit Obussen

§ 41 Entsprechend anwendbare Vorschriften

(1) Die Vorschriften der §§ 28 bis 30a und der §§ 32 bis 37 sind auf die Errichtung von Bau- und Betriebsanlagen für den Obusverkehr entsprechend anzuwenden.

(2) Zur Errichtung von Bau- und Betriebsanlagen auf öffentlichen Straßen bedarf der Unternehmer der Zustimmung des Trägers der Straßenbaulast; § 31 Abs. 1, 2, 4 bis 6 ist entsprechend anzuwenden.

(3) Im übrigen sind auf den Obusverkehr die Vorschriften der §§ 39 und 40 entsprechend anzuwenden.

1 Ebenso wie beim Verkehr mit Straßenbahnen ist auch die Benutzung der Straße durch Obusse **Sondernutzung** (vgl. Kodal StraßenR-HdB/Stahlhut Kap. 25 Rn. 75.1; Kap. 28 Rn. 169). Auch dort sind Eingriffe in das Eigentum Dritter im Allgemeinen unvermeidlich, insbesondere beim Anbringen von Haltevorrichtungen für die elektrischen Leitungen. Die **Absätze 1 und 2** erklären deshalb die dafür einschlägigen Bestimmungen für Straßenbahnen für entsprechend anwendbar; mit der Änderung der Verweisung auch auf § 30a in Abs. 1 berücksichtigt die **Novelle 2021** redaktionell, dass die Novelle 2012 § 41 Abs. 1 ebenfalls hätte entsprechend anpassen müssen (BT-Drs. 19/2788, 36), nachdem die Verweisung auf die §§ 32, 36 und 37 bereits als Folge der Einfügung verschiedener neuer Vorschriften durch das Gesetz vom 3.3.2020 (dazu → § 28 Rn. 1) geändert worden war.

2 In **Abs. 3** werden für entsprechend anwendbar auch die Vorschriften über Beförderungsentgelte und -bedingungen sowie für Fahrpläne erklärt.

C. Linienverkehr mit Kraftfahrzeugen

§ 42 Begriffsbestimmung Linienverkehr

Linienverkehr ist eine zwischen bestimmten Ausgangs- und Endpunkten eingerichtete regelmäßige Verkehrsverbindung, auf der Fahrgäste an bestimmten Haltestellen ein- und aussteigen können. Er setzt nicht voraus, daß ein Fahrplan mit bestimmten Abfahrts- und Ankunftszeiten besteht oder Zwischenhaltestellen eingerichtet sind.

1 **Allgemeiner Linienverkehr** – früher zutreffend als öffentlicher Linienverkehr bezeichnet – setzt als Merkmal einmal eine vom **Unternehmer** zwischen bestimmten Ausgangs- und Endpunkten **eingerichtete** Verkehrsverbindung voraus, die eine so große **Regelmäßigkeit** aufweist, dass sich der

interessierte Personenkreis auf ihre Benutzung einrichten kann (VGH München VRS 64, 396; VGH Mannheim DÖV 1993, 827; VG Hamburg VRS 57, 233). Die wiederholten Fahrten müssen mithin in einem sachlichen Zusammenhang stehen, dürfen also nicht aus einzelnen verschiedenen Anlässen heraus durchgeführt werden. Außerdem muss der Unternehmer die Beförderungsleistung nach Strecke und Zeitlage im Voraus fest bestimmt anbieten, sodass jeder Interessent von sich aus beurteilen kann, ob die Inanspruchnahme seinen individuellen Zwecken dienlich ist (BayObLGSt 1982, 83 = VRS 63, 305 = DÖV 1982, 1040; OLG Hamm VRS 60, 172; BVerwGE 148, 307; Fielitz/Grätz Rn. 2; Bidinger PBefG § 42 Rn. 111 ff.). Sofern die Genehmigungsbehörde keine anderslautenden Auflagen (§ 15 Abs. 3) gemacht hat, muss der Verkehr einem unbestimmten und unbeschränkten Personenkreis offenstehen (OVG Hamburg VerwRspr. 21, 90 = VkBl. 1969, 676; VG Hamburg VRS 57, 233). Der Linienverkehr muss schließlich bestimmte Haltestellen aufweisen, an denen die Fahrgäste aus- und einsteigen können; dabei genügt, wie sich aus Satz 2 ergibt, je eine Haltestelle am Ausgangs- und Endpunkt der Fahrt (vgl. VGH München 4.8.1969 – Nr. 300 VI 67). Wenn es in § 42 abschließend heißt, der Begriff des Linienverkehrs setze nicht voraus, dass ein Fahrplan mit bestimmten Abfahrts- und Ankunftszeiten bestehe, soll damit – § 6 ergänzend – Umgehungen vorgebeugt werden, wie sie insbesondere in der Frühzeit des gewerblichen Straßenpersonenverkehrs häufiger vorkamen. Unternehmer von Mietwagen werden dadurch, dass die Mietwagen von einem Unternehmer von Linienverkehr im Ganzen angemietet werden, nicht selbst Unternehmer des Linienverkehrs iSd § 3 PBefG, weil sie nach außen gegenüber den Fahrgästen nicht als Vertragspartner auftreten (OLG Düsseldorf NJW-RR 1994, 626). Zur Abgrenzung von Linien- zu Gelegenheitsverkehr auch → § 2 Rn. 14.

Der Linienverkehr ohne die erforderliche Genehmigung ist durch § 61 2
Abs. 1 Nr. 1 mit **Geldbuße** bedroht.

§ 42a Personenfernverkehr

Personenfernverkehr ist der Linienverkehr mit Kraftfahrzeugen, der nicht zum öffentlichen Personennahverkehr im Sinne des § 8 Absatz 1 und nicht zu den Sonderformen des Linienverkehrs nach § 43 oder zum Linienbedarfsverkehr nach § 44 gehört. Die Beförderung von Personen zwischen zwei Haltestellen ist unzulässig, wenn

1. **der Abstand zwischen diesen Haltestellen nicht mehr als 50 km beträgt oder**
2. **zwischen diesen Haltestellen Schienenpersonennahverkehr mit einer Reisezeit bis zu einer Stunde betrieben wird.**

In der Genehmigung sind auf Antrag für einzelne Teilstrecken Ausnahmen zu gewähren, wenn

1. **kein ausreichendes Nahverkehrsangebot besteht oder**
2. **das Fahrgastpotenzial der vorhandenen Verkehrsangebote nur unerheblich beeinträchtigt wird.**

1 Die mit der Novelle 2012 eingefügte Vorschrift enthält die **Legaldefinition** des jetzt weitgehend **liberalisierten Fernbuslinienverkehrs.** Danach wird der Begriff negativ abgegrenzt zum Begriff des öffentlichen Personennahverkehrs nach § 8 Abs. 1 und den Sonderformen des Linienverkehrs nach § 43; die Ergänzung des Satzes 1 durch die **Novelle 2021** ist eine Folge der Einführung der neuen Verkehrsform des Linienbedarfsverkehrs gemäß § 44. Zum Schutze des ÖPNV erklärt Satz 2 ausdrücklich, dass die Beförderung von Personen unzulässig ist, wenn der Abstand zwischen zwei Haltestellen nicht mehr als 50 km beträgt oder zwischen diesen Haltestellen Schienenpersonennahverkehr mit einer Reisezeit bis zu einer Stunde betrieben wird.

2 Nach Satz 3 sind jedoch in der Genehmigung für Teilstrecken Ausnahmen zuzulassen, wenn auf diesen kein ausreichendes Nahverkehrsangebot besteht oder das Fahrgastpotential der vorhandenen Verkehrsangebote nur unerheblich beeinträchtigt wird. Diese Beschränkungen der Ausnahmen von dem Bedienverbot sind notwendig, weil der Fernbus in einem solchen Fall Funktionen des öffentlichen Nahverkehrs übernimmt. Andernfalls könnte durch die Gewährung von Ausnahmen die Sicherung einer ausreichenden Verkehrsbedienung im Nahverkehr durch die Liberalisierung im Fernbuslinienverkehr gefährdet werden, zumal im Fernverkehr auch nicht die Beförderungsentgelte einer Zustimmung der Genehmigungsbehörde unterliegen (§ 45 Abs. 2 Nr. 1) und zahlreiche weitere Erleichterungen gelten (siehe zB § 12 Abs. 1 Satz 2, § 21 Abs. 5 und § 45 Abs. 2 Nr. 2).

§ 42b Technische Anforderungen

Im innerdeutschen Personenfernverkehr dürfen nur Kraftomnibusse eingesetzt werden, die

1. einer der folgenden Vorschriften entsprechen:

a) Anhang VII zu der Richtlinie 2001/85/EG des Europäischen Parlaments und des Rates vom 20. November 2001 über besondere Vorschriften für Fahrzeuge zur Personenbeförderung mit mehr als acht Sitzplätzen außer dem Fahrersitz und zur Änderung der Richtlinien 70/156/EWG und 97/27/EG (ABl. L 42 vom 13.2.2002, S. 1; L 125 vom 21.5.2003, S. 14) in der jeweils zum Zeitpunkt der Erstzulassung des jeweiligen Kraftomnibusses geltenden Fassung oder

b) Anhang 8 der Regelung Nr. 107 der Wirtschaftskommission für Europa der Vereinten Nationen (UN/ECE) – Einheitliche Bedingungen für die Genehmigung von Fahrzeugen der Klassen M2 oder M3 hinsichtlich ihrer allgemeinen Konstruktionsmerkmale (ABl. L 255 vom 29.9.2010, S. 1) in der jeweils zum Zeitpunkt der Erstzulassung des jeweiligen Kraftomnibusses geltenden Fassung

und

2. mit mindestens zwei Stellplätzen für Rollstuhlnutzer ausgerüstet sind.

1 Mit der im Zuge der Liberalisierung des Fernlinienbusverkehrs durch die Novelle 2012 eingefügten Bestimmung soll erreicht werden, dass auch hier

durch den Einsatz entsprechend ausgestatteter Kraftomnibusse eine uneingeschränkte Beförderung in ihrer Mobilität eingeschränkter Fahrgäste einschließlich Rollstuhlnutzer möglich ist. Die Verweisung auf die Vorschriften der EU bedeutet, dass
(1) alle Plätze mit Sicherheitsgurten mit einem entsprechenden Rückhaltesystem für den Rollstuhl ausgerüstet,
(2) der ungehinderte Zugang zu den Stellplätzen durch vorgegebene Freiräume und Einstieghilfen für Rollstuhlnutzer gewährleistet und
(3) durch entsprechende Beschilderung und vorgegebene Abmessungen eine ungehinderte Beförderung von Rollstuhlnutzern und ihrer Rollstühle möglich sein müssen.

Mit der CARS21-Aktivität wurde beschlossen, dass zukünftig keine parallelen **1a** Regelwerke für die technische Harmonisierung (EU) und UNECE) nebeneinander bestehen sollen. Deshalb wurde festgelegt, dass eine Vielzahl von EU-Vorschriften im Rahmen der Typgenehmigung von Kraftfahrzeugen durch UNECE-Regelungen ersetzt wird. Da aber nicht auszuschließen ist, dass noch einige Zeit Neufahrzeuge mit einer Genehmigung nach der Richtlinie 2001/85/EG in den Markt kommen, muss auch weiterhin auf diese Richtlinie verwiesen werden. Durch die Beschränkung des Geltungsbereichs der Vorschrift auf innerdeutsche Personenfernverkehre (einschließlich Kabotage) wird klargestellt, dass die Anforderungen nicht im grenzüberschreitenden Linienverkehr gelten (dazu näher BT-Drs. 19/26175, 47).

§ 42b wird durch die **Novelle 2021** außerdem als Gebotsnorm ausgestaltet, um Verstöße als Ordnungswidrigkeit ahnden zu können (§ 61 Abs. 1 Nr. 3 Buchst. i).

Die Vorschrift gilt gemäß der Übergangsbestimmung des § 62 Abs. 3 ab **2** dem 1.1.2016 für erstmals zum Verkehr zugelassene und nach Ablauf des 31.12.2019 für alle Kraftomnibusse.

§ 43 Sonderformen des Linienverkehrs

Als Linienverkehr gilt, unabhängig davon, wer den Ablauf der Fahrten bestimmt, auch der Verkehr, der unter Ausschluß anderer Fahrgäste der regelmäßigen Beförderung von
1. Berufstätigen zwischen Wohnung und Arbeitsstelle (Berufsverkehr),
2. Schülern zwischen Wohnung und Lehranstalt (Schülerfahrten),
3. Personen zum Besuch von Märkten (Marktfahrten),
4. Theaterbesuchern
dient. Die Regelmäßigkeit wird nicht dadurch ausgeschlossen, daß der Ablauf der Fahrten wechselnden Bedürfnissen der Beteiligten angepaßt wird.

Dem allgemeinen Linienverkehr (§ 42) sind im Wege einer Fiktion die in **1** § 43 abschließend aufgezählten **Sonderformen** gleichgestellt. Grund hierfür war die Erkenntnis, dass ein Verkehr, der eine regelmäßige Bedienung zwischen bestimmten Punkten, womöglich mit Unterwegshalten, anbietet, ohne, wie etwa der Ausflugswagenverkehr, noch über die Beförderung hinausgehende Dienste zu erbringen, auch dann, wenn der Benutzerkreis beschränkt ist, Leistungen erbringt, die weitgehend mit denen des allgemeinen Linienverkehrs vertauschbar sind. Er dient ebenso wie dieser als **Massenverkehrsmittel,** ergänzt damit den öffentlichen Verkehr auf Schiene und Straße, vermag ihm aber auch wesentliche Teile seines Verkehrsaufkommens zu entziehen (BVerwGE 40, 331 = NJW 1973, 72). Dabei spielt es auch keine Rolle, ob die Initiative zu den Fahrten vom Unternehmer oder aber einem Dritten ausgeht.

2 Diese Problematik war nach Auffassung des Gesetzgebers insbesondere aber, wie er meinte, auch nur bei den Verkehrsformen gegeben, die in § 43 Aufnahme gefunden haben und auf diese Weise, wenn auch eingeschränkt, objektiven Zulassungsvoraussetzungen unterworfen wurden (vgl. § 45 Abs. 3 Satz 2).

3 Die geltende Fassung des § 43, die sprachlich wenig geglückt ist, beruht auf der Novelle 1965. Mit ihr zog der Gesetzgeber die Konsequenzen aus der Rechtsprechung des BVerwG, mit der der Berufsverkehr erneut als Gelegenheitsverkehr mit Mietomnibussen bezeichnet wurde (BVerwGE 20, 16 = NJW 1965, 778 und dazu Fromm FG BVerwG, 1978, 237).

4 Beim **Berufsverkehr** (Satz 1 **Nr. 1**) muss es sich um die Beförderung von Berufstätigen handeln, die aber weder bei demselben Arbeitgeber noch am selben Ort tätig zu sein brauchen. Der Verkehr muss der Beförderung von Berufstätigen zwischen Wohnung und Arbeitsstelle dienen. Unter den Begriff Wohnung fallen auch Wohnlager und Gemeinschaftsunterkünfte. Arbeitsstätte ist jede Örtlichkeit, an der Berufstätige ihrer Arbeit nachgehen. Die Beförderung darf auch zu mehreren Arbeitsstellen erfolgen, aber nicht von einer Arbeitsstelle zur anderen.

5 Beförderung **zwischen** Wohnung und Arbeitsstelle bedeutet nicht, dass dies Abfahrts- und Ankunftspunkte der Beförderung sein müssen. Auch die Beförderung auf Teilabschnitten ist Berufsverkehr, insbesondere die Beförderung von einer Sammelhaltestelle für mehrere Arbeitnehmer zu einem Punkt, von dem aus die Arbeitsstelle mit einem anderen Verkehrsmittel oder zu Fuß erreicht werden kann (BVerwGE 40, 331 = NJW 1973, 72).

6 Berufsverkehr ist auch der Verkehr, den ein Werk durch einen aufgrund von Verträgen an seine **Weisungen gebundenen Unternehmer** (BVerwGE 30, 352 = VRS 36, 377) oder mit angemieteten Kraftomnibussen (VG Hannover BB 1963, 1402) durchführen lässt. Die Beförderung durch den Arbeitgeber zwischen Arbeitsstätten desselben Betriebes bedarf nach § 1 Nr. 4h Freistellungs-VO keiner Genehmigung; darüber hinaus sind nach § 1 Nr. 4a, b und f Freistellungs-VO weitere Beförderungen von Berufstätigen von den Vorschriften des PBefG freigestellt, – immer vorausgesetzt, dass von den Beförderten kein Entgelt zu entrichten ist.

7 **Schülerfahrten** (Satz 1 **Nr. 2**) sind alle regelmäßigen Beförderungen, bei denen ausschließlich Schüler (auch Studenten oder Teilnehmer an bestimmten Lehrgängen) zwischen Wohnung und Lehranstalt (öffentliche Allgemeinbildende Schulen, Förderschulen, Fachschulen und Hochschulen, private Lehranstalten und Institute) befördert werden. Auch hier brauchen Wohnung und Lehranstalt nicht unbedingt Abfahrts- und Ankunftspunkt der Beför-

derung zu sein (→ Rn. 5). Nach § 1 Nr. 4d Freistellungs-VO ist aber die Beförderung mit Kraftfahrzeugen durch oder für Schulträger zum oder vom Unterricht von den Vorschriften des PBefG freigestellt, es sei denn, von den Beförderten wird ein Entgelt erhoben. Das bedeutet, dass § 43 Satz 1 Nr. 2 nur dort zum Zuge kommt, wo Schüler – oder Eltern – entweder das Beförderungsentgelt selbst entrichten oder aber zu den Schülerfahrkosten ganz oder teilweise durch den Schulträger herangezogen werden.

Marktfahrten (Satz 1 **Nr. 3**) sind regelmäßige Beförderungen von Marktbesuchern zwischen deren Wohnung und den Marktplätzen. Dabei muss es sich um Groß-, Wochen-, Spezial- oder Jahrmärkte iS der §§ 66 ff. GewO handeln. Der Umstand allein, dass ein Unternehmen sich die Bezeichnung „Markt" gibt, macht es noch nicht zu einem Markt iSd § 43 Satz 1 Nr. 3 (VG Hamburg VRS 57, 233). Die Benutzer müssen Marktbesucher sein, können aber natürlich mit der Fahrt auch noch andere Zwecke verfolgen. Da die Beförderungen regelmäßig durchgeführt werden müssen, kommen in erster Hinsicht Fahrten zu in kurzen Zeitabständen stattfindenden Märkten, insbesondere Wochenmärkten, in Betracht. 8

Theaterfahrten (Satz 1 **Nr. 4**) umfassen auch Fahrten zu Kinos, Diskotheken, Konzerten und sonstigen kulturellen Veranstaltungen. Wie bei den Marktfahrten besteht Fahrgastfreiheit insofern, als jeder, der das Theater besuchen will, befördert werden darf. Um Abonnenten braucht es sich nicht zu handeln. Unerheblich ist, wie der Beförderungsvertrag zustande kommt; sowohl Einzel- als auch Gruppenfahrten sind gestattet. Wesentlich ist aber, dass es sich um regelmäßige Beförderungen handeln muss. Mehrere Fahrten anlässlich eines kurzen Theatergastspiels genügen nicht. 9

Wer Linienverkehr nach § 43 ohne Genehmigung betreibt oder eine der Verkehrsformen des Linienverkehrs nach § 43 mit einer Genehmigung betreibt, die ihm nur für eine andere Sonderform erteilt worden ist, begeht nach § 61 Nr. 1 eine **Ordnungswidrigkeit.** 10

§ 44 Linienbedarfsverkehr

Als Linienverkehr gemäß § 42, der öffentlicher Personennahverkehr gemäß § 8 Absatz 1 ist, gilt auch der Verkehr, der der Beförderung von Fahrgästen auf vorherige Bestellung ohne festen Linienweg zwischen bestimmten Einstiegs- und Ausstiegspunkten innerhalb eines festgelegten Gebietes und festgelegter Bedienzeiten dient (Linienbedarfsverkehr). Es kommen ausschließlich Beförderungsentgelte und -bedingungen im Rahmen der Vorgaben des Aufgabenträgers im Nahverkehrsplan, im öffentlichen Dienstleistungsauftrag oder der Vorabbekanntmachung zur Anwendung. Für Beförderungen im Linienbedarfsverkehr können Zuschläge nur nach Maßgabe von Satz 2 erhoben werden.

Die Vorschrift regelt die als Linienverkehr gemäß § 42 definierte, durch die **Novelle 2021** eingefügte neue Verkehrsform des **Linienbedarfsverkehrs** als personenbeförderungsrechtlichen Genehmigungstatbestand die Beförderung von Personen iSd § 1 (siehe auch §§ 9 Abs. 1 Nr. 3a, 12 Abs. 1 Nr. 3a, § 13 1

Abs. 2 und 2a, § 17 Abs. 1 Nr. 7, 20 Abs. 2 Satz 2 Nr. 5, 42 und 42a). Danach ist unter Linienbedarfsverkehr die Beförderung von Fahrgästen im ÖPNV auf vorherige Bestellung ohne festen Linienweg zwischen bestimmten Einstiegs- und Ausstiegspunkten innerhalb eines festgelegten Gebiets und festgelegter Bedienzeiten zu verstehen. Als Linienverkehr setzt auch diese neu geschaffene Verkehrsform die Einrichtung einer regelmäßigen Verkehrsverbindung zwischen bestimmten Ausgangs- und Endpunkten voraus. Im Unterschied zum herkömmlichen Linienverkehr erfordert der Linienbedarfsverkehr jedoch nicht die Festlegung bestimmter Haltestellen, an denen die Fahrgäste **ein- und aussteigen** können. Der Unternehmer muss also nicht die Beförderungsleistung nach Strecke und Zeitlage im Voraus fest bestimmt anbieten (dazu → § 42 Rn. 1). Stattdessen muss er das Gebiet, das er bedienen will, und die Bedienzeiten festlegen, innerhalb derer er seine Beförderungsleistungen zu erbringen gedenkt. Bei der Gestaltung der Beförderungsentgelte und -bedingungen sowie der Erhebung von Zuschlägen kommen die Vorgaben des Aufgabenträgers im Nahverkehrsplan und, wenn der Aufgabenträger zur Sicherstellung einer ausreichenden Verkehrsbedienung von der Möglichkeit einer Vergabe gemäß §§ 8a f. Gebrauch macht, die Vorgaben im öffentlichen Dienstleistungsauftrag oder in der Vorabbekanntmachung zur Anwendung; da diese Vorgaben nur einen „Rahmen" nach Satz 2 bilden, bleibt dem Unternehmer ein gewisser Spielraum, allerdings unter Beachtung der rechtlichen **Relevanz der Gründe für die Versagung einer Genehmigung etwa gemäß** § 13 Abs. 2 und 2a.

2 Der **Linienbedarfsverkehr unterliegt** hiernach zwar der **Betriebspflicht** (§ 21), der **Beförderungspflicht** (§ 22) und der **Tarifpflicht** (§ 39), kann jedoch nach der Begründung des Gesetzesentwurfs als sog. bedarfsgesteuerter und damit **nicht** einer **Fahrplanpflicht** (§ 40) unterworfener Verkehr (dazu → § 45 Rn. 2) einer flexibleren Bedienung der Mobilitätsbedürfnisse Rechnung tragen. Dabei sind die bereits vorhandenen Verkehre durch die öffentlichen Verkehrsinteressen geschützt, so dass die Genehmigung eines Linienbedarfsverkehrs zu versagen ist, wenn ihm diese entgegenstehen (dazu → § 13 **Abs. 2 und 2a und BT-Drs. 19/26175,** 48 mit Hinweisen zu den Möglichkeiten einer zeitlichen und räumlichen Definition der Betriebspflicht, von Vorgaben für die einzusetzenden Fahrzeug- und Beförderungskapazitäten und der Abstimmung der Betriebszeiten). So ist die reguläre Zulassung des bedarfsgesteuerten Linienverkehrs durch die **Novelle 2021** grundsätzlich geeignet, den Verkehrsunternehmen und den Aufgabenträgern zusätzliche Gestaltungsmöglichkeiten des lokalen Angebots im ÖPNV zu geben. In der Praxis wird sich zeigen müssen, ob die mit dieser Form eines plattformbasierten On-Demand-Mobilitätsdienstes vom Gesetzgeber angestrebten Ziele erreicht und nachteilige Auswirkungen einer „Konkurrenz" mit vorhandenen Verkehren vermieden werden.

§ 45 Sonstige Vorschriften

(1) Auf den Linienverkehr mit Kraftfahrzeugen ist § 32, soweit diese Vorschrift sich auf das Anbringen oder Errichten von Haltestellenzeichen bezieht, entsprechend anzuwenden; über die Verpflichtung zur Duldung entscheidet die Genehmigungsbehörde ohne Planfeststellungsverfahren.

(2) Auf den Linienverkehr mit Kraftfahrzeugen sind die §§ 39 und 40 mit folgenden Maßgaben anzuwenden:

1. § 39 Absatz 1 bis 5 und 7 gilt nicht für den Personenfernverkehr,

2. § 40 Absatz 3 gilt nicht für den Personenfernverkehr; abweichend von § 40 Absatz 2 Satz 1 genügt bei Fahrplanänderungen im Personenfernverkehr eine Anzeige bei der Genehmigungsbehörde; sofern die Genehmigungsbehörde den angezeigten Fahrplanänderungen innerhalb von einem Monat widerspricht, dürfen diese nicht in Kraft treten,

3. § 40 gilt nicht für den Linienbedarfsverkehr.

(3) Die Genehmigungsbehörde kann bei den Verkehrsformen nach § 43 auf die Einhaltung der Vorschriften über die Betriebspflicht (§ 21), die Beförderungspflicht (§ 22), die Beförderungsentgelte und -bedingungen (§ 39) sowie über die Fahrpläne (§ 40) ganz oder teilweise verzichten. Bei den Sonderformen des Linienverkehrs (§ 43) ist § 13 Absatz 2 Satz 1 Nummer 2 und 3 so anzuwenden, daß insbesondere den Belangen von Berufstätigen und Arbeitgebern sowie den Schülern und Lehranstalten Rechnung getragen wird.

Das Gesetz hat einige Vorschriften, die für mehrere Verkehrsarten von Bedeutung sind, in den Sonderbestimmungen für Straßenbahnen untergebracht. Das hat zur Folge, dass sie anderwärts für entsprechend anwendbar erklärt werden müssen. **Abs. 1** bestimmt deshalb, dass § 32, soweit er sich auf das Anbringen oder Errichten von Haltestellenzeichen bezieht, im Linienverkehr mit Kraftfahrzeugen entsprechend anzuwenden ist. Grundstückseigentümer sind zur Duldung der dort beschriebenen Tätigkeiten verpflichtet, und die Unternehmer sind – nach § 32 Abs. 4 – schadensersatzpflichtig. Anders als bei Straßenbahnen und Obussen findet jedoch ein Planfeststellungsverfahren zur Feststellung der Duldungspflicht nicht statt. 1

Entsprechend anzuwenden sind nach **Abs. 2** im Linienverkehr mit Kraftfahrzeugen auch die Vorschriften über Beförderungsentgelte und Beförderungsbedingungen sowie über die Fahrpläne, allerdings nach der Novelle 2012 mit erheblichen **Erleichterungen** für den liberalisierten **Fernbusverkehr.** So gelten für den Fernbusverkehr nicht der Zustimmungsvorbehalt für Beförderungsentgelte und deren Änderung (Nr. 1) sowie die Befugnis der Genehmigungsbehörde, Änderungen des Fahrplans zu verlangen, und die Zustimmungspflicht bei Fahrplanänderungen, die durch eine Anzeigepflicht ersetzt wird (Nr. 2). Durch die mit der **Novelle 2021** eingefügte Nr. 3 wird der neu geschaffene Linienbedarfsverkehr von der Fahrplanpflicht ausgenommen (dazu auch → § 44 Rn. 2). 2

Die Vorschriften über die Betriebs- und Beförderungspflicht sowie die Fahrplan- und Tarifpflicht sind auf den Linienverkehr (ausgenommen die Fahrplanpflicht beim Linienbedarfsverkehr) zugeschnitten, der im Eisenbahn- 3 verkehr noch heute zutreffend als **öffentlicher Verkehr** bezeichnet wird, weil er jedermann offensteht. Bei den Sonderformen des Linienverkehrs fehlt es dafür idR an einem Bedürfnis, wenn sie sich nicht sogar als ungeeignet erweisen: Verkehre mit ständig wechselnden Fahrzeiten vertragen keine Fahrplanpflicht, und bei Berufsverkehr und Schülerfahrten (§ 43 Satz 1 Nr. 1 und 2), die aufgrund von – privatrechtlichen – Werkverträgen mit Arbeitgebern oder Schulträgern durchgeführt werden, ist darüber hinaus auch kein Raum für eine Tarifpflicht. Aus diesem Grunde kann die Genehmigungsbehörde nach **Abs. 3** Satz 1 auf die Einhaltung dieser sog. **Grundpflichten** ganz oder teilweise verzichten.

4 Das in Abs. 3 Satz 2 enthaltene Gebot, bei der Erteilung von Genehmigungen für den Berufs- und Schülerverkehr den Belangen von Berufstätigen und Arbeitgebern sowie von Schülern und Lehranstalten Rechnung zu tragen, geht auf die Novelle 1965 zurück (vgl. Fromm BB 1965, 1011). Die Auslegung, die die Vorschrift durch die Rechtsprechung erfahren hat, insbesondere die Anforderungen an die Zumutbarkeit der Fahrtdauer (vgl. BVerwGE 31, 133; 31, 184; BVerwG 16.1.1974 – VII B 16.73), läuft im Ergebnis auf einen Anspruch auf „maßgeschneiderte" Verkehrsverbindungen hinaus, gegenüber dem Angebote des allgemeinen Linienverkehrs nur ausnahmsweise zu bestehen vermögen. Anträge auf Erteilung solcher Genehmigungen werden deshalb nur selten versagt. Der Zweck der Zuordnung des Berufs- und Schülerverkehrs zu den Sonderformen des Linienverkehrs, nämlich der Schutz des allgemeinen Linienverkehrs vor Entzug von Beförderungen, die er fast gleich gut ausführen kann (vgl. BVerwGE 40, 344 = NJW 1973, 72), wird infolgedessen weitgehend verfehlt (vgl. Fromm FG BVerwG, 1978, 238).

D. Ausgleichszahlungen

§ 45a Ausgleichspflicht

(1) Im Verkehr mit Straßenbahnen und Obussen sowie im Linienverkehr mit Kraftfahrzeugen nach den §§ 42 und 43 Nr. 2 ist dem Unternehmer für die Beförderung von Personen mit Zeitfahrausweisen des Ausbildungsverkehrs auf Antrag ein Ausgleich nach Maßgabe des Absatzes 2 zu gewähren, wenn und soweit

1. der Ertrag aus den für diese Beförderungen genehmigten Beförderungsentgelten zur Deckung der nach Absatz 2 Satz 2 zu errechnenden Kosten nicht ausreicht, und

2. der Unternehmer innerhalb eines angemessenen Zeitraums die Zustimmung zu einer Anpassung der in den genannten Verkehrsformen erhobenen Beförderungsentgelte an die Ertrags- und Kostenlage beantragt hat.

(2) Als Ausgleich werden gewährt 50 vom Hundert des Unterschiedsbetrages zwischen dem Ertrag, der in den in Absatz 1 genannten Verkehrsformen für die Beförderung von Personen mit Zeitfahrausweisen des Ausbildungsverkehrs erzielt worden ist, und dem Produkt aus den in diesem Verkehr geleisteten Personen-Kilometern und den durchschnittlichen verkehrsspezifischen Kosten. Als durch-

schnittliche verkehrsspezifische Kosten im Sinne dieser Vorschrift gelten die Kostensätze je Personen-Kilometer, die von den Landesregierungen oder den von ihnen durch Rechtsverordnung ermächtigten Behörden durch Rechtsverordnung nach Durchschnittswerten einzelner repräsentativer Unternehmen, die sparsam wirtschaften und leistungsfähig sind, pauschal festgelegt werden; dabei können entsprechend betrieblichen und verkehrlichen Besonderheiten unterschiedliche Kostensätze für den schienengebundenen und den nichtschienengebundenen Verkehr sowie für verschiedene Verkehrsregionen festgelegt werden. Der sich in Anwendung des Satzes 1 ergebende Ausgleichsbetrag wird für das Jahr 2004 um 4 Prozent, für das Jahr 2005 um 8 Prozent und vom Jahr 2006 an jeweils um 12 Prozent verringert.

(3) Den Ausgleich nach den Absätzen 1 und 2 gewährt das Land, in dessen Gebiet der Verkehr betrieben wird. Erstreckt sich der Verkehr auch auf das Gebiet eines anderen Landes, so wird dem Ausgleich der Teil der Leistungen zugrunde gelegt, der in dem jeweiligen Land erbracht wird.

(4) Über den Ausgleich entscheidet die Genehmigungsbehörde oder die von der Landesregierung bestimmte Behörde. Die Entscheidung kann mit Auflagen verbunden werden, die dazu bestimmt sind, die wirtschaftlichen Ergebnisse der in den in Absatz 1 genannten Verkehrsformen erbrachten Leistungen zu verbessern. Kommt der Unternehmer solchen Auflagen nicht oder nicht in vollem Umfange nach, so ist ein Ausgleich nur insoweit zu gewähren, wie er sich im Falle der Befolgung der Auflagen errechnet hätte.

§ 45a räumt den Unternehmern zur Kostendeckung für die Beförderung von Personen auf Zeitfahrausweisen des Ausbildungsverkehrs einen **begrenzten Ausgleichsanspruch** ein (vgl. dazu Zeiselmair WiVerw 1989, 39). Die Vorschrift, eingeführt durch die Novelle 1976 (vgl. Fromm BB 1977, 170), beruht auf der Erwägung, dass von den Unternehmern nicht verlangt werden kann, in voller Höhe die Mindereinnahmen hinzunehmen, die daher rühren, dass die öffentliche Hand aus politischen und sozialen Gründen bei Schülern, Studenten und sonstigen Auszubildenden besonders preiswerte Beförderungsentgelte für angemessen hält. 1

Bei der die Ausgleichszahlungen im Ausbildungsverkehr regelnden Bestimmung des § 45a handelt es sich iSd Art. 3 Abs. 3 VO (EG) Nr. 1370/2007 um eine **allgemeine Vorschrift** des Mitgliedstaats Deutschland über die finanzielle Abgeltung von gemeinwirtschaftlichen Verpflichtungen, die dazu dient, Höchsttarife für Schüler, Studenten und Auszubildende festzulegen (Ziekow/Völlink/Zuck VO (EG) Nr. 1370/2007 Art. 3 Rn. 11). Gemäß dem durch die Novelle 2012 neugefassten § 8 Abs. 4 Satz 3 sind die Ausgleichszahlungen nach § 45a aus dem Anwendungsbereich der VO (EG) Nr. 1370/2007 ausgenommen worden. Solche allgemeinen Vorschriften unterliegen dann allerdings der allgemeinen Notifizierungspflicht nach Art. 108 AEUV mit der Folge einer Vorabprüfung und einem Durchführungsverbot bis zum Abschluss des Notifizierungsverfahrens (Art. 108 Abs. 3 AEUV). Es ist jedoch fraglich, ob dies auch für bestehende allgemeine Vorschriften iSd Art. 3 Abs. 3 VO (EG) Nr. 1370/2007 wie etwa § 45a gilt (dazu näher Ziekow/Völlink/Zuck VO (EG) Nr. 1370/2007 Art. 3 Rn. 12). Im Übri- 1a gen ist die EU-Kommission in ihrem das förmliche Beihilfe-Prüfverfahren in Sachen Emsländische Eisenbahn einleitenden, am 9.7.2008 veröffentlichten Beschluss – C 54/07 – (ABl. EU Nr. C 174, 13) bereits zu dem Ergebnis gelangt, dass Finanzhilfen nach § 45a durch die niedersächsischen Behörden keine Beihilfe darstellen (so zu § 45a auch schon OVG Lüneburg NVwZ-RR 2005, 105 = NZBau 2005, 53; OVG Koblenz 7.9.2006 – 7 A 10309/06); zu den unionsrechtlichen Voraussetzungen der Vereinbarkeit einer als Beihilfe zu qualifizierenden allgemeinen Vorschrift mit dem Binnenmarkt siehe auch die Entscheidung der EU-Kommission vom 22.1.2014 C (2014) 133 corr. zum vorangemeldeten Gesetzesentwurf des Landes Rheinland-Pfalz über den Ausgleich von gemeinwirtschaftlichen Verpflichtungen im Ausbildungsverkehr.

2 Der Ausgleich bezieht sich auf den Verkehr mit Straßenbahnen (§ 9 Abs. 1 Nr. 1) und Obussen (§ 9 Abs. 1 Nr. 2) sowie den Linienverkehr mit Kraftfahrzeugen nach § 42. Im Linienverkehr nach § 43 Nr. 2 (Schülerfahrten) kommt ein Ausgleich nur dann in Betracht, wenn nicht auf die Einhaltung der Vorschriften über die Beförderungsentgelte nach § 45 Abs. 3 Satz 1 verzichtet worden ist. Denn der Ausgleich setzt, wie sich aus § 45a Abs. 1 Nr. 1 ergibt, das Vorliegen genehmigter Beförderungsentgelte voraus und berechnet sich auf der Ertragsseite nach den gemäß § 39 genehmigten Beförderungsentgelten (BVerwG Buchholz 442.01 § 45a PBefG Nr. 13 = NVwZ-RR 2012, 641).

3 **Zeitfahrausweise des Ausbildungsverkehrs** sind Wochen-, Monats- und Jahreszeitfahrausweise (vgl. § 3 Abs. 2 PBefAusglV), nicht aber Mehrfahrtenkarten sowie Fahrausweise, die zwar für bestimmte Zeiträume gelten, aber die Fahrtenzahl begrenzen. Unter einem Zeitfahrausweis ist ein Fahrausweis zu verstehen, der die Berechtigung seines Inhabers zur Inanspruchnahme bestimmter (gleichartiger) Dienstleistungen während des in ihm bezeichneten Zeitraums dokumentiert (BVerw Buchholz 442.01 § 45a PBefG Nr. 13 = NVwZ-RR 2012, 641). Hat die Genehmigungsbehörde nach § 39 Abs. 1 der Ausgabe von Monatszeitfahrausweisen zugestimmt, kann sie bei der Gewährung des Ausgleichs auch dann nicht die Gültigkeitstage für Jahreszeitfahrausweise zugrunde legen, wenn sie im Rahmen eines Jahresabonnements mit einer Preisermäßigung ausgegeben werden (zur Reduzierung der Gültigkeitstage auch→ Rn. 6a). Denn die Zustimmung entfaltet **Tatbestandswirkung** (ebenso im Ergebnis der Bundesminister für Verkehr in der Begründung zum Entwurf der Fünften Verordnung über die durchschnittlichen verkehrsspezifischen Kosten nach dem PBefG, BR-Dr. 152/90, 4; **aA** OVG Münster TranspR 1991, 197; BVerwG Buchholz 442.01 § 45a PBefG Nr. 12 = NVwZ-RR 2008, 395 = DVBl. 2008, 471 L, wonach wegen des im Ausweis dokumentierten Beförderungsanspruchs für eine bestimmte Gültigkeitsdauer die sog. Monatskarten im Abonnement als Jahreskarten anzusehen sind; differenzierend BVerwG Buchholz 442.01 § 45a PBefG Nr. 13 = NVwZ-RR 2012, 641). Zudem ist eine Abonnementermäßigung zulässig (OLG Celle VRS 76, 277 = TranspR 1988, 302). Wird ein sog. **Semester- oder Studenten-Ticket** (zur Rechtmäßigkeit seiner Finanzierung aus Beiträgen der Studierenden BVerfG NVwZ 2001, 190;

BVerwG DVBl. 1999, 1588) von der Genehmigungsbehörde als Zeitfahrausweis anerkannt, muss **jedes** Ticket bei der Ermittlung der Pkm für die Berechnung des Ausgleichs nach § 3 Abs. 2 PBefAusglV eingehen. Für eine abweichende Berechnung zur Schonung der Landeskassen fehlt es an der erforderlichen Rechtsgrundlage (aA offenbar Kroh NVwZ 1993, 1071; siehe auch VG Wiesbaden 2.2.1999 – 7 E 702/95.2 und 7 E 704/95.2).

Da **Linienbedarfsverkehr** im ÖPNV gemäß § 42 Satz 1 als Linienverkehr gilt und auch dort Ausbildungsverkehr nicht auszuschließen sein wird, dürfte es sich angesichts der für diesen Verkehr ebenso geltenden Tarifpflicht als eine gewisse Herausforderung erweisen, wenn dort ebenfalls gemäß einer allgemeinen Vorschrift Ausgleichzahlungen gewährt werden sollen, wohl auch müssten. 3a

Der **Kreis der Auszubildenden** ist in § 1 PBefAusglV abschließend bestimmt. Die – vorerst letzte – Erweiterung dieses Kreises durch die Zweite VO zur Änderung personenbeförderungsrechtlicher Vorschriften vom 30.6.1989 (BGBl. I 1273) um Praktikanten, Volontäre, Beamtenanwärter und Teilnehmer an einem freiwilligen sozialen Jahr lässt Zweifel darüber aufkommen, ob diese Personen als Auszubildende angesprochen werden können, wirft mithin die Frage auf, ob die Ermächtigung des § 57 Abs. 1 Nr. 9 nicht überschritten ist. Das gilt erst recht für die „Festlegung" des Bund-Länder-Fachausschusses „Straßenpersonenverkehr" dahin, dass zu den Auszubildenden auch Beamtenanwärter des gehobenen Dienstes, Ärzte während der Zeit der Ableistung ihres Praktikums und Teilnehmer eines freiwilligen ökologischen Jahres gehören. Eine solche Erweiterung des Kreises der Auszubildenden ist, wenn überhaupt, nur durch förmliche Änderung des § 1 PBefAusglV angängig (aA anscheinend Bidinger PBefG § 45a Rn. 28). 4

Der Ausgleichsanspruch steht den Unternehmern – im Falle des § 2 Abs. 2 Nr. 3 sind dies bei der Gewährung von Ausgleichszahlungen gemäß § 45a die **Betriebsführer** (BVerwG NVwZ 1992, 1198; Nieders. OVG GewArch. 2000, 337) – ohne Rücksicht darauf zu, ob das Unternehmen insgesamt mit Verlust gearbeitet hat. Es reicht vielmehr aus, dass die Erträge aus diesen Beförderungen unter den nach Abs. 2 Satz 2 zu errechnenden Kosten liegen (§ 45a Abs. 1 Nr. 1) und der Unternehmer innerhalb eines angemessenen Zeitraumes (von etwa 2–3 Jahren) die Zustimmung zur Anpassung der Beförderungsentgelte an die Ertrags- und Kostenlage beantragt hat. Ob dem Antrag stattgegeben worden ist, ist unerheblich (BVerwG TranspR 1988, 36 = VRS 73, 315). Die Antragstellung ist zwingend. Die Genehmigungsbehörde kann darauf weder ausdrücklich noch stillschweigend verzichten. 5

Nach **Abs. 2** wird als Ausgleich die Hälfte des Unterschiedsbetrages zwischen den im Ausbildungsverkehr tatsächlich erzielten Einnahmen und dem Produkt aus den in diesem Verkehr geleisteten Pkm (zur Ermittlung vgl. § 3 PBefAusglV) und den durchschnittlichen verkehrsspezifischen Kosten (zur Ermittlung vgl. § 2 PBefAusglV) gewährt. Diese Kosten werden nach Durchschnittswerten einzelner repräsentativer Unternehmen von den Landesregierungen oder den von ihnen ermächtigten Behörden durch Rechtsverordnung pauschal festgelegt. Die Rechtsverordnungen sind Landesrecht, das sich allerdings die Prüfung darauf gefallenlassen muss, ob es mit der bundesrechtlichen 6

Ermächtigung in Einklang steht (BVerwG NVwZ 1989, 246 = StT 1988, 573). Dass der Begriff des Orts- und Nachbarortslinienverkehrs in einer Kostensatzverordnung ebenso ausgelegt wird wie der entsprechende bundesrechtliche Begriff, der in § 13 Abs. 2 Nr. 2 Buchst. c Satz 4 aF enthalten war, ist nicht zu beanstanden (OVG Lüneburg NZV 1990, 488 = TranspR 1990, 460). Wenn die Ermächtigung auch die Vereinfachung, Typisierung und Pauschalierung bei der Festsetzung der Kostensätze nicht nur ermöglichen will, sondern ausdrücklich bezweckt, muss der Verordnungsgeber doch Besonderheiten in der Kostenstruktur, die nicht nur ausnahmsweise vorkommen, berücksichtigen (VGH Mannheim NVwZ 1986, 938). Der Verordnungsgeber kann deshalb auch verpflichtet sein, unterschiedliche Kostensätze für verschiedene Verkehrsregionen festzusetzen. Die Auffassung, der Verordnungsgeber könne in seine Ermessenserwägungen auch verkehrs- und finanzpolitische Gesichtspunkte einstellen und sich der Kostensätze als Lenkungsmittel bedienen, findet weder im Wortlaut des Gesetzes noch in den Materialien irgendeine Stütze (so aber BVerwG VRS 76, 234 = TranspR 1989, 28). Wenn nicht nur auf die Kosten abzuheben ist, sondern die Festsetzung der Kostensätze als verkehrspolitisches Steuerungsinstrument genutzt werden kann, lässt sich nicht mehr voraussehen, mit welcher Tendenz von der Ermächtigung Gebrauch gemacht wird. Dasselbe gilt, wenn finanzpolitische Erwägungen entgegen dem Wortlaut der Vorschrift berücksichtigt werden dürften. Die Länder könnten dann mit dem Hinweis auf „leere Kassen" den Ausgleich niedrig halten (vgl. zu dieser Problematik Sendler, in Festschrift für H. Simon, S. 113, insbes. S. 136).

6a Die durch das HBeglG 2004 vom 29.12.2003 (BGBl. I 3076) eingeführte Kürzung des Ausgleichsbetrages nach Abs. 2 Satz 3 Var. 1 ist dem BVerfG (DVBl. 2010, 308) zufolge zwar verfassungswidrig zu Stande gekommen, jedoch materiell verfassungsgemäß. Mit Gesetz vom 5.4.2011 (BGBl. I 554) ist der Mangel inzwischen behoben worden.

6b Bei der Ermittlung der Pkm für die Berechnung des Ausgleichs können die Landesbehörden die anzurechnende Zahl der **Gültigkeitstage** nicht unter Berufung auf „landestypische Durchschnittswerte" abweichend von den Vorschriften des § 3 Abs. 2 Satz 3 PBefAusglV festlegen (BVerwG Buchholz 442.01 § 45a PBefG Nr. 9). Der sog. **Verbundzuschlag** ist gemäß § 3 Abs. 3 PBefAusglV zu gewähren, wenn sich die von den Verbundpartnern (dazu BVerwG NVwZ 1992, 1198) betriebenen Linien derart zu einem Netz ergänzen, dass ein nennenswertes Umsteigebedürfnis besteht, das antragstellende Unternehmen also mehr Auszubildende befördert als es Zeitfahrausweise verkauft; unerheblich ist, dass nicht alle Verbundpartner verbundbedingte Ertragsverluste erlitten haben und kein Einnahmeaufteilungsvertrag abgeschlossen worden ist (BVerwG DVBl. 1996, 154; BVerwG Buchholz 442.01 § 45a PBefG Nr. 6). Zur Berechnung des Verbundzuschlages gemäß § 3 Abs. 5 PBefAusglV siehe VGH München 2.2.1988 – 11 B 86.00025 und OVG Lüneburg 20.3.1996 – 7 L 2298/94. Die Ermittlung der – für ein Verkehrsunternehmen nur **einen – betriebsindividuellen mittleren Reiseweite** (VG Oldenburg 24.11.1983 – 6 VG A 242/81; VG Freiburg 1.6.1999 – 9 K 1852/98) nach § 3 Abs. 5 PBefAusglV hat im Falle eines Verkehrsverbundes die Beförderung sämtlicher Fahrgäste, also auch sog. Fremdumsteiger zugrunde zu legen (BVerwG DVBl. 1996, 154). Bei dem gemäß § 7 Abs. 1 PBefAusglV für das vorangegangene Kalenderjahr zu berechnenden Ausgleich ist die **Zahl der Beförderungsfälle** iSd § 3 Abs. 2 Satz 1 PBef-AusglV nach den im Laufe dieses Jahres verkauften Zeitfahrausweisen zu ermitteln und nicht maßgebend, wie lange ein Zeitfahrausweis im Kalenderjahr gegolten hat (BVerwG Buchholz 442.01 § 45a PBefG Nr. 7 = NVwZ 1996, 912 L). Zahlungen für **Durchtarifierungs- und Harmonisierungsverluste** bei Verbund- und Gemeinschaftstarifen sind keine Erträge iS der §§ 4 f. PBefAusglV (OVG Koblenz 16.11.2004 – 7 A 11029/4; die üblichen Ausgleichsregelungen für solche verbundbedingten Belastungen können im Übrigen Gegenstand allgemeiner Vorschriften gemäß Art. 3 Abs. 2 VO (EG) Nr. 1370/2007 sein, wenn die Voraussetzungen der Art. 4 und 6 sowie des Anhangs dieser VO erfüllt sind (Linke VO (EG) Nr. 1370/2007 Art. 3 Rn. 13; MüKoWettbR/Hölzl VO (EG) Nr. 1370/2007 Art. 3 Rn. 4; Ziekow/Völlink/Zuck VO (EG) Nr. 1370/2007 Art. 3 Rn. 5), und damit für die Eigenwirtschaftlichkeit von Bedeutung sein (→ § 8 Rn. 10a).

Ausgleichschuldner ist nach **Abs. 3** das Bundesland, in dessen Gebiet der **7** Verkehr betrieben wird. Bei länderüberschreitendem Verkehr wird dem Ausgleich der Teil der Leistungen zugrunde gelegt, der in dem jeweiligen Land erbracht wird. Die Länder können die auf sie entfallenden Anteile auch nach einer anderen geeigneten Schlüsselung aufteilen (vgl. § 6 Abs. 2 PBef-AusglV).

Die **Entscheidung** über den Ausgleichsanspruch trifft nach **Abs. 4** die **8** Genehmigungsbehörde (§ 11 Abs. 2) oder die von der Landesregierung bestimmte Behörde. Sie ist schriftlich zu erlassen und mit Gründen zu versehen, wenn dem Antrag nicht oder nicht in voller Höhe stattgegeben wird (vgl. § 8 PBefAusglV). Die Entscheidung kann mit Auflagen zur Ertragsverbesserung verbunden werden. Ein typisches Beispiel dafür liegt in der Vorsorge, zwischen Zeitfahrausweisen für Erwachsene und Zeitfahrausweisen für Auszubildende ein Spannungsverhältnis von 100 : 75 herzustellen.

Nach der durch Gesetz vom 14.8.2006 (BGBl. I 1962) eingefügten Rege- **9** lung des **§ 64a** können nunmehr die Länder die bundesrechtlichen Vorschriften über die Ausgleichszahlungen gemäß § 45a mit Wirkung ab dem 1. Januar 2007 durch Landesrecht ersetzen. Hiervon haben bis auf Bayern, Bremen, Saarland und Thüringen zwischenzeitlich auch alle Länder Gebrauch gemacht. Auch in den ersetzenden Ländern wirkt § 45a PBefG aber zumindest dergestalt nach, dass er bei eigenwirtschaftlichen Verkehren den Maßstab für die Prüfung liefert, ob die wesentlichen Grundgedanken der bundesrechtlichen Ausgleichsregelung vollständig in das Landesrecht übernommen wurden. Dies ist deswegen von Bedeutung, weil bei der Festsetzung der Ausgleichssätze nicht nur die Rabattierung der Ausbildungstarife berücksichtigt wurde, sondern auch die Wiedereinrichtung vielerorts gar nicht mehr bestehender Verkehrsangebote und später dann auch in zunehmendem Maße der sog. Verbundzuschlag finanziert wurde.

Die Nichtbefolgung der Auflagen nach Abs. 4 Satz 2 wird nach § 61 Abs. 1 **10** Nr. 1 als **Ordnungswidrigkeit** geahndet.

E. Gelegenheitsverkehr mit Kraftfahrzeugen

§ 46 Formen des Gelegenheitsverkehrs

(1) Gelegenheitsverkehr ist die Beförderung von Personen mit Kraftfahrzeugen, die nicht Linienverkehr nach den §§ 42, 42a, 43 und 44 ist.

(2) Als Formen des Gelegenheitsverkehrs sind nur zulässig
1. Verkehr mit Taxen (§ 47),
2. Ausflugfahrten und Ferienziel-Reisen (§ 48),
3. Verkehr mit Mietomnibussen und mit Mietwagen (§ 49),
4. gebündelter Bedarfsverkehr (§ 50).

(3) In Orten mit mehr als 50 000 Einwohnern oder in den von der höheren Verwaltungsbehörde bestimmten Orten unter 50 000 Einwohnern darf eine Genehmigung für den Taxenverkehr, den Mietwagenverkehr oder den gebündelten Bedarfsverkehr nicht für denselben Personenkraftwagen erteilt werden.

1 In dieser Vorschrift fand ursprünglich die Systematik des Gesetzes ihren Niederschlag, die auf dem **Prinzip des geschlossenen Kreises** beruhte (BVerfGE 17, 306 = NJW 1964, 1219 = VRS 26, 401). Das kam darin zum Ausdruck, dass Abs. 1 bestimmte, dass Gelegenheitsverkehr (nur) die Beförderung von Personen mit Kraftfahrzeugen ist, die nicht Linienverkehr nach den §§ 42 und 43 ist, während Abs. 2 nur bestimmte Formen des Gelegenheitsverkehrs für zulässig erklärt, nämlich den Verkehr mit Taxen, Ausflugsfahrten und Ferienziel-Reisen sowie Verkehr mit Mietomnibussen und mit Mietwagen, die an anderer Stelle abschließend genannt werden. Damit war für andere Arten und Formen der entgeltlichen oder geschäftsmäßigen Personenbeförderung an und für sich kein Raum (BVerwGE 20, 16 (18); VGH München 9.8.1969 – Nr. 300 VI 67). Eine solche Regelung war mit Art. 20 GG nicht vereinbar (vgl. BVerfGE 17, 306 = NJW 1964, 1219 = VRS 26, 401). Mit der Novelle 1965 zog der Gesetzgeber daraus die Konsequenzen und schuf einen Auffangtatbestand, der seitdem in § 2 Abs. 6 enthalten ist, jedoch auf besonders gelagerte Einzelfälle beschränkt war. Die Novelle 1990 hat dem als weitere Ausnahme die Experimentierklausel in § 2 Abs. 7 hinzugefügt. Die Novelle 2012 verzichtet in § 2 Abs. 6 nF nunmehr auf die bisherige Einschränkung „in besonders gelagerten Einzelfällen“. Das Prinzip des geschlossenen Kreises gilt somit nur noch, wenn öffentliche Verkehrsinteressen einer Öffnung nach § 2 Abs. 6 entgegenstehen.

2 **Doppelgenehmigungen** (Abs. 3) in der Form, dass mit einem Fahrzeug sowohl der Taxenverkehr (§ 47) als auch der Mietwagenverkehr (§ 49) betrieben werden darf, sind nur in Orten mit nicht mehr als 50 000 Einwohnern zulässig, aber auch dort nicht, wenn die zuständige Behörde etwas anderes bestimmt. Die Regelung mag zwar umstritten sein, weil sie die vom Gesetzgeber vorgesehene strikte Trennung der Verkehrsformen Taxi und Mietwagen durchbricht (Bauer Rn. 10). Ein ordnungsrechtliches Problem versteckt

sich dahinter jedoch nicht. Abs. 3 überschreitet mit der Begrenzung auf Orte mit nicht mehr als 50 000 Einwohnern das zulässige Maß abstrakter Typenbildung nicht. Im Hinblick auf das Grundrecht auf Berufsfreiheit in Art. 12 Abs. 1 GG kann es auch in größeren Orten eine schlichte Existenzfrage sein, beide Verkehrsformen mit einem Fahrzeug auszuüben. Strukturellen Besonderheiten von Orten knapp unter 50 000 Einwohnern kann die Genehmigungsbehörde im Wege des ihr eingeräumten Beurteilungs- und Ermessensspielraums Rechnung tragen. Abs. 3 ist daher mit dem GG vereinbar (BVerfGE 21, 181; 75, 273). Abs. 3 ist auch **nicht restriktiv anzuwenden.** In der Vorschrift ist weder von Ausnahme- noch von Einzelfällen die Rede. Vielmehr sind Doppelgenehmigungen jeweils entsprechend den wirtschaftlichen Bedürfnissen der Taxen- und Mietwagenunternehmer und den Verkehrsbedürfnissen der Fahrgäste zu erteilen. Dass dabei auch der Funktionsfähigkeit des örtlichen Taxengewerbes Rechnung zu tragen ist, versteht sich von selbst. § 13 Abs. 4 gilt auch bei der Erteilung einer Doppelgenehmigung.

§ 47 Verkehr mit Taxen

(1) Verkehr mit Taxen ist die Beförderung von Personen mit Personenkraftwagen, die der Unternehmer an behördlich zugelassenen Stellen bereithält und mit denen er Fahrten zu einem vom Fahrgast bestimmten Ziel ausführt. Der Unternehmer kann Beförderungsaufträge auch während einer Fahrt oder am Betriebssitz entgegennehmen.

(2) Taxen dürfen nur an behördlich zugelassenen Stellen und in der Gemeinde bereitgehalten werden, in der der Unternehmer seinen Betriebssitz hat. Fahrten auf vorherige Bestellung dürfen auch von anderen Gemeinden aus durchgeführt werden. Die Genehmigungsbehörde kann im Einvernehmen mit anderen Genehmigungsbehörden das Bereithalten an behördlich zugelassenen Stellen außerhalb der Betriebssitzgemeinde gestatten und einen größeren Bezirk festsetzen.

(3) Die Landesregierung wird ermächtigt, durch Rechtsverordnung den Umfang der Betriebspflicht, die Ordnung auf Taxenständen sowie Einzelheiten des Dienstbetriebs zu regeln. Sie kann die Ermächtigung durch Rechtsverordnung übertragen. In der Rechtsverordnung können insbesondere Regelungen getroffen werden über

1. **das Bereithalten von Taxen in Sonderfällen einschließlich eines Bereitschaftsdienstes,**
2. **die Annahme und Ausführung von fernmündlichen Fahraufträgen,**
3. **den Fahr- und Funkbetrieb,**
4. **die Behindertenbeförderung und**
5. **die Krankenbeförderung, soweit es sich nicht um Beförderungen nach § 1 Abs. 2 Nr. 2 handelt.**

(4) Die Beförderungspflicht besteht nur für Fahrten innerhalb des Geltungsbereichs der nach § 51 Abs. 1 Satz 1 und 2 und Abs. 2 Satz 1 festgesetzten Beförderungsentgelte (Pflichtfahrbereich).

(5) Die Vermietung von Taxen an Selbstfahrer ist verboten.

1 Taxen und Mietwagen (§ 49 Abs. 4) ist gemeinsam, dass Zweck, Ziel und Ablauf der Fahrt nicht der Unternehmer, sondern der Fahrgast bestimmt. Sie unterscheiden sich dadurch, dass nur der Taxenunternehmer – oder sein Fahrer – Fahrgäste auf öffentlichen Wegen und Plätzen aufnehmen darf, wo immer ihm die StVO ein Einsteigenlassen gestattet (vgl. §§ 12 und 14 StVO), wenn ihm dafür nicht sogar – an Taxenständen – ein Privileg zusteht: Dort, allerdings auch nur dort ist allein Taxen das **Bereithalten** gestattet, während umgekehrt schon das Halten verboten ist (vgl. § 12 Abs. 1 Nr. 9 StVO iVm Zeichen 229). Anders ausgedrückt: Wo eine Taxe bereitgehalten werden darf oder sich befugtermaßen bewegt, kann sie Fahrgäste aufnehmen (BVerwGE 51, 164 = NJW 1977, 449 = VRS 52, 312; BayObLGSt 1984, 23 = VRS 67, 237; OLG Düsseldorf VRS 71, 232). Kein Bereithalten liegt vor, wenn ein Taxi mit unbeleuchtetem Taxi-Dachschild eine Leerfahrt unternimmt oder abgestellt ist (vgl. OLG Hamburg VRS 119, 138), oder wenn während des Wartens auf den Fahrgast, der das Taxi bestellt hat, der Wille fehlt, Fahraufträge Dritter anzunehmen (BayObLG NStZ-RR 2002, 89 = NZV 2002, 413 = BayVBl 2003, 158; OLG Koblenz NZV 2003, 451). Darüber hinaus können Fahrtaufträge auch schriftlich, telefonisch und auf elektronischem Wege entgegengenommen werden.

2 Die Einrichtung von **Taxenständen** (Taxenhalteplätze und -speicher) ist eine öffentlich-rechtliche Pflicht. Sie können auch auf privaten Flächen eingerichtet werden. Für diese kann ein (privatrechtliches) Nutzungsentgelt verlangt werden, wenn der Betreiber der privaten Fläche entsprechende Investitionen getätigt hat (OVG Hamburg NJW 2007, 3367 = NordÖR 2007, 423).

3 Die Befugnis zur Bereithaltung von Taxen besteht grundsätzlich nur in der Gemeinde, in der der Unternehmer seinen **Betriebssitz** hat. Da die Gründung von Niederlassungen nicht beschränkt ist, kann ein Unternehmer auch mehrere Betriebssitze haben (VG Koblenz GewArch 2009, 162). Von dieser Bindung an den Betriebssitz kann die Genehmigungsbehörde Ausnahmen gestatten (Abs. 2 S. 3). Dafür besteht ein Bedürfnis insbesondere für den Taxenverkehr von und zu Flughäfen, und für Taxendienste bei Großveranstaltungen außerhalb der Städte (vgl. Haselau GewArch 1983, 118). Wegen des hinter Abs. 2 stehenden raumgebundenen Konzepts darf die Zulassung auswärtiger Taxen als Ausnahme allerdings nur soweit reichen, wie verkehrliche Interessen sie gebieten und die Situation des örtlichen Taxigewerbes ihr nicht entgegenstehen. Auch eine Gleichbehandlung der örtlichen und der auswärtigen Taxiunternehmer ist nicht geboten (vgl. OVG Berlin 24.3.2010 – OVG 1 A 1.09, BeckRS 2010, 47669; OLG Düsseldorf VRS 85, 474, (477)).

4 Nur Fahrten auf **vorherige Bestellung** dürfen auch von anderen Gemeinden aus durchgeführt werden (Abs. 2 Satz 2). Entscheidend ist, wo sich das Taxi bei Erteilung des Auftrags physisch befindet (OLG Frankfurt GRUR-Prax 2011, 562). Dagegen ist dort die Aufnahme von Fahrgästen bei Leerfahrten nicht zulässig.

5 Der Taxenunternehmer unterliegt der Betriebspflicht. Sie gilt – ebenso wie die **Beförderungspflicht (Abs. 4)** – nur im **Pflichtfahrbereich** (§ 51 Abs. 1 Sätze 1 und 2 und Abs. 2 Satz 1) und nur an den Taxenstandplätzen. Ihr Inhalt bedarf notwendig der Konkretisierung in der nach Abs. 3 zu

erlassenden Taxenordnung (vgl. BVerwGE 51, 164; 61, 9; Fromm BB 1983, 866).

6 Im Übrigen bestimmt Abs. 3 im Einzelnen, was in den **Taxenordnungen** geregelt werden darf. Dazu gehören Bestimmungen über den Umfang der Betriebspflicht (KG VRS 84, 55) und Vorschriften darüber, dass Taxen, die auf Standplätzen stehen, stets fahrbereit sein müssen (BayObLGSt 84, 20 = VRS 67, 133); die Dienstbereitschaft muss für jedermann deutlich erkennbar sein (OVG Münster GewArch 1977, 71). Nicht gedeckt durch die Ermächtigung sind dagegen die Anordnung einer Beförderungspflicht, weil sie sich schon aus §§ 22, 47 Abs. 4 ergibt (OLG Düsseldorf VRS 85, 307), die Verpflichtung zum Anschluss an eine Funkbetriebszentrale (BVerwGE 51, 164), eine Verpflichtung der Taxenunternehmer zur namentlichen Benennung der beschäftigten Fahrer sowie der Art und Dauer ihrer Beschäftigung (BVerwG NZV 1988, 198), die Auferlegung von Nachweispflichten zur Erleichterung der Aufsicht über die Erfüllung der Vorschriften über den Umfang der Betriebspflicht (KG VRS 79, 59), eine Vorschrift, nach der ein Taxifahrer seinen Rangplatz in der Reihenfolge der auf dem Taxistand wartenden Taxen auch dann behält, wenn er sich von seinem Fahrzeug entfernt (VGH München VRS 86, 277), sowie ein Verbot, im öffentlichen Straßenraum auf einen frei werdenden Platz an einem vollständig besetzten Taxistandplatz zu warten (OLG Düsseldorf NStZ-RR 2006, 351). Ebenso ist unwirksam eine Verpflichtung, in der Taxe einen Ausweis mit dem Namen und dem Bild des Taxifahrers anzubringen, denn eine solche Pflicht regelt Anforderungen an das Verhalten der Betriebsbediensteten iSv § 57 Abs. 1 Nr. 3, für die allein das Bundesministerium für Verkehr, Bau und Stadtentwicklung zuständig ist (BVerwGE 131, 147 = NJW 2008, 3080 = VRS 115, 155).

7 Angesichts des von der Rechtsprechung an die Ermächtigungsnorm angelegten Maßstabes ist zweifelhaft, ob in der Taxenordnung noch das Gebot Platz hat, Taxen nur an den behördlich zugelassenen Taxenständen bereitzuhalten, nachdem Abs. 3 durch die Novelle 1983 eine Neufassung erhalten hat (vgl. zum alten Recht BVerwGE 61, 9, 12 f.). Ein Taxiunternehmer kann nicht die einem anderen Taxiunternehmer zuteil gewordene Gestattung, bestimmte Taxenstandplätze in seiner Zulassungsgemeinde zeitweilig zu benutzen, mit der Klage anfechten (OVG Lüneburg DÖV 1972, 625).

8 Das **Vermieten von Taxen an Selbstfahrer** (Abs. 5) ist unzulässig. Die Regelung bezweckt, die Verwendung von Taxen im Selbstfahrverkehr im Interesse eines möglichst verkehrssicheren Zustandes der Fahrzeuge und damit im Interesse der Sicherheit der Fahrgäste zu unterbinden.

9 Eine **Ordnungswidrigkeit** nach § 61 Abs. 1 Nr. 1 ist nicht schon das Bereithalten von Taxen ohne die zur Ausübung des Gelegenheitsverkehrs nach § 47 erforderliche Genehmigung, sondern nur die tatsächliche Beförderung von Personen – das Fahrzeug muss sich mit einem Fahrgast in Bewegung gesetzt haben – ohne diese Genehmigung, nachdem das Fahrzeug zur Personenbeförderung bereitgehalten worden war (BayObLGSt 1962, 189 = NJW 1962, 2213; OLG Hamm NZV 1994, 490 L). Mietwagenunternehmer, die einen nach § 47 genehmigungsbedürftigen Personenverkehr betreiben,

verstoßen gegen § 61 Abs. 1 Nr. 1 (vgl. BayObLGSt a. a. O.; OLG Celle VRS 47, 231). Ob das Fahrzeug als Taxe gekennzeichnet ist, spielt dabei keine Rolle (BayObLGSt a. a. O.). Der Verstoß gegen § 47 Abs. 5 ist durch § 61 Abs. 1 Nr. 3e mit Geldbuße bedroht.

§ 48 Ausflugsfahrten und Ferienziel-Reisen

(1) Ausflugsfahrten sind Fahrten, die der Unternehmer mit Kraftomnibussen oder Personenkraftwagen nach einem bestimmten, von ihm aufgestellten Plan und zu einem für alle Teilnehmer gleichen und gemeinsam verfolgten Ausflugszweck anbietet und ausführt. Die Fahrt muß wieder an den Ausgangsort zurückführen. Die Fahrgäste müssen im Besitz eines für die gesamte Fahrt gültigen Fahrscheins sein, der die Beförderungsstrecke und das Beförderungsentgelt ausweist. Bei Ausflugsfahrten, die als Pauschalfahrten ausgeführt werden, genügt im Fahrschein die Angabe des Gesamtentgelts an Stelle des Beförderungsentgelts.

(2) Ferienziel-Reisen sind Reisen zu Erholungsaufenthalten, die der Unternehmer mit Kraftomnibussen oder Personenkraftwagen nach einem bestimmten, von ihm aufgestellten Plan zu einem Gesamtentgelt für Beförderung und Unterkunft mit oder ohne Verpflegung anbietet und ausführt. Es dürfen nur Rückfahrscheine und diese nur auf den Namen des Reisenden ausgegeben werden. Die Fahrgäste sind zu einem für alle Teilnehmer gleichen Reiseziel zu bringen und an den Ausgangspunkt der Reise zurückzubefördern. Auf der Rückfahrt dürfen nur Reisende befördert werden, die der Unternehmer zum Reiseziel gebracht hat.

(3) *(aufgehoben)*

(4) Die Vorschriften der §§ 21 und 22 sind nicht anzuwenden.

1 **Ausflugsfahrten** (Abs. 1) setzen begrifflich voraus, dass ihnen ein vom **Unternehmer** aufgestellter Plan zugrunde liegt und ein über die bloße Beförderung hinausgehender **Ausflugszweck** eigentümlich ist. Darunter ist alles zu verstehen, was der Freizeitgestaltung, dem Vergnügen oder der Erholung dient (BVerwG NJW 1954, 1660; VG Schleswig WRP 1970, 409), insbesondere Besichtigungsfahrten, Rundfahrten, Wochenendpauschalfahrten, Fahrten zu kulturellen oder sportlichen Veranstaltungen (BayObLGSt 82, 83 = VRS 63, 305). Eine Ausflugsfahrt verliert diese Eigenschaft nicht dadurch, dass auch andere Zwecke verfolgt werden (OLG Hamm VRS 60, 172), zB Einkäufe der Fahrtteilnehmer. Um Ausflugsfahrten handelt es sich aber nicht, wenn der Ausflugscharakter gänzlich in den Hintergrund tritt, was bei den sog. Kaffeefahrten mitunter zweifelhaft ist (OLG Koblenz GewArch 1973, 9). Ebenso wenig kann von Ausflugsfahrten gesprochen werden, wenn die Befriedigung eines allgemeinen Verkehrsbedürfnisses erkennbar im Vordergrund steht (BGH VRS 14, 280; OLG Braunschweig VRS 12, 349; OVG Hamburg VkBl. 1969, 676). Die Zuordnung von Stadtrundfahrten zum Linienverkehr oder zum Ausflugsverkehr ist allerdings immer wieder umstritten (OVG Hamburg DVBl. 2005, 260 = NordÖR 2005, 43; GewArch 2007, 121 = VRS 113, 151; VG München 29.10.2009 – M 23 K 08.3583, BeckRS 2011,

47601). Bildet indessen der Ausflugszweck das wesentliche Anliegen, ist es auch unschädlich, wenn die Fahrten regelmäßig stattfinden (OVG Hamburg DVBl. 2005, 260 = NordÖR 2005, 43; GewArch 2007, 121 = VRS 113, 151; BayObLGSt 82, 83 = VRS 63, 305).

Der **Ausflugszweck** muss von allen Teilnehmern gemeinsam verfolgt und 2
ausgeführt werden. Sie müssen am Ausflugsort zwar nicht unbedingt zusammenbleiben; es ist aber nicht zulässig, dass ein Teil der Fahrtteilnehmer am Zielort ausflugsfremde Zwecke verfolgt. Die Teilnehmer müssen wenigstens in gewissem Umfang eine geschlossene Ausflugsgruppe bilden (OLG Hamm VRS 60, 172).

Nach Abs. 1 Satz 2 muss die Fahrt wieder zum **Ausgangsort** zurückfüh- 3
ren. Dabei muss aber nicht unbedingt dasselbe Fahrzeug benutzt (so auch Bidinger PBefG § 48 Rn. 13; aA OLG Hamm VRS 10, 200) und nicht dieselbe Strecke wie auf der Fahrt zu dem Ausflugsziel gefahren werden. Der Teilnehmerkreis muss auch auf der Rückfahrt geschlossen bleiben.

Eine Ausflugsfahrt setzt schließlich voraus, dass die Fahrgäste im Besitz eines 4
für die gesamte Fahrt (Hin- und Rückfahrt) gültigen **Fahrscheins** sind (Abs. 1 Satz 3). Dieser muss die Beförderungsstrecke und das Beförderungsentgelt ausweisen, das einheitlich und unteilbar festzusetzen ist. Nur bei Ausflugsfahrten, die als Pauschalfahrten ausgeführt werden, also neben der Beförderung noch andere Leistungen wie Unterkunft, Verpflegung, Führungen usw. enthalten, genügt die Angabe des Gesamtentgelts anstelle des Beförderungsentgelts (Abs. 1 Satz 4); der Unternehmer soll nicht gezwungen werden, seine Kalkulation offenzulegen.

Der Unternehmer braucht die Ausflugsfahrten nicht mit eigenen Fahrzeu- 5
gen auszuführen, sondern kann sich dazu auch der Fahrzeuge Dritter bedienen (BVerwGE 70, 28). Die gewerbliche Personenbeförderung nach §§ 48, 49 mit Oldtimern ist allerdings nicht genehmigungsfähig (VG Dresden 9.4.2008 – 6 K 1784/05, BeckRS 2009, 41711).

Wie die Ausflugsfahrten dürfen auch die **Ferienziel-Reisen** (Abs. 2) nicht 6
von den Fahrgästen gestaltet werden. Maßgebend muss vielmehr der Plan sein, den der Unternehmer aufstellt. Er wird im allgemeinen Reisetermin, Reisezweck, Ausgangs- und Zielort, Unterkunft und Gesamtentgelt umfassen. Der Unternehmer ist dabei an keine bestimmte Streckenführung gebunden.

Die Reisen müssen zu **Erholungsaufenthalten** unternommen werden. 7
Dabei muss Ziel der Fahrt nicht unbedingt ein anerkannter Kur- oder Badeort sein. Schon nach dem Sprachgebrauch verlangt der Aufenthalt den Verbleib an dem Zielort für wenigstens einige Tage. Die Teilnehmer der Fahrt müssen zu dem **gleichen Reiseziel** gebracht werden (Abs. 2 Satz 3). Es muss sich um eine geschlossene Reisegesellschaft handeln, die während der Fahrt und am Zielort zusammenbleibt (BVerwG VRS 56, 389). Reiseziel ist aber nicht im Sinne einer Ortschaft oder Gemeinde, sondern als das gesamte Erholungsgebiet zu verstehen, schließt also auch die Unterbringung in verschiedenen Hotels, Pensionen oder Ferienwohnungen ein.

Ferienziel-Reisen setzen nach Abs. 2 Satz 1 weiter voraus, dass der Unter- 8
nehmer die Fahrt zu einem **Gesamtentgelt** für Beförderung und Unterkunft anbietet und durchführt. Der getrennte Abschluss von Beförderungs- und

Beherbergungsvertrag ist unzulässig. Jedoch steht es dem Unternehmer frei, in den Pauschalpreis auch die Kosten für die Verpflegung einzubeziehen. Das Gesamtentgelt muss mit jedem einzelnen Teilnehmer vereinbart werden. Schließlich müssen **Rückfahrscheine** ausgegeben werden (Abs. 2 Satz 2). Ein bloßer Streckenverkehr ist – anders als nach Gemeinschaftsrecht – bei innerdeutschen Ferienziel-Reisen unzulässig. Die Fahrscheine müssen auf den Namen des Reisenden ausgegeben und dürfen nicht auf andere Reisende übertragen werden. Endlich müssen bei Ferienziel-Reisen alle Fahrgäste an den **Ausgangsort** zurückbefördert werden (Abs. 2 Satz 3). Dabei muss es sich aber nicht um dieselbe Personengruppe handeln, die auf der Hinfahrt befördert worden ist. Die Reisenden haben vielmehr die Möglichkeit, ihren Aufenthalt am Zielort zu verlängern und erst später zurückzufahren. Bei der Rückfahrt dürfen aber immer nur solche Reisenden befördert werden, die der Unternehmer zum Zielort gebracht hat (Abs. 2 Satz 4). Auf der Hin- und Rückfahrt dürfen verschiedene Fahrzeuge verwendet werden. Seit der Novelle 2012 können mehrere Ferienziel-Reisen, die zwar ein gemeinsames Reiseziel, aber verschiedene Ausgangspunkte haben, auch mit ein und demselben Omnibus durchgeführt werden, weil § 48 Abs. 3 dies nicht mehr verbietet (vgl. BVerwGE 32, 209).

9 Das früher in Abs. 3 enthaltene Verbot, unterwegs Fahrgäste aufzunehmen, ist im Zuge der Novelle 2012 aufgehoben worden.

10 Die **Nichtanwendung von § 21 und § 22** auf Ausflugsfahrten und Ferienzielreisen nach Abs. 4 hat zur Folge, dass es in diesen Verkehrsformen weder Betriebs- noch (öffentlich-rechtliche) Beförderungspflicht gibt. Sie lässt aber die Verpflichtung des Unternehmers unberührt, den Betrieb ordnungsgemäß einzurichten und nach den Bedürfnissen des Verkehrs und dem Stand der Technik ordnungsmäßig aufrechtzuerhalten (Bidinger PBefG § 48 Rn. 44).

§ 49 Verkehr mit Mietomnibussen und mit Mietwagen

(1) Verkehr mit Mietomnibussen ist die Beförderung von Personen mit Kraftomnibussen, die nur im ganzen zur Beförderung angemietet werden und mit denen der Unternehmer Fahrten ausführt, deren Zweck, Ziel und Ablauf der Mieter bestimmt. Die Teilnehmer müssen ein zusammengehöriger Personenkreis und über Ziel und Ablauf der Fahrt einig sein.

(2) Die Voraussetzungen des Absatzes 1 Satz 1 sind nicht gegeben, wenn Fahrten unter Angabe des Fahrtziels vermittelt werden. Mietomnibusse dürfen nicht durch Bereitstellen auf öffentlichen Straßen oder Plätzen angeboten werden.

(3) Die Vorschriften der §§ 21 und 22 sind nicht anzuwenden.

(4) Verkehr mit Mietwagen ist die Beförderung von Personen mit Personenkraftwagen, die nur im ganzen zur Beförderung gemietet werden und mit denen der Unternehmer Fahrten ausführt, deren Zweck, Ziel und Ablauf der Mieter bestimmt und die nicht Verkehr mit Taxen nach § 47 und nicht gebündelter Bedarfsverkehr nach § 50 sind. Mit Mietwagen dürfen nur Beförderungsaufträge ausgeführt werden, die am Betriebssitz oder in der Wohnung des Unternehmers

eingegangen sind. Nach Ausführung des Beförderungsauftrags hat der Mietwagen unverzüglich zum Betriebssitz zurückzukehren, es sei denn, er hat vor der Fahrt von seinem Betriebssitz oder der Wohnung oder während der Fahrt einen neuen Beförderungsauftrag erhalten. Den Eingang des Beförderungsauftrages am Betriebssitz oder in der Wohnung hat der Mietwagenunternehmer buchmäßig oder elektronisch (auch mittels appbasierten Systems) zu erfassen und die Aufzeichnung ein Jahr aufzubewahren. Annahme, Vermittlung und Ausführung von Beförderungsaufträgen, das Bereithalten des Mietwagens sowie Werbung für Mietwagenverkehr dürfen weder allein noch in ihrer Verbindung geeignet sein, zur Verwechslung mit dem Taxenverkehr oder dem gebündelten Bedarfsverkehr zu führen. Den Taxen und dem gebündelten Bedarfsverkehr vorbehaltene Zeichen und Merkmale dürfen für Mietwagen nicht verwendet werden. In Städten mit mehr als 100 000 Einwohnern kann die Genehmigungsbehörde zum Schutz der öffentlichen Verkehrsinteressen die in ihrem Bezirk geltenden Regelungen für den gebündelten Bedarfsverkehr auch auf den in ihrem Bezirk betriebenen Verkehr mit Mietwagen anwenden, wenn per App vermittelter Verkehr mit Mietwagen einen Marktanteil von 25 Prozent am Fahrtaufkommen im Gelegenheitsverkehr mit Taxen, Mietwagen und gebündelten Bedarfsverkehr überschreitet. Die §§ 21 und 22 sind nicht anzuwenden.

(5) Die Genehmigungsbehörde kann für Gemeinden mit großer Flächenausdehnung Einzelheiten für die Genehmigung von Ausnahmen von der Pflicht zur Rückkehr an den Betriebssitz ohne neuen Beförderungsauftrag an einen anderen Abstellort als den Betriebssitz festlegen. Hierbei ist eine Mindestwegstrecke von 15 Kilometern zwischen Hauptsitz und Abstellort oder bei mehreren Abstellorten zwischen diesen zu Grunde zu legen. Die Genehmigungsbehörde kann insbesondere Regelungen treffen über

1. die Anforderungen an den Abstellort und
2. die zulässige Anzahl von Abstellorten.

Der Verkehr mit **Mietomnibussen** (Abs. 1 bis 3) unterscheidet sich vom allgemeinen Linienverkehr (§ 42) insbesondere dadurch, dass Zweck, Ziel und Ablauf der Fahrten nicht vom Unternehmer, sondern vom **Mieter** bestimmt werden und die Teilnehmer einen zusammengehörigen Personenkreis bilden. Der Bus muss **im Ganzen** angemietet werden; einzelne Plätze dürfen nicht vergeben werden. „Mieter“ – tatsächlich handelt es sich um einen Werkvertrag – kann eine einzelne Person, aber auch eine Mehrheit von Personen sein. Der Mieter braucht nicht zugleich der zu befördernde Fahrgast zu sein. Der Mieter kann auch für mehrere Fahrgäste die Fahrt nach Zweck, Ziel und Ablauf unterschiedlich bestimmen (OLG Düsseldorf NJW-RR 1994, 626; OLG München GewArch 1994, 113). Regelmäßigkeit schließt die Zuordnung zum Gelegenheitsverkehr nicht aus (OVG Hamburg VerwRspr 21, 90 = VkBl. 1969, 676). 1

Streitig ist, wann ein **zusammengehöriger Personenkreis** gegeben ist. Stellt man auf den Gesetzeswortlaut ab, kann das nicht schon dann der Fall sein, wenn sich die Teilnehmer über Ziel und Ablauf der Fahrt einig sind. Denn dies ist ein weiteres, eigenständiges Merkmal für das Vorliegen eines Mietomnibusverkehrs. Dementsprechend war früher hM, die Teilnehmer 2 müssten, um einen zusammengehörigen, subjektiv begrenzten Personenkreis zu bilden, Eigenschaften aufweisen, die schon vor der Fahrt bestanden haben und nach ihrem Ablauf fortbestehen, zB bei Betriebsausflügen oder der Moselfahrt eines Kegelvereins (OVG Koblenz DÖV 1959, 911; OLG Hamm VRS 60, 172 und VRS 61, 336; Fielitz/Grätz § 49 Rn. 3). Nach neuerer Auffassung soll nicht nur ein von der Teilnahme an der Fahrt unabhängiges Merkmal genügen (BGH VRS 26, 342: Beförderung von Kurgästen vom Bahnhof zu ihren Unterkünften; OLG Stuttgart VRS 27, 90: Beförderung von Soldaten verschiedener Truppenteile, die auf Urlaub fahren), vielmehr soll sich die Zusammengehörigkeit auch schon aus dem gemeinsamen Interesse am Reisezweck ergeben (OLG Stuttgart 8.8.1972 – 4 Sa 459/72; OLG Frankfurt am Main WRP 70, 27; OLG München WRP 70, 35; OLG Karlsruhe 16.2.1969 – 6 W 13 U/69; VGH München DÖV 1983, 518 = VRS 64, 369). Infolgedessen genügt auch das gemeinsame Interesse am Programm einer Werbefahrt (BGH NJW 1985, 3084 = VRS 69, 394; OVG Münster DÖV 1988, 927 = GewArch 1988, 341). Es ist zweifelhaft, ob diese Auslegung zutrifft (vgl. dazu im Einzelnen Fromm Touristik und Verkehr 1986, 14).

3 **Fahrten unter Angabe des Fahrziels** (Abs. 2 Satz 1) schließen aus, dass die Beförderung als Mietomnibusverkehr angesehen werden kann. Reisebüros dürfen daher einen Mietomnibusverkehr nicht vermitteln, bei dem sie selbst oder der Unternehmer das Fahrziel bestimmen.

4 Durch **Bereitstellen** (Abs. 2 Satz 2) auf öffentlichen Straßen und Plätzen dürfen die Mietomnibusse nicht angeboten werden. Bereitstellen ist das Inverkehrbringen eines dienstbereiten Fahrzeugs, verbunden mit besonderen Maßnahmen, die die Dienstbereitschaft allgemein erkennbar machen (BayObLGSt 1981, 53 = VRS 61, 159; BayObLGSt 1984, 23 = VRS 67, 237; OVG Münster VRS 51, 399). Dabei kommt es darauf an, dass durch die Art des Aufstellens des Fahrzeugs oder auf sonstige Weise für jedermann erkennbar die Bereitschaft ausgedrückt wird, die angebotene Fahrgastbeförderung jederzeit auszuführen (BVerwGE 51, 167 = VRS 52, 312; BVerwGE 61, 9 = VRS 60, 316; OLG Hamm VRS 41, 227). Das bloße Aufstellen des Fahrzeugs auf öffentlichem Verkehrsgrund genügt dazu nicht (BayObLGSt 1962, 189, 195 = NJW 1962, 2213; OLG Stuttgart VRS 11, 397), auch nicht, wenn es an einem Ort geschieht, an dem in gehäuftem Maß nach Beförderungsmöglichkeiten im Gelegenheitsverkehr gesucht wird (BayObLGSt 1981, 53 = VRS 61, 159). Die Dienstbereitschaft kann wörtlich oder schlüssig erklärt werden. Die beabsichtigte Erklärung muss jedoch allgemein, dh aus der Situation heraus für jedermann verständlich sein (OLG Stuttgart VRS 11, 397). Daran fehlt es, wenn die Fahrzeuge nur mit einem unbeschrifteten farbigen Aufkleber versehen sind (OVG Münster VRS 51, 399).

5 Eine **Betriebs- und Beförderungspflicht** (Abs. 3) besteht beim Verkehr mit Mietomnibussen nicht.

6 Die allgemeinen Voraussetzungen für einen **Mietwagenverkehr** (Abs. 4 Satz 1) entsprechen denen, die Abs. 1 Satz 1 für den Verkehr mit Mietomnibussen aufstellt. Auch hier ist die Vergabe nach Einzelplätzen unzulässig (OLG Düsseldorf GewArch 1994, 113). Der durch die Novelle 1983 neugefasste

Abs. 4 wiederholt in Satz 1 diese Vorschrift wörtlich, jedoch mit dem Zusatz, dass es sich nicht um Verkehr mit Taxen nach § 47 handeln darf. Die Novelle 2021 hat dies um den gebündelten Bedarfsverkehr nach § 50 ergänzt. Dieser Zusatz ist deshalb erforderlich, weil Taxen-, gebündelter Bedarfs- und Mietwagenverkehr teilweise eine gleichartige Aufgabenstellung haben (s. dazu auch § 49 Abs. 4). Sie unterscheiden sich nur dadurch, dass Taxen an behördlich zugelassenen Stellen bereitgehalten werden und Beförderungsaufträge uneingeschränkt auch während der Fahrt entgegennehmen dürfen (§ 47 Abs. 1 Satz 2), Mietwagenunternehmer aber nach Abs. 4 Satz 2 grundsätzlich nur Beförderungsaufträge ausführen dürfen, die an ihrem Betriebssitz oder in ihrer Wohnung eingehen (vgl. auch § 47 Rn. 1). Vom gebündelten Bedarfsverkehr unterscheidet sich der Mietwagenverkehr dadurch, dass ersterer mehrere Beförderungsaufträge gebündelt ausführen darf, ein Mietwagen aber nur im Ganzen vermietet werden darf.

Die Modalitäten der **Auftragsentgegennahme** sind minutiös geregelt. Es 7
dürfen nur Beförderungsaufträge ausgeführt werden, die am Betriebssitz oder in der Wohnung des Unternehmers eingegangen sind (Satz 2). Betriebssitz ist nicht das Gemeindegebiet als solches, sondern ein mit Straße und Hausnummer anzugebender Punkt innerhalb des Gemeindegebietes (OVG Münster NVwZ 1986, 941 = VRS 70, 156). Er kann auch bei einer Funkzentrale bestehen (ebenso BGH TranspR 1993, 392 = VRS 86, 44 und Bidinger PBefG § 49 Rn. 136). Im Übrigen schließt der Begriff des Betriebssitzes ebenso wenig wie der Hinweis auf die Wohnung die Beteiligung an einer Fahrtenvermittlungszentrale aus (vgl. BGH NJW 1970, 1548 = VRS 39, 89; OLG Frankfurt am Main VRS 35, 337).

Die durch die Novelle 1983 eingeführte **Rückkehrpflicht** (Satz 3) sollte die 8
Abgrenzung zwischen Taxen- und Mietwagenverkehr erleichtern. Gleichwohl ist sie fragwürdig, weil sie dem Mietwagenunternehmer praktisch das Parken auch dort verbietet, wo es anderen Kraftfahrern erlaubt ist, und ihn darüber hinaus zu – umweltschädlichem – Hin- und Herfahren anhält, das anderen Kraftfahrern durch § 30 Abs. 1 Satz 3 StVO untersagt ist (vgl. Fromm NVwZ 1986, 894). So soll ein Mietwagenunternehmer seine Verpflichtung zur unverzüglichen Rückkehr zum Betriebssitz verletzen, wenn er nach Ausführung eines Fahrauftrags eine nicht ganz kurze Pause einlegt, ohne dass besondere Umstände des Einzelfalles eine solche Pause außerhalb des Betriebssitzes erfordern (BGH NJW 1990, 1366 = VRS 79, 11). Selbst das Einlegen einer Mittagspause soll nicht zulässig sein (vgl. Bidinger Rn. 173 mwN). Einigermaßen erträglich ist das Rückkehrgebot erst durch seine verfassungskonforme Auslegung durch BVerfGE 81, 70 (94 f.) = NJW 1990, 1349 = VRS 78, 241 geworden: Danach durften Mietwagen durch Funk übermittelte Aufträge auch noch während der Rückfahrt zum Betriebssitz übernehmen und zu diesem Zweck die Rückfahrt abbrechen. Seit 2005 war das Rückkehrgebot durch Abs. 4 S. 3 dahingehend weiter gelockert, dass der Mietwagen einen Beförderungsauftrag nicht nur per Funk, sondern allgemein fernmündlich auch während der Fahrt oder Rückfahrt erhalten kann. Die Novelle 2021 streicht nunmehr das Wort „fernmündlich“ ganz. Diese Lockerung ändert aber nichts daran, dass der Auftrag des Fahrgasts am Betriebssitz oder in der Wohnung des

Unternehmers eingegangen sein muss. Abs. 4 Satz 3 regelt also nur die fernmündliche Weitergabe des Auftrags an den Mietwagen. Anrufweiterschaltung ist also unzulässig (ebenso Bidinger PBefG § 49 Rn. 146 f.).

9 Ebenfalls durch die Novelle 1983 eingeführt wurde ferner die Pflicht des Unternehmers, den Eingang des Beförderungsauftrags am Betriebssitz oder in der Wohnung buchmäßig zu erfassen und die Aufzeichnung ein Jahr aufzubewahren (Satz 4). Diese Erfassungspflicht gilt bei Serienfahrten für jede einzelne Fahrt (BayVGH 26.4.2021 – 11 ZB 20.2076, BeckRS 2021, 10964). Die Novelle 2021 lässt außer der buchmäßigen Erfassung nunmehr auch die elektronische Erfassung (auch mittels appbasierten Systems) Das dient dem Nachweis, dass die Beförderungsaufträge rechtmäßig nach Abs. 4 Satz 2 entgegengenommen worden sind. Die buchmäßige Erfassung verlangt die Eintragung eines jeden Beförderungsauftrags in ein durch Einband oder auf andere Weise fest zusammengehaltenes Buch. Eintragungen auf losen Zetteln reichen nicht aus. Erfasst ist der Beförderungsauftrag nur, wenn neben der Uhrzeit des Auftragseingangs Beginn und Ende der bestellten Fahrt vermerkt werden; der Name des Bestellers ist entbehrlich. Eine elektronische Datenaufzeichnung ist entsprechend der Bindung an den Stand der Technik nach § 21 Abs. 1 zulässig. Sie muss aber manipulationssicher sein (wie hier Bauer Rn. 17), also den Grundsätzen ordnungsgemäßer DV-gestützer Buchführungssysteme (s. dazu BMF BStBl. I 1995 S. 738) entsprechen. Die Novelle 2021 hat dies nun übernommen. Die Genehmigungsbehörde kann jederzeit Einsicht in die Bücher nehmen (§ 54a Abs. 1 Nr. 1).

10 **Verwechslungen mit dem Taxenverkehr und dem gebündelten Bedarfsverkehr** (Satz 5) müssen unter allen Umständen vermieden werden. Dem dient insbesondere das – verfassungskonforme – Verbot, Mietwagen auf öffentlichen Straßen und Plätzen taxiähnlich bereitzustellen und dort Beförderungsaufträge anzunehmen, zB das Aufstellen mehrerer Mietwagen hintereinander, wie es bei Taxen an ihren Bereitstellungsplätzen der Fall ist (BVerfG VRS 78, 241; BayObLGSt 1966, 147 = VRS 32, 234; BayObLGSt 1981, 53 = VRS 61, 159; OLG Celle NJW 1965, 1670; OLG Frankfurt am Main WRP 1984, 331; OLG Hamm VkBl. 1967, 372; OLG Köln VRS 35, 395). Verboten sind auch das Aufstellen eines wegen seiner Funkantenne als Mietwagen erkennbaren Fahrzeugs mit fahrbereitem Fahrer und das Aufstellen an Orten, an denen im Gelegenheitsverkehr mit Taxen häufig Fahrgäste gesucht werden, zB vor Theatern, Gaststätten, Bars, Hotels, Bahnhöfen und Flugplätzen (BayObLGSt a. a. O.; OLG Celle NJW 1965, 1670; OLG Düsseldorf DPV 1970, 115; OLG Frankfurt am Main WRP 1984, 331). Nicht dazu gehört indessen die Bereitstellung von Mietwagen für den Sanitäts- und Rettungsdienst anlässlich einer Großveranstaltung (OVG Lüneburg DÖV 1993, 169). Verwechslungen mit dem gebündelten Bedarfsverkehr sind zu vermeiden, damit es nicht durch Auftragsbündelung zu verbotenem Mietwagenverkehr kommen kann.

11 Die **Werbung** darf ebenfalls nicht zur Verwechslung mit dem Taxenverkehr führen. Dieses ebenfalls verfassungskonforme Verbot (BVerfGE 65, 237 = VRS 66, 161) richtet sich insbesondere gegen alle Hinweise durch Beschriftung, Inserate, Lautsprecher, Rundfunk-, Kino- und Fernsehwerbung,

durch die der Anschein erweckt werden könnte, es handele sich bei der angebotenen Personenbeförderung um Verkehr mit Taxen.

Schließlich dürfen den **Taxen und gebündelten Bedarfsverkehren vorbehaltene Zeichen und Merkmale** (Satz 6) für Mietwagen nicht verwendet werden. Solche Zeichen sind die Kenntlichmachung nach § 26 BOKraft (nur Taxen) sowie die für die drei Formen des Gelegenheitsverkehrs jeweils andersfarbige Ordnungsnummer nach § 27 BOKraft. Ein den Taxen vorbehaltenes Merkmal ist der Fahrpreisanzeiger nach § 28 BOKraft (vgl. OLG Köln MDR 1965, 320). Verboten ist darüber hinaus jede den Eindruck, es handele sich um Taxenverkehr, erweckende Aufmachung, zB Anbringung von besonderen Streifen, von Freizeichen und von Aufklebern, die einen entsprechenden Erklärungsinhalt haben (BayObLGSt 1981, 53 = VRS 61, 159). Vgl. auch § 31 BOKraft. Gleiches gilt für den gebündelten Bedarfsverkehr. 12

Eine **Betriebs- und Beförderungspflicht** (Satz 7) nach §§ 21, 22 besteht beim Mietwagenverkehr ebenso wenig wie beim Mietomnibusverkehr. 13

Eine **Ordnungswidrigkeit** nach § 61 Abs. 1 Nr. 1 begeht, wer Mietomnibus- oder Mietwagenverkehr ohne jede Genehmigung nach dem PBefG oder mit einer Genehmigung betreibt, die zu dieser Art des Gelegenheitsverkehrs nicht berechtigt, zB mit einer Genehmigung nach § 47 (OLG Hamm VRS 34, 314) oder nach § 48 (OLG Celle VRS 47, 227). Durch § 61 Abs. 1 Nr. 3g sind Verstöße gegen § 49 Abs. 2 Satz 2 und Abs. 4 mit Geldbuße bedroht. Beim Verkehr mit Mietomnibussen ist demnach nur das Bereitstellen auf öffentlichen Straßen oder Plätzen bußgeldbewehrt. Beim Mietwagenverkehr werden dagegen alle Verstöße gegen § 49 Abs. 4 mit Geldbuße geahndet. Auf die Ahndung solcher Zuwiderhandlungen haben die davon betroffenen Taxenunternehmer keinen Rechtsanspruch (VGH München NJW 1985, 758). 14

Die unterschiedliche Behandlung des Taxenverkehrs einerseits und des Mietwagenverkehrs andererseits steht mit dem GG in Einklang, weil Taxen im Gegensatz zu Mietwagen öffentliche Verkehrsmittel sind (BVerwGE 11, 168, 168 f.; 65, 237, 246 f.; 81, 70, 86 f.). Die umsatzsteuerrechtlich bessere Behandlung des Personenverkehrs mit Taxen gegenüber dem Personenverkehr mit Mietwagen (§ 12 Abs. 2 Nr. 10 UStG) ist deshalb nicht zu beanstanden (BVerfGE 85, 238 (239, 244 ff., 246)). Ebenso kann die Straßenverkehrsbehörde Linienbusse und Taxen, nicht aber den Mietwagenverkehr von Verkehrsbeschränkungen ausnehmen (BVerwG NJW 1981, 184 = VRS 59, 306). Ob sich diese Rechtsprechung angesichts von § 8 Abs. 2 für die Zukunft aufrechterhalten lässt, ist zu bezweifeln (dazu → § 8 Rn. 2). 15

§ 50 Gebündelter Bedarfsverkehr

(1) Gebündelter Bedarfsverkehr ist die Beförderung von Personen mit Personenkraftwagen, bei der mehrere Beförderungsaufträge entlang ähnlicher Wegstrecken gebündelt ausgeführt werden. Der Unternehmer darf die Aufträge ausschließlich auf vorherige Bestellung ausführen. Die Genehmigungsbehörde kann, soweit öffentliche Verkehrsinteressen dies erfordern, bestimmen, dass Fahrzeuge

des gebündelten Bedarfsverkehrs nach Ausführung der Beförderungsaufträge unverzüglich zum Betriebssitz oder zu einem anderen geeigneten Abstellort zurückkehren müssen, es sei denn, die Fahrer haben vor oder während der Fahrt neue Beförderungsaufträge erhalten. Die Annahme, die Vermittlung und die Ausführung von Beförderungsaufträgen, das Bereithalten gebündelter Bedarfsverkehre sowie Werbung für gebündelte Bedarfsverkehre dürfen weder allein noch in ihrer Verbindung geeignet sein, zur Verwechslung mit dem Taxen- oder dem Mietwagenverkehr zu führen. Den Taxen und Mietwagen vorbehaltene Zeichen und Merkmale dürfen für den gebündelten Bedarfsverkehr nicht verwendet werden. Die §§ 21 und 22 sind nicht anzuwenden.

(2) Im gebündelten Bedarfsverkehr dürfen Personen nur innerhalb der Gemeinde befördert werden, in der der Unternehmer seinen Betriebssitz hat. Die Genehmigungsbehörde kann die Beförderung von Personen im gebündelten Bedarfsverkehr zeitlich oder räumlich beschränken, soweit öffentliche Verkehrsinteressen dies erfordern. Sie kann im Einvernehmen mit anderen Genehmigungsbehörden und dem Aufgabenträger die Beförderung außerhalb der Betriebssitzgemeinde gestatten und einen größeren Bezirk festsetzen.

(3) Im Stadt- und im Vorortverkehr ist von der Genehmigungsbehörde im Einvernehmen mit dem Aufgabenträger eine Quote für den Anteil an gebündelten Beförderungsaufträgen festzulegen, der in einem bestimmten Zeitraum innerhalb des Gebietes zu erreichen ist, in dem der Verkehr durchgeführt wird (Bündelungsquote). Grundlage für die Berechnung der Bündelungsquote ist die Beförderungsleistung im Verhältnis der zurückgelegten Personenkilometer zu den zurückgelegten Fahrzeugkilometern. Der Aufgabenträger führt gemeinsam mit der Genehmigungsbehörde zur Feststellung der Auswirkungen der Bündelungsquote auf die öffentlichen Verkehrsinteressen und auf Klimaschutz und Nachhaltigkeit ein Monitoring durch. Der Beobachtungszeitraum beträgt höchstens fünf Jahre nach erteilter Genehmigung.

(4) Die Genehmigungsbehörde kann zum Schutz der öffentlichen Verkehrsinteressen Einzelheiten zur Rückkehrpflicht und weitere Anforderungen an den gebündelten Bedarfsverkehr in Bezug auf die Festsetzung von Bündelungsquoten, Barrierefreiheit und Emissionsvorgaben regeln. Es können Regelungen getroffen werden über

1. **die Pflicht zur unverzüglichen Rückkehr zum Betriebssitz oder zu einem anderen Abstellort,**
2. **die Anforderungen an den Abstellort,**
3. **eine zu erreichende Bündelungsquote außerhalb des Stadt- und Vorortverkehrs,**
4. **Vorgaben zur Barrierefreiheit sowie**
5. **Emissionsstandards von Fahrzeugen und den Einsatz lokal emissionsfreier Fahrzeuge.**

Die Genehmigungsbehörde kann unter den Voraussetzungen des Satzes 1 darüber hinaus Vorgaben zu Sozialstandards, wie zum Beispiel Regelungen zu Arbeitszeiten, Entlohnung und Pausen, im gebündelten Bedarfsverkehr festlegen.

1 § 50 wird mit der Novelle 2021 neu in das PBefG aufgenommen. Mit der Zulassung des neuen Mobilitätsangebots gebündelter Verkehr ist die Erwartung verbunden, dass durch die digitale Vermittlung von Angebot und Nach-

frage eine höhere Effizienz des Verkehrs erreicht werden kann, weil durch die Bündelung von Fahrtwünschen bzw. Beförderungsaufträgen Individualfahrten entfallen. In Abs. 1 Satz 1 wird dieser neuen Verkehrsform die Einzelsitzplatzvermietung ermöglicht, um Fahrtanfragen verschiedener Fahrgäste entlang ähnlicher Wegstrecken zu bündeln. Gebündelte Bedarfsverkehre dürfen ausschließlich den Bestellmarkt bedienen, sie unterliegen nicht der Betriebs- und Beförderungspflicht. Vor diesem Hintergrund legt § 50 einheitliche Rahmenregelungen für die neue Gelegenheitsverkehrsform fest, räumt den Genehmigungsbehörden jedoch die notwendigen Steuerungsmöglichkeiten ein, um die von den neuen Angeboten zu erfüllenden Standards vor Ort festlegen und die kommunalen öffentlichen Verkehrsinteressen berücksichtigen zu können (vgl. BT-Drs. 19/26175, 50).

Abs. 1 definiert den gebündelten Bedarfsverkehr als die Beförderung von 2
Personen mit Personenkraftwagen, bei der mehrere Beförderungsaufträge entlang ähnlicher Wegstrecken gebündelt ausgeführt werden, wobei der Unternehmer die Beförderung ausschließlich auf vorherige Bestellung ausführen darf. Eine Rückkehrpflicht besteht grundsätzlich nicht. Die Genehmigungsbehörde kann jedoch, soweit öffentliche Verkehrsinteressen dies erfordern, bestimmen, dass Fahrzeuge des gebündelten Bedarfsverkehrs nach Ausführung des Beförderungsauftrags unverzüglich zum Betriebssitz oder einen anderen geeigneten Abstellort zurückkehren müssen, es sei denn, sie haben vor der Fahrt oder während der Fahrt neue Beförderungsaufträge erhalten. Verwechslungen mit dem Taxen- und dem Mietwagenverkehr sind zu vermeiden. Bei der Vermittlung und Annahme von Beförderungsaufträgen darf der Besteller nicht darüber im Unklaren gelassen werden, dass er es mit dem Unternehmer eines gebündelten Bedarfsverkehrs zu tun hat. Dies gilt insbesondere dann, wenn der Kunde ausdrücklich ein Taxi oder einen Mietwagen verlangt. Bei Ausführung gilt es insbesondere die kommunal geltenden Pflichten für gebündelten Bedarfsverkehr und deren Ausnahmen zu beachten. Auch das Bereithalten von gebündeltem Bedarfsverkehr darf nicht zur Verwechslung mit Taxen geeignet sein. Daher ist es dem Fahrer eines Fahrzeugs im gebündelten Bedarfsverkehr untersagt, sein Fahrzeug in taxiähnlicher Weise abzustellen, da der Wink- und Wartemarkt der Verkehrsform Taxi vorbehalten bleibt. Bei der elektronischen Buchung über eine App muss für den Kunden vor Fahrtantritt klar ersichtlich sein, welche Verkehrsform er gebucht hat. Auch die Werbung für gebündelte Bedarfsverkehre darf nicht zur Verwechslung mit dem Taxen- oder Mietwagenverkehr führen. Verboten sind insbesondere Hinweise durch Beschriftung, Inserate, Lautsprecher-, Rundfunk-, Kino- oder Fernsehwerbung, die den Anschein zu erwecken vermögen, es handele sich bei den angebotenen Verkehrsdiensten um Verkehr mit Taxen oder Mietwagen.

Nach Abs. 2 dürfen Fahrzeuge im gebündelten Bedarfsverkehr grundsätz- 3
lich nur in der Gemeinde eingesetzt werden, in der der Unternehmer seinen Betriebssitz hat. Die Genehmigungsbehörde kann die Beförderung von Personen im gebündelten Bedarfsverkehr zeitlich und räumlich beschränken, soweit öffentliche Verkehrsinteressen dies erfordern. Sie kann, im Einvernehmen mit anderen Genehmigungsbehörden und dem Aufgabenträger auch die

Beförderung außerhalb der Betriebssitzgemeinde gestatten und einen größeren Bezirk festlegen.

4 Abs. 3 regelt die Verpflichtung der Genehmigungsbehörde im Einvernehmen mit dem Aufgabenträger, im Stadt- und Vorortverkehr eine Bündelungsquote, dh eine Quote für den in einem bestimmten Zeitraum zu erreichenden Anteil an gebündelten Fahrten innerhalb des Gebietes, in dem der Verkehr durchgeführt wird, festzulegen, um die Verkehrseffizienz dieser Verkehre für den städtischen Verkehrsraum sicherzustellen. Was unter Stadt- und Vorortverkehr zu verstehen ist, wird dabei durch § 8 Abs. 1 Satz 2 PBefG definiert. Diese Verpflichtung soll gewährleisten, dass durch die neue Verkehrsform tatsächlich eine Fahrtbündelung erreicht wird. Die Berechnung der Quote hat nach der bundesweit einheitlichen Methodik der Beförderungsleistung Personenkilometer/Fahrzeugkilometer zu erfolgen, wobei die Personenkilometer für die Entfernung stehen, die das Fahrzeug pro beförderte Person zurücklegt. Dabei sind als Fahrzeugkilometer nicht nur die Fahrgastkilometer, sondern auch die An- und Abfahrten zu werten. Der Vorteil dieser Art der Bündelungsquote liegt in ihrer trennscharfen Berechnung und Kontrollierbarkeit. Durch die genaue Wiedergabe der Auslastungsquote wird ein Anreiz zur Mitnahme von möglichst vielen Personen gleichzeitig gegeben, was zur Verkehrsreduzierung beiträgt. Lange Fahrten (etwa in Randgebiete) mit nur einem Fahrgast wirken sich besonders negativ auf die Quote aus. Zur Feststellung der Auswirkungen der Bündelungsquote auf die öffentlichen Verkehrsinteressen und die Umweltverträglichkeit hat der Aufgabenträger ein Monitoring durchzuführen. Hierbei sind insbesondere die Auslastung des Fahrzeuge (der Besetzungsgrad) sowie die zurückgelegten Wegstrecken (einschließlich der An- und Abfahrten) zu beobachten. Der Beobachtungszeitraum beträgt höchstens fünf Jahre nach Erteilung der Genehmigung. Wird die festgelegte Bündelungsquote durch den genehmigten gebündelten Bedarfsverkehr nicht eingehalten, steht der Genehmigungsbehörde nach § 49 VwVfG das Recht zu, die erteilte Genehmigung zu widerrufen.

5 Seit der Novellierung 2021 dient das PBefG nicht mehr – wie bisher – nur der Gefahrenabwehr. Das Ziel der Umweltverträglichkeit ist auch in Abs. 4 zumindest gleichrangig neben das Ziel der Gefahrabwehr getreten. Darüber hinaus sind auch das Interesse an die Funktionsfähigkeit anderer Verkehrsformen – wie zum Beispiel an den ÖPNV oder an den Taxenverkehr – zu berücksichtigten, die einem funktionsfähigen gebündelten Bedarfsverkehr vorgehen. Daher sind die Voraussetzungen der sog. „Verkehrseffizienz" als Ausprägung des Begriffs des öffentlichen Verkehrsinteresses stärker zu berücksichtigen ist als bisher. Das Hinzutreten neuer Verkehrsformen darf das bislang austarierte System nicht obsolet werden lassen, der Umweltschutz zum Erhalt einer menschenwürdigen Umwelt nicht betroffen sein. Durch die Einführung einer Bündelungsquote soll festzustellen sein, ob das Kriterium der „Fahrtbündelung" überhaupt erreicht wurde. Ansonsten wäre ein zentrales Unterscheidungskriterium zum Taxen- und Mietwagenverkehren außer Kraft gesetzt. Absatz 4 eröffnet den Genehmigungsbehörden zum Schutz der öffentlichen Verkehrsinteressen außerdem die Möglichkeit, – im Verordnungswege

– individuelle Anforderungen an den gebündelten Bedarfsverkehr einzuführen (Abs. 4 Satz 2 Nr. 1 bis 3). Bei der Entscheidung über die Einführung einer Rückkehrpflicht für die neue Gelegenheitsverkehrsform (Nr. 1) kommt der Genehmigungsbehörde ein genereller Handlungsspielraum zu. Sie hat darüber hinaus eine weitgehende Gestaltungsmöglichkeit, die Rückkehrpflicht an die jeweiligen lokalen Gegebenheiten und Bedürfnisse anzupassen und kann nach Nr. 2 neben einer Rückkehr zum Betriebssitz auch eine Rückkehr zu anderen zugelassenen Stellen vorsehen (zB Betriebshöfe oder Parkplätze, die vom Aufgabenträger in einer kommunalen Satzung oder im Nahverkehrsplan näher definiert werden können. Abs. 4 Satz 3 Nr. 3 räumt der Genehmigungsbehörde die Möglichkeit ein, auch in der Fläche oder im ländlichen Raum eine Bündelungsquote festzulegen.

Nach Abs. 4 Nr 4 können außerdem Regelungen über Sozialstandards für 6
das Fahrpersonal getroffen werden.

Abs. 4 enthält viele Möglichkeiten für die Steuerung des gebündelten Be- 7
darfsverkehrs. In welcher Tiefe solche Steuerungsmaßnahmen begründet werden müssen und wie die verkehrliche Wirksamkeit von Einschränkungen belegt wird, bleibt offen. Dies gilt vor allem für die Sozialstandards nach Abs. 4 Satz 3. Denn mit ihnen würde ohne verkehrliche Begründung ein soziales Gesetzesziel eingeführt, welches dem PBefG fremd ist.

§ 51 Beförderungsentgelte und -bedingungen im Taxenverkehr

(1) Die Landesregierung wird ermächtigt, durch Rechtsverordnung Beförderungsentgelte und -bedingungen für den Taxenverkehr festzusetzen. Die Rechtsverordnung kann insbesondere Regelungen vorsehen über

1. Grundpreise, Kilometerpreise und Zeitpreise sowie Festpreise für bestimmte Wegstrecken,
2. Zuschläge,
3. Vorauszahlungen,
4. die Abrechnung,
5. die Zahlungsweise und
6. die Zulässigkeit von Sondervereinbarungen für den Pflichtfahrbereich.

Die Landesregierung kann die Ermächtigung durch Rechtsverordnung übertragen. Für Fahrten auf vorherige Bestellung können Festpreise bestimmt oder Regelungen über Mindest- und Höchstpreise getroffen werden, innerhalb derer das Beförderungsentgelt vor Fahrtantritt frei zu vereinbaren ist.

(2) Sondervereinbarungen für den Pflichtfahrbereich sind nur zulässig, wenn

1. ein bestimmter Zeitraum, eine Mindestfahrtenzahl oder ein Mindestumsatz im Monat festgelegt wird,
2. eine Ordnung des Verkehrsmarktes nicht gestört wird,
3. die Beförderungsentgelte und -bedingungen schriftlich vereinbart sind und
4. in der Rechtsverordnung eine Pflicht zur Genehmigung oder Anzeige vorgesehen ist.

(3) Bei der Festsetzung der Beförderungsentgelte und -bedingungen sind § 14 Abs. 2 und 3 sowie § 39 Abs. 2 entsprechend anzuwenden.

(4) Die ermächtigten Stellen können für einen Bereich, der über den Zuständigkeitsbereich einer die Beförderungsentgelte und -bedingungen festsetzenden Stelle hinausgeht, in gegenseitigem Einvernehmen einheitliche Beförderungsentgelte und -bedingungen vereinbaren.

(5) Für die Anwendung der Beförderungsentgelte und -bedingungen gilt § 39 Abs. 3 entsprechend.

1 Die Beförderungsentgelte und -bedingungen werden im Taxenverkehr grundsätzlich durch **Rechtsverordnung** festgesetzt. Ihr Erlass ist Sache der Landesregierung. Diese macht idR von der Möglichkeit, sie durch Rechtsverordnung zu übertragen, Gebrauch und überträgt sie den unteren Verwaltungsbehörden (dazu Maurer, DÖV 1993, 184 (190)). Die Vorschrift genügt iVm den Bewertungsmaßstäben des § 39 Abs. 2 (vgl. Abs. 3) den verfassungsrechtlichen Mindestanforderungen hinsichtlich der Bestimmtheit des Ausmaßes der Ermächtigung: Danach müssen die Entgelte so festgesetzt werden, dass sie zumindest kostendeckend sind; die vom Gesetz im öffentlichen Interesse gewünschte Erhaltung der Leistungsfähigkeit und Leistungswilligkeit der Unternehmer gebietet darüber hinaus die Veranschlagung von angemessenen Gewinnspannen und Aufwendungen für notwendige technische Entwicklungen, deren Höhe unter Berücksichtigung herkömmlicher einschlägiger und repräsentativer Erfahrungswerte anzusetzen ist. Dazu hat die Abstimmung mit den öffentlichen Verkehrsinteressen und dem Gemeinwohl hinzuzutreten, die nach pflichtgemäßem Ermessen unter Würdigung auch der regionalen oder örtlichen Gegebenheiten zu treffen ist (BVerfG VRS 51, 167 (172 f.)).

1a Die **Novelle 2021** ermöglicht es nun mit einer Ergänzung in Abs. 1 **Satz 2 Nr. 1,** Festpreise für bestimmte Strecken zu häufig frequentierten Zielen (zB Flughafen, Bahnhof, Messe) festzulegen. Damit soll die Preistransparenz für die Kunden auf diesen Strecken erhöht werden. Der neue **Abs. 1 Satz 3** schafft bei Beförderungen auf Bestellung zudem die Möglichkeit, Mindest- und Höchstpreise (Tarifkorridor) vorzusehen. Es ist unübersehbar, dass mit diesen Möglichkeiten das Staurisiko, welches über die Zeitkomponente des Taxitarifs bish. ausschließlich vom Fahrgast getragen wird, ganz oder teilweise auf den Taxenunternehmer übergeht, wenn es nicht im Festpreis oder im Tarifkorridor angemessen eingepreist wird.

1b Vor dem Erlass der Verordnung hat ein **Anhörverfahren** stattzufinden, es sei denn, die Behörde will von einer Änderung der bestehenden Verordnung Abstand nehmen **(Abs. 3).**

2 Aus der entsprechenden Anwendung von § 39 Abs. **3 (Abs. 5)** folgt, dass die festgesetzten Beförderungsentgelte **Festpreise** sind. Sie dürfen weder über- noch unterschritten und müssen gleichmäßig angewendet werden (vgl. auch § 37 Abs. 1 BOKraft). Etwaige Ermäßigungen müssen unter gleichen Bedingungen jedermann zugutekommen. Für Fahrstrecken außerhalb des Pflichtfahrbereichs (§ 47 Abs. 4) wird das Entgelt frei vereinbart. Hierauf muss der Fahrzeugführer den Fahrgast vor Beginn der Fahrt hinweisen (§ 37 Abs. 3 BOKraft).

3 Für einen über den Zuständigkeitsbereich der die Beförderungsbedingungen und -entgelte regelnden Stelle hinausgehenden Bereich können die

ermächtigten Stellen einheitliche Bedingungen und Entgelte vereinbaren **(Abs. 4).** Auf diese Weise soll wirtschaftlichen oder kommunalpolitischen Besonderheiten Rechnung getragen werden können, die sich zB dann einstellen, wenn ein Flughafen außerhalb der Stadtgrenzen einer Großstadt liegt. Die von den Behörden vereinbarten Entgelte und Bedingungen müssen ihren Niederschlag in den jeweiligen Taxitarifverordnungen finden (ebenso Bidinger PBefG § 51 Rn. 20).

Im Pflichtfahrbereich sind **Sondervereinbarungen** zulässig **(Abs. 2),** wenn 4
sie in der Taxitarifordnung vorgesehen sind und den in Abs. 2 festgelegten Anforderungen entsprechen. Solche Sondervereinbarungen kommen insbesondere in Gestalt von **Rahmenverträgen** in Betracht, die von dem einzelnen Taxiunternehmer, dem örtlichen Taxigewerbe oder den Fachverbänden des Taxigewerbes einerseits und den **Krankenkassen** andererseits abgeschlossen werden (s. zu den sozialversicherungsrechtlichen Grundlagen und zur Beachtlichkeit von Höchstpreisregelungen BSG, Urt. vom 13.12.2011, B 1 KR 9/11 R, SozR 4–2500 § 133 Nr. 6). Sondervereinbarungen können daneben auch mit **Schulträgern** und größeren Unternehmen abgeschlossen werden, deren Angestellte häufig die Dienste von Taxen in Anspruch nehmen. Dem Grundsatz der Verhältnismäßigkeit wird es entsprechen, grundsätzlich von einer Genehmigungspflicht abzusehen und der Anzeige bei der zuständigen Behörde den Vorzug zu geben (aA Bidinger PBefG § 51 Rn. 19b). Abs. 2 Nr. 1 zielt nicht darauf ab, die von einer Sondervereinbarung nicht erfassten Unternehmer vor Umsatzeinbußen oder nachlassender Beförderungsnachfrage zu schützen (vgl. OVG Schleswig 21.7.2009 – 4 LB 3/08, BeckRS 2009, 139127).

Weil die Beförderungsentgelte durch Rechtsverordnung festgesetzt werden, 5
hat der Unternehmer nach hM keinen Rechtsanspruch auf Festsetzung eines bestimmten Beförderungsentgeltes. Eine sog. Normenerlassklage wird von der Rechtsprechung überwiegend als unzulässig angesehen (vgl. zum Streitstand Kopp/Schenke VwGO § 47 Rn. 13 f.). In den Ländern, die von der Ermächtigung des § 47 Abs. 1 Nr. 2 VwGO Gebrauch gemacht haben, kommt jedoch ein **Normenkontrollverfahren** in Betracht (ebenso Bidinger PBefG § 51 Rn. 9).

§ 51a Beförderungsentgelte im Verkehr mit Mietwagen und im gebündelten Bedarfsverkehr

(1) Die Genehmigungsbehörde kann zum Schutz der öffentlichen Verkehrsinteressen für den Verkehr mit Mietwagen, der in ihrem Bezirk betrieben wird, tarifbezogene Regelungen, insbesondere Mindestbeförderungsentgelte festlegen.

(2) Die Genehmigungsbehörde muss für den gebündelten Bedarfsverkehr Regelungen über Mindestbeförderungsentgelte vorsehen, die einen hinreichenden Abstand zu den Beförderungsentgelten des jeweiligen öffentlichen Personennahverkehrs sicherstellen. Sie kann darüber hinaus Folgendes festlegen:

1. Höchstbeförderungsentgelte sowie
2. den Zeitpunkt, zu dem die behördlich festgelegten Entgelte zur Anwendung kommen sollen.

(3) Die Genehmigungsbehörde hat vor der Festsetzung von Mindestbeförderungsentgelten nach Absatz 2 Satz 1 die jeweiligen Aufgabenträger, die im Bezirk der Genehmigungsbehörde tätig werdenden Unternehmen des gebündelten Bedarfsverkehrs und die Industrie- und Handelskammern anzuhören. Bei der Festsetzung von Höchstbeförderungsentgelten nach Absatz 2 Satz 2 Nummer 1 ist § 39 Absatz 2 entsprechend anzuwenden.

(4) Für die Anwendung der Beförderungsentgelte durch den Unternehmer gilt § 39 Absatz 3 entsprechend mit der Maßgabe, dass Mindestbeförderungsentgelte nicht unterschritten und Höchstbeförderungsentgelte nicht überschritten werden dürfen.

1 § 51a wird mit der Novelle 2021 neu in das PBefG aufgenommen. Mit der Möglichkeit zur Festlegung von Höchstbeförderungsentgelten soll die Genehmigungsbehörde eine weitere Möglichkeit erhalten, um flexibel auf die verkehrlichen Gegebenheiten vor Ort reagieren und diese aktiv steuern zu können.

2 Abs. 1 ermächtigt die Genehmigungsbehörde, für den Verkehr mit Mietwagen Regelungen zur Unterbindung des Anbietens von Leistungen zu nicht marktgerechten Preisen zu treffen, soweit öffentliche Verkehrsinteressen dies erfordern. Hierbei können insbesondere Regelungen über Mindesttarife getroffen werden. Hiermit soll sichergestellt werden, dass das Level-Playing-Field der Verkehrsarten erhalten bleibt.

3 Abs. 2 trifft eine Regelung für den gebündelten Bedarfsverkehr. Mit ihr wird die Genehmigungsbehörde verpflichtet, Mindestbeförderungsentgelte festzusetzen, die einen hinreichenden Abstand zu den Beförderungsentgelten des jeweiligen ÖPNV sicherstellen. Mit den Mindestbeförderungsentgelten soll sichergestellt werden, dass Mietwagen- und gebündelte Bedarfsverkehre nicht die Preise des ÖPNV unterbieten und damit dazu führen, dass bisherige Nutzer des ÖPNV zu gebündelten Bedarfsverkehren wechseln.

4 Vor der Festlegung von Mindestbeförderungsentgelten hat die Genehmigungsbehörde nach Abs 3 Satz 1 eine übergreifende Anhörung der betroffenen Kreise durchzuführen.

5 Abs. 4 ordnet für den Mietwagenverkehr und für den gebündelten Bedarfsverkehr die entsprechende Anwendung von § 39 Abs. 3 PBefG an.

IV. Auslandsverkehr

§ 52 Grenzüberschreitender Verkehr

(1) Für die Beförderung von Personen im grenzüberschreitenden Verkehr mit Kraftfahrzeugen durch Unternehmer, die ihren Betriebssitz im Inland oder Ausland haben, gelten, soweit nichts anderes bestimmt ist, die Vorschriften dieses Gesetzes und die hierzu erlassenen Rechtsverordnungen. Auf Unternehmen, die ihren Betriebssitz im Ausland haben, sind nicht anzuwenden

1. § 13 Absatz 1 Satz 1 Nummer 4 und
2. § 13 Absatz 1a, soweit Artikel 3 Absatz 1 Buchstabe a der Verordnung (EG) Nr. 1071/2009 einzuhalten ist.

(2) Die nach diesem Gesetz erforderliche Genehmigung eines grenzüberschreitenden Linienverkehrs erteilt für die deutsche Teilstrecke die von der Landesregierung bestimmte Behörde im Benehmen mit dem Bundesministerium für Verkehr und digitale Infrastruktur. § 11 Abs. 2 bis 4 ist entsprechend anzuwenden. Während der Herstellung des Benehmens ruht die Frist für die Entscheidung über den Antrag nach § 15 Absatz 1 Satz 2 bis 5.

(3) Einer Genehmigung für den grenzüberschreitenden Gelegenheitsverkehr von Unternehmern, die ihren Betriebssitz im Ausland haben, bedarf es nicht, soweit entsprechende Übereinkommen mit dem Ausland bestehen. Besteht ein solches Übereinkommen nicht oder soll abweichend von den Bedingungen des Übereinkommens grenzüberschreitender Gelegenheitsverkehr ausgeführt werden, so kann das Bundesministerium für Verkehr und digitale Infrastruktur oder eine von ihm beauftragte Behörde entsprechenden Anträgen stattgeben. Die Genehmigung für grenzüberschreitende Ferienziel-Reisen erteilt für die deutsche Teilstrecke die von der Landesregierung bestimmte Behörde, in deren Gebiet die Ferienziel-Reise endet. Abweichend von § 9 Abs. 1 Nr. 4 wird die Genehmigung für den grenzüberschreitenden Gelegenheitsverkehr mit Kraftomnibussen auch für die Form des Gelegenheitsverkehrs erteilt.

(4) Die Grenzpolizei und die Zollstellen an den Grenzen sind berechtigt, Kraftfahrzeuge zurückzuweisen, wenn nicht die erforderliche Genehmigung vorgelegt wird, deren Mitführung vorgeschrieben ist. Das Bundesministerium für Verkehr und digitale Infrastruktur kann Unternehmen mit Betriebssitz außerhalb des Geltungsbereichs dieses Gesetzes bei wiederholten oder schweren Verstößen gegen Vorschriften dieses Gesetzes und der auf diesem Gesetz beruhenden Verordnungen sowie gegen Vorschriften der Verordnungen der Europäischen Gemeinschaften und internationalen Übereinkommen über den grenzüberschreitenden Verkehr dauernd oder vorübergehend vom Verkehr in oder durch die Bundesrepublik Deutschland ausschließen.

Im grenzüberschreitenden Verkehr gelten ohne Rücksicht darauf, ob der Unternehmer seinen Betriebssitz im In- oder Ausland hat, die Vorschriften des PBefG und der hierzu erlassenen Rechtsverordnungen, soweit nichts anderes bestimmt ist (Abs. 1). Anderweitige Bestimmungen hierzu enthalten insbesondere die VO (EG) Nr. 1073/2009 (Anhang 1. c), das Interbus-Übereinkommen (Anhang 1. d), das ASOR-Abkommen und bilaterale Übereinkommen. Soweit das PBefG anwendbar ist, muss sich die Antragstellung auch auf die ausländischen Haltestellen beziehen, die bei der Beurteilung der öffentlichen Verkehrsinteressen nach § 13 oder § 20 zu berücksichtigen sind (OVG Münster VRS 95, 69). Der 2011 geänderte Abs. 1 Satz 2 stellt klar, dass im grenzüberschreitenden Verkehr ein Betriebssitz oder eine Niederlassung im Inland nicht erforderlich ist, und dass im Falle eines Betriebssitzes nur im Ausland eine inländische Überprüfung der Berufszugangsvoraussetzungen nicht stattfindet, soweit die VO (EG) Nr. 1071/2009 (Anhang 1. b) anwendbar ist. 1

2 Für die inländische Teilstrecke des grenzüberschreitenden Linienverkehrs (§§ 42, 43) erteilt die erforderliche Genehmigung (vgl. OLG Hamm VRS 60, 172) die von der Landesregierung bestimmte Behörde im Benehmen mit dem Bundesministerium für Verkehr und digitale Infrastruktur (Abs. 2). Die örtliche Zuständigkeit bestimmt sich nach § 11 Abs. 2 bis 4. Da sich wegen der Herstellung des Benehmens mit dem Bundesministerium, welche die Abstimmung mit den vom Verkehr betroffenen Staaten ermöglichen soll, die Bearbeitungsfristen nach § 15 Abs. 1 Satz 2 bis 5 häufig nicht einhalten lassen, ordnet der mit der Novelle 2012 eingeführte neue Satz 3 an, dass diese Frist während der Benehmensherstellung ruht (vgl. BT-Drs. 17/8233, 18).

3 Der grenzüberschreitende Gelegenheitsverkehr (§§ 46 ff.) ausländischer Unternehmer ist genehmigungsfrei, soweit die VO (EG) Nr. 1073/2009 oder das Interbus-Übereinkommen dies vorsehen, und ansonsten, wenn und soweit entsprechende Abkommen mit dem ausländischen Staat bestehen, in dem sie ihren Betriebssitz haben (Abs. 3 Satz 1). Sonst ist eine Genehmigung erforderlich, die das Bundesministerium für Verkehr und digitale Infrastruktur oder eine von ihm beauftragte Behörde erteilen kann (Abs. 3 Satz 2). Genehmigungsbehörde für die auf deutschem Gebiet befindliche Teilstrecke einer Ferienziel-Reise ist die von der Landesregierung bestimmte Behörde, in deren Gebiet die Reise endet (Abs. 3 Satz 3). Der 2007 eingefügte Abs. 3 Satz 4 verdeutlicht, dass auch im grenzüberschreitenden Verkehr weiterhin eine Genehmigung für die Form des Gelegenheitsverkehrs erteilt sein muss. Dies geschieht bei einer in Deutschland erteilten Gemeinschaftslizenz durch einen Zusatz auf derselben (vgl. § 17 Abs. 3).

4 Das **Zurückweisungsrecht** (Abs. 4) besteht gegenüber in- und ausländischen Kraftfahrzeugen. Da die erteilte Genehmigung nur durch Genehmigungsurkunde oder eine amtliche Ausfertigung nachgewiesen werden kann (§ 17 Abs. 3), kommt es für die Zurückweisung nicht auf das Vorhandensein der Genehmigung, sondern auf die Vorlegung der **Genehmigungsurkunde** an. Mit der Neufassung durch die Novelle 1990 wurde eine Gesetzeslücke geschlossen. Weder das PBefG noch das Übereinkommen über die Personenbeförderung im grenzüberschreitenden Gelegenheitsverkehr mit Kraftomnibussen (ASOR) oder andere Vorschriften des Gemeinschaftsrechts enthielten eine tragfähige Rechtsgrundlage, um ausländische Personenverkehrsunternehmen in der Bundesrepublik oder bei Fahrten durch die Bundesrepublik auszuschließen (vgl. Bidinger PBefG § 52 Rn. 5).

§ 53 Transit-(Durchgangs-)Verkehr

(1) Für die Beförderung von Personen im Transit-(Durchgangs-)Verkehr mit Kraftfahrzeugen, der das Gebiet des Geltungsbereichs dieses Gesetzes unter Ausschluß innerdeutschen Zwischenverkehrs berührt, gelten, soweit nichts anderes bestimmt ist, die Vorschriften dieses Gesetzes und die hierzu erlassenen Rechtsverordnungen. Nicht anzuwenden sind

1. § 13 Absatz 1 Satz 1 Nummer 4,

2. § 13 Absatz 1a, soweit Artikel 3 Absatz 1 Buchstabe a der Verordnung (EG) Nr. 1071/2009 einzuhalten ist und
3. § 42b.

(2) Die Genehmigung eines Transitlinienverkehrs erteilt die von der Landesregierung bestimmte Behörde, in deren Gebiet der erste Grenzübergang bei der Einfahrt stattfindet, im Benehmen mit dem Bundesministerium für Verkehr und digitale Infrastruktur. § 11 Abs. 3 und 4 ist entsprechend anzuwenden.

(3) § 52 Abs. 3 ist auf den Gelegenheitsverkehr vom Ausland durch das Gebiet des Geltungsbereichs dieses Gesetzes entsprechend anzuwenden, jedoch ist bei Ferienziel-Reisen die von der Landesregierung bestimmte Behörde zuständig, in deren Gebiet der erste Grenzübergang bei der Einfahrt stattfindet. § 52 Abs. 4 gilt entsprechend.

Transitverkehr ist der Personenverkehr durch die Bundesrepublik Deutschland ohne Zwischenverkehr in ihrem Gebiet. Die Fahrgäste müssen das Gebiet auf derselben Fahrt, die sie dorthin gebracht hat, wieder verlassen. Neue Fahrgäste dürfen unterwegs nicht aufgenommen werden. 1

Ebenso wie im Fall des § 52 gelten auch hier, soweit nichts anderes bestimmt ist, das PBefG und die hierzu erlassenen Rechtsverordnungen. Bei den Änderungen des Abs. 1 Satz 2 durch die **Novelle 2021** handelt es sich um Folgeänderungen, die sich aus der ausdrücklichen Beschränkung des § 42b auf innerdeutsche Personenfernverkehre ergeben (BT-Drs. 19/26175, 53). 2

Für den Transit-Linienverkehr ist vorbehaltlich der VO (EG) Nr. 1073/2009 oder des Interbus-Übereinkommens eine Genehmigung der in Abs. 2 Satz 1 bezeichneten Behörde erforderlich. Der Transit-Gelegenheitsverkehr ist entsprechend § 52 Abs. 3 genehmigungsfrei, wenn die VO (EG) Nr. 1073/2009 oder das Interbus-Übereinkommen oder ein bilaterales Übereinkommen mit dem ausländischen Staat, in dem der Unternehmer seinen Betriebssitz hat, das vorsieht. Anderenfalls ist eine Genehmigung erforderlich, die das Bundesministerium für Verkehr und digitale Infrastruktur erteilt. Für Ferienziel-Reisen gilt § 52 Abs. 3 Satz 2 mit der Abänderung, dass die von der Landesregierung bestimmte Behörde zuständig ist, in deren Gebiet der erste Grenzübergang bei der Einfahrt stattfindet (Abs. 3 Satz 1). 3

V. Aufsicht, Prüfungsbefugnisse

§ 54 Aufsicht

(1) Der Unternehmer unterliegt hinsichtlich der Erfüllung der Vorschriften dieses Gesetzes sowie der hierzu erlassenen Rechtsverordnungen und der Einhaltung der durch die Genehmigung auferlegten Verpflichtungen (Bedingungen, Auflagen) der Aufsicht der Genehmigungsbehörde. Die von der Landesregierung bestimmte Behörde kann die Genehmigungsbehörde ermächtigen, die Aufsicht über den Linien- und Gelegenheitsverkehr mit Kraftfahrzeugen auf nachgeordnete

Behörden zu übertragen. Die technische Aufsicht über Straßenbahnen und Obusunternehmen wird von der von der Landesregierung bestimmten Behörde ausgeübt. Die technische Aufsicht kann von der Landesregierung anderen Stellen durch Rechtsverordnung übertragen werden. Ausgenommen hiervon sind die Aufgaben nach § 9 Abs. 1 der Straßenbahn-Bau- und Betriebsordnung vom 11. Dezember 1987 (BGBl. I S. 2648) sowie nach § 8 Abs. 1 und § 9 Abs. 1 der Straßenbahn-Betriebsleiter-Prüfungsverordnung vom 29. Juli 1988 (BGBl. I S. 1554). Soweit die technische Aufsicht auf eine andere Stelle übertragen wird, darf diese nicht sich selbst nach § 5 Abs. 2 der Straßenbahn-Bau- und Betriebsordnung beauftragen.

(2) Die Aufsichtsbehörde kann sich über alle ihrer Zuständigkeit unterliegenden Einrichtungen und Maßnahmen des Unternehmers unterrichten. Der Unternehmer hat der Aufsichtsbehörde alle wesentlichen Veränderungen ohne Aufforderung unverzüglich anzuzeigen. Beim Verkehr mit Kraftomnibussen hat der Unternehmer abweichend von Satz 2 Änderungen der in Artikel 16 Absatz 2 Unterabsatz 1 Buchstabe a bis d der Verordnung (EG) Nr. 1071/2009 genannten Daten der Aufsichtsbehörde innerhalb von 28 Tagen mitzuteilen.

(3) Die Aufsichtsbehörde kann Unternehmen, die einen Omnibusbahnhof betreiben, anhalten, die Benutzung durch den Linien- und Gelegenheitsverkehr mit Kraftfahrzeugen und den Betrieb so zu regeln, daß der Verkehr ordnungsgemäß abgewickelt und den Pflichten nach § 39 Abs. 7 und § 40 Abs. 4 genügt werden kann.

1 Die **Aufsicht durch die Genehmigungsbehörde (Abs. 1),** der alle Unternehmer (§ 3) unterliegen, ist sowohl technische als auch Verwaltungsaufsicht. Sie bezieht sich auf die Einhaltung der Vorschriften des PBefG (vgl. OLG Celle VRS 47, 227; OLG Koblenz NZV 1989, 483 = VRS 77, 373), der dazu nach § 57 erlassenen Rechtsverordnungen sowie der Bedingungen und Auflagen, die der Genehmigung hinzugefügt sind (§ 15 Abs. 3). Die Aufsicht üben die von der Landesregierung bestimmten Behörden aus; sie können mit deren Ermächtigung die Aufsicht über den Linien- und Gelegenheitsverkehr mit Kraftfahrzeugen (§§ 42, 43, 46 ff.) auf nachgeordnete Behörden übertragen.

2 Für die **technische Aufsicht** über Straßenbahn- und Obusunternehmen wird von der Landesregierung ebenfalls eine Behörde (Technische Aufsichtsbehörde – TAB) bestimmt (zu verschiedenen Länderregelungen siehe Fielitz/Grätz Rn. 4). Die Ausübung der technischen Aufsicht, die im Wesentlichen in der BOStrab geregelt ist, wird idR einer Behörde für das ganze Land übertragen. Gemäß den durch ÄndG zum PBefG vom 16.1.2001 (BGBl. I 122) in Abs. 1 eingefügten Sätzen 4 bis 6 kann die technische Aufsicht nun auch auf andere Stellen als Behörden, nämlich zB juristische Personen des Privatrechts übertragen werden. Hiervon ausgenommen sind jedoch besonders „betriebssicherheitsrelevante“ Aufgaben wie die Zulassung zur Prüfung und die Bestätigung als Betriebsleiter.

3 Aus dem Aufsichtsrecht ergibt sich auch das Recht zu Maßnahmen der **Gefahrenabwehr.** Die Aufsichtsbehörde ist insoweit Sonderordnungsbehörde (so zu § 12 Abs. 1 OBGNW OVG Münster VRS 72, 398). Eine ohne die erforderliche Genehmigung betriebene Personenbeförderung kann im Übri-

gen – mangels besonderer personenbeförderungsrechtlicher Vorschriften – auch auf der Grundlage des § 15 Abs. 2 Satz 1 GewO untersagt werden (VGH Mannheim GewArch 1993, 203; OVG Lüneburg GewArch 1996, 108; siehe auch OVG Thüringen GewArch 2002,478 = VRS 103, 476 = DÖV 2003, 87).

Die **Unterrichtungsbefugnis** (**Abs. 2** Satz 1) der Aufsichtsbehörde, die 4
im Zusammenhang mit § 54a Abs. 1 Nr. 2 gelesen werden muss, erstreckt sich auf den Unternehmer und die im Geschäftsbetrieb tätigen Personen – das sind im Falle des Taxiunternehmers auch die Taxifahrer (OLG Düsseldorf NZV 1992, 252 = NVwZ 1992, 815 L = VRS 82, 470) – und bezieht sich auf alle Tatsachen, deren Kenntnis zur Wahrnehmung der Prüfungspflicht erforderlich ist. Dazu gehören zB im Hinblick auf die subjektiven Zulassungsvoraussetzungen (§ 13 Abs. 1 Satz 1 Nr. 1) Angaben über die zur Verfügung stehenden Mittel und deren Herkunft (BVerwG VRS 48, 315), ebenso die Vorlage einer Bilanz einschließlich Gewinn- und Verlustrechnung (OVG Münster 29.7.1986 – 13 A 2777/85). Die Nachweispflichten müssen jedoch auf einwandfreier Rechtsgrundlage beruhen (verneint für § 1 Abs. 3 TaxO Bln KG VRS 79, 59).

Die **Anzeigepflicht** des Unternehmers (Abs. 2 Satz 2) bezieht sich auf 5
wesentliche Änderungen. Der Begriff ist schon deswegen nicht mit dem in § 2 Abs. 2 verwendeten Begriff deckungsgleich, weil sich eine Anzeigepflicht dort, wo Genehmigungsbedürftigkeit besteht, erübrigt. Hier wird man darunter all das verstehen müssen, was für die Genehmigungsbehörde wissenswert ist (vgl. Heinze/Fehling/Fiedler Rn. 1 ff.). Bei dem durch das ÄndG vom 22.11.2011 (BGBl. I 2272) angefügten neuen Satz 3 handelt es sich um eine klarstellende Verweisung auf die genannte EG-Verordnung, da Abs. 2 Satz 2 keine entsprechende Pflicht enthält; zugleich wird eine Mitteilungsfrist von 28 Tagen festgelegt (so BT-Drs. 17/6262, 20).

Die Aufsichtsbefugnis über Unternehmen, die **Omnibusbahnhöfe** betrei- 6
ben **(Abs. 3),** beschränkt sich auf die **Verkehrsabwicklung.** Die Regelung der Benutzung der Omnibusbahnhöfe ist wegerechtlicher Natur (vgl. dazu zusammenfassend Fromm DPV 1970, 208 mwN).

Auch Beauftragte des **Bundesamtes für Güterverkehr** können Kraft- 7
omnibusse zur Überwachung von Rechtsvorschriften über die Beschäftigung und die Tätigkeit des Fahrpersonals anhalten. Voraussetzung dafür ist nach § 12 Abs. 2 GüKG jedoch ein Antrag des Landes (vgl. BT-Drs. 12/5152 vom 17.6.1993).

§ 54a Prüfungsbefugnisse der Genehmigungsbehörde

(1) Die Genehmigungsbehörde kann zur Durchführung der Aufsicht und zur Vorbereitung ihrer Entscheidungen durch Beauftragte die erforderlichen Ermittlungen anstellen, insbesondere

1. Einsicht in die Bücher und Geschäftspapiere nehmen,

2. von dem Unternehmer und den im Geschäftsbetrieb tätigen Personen Auskunft verlangen. Der zur Erteilung der Auskunft Verpflichtete kann die Auskunft auf

solche Fragen verweigern, deren Beantwortung ihn selbst oder einen der in § 383 Abs. 1 Nr. 1 bis 3 der Zivilprozeßordnung bezeichneten Angehörigen der Gefahr strafgerichtlicher Verfolgung oder eines Verfahrens nach dem Gesetz über Ordnungswidrigkeiten aussetzen würde.

Zu den in Satz 1 genannten Zwecken dürfen die dem Geschäftsbetrieb dienenden Grundstücke und Räume innerhalb der üblichen Geschäfts- und Arbeitsstunden betreten werden. Der Unternehmer und die im Geschäftsbetrieb tätigen Personen haben den Beauftragten der Genehmigungsbehörde bei den Ermittlungen die erforderlichen Hilfsmittel zu stellen und die nötigen Hilfsdienste zu leisten.

(2) Die Regelungen des Absatzes 1 gelten entsprechend auch für die nach § 45a Abs. 2 zur Festlegung der Kostensätze befugte Behörde.

1 Die Vorschrift, die mit der Novelle 1969 in das Gesetz eingefügt worden ist, ermächtigt die Genehmigungsbehörde, durch Beauftragte die Ermittlungen anzustellen, die zur Durchführung ihrer Aufsicht nach § 54 und zur Vorbereitung ihrer Entscheidungen erforderlich sind. Das ist mit dem GG vereinbar (BVerwGE 4, 203 = BB 1957, 239; OVG Münster VRS 95, 151 = NZV 1998, 264: § 54a **Abs. 1** hinreichend bestimmte Rechtsgrundlage für Befragung von Taxiunternehmern im Zusammenhang mit Überprüfung der Vergabe weiterer Taxigenehmigungen). Welche Ermittlungen sie für notwendig hält, steht in ihrem Ermessen. Sie muss aber das Übermaßverbot beachten und darf von den Beteiligten nichts Unzumutbares verlangen (OVG Münster 29.7.1986 – 13 A 2777/85).

2 Die **Einsicht in Bücher und Geschäftspapiere** (Satz 1 Nr. 1) bezieht sich auf alle Aufzeichnungen und Geschäftsvorgänge, die in irgendeinem Zusammenhang mit den Beförderungsgeschäften des Überprüften stehen, auch auf die Finanzbuchhaltung. Die zur Gewährung der Einsicht Verpflichteten brauchen die Bücher und Papiere aber nur in ihren Geschäftsräumen bereitzuhalten; aus der Hand müssen sie sie nicht geben. Sie sind daher auch nicht verpflichtet, sich mit den Büchern, Aufzeichnungen oder Geschäftsunterlagen in die Räume der Aufsichtsbehörde zu begeben, um dort die Einsicht zu ermöglichen (vgl. OLG Hamm VRS 48, 305). Auch das Vorführen von Fahrzeugen wird man nicht verlangen können (zweifelnd OLG Koblenz VRS 77, 373).

3 Das **Auskunftsverlangen** (Satz 1 Nr. 2) berechtigt die Behörde, von den Unternehmern und den in ihrem Geschäftsbetrieb tätigen Personen Auskunft über alle Tatsachen zu fordern, die für die Durchführung der Aufsicht und zur Vorbereitung ihrer Entscheidung von Bedeutung sind. Im Falle des Taxiunternehmens gehört auch der Taxifahrer zu den Personen, die zur Auskunftserteilung und zur Hilfeleistung bei der Überprüfung des Betriebs herangezogen werden können (OLG Düsseldorf NZV 1992, 252). Die Einsichtnahme in den Führerschein des jeweiligen Fahrers soll jedoch nicht verlangt werden können, weil § 17 Abs. 4 Satz 1 nur die Aushändigung (Vorlage) der Genehmigungsurkunde vorsieht (BayObLG TranspR 1994, 204, 205). Ebensowenig braucht ein Taxifahrer seinen Fahrgastbeförderungsschein vorzuzeigen, weil dies den Rahmen eines untergeordneten Hilfsdienstes überschreitet und auch nicht von der Duldungspflicht erfasst ist (OLG Düsseldorf VRS 85,

474). Die Auskunft muss auf Verlangen der Prüfungsbeamten schriftlich oder mündlich erteilt werden. Das Auskunftsverweigerungsrecht entspricht dem des Zeugen im Zivilprozess.

Das **Betreten von Grundstücken und Räumen** hat in Satz 2 die erforderliche Rechtsgrundlage (vgl. VGH Mannheim UPR 1993, 157) erhalten und kann im Falle der Weigerung mit einer Duldungsanordnung durchgesetzt werden (OVG Bremen NVwZ-RR 1993, 288). Es ist den Prüfern allerdings nur während der üblichen Geschäfts- und Arbeitsstunden – und nicht in den Wohnräumen – gestattet. Hierbei haben nicht nur die Unternehmer selbst, sondern auch die in ihrem Geschäftsbetrieb tätigen Personen den Prüfungsbeamten die erforderlichen Hilfsmittel zu stellen und die nötigen Hilfsdienste zu leisten. Sie dürfen also nicht untätig bleiben, sondern müssen zB den Prüfern einen Arbeitsplatz und das erforderliche Schreibgerät zur Verfügung stellen sowie Unterlagen heraussuchen, vorlegen und erläutern. 4

Die Erstreckung der Prüfungsbefugnisse auf die Behörden, die zur Festlegung der Kostensätze nach § 45a Abs. 2 befugt sind **(Abs. 2),** besitzt insbesondere für die obersten Landesverkehrsbehörden Bedeutung, weil diese Aufgabe in aller Regel auf Landesebene angegangen wird. 5

Wer entgegen **Abs. 1** die Auskunft nicht, unrichtig, nicht vollständig oder nicht fristgemäß vorlegt oder die Duldung von Prüfungen verweigert, macht sich einer **Ordnungswidrigkeit** nach § 61 Abs. 1 Nr. 3b schuldig. Die Verweigerung geschuldeter Hilfsdienste stellt keine Ordnungswidrigkeit nach § 61 Abs. 1 Nr. 3b dar (OLG Koblenz VRS 77, 373). 6

§ 54b Risikoeinstufung

Die Aufsichtsbehörden führen ein Risikoeinstufungssystem im Sinne des Artikels 12 Absatz 1 Satz 3 der Verordnung (EG) Nr. 1071/2009 ein. Dabei sind die Häufigkeit und die Intensität der Kontrollen abhängig von der Anzahl und dem Ausmaß der Rechtsverstöße, wie dies in den Durchführungsbestimmungen zu Artikel 6 Absatz 2 Buchstabe b der Verordnung (EG) Nr. 1071/2009 konkretisiert wird.

Die mit dem ÄndG vom 22.11.2011 (BGBl. I 2272) eingefügte neue Vorschrift dient der Umsetzung des Art. 12 Abs. 1 Satz 3 der Verordnung (EG) Nr. 1071/2009 (dazu → § 1 Rn. 12). Danach haben die zuständigen Behörden, dh nach § 54b die **Aufsichtsbehörden** zur Kontrolle von mit erhöhtem Risiko eingestuften Unternehmen ein **Risikoeinstufungssystem** einzurichten, durch das die Kontrollen der Unternehmen mit Kraftomnibusverkehren entsprechend den Vorgaben für Kontrollen von Sozialvorschriften für Tätigkeiten im Kraftverkehr geregelt werden. Hierzu erlässt die EU-Kommission noch Detailregelungen für Risikobewertungen nach einheitlichen Vorgaben (vgl. Art. 6 Abs. 2 Buchst. b der EG-Verordnung Nr. 1071/2009). Dies ist inzwischen mit der ab dem 1.1.2017 geltenden VO (EU) Nr. 2016/403 der Kommission vom 18.3.2016 (ABl. EU L 74/8 vom 19.3.2016) geschehen (näher dazu Fielitz/Grätz Rn. 2). 1

§ 54c Verkehrsunternehmensdatei

In der Verkehrsunternehmensdatei nach § 15 des Güterkraftverkehrsgesetzes werden alle im Inland niedergelassenen Unternehmen des gewerblichen Güterverkehrs und des gewerblichen Personenverkehrs mit Kraftomnibussen geführt.

1 Mit der durch das ÄndG vom 22.11.2011 (BGBl. I 2272) eingefügten neuen Vorschrift wird die unionsrechtliche Verpflichtung nach Art. 16 Abs. 1 der Verordnung (EG) Nr. 1071/2009 (dazu → § 1 Rn. 12) umgesetzt, wonach jeder Mitgliedstaat ein einzelstaatliches elektronisches Register der Kraftverkehrsunternehmen betreibt, die im Inland zur Ausübung des Berufs des Güterkraftverkehrsunternehmers und des Personenkraftverkehrsunternehmers beim Verkehr mit Kraftomnibussen zugelassen sind. Die Rechtsgrundlage dafür wird mit dem ebenfalls durch das ÄndG vom 22.11.2011 geänderten § 15 GüKG geschaffen, nach dem das Bundesamt für Güterverkehr diese **Verkehrsunternehmensdatei** führt. Die weiteren Einzelheiten zur Führung der Verkehrsunternehmensdatei regeln die §§ 15 ff. GüKG. Insofern handelt es sich bei § 54c lediglich um eine deklatorische (dynamische) Verweisung (so BT-Drs. 17/6262, 20).

VI. Rechtsbehelfsverfahren und Gebühren

§ 55 Vorverfahren bei der Anfechtung von Verwaltungsakten

Eines Vorverfahrens bedarf es auch, wenn ein Verwaltungsakt angefochten wird, den eine oberste Landesverkehrsbehörde oder das Bundesministerium für Verkehr und digitale Infrastruktur erlassen hat. § 28 Absatz 3a Satz 9 und § 29 Absatz 6 Satz 1 bleiben unberührt.

1 Nach § 68 Abs. 1 Satz 1 VwGO sind Verwaltungsakte vor dem Verwaltungsgericht nur anfechtbar, wenn ihre Rechtmäßigkeit und Zweckmäßigkeit zuvor in einem Vorverfahren nachgeprüft worden ist. Eine Ausnahme gilt für Verwaltungsakte einer obersten Bundes- oder Landesbehörde, wenn nicht ein Gesetz die Nachprüfung ausdrücklich vorschreibt. Das ist für den Bereich des PBefG mit § 55 geschehen. Eine Ausnahme gilt für Klagen gegen einen Planfeststellungsbeschluss oder gegen eine Plangenehmigung, wie sich aus Satz 2 ergibt. Diese Klarstellung war mit Rücksicht auf Meinungsverschiedenheiten über die Tragweite von § 70 iVm § 74 Abs. 1 Satz 2 VwVfG geboten (vgl. Fromm DÖV 1988, 1035). Fraglich ist, ob und inwieweit durch ein auf die allgemeine Ermächtigung gemäß § 68 Abs. 1 Satz 2 VwGO gestütztes Landesgesetz das durch eine spezielle bundesrechtliche Vorschrift – hier § 55 PBefG – begründete Erfordernis eines Vorverfahrens beseitigt werden kann (dies verneinend BayVGH VRS 120, 49; VG Gießen 13.11.2007 – 6 E 44/07, BeckRS 2008, 31304; 8.5.2008 – 6 E 1240/07, BeckRS 2009, 33752; Fiedler/Bischoff NordÖR 2021, 9 mwN aus Rspr. und Lit.; bejahend OVG NRW 6.10.2020 –

13 A 1680/18, GewArch 2021, 33, und 6.10.2020 – 13 A 1681/18, BeckRS 2020, 29466; VG Oldenburg 23.9.2011 – 7 A 923/11).

Die Ergänzung des Satzes 2 um **„§ 28 Absatz 3a Satz 9"** durch das Gesetz vom 3.3.2020 (dazu → § 28 Rn. 1) ist eine Folgeänderung der mit diesem Gesetz eingeführten neuen Regelung der vorläufigen Anordnung gemäß § 28 Abs. 3a (hierzu → § 28 Rn. 13a). 2

§ 56 Gebühren

Für die Amtshandlungen nach diesem Gesetz und den auf diesem Gesetz beruhenden Rechtsvorschriften sowie nach Verordnungen oder Rechtsvorschriften in Umsetzung von Richtlinien des Rates oder der Kommission der Europäischen Gemeinschaften werden von demjenigen, der die Amtshandlung veranlasst oder zu dessen Gunsten sie vorgenommen wird, Kosten (Gebühren und Auslagen) erhoben. Kostengläubiger ist der Rechtsträger, dessen Behörde die Amtshandlung vornimmt, bei Auslagen auch der Rechtsträger, bei dessen Behörde die Auslagen entstanden sind. Im Übrigen findet das Verwaltungskostengesetz in der bis zum 14. August 2013 geltenden Fassung Anwendung.

In seiner ursprünglichen Fassung enthielt das Gesetz lediglich eine schlichte 1 Ermächtigung zur Erhebung von Gebühren. Mit Blick auf BVerfGE 20, 257 wurde mit der Novelle 1969 ein § 57b eingefügt, der die notwendigen materiellen Bestimmungen einer Kostenermächtigung enthielt und damit Art. 80 Abs. 1 GG Rechnung trug (vgl. VGH Kassel ESVGH Kassel 31, 2). Hierauf glaubt man nunmehr, wie aus den Materialien zur Novelle 1990 hervorgeht, verzichten zu können. Die allgemeinen Regelungen der Verwaltungskostengesetze reichten aus (vgl. BT-Drs. 11/4310, 166). Das trifft zu (vgl. BVerwGE 85, 300). Durch das Gesetz zur Strukturreform des Gebührenrechts des Bundes vom 7.8.2013 (BGBl. I 3154) ist mit Geltung ab dem 15.8.2013 der neue Satz 3 angefügt worden, wonach nunmehr infolge einer starren Verweisung das Bundesgebührengesetz in der bis zum 14.8.2013 geltenden Fassung Anwendung findet (vgl. Fielitz/Grätz Rn. 2).

§ 56 selbst beschränkt sich auf die Feststellung, dass für Amtshandlungen 2 nach diesem Gesetz und auf ihm beruhenden Rechtsvorschriften Gebühren erhoben werden können, und legt die Kostengläubiger fest. Danach ist zB eine Amtshandlung veranlasst, wenn eine Betriebsprüfung gemäß § 54 Abs. 1 und 2, § 54a Abs. 1 erfolgt, weil der Betroffene durch sein Verhalten Anlass zur Betriebsprüfung und Sachverhaltsaufklärung gegeben hat; nicht erforderlich ist, dass der Sachverhalt abschließend gerichtsfest bewiesen werden kann (VG München 25.2.2015 – M 23 K 13.5160, BeckRS 2016, 42406). Ebenso können für die Abmahnung Kosten erhoben werden, wenn sie rechtmäßig und durch den Betroffenen veranlasst worden ist (VG München 29.6.2016 – M 23 K 15.1416, BeckRS 2016, 129042).

VII. Erlaß von Rechtsverordnungen und Allgemeinen Verwaltungsvorschriften

§ 57 Rechtsverordnungen

(1) Das Bundesministerium für Verkehr und digitale Infrastruktur erläßt mit Zustimmung des Bundesrates durch Rechtsverordnung die zur Durchführung dieses Gesetzes, internationaler Abkommen sowie der Verordnungen des Rates oder der Kommission der Europäischen Gemeinschaften erforderlichen Vorschriften

1. über Straßenbahnen und Obusse; diese regeln
   a) Anforderungen an den Bau und die Einrichtungen der Betriebsanlagen und Fahrzeuge sowie deren Betriebsweise,
   b) die Sicherheit und Ordnung des Betriebs sowie den Schutz der Betriebsanlagen und Fahrzeuge gegen Schäden und Störungen;
2. über den Betrieb von Kraftfahrunternehmen im Personenverkehr; diese regeln
   a) Anforderungen an den Bau und die Einrichtungen der in diesen Unternehmen verwendeten Fahrzeuge,
   b) die Sicherheit und Ordnung des Betriebs;
3. über Anforderungen an die Befähigung, Eignung und das Verhalten der Betriebsbediensteten und über die Bestellung, Bestätigung und Prüfung von Betriebsleitern sowie deren Aufgaben und Befugnisse;
4. über den Nachweis der Genehmigungsvoraussetzungen nach § 13 Absatz 1 oder 1a; darin können insbesondere Vorschriften enthalten sein über die Voraussetzungen, unter denen ein Betrieb als leistungsfähig anzusehen ist, über die Zuverlässigkeit des Unternehmers oder der für die Führung der Geschäfte bestellten Personen sowie über die Voraussetzungen, unter denen eine Tätigkeit angemessen ist, über den Prüfungsstoff, den Prüfungsausschuß und das Prüfungsverfahren; außerdem kann bestimmt werden, in welchen Fällen Unternehmer, Inhaber von Abschlußzeugnissen für staatlich anerkannte Ausbildungsberufe und Absolventen von Hoch- und Fachschulen vom Nachweis der angemessenen Tätigkeit oder der Ablegung einer Prüfung befreit werden;
5. über einheitliche Allgemeine Beförderungsbedingungen für den Straßenbahn- und Obusverkehr sowie für den Linienverkehr mit Kraftfahrzeugen und, vorbehaltlich des § 51 Abs. 1 Satz 1, für den Gelegenheitsverkehr mit Kraftfahrzeugen;
6. über die Ordnung des grenzüberschreitenden Verkehrs und des Transitverkehrs, die Organisation einschließlich der Klärung konkurrierender Zuständigkeiten, das Verfahren und die Mittel der Kontrolle sowie die Befreiung von Unternehmen mit Betriebssitz im Ausland von der Genehmigungspflicht für den Gelegenheitsverkehr oder von der Einhaltung anderer Ordnungsvorschriften dieses Gesetzes, soweit Gegenseitigkeit verbürgt ist;
7. *(aufgehoben)*

8. durch die für bestimmte im Rahmen des Gesamtverkehrs nicht besonders ins Gewicht fallende Beförderungsfälle allgemein Befreiung von den Vorschriften dieses Gesetzes erteilt wird;
9. die bestimmen, wer Auszubildender im Sinne des § 45a Abs. 1 ist, welche Kostenbestandteile bei der Berechnung des Ausgleichs zu berücksichtigen sind, welches Verfahren für die Gewährung des Ausgleichs anzuwenden ist, welche Angaben der Antrag auf Gewährung des Ausgleichs enthalten muß und wie die Erträge und die Personen-Kilometer zu ermitteln sind;
10. die die gebührenpflichtigen Tatbestände im Linienverkehr und im Gelegenheitsverkehr näher bestimmen und feste Gebührensätze oder Rahmensätze festlegen. Die Gebühren dürfen im Linienverkehr 2.500 Euro, im Gelegenheitsverkehr 1.500 Euro nicht überschreiten;
11. zur Bezeichnung der Tatbestände, die als Ordnungswidrigkeit nach § 61 Abs. 1 Nr. 5 geahndet werden können;
12. über die in § 3a genannte Verpflichtung zur Bereitstellung dort genannter Daten durch den Unternehmer und den Vermittler sowie zu deren Verwendung hinsichtlich
    a) Art und Inhalt der bereitzustellenden Daten und Datenformate,
    b) Art und Weise der Erfüllung,
    c) technischen Anforderungen und Interoperabilität,
    d) Zulassung von Dritten zur Bereitstellung und Nutzung des Nationalen Zugangspunktes,
    e) Nutzungsbedingungen und
    f) Regelungen zur Weiterverwendung der Daten durch Dritte zur Bereitstellung multimodaler Mobilitäts- und Reiseinformationsdienste

    näher auszugestalten. Hierbei ist das Bundesamt für Sicherheit in der Informationstechnik anzuhören, soweit die Sicherheit informationstechnischer Systeme betroffen ist.

(2) Rechtsverordnungen nach Absatz 1 Nr. 1 können auch Vorschriften zum Schutz vor schädlichen Umwelteinwirkungen im Sinne des Bundes-Immissionsschutzgesetzes enthalten; dabei können Immissionsgrenzwerte unter Berücksichtigung der technischen Entwicklung auch für einen Zeitpunkt nach Inkrafttreten der Rechtsverordnung festgesetzt werden. Vorschriften nach Satz 1 werden vom Bundesministerium für Verkehr und digitale Infrastruktur und vom Bundesministerium für Umwelt, Naturschutz und nukleare Sicherheit erlassen. Die Ermächtigung nach Satz 1 gilt nicht, soweit § 43 des Bundes-Immissionsschutzgesetzes Anwendung findet.

(3) Rechtsverordnungen nach Absatz 1 Nr. 1 können auch festlegen, wie der Nachweis für die Erfüllung dieser Vorschriften zu erbringen ist, insbesondere welche Prüfungen, Abnahmen, Erlaubnisse, Zustimmungen oder Bescheinigungen erforderlich sind.

(4) Soweit es die öffentliche Sicherheit erfordert, können einzelne Vorschriften der nach Absatz 1 Nr. 2 erlassenen Rechtsverordnung auf Beförderungen ausgedehnt werden, die nach § 2 von der Genehmigungspflicht befreit sind oder für die durch die nach Absatz 1 Nr. 8 erlassene Rechtsverordnung Befreiung erteilt wird.

(5) *(aufgehoben)*

(6) Im Bereich der Gebühren der Landesbehörden übt das Bundesministerium für Verkehr und digitale Infrastruktur die Ermächtigung nach Absatz 1 Nummer 10 auf der Grundlage eines Antrags oder einer Stellungnahme von mindestens fünf Ländern beim Bundesministerium für Verkehr und digitale Infrastruktur aus. Der Antrag oder die Stellungnahme sind mit einer Schätzung des Personal- und Sachaufwands zu begründen. Das Bundesministerium für Verkehr und digitale Infrastruktur kann die übrigen Länder ebenfalls zur Beibringung einer Schätzung des Personal- und Sachaufwands auffordern.

1 Aufgrund dieser Ermächtigung sind folgende Rechtsverordnungen erlassen worden:

- zu Abs. 1 Nr. 1: Verordnung über den Bau und Betrieb der Straßenbahnen (Straßenbahn-, Bau- und Betriebsordnung – BOStrab) vom 11.12.1987 (BGBl. I 2648), zuletzt geändert durch VO vom 1.10.2019 (BGBl. I 1410);
- zu Abs. 1 Nr. 2 und Abs. 4: Verordnung über den Betrieb von Kraftfahrunternehmen im Personenverkehr (BOKraft) vom 21.6.1975 (BGBl. I 1573), zuletzt geändert durch Gesetz vom 16.4.2021 (BGBl. I 822);
- zu Abs. 1 Nr. 3: Verordnung über die Prüfung zum Betriebsleiter von Straßenbahnunternehmen (Straßenbahn-Betriebsleiter-Prüfungsverordnung – StrabBlPV) vom 29.7.1988 (BGBl. I 1554), zuletzt geändert durch Gesetz vom 29.3.2017 (BGBl. I 626);
- zu Abs. 1 Nr. 4: Berufszugangsverordnung für den Straßenpersonenverkehr (PBZugV) vom 15.6.2000 (BGBl. I 851), zuletzt geändert durch Gesetz vom 10.8.2021 (BGBl. I 3436). Die Richtlinie 96/26/EG vom 29.4.1996, deren Umsetzung die PBZugV dient, ist inzwischen durch die VO (EG) 1071/2009 vom 21.10.2009 aufgehoben worden (→ § 1 Rn. 12);
- zu Abs. 1 Nr. 5: Verordnung über die Allgemeinen Beförderungsbedingungen für den Straßenbahn- und Obusverkehr sowie den Linienverkehr mit Kraftfahrzeugen vom 27.2.1970 (BGBl. I 230), zuletzt geändert durch Gesetz vom 16.4.2021 (BGBl. I 782);
- zu Abs. 1 Nr. 6: Verordnung zur Durchführung von Verordnungen und Abkommen der Europäischen Gemeinschaft über den Personenverkehr mit Kraftomnibussen (EG-Bus-Durchführungsverordnung – EGBusDV) vom 11.8.2004 (BGBl. I 2169), inzwischen ersetzt durch EGBusDV vom 4.5.2012 (BGBl. I 1038), zuletzt geändert durch Art. 485 der VO vom 31.8.2015 (BGBl. I 1474)). Die VO (EWG) Nr. 684/92 und die VO (EG) Nr. 12/98, deren Durchführung in der Vorgängerin geregelt wurde, sind inzwischen durch die VO (EG) Nr. 1073/2009 vom 21.10.2009 aufgehoben worden (dazu → § 1 Rn. 12);
- zu Abs. 1 Nr. 8: Verordnung über die Befreiung bestimmter Beförderungsfälle von den Vorschriften des Personenbeförderungsgesetzes (Freistellungs-Verordnung) vom 30.8.1962 (BGBl. I 601), zuletzt geändert durch VO vom 4.5.2012 (BGBl. I 1037). Die Verordnung begegnet insoweit Bedenken, als sie Beförderungen mit Kraftfahrzeugen durch oder für Schulträger

zum und vom Unterricht, es sei denn, dass von den Beförderten ein Entgelt zu entrichten ist, freistellt. Die Schülerbeförderung weist nach wie vor einen Umfang auf, der es verbietet, von „nicht besonders in Gewicht fallenden Beförderungsfällen" zu sprechen (vgl. zu diesem Abgrenzungsproblem VGH Mannheim DÖV 1994, 484);

- zu Abs. 1 Nr. 9: Verordnung über den Ausgleich gemeinwirtschaftlicher Leistungen im Straßenpersonenverkehr (PBefAusglV) vom 2.8.1977 (BGBl. I 1460), zuletzt geändert durch Gesetz vom 10.8.2021 (BGBl. I 3436). § 1 Abs. 1 Nr. 2g und h sind von der Ermächtigung insoweit nicht gedeckt, als auch Beamtenanwärter des einfachen und mittleren Dienstes sowie Teilnehmer an einem freiwilligen sozialen Jahr oder vergleichbaren sozialen Diensten den Auszubildenden zugerechnet werden. Ein Bezug zur Ausbildung ist selbst bei großzügiger Betrachtungsweise nicht erkennbar. Ebenso fehl am Platze ist in § 3 Abs. 3 der Verordnung der Programmsatz, dass an Kooperationen private Verkehrsunternehmen ausreichend und gleichberechtigt beteiligt sein sollen. Die Aussage, für die eine „Anleihe" bei § 11 Abs. 2 der – inzwischen vollumfänglich außer Kraft getretenen – Verordnung über den gewerblichen Personenverkehr vom 20.6.1990 (GBIDDR Nr. 40 S. 574) aufgenommen worden ist, hätte ihren Platz in § 8 PBefG finden müssen;
- zu Abs. 1 Nr. 10: Kostenverordnung für Amtshandlungen im entgeltlichen oder geschäftsmäßigen Personenverkehr mit Kraftfahrzeugen (PBefGKostV) vom 15.8.2001 (BGBl. I 2168), zuletzt geändert durch VO vom 4.5.2012 (BGBl. I 1042);
- zu Abs. 1 Nr. 11: EG-Bus-Durchführungsverordnung (siehe zu Abs. 1 Nr. 6), in der in § 8 und iVm § 61 Abs. 1 Nr. 4 und 5 PBefG Bußgeldtatbestände für Verstöße gegen auf Unionsrecht beruhende Rechtspflichten im grenzüberschreitenden Kraftomnibusverkehr enthalten sind;
- zu Abs. 1 Nr. 12: Mobilitätsdatenverordnung (MDV) vom 20.10.2021 (BGBl. I 4728; zuletzt geändert durch Art. 1 d. VO vom 6.1.2022, BGBl. I 21), auf der Grundlage von § 3a Abs. 2 Satz 2.

Mit der Novelle 2012 sind Abs. 1 Nr. 7 und Abs. 5 aufgehoben worden, **1a** nachdem durch Art. 10 Abs. 1 der VO (EG) Nr. 1370/07 die VO (EWG) Nr. 1191/69 aufgehoben worden ist. Abs. 1 Nr. 11 ist mit dem ÄndG vom 19.7.2002 (BGBl. I 2691) eingefügt worden. Gemäß Art. 5 des Gesetzes zur Änderung personenbeförderungsrechtlicher Vorschriften vom 14.12.2012 (BGBl. I 2598) ist mit dem Wegfall der Verordnungsermächtigungen auch die auf ihrer Grundlage erlassene Verordnung zur Anwendung von § 13a Abs. 1 Satz 3 des PBefG vom 15.12.1995 (BGBl. I 1705) aufgehoben worden. Mit der in Abs. 1 durch die **Novelle 2021** eingefügten neuen Verordnungsermächtigung gemäß Nr. 12 wird die Möglichkeit eröffnet, durch Rechtsverordnung mit Zustimmung des Bundesrates die in § 3a geregelte Verpflichtung zur Bereitstellung statischer und dynamischer Daten der Unternehmer und Vermittler im Einzelnen auszugestalten. Dadurch soll eine datenschutzkonforme Bereitstellung von Mobilitätsdaten gewährleistet werden (BT-Drs. 19/26175, 53). Die wie die Bestimmung des § 56 Satz 3 ebenfalls durch das Gesetz zur Strukturreform des Gebührenrechts des Bundes vom 7.8.2013 (dazu → § 56 Rn. 1) mit Abs. 6 eingeführte Regelung trägt dem Umstand Rechnung, dass das Bundesministerium für Verkehr und digitale Infrastruktur bei der Gestaltung der gebührenpflichtigen Tatbestände auf die Mitwirkung der weitgehend für den Vollzug des Personenbeförderungsrechts zuständigen Länder angewiesen ist, soweit es um die Schätzung des Personal- und Sachaufwandes geht (vgl. Fielitz/Grätz Rn. 13).

2 Von der Ermächtigung in Abs. 4 wurde in § 1 Abs. 2 BOKraft Gebrauch gemacht. Danach gilt eine Reihe von Vorschriften der BOKraft auch für Verkehre, die durch die Freistellungs-Verordnung ansonsten aus dem Geltungsbereich des PBefG ausgenommen sind.

§ 58 Allgemeine Verwaltungsvorschriften

Die zur Durchführung dieses Gesetzes erforderlichen Allgemeinen Verwaltungsvorschriften erläßt die Bundesregierung mit Zustimmung des Bundesrates.

1 Die Vorschrift hat ihre geltende geänderte Fassung durch das ÄndG vom 22.11.2011 (BGBl. I 2272) erhalten. Der zuvor zuständige Bundesverkehrsminister hatte sich bisher auf den Erlass der Allgemeinen Verwaltungsvorschriften vom 22.8.1995 (Bundesanzeiger Nr. 170a – Beilage – vom 8.9.1995) beschränkt, die die Muster für die Genehmigungsurkunde und ihre amtliche Ausfertigung nach § 17 und für die einstweilige Erlaubnis und ihre Bescheinigung nach § 20 enthalten; diese Verwaltungsvorschriften sind inzwischen durch die Allgemeinen Verwaltungsvorschriften zum Personenbeförderungsgesetz vom 16.8.2007 (Bundesanzeiger Nr. 159a – Beilage – vom 25.8.2007) ersetzt worden. Ob diese „Enthaltsamkeit", die in einem auffälligen Gegensatz zur Praxis im Güterkraftverkehrsrecht steht, von Vorteil ist, wird man bezweifeln dürfen.

2 Verwaltungsvorschriften mit unmittelbarer Außenwirkung gegenüber Dritten können Gegenstand eines Normenkontrollverfahrens gemäß § 47 VwGO sein, wenn sie bekannt gemacht worden sind, wofür allerdings nicht die Verteilung von Merkblättern genügt (BVerwGE 122, 264 = DÖV 2005, 605).

§ 59 (weggefallen)

§ 59a (weggefallen)

VIII. Bußgeldvorschriften

§ 60 (weggefallen)

§ 60a (weggefallen)

§ 61 Ordnungswidrigkeiten

(1) Ordnungswidrig handelt, wer vorsätzlich oder fahrlässig

1. Personen mit Straßenbahnen, Obussen oder Kraftfahrzeugen ohne die nach diesem Gesetz erforderliche Genehmigung oder einstweilige Erlaubnis befördert oder den Auflagen der Genehmigung oder einstweiligen Erlaubnis oder Auflagen in einer Entscheidung nach § 45a Abs. 4 Satz 2 zuwiderhandelt;
2. einen Verkehr mit Straßenbahnen, Obussen oder einen Linienverkehr mit Kraftfahrzeugen betreibt, ohne daß die nach diesem Gesetz vorgeschriebene Zustimmung zu den Beförderungsentgelten oder Fahrplänen durch die Genehmigungsbehörde erteilt ist;
3. den Vorschriften dieses Gesetzes über
   a) die Mitteilungspflicht bei Betriebsstörungen im Verkehr, die den vorübergehenden Einsatz von Kraftfahrzeugen zur Folge haben (§ 2 Abs. 5 Satz 2),
   b) das Mitführen und Aushändigen von Urkunden (§ 17 Abs. 4, § 20 Abs. 4),
   c) die Einhaltung der Beförderungspflicht (§ 22) oder der Beförderungsentgelte (§ 39 Abs. 3, § 41 Abs. 3, § 45 Abs. 2, § 51),
   d) die Bekanntmachung der Beförderungsentgelte, der Besonderen Beförderungsbedingungen und der gültigen Fahrpläne (§ 39 Abs. 7, § 40 Abs. 4, § 41 Abs. 3, § 45 Abs. 3),
   e) die technischen Anforderungen für Kraftomnibusse, die im innerdeutschen Personenfernverkehr eingesetzt werden (§ 42b),
   f) den Verkehr mit Taxen (§ 47 Abs. 2 Satz 1 oder Abs. 5),
   g) Ausflugsfahrten und Ferienziel-Reisen (§ 48 Abs. 1 bis 3) oder
   h) den Verkehr mit Mietomnibussen und Mietwagen (§ 49 Abs. 2 Satz 2 und Abs. 4)

   zuwiderhandelt;

3a. entgegen § 54 Absatz 2 Satz 3 eine Mitteilung nicht, nicht richtig, nicht vollständig oder nicht rechtzeitig macht,

3b. entgegen § 54a Abs. 1 die Auskunft nicht, unrichtig, nicht vollständig oder nicht fristgemäß erteilt, die Bücher oder Geschäftspapiere nicht, nicht vollständig oder nicht fristgemäß vorlegt oder die Duldung von Prüfungen verweigert;

4. einer Rechtsvorschrift oder vollziehbaren schriftlichen Verfügung zuwiderhandelt, die auf Grund dieses Gesetzes oder auf Grund von Rechtsvorschriften, die auf diesem Gesetz beruhen, erlassen worden ist, soweit die Rechtsvor-

schrift und die vollziehbare schriftliche Verfügung ausdrücklich auf diese Vorschrift verweisen oder

5. einer unmittelbar geltenden Vorschrift in Rechtsakten der Europäischen Gemeinschaft zuwiderhandelt, die inhaltlich einem in
   a) Nummer 1 oder
   b) Nummer 2, 3 oder 3b
   bezeichneten Gebot oder Verbot entspricht, soweit eine Rechtsverordnung nach § 57 Abs. 1 Nr. 11 für einen bestimmten Tatbestand auf diese Bußgeldvorschrift verweist.

(2) Die Ordnungswidrigkeit kann in den Fällen des Absatzes 1 Nr. 1 und 5 Buchstabe a mit einer Geldbuße bis zu zwanzigtausend Euro, in den übrigen Fällen mit einer Geldbuße bis zu zehntausend Euro geahndet werden.

(3) Verwaltungsbehörde im Sinne des § 36 Abs. 1 Nr. 1 des Gesetzes über Ordnungswidrigkeiten ist die Genehmigungsbehörde oder die von der Landesregierung bestimmte Behörde. Die Landesregierung kann die Ermächtigung auf die zuständige oberste Landesbehörde übertragen. In den Fällen des § 52 Abs. 3 Satz 2 ist Verwaltungsbehörde im Sinne des § 36 Abs. 1 Nr. 1 des Gesetzes über Ordnungswidrigkeiten das Bundesamt für Güterverkehr.

(4) In den Fällen des Absatzes 1 kann die Ordnungswidrigkeit auf der Grundlage und nach Maßgabe internationaler Übereinkünfte auch dann geahndet werden, wenn sie im Bereich gemeinsamer Grenzabfertigungsanlagen außerhalb des räumlichen Geltungsbereiches dieses Gesetzes begangen wird.

1 Die Vorschrift enthält die **Bußgeldtatbestände.** Der Straftatbestand des § 60, der die Personenbeförderung ohne die erforderliche Genehmigung betraf, ist seit der Gesetzesänderung vom 1978 weggefallen und als Ordnungswidrigkeitstatbestand in Abs. 1 Nr. 1 übernommen worden. Auch die Strafvorschriften der §§ 148 Abs. 1, 146 Abs. 1 Nr. 1, 35 Abs. 1 GewO finden keine Anwendung (OLG Hamm NZV 1990, 283 = VRS 78, 477 = MDR 1990, 465).

2 Im Bußgeldverfahren wird gegen den Täter in einem vereinfachten Verfahren durch Bußgeldbescheid der zuständigen Verwaltungsbehörde (→ Rn. 15) eine Geldbuße verhängt. Der Bußgeldbescheid kann durch Einspruch angefochten werden (§ 67 OWiG), über den das Amtsgericht entscheidet, in dessen Bezirk die Verwaltungsbehörde ihren Sitz hat (§ 68 Abs. 1 OWiG).

3 **Täter** kann in den Fällen des Abs. 1 Nr. 1, 2, 3 Buchst. a und d nur sein, wer die Personenbeförderung als Unternehmer oder Betriebsführer (§ 2 Abs. 1, § 3 Abs. 2 Satz 1) betreibt (OLG Köln VRS 69, 312; OLG Karlsruhe VRS 70, 62; zu den Pflichten eines Schulbusunternehmers im Besonderen OLG Düsseldorf VRS 83, 290 = DAR 1992, 389), in den anderen Fällen jeder, für den die Rechtsvorschriften gelten und der gegen sie verstößt. Eine genaue Abgrenzung zwischen Täterschaft und Teilnahme ist im Hinblick auf den einheitlichen Tatbeteiligtenbegriff des § 14 OWiG im Allgemeinen nicht erforderlich. Für juristische Personen und Personenhandelsgesellschaften ist § 9 Abs. 1 OWiG zu beachten.

4 Abs. 1 Nr. 1 bedroht die Personenbeförderung ohne die erforderliche Genehmigung (§§ 3, 9, 13) oder einstweilige Erlaubnis (§ 20) mit Geldbuße. Wer die erforderliche Genehmigung besitzt, aber gegen die Bedingungen

verstößt, die das Gesetz für den genehmigten Verkehr aufstellt (§§ 42 ff.), begeht keine Ordnungswidrigkeit nach Abs. 1 Nr. 1, sondern nach Nr. 3 Buchst. c, d, e, f, g und h (vgl. BayObLGSt 1962, 189 = NJW 1962, 2213; OLG Celle VRS 47, 227). Durch die **Novelle 2021** ist die Gruppe der in Nr. 3 Buchst. c bis g geregelten Zuwiderhandlungen mit dem eingefügten neuen Tatbestand des Verstoßes gegen § 42b gemäß – jetzt – Buchst. e erweitert worden, woraus sich auch die Änderung der Bezeichnung der nachfolgenden Tatbestände ergibt. Die Nichteinhaltung technischer Anforderungen nach dem ebenfalls neu gefassten § 42b ist bislang nicht bußgeldbewehrt; mit der Einführung dieses neuen Bußgeldtatbestandes wird dem Umstand Rechnung getragen, dass die gemäß § 62 Abs. 3 geltenden Übergangsfristen für die Geltung von § 42b PBefG (1.1.2016 für erstmals zum Verkehr zugelassene Kraftomnibusse; 31.12.2019 für alle Kraftomnibusse), innerhalb derer die Unternehmer sich auf die technischen Anforderungen einstellen konnten, nunmehr abgelaufen sind (BT-Drs. 19/26175, 53).

Ohne die erforderliche Genehmigung befördert in erster Linie der Unternehmer, dem überhaupt keine Genehmigung nach dem PBefG erteilt ist, gleichgültig, ob die Genehmigung (§ 9) oder einstweilige Erlaubnis (§ 20) beantragt, aber nicht (durch Aushändigung der Genehmigungsurkunde gemäß § 17 Abs. 3 nachgewiesen werden kann) erteilt, ob sie nach § 26 oder durch Zeitablauf erloschen (§ 16) oder ob sie nach § 25 widerrufen worden ist. Beim Widerruf nach § 25 handelt der Täter ohne Genehmigung, wenn der Verwaltungsakt unanfechtbar oder wenigstens seine sofortige Vollziehung angeordnet worden ist. Ist die Genehmigung noch nicht wirksam geworden, weil eine dem Unternehmer von der Genehmigungsbehörde gestellte Bedingung (§ 15 Abs. 3) noch nicht eingetreten ist, wird die Beförderung ohne die erforderliche Genehmigung betrieben. 5

Wird der Verwaltungsakt, mit dem die Genehmigung oder die einstweilige Erlaubnis abgelehnt worden ist, im Verwaltungsrechtsweg **angefochten,** so lässt ein dem Antragsteller günstiger Verfahrensausgang die Möglichkeit der Ahndung nach Abs. 1 Nr. 1 nicht entfallen. Sie hängt ausschließlich davon ab, ob im Zeitpunkt der Personenbeförderung eine Genehmigung oder einstweilige Erlaubnis vorhanden war. Entsprechendes gilt für den Fall, dass der Widerruf der Genehmigung im Verwaltungsrechtsweg als rechtswidrig aufgehoben wird (vgl. dazu BGHSt 23, 86; OLG Karlsruhe NJW 1978, 116; Gerhards, NJW 1978, 86). 6

Das **Fehlen der Zusatzgenehmigung,** die nach § 2 Abs. 2 erforderlich ist, führt dazu, dass die Personenbeförderung, soweit sie über den Umfang der ursprünglichen Genehmigung hinaus betrieben wird, ohne die erforderliche Genehmigung iSd Abs. 1 Nr. 1 erfolgt (OLG Celle VRS 47, 227). 7

Ein **Überschreiten der Genehmigung** liegt vor, wenn eine Genehmigung erteilt ist, aber nicht für die Art der Personenbeförderung, die der Täter betreibt. Eine Ordnungswidrigkeit nach Abs. 1 Nr. 1 begeht insbesondere, wer einen Linienverkehr nach § 43 Satz 1 Nr. 1 betreibt, obwohl er nur die Genehmigung nach Nr. 2, 3 oder 4 hat, wer Linienverkehr nach §§ 42, 43 durchführt, obwohl er nur die Genehmigung zum Gelegenheitsverkehr nach den §§ 46 ff. besitzt (OLG Celle VkBl. 1953, 190), oder wer eine Art des 8

Gelegenheitsverkehrs nach den §§ 46 ff. betreibt, obwohl er die Genehmigung nur für eine andere erhalten hat (vgl. BayObLGSt 1952, 65 = VRS 4, 470), zB wer Mietwagenverkehr mit Taxen oder Taxenverkehr mit Mietwagen durchführt (BayObLGSt 1962, 189 = NJW 1962, 2213; OLG Celle VRS 47, 227; OLG Hamm VRS 34, 314).

9 In den – nur noch wenigen – Fällen, in denen die Genehmigung zur Personenbeförderung nach § 9 Abs. 1 Nr. 5 für einzelne Fahrzeuge erteilt wird, handelt ohne die erforderliche Genehmigung iSd Abs. 1 Nr. 1, wer ein anderes Fahrzeug benutzt als dasjenige, auf das sich die Genehmigung bezieht (vgl. BayObLGSt 1952, 89 = VRS 4, 552; OLG Neustadt VRS 14, 145).

10 Wenn die Personenbeförderung **unter Umgehung des Gesetzes** (§ 6) betrieben wird, eine Genehmigung aber ohne diese Umgehung erforderlich wäre, fehlt es ebenfalls an der erforderlichen Genehmigung.

11 Ein **Taxifahrer** verstößt gegen die Beförderungspflicht iS von § 61 Abs. 1 Nr. 3 Buchst. c, wenn er eine im Pflichtfahrbereich liegende Fahrt ablehnt (OLG Düsseldorf VRS 78, 310). Ein Schulbusunternehmer handelt ordnungswidrig nach § 61 Abs. 1 Nr. 4, wenn er nicht dafür sorgt, dass sich die Fahrzeuge in vorschriftsmäßigem Zustand befinden. Das ergibt sich aus § 1 Abs. 2 Satz 1 iVm § 45 Abs. 1 Nr. 1 BOKraft (OLG Düsseldorf VRS 85, 391, 392).

12 Weigert sich ein Taxenunternehmer, seine Fahrzeuge der Genehmigungsbehörde zur technischen Untersuchung vorzuführen, liegt darin keine Ordnungswidrigkeit iS von Abs. 1 Nr. 3b – bis zum ÄndG vom 22.11.2011 (BGBl. I 2272) Nr. 3a – (OLG Koblenz VRS 77, 373). Wegen der **Verstöße gegen Einzelvorschriften** nach Abs. 1 Nr. 3 wird auf die Erläuterungen zu den dort näher bezeichneten Bestimmungen verwiesen.

13 Wegen des **Verstoßes gegen § 54a** (Abs. 1 Nr. 3b) wird auf die Erläuterungen zu jener Vorschrift verwiesen.

14 Verwaltungsbehörde iSd § 36 Abs. 1 Nr. 1 OWiG ist grundsätzlich die **Genehmigungsbehörde** (vgl. Abs. 3).

IX. Übergangs- und Schlußbestimmungen

§ 62 Übergangsbestimmungen

(1) Öffentliche Dienstleistungsaufträge im Sinne von Artikel 3 Absatz 1 der Verordnung (EG) Nr. 1370/2007 dürfen bis zum 31. Dezember 2013 abweichend von Artikel 5 Absatz 2 bis 4 der Verordnung (EG) Nr. 1370/2007 vergeben werden. Genehmigungen, die vor dem 1. Januar 2013 erteilt wurden, bleiben bis zum Ablauf der in der Genehmigungsurkunde enthaltenen Geltungsdauer wirksam. Die Geltung und Wirksamkeit von sonstigen Rechtsverhältnissen, insbesondere öffentlichen Dienstleistungsaufträgen im Sinne der Verordnung (EG) Nr. 1370/2007, die vor dem 1. Januar 2013 zustande gekommen sind, werden durch die Änderung des Gesetzes nicht berührt.

(2) Soweit dies nachweislich aus technischen oder wirtschaftlichen Gründen unumgänglich ist, können die Länder den in § 8 Absatz 3 Satz 3 genannten Zeit-

punkt abweichend festlegen sowie Ausnahmetatbestände bestimmen, die eine Einschränkung der Barrierefreiheit rechtfertigen.

(3) § 42b gilt ab dem 1. Januar 2016 für Kraftomnibusse, die erstmals zum Verkehr zugelassen werden und nach Ablauf des 31. Dezember 2019 für alle Kraftomnibusse.

Mit der Neufassung des § 62 durch die Novelle 2012 hat der nationale Gesetzgeber von der Möglichkeit nach Art. 8 Abs. 2 VO (EG) Nr. 1370/2007 Gebrauch gemacht, während der 10-jährigen Übergangszeit bis zum 3.12.2019 **Maßnahmen zur schrittweisen Anwendung** des Art. 5 der VO zu treffen. Damit ist die in Rspr. und Schrifttum umstrittene Frage erledigt, ob und inwieweit Art. 5 der VO (EG) Nr. 1370/2007 ohne nationale Rechtsvorschrift über eine schrittweise Anwendung mit Inkrafttreten der VO am 3.12.2009 gilt oder nicht (zB bejahend OLG Düsseldorf NZBau 2011, 244 = VergabeR 2011, 471, ihm folgend OLG München VergabeR 2011, 848 = NZBau 2011, 701; verneinend VG Halle 2.9./25.10.2010 – 7 A 21/10 HAL, BeckRS 2014, 48898; differenzierend Ziekow/Völlink/Zuck VO (EG) Nr. 1370/2007 Art. 5 Rn. 3, dass nur Art. 5 Abs. 1 Satz 2 VO (EG) Nr. 1370/2007 – und damit EU-weite Vergabe – seit dem 3.12.2007 unmittelbar anwendbar ist und Art. 5 Abs. 2 ff. ohne nationale Regelung erst ab 3.12.2019 uneingeschränkt anzuwenden sind; zum Verständnis der Bestimmung siehe Hübner VergabeR 2011, 811). 1

Die übrigen Regelungen der VO (EG) Nr. 1370/2007, wie etwa Art. 3, 4, 6 und Anhang sowie 7, gelten bereits ab 3.12.2009 für alle in den Anwendungsbereich der VO fallenden Verkehre (Linke VO (EG) Nr. 1370/2007 Art. 8 Rn. 12). 2

Nach der Übergangsregelung des **Abs. 1** gilt nunmehr Folgendes: 3

- Satz 1 betrifft, wie sich auch aus dem ausdrücklichen Hinweis auf die nicht anzuwendenden Bestimmungen des Art. 5 Abs. 2 bis 4 VO (EG) Nr. 1370/2007 ergibt, nur für öffentliche Dienstleistungsaufträge, die nicht der Regelung des Art. 5 Abs. 1 Satz 2 der VO und damit dem allgemeinen (öffentlichen) Vergaberecht iS der Richtlinien 2004/17/EG oder 2004/18/EG unterliegen (dazu → § 8a Rn. 5).
- Die Art. 5 Abs. 2 bis 4 VO (EG) Nr. 1370/2007 und den nationalen Bestimmungen, die wie zB § 8a und § 8b der Anpassung und Durchführung der unionsrechtlichen Vergabevorschrift des Art. 5 Abs. 1 der VO dienen, unterfallenden öffentlichen Dienstleistungsaufträge dürfen noch bis zum 31. Dezember 2013 abweichend von diesen unions- und nationalrechtlichen Vorschriften vergeben werden. Insoweit bleibt es also bei dem bislang maßgebenden nationalen Recht. Da der Gesetzgeber nicht vorgesehen hat, dass öffentliche Dienstleistungsaufträge erst nach dem 31.12.2013 gemäß Art. 5 Abs. 2 bis 4 VO (EG) Nr. 1370/2007 zu vergeben **sind,** wird man davon ausgehen müssen, dass auch schon nach Inkrafttreten der Novelle 2012 am 1.1.2013 gemäß dem geänderten Recht verfahren werden **kann** und so zB Direktvergaben an einen internen Betreiber gemäß Art. 5 Abs. 2 zulässig sind.
- Vor dem 1.1.2013 erteilte Genehmigungen einschließlich ihrer Geltungsdauer sowie Geltung und Wirksamkeit von sonstigen Rechtsver-

hältnissen, insbesondere öffentlichen Dienstleistungsaufträgen iS der VO (EG) Nr. 1370/2007 werden von der **Änderung** des **Gesetzes nicht berührt.** Ihre Rechtmäßigkeit und ihr weiterer Bestand beurteilen sich nach dem bis zum 1.1.2013 maßgeblichen Unions- und nationalem Recht, sodass vor allem zB die für die Vergabe von Dienstleistungskonzessionen aus dem EU-Primärrecht abgeleiteten Grundsätze der Gleichbehandlung, Nichtdiskriminierung und Transparenz gelten.

4 Die Ermächtigung der Länder gemäß **Abs. 2,** den in § 8 Abs. 3 Satz 3 genannten Zeitpunkt – 1.1.2022 – abweichend festzulegen und Ausnahmetatbestände für die Einschränkung der Barrierefreiheit vorzusehen, eröffnet die Möglichkeit, insbesondere Begrenzungen des Investitionsvolumens und Hindernissen oder Verzögerungen auf Herstellerseite oder im Bereich der erforderlichen Infrastruktur Rechnung zu tragen. Zur Barrierefreiheit beim Verkehr mit Taxen und beim gebündelten Bedarfsverkehr siehe die durch die Novelle 2021 eingefügte neue Regelung des § 64c.

5 Zu **Abs. 3** → § 42b Rn. 2.

§ 63 Ausschluss abweichenden Landesrechts

Von folgenden Regelungen des Verwaltungsverfahrens kann durch Landesrecht nicht abgewichen werden:

1. §§ 5, 8a Absatz 2 Satz 2, §§ 9,12, 15, 16, 17 Absatz 1 und 2, §§ 20, 25 und 29 Absatz 1a;

2. § 52 Absatz 1 Satz 1 und § 53 Absatz 1 Satz 1, jeweils in Verbindung mit den Regelungen in Nummer 1;

3. § 29 Absatz 2, § 52 Absatz 2 Satz 1 und § 53 Absatz 2 Satz 1;

4. § 11 Absatz 4, § 52 Absatz 2 Satz 2 und § 53 Absatz 2 Satz 2, jeweils in Verbindung mit § 11 Absatz 4, § 52 Absatz 3 Satz 3 und § 53 Absatz 3 Satz 1.

1 Der Bund kann nach Art. 84 Abs. 1 Satz 5 GG in Ausnahmefällen wegen eines besonderen Bedürfnisses nach bundeseinheitlicher Regelung das Verwaltungsverfahren ohne Abweichungsmöglichkeit durch die Länder regeln. Mit der durch die Novelle 2012 eingefügten neuen Vorschrift des § 63 hat der Bund von dieser Möglichkeit für verschiedene Verfahrensvorschriften Gebrauch gemacht (zur Begründung des besonderen Bedürfnisses bundeseinheitlicher Regelung siehe im Einzelnen BT-Drs. 17/8233, 18).

§ 64 Andere Gesetze

(1) Durch dieses Gesetz werden die Vorschriften

1. des Straßenverkehrsgesetzes vom 19. Dezember 1952 (BGBl. I S. 837) sowie die auf Grund dieses Gesetzes erlassenen Vorschriften,

2. des Haftpflichtgesetzes in der Fassung der Bekanntmachung vom 4. Januar 1978 (BGBl. I S. 145),

3. (weggefallen)

4. des Gesetzes über die Pflichtversicherung für Kraftfahrzeughalter vom 5. April 1965 (BGBl. I S. 213) und

5. des Gesetzes über die Haftpflichtversicherung für ausländische Kraftfahrzeuge und Kraftfahrzeuganhänger vom 24. Juli 1956 (BGBl. I S. 667)

nicht berührt, soweit sich nicht aus § 23 etwas anderes ergibt.

(2) Die Vorschriften des Gesetzes über Maßnahmen zur Aufrechterhaltung des Betriebs von Bahnunternehmen des öffentlichen Verkehrs vom 7. März 1934 (RGBl. II S. 91) in der Fassung des § 9 Abs. 4 des Allgemeinen Eisenbahngesetzes vom 29. März 1951 (BGBl. I S. 225) sind auf Straßenbahnen und auf Obusunternehmen mit der Maßgabe entsprechend anzuwenden, daß zuständige Aufsichtsbehörde im Sinne des vorgenannten Gesetzes die von der Landesregierung bestimmte Genehmigungsbehörde ist, und daß, wenn eine Straßenbahn oder ein Obusunternehmen das Gebiet mehrerer Länder berührt, die von der Landesregierung bestimmte Genehmigungsbehörde ihre Entscheidung im Einvernehmen mit der von der Landesregierung des mitbeteiligten Landes bestimmten Genehmigungsbehörde trifft.

Abs. 1 bringt die Vorschriften des Versicherungsrechts mit denen dieses 1
Gesetzes in Einklang.

Abs. 2 erstreckt die Vorschriften des Gesetzes über Maßnahmen zur Auf- 2
rechterhaltung des Betriebs von Bahnunternehmen des öffentlichen Verkehrs vom 7.3.1934 (RGBl. II S. 91) idF des § 9 Abs. 4 des Allgemeinen Eisenbahngesetzes vom 29.3.1951 (BGBl. I 225) auf Straßenbahnen und auf Obusunternehmen. Dieses Gesetz (vgl. dazu im Einzelnen Wahl, in: Haustein, Werner (Hrsg.): Die Eisenbahnen im deutschen öffentlichen Recht, 1960, S. 108) wandelt den Anwendungsbereich des § 25 Abs. 1 für die ihm unterliegenden Unternehmen ab. Während die Eröffnung eines Insolvenzverfahrens über das Vermögen eines Unternehmers nach § 25 Abs. 1 wegen fortgefallener Leistungsfähigkeit grundsätzlich den Widerruf der Genehmigung gebietet, wird die Einschränkung oder Stilllegung des Betriebs hier nicht nur einer – zusätzlichen – Genehmigung unterworfen, sondern darüber hinaus auch bestimmt, dass die Aufsichtsbehörde (insolvenzrechtliche) Genehmigungen, die der Erhaltung der Einheit des Unternehmens dienen, ersetzen kann, und schließlich die Durchführung der Zwangsversteigerung und der Verwertung von Fahrbetriebsmitteln außerhalb einer Zwangsvollstreckung von der Zustimmung der Aufsichtsbehörde abhängig gemacht.

§ 64a Ersetzung bundesrechtlicher Vorschriften durch Landesrecht

Die Länder können mit Wirkung ab dem 1. Januar 2007 § 45a und § 57 Abs. 1 Nr. 9 sowie die Vorschriften, zu deren Erlass § 57 Abs. 1 Nr. 9 ermächtigt, durch Landesrecht ersetzen.

Mit der durch das ÄndG vom 14.8.2006 (BGBl. I 1962) eingefügten neuen 1
Vorschrift hat der Bund von der Möglichkeit nach Art. 125a Abs. 2 Satz 2 GG Gebrauch gemacht, im Rahmen konkurrierender Gesetzgebungskom-

petenz auf Grund des Art. 72 Abs. 2 GG (Art. 74 Abs. 1 Nr. 22 f.) in der bis zum 15.11.1994 geltenden Fassung ergangene bundesrechtliche Regelungen durch **Landesrecht ersetzen** zu lassen (vgl. BT-Drs. 16/1039; siehe auch Fielitz/Grätz Rn. 1 f.). Die Rechtsetzungskompetenz für die Gegenstände der §§ 45a und 57 Abs. 1 Nr. 9 liegt damit bei den Ländern. Hierbei dürfte den Ländern jedoch nur eine inhaltliche Ausgestaltung, nicht hingegen eine ersatzlose Streichung der Ausgleichsregelung eröffnet sein (so auch Bauer Rn. 2). Zum Inhalt der Regelungskompetenz der Länder bei der „Ersetzung" bundesrechtlicher Vorschriften und ihren Grenzen zB infolge europarechtlicher Vorgaben etwa durch Art. 3 der VO (EG) 1370/2007 siehe auch die Entscheidung der EU-Kommission vom 22.1.2014 C (2014) 133 corr. zum vorangemeldeten Entwurf des Gesetzes des Landes Rheinland-Pfalz in Anwendung des § 64a über den Ausgleich von gemeinwirtschaftlichen Verpflichtungen im Ausbildungsverkehr, wonach die vorgesehene Maßnahme als Beihilfe unter Beachtung näher bekannter Vorgaben mit dem Binnenmarkt vereinbar ist und das Verfahren in der Beschwerdesache hinsichtlich dieses Gesetzentwurfs eingestellt wird, sowie VG Leipzig 18.6.2014 – 1 K 344/13, BeckRS 2014, 56112, nach dessen Ansicht § 45a nur dann ersetzt wird, wenn der Landesgesetzgeber auch eine inhaltliche Regelung trifft, und es ihm nach § 64a verwehrt ist, diese Regelungskompetenz auf die Kommunen zu übertragen und ihnen die Gestaltung der Modalitäten zu überlassen.

2 Von der Möglichkeit der Ersetzung des § 45a durch Landesrecht haben bis auf Bayern, Bremen, Saarland und Thüringen alle Länder Gebrauch gemacht.

§ 64b Landesrecht im Bereich des Gelegenheitsverkehrs

Dieses Gesetz oder auf Grundlage dieses Gesetzes erlassene Rechtsverordnungen steht oder stehen Vorschriften der Länder nicht entgegen, die den Betrieb des Verkehrs mit Taxen oder mit Mietwagen oder den Betrieb gebündelten Bedarfsverkehrs in Bezug auf Fahrzeugemissionen regeln.

1 Die Bestimmung ist in ihrer ursprünglichen Fassung durch das Gesetz zur Umsetzung des Klimaschutzprogramms 2030 im Steuerrecht (KlSchStG) vom 21.12.2019 (BGBl. I 2886) mit Wirkung ab 1.1.2020 in das PBefG neu eingefügt und mit der **Novelle 2021** um den ebenfalls mit dieser Novelle neu eingeführten gebündelten Bedarfsverkehr gemäß § 46 Abs. 2 Nr. 4, § 50 erweitert worden. Sie geht auf eine Forderung der Länder zurück, zur Sicherung der innerstädtischen Mobilität und Luftreinhaltung bei der Genehmigung von gewerblichen Verkehren zur Personenbeförderung die Einhaltung höherer Emissionsstandards verlangen zu können. Im Ergebnis handelt es sich bei der Vorschrift des § 64b im Hinblick auf die Gesetzgebungskompetenz des Bundes gemäß Art. 74 Abs. 1 Nr. 22 GG für das PBefG um eine gesetzgeberische Klarstellung (dazu im Einzelnen auch Fielitz/Grätz Rn. 2).

§ 64c Barrierefreiheit

(1) Beim Verkehr mit Taxen und beim gebündelten Bedarfsverkehr sollen die Aufgabenträger die Belange der in ihrer Mobilität oder sensorisch eingeschränkten Menschen mit dem Ziel berücksichtigen, eine möglichst weitgehende Barrierefreiheit zu erreichen. Hierfür ist ab einer Anzahl von 20 Fahrzeugen eine Mindestverfügbarkeit von barrierefreien Fahrzeugen je Unternehmer vorzusehen, für die ein bundesweiter Richtwert von 5 Prozent bezogen auf die Anzahl der von dem Unternehmer betriebenen Fahrzeuge gilt. Die Maßgaben des § 35a Absatz 4a der Straßenverkehrs-Zulassungs-Ordnung vom 26. April 2012 (BGBl. I S. 679), die zuletzt durch Artikel 1 der Verordnung vom 26. November 2019 (BGBl. I S. 2015) geändert worden ist, an barrierefreie Fahrzeuge finden Anwendung.

(2) Die Genehmigungsbehörde kann Einzelheiten zur Herstellung einer weitgehenden Barrierefreiheit im Hinblick auf die Mindestanzahl vorzuhaltender barrierefreier Fahrzeuge beim Verkehr mit Taxen und beim gebündelten Bedarfsverkehr festlegen, soweit dies keine unzumutbare wirtschaftliche Härte gegenüber dem Unternehmer darstellt. Sie kann darüber hinaus Ausnahmen im Hinblick auf die Mindestanzahl vorzuhaltender barrierefreier Fahrzeuge bestimmen, die eine Einschränkung der Barrierefreiheit rechtfertigen, soweit dies nachweislich aus technischen oder wirtschaftlichen Gründen unumgänglich ist.

Die durch die **Novelle 2021** neu eingefügte Vorschrift zur Barrierefreiheit betrifft nur den Verkehr mit Taxen und den gebündelten Bedarfsverkehr. Die in Abs. 1 Satz 2 festgelegte Quote gilt für den jeweiligen Unternehmer. Nach Abs. 2 Satz 1 kann die Genehmigungsbehörde Einzelheiten zur Herstellung einer weitgehenden Barrierefreiheit in Gestalt von Bedingungen und Auflagen gemäß § 15 Abs. 3 Satz 1 festlegen. Bei Nichterfüllung der Auflagen kann die Genehmigung mit Wirkung für die Zukunft widerrufen werden. Siehe dazu auch die Begründung zum Gesetzentwurf BT-Drs. 19/26175, 54; wenn es dort heißt, die Genehmigungsbehörde könne entsprechend § 62 Abs. 2 für ihren Zuständigkeitsbereich abweichende Regelungen im Hinblick auf die Mindestzahl vorzuhaltender barrierefreier Fahrzeuge treffen, erscheint dies fraglich, da die Vorschrift nur für den ÖPNV gelten dürfte. 1

§ 65 Ausnahmen für Straßenbahnen

Vorschriften, mit denen nachfolgende Richtlinien umgesetzt werden, gelten nicht für Straßenbahnen im Sinne von § 4 Absatz 1 und 2:

1. **Richtlinie 2012/34/EU des Europäischen Parlaments und des Rates vom 21. November 2012 zur Schaffung eines einheitlichen europäischen Eisenbahnraums (ABl. L 343 vom 14.12.2012, S. 32; L 67 vom 12.3.2015, S. 32), die zuletzt durch den Delegierten Beschluss (EU) 2017/2075 (ABl. L 295 vom 14.11.2017, S. 69) geändert worden ist;**
2. **Richtlinie (EU) 2016/798 des Europäischen Parlaments und des Rates vom 11. Mai 2016 über Eisenbahnsicherheit (ABl. L 138 vom 26.5.2016, S. 102; L 59 vom 7.3.2017, S. 41; L 110 vom 30.4.2018, S. 141; L 317 vom 9.12.2019,**

S. 114), die zuletzt durch die Verordnung (EU) 2020/1530 (ABl. L 352 vom 22.10.2020, S. 1) geändert worden ist;

3. Richtlinie 2007/59/EG des Europäischen Parlaments und des Rates vom 23. Oktober 2007 über die Zertifizierung von Triebfahrzeugführern, die Lokomotiven und Züge im Eisenbahnsystem in der Gemeinschaft führen (ABl. L 315 vom 3.12.2007, S. 51), die zuletzt durch die Verordnung (EU) 2019/554 (ABl. L 97 vom 8.4.2019, S. 1) geändert worden ist;

4. Richtlinie (EU) 2016/797 des Europäischen Parlaments und des Rates vom 11. Mai 2016 über die Interoperabilität des Eisenbahnsystems in der Europäischen Union (ABl. L 138 vom 26.5.2016, S. 44), die zuletzt durch die Richtlinie (EU) 2020/700 (ABl. L 165 vom 27.5.2020, S. 27) geändert worden ist.

1 Die durch die Novelle 2012 neu gefasste, dann durch das Gesetz zur Stärkung des Wettbewerbs im Eisenbahnbereich vom 29.8.2016 (BGBl. I 2082) geänderte (Nr. 2) und nun mit der **Novelle 2021** abermals neu gefasste Vorschrift dient der Klarstellung zum Verhältnis von Straßenbahn- und Eisenbahnrecht als Folge unionsrechtlicher Regelungen. Nach nationalem Recht sind Straßenbahnen in Deutschland vom Anwendungsbereich des AEG ausgenommen. Das AEG bezieht sich jedoch nicht ausdrücklich auf die unionsrechtlichen Ermächtigungen, Straßenbahnen von den Maßnahmen auszunehmen, die zur Durchführung der Eisenbahnrichtlinien erlassen werden. Die daraus folgende Unsicherheit über die rechtswirksame Ausnahme der Straßenbahnen soll mit der ausdrücklichen Regelung durch § 65 PBefG beseitigt werden (BT-Drs. 17/8233, 18 f.).

§ 66 Berichtspflichten

(1) Das Bundesministerium für Verkehr und digitale Infrastruktur legt mit Ablauf von fünf Jahren nach Inkrafttreten des Gesetzes zur Modernisierung des Personenbeförderungsrechts vom 16. April 2021 (BGBl. I S. 822) dem Deutschen Bundestag einen Bericht in nichtpersonenbezogener Form vor:

1. zur Umsetzung der nach § 57 Absatz 1 Nummer 12 erlassenen Verordnung, insbesondere
   a) zur Vollständigkeit und Zugänglichkeit der nach § 3a bereitzustellenden Daten, auch im Hinblick auf die regelmäßige Öffnung von Schnittstellen zur Verknüpfung von Informationssystemen;
   b) zur Anzahl der Dienstleistungsangebote, die sich nach der umfassenden Bereitstellung von Mobilitätsdaten entwickelt haben oder sich in der Entwicklung befinden;
   c) zu Marktbarrieren im Hinblick auf die Weiterverwendungsmöglichkeit von Daten nach § 3b und
   d) zu Vorschlägen hinsichtlich der Verbesserung der Nutzung von Daten;

2. zur Umsetzung der in § 64c Absatz 1 und 2 niedergelegten Vorgaben und deren Wirksamkeit.

Das Bundesministerium für Verkehr und digitale Infrastruktur kann insbesondere Vorschläge zur Verbesserung der Nutzung der Daten unterbreiten. Den Ländern,

Kommunen, den Verbraucherschutzverbänden, Verbänden für Menschen mit Behinderungen, dem oder der Beauftragten der Bundesregierung für Menschen mit Behinderungen, dem oder der Bundesbeauftragten für den Datenschutz und die Informationsfreiheit sowie den betroffenen Wirtschaftskreisen wird Gelegenheit zur Stellungnahme gegeben.

(2) Die Bundesregierung legt mit Ablauf von fünf Jahren nach Inkrafttreten des Gesetzes zur Modernisierung des Personenbeförderungsrechts vom 16. April 2021 (BGBl. I S. 822) dem Deutschen Bundestag einen Bericht in nichtpersonenbezogener Form zu den mit der Einführung der neuen Verkehrsformen verfolgten Zielen und deren Auswirkungen auf Klimaschutz und Nachhaltigkeit vor. Absatz 1 Satz 2 gilt entsprechend.

Die mit der **Novelle 2012** neu gefasste Vorschrift zur Berichtspflicht soll die 1
Grundlage für eine gezielte Evaluation zur Klärung der Frage bilden, ob die mit den Änderungen des Gesetzes verfolgten Ziele erreicht worden sind und wie sich die Liberalisierung des straßengebundenen Personenfernverkehrs auswirkt; dabei sollten auch die Auswirkungen auf die Sozial- und Arbeitsbedingungen für das Fahrpersonal Gegenstand des Berichtes sein (Beschlussempfehlung und Bericht des Ausschusses für Verkehr, Bau und Stadtentwicklung vom 26.9.2012, BT-Drs. 17/10857, 27).

Die Neufassung der Vorschrift konzentriert sich bei der Bestimmung des 2
Gegenstandes der Berichtspflicht auf Themen, denen nach der Zielsetzung und Notwendigkeit des Gesetzes – wie Digitalisierung im Verkehrssektor (§§ 3a bis 3c, 57 Abs. 1 Nr. 12), Umsetzung der Vorgaben zur Barrierefreiheit beim Verkehr mit Taxen und beim gebündelten Bedarfsverkehr (§ 64c) sowie Wirksamkeit der mit der Einführung neuer Verkehrsformen verfolgten Ziele und deren Auswirkungen auf Klimaschutz und Nachhaltigkeit (§§ 1a, 8 Abs. 3 und 3a) – besondere Bedeutung zukommt.

2. Verordnung über die Befreiung bestimmter Beförderungsfälle von den Vorschriften des Personenbeförderungsgesetzes (Freistellungs-Verordnung)

Vom 30.8.1962 (BGBl. I 601)
FNA 9240–1–1
Zuletzt geändert durch VO vom 4.5.2012 (BGBl. I 1037)

§ 1 [Allgemeine Befreiung vom PBefG]

Von den Vorschriften des Personenbeförderungsgesetzes werden freigestellt

1. Beförderungen mit Kraftfahrzeugen außerhalb öffentlicher Straßen und Plätze im Sinne des Straßenverkehrsgesetzes;
2. Beförderungen mit Kraftfahrzeugen in Ausübung hoheitlicher Tätigkeit;
3. Beförderungen mit Personenkraftwagen, die nach ihrer Bauart und Ausstattung zur Beförderung von nicht mehr als sechs Personen (einschließlich Führer) geeignet und bestimmt sind, es sei denn, daß für die Beförderungen ein Entgelt zu entrichten ist;
4. Beförderungen
   a) von Berufstätigen mit Kraftfahrzeugen zu und von ihrer Eigenart nach wechselnden Arbeitsstellen, insbesondere Baustellen, sofern nicht ein solcher Verkehr zwischen gleichbleibenden Ausgangs- und Endpunkten länger als ein Jahr betrieben wird,
   b) von Berufstätigen mit Kraftfahrzeugen zu und von Arbeitsstellen in der Land- und Forstwirtschaft,
   c) mit Kraftfahrzeugen durch oder für Kirchen oder sonstige Religionsgesellschaften zu und von Gottesdiensten,
   d) mit Kraftfahrzeugen durch oder für Schulträger zum und vom Unterricht,
   e) von Kranken aus Gründen der Beschäftigungstherapie oder zu sonstigen Behandlungszwecken durch Krankenhäuser oder Heilanstalten mit eigenen Kraftfahrzeugen,
   f) von Berufstätigen mit Personenkraftwagen von und zu ihren Arbeitsstellen,
   g) von körperlich, geistig oder seelisch behinderten Personen mit Kraftfahrzeugen zu und von Einrichtungen, die der Betreuung dieser Personenkreise dienen,
   h) von Arbeitnehmern durch den Arbeitgeber zu betrieblichen Zwecken zwischen Arbeitsstätten desselben Betriebes,
   i) mit Kraftfahrzeugen durch oder für Kindergartenträger zwischen Wohnung und Kindergarten;

   es sei denn, daß von den Beförderten ein Entgelt zu entrichten ist;
5. Beförderungen durch die Streitkräfte mit eigenen Kraftfahrzeugen;
6. Beförderungen durch die Polizei mit eigenen Kraftfahrzeugen;

7. die Mitnahme von
a) umziehenden Personen in besonders für die Möbelbeförderung eingerichteten Fahrzeugen,
b) Personen in Kraftfahrzeugen, die zur Leichenbeförderung bestimmt sind.

Satz 1 Nummer 4 gilt für entgeltliche Beförderungen mit einem Kraftomnibus nur dann, wenn
1. die Voraussetzungen nach Artikel 1 Absatz 4 Buchstabe b oder c der Verordnung (EG) Nr. 1071/2009 des Europäischen Parlaments und des Rates vom 21. Oktober 2009 zur Festlegung gemeinsamer Regeln für die Zulassung zum Beruf des Kraftverkehrsunternehmers und zur Aufhebung der Richtlinie 96/26/EG des Rates (ABl. L 300 vom 14.11.2009, S. 51) erfüllt sind,
2. der Unternehmer ausschließlich innerstaatliche Beförderungen im Sinne des Artikels 1 Absatz 5 der Verordnung (EG) Nr. 1071/2009 durchführt oder
3. das Fahrzeug durch den Unternehmer auch bei Beförderungen eingesetzt wird, für die er eine Genehmigung nach dem Personenbeförderungsgesetz besitzt.

I. Freistellung und Ausnahmen

1 § 1 S. 1 befreit aufgrund der Verordnungsermächtigung in § 57 Abs. 1 Nr. 7 PBefG bestimmte Beförderungsfälle der entgeltlichen oder geschäftsmäßigen Personenbeförderung (vgl. § 1 Abs. 1 S. 1 PBefG) insgesamt von den Vorschriften des PBefG. Alle Rechte und Pflichten aus dem PBefG entfallen, insbesondere Genehmigungspflicht (§ 2 PBefG), Betriebspflicht (§ 21 PBefG) oder Beförderungspflicht (§ 22 PBefG) sind nicht anwendbar. Auf der anderen Seite hat der Unternehmer im freigestellten Verkehr aber zB auch keinen Anspruch auf Ausgleichsleistungen nach § 45a PBefG. Teilweise ausgenommen von der Freistellung vom PBefG sind die Beförderungen nach Nr. 4 Buchst. d, g und i (Schüler-, Behinderten- und Kindergartenverkehr). Für sie gelten zahlreiche Vorschriften der BOKraft entsprechend, wenn dabei Kraftfahrzeuge verwendet werden, die nach Bauart und Ausstattung zur Beförderung von mehr als sechs Personen geeignet und bestimmt sind (vgl. § 57 Abs. 4 PBefG, § 1 Abs. 2 S. 1 BOKraft). § 1 S. 2 soll sicherstellen, dass der Unternehmer trotz der Freistellung die Berufszugangsvoraussetzungen nach der VO (EG) Nr. 1071/2009 erfüllt, sofern nach ihr keine Ausnahmen vom Anwendungsbereich bestehen. Soweit Freistellung von der Genehmigungspflicht nach dem PBefG besteht, bedarf es gemäß § 48 Abs. 1 FeV auch keiner Fahrerlaubnis zur Fahrgastbeförderung (OLG Hamm 13.1.2009 – 3 Ss OWi 885/08, BeckRS 2009, 4964 Rn. 21 f.).

II. Kraftfahrzeuge

2 Die Freistellungen gelten nur für Beförderungen mit Kraftfahrzeugen oder Personenkraftwagen (vgl. § 4 Abs. 4 PBefG). Das Verbot der Beförderung mit Lastkraftwagen (§ 7 Abs. 1 PBefG) gilt zwar nicht; jedoch ist § 21 Abs. 2 StVO zu beachten.

III. Freistellungen. Beförderungen mit Kraftfahrzeugen außerhalb öffentlicher Straßen und Plätze (Nr. 1)

3 Der Begriff öffentliche Straßen und Plätze ist wie in § 1 Abs. 1 S. 1 StVG zu bestimmen. Hierunter fallen nicht nur Straßen und Plätze, die nach dem Straßen- und Wegerecht gewidmet, also durch die zuständige Behörde für den öffentlichen Verkehr bestimmt sind. Hierunter fallen auch tatsächlich für den öffentlichen Verkehr freistehende Straßen und Plätze, die ohne Rücksicht auf die Eigentumsverhältnisse an der jeweiligen Fläche aufgrund ausdrücklicher oder stillschweigender Duldung des Verfügungsberechtigten einem mit ihm nicht durch persönliche Beziehungen verbundenen Personenkreis zur Benutzung freigegeben sind. In den Genuss der Freistellung kommen zB Beförderungen von Fluggästen auf Flugplätzen, Besichtigungsfahrten innerhalb eines Werkgeländes oder Beförderungen in Freizeitparks u.ä. Das eingesetzte Kraftfahrzeug muss nicht dem Befördernden gehören, die Beförderungen können auch durch ein beauftragtes Verkehrsunternehmen erfolgen.

IV. Beförderungen mit Kraftfahrzeugen in Ausübung hoheitlicher Tätigkeit (Nr. 2)

4 Freigestellt sind Beförderungen, die von Trägern hoheitlicher Gewalt in oder zur Erfüllung der ihnen obliegenden öffentlich-rechtlichen Aufgaben durchgeführt werden (zB Strafgefangenentransporte). Auf die Rechtsform des Trägers hoheitlicher Gewalt kommt es nicht an. Freigestellt sind daher auch Beförderungen durch juristische Personen des Privatrechts, sofern deren Tätigkeit dem Bereich hoheitlichen Handelns zugerechnet werden kann. Ob die Beförderungen mit eigenen Fahrzeugen des Hoheitsträgers, mit angemieteten Fahrzeugen oder von Privatunternehmern aufgrund entsprechender Beförderungsverträge stattfinden, spielt keine Rolle. Soweit die Beförderung zwar durch oder für einen Träger hoheitlicher Gewalt, aber zur Teilnahme am bürgerlich-rechtlichen Rechtsverkehr erfolgt, ist sie allerdings nicht freigestellt. Liegt eine Beförderung im Rahmen hoheitlicher Aufgaben vor, so muss der gesamte Tätigkeitsbereich, der dazu gehört, einheitlich beurteilt werden; eine Aufspaltung in einzelne Tätigkeitsakte teils hoheitsrechtlicher, teils bürgerlich-rechtlicher Art ist unzulässig (vgl. BGH NJW 1962, 796). Nicht nach Nr. 2 freigestellt sind daher zB Beförderungen von Fahrgästen durch kommunale Verkehrsbetriebe. Sie erfolgt zwar in Wahrnehmung von Aufgaben der Daseinsvorsorge (hoheitliche Tätigkeit). Die Teilnahme am bürgerlich-rechtlichen Rechtsverkehr (entgeltliche Beförderung von Fahrgästen) überwiegt aber. S. zu speziellen Fällen auch Nr. 5 und 6.

V. Unentgeltliche Beförderungen mit Personenkraftwagen (Nr. 3)

5 Nach § 1 Abs. 2 Nr. 1 PBefG unterliegen Beförderungen mit Personenkraftwagen dem PBefG nicht, wenn das Gesamtentgelt die Betriebskosten der Fahrt nicht übersteigt. § 1 Nr. 3 der FreistellungsVO erweitert das für Beförderungen, bei denen diese Voraussetzungen nicht vorliegen, bei denen also die durch die Beförderung erstrebten wirtschaftlichen Vorteile (vgl. § 1 Abs. 1 S. 2 PBefG) die Betriebskosten der Fahrt übersteigen (zB Beförderungen durch ein Autohaus im Rahmen des Kundendienstes, Abholdienste von Fluggesellschaften oder von Hotels). Die Freistellung setzt aber voraus, dass die Fahrten mit zur Beförderung von mehr als sechs Personen (einschließlich des Führers) nicht geeigneten und bestimmten Personenkraftwagen durchgeführt werden und für den Fahrgast unentgeltlich sind (BayObLG MDR 2000, 1135 = NZV 2000, 242 = VRS 99, 254). Ein Entgelt ist von einem Berufstätigen für die Beförderung auch dann entrichtet, wenn es durch den befördernden Arbeitgeber vom Lohn einbehalten wird. Die Beförderungen können mit eigenen oder angemieteten Fahrzeugen oder auch durch ein beauftragtes Verkehrsunternehmen erfolgen. Die Darlegungs- und Beweislast für die Unentgeltlichkeit trägt der Unternehmer (VGH München 1.2.2008 – 11 CS 07.1695, BeckRS 2008, 27489 Rn. 14).

VI. Unentgeltliche Beförderungen von Berufstätigen zu und von wechselnden Arbeitsstellen (Nr. 4 Buchst. a)

6 Freigestellt ist die unentgeltliche Beförderung von Berufstätigen zu sowie von wechselnden Arbeitsstellen. Gleichgültig ist, ob die Beförderungen von dem Arbeitgeber selbst mit werkseigenen oder angemieteten Kraftfahrzeugen oder durch ein beauftragtes Verkehrsunternehmen durchgeführt werden. Vorausgesetzt wird zunächst, dass es sich um unentgeltliche Beförderungen zu und von Arbeitsstellen handelt, die nach ihrer Eigenart wechseln (zB zu Baustellen, zu Tätigkeitsplätzen des Handwerks, oder zu Einsatzstellen eines notärztlichen Eildienstes, s. zu letzterem OLG Hamm 13.1.2009 – 3 Ss OWi 885/08, BeckRS 2009, 4964 Rn. 19). Entscheidend ist die wiederkehrende örtliche Veränderung der Arbeitsstellen; die wechselnde Beschäftigung von Arbeitnehmern an fest eingerichteten unterschiedlichen Arbeitsstätten desselben Betriebs genügt dagegen nicht (s. dazu aber Nr. 4 Buchst. f und Buchst. h). Vorausgesetzt wird außerdem, dass der Verkehr zwischen gleichbleibenden Ausgangs- und Endpunkten nicht länger als ein Jahr betrieben wird. Eine geschlossene Teilnahme aller Fahrgäste an der Fahrt zwischen diesen beiden Punkten wird allerdings nicht verlangt. Es ist auch nicht erforderlich, dass der Ausgangspunkt der Fahrt der Wohnort der Berufstätigen und der Endpunkt deren Arbeitsstelle ist (vgl. dazu § 43 PBefG). Zur Entgeltlichkeit → Rn. 5.

VII. Unentgeltliche Beförderungen von Berufstätigen in der Land- und Forstwirtschaft (Nr. 4 Buchst. b)

Freigestellt ist die unentgeltliche Beförderung mit Kraftfahrzeugen jeder Art, 7
die Berufstätige zu oder von ihrer Arbeitsstelle bringen. Die Arbeitsstelle muss sich in einem Betrieb befinden, der unmittelbar zur Land- und Forstwirtschaft gehört. Unter Landwirtschaft in diesem Sinne fällt auch der Gartenbau. Beförderungen zu Nebenbetrieben, insbesondere von land- und forstwirtschaftlichen Verarbeitungs- und Verwertungsbetrieben (zB Konservenfabriken, Sägewerke) sind von der Freistellung nicht miterfasst.

VIII. Unentgeltliche Beförderungen zum Gottesdienst (Nr. 4 Buchst. c)

Freigestellt sind Beförderungen, die von Kirchen oder sonstigen Religions- 8
gesellschaften selbst oder in deren Auftrag durchgeführt werden. Zum Begriff der Kirchen und Religionsgesellschaften s. Art. 140 GG iVm Art. 137 WRV. Einrichtungen der Scientology-Sekte u. Ä. fallen hierunter nicht. Der Begriff Gottesdienst ist weit auszulegen. Erfasst werden soll zwar vor allem die unentgeltliche Beförderung der Kirchgänger. Unter die Gottesdienste fallen aber nicht nur die regelmäßigen Kirchenveranstaltungen und Zusammenkünfte von Gläubigen aus besonderen Anlässen (Hochzeit, Taufe, Wallfahrt), sondern auch Beförderungen im Zusammenhang mit dem Unterricht für Kommunikanten und Konfirmanden oder Kirchenfesten und -ausflügen, soweit der unmittelbare Kirchenbezug gegeben ist und der Vergnügungscharakter demgegenüber zurücktritt. Wem die zur Beförderung benutzten Kraftfahrzeuge gehören, ist gleichgültig. Die Beförderung muss aber unentgeltlich erfolgen (vgl. § 1 Abs. 2 Nr. 1 PBefG).

IX. Unentgeltliche Beförderungen zum Unterricht (Nr. 4 Buchst. d)

Die Durchführung von Schülerfahrten ist nach § 43 S. 1 Nr. 2 PBefG eigent- 9
lich eine Sonderform des Linienverkehrs. Alternativ hierzu kann die Beförderung durch oder für Schulträger auch im sog. freigestellten Schülerverkehr nach Nr. 4 Buchst. d erfolgen. Alleine unter Verweis auf diese Freistellungsmöglichkeit kann die Erteilung einer Genehmigung für Schülerfahrten nach § 43 S. 1 Nr. 2 PBefG allerdings nicht versagt werden. Überdies steht der Freistellung eines Schülerverkehrs nach Nr. 4 Buchst. d vielerorts der Vorrang des öffentlichen (auch: Sonderlinien-)Verkehrs entgegen, soweit landesrechtliche Bestimmungen oder kommunale Satzungen über die Kostenfreiheit des Schulwegs oder die Schülerbeförderungskostenerstattung solche Bestimmungen enthalten. Die Freistellung setzt voraus, dass die Beförderungen durch oder für den (öffentlichen oder privaten) Schulträger durchgeführt werden. Schulträger sind die nach dem jeweiligen Landesschulgesetz hierzu bestimmten

Körperschaften und privaten Träger, dies schließt Träger ausländischer Schulen ein (VG Neustadt/W. 12.8.2009 – 1 K 836/09.NW, BeckRS 2009, 38121 Rn. 45). Die Beförderungen können mit eigenen oder angemieteten Fahrzeugen, oder auch durch ein beauftragtes Verkehrsunternehmen erfolgen. Der Unterricht, zu und von dem die Beförderungen erfolgen, muss an Schulen iSd Landesschulgesetze stattfinden; eine Ausdehnung auf die in § 1 PBefAusglV geregelten weiteren Fälle ist wegen der unterschiedlichen Voraussetzungen und Zwecke nicht geboten. An welchem Ort der Unterricht erteilt wird, spielt keine Rolle. Auch Fahrten zu Sportplätzen usw. sind daher freigestellt, sofern es sich um regulären Unterricht handelt und die Fahrten dementsprechend regelmäßig stattfinden (OLG Köln VRS 106, 69 Rn. 14 ff.). Nicht freigestellt sind Ausflugs- und Erholungsfahrten, wie insbesondere Beförderungen von Schulklassen zu und von einer Jugendherberge und Landschulheimfahrten (OLG Köln VRS 106, 69 Rn. 14 ff.; OVG Münster VRS 81, 159 = NZV 1991, 248 = DVBl. 1991, 959). Die Beförderungen müssen in jedem Falle unentgeltlich (vgl. aber § 1 Abs. 2 Nr. 1 PBefG) erfolgen. Ist trotz grundsätzlicher Kostenfreiheit des Schulwegs nach Maßgabe landesrechtlicher Bestimmungen oder kommunaler Satzungen ein sog. Eigenanteil an den Beförderungskosten von den Schülern oder von deren Eltern zu tragen, liegt eine entgeltliche Beförderung vor (VG Freiburg 5.12.2000 – 3 K 885/98). Eigenanteilspflichtige Schüler können daher nur im (genehmigungspflichtigen) Sonderlinienverkehr nach § 43 S. 1 Nr. 2 PBefG oder im Linienverkehr nach § 42 PBefG befördert werden. Wegen des Umfangs und der Bedeutung der freigestellten Schülerfahrten ist für den Fall der Verwendung von Kraftfahrzeugen, die nach Bauart und Ausstattung zur Beförderung von mehr als sechs Personen (einschließlich Fahrzeugführer) geeignet und bestimmt sind, aufgrund des § 57 Abs. 4 PBefG die entsprechende Geltung zahlreicher Vorschriften der BOKraft bestimmt worden (vgl. § 1 Abs. 2 BOKraft). Vom Verbot der Mitnahme anderer Fahrgäste im freigestellten Schülerverkehr kann nach § 2 Abs. 4 PBefG Befreiung erteilt werden.

X. Unentgeltliche Beförderungen von Kranken (Nr. 4 Buchst. e)

10 Freigestellt sind nur Beförderungen mit Kraftfahrzeugen, die den Krankenhäusern oder Heilanstalten selbst gehören; die Beauftragung eines Verkehrsunternehmens mit der Beförderung ist nicht zulässig. Freigestellt sind nur Beförderungen von Patienten von Krankenhäusern (s. zum Begriff § 2 Nr. 1 Krankenhausfinanzierungsgesetz) und Heilanstalten (Heil- und Pflegeanstalten sowie Heilstätten) in öffentlicher (auch kirchlicher) oder privater Trägerschaft, die sich bereits in stationärer Behandlung befinden, also neben der Behandlung auch Unterbringung und Verpflegung erhalten. Der Zubringer- und Abholdienst für neue oder entlassene Patienten fällt nicht unter die Vorschrift, zumal Zweck der Fahrt die Beschäftigungstherapie (zB für Insassen einer Nervenheilanstalt, die zu ihren Arbeitsstellen gefahren werden) oder ein sonstiger Behandlungszweck (zB Anwendung von Massagen, Bädern oder anderer Kurmittel) sein muss (VG Augsburg 4.8.2009 – AU 3 K 08.1669 Rn. 41 ff.).

Die Fahrten müssen für die Patienten unentgeltlich sein; dass die Krankenanstalt hierfür von dem Träger der Sozialversicherung oder vom Träger der Sozialhilfe eine Vergütung erhält, schließt die Freistellung nicht aus (VG Ausgsburg 4.8.2009 – AU 3 K 08.1669 Rn. 54 ff.; auch → Rn. 12). Ein reiner Zubringerdienst zwischen den Wohnungen der Patienten und der behandelnden Einrichtung ist nicht freigestellt (BVerwG 8.5.2019 – 10 C 1/19, BeckRS 2019, 16871).

XI. Unentgeltliche Beförderungen von Berufstätigen zu den Arbeitsstellen (Nr. 4 Buchst. f)

Nr. 4 Buchst. a und b stellt bereits den unentgeltlichen Zubringer- und Abholdienst für Berufstätige zu wechselnden Arbeitsstellen und zu Arbeitsstellen in der Land- und Forstwirtschaft frei. Durch Nr. 4 Buchst. f wird die Freistellung auf unentgeltliche Beförderungen von anderen Berufstätigen (auch Strafgefangenen, OLG Hamm MDR 1980, 521) von und zu ihren Arbeitsstellen ausgedehnt, sofern sie mit Personenkraftwagen (vgl. § 4 Abs. 4 Nr. 1 PBefG) durchgeführt werden. Der Verkehr zwischen Arbeitsstätten des Betriebs ist allerdings nicht umfasst (s. dazu aber Nr. 4 Buchst. h). Die Freistellung setzt voraus, dass die Beförderung für die Beförderten selbst unentgeltlich ist. Ein vom Arbeitgeber für die Fahrten zu bezahlendes Entgelt ist unbeachtlich (OLG Hamm MDR 1980, 521). S. zur Entgeltlichkeit aber auch → Rn. 5. 11

XII. Unentgeltliche Beförderungen von behinderten Personen (Nr. 4 Buchst. g)

Freigestellt sind auch die sog. freigestellten Behindertenverkehre zu und von Einrichtungen, die der Betreuung von körperlich, geistig oder seelisch behinderten Menschen dienen. Solche Einrichtungen können sich in öffentlicher (auch kirchlicher), privater oder freier Trägerschaft (zB gemeinnütziger Verbände und Vereine) befinden. Neben den klassischen Behinderteneinrichtungen gehören hierzu auch Sonderkindergärten, Lehr- und Anlernwerkstätten und besondere Bildungsstätten anderer Art. Die Beförderungen müssen lediglich zu oder von einer solchen Einrichtung erfolgen, sind also nicht auf Fahrten zwischen Einrichtung und Wohnung beschränkt. Sie können mit eigenen oder angemieteten Fahrzeugen der Einrichtung oder auch durch ein (ggf. auch vom Kostenerstattungspflichtigen) beauftragtes Verkehrsunternehmen erfolgen. Außerdem müssen die Beförderungen für die behinderten Personen unentgeltlich erfolgen. Unentgeltlichkeit liegt nicht vor, wenn im Rahmen einer teilstationären Pflege ein Hol- und Bringdienst betrieben wird, und von den Pflegebedürftigen aufgrund der individuellen Pflegevereinbarung ein Restbetrag zu entrichten ist, weil die Gesamtkosten den Höchstsatz der teilstationären Pflegesachleistungen nach § 41 Abs. 1 Satz 2 SGB XI übersteigen (VG Arnsberg NWVBl 2004, 113 = GesR 2004, 90 = GewArch 12

2004, 252 Rn. 58 ff.). Aufgrund des § 57 Abs. 4 PBefG ist für den Fall der Verwendung von Kraftfahrzeugen, die nach Bauart und Ausstattung zur Beförderung von mehr als sechs Personen (einschließlich Fahrzeugführer) geeignet und bestimmt sind, die entsprechende Anwendung zahlreicher Vorschriften der BOKraft bestimmt worden (vgl. § 1 Abs. 2 BOKraft).

XIII. Unentgeltliche Beförderungen von Arbeitnehmern durch den Arbeitgeber zu betrieblichen Zwecken zwischen Arbeitsstätten desselben Betriebes (Nr. 4 Buchst. h)

13 Nr. 4 Buchst. h übernimmt eine früher in § 2 Abs. 4 PBefG (keine Genehmigungspflicht beim Arbeitsstättenverkehr) enthaltene Freistellung. Freigestellt sind nur unentgeltliche Beförderungen zwischen Arbeitsstätten, nicht auch Beförderungen zwischen Arbeitsstätte und Wohnung (s. dazu aber die Freistellung von Beförderungen mit Personenkraftwagen nach Nr. 4 Buchst. f). Zum Einsatz kann auch ein Kraftomnibus kommen. Ob die Beförderung mit einem eigenen oder angemieteten Fahrzeug oder durch ein beauftragtes Verkehrsunternehmen erfolgt, spielt keine Rolle. S. zur Entgeltlichkeit aber auch Rn. 5.

XIV. Unentgeltliche Beförderungen mit Kraftfahrzeugen durch oder für Kindergartenträger zwischen Wohnung und Kindergarten (Nr. 4 Buchst. i)

14 Freigestellt sind die sog. Kindergartenverkehre, die durch oder für (öffentliche – auch kirchliche – oder private, oder freie und gemeinnützige) Kindergartenträger durchgeführt werden. Der Kindergartenträger kann die Beförderungen mit eigenen oder angemieteten Fahrzeugen oder durch ein beauftragtes Verkehrsunternehmen durchführen lassen. Freigestellt sind nur unentgeltliche Beförderungen. Der Kindergartenträger (oder das beauftragte Verkehrsunternehmen) darf daher weder von den Beförderten noch von deren Eltern ein Entgelt erheben. Auch ein sog. Eigenanteil darf nicht erhoben werden (dazu → Rn. 9). Vom Verbot der Mitnahme anderer Fahrgäste im freigestellten Kindergartenverkehr kann nach § 2 Abs. 4 PBefG Befreiung erteilt werden.

XV. Beförderungen durch die Streitkräfte mit eigenen Kraftfahrzeugen (Nr. 5)

15 Die Personenbeförderung zu hoheitlichen Zwecken ist bereits durch Nr. 2 freigestellt. Für Nr. 5 verbleiben daher nur noch Beförderungen nicht-hoheitlicher Art (zB Werk-, Schul- und Fürsorgefahrten oder Wochenendheimfahrten der Bundeswehr), sowie Beförderungen durch stationierte Streitkräfte, die keinen hoheitlichen Tätigkeiten iSv Nr. 2 nachgehen. Eine genaue Abgrenzung ist im übrigen nicht nötig; sie soll durch die Freistellung nach Nr. 5

gerade erspart werden. Beförderungen nach Nr. 5 dürfen allerdings nur mit eigenen Kraftfahrzeugen durchgeführt werden.

XVI. Beförderungen durch die Polizei mit eigenen Kraftfahrzeugen (Nr. 6)

16 Auch für Nr. 6 verbleiben wegen der Freistellung von Beförderungen zu hoheitlichen Zwecken in Nr. 2 nur noch Beförderungen nicht-hoheitlicher Art. Auch Beförderungen nach Nr. 6 dürfen allerdings nur mit eigenen Kraftfahrzeugen durchgeführt werden.

XVII. Mitnahme von umziehenden Personen (Nr. 7 Buchst. a)

17 Die Beförderung von Personen, die mit ihrem Hausrat in eine andere Wohnung ziehen, in den für die Möbelbeförderung eingerichteten Lastkraftwagen ist nach § 7 Abs. 1 PBefG verboten und kann nach § 46 Abs. 2 PBefG auch nicht ausnahmsweise genehmigt werden. Nr. 7 Buchst. a stellt die Mitnahme der umziehenden Personen frei, vorausgesetzt, dass der Umzug in Fahrzeugen stattfindet, die besonders für die Möbelbeförderung eingerichtet sind. Es muss sich also um einen typischen, mit entsprechendem Aufbau versehenen Umzugswagen handeln. Die Freistellung gilt nicht, wenn das Umzugsgut statt in einem Umzugswagen in einem gewöhnlichen Lastkraftwagen oder auf einem (Container-)Anhänger hinter einer Zugmaschine befördert wird. Ebenso unzulässig ist die Mitnahme der umziehenden Personen in einem zu Umzugszwecken mitgeführten Werkstattwagen oder in einem Fahrzeug, das lediglich einen Außenaufzug befördert (s. hierzu auch Nr. 3; die Freistellung danach wird regelmäßig aber an der – und sei es nur mittelbaren – Entgeltlichkeit scheitern). Aus dem Wort „Mitnahme" folgt überdies, dass die Personenbeförderung nur bei gleichzeitiger Beförderung des Umzugsgutes zulässig ist. Da § 21 Abs. 2 StVO die Mitnahme von Personen auf der Ladefläche nur zulässt, wenn dies zur Begleitung der Ladung erforderlich ist, kommt die Mitnahme umziehender Personen im Regelfall außerdem nur auf Sitzplätzen im Führerhaus in Betracht.

XVIII. Mitnahme von Personen in Leichenwagen (Nr. 7 Buchst. b)

18 Freigestellt ist die Mitnahme von Personen in Kraftfahrzeugen, die zur Leichenbeförderung bestimmt sind. Dazu gehören nach der amtlichen Begründung auch Zugwagen für Leichentransportanhänger. Aus dem Wort „Mitnahme" folgt, dass die Freistellung nur bei gleichzeitiger Beförderung der Leiche zulässig ist. Die Mitnahme in Personenkraftwagen (Kleinbussen), die nicht für die Leichenbeförderung bestimmt sind, kann durch Nr. 3 freigestellt sein, sofern sie unentgeltlich erfolgt. Der mitzunehmende Personenkreis ist allenfalls durch den Anlass begrenzt. In Betracht kommen sowohl Hinterbliebene als auch Geistliche und Trauergäste, bei Überführungsfahrten außerdem das nach landesrechtlichen Bestimmungen erforderliche Begleitpersonal.

XIX. Erfüllung der Berufszugangsvoraussetzungen (Satz 2)

19 Satz 2 wurde auf Drängen der Europäischen Kommission in einem Vertragsverletzungsverfahren gegen Deutschland eingefügt. Anlass dazu hatte gegeben, dass die VO (EG) Nr. 1071/2009, welche die Zulassung zum Beruf des Kraftverkehrsunternehmers regelt, und für den Geltungsbereich des PBefG in der PBZugV umgesetzt ist, in Art. 10 Abs. 1 Buchst. d wiederkehrende Kontrollen der Erfüllung der Berufszugangsvoraussetzungen verlangt. Bei einer völligen Freistellung von der Genehmigungspflicht nach dem PBefG würden solche Kontrollen jedoch nicht stattfinden. Art. 1 Abs. 4 VO (EG) Nr. 1071/2009 erlaubt Ausnahmen im Bereich der Personenbeförderung allerdings nur bei der nichtgewerblichen oder nebenberuflichen Beförderung von Reisenden sowie bei Beförderungen mit Kraftfahrzeugen mit einer zulässigen Höchstgeschwindigkeit von 40 km/h. Art. 1 Abs. 5 erlaubt Ausnahmen zusätzlich bei innerstaatlichen Beförderungen, wenn sich diese nur geringfügig auf den Kraftverkehrsmarkt auswirken.

20 Die Freistellung nach Satz 1 Nr. 4 gilt für entgeltliche Beförderungen mit einem Kraftomnibus nach Satz 2 nur dann, wenn der Unternehmer von der Erfüllung der Berufszugangsvoraussetzungen nach Art. 1 Abs. 4 oder 5 VO (EG) Nr. 1071/2009 ausgenommen ist (Nrn. 1 und 2), oder er für das eingesetzte Fahrzeug eine Genehmigung nach dem PBefG besitzt (Nr. 3). Die Begrenzung der Einschränkung auf Kraftomnibusse unterstellt offensichtlich, dass Beförderungen im freigestellten Schülerverkehr mit Personenkraftwagen sich nur geringfügig auf den Kraftverkehrsmarkt auswirken. Ab welchem Umfang sich entsprechende Beförderungen mit Kraftomnibussen mehr als nur geringfügig auf den Kraftverkehrsmarkt auswirken, kann wegen der Unbestimmtheit der Begriffe „geringfügig" und „Kraftverkehrsmarkt" nicht rechtssicher beurteilt werden (zu weitgehend – Bundesgebiet als relevanter Markt – VG Neustadt/W. 12.8.2009 – 1 K 836/09, BeckRS 2009, 38121 Rn. 42). Daher wird aus unionsrechtlichen Gründen im Zweifel immer eine personenbeförderungsrechtliche Genehmigung für den eingesetzten Kraftomnibus zu fordern sein.

21 Das Wort „für" in Satz 2 Nr. 3 bezieht sich nicht auf das eingesetzte Fahrzeug, sondern auf die Beförderungen. Daher ist gemäß Satz 2 Nr. 3 nicht zwingend eine (fahrzeugbezogene, vgl. § 9 Abs. 1 Nr. 4 PBefG) Genehmigung für den Gelegenheitsverkehr mit Kraftfahrzeugen erforderlich. Auch eine Genehmigung für den Linienverkehr mit Kraftfahrzeugen genügt, um die Freistellung auszulösen.

§ 2 [gegenstandslos]

§ 3 [Inkrafttreten]

Diese Verordnung tritt am Tage nach ihrer Verkündung in Kraft.

3. Verordnung über den Betrieb von Kraftfahrunternehmen im Personenverkehr (BOKraft)

Vom 21.6.1975 (BGBl. I 1573)
FNA 9240–1–2
Zuletzt geändert durch Art. 5 Gesetz vom 16.4.2021 (BGBl. I 822)

1. Abschnitt. Allgemeine Vorschriften

§ 1 Geltungsbereich

(1) Die Verordnung gilt für Unternehmen, die Fahrgäste mit Kraftfahrzeugen oder Obussen befördern, soweit sie den Vorschriften des Personenbeförderungsgesetzes unterliegen.

(2) Die §§ 2, 3, 6 bis 9, §§ 14 bis 19, 20 Abs. 1 Nr. 1, §§ 21, 22, 33 Abs. 4 und 5, §§ 41, 42, 45 Abs. 1 Nr. 1, 4, 5 Buchstaben b bis f, o, r und s, Abs. 2 Nr. 1, 4, 5 Buchstaben a und c, Nr. 6, § 47 Abs. 1 Nr. 1 bis 3 gelten entsprechend bei Beförderungen nach § 1 Nr. 4 Buchstaben d, g und i der Freistellungs-Verordnung vom 30. August 1962 (BGBl. I S. 601), die zuletzt durch Artikel 1 der Zweiten Verordnung zur Änderung personenbeförderungsrechtlicher Vorschriften vom 30. Juni 1989 (BGBl. I S. 1273) geändert worden ist, sofern dabei Kraftfahrzeuge verwendet werden, die nach Bauart und Ausstattung zur Beförderung von mehr als sechs Personen (einschließlich Fahrzeugführer) geeignet und bestimmt sind. Als Genehmigungsbehörde im Sinne dieser Vorschriften gilt diejenige Behörde, die im Falle einer Nichtfreistellung von den Vorschriften des Personenbeförderungsgesetzes zuständig wäre.

I. Unternehmen

S. zum Begriff § 2 Abs. 1 S. 2 PBefG. Die BOKraft gilt auch für ausländische **1**
Unternehmen, soweit sie im Inland Personenbeförderungen durchführen (§ 52 Abs. 1 PBefG).

II. Beförderung mit Kraftfahrzeugen oder Obussen

S. zu den Begriffen Obus und Kraftfahrzeug § 4 Abs. 3 und 4 PBefG. Die **2**
BOKraft gilt folglich nicht für Straßenbahnen; diese Verkehrsart wird durch die BOStrab geregelt.

III. Soweit sie den Vorschriften des PBefG unterliegen

3 Vgl. § 1 Abs. 1 PBefG. Ob die Beförderung mit der gesetzlich (§ 2 Abs. 1 und 2 PBefG) vorgeschriebenen Genehmigung, aufgrund gesetzlicher Ausnahmevorschriften (§ 2 Abs. 4 PBefG) oder verbotswidrig ohne Genehmigung erfolgt, spielt keine Rolle. Den Vorschriften des PBefG unterliegen auch die Unternehmen, denen nur die Betriebsführung für einen Verkehr übertragen worden ist (§ 2 Abs. 2 Nr. 3 PBefG). Ebenso unterliegen den Vorschriften des PBefG die sog. Auftrags- oder Subunternehmen, die nur mit der in § 2 Abs. 2 PBefG nicht geregelten Betriebsdurchführung, also mit der Erbringung von Beförderungsleistungen für einen anderen auf Grund der diesem erteilten Genehmigung auf dessen Rechnung, in dessen Namen und unter dessen Verantwortung, betraut sind (vgl. PBefG § 3 Rn. 2). Darauf, ob diese selbst im Besitze zB einer Genehmigung für den Mietomnibus- oder Mietwagenverkehr nach § 49 PBefG sind, kann es aus den von der BOKraft verfolgten Gründen der öffentlichen Sicherheit nicht ankommen (ebenso Bidinger BOKraft § 9 Rn. 9). Nicht den Vorschriften der BOKraft unterliegen dagegen Beförderungen nach § 1 Abs. 2 PBefG (s. aber Abs. 2), und die Vermietung von Kraftfahrzeugen an Selbstfahrer.

IV. Entsprechende Anwendung (Abs. 2)

4 Die nach § 1 FreistellungsVO freigestellten Beförderungen unterliegen nicht den Vorschriften des PBefG. Abs. 2 bestimmt jedoch aufgrund der Ermächtigung in § 57 Abs. 4 PBefG aus Gründen der öffentlichen Sicherheit, dass für Schülerfahrten (§ 1 Nr. 4 Buchst. d FreistellungsVO), Behindertenfahrten (§ 1 Nr. 4 Buchst. g FreistellungsVO) und für Kindergartenfahrten (§ 1 Nr. 4 Buchst. i FreistellungsVO) einzelne Vorschriften der BOKraft anzuwenden sind. Bei der Angabe „§ 45 Abs. 2 Nr. 1, 4, 5 Buchstabe a und c, Nr. 6" liegt ein redaktionelles Versehen vor. Aufgrund der durch VO vom 26.5.1988 veranlassten Änderungen müsste es eigentlich heißen: „§ 45 Abs. 2 Nr. 1, 2, 5, 6 Buchstabe a und c, 7". Soweit die anwendbaren Verbote über den Willen des Verordnungsgebers hinausgehen (Nr. 4, Nr. 6 Buchstaben b, d bis j), liegt bei einem Verstoß wegen Fehlens der Bindungswirkung daher keine Ordnungswidrigkeit vor. Bei einem Verstoß gegen die versehentlich vergessenen Nr. 2 und Nr. 7 liegt ebenfalls keine Ordnungswidrigkeit vor. Hier fehlt es an der Publizität und Bestimmtheit des Verbotstatbestandes.

§ 2 Grundregel

Der Betrieb des Unternehmens sowie die Ausrüstung und Beschaffenheit der Fahrzeuge müssen den besonderen Anforderungen genügen, die sich aus dem Vertrauen in eine sichere und ordnungsgemäße Beförderung ergeben.

Betrieb des Unternehmens ist nicht die allgemeine Führung des Unternehmens (s. dazu §§ 3 ff.), sondern Ablauf und Durchführung der Personenbeförderung, und zwar nicht nach zivilrechtlichen Maßstäben (wie zB den Pflichten aus dem Beförderungsvertrag), sondern in öffentlich-rechtlicher Hinsicht. Die Verantwortung besteht grundsätzlich auch gegenüber Personen, die zwar noch nicht ein Fahrzeug, aber eine zum Unternehmen gehörende Betriebsanlage (zB Haltestelle) zweckentsprechend benutzen. Als Grundregel (nicht: Generalklausel) beschränkt sich die Wirkung von § 2 in erster Linie auf die Erteilung von Ausnahmen zB nach § 43 Abs. 1 BOKraft. § 2 gilt auch für die in § 1 Abs. 2 genannten freigestellten Beförderungen. 1

Ausrüstung und Beschaffenheit der Fahrzeuge sind in erster Hinsicht durch die §§ 30 ff. StVZO vorgeschrieben. Diese Vorschriften bilden aber nur die Untergrenze. Der Regelungsgehalt der BOKraft kann über den der StVZO hinausgehen. 2

Das **Vertrauen in eine sichere und ordnungsgemäße Beförderung** ist der Maßstab für die Sorgfaltspflicht des Unternehmens und seiner Hilfskräfte. Die Verantwortung erstreckt sich auf das zur Beförderung eingesetzte Fahrzeug und Personal genauso wie auf die zum Unternehmen gehörenden Betriebsanlagen. Sicher und ordnungsgemäß ist die Beförderung nicht schon dann, wenn sie den straßenverkehrsrechtlichen Bestimmungen und den vertraglichen Vereinbarungen zwischen Unternehmen und Fahrgast entspricht. Maßstab für die erforderliche Sorgfalt ist vielmehr der dem allgemeinen Polizeirecht entlehnte Begriff der Sicherheit und Ordnung (dazu → § 13 Rn. 3 ff.). Das ist bei der Auslegung jeder einzelnen Vorschrift der BOKraft zu beachten. In Zweifelsfällen entscheiden nicht die wirtschaftlichen Interessen des Unternehmers, sondern die sichere und ordnungsgemäße Beförderung der Fahrgäste. Das gilt vor allem für die Erteilung von Ausnahmen nach § 43. 3

2. Abschnitt. Vorschriften über den Betrieb

1. Titel. Betriebsleitung

§ 3 Pflichten des Unternehmers

(1) Der Unternehmer ist dafür verantwortlich, daß die Vorschriften dieser Verordnung eingehalten und die hierzu behördlich erlassenen Anordnungen befolgt werden. Er hat dafür zu sorgen, daß das Unternehmen ordnungsgemäß geführt wird und daß sich die Fahrzeuge und Betriebsanlagen in vorschriftsmäßigem Zustand befinden. Er darf den Betrieb des Unternehmens nicht anordnen oder zulassen, wenn ihm bekannt ist oder bekannt sein muß, daß Mitglieder des Fahr- oder Betriebspersonals nicht befähigt und geeignet sind, eine sichere und ordnungsgemäße Beförderung zu gewährleisten.

(2) Soweit es die Größe des Unternehmens oder andere betriebliche Umstände erfordern, erläßt der Unternehmer eine allgemeine Dienstanweisung. Die Geneh-

migungsbehörde kann den Erlaß einer allgemeinen Dienstanweisung verlangen. Eine Dienstanweisung muß erlassen werden, wenn ein Betriebsleiter bestellt wird. Die Dienstanweisung ist in geeigneter Weise bekanntzumachen.

(3) Die Dienstanweisung enthält Bestimmungen über den Aufgabenbereich, die Verantwortlichkeit und das Verhalten des Fahr- und Betriebspersonals während des Dienstes, insbesondere
1. die für den Fahrdienst maßgebenden Vorschriften dieser Verordnung sowie die sonst für die sichere Durchführung des Betriebes geltenden Vorschriften,
2. Anweisungen über Maßnahmen, die bei Betriebsunfällen und -störungen getroffen werden müssen,
3. Bestimmungen, soweit sie durch die örtlichen Verhältnisse oder durch die Eigenart der Betriebsanlagen, der Fahrzeuge oder des Betriebes bedingt sind.

I. Unternehmer

1 Vgl. § 2 Abs. 1, § 3 Abs. 2 PBefG. Unternehmereigenschaft in diesem Sinne haben demnach auch der Betriebsführer (§ 2 Abs. 2 Nr. 3 PBefG) und die zur Führung der Geschäfte bestellte Person (§ 13 Abs. 1 Nr. 2 und 3 PBefG). Bei juristischen Personen sind Unternehmer die für das Unternehmen nach allgemeinen Grundsätzen handelnden vertretungsberechtigten Organe. § 3 gilt auch für die in § 1 Abs. 2 genannten freigestellten Beförderungen.

II. Allgemeine Verantwortlichkeit (Abs. 1 S. 1)

2 Der Unternehmer ist für die Einhaltung der Vorschriften der BOKraft und für die Befolgung der hierzu erlassenen behördlichen Anordnungen persönlich verantwortlich. Abs. 1 S. 1 verbietet es allerdings nicht, Mitarbeiter verantwortlich mit diesen Aufgaben zu betrauen; in großen Betrieben ist der Unternehmer hierzu sogar gezwungen. Er ist dann aber für alle Zuwiderhandlungen des Betriebs- und Fahrpersonals verantwortlich, die durch gehörige Auswahl, Aufsicht über und Überwachung der besonders betrauten Mitarbeiter hätten verhindert werden können (§ 130 OWiG). Dies gilt im Interesse der beförderten Personen vor allem im Schulbusbetrieb (OLG Düsseldorf VRS 83, 290; 85, 391).

III. Ordnungsgemäße Führung (Abs. 1 S. 2)

3 Ordnungsgemäße Führung des Unternehmens ist die im Einklang mit den Gesetzen, Rechtsverordnungen sowie den Bedingungen und Auflagen in Genehmigungen und den behördlich erlassenen Anordnungen stehende Tätigkeit des Unternehmers. Führung setzt voraus, dass der Unternehmer das Unternehmen auch nach Übertragung von Teilverantwortung an Mitarbeiter (weiter) in bestimmender Weise leitet. Die gesamte Verantwortung darf nicht auf Dritte übertragen werden (→ Rn. 2).

IV. Vorschriftsmäßiger Zustand der Fahrzeuge und Betriebsanlagen (Abs. 1 S. 2)

4 Der Unternehmer ist für den ordnungsgemäßen Zustand der für die Beförderung verwendeten Kraftfahrzeuge als Halter nach § 31 Abs. 2 StVZO verantwortlich. Abs. 1 S. 2 hat daher selbständige Bedeutung nur hinsichtlich der Bau- und Ausrüstungsvorschriften der §§ 16ff. BOKraft und hinsichtlich der Betriebsanlagen.

V. Unterbindung des Betriebs bei personellen Mängeln (Abs. 1 S. 3)

5 Das Fahr- und Betriebspersonal muss nicht nur befähigt, sondern auch geeignet sein, eine sichere und ordnungsgemäße Beförderung zu gewährleisten. Die Fähigkeit, die Fahrzeuge oder Betriebsanlagen zu bedienen, genügt allein nicht. Das Personal muss auch charakterlich der verantwortungsvollen Aufgaben gewachsen sein, am Personenbeförderungsverkehr teilzunehmen (BGH VRS 12, 88; 18, 323). Diese Eignung muss allgemein, aber auch im Einzelfall bestehen (vgl. § 8 Abs. 3 Nr. 1, § 9 Abs. 1 und 2).

VI. Anordnen oder zulassen

6 Ob der Unternehmer den Betrieb in Kenntnis der personellen Mängel ausdrücklich anordnet oder ob er ihn nur zulässt, dh pflichtwidrig nicht unterbindet, macht keinen Unterschied.

VII. Bekannt ist oder sein muss

7 Der Kenntnis der personellen Mängel steht die pflichtwidrige Unkenntnis gleich. Die Pflichtwidrigkeit kann schon darin bestehen, dass der Unternehmer Personal auswählt, das von vornherein Bedenken gegen Fähigkeit oder Eignung aufkommen lässt (BGH VRS 18, 322). Dass ein Fahrer die nach § 48 FeV erforderliche Fahrerlaubnis zur Fahrgastbeförderung besitzt, entbindet den Unternehmer nicht von der weiteren Prüfung der Geeignetheit, wenn hierzu Anlass besteht (vgl. BGH VRS 6, 452). Pflichtwidrig ist insbesondere das Unterlassen der Überwachung. Der Unternehmer muss für eine dauernde und planmäßige Beaufsichtigung sorgen. Er muss sein Personal in geeigneter Weise entweder selbst oder durch dazu angestellte Personen überwachen lassen (BGHZ 8, 243 = VRS 5, 182; BGH VRS 13, 88).

VIII. Allgemeine Dienstanweisung (Abs. 2 und 3)

8 Eine allgemeine Dienstanweisung (Abs. 2 und 3) muss der Unternehmer erlassen, wenn der Betrieb eine bestimmte Größe hat, wenn ein Betriebsleiter

(§ 4 BOKraft) bestellt ist, oder wenn andere betriebliche Umstände das erfordern. Weder über die erforderliche Betriebsgröße noch über die anderen betrieblichen Umstände enthält die BOKraft weitere Bestimmungen. Maßgebend ist, ob Gründe vorliegen, die es dem Unternehmer nicht gestatten, die unternehmerischen Pflichten, insbesondere die Beaufsichtigung des Betriebs, in vollem Umfang selbst wahrzunehmen. Ob er die Voraussetzungen des Abs. 2 S. 1 für erfüllt hält, steht in erster Hinsicht in seinem eigenen pflichtgemäßen Ermessen. Nach Abs. 2 S. 2 kann die Genehmigungsbehörde (§ 11 PBefG) den Erlass einer allgemeinen Dienstanweisung verlangen. Ein solches Verlangen steht im pflichtgemäßen Ermessen der Genehmigungsbehörde, ist ein Verwaltungsakt, und kann mit Widerspruch und nachfolgend der verwaltungsgerichtlichen Klage angefochten werden. Die Dienstanweisung muss in geeigneter Weise bekannt gemacht werden (Abs. 2 S. 4); erforderlich ist mindestens der Aushang in den zum Aufenthalt für die Betriebsangehörigen bestimmten Räumen (Hole Anm. 7). Den Mindestinhalt der allgemeinen Dienstanweisung regelt Abs. 3. Die Fachverbände der Verkehrstreibenden (§ 14 Abs. 1 Nr. 3 PBefG), also der Bundesverband Deutscher Omnibusunternehmen (bdo) und seine Landesverbände sowie der Verband Deutscher Verkehrsunternehmen (VDV) haben Muster-Dienstanweisungen herausgegeben (DA-Bus). Allgemeine Dienstanweisungen aus besonderem Anlass können auch in anderer Form und außerhalb einer DA-Bus ergehen. Allgemeine Dienstanweisungen regeln zugleich die Rechte und Pflichten des Betriebs- und Fahrpersonals, und sind arbeitsrechtlich daher auch für den Unternehmer als Arbeitgeber verbindlich (BAG NJW 1997, 886 = Betr. 1997, 179).

IX. Bußgeldbestimmungen

9 Der Verstoß gegen Abs. 1 S. 2 kann nach § 45 Abs. 1 Nr. 1, der Verstoß gegen Abs. 1 S. 3 nach § 45 Abs. 1 Nr. 2 mit Geldbuße geahndet werden. Der Verstoß gegen Abs. 2 S. 2 ist keine Ordnungswidrigkeit.

§ 4 Betriebsleiter

(1) Der Unternehmer kann zur Wahrnehmung der ihm nach § 3 obliegenden Aufgaben unbeschadet seiner eigenen Verantwortlichkeit einen Betriebsleiter bestellen. Hat das Unternehmen mehrere Betriebszweige oder Betriebsstellen, so kann für jeden Betriebszweig oder für jede Betriebsstelle ein verantwortlicher Betriebsleiter bestellt werden. Die Genehmigungsbehörde kann die Bestellung eines Betriebsleiters anordnen, wenn die Größe des Betriebes oder andere betriebliche Umstände dies erfordern; die Bestellung soll insbesondere bei Unternehmen angeordnet werden, in denen regelmäßig mehr als zehn Fahrzeuge verwendet werden. Die Genehmigungsbehörde kann dem Unternehmer zur Erfüllung der Anordnung eine angemessene Frist setzen. Der Unternehmer hat die Anordnung zu befolgen.

(2) Der Unternehmer hat sicherzustellen, daß der Betriebsleiter die ihm obliegenden Aufgaben ordnungsgemäß erfüllen kann. Er hat ihn insbesondere zu beteiligen bei
1. der Feststellung des Personalbedarfs,
2. der Auswahl, Beurteilung und Verwendung des Fahr- und Betriebspersonals,
3. der Untersuchung von Verfehlungen und den sich daraus ergebenden Maßnahmen,
4. der Planung und dem Bau von Betriebsanlagen sowie der Beschaffung von Fahrzeugen.

(3) Der Betriebsleiter soll einen Stellvertreter haben. Absatz 1 Satz 3 und 4 gilt entsprechend.

(4) Die Bestellung des Betriebsleiters und seines Stellvertreters bedarf der Bestätigung durch die Genehmigungsbehörde. Sie ist zu erteilen, wenn die Zuverlässigkeit gegeben ist, insbesondere wenn die für die technische Leitung des Betriebes und die für die Verwaltung erforderlichen Kenntnisse und Erfahrungen nachgewiesen sind.

(5) Die Bestätigung ist zurückzunehmen, wenn bei ihrer Erteilung die Voraussetzung des Absatzes 4 Satz 2 nicht vorgelegen hat. Die Genehmigungsbehörde kann von der Rücknahme absehen, wenn der Mangel nicht mehr besteht.

(6) Die Bestätigung ist zu widerrufen, wenn nachträglich die Voraussetzung des Absatzes 4 Satz 2 weggefallen ist.

I. Bestellung eines Betriebsleiters (Abs. 1 S. 1 und 2)

Jeder Unternehmer – auch der Kleinunternehmer – kann einen Betriebsleiter 1
bestellen. Mehrere Betriebsleiter dürfen allerdings nur bestellt werden, wenn das Unternehmen mehrere Betriebszweige oder Betriebsstellen umfasst. Die eigene Verantwortlichkeit des Unternehmers wird durch die Bestellung des oder der Betriebsleiter nicht berührt („unbeschadet seiner eigenen Verantwortlichkeit“). Dennoch kann die Verantwortlichkeit des Unternehmers nach der Bestellung des Betriebsleiters nur noch eingeschränkt weiterbestehen. Der Unternehmer ist berechtigt, seine Aufgaben und Pflichten teilweise auf den Betriebsleiter zu übertragen. Er ist dann nur noch für die Auswahl, Beaufsichtigung und die wiederkehrende oder stichprobenartige Kontrolle des Betriebsleiters verantwortlich (§ 130 Abs. 1 OWiG). Nur die Gesamtverantwortung des Unternehmers kann nicht auf den Betriebsleiter abwälzt werden, dazu → § 3 Rn. 2 und 3. Zur Auslegung des Begriffs Betriebsleiter s. VGH Mannheim NVwZ-RR 1994, 205; zur Abgrenzung vom Vertreter nach § 5 → § 5 Rn. 1. Die Bestellung des Betriebsleiters kann vom Unternehmer jederzeit – im Innenverhältnis ggf. beschränkt durch arbeitsrechtliche Bestimmungen – zurückgenommen werden.

II. Anordnung (Abs. 1 S. 3–5)

Sofern die Größe des Betriebes oder andere betriebliche Umstände das er- 2
fordern, kann die Genehmigungsbehörde (§ 11 PBefG) die Bestellung eines

Betriebsleiters anordnen. Sie kann dem Unternehmer hierfür eine angemessene Frist setzen. Die Anordnung liegt im pflichtgemäßen Ermessen der Genehmigungsbehörde, ist ein Verwaltungsakt, und kann mit Widerspruch und nachfolgend der verwaltungsgerichtlichen Klage angefochten werden. Welche Frist angemessen ist, richtet sich nach der Arbeitsmarktlage im jeweiligen Beschäftigungsgebiet. Unterhalb einer Betriebsgröße von zehn Fahrzeugen muss die Anordnung durch besondere betriebliche Gründe (wie zB häufige Abwesenheit des Unternehmers wegen der Führung eines anderen, weit entfernten Unternehmens) gerechtfertigt sein. Auch oberhalb dieser Betriebsgröße kann die Anordnung ermessensfehlerhaft und damit rechtswidrig sein, wenn der Betrieb auch ohne Betriebsleiter ständig ordnungsgemäß geführt wird (zB GbR mit mehreren Unternehmern), oder wenn ein Betriebsleiter aus objektiven Gründen und ohne Verschulden des Unternehmers nachweislich nicht anzuwerben oder wegen der wirtschaftlichen Lage des Unternehmens nicht zu finanzieren und damit unzumutbar ist.

III. Aufgaben des Betriebsleiters (Abs. 2)

3 Der Unternehmer muss dem Betriebsleiter allgemein die Erfüllung derjenigen Aufgaben ermöglichen, die üblicherweise mit der Leitung des Betriebs verbunden sind. Das gilt auch für den nach behördlicher Anordnung bestellten Betriebsleiter. Beteiligung bei den in Abs. 2 S. 2 genannten innerbetrieblichen Vergangen setzt bestimmenden Einfluss des Betriebsleiters bei allen Entscheidungen voraus, eine bloße Information oder Anhörung genügt nicht. Über den Katalog des Abs. 2 hinaus steht die Übertragung der wahrzunehmenden Aufgaben im Ermessen des Unternehmers. Ein Mitbestimmungsrecht hat der Betriebsleiter jedoch nicht; das alleinige Entscheidungsrecht behält in jedem Falle der Unternehmer. Der Betriebsleiter muss nicht zwingend in dem Betriebszweig oder der Betriebsstelle tätig sein, der er als Betriebsleiter zugeordnet ist. Er kann seiner Tätigkeit sogar extern nachgehen, solange nur sichergestellt ist, dass seine Mitwirkung und Information insbesondere bei besonderen Vorkommnissen gesichert und er im Bedarfsfalle jederzeit und kurzfristig für seine Betriebsleiteraufgaben abkömmlich ist.

IV. Stellvertreter (Abs. 3)

4 Ob für den Betriebsleiter ein Stellvertreter bestellt wird, steht grundsätzlich im Ermessen des Unternehmers. Eine Pflicht zur Bestellung besteht nach Abs. 3 nur dann, wenn die Betriebsgröße dies veranlasst, oder eine gegenseitige Urlaubsvertretung des Betriebsleiters und des Unternehmers nicht sichergestellt werden kann. Die Genehmigungsbehörde kann auch für den Stellvertreter die Bestellung anordnen und hierfür eine angemessene Frist setzen (Abs. 2 S. 2 iVm Abs. 1 S. 3 und 4).

V. Bestätigung der Bestellung (Abs. 4)

Die Bestellung des Betriebsleiters und seines Stellvertreters bedürfen der Bestätigung durch die Genehmigungsbehörde. Sie hat konstitutive Wirkung; solange sie fehlt, ist der Betriebsleiter jedenfalls im Außenverhältnis nicht bestellt. Die Bestätigung setzt Zuverlässigkeit und die erforderlichen Kenntnisse und Erfahrungen für die technische Betriebsleitung und die Verwaltung voraus. Die PBZugV kann hierbei (unter Berücksichtigung des eingeschränkten Verantwortungsbereiches des Betriebsleiters) entsprechend angewendet werden; wirtschaftliche Leistungsfähigkeit darf mangels Unternehmereigenschaft jedoch nicht verlangt werden. Liegen die (von dem Unternehmer nachzuweisenden) Voraussetzungen vor, hat der Unternehmer einen Anspruch auf Erteilung der Bestätigung. Die Bestätigung ist Verwaltungsakt; gegen ihre Versagung sind der Widerspruch und nachfolgend die verwaltungsgerichtliche Klage statthaft. 5

VI. Zurücknahme und Widerruf (Abs. 5 und 6)

Zurücknahme und Widerruf der Bestätigung sind zwingend vorgeschrieben, wenn bei ihrer Erteilung die Zuverlässigkeit oder Eignung des Betriebsleiters oder seines Stellvertreters nicht vorgelegen haben oder wenn sie nachträglich entfallen sind. Das Verfahren und die Voraussetzungen richten sich nach §§ 48, 49 LVwVfG. Zurücknahme und Widerruf sind Verwaltungsakte, die mit Widerspruch und nachfolgend der verwaltungsgerichtlichen Klage angefochten werden können. 6

VII. Bußgeldbestimmung

Der Verstoß gegen § 4 Abs. 1 Satz 3 bis 5 kann nach § 45 Abs. 1 Nr. 3 mit Geldbuße geahndet werden. 7

§ 5 Auswärtige Unternehmer

(1) Hat ein Unternehmer seinen Sitz (Wohnsitz) nicht am Ort des Betriebssitzes, kann die Genehmigungsbehörde anordnen, daß er zur Wahrnehmung der ihm nach § 3 obliegenden Aufgaben einen am Ort des Betriebssitzes ansässigen Vertreter bestellt. Die Genehmigungsbehörde kann dem Unternehmer zur Erfüllung der Anordnung eine angemessene Frist setzen.

(2) Die Bestellung des Vertreters bedarf der Bestätigung durch die Genehmigungsbehörde. Sie darf nur ausgesprochen werden, wenn der Vertreter zuverlässig und fachlich geeignet im Sinne des § 13 Abs. 1 Nr. 2 und 3 des Personenbeförderungsgesetzes ist.

(3) Die Bestätigung ist zurückzunehmen, wenn bei ihrer Erteilung eine der Voraussetzungen des Absatzes 2 Satz 2 nicht vorgelegen hat. § 4 Abs. 5 Satz 2 gilt entsprechend.

(4) Die Bestätigung ist zu widerrufen, wenn nachträglich die Voraussetzung der Zuverlässigkeit weggefallen ist.

I. Vertreterbestellung (Abs. 1)

1 Durch die Anordnung der Genehmigungsbehörde (§ 11 PBefG) soll sichergestellt werden, dass sich jederzeit ein für das Unternehmen insgesamt Verantwortlicher am Ort des Betriebssitzes befindet. Die Bestellung eines Betriebsleiters nach § 4 ersetzt die Vertreterbestellung nicht, weil dem Betriebsleiter nur Teilverantwortung für das Unternehmen übertragen werden kann; die Gesamtverantwortung kann er allenfalls vorübergehend übernehmen (zB Urlaub des Unternehmers). Zum Begriff des Wohnsitzes s. zunächst § 7 BGB. Hat der Unternehmer mehrere Wohnsitze, ist wegen des Zwecks von § 5 die Hauptwohnung im melderechtlichen Sinne entscheidend. Der Begriff Betriebssitz ist gleichbedeutend mit den Begriffen Sitz und Niederlassung im Handelsrecht (Bidinger BOKraft § 5 Rn. 32). Ist das Unternehmen handelsrechtlich nicht eingetragen, so ist der Ort maßgebend, an dem sich die Unternehmensleitung befindet. Die Anordnung nach Abs. 1 steht im pflichtgemäßen Ermessen der Behörde. Dass der Unternehmer seinen Wohnsitz in einem benachbarten Ort hat, rechtfertigt für sich allein eine Anordnung nach Abs. 1 nicht. Entscheidend ist letztlich die konkrete Entfernung. Zur Angemessenheit der Frist und zu den Rechtsmitteln gelten die Ausführungen unter → § 4 Rn. 2 entsprechend.

II. Zuverlässigkeit und Eigung (Abs. 2)

2 Zuverlässigkeit und Eignung müssen beim Vertreter vorliegen. Seine Bestellung bedarf der Bestätigung durch die Genehmigungsbehörde. Für das Vorliegen der Voraussetzungen gilt unmittelbar die PBZugV (mangels Inbezugnahme allerdings ohne das Erfordernis der wirtschaftlichen Leistungsfähigkeit), und trägt der Unternehmer die Beweislast. Im Übrigen → § 4 Rn. 5.

III. Rücknahme oder Widerruf (Abs. 3 und 4)

3 Rücknahme oder Widerruf der Bestätigung ist zwingend vorgeschrieben, wenn bei ihrer Erteilung die Zuverlässigkeit oder fachliche Eignung des Vertreters gefehlt hat oder die Zuverlässigkeit nachträglich weggefallen ist. S. im Übrigen → § 4 Rn. 6.

IV. Bußgeldbestimmung

Der Verstoß gegen § 5 Abs. 1 kann nach § 45 Abs. 1 Nr. 3 mit Geldbuße geahndet werden. 4

§ 6 Meldepflicht

Der Unternehmer hat der Genehmigungsbehörde unverzüglich mitzuteilen
1. Betriebsvorkommnisse, die ein öffentliches Aufsehen erregen,
2. Unfälle, bei denen ein Mensch getötet oder schwer verletzt worden ist,
3. Betriebsstörungen im Obusverkehr und im Linienverkehr mit Kraftfahrzeugen, die voraussichtlich länger als 24 Stunden dauern.

Die **Meldepflicht** soll es der Genehmigungsbehörde (§ 11 PBefG) ermöglichen, bei Vorkommnissen, die nicht nur das Unternehmen berühren, die erforderlichen Maßnahmen, insbesondere nach §§ 54, 54a PBefG, zu treffen. Die Meldepflicht setzt daher nicht voraus, dass die in § 6 aufgeführten Vorkommnisse auf Verschulden des Unternehmers oder seines Personals beruhen. Die Mitteilungen sind unverzüglich, dh ohne schuldhaftes Zögern zu machen. Schriftform ist nicht vorgeschrieben, aber zu empfehlen. Die Vorschrift gilt auch für die in § 1 Abs. 2 genannten freigestellten Beförderungen, und für ausländische Unternehmer (§ 52 Abs. 1 PBefG). 1

Öffentliches Aufsehen (Nr. 1) erregen alle Ereignisse, die sich zwar innerhalb des Betriebs zugetragen haben, deren Bedeutung aber für die Allgemeinheit von besonderem Interesse ist. In Betracht kommen etwa Betriebsunfälle, Explosionen, Brände, Zusammenstöße ohne Personenschaden. Zu einer Betriebsstörung braucht es nicht gekommen zu sein. Öffentlich ist das Aufsehen, wenn das Ereignis (mutmaßlich oder tatsächlich) das Interesse der Medien weckt. 2

Ein **Unfall (Nr. 2),** bei dem ein Mensch getötet worden ist, muss gemeldet werden, wenn der Tod bei oder unmittelbar nach dem Unfall eingetreten ist. Meldepflicht besteht auch, wenn das Unfallopfer erst einige Tage später verstirbt (ebenso Hole Anm. 3; Bidinger BOKraft § 6 Rn. 6). War zunächst nur eine Verletzung gemeldet worden, ist der Unternehmer zur ergänzenden Nachmeldung verpflichtet. Schwer verletzt sind Personen immer dann, wenn ihre Einlieferung in ein Krankenhaus unmittelbar nach dem Unfall erforderlich wird; ob sie von dort nach ambulanter Behandlung wieder entlassen werden, spielt keine Rolle (aA Bidinger BOKraft § 6 Rn. 7 – nur stationäre Behandlung). 3

Betriebsstörungen (Nr. 3) sind nur meldepflichtig, wenn sie im Obusverkehr (§ 41 PBefG) oder im Linienverkehr mit Kraftfahrzeugen (§§ 42, 43 PBefG) eintreten, und voraussichtlich länger als 24 Stunden dauern. Betriebsstörung ist jedes Ereignis, dass zum Abweichen vom genehmigten Betrieb zwingt; hierzu gehört auch der Fahrplan (§ 40 PBefG). Betriebsstörungen, die öffentliches Aufsehen erregen, zB auf Zusammenstößen oder Naturkatastro- 4 phen beruhen, sind schon nach Nr. 1 meldepflichtig. Unter Nr. 3 fallen daher Vorkommnisse, die auf innerbetriebliche Umstände wie Streik, Stromausfall, Erkrankungen, Ausfall von Fahrzeugen oder auf externe Umstände wie Straßensperrungen zurückzuführen sind. Wenn die Störungen länger als 72 Stunden dauern, besteht eine weitere Mitteilungspflicht nach § 2 Abs. 5 S. 2 PBefG.

5 Der Verstoß gegen Nr. 2 und 3 (nicht gegen Nr. 1) kann nach § 45 Abs. 1 Nr. 4 mit **Geldbuße** geahndet werden.

2. Titel. Fahrdienst

§ 7 Grundregel

Das im Fahrdienst eingesetzte Betriebspersonal hat die besondere Sorgfalt anzuwenden, die sich daraus ergibt, daß ihm Personen zur Beförderung anvertraut sind.

I. Betriebspersonal im Fahrdienst

1 Der Begriff ist weit auszulegen. Hierunter fällt jeder, den der Unternehmer mit einer Tätigkeit beauftragt hat, die unmittelbar bei der Beförderung von Fahrgästen auszuüben ist. In Betracht kommen neben den Fahrzeugführern die Beifahrer und Begleitpersonen sowie das Aufsichtspersonal. Nicht unter den Begriff fallen die mit Werkstatt-, Probe- und anderen Leerfahrten befassten Betriebsangehörigen (Bidinger BOKraft § 7 Rn. 4 f.).

II. Besondere Sorgfalt

2 § 7 bildet die Grundregel für das Verhalten des Fahrpersonals, und begründet Pflichten, die über die nach der StVO hinausgehen (KG VRS 40, 264). § 7 gilt auch für die in § 1 Abs. 2 genannten freigestellten Beförderungen.

III. Beispiele aus der Rechtsprechung

3 Der Fahrer darf nicht ohne Not scharf bremsen. Daher muss er an Verkehrsampeln so heranfahren, dass er sein Fahrzeug vor Rotlicht durch allmähliches, die Fahrgäste nicht gefährdendes Bremsen zum Stillstand bringen kann (KG VRS 40, 262; 52, 298: OLG Saarbrücken VerkMitt 1967, 6). Aus demselben Grund muss er zu vorausfahrenden Fahrzeugen einen möglichst großen Sicherheitsabstand halten (KG VRS 11, 454). Beim Halten an Haltestellen muss der Omnibusfahrer auf Fahrgäste Rücksicht nehmen, die auf den Bordsteinen stehen und die durch in den Luftraum über den Gehweg hineinragenden Teile des Fahrzeugs gefährdet werden (BGH VersR 1957, 532;

OLG Hamm VRS 15, 60). Die Türen müssen während der Fahrt geschlossen sein (OLG Düsseldorf DAR 1959, 76). Sie dürfen erst geöffnet werden, wenn der Kraftwagen hält (OLG Oldenburg VRS 5, 406). Mit dem Anfahren muss der Fahrer warten, bis die Fahrgäste sich so weit von der Haltestelle entfernt haben, dass sie nicht mehr gefährdet werden können, und bis das Einsteigen beendet ist (OLG Frankfurt VRS 1, 110). Der Fahrer muss sich vor dem Anfahren davon überzeugen, dass die Türen geschlossen sind; das gilt auch im Zwei-Mann-Betrieb (OLG Celle VRS 24, 129; OLG Koblenz VRS 39, 265). Ein rasantes Anfahren, das die Fahrgäste gefährdet, ist unzulässig (OLG Karlsruhe VRS 53, 273; 54, 123). Besondere Sorgfaltspflichten bestehen gegenüber älteren und behinderten Fahrgästen; der Fahrzeugführer darf erst dann anfahren, wenn der Fahrgast Platz genommen oder sich einen festen Halt verschafft hat (BGH NJW 1993, 654; OLG Hamm VersR 1975, 58; NZV 1993, 26; OLG Köln VRS 97, 81). Das Fahrpersonal ist nicht verpflichtet, bei Anschnallpflicht das Anlegen des Sicherheitsgurts zu erzwingen. Der Fahrer kann dann aber die Beförderungsleistung verweigern; er hat anderenfalls keinen Anspruch auf Ersatz der Schäden, die der nicht angeschnallte Fahrgast am Fahrzeug verursacht (vgl. LG Frankfurt NJW-RR 1994, 924).

IV. Bußgeldbestimmung

Der Verstoß gegen § 7 ist keine Ordnungswidrigkeit. Er hat aber Bedeutung 4
bei der Anwendung der §§ 222, 230 StGB (fahrlässige Körperverletzung und fahrlässige Tötung) und der Vorschriften des BGB über Schadensersatzpflichten.

§ 8 Verhalten im Fahrdienst

(1) Das Betriebspersonal, das im Fahrdienst oder zur Bedienung von Fahrgästen eingesetzt ist, hat sich rücksichtsvoll und besonnen zu verhalten.

(2) Im Obusverkehr sowie im Linienverkehr mit Kraftfahrzeugen nach § 42 PBefG ist die nächste Haltestelle rechtzeitig anzukündigen.

(2a) Im Verkehr mit Kraftomnibussen hat der Fahrzeugführer dafür zu sorgen, daß den Fahrgästen durch Informationseinrichtungen (§ 21 Abs. 2) angezeigt wird, wann Sicherheitsgurte anzulegen sind. Vor Fahrtantritt hat der Fahrzeugführer die Fahrgäste auf die Pflicht zum Anlegen von Sicherheitsgurten hinzuweisen, soweit eine solche Pflicht besteht.

(3) Im Obusverkehr sowie im Linienverkehr mit Kraftfahrzeugen ist dem im Fahrdienst eingesetzten Betriebspersonal untersagt,

1. **während des Dienstes und der Dienstbereitschaft alkoholische Getränke oder andere die dienstliche Tätigkeit beeinträchtigende Mittel zu sich zu nehmen oder die Fahrt anzutreten, obwohl es unter der Wirkung solcher Getränke oder Mittel steht,**
2. ***(aufgehoben)***
3. **beim Lenken des Fahrzeugs Fernsehrundfunkempfänger zu benutzen,**

4. während der Beförderung von Fahrgästen Übertragungsanlagen, Tonrundfunkempfänger oder Tonwiedergabegeräte zu anderen als betrieblichen oder Verkehrsfunk-Hinweisen zu benutzen,

5. sich beim Lenken des Fahrzeugs zu unterhalten.

(4) Im Gelegenheitsverkehr mit Kraftomnibussen finden die Vorschriften des Absatzes 3 Nr. 1, 3 und 5 entsprechende Anwendung.

(5) Im Taxen- und Mietwagenverkehr sowie im sonstigen Gelegenheitsverkehr mit Personenkraftwagen finden die Vorschriften des Absatzes 3 Nr. 1 und 3 entsprechende Anwendung.

I. Rücksichtsvolles und besonnenes Verhalten (Abs. 1)

1 Das Betriebspersonal, das im Fahrdienst (→ § 7 Rn. 1) und zur Bedienung (zB Reisebegleiter, Auskunftspersonen, bei dem Unternehmen tätige Fahrkartenverkäufer) eingesetzt ist, hat sich rücksichtsvoll und besonnen zu verhalten. Höfliches Verhalten verlangt die BOKraft nicht mehr, da sich der Begriff „höflich" rechtlich nur schwer ausfüllen lässt. Zum rücksichtsvollen Verhalten gehören die Unterstützung beim Ein- und Aussteigen, das Öffnen und Schließen von Fenstern und Schiebedächern, die Bedienung der Klimaanlage u.ä. Auf besonnenes Verhalten kommt es insbesondere bei Beschwerden von und Auseinandersetzungen mit Fahrgästen sowie bei Unfällen an. Das rücksichtsvolle und besonnene Verhalten gegenüber hilfsbedürftigen Fahrgästen ist Ausfluss der in § 22 verankerten allgemeinen Beförderungspflicht (OLG Düsseldorf VRS 71, 390). § 8 gilt auch für die in § 1 Abs. 2 genannten freigestellten Beförderungen.

II. Ankündigung der nächsten Haltestelle (Abs. 2)

2 Die Ankündigung der nächsten Haltestelle (Abs. 2) muss nur im Obusverkehr (§ 41 PBefG) und im Linienverkehr mit Kraftfahrzeugen nach § 42 PBefG, dort aber verständlich, eindeutig und rechtzeitig erfolgen. Ob sie durch Ausruf, durch Tonwiedergabegeräte oder durch eine optische Anzeige geschieht, steht im Ermessen des Unternehmers und des Personals. Einmaliges Ansagen oder Ausrufen genügt. Der Zeitpunkt muss so gewählt werden, dass die Fahrgäste sich rechtzeitig auf das Aussteigen einrichten können. Die Ankündigung kann im Ortslinienverkehr schon nach der Abfahrt von der vorherigen Haltestelle erfolgen. Bei den Sonderformen des Linienverkehrs nach § 43 PBefG ist die Vorschrift nicht anzuwenden.

III. Anzeigen der Gurtanlegepflicht (Abs. 2a)

3 Die Gurtanlegepflicht gilt nicht bei jeder Beförderung in einem Omnibus, der mit Sicherheitsgurten ausgestattet ist (vgl. § 21a Abs. 1 Nr. 4–6 StVO). Für den Fahrgast in einem Omnibus erschließt sich aus der jeweiligen Verkehrsart aber nicht immer zweifelsfrei, ob Gurtanlegepflicht besteht (vgl. § 22

Abs. 2). Deshalb muss die Gurtanlegepflicht im Verkehr mit Kraftomnibussen (§ 4 Abs. 4 Nr. 2 PBefG) durch eine geeignete Informationseinrichtung (vgl. § 21 Abs. 2; s. dort) angezeigt werden. Dies muss so rechtzeitig vor Fahrtantritt oder vor der Weiterfahrt erfolgen, dass die Fahrgäste ausreichend Zeit haben, sich anzugurten (Bidinger BOKraft § 8 Rn. 76). Adressat der Gurtanlegepflicht ist der Fahrgast. Daran ändert auch Abs. 2a nichts. Beim Fehlen oder bei unrichtiger Bedienung der Informationseinrichtung kann allerdings das Verschulden entfallen.

IV. Alkoholverbot (Abs. 3 Nr. 1)

Alkoholverbot besteht auch während der Dienstbereitschaft, nicht nur nach Dienstantritt. Wer vor der Fahrt getrunken hat, darf die Fahrt nicht antreten, wenn er noch unter der Wirkung von alkoholischen Getränken oder anderen berauschenden Mitteln steht. Auf Fahrtüchtigkeit kommt es dabei nicht an. Es reicht aus, dass die Alkohol- oder Rauschwirkung bei objektiver Betrachtung so erheblich ist, dass eine durch sie bedingte Gefährdung der beförderten Personen nicht ausgeschlossen werden kann. Der Fahrer kann der besonderen, über den allgemeinen Fahrbetrieb hinausgehenden Verantwortung bei der Beförderung von Fahrgästen nur in einem absolut nüchternen und drogenfreien Zustand gerecht werden (vgl. OVG Hamburg VRS 105, 382). 4

Das früher in Abs. 3 Nr. 2 enthaltene **Rauchverbot** gilt fort. Es ist nunmehr in § 1 Abs. 1 Nr. 2 BNichtrSchG geregelt (Anhang 2. c)). 5

V. Benutzung von Fernseh(empfangs-)geräten (Abs. 3 Nr. 3)

Die Benutzung von Fernseh(empfangs-)geräten (Abs. 3 Nr. 3) ist nur dem Fahrzeugführer beim Lenken des Fahrzeugs verboten. Beifahrern und anderen Begleitpersonen ist die Benutzung solcher Geräte (hierunter fällt auch das Abspielen einer Videoaufzeichnung) nicht untersagt; für Fahrgästen gilt dies allerdings nur bei einem dem Unternehmer oder seinem nicht im Fahrdienst eingesetzten Betriebspersonal gehörenden Empfangsgerät (vgl. § 14 Abs. 2 Nr. 9). 6

VI. Verbot der Benutzung von Übertragungsanlagen, Rundfunkempfängern und Tonwiedergabegeräten (Abs. 3 Nr. 4)

Das Verbot der Benutzung von Übertragungsanlagen, Rundfunkempfängern und Tonwiedergabegeräten (Abs. 3 Nr. 4) besteht nur während der Beförderung von Fahrgästen; an den Endhaltestellen und bei Leerfahrten gilt es nicht. Übertragungsanlagen sind vor allem die Mikrofon-Lautsprecher-Anlagen, die beim Gelegenheitsverkehr mit Kraftomnibussen nach § 48 PBefG für Durchsagen des Fahrers oder Reisebegleiters benutzt werden (→ Rn. 9). Im Obusverkehr und im Linienverkehr mit Kraftfahrzeugen dürfen sie nur zu betrieblichen Zwecken, insbesondere zur Ankündigung der nächsten Halte- 7 stelle (oben Rn. 2), verwendet werden. Zu betrieblichen Zwecken und zum Empfang von Verkehrsfunk-Hinweisen ist auch der Rundfunkempfang gestattet. Die Benutzung von Tonwiedergabegeräten (CD-Player, MP3-Player usw.) ist ausnahmslos verboten. Auch diese Verbote richten sich allerdings nur an das im Fahrdienst eingesetzte Personal. Sie bezwecken primär die Sicherheit bei dem Betrieb von Fahrzeugen im Personenverkehr, nicht aber auch einen individuellen Schutz der Fahrgäste vor Beschallung durch Tonwiedergabegeräte; § 8 Abs. 3 Nr. 4 hat daher keine drittschützende Wirkung (VG Arnsberg NWVBl. 2001, 196).

VII. Unterhaltungsverbot (Abs. 3 Nr. 5)

8 Das Unterhaltungsverbot (Abs. 3 Nr. 5) besteht für den Fahrzeugführer beim Lenken des Fahrzeugs. Er darf sich weder mit den Fahrgästen noch mit anderen Mitgliedern des Personals unterhalten (Bidinger BOKraft § 8 Rn. 121). Das Unterhaltungsverbot ist allerdings kein Sprechverbot. Kurze Auskünfte auf Fragen, insbesondere auf solche, die sich auf den Verkehr beziehen, sind nicht verboten.

VIII. Gelegenheitsverkehr mit Kraftomnibussen (Abs. 4)

9 S. zum Begriff §§ 46 ff. PBefG. Für das Betriebspersonal gelten grundsätzlich dieselben Verbote wie im Obusverkehr und im Linienverkehr mit Kraftfahrzeugen. Gestattet ist allerdings die Benutzung von Übertragungsanlagen, Tonrundfunk-Empfängern und Tonwiedergabegeräten während der Beförderung (→ Rn. 7).

IX. Gelegenheitsverkehr mit Personenkraftwagen (Abs. 5)

10 Im Taxen- und Mietwagenverkehr sowie im sonstigen Gelegenheitsverkehr mit Personenkraftwagen gelten das Alkoholverbot und das Verbot, Fernseh- und Rundfunkempfangsgeräte zu benutzen (Abs. 3 Nr. 1 bis 3). Siehe zum Rauchverbot nunmehr § 1 Abs. 1 Nr. 2 BNichtrSchG (Anhang 2. c). Nicht anwendbar ist Abs. 3 Nr. 4 und 5. Der Fahrer darf daher während der Fahrt Tonrundfunk-Empfänger und Tonwiedergabegeräte betreiben und sich mit den Fahrgästen unterhalten.

X. Bußgeldbestimmungen

11 Der Verstoß gegen das Alkoholverbot (Abs. 3 Nr. 1) kann nach § 45 Abs. 1 Nr. 1 Buchst. a, gegen das Fernsehempfangsverbot (Abs. 3 Nr. 3) nach § 45 Abs. 2 Nr. 1 Buchst. c, gegen das Verbot der Benutzung von Tonrundfunk-Empfängern (Abs. 3 Nr. 4) nach § 45 Abs. 2 Nr. 1 Buchst. d, gegen das Unterhaltungsverbot (Abs. 3 Nr. 5) nach § 45 Abs. 2 Nr. 1 Buchst. e, gegen

die Verbote des Abs. 4 iVm Abs. 3 Nr. 1 und 3 nach § 45 Abs. 2 Nr. 2 Buchst. a bis d, und gegen die Verbote des Abs. 5 iVm Abs. 3 Nr. 1 und 3 nach § 45 Abs. 2 Nr. 3 Buchst. a bis c mit Geldbuße geahndet werden.

§ 9 Verhalten bei Krankheit

(1) Mitglieder des im Fahrdienst oder zur Bedienung von Fahrgästen eingesetzten Betriebspersonals dürfen diese Tätigkeit nicht ausüben, solange sie oder Angehörige ihrer häuslichen Gemeinschaft an einer in § 34 Abs. 3 Nr. 2, 4, 6, 8, 11 des Infektionsschutzgesetzes vom 20. Juli 2000 (BGBl. I S. 1045) genannten Krankheit leiden, es sei denn, sie weisen durch ärztliches Zeugnis nach, daß keine Gefahr einer Übertragung der Krankheit besteht.

(2) Hat ein Fahrzeugführer eine Krankheit, die seine Eignung beeinträchtigt, ein Fahrzeug sicher im Verkehr zu führen, so darf er keine Fahrten ausführen.

(3) Erkrankungen nach den Absätzen 1 und 2 sind dem Unternehmer unverzüglich anzuzeigen.

I. Infektionskrankheiten (Abs. 1)

Das Fahr- und Bedienungspersonal (zu den Begriffen → § 7 Rn. 1,→ § 8 1
Rn. 1) darf, um Ansteckungen der Fahrgäste und des übrigen Personals zu verhindern, seine Tätigkeit nicht ausüben, wenn es an solchen Krankheiten leidet. Auch ein anderweitiger Einsatz in dem Unternehmen ist ihm untersagt, wenn dadurch andere Personen gefährdet würden (Hole Anm. 2). Unmittelbar unter das Verbot des Abs. 1 fallen nach § 34 Abs. 3 des Infektionsschutzgesetzes Diphterie (Nr. 2), virusbedingtes hämorrhagisches Fieber (Nr. 4), ansteckungsfähige Lungentuberkulose (Nr. 6), Meningokokken-Infektion (Nr. 8) und Pest (Nr. 11). Unmittelbar zum Tätigkeitsausschluss führt wegen des Tatbestandsmerkmals „an einer … Krankheit leiden" nur die eigene Erkrankung, die bloße Trägerschaft reicht nicht. Ist ein Fahr- oder Bedienungspersonal nur Träger einer der genannten Infektionen, ohne selbst erkrankt zu sein, kann aber ein berufliches Tätigkeitsverbot nach § 31 S. 2 des Infektionsschutzgesetzes ausgesprochen werden. Gleiches gilt für die früher ebenfalls unmittelbar zum Tätigkeitsausschluss führenden Erkrankungen wie zB Cholera, Masern, Mumps, Typhus oder Virushepatitis und andere in § 34 des Infektionsschutzgesetzes genannte Krankheiten. Letztere lösen bei einer Tätigkeit in sog. Gemeinschaftseinrichtungen, in denen überwiegend zB Kinder oder Jugendliche betreut werden (insbesondere Kindergärten, Schulen, sonstige Ausbildungseinrichtungen) ein besonderes Tätigkeitsverbot aus, das dann auch bei der Begleitung im freigestellten Schüler-, Behinderten- und Kindergartenverkehr nach § 1 Nr. 4 Buchst. d, g und i FreistellungsVO zu beachten ist.

II. Angehörige der häuslichen Gemeinschaft

2 Dies sind auch Untermieter oder sonstige Mitbewohner. Verwandtschaft oder Schwägerschaft im rechtlichen Sinne müssen nicht gegeben sein.

III. Ärztliches Zeugnis

3 Das Tätigkeitsverbot besteht nicht oder entfällt, wenn der Erkrankte dem Unternehmer nachweist, dass keine konkrete Übertragungsgefahr (mehr) besteht. Dazu genügt ein privatärztliches Zeugnis. Der Unternehmer ist aber berechtigt, eine amtsärztliche Untersuchung zu verlangen, wenn Anlass zu Zweifeln an der Richtigkeit des vorgelegten Zeugnisses besteht.

IV. Fahruntauglichkeit des Fahrzeugführers (Abs. 2)

4 Die Vorschrift betrifft nur den Fahrzeugführer; sie dient dem Schutz der Verkehrssicherheit. Bei den Krankheiten, die die Fahrtauglichkeit beeinträchtigen, kann es sich um körperliche oder seelische Erkrankungen (Schock, Erregung, Depressionen) handeln. Besondere Vorsicht ist bei drogenabhängigen Fahrern angezeigt (VGH BW DÖV 1989, 274). Das Tätigkeitsverbot ist auf die Ausführung von Fahrten beschränkt. Anderen Beschäftigungen darf der Fahrer nachgehen.

V. Anzeigepflicht (Abs. 3)

5 Der Betriebsangehörige ist verpflichtet, dem Unternehmer eine Erkrankung unverzüglich, dh ohne schuldhafte Verzögerung anzuzeigen, damit dieser die zur Aufrechterhaltung eines ordnungsgemäßen und sicheren Betriebsablaufs erforderlichen Maßnahmen treffen kann. Die Unterrichtung des übrigen Personals oder der Fahrgäste von dem Krankheitsfall kommt allerdings nur bei unmittelbarer und konkreter Gefährdung in Betracht.

VI. Bußgeldbestimmungen und Strafvorschriften

6 Der Verstoß gegen Abs. 1 und 3 kann nach § 45 Abs. 1 Nr. 4, die Zuwiderhandlung gegen Abs. 2 nach § 45 Abs. 2 Nr. 5 Buchst. a mit Geldbuße geahndet werden. Ein behördlich angeordnetes berufliches Tätigkeitsverbot ist strafbewehrt nach § 75 Abs. 1 Nr. 1 des Infektionsschutzgesetzes. Verstöße gegen Tätigkeitsverbote in Gemeinschaftseinrichtungen (→ Rn. 1) sind bußgeldbewehrt nach § 73, bei Vorsatz und Ansteckung anderer strafbewehrt nach § 74 des Infektionsschutzgesetzes.

§ 10 Mitführen von Vorschriften und Fahrplänen

Die geltenden Vorschriften über die Beförderungsentgelte, Beförderungsbedingungen und Fahrpläne sind mitzuführen. Den Fahrgästen ist auf Verlangen Einsicht zu gewähren.

I. Mitführen und Vorzeigen von Vorschriften

1 Die Bestimmungen dienen einerseits der schnellen Unterrichtung des im Fahrdienst oder zur Bedienung von Fahrgästen eingesetzten Betriebspersonals in Zweifelsfällen. Sie sind andererseits zum Schutze der Fahrgäste erforderlich, die einen Anspruch darauf haben, vor Abschluss des zivilrechtlichen Beförderungsvertrages sich über die Bedingungen zu unterrichten, zu denen das Unternehmen zum Abschluss eines derartigen Vertrages bereit ist. Zweckmäßigerweise führt man die Vorschriften und Fahrpläne mit einer allgemeinen Dienstanweisung in der sog. Fahrermappe zusammen. Die Vorschrift richtet sich an den Unternehmer genauso wie an das Fahrpersonal und das zur Bedienung von Fahrgästen eingesetzte Personal (Bidinger BOKraft § 10 Rn. 4; aA BayObLG VRS 94, 148 = VerkMitt 1997, Nr. 95).

II. Übersicht über die mitzuführenden Vorschriften

2 Zu den mitzuführenden Vorschriften gehören

beim Linienverkehr nach § 42 PBefG

- der Fahrplan,
- die Beförderungsentgelte (Tarif),
- die Verordnung über die Allgemeinen Beförderungsbedingungen für den Straßenbahn- und Obusverkehr sowie den Linienverkehr mit Kraftfahrzeugen,
- ggf. die von der Genehmigungsbehörde nach § 39 Abs. 6 PBefG genehmigten Besonderen Beförderungsbedingungen;

beim Linienverkehr nach § 43 PBefG

- die zuvor aufgeführten Vorschriften, soweit nicht nach § 45 Abs. 3 S. 1 PBefG die Genehmigungsbehörde auf die Einhaltung der Vorschriften über die Beförderungsentgelte und -bedingungen sowie über die Fahrpläne verzichtet hat;

beim Taxiverkehr

- die Taxitarifverordnung, in der die Landesregierung oder die von ihr ermächtigte Genehmigungsbehörde gemäß § 51 Abs. 1 PBefG im Wege der Rechtsverordnung für den Taxiverkehr Beförderungsentgelte und -bedingungen festgesetzt hat;

bei Ausflugsfahrten (§ 48 Abs. 1 PBefG) und Ferienziel-Reisen (§ 48 Abs. 2 PBefG) mit Kraftomnibussen sowie beim Verkehr mit Mietomnibussen (§ 49 Abs. 1 PBefG)

- Vorschriften über Beförderungsentgelte und -bedingungen nur, soweit eine Landesregierung oder die von ihr ermächtigte Genehmigungsbehörde in einer Rechtsverordnung Beförderungsentgelte und -bedingungen für diesen Bereich des Gelegenheitsverkehrs festsetzt.

III. Einsicht gewähren (S. 2)

3 Die Fahrgasteigenschaft setzt nach dem Zweck der Vorschrift keinen abgeschlossenen Beförderungsvertrag voraus, sondern besteht bereits im Stadium der Vertragsanbahnung.

IV. Bußgeldbestimmungen

4 Der Verstoß gegen § 10 S. 1 kann nach § 45 Abs. 1 Nr. 5 Buchst. a, der Verstoß gegen § 10 S. 2 nach § 45 Abs. 2 Nr. 6 Buchst. b mit Geldbuße geahndet werden. Zum Anwendungsbereich vgl. OLG Celle VerkMitt 1997, Nr. 71; BayObLG VRS 94, 148 = VerkMitt 1997, Nr. 95.

§ 11 Fundsachen

Nach Beendigung jeder Fahrt haben Fahrzeugführer oder Schaffner festzustellen, ob Gegenstände zurückgeblieben sind. Fundsachen sind unverzüglich an die dafür vorgesehene Einrichtung des Betriebes oder an die von der Genehmigungsbehörde benannte Stelle abzuliefern, wenn sie nicht sofort zurückgegeben werden können. § 978 des Bürgerlichen Gesetzbuches bleibt unberührt.

I. Feststellungspflicht (S. 1)

1 Fahrzeugführer und Schaffner müssen nach Beendigung jeder Fahrt feststellen, ob Gegenstände zurückgeblieben sind. Fahrt ist die gemäß dem Fahrplan nach § 40 PBefG zurückgelegte Strecke. Die Durchsuchung muss daher an der im Fahrplan veröffentlichten Endhaltestelle, und nicht erst nach Umlaufende stattfinden. Dies gilt auch dann, wenn sich an die Fahrt nur noch eine Leerfahrt zum Betriebshof anschließt.

II. Fundsachen (S. 2)

2 Fundsachen sind nur verloren gegangene oder versehentlich zurückgelassene Gegenstände. An absichtlich liegen gelassenen, also herrenlosen Gegenständen entsteht gemäß § 958 BGB durch die Inbesitznahme durch den Fahrer oder Schaffner Eigentum des Unternehmers an dem Gegenstand, soweit die Aneignung nicht gesetzlich verboten ist oder die Besitzergreifung das Aneignungsrecht eines anderen verletzt. Gegenstände, deren Inbesitznahme verboten ist (wie zB erlaubnispflichtige Waffen oder Betäubungsmittel), müssen daher den Polizeibehörden gemeldet und herausgeben werden; Abfälle sind (ggf. auf eigene Kosten) einer geordneten Entsorgung zuzuführen.

Eine **sofortige Rückgabe** ist nur während der Fahrt, nach Ende der Fahrt nur dann möglich, wenn sich der Verlierer des Gegenstands noch in der Nähe des Kraftfahrzeugs aufhält. 3

III. Ablieferungspflicht

Ist eine sofortige Rückgabe nicht möglich, müssen die Fundsachen unverzüglich an die dafür vorgesehene Einrichtung des Betriebes oder an die von der Genehmigungsbehörde (§ 11 PBefG) benannte Stelle abgeliefert werden. Das gilt gemäß § 978 BGB auch für Fundsachen, die von einem anderen Fahrgast aufgefunden und an den Fahrer oder Schaffner abgeliefert werden. § 11 verpflichtet das Unternehmen dazu, für Fundsachen eine Einrichtung (Fundbüro o.ä.) vorzuhalten. Einen Rechtsanspruch darauf, die Fundsachen statt dessen an die ansonsten für Fundsachen zuständige Gemeinde abliefern zu dürfen, hat das Unternehmen wegen seiner Pflicht aus § 11 nicht. Auch die Genehmigungsbehörde kann die Gemeinde durch Benennung nach S. 2 nicht zur Annahme von Fundsachen verpflichten. Die Benennung einer Stelle durch die Genehmigungsbehörde kommt daher nur dann in Betracht, wenn die Gemeinde hierzu freiwillig bereit ist, oder mehrere Unternehmen eine gemeinsame Einrichtung für Fundsachen schaffen wollen. 4

Die Regelung über den **Fund in Verkehrsanstalten (§ 978 BGB)** bleibt unberührt. Das bedeutet, dass im öffentlichen Verkehr (also im Obusverkehr und im Linienverkehr mit Kraftfahrzeugen) auch das übrige Betriebspersonal und die Fahrgäste zur Ablieferung von Fundsachen verpflichtet sind (vgl. § 13 BefBedV). Die Ablieferungspflicht erstreckt sich auch auf Fundsachen, die in den Geschäftsräumen oder betrieblichen Einrichtungen wie Haltestellen zurückgelassen wurden (§ 978 Abs. 1 BGB). Bedienstete des Verkehrsunternehmens haben keinen Anspruch auf Finderlohn. Ein nicht-bediensteter Finder hat nur Anspruch auf die Hälfte des sonst üblichen Finderlohns (gegen den berechtigten Besitzer oder Eigentümer), und selbst dies nur dann, wenn die Fundsache mindestens 50,00 € wert ist. In diesem Falle muss der Finder benachrichtigt werden, sobald die Fundsache oder der Versteigerungserlös an den Berechtigten herausgegeben wird (§ 978 Abs. 2 und 3 BGB). Im Gelegenheitsverkehr ergeben sich die Rechte und Pflichten des Betriebspersonals und der Fahrgäste dagegen aus dem allgemeinen Fundrecht (§§ 965 ff. BGB). Hinsichtlich der Aufbewahrung, der öffentlichen Bekanntmachung der Fundsachen und der Versteigerung gelten die §§ 979 ff. BGB. 5

IV. Bußgeldbestimmung

Der Verstoß gegen § 11 ist keine Ordnungswidrigkeit. 6

3. Titel. Fahrgäste, Beförderungspflicht

§ 12 *(aufgehoben)*

§ 13 Beförderung von Personen

Der Unternehmer und das im Fahrdienst eingesetzte Betriebspersonal sind nach Maßgabe der Vorschriften des Personenbeförderungsgesetzes verpflichtet, die Beförderung von Personen durchzuführen. Soweit nicht ein Ausschluß von der Beförderungspflicht nach anderen Rechtsvorschriften besteht, können sie die Beförderung ablehnen, wenn Tatsachen vorliegen, die die Annahme rechtfertigen, daß die zu befördernde Person eine Gefahr für die Sicherheit und Ordnung des Betriebes oder für die Fahrgäste darstellt.

I. Beförderungspflicht (S. 1)

1 Der Unternehmer ist nach § 22 PBefG grundsätzlich zur Beförderung verpflichtet. Diese Beförderungspflicht schließt die Bedienung ggf. am Fahrzeug vorhandener Einstiegshilfen wie Klapprampen und Hublifte ein. Für den Verkehr mit Taxen besteht Beförderungspflicht gemäß § 47 Abs. 4 PBefG nur für Fahrten innerhalb des sog. Pflichtfahrbereichs. Für Ausflugsfahrten, im Ferienziel-Reiseverkehr sowie im Mietwagen- und Mietomnibusverkehr besteht keine Beförderungspflicht (§ 48 Abs. 4, § 49 Abs. 3 und Abs. 4 S. 7 PBefG). § 13 S. 1 erstreckt die nach dem PBefG nur dem Unternehmer obliegende Beförderungspflicht auf das Fahrpersonal (zum Begriff → § 7 Rn. 1) aus. In jedem Falle setzt die Beförderungspflicht einen wirksamen Beförderungsvertrag voraus (BayObLG VRS 70, 64). Vgl. auch § 3 BefBedV zur zivilrechtlichen Beförderungspflicht.

II. Ablehnungsrecht (S. 2)

2 Ein Ausschluss bestimmter Personen von der Beförderung kommt zunächst einmal nach § 22 PBefG in Betracht. Im übrigen steht es im Ermessen des Unternehmers und des Fahrpersonals, die Beförderung abzulehnen, wenn die Voraussetzungen des S. 2 vorliegen. Die Vorschrift gilt aber nur subsidiär. Sie kommt nicht zur Anwendung, wenn die Beförderung nach § 14 Abs. 4 oder § 15 Abs. 2 BOKraft ausgeschlossen ist. Keine Subsidiarität besteht jedoch gegenüber § 3 BefBedV, da letztere nur die privatrechtliche, § 13 hingegen die öffentlich-rechtliche Befugnis zum Beförderungsausschluss regelt. Ein Ausschluss von der Beförderung kann sowohl vor Antritt der Fahrt als auch während der Fahrt erfolgen (Ausschluss von der Weiterbeförderung).

III. Gefahr für die Sicherheit und Ordnung

Zur Ablehnung nach S. 2 sind Unternehmer und Fahrpersonal berechtigt, wenn aufgrund vorliegender Tatsachen (nicht bloßer Vermutungen) die Annahme gerechtfertigt ist, dass die zu befördernde Person eine Gefahr für die Sicherheit und Ordnung des Betriebs oder für die Fahrgäste darstellt (vgl. OVG Lüneburg VRS 68, 73). Die Begriffe Sicherheit und Ordnung sind dem allgemeinen Polizeirecht entnommen. Ausgeschlossen werden können daher Personen, die rechtswidrige (insbesondere strafbare) Handlungen begehen oder zu begehen drohen, wenn nicht gegen sie eingeschritten wird (Gefahr für die Sicherheit). Ausgeschlossen werden können aber auch Personen, deren Verhalten nicht den am jeweiligen Ort geltenden ethischen Mindestanforderungen genügt (Gefahr für die Ordnung). Bedrohtes Rechtsgut können sowohl sämtliche im Zusammenhang mit der Beförderung genutzten betrieblichen Einrichtungen und Personale sein (Betrieb) als auch die beförderten Fahrgäste. 3

IV. Beispiele für die Gefährdung der Sicherheit

In den in § 3 Abs. 1 BefBedV geregelten Fällen liegt auch der Ausschluss nach S. 2 nahe: Das gilt insbesondere für die Beförderung von Betrunkenen oder Berauschten, von denen Störungen oder Sachbeschädigungen oder Sturz- und Verletzungsgefahr infolge des Verlustes der Steuerungsfähigkeit zu erwarten sind. Personen mit ansteckenden Krankheiten können nur ausgeschlossen werden, wenn aufgrund des Übertragungsweges eine konkrete Gefährdung des im Fahrdienst eingesetzten Personals oder der Fahrgäste besteht, und die ansteckende Krankheit nicht als sozialadäquate Gefährdung hinzunehmen ist (zB gewöhnliche Erkältungskrankheiten). Auszuschließen sind außerdem Personen, die geladene Schusswaffen mit sich führen und dafür offensichtlich keine Erlaubnis haben. Im übrigen können ausgeschlossen werden alle Personen, die Sachbeschädigungen an Haltestellen u. Ä. Einrichtungen sowie im Kraftfahrzeug begehen (wie zB Beschädigen von Fahrplanaushängen, Aufschneiden und Beschmieren von Sitzen, Diebstahl von Notfalleinrichtungen, Handel mit Betäubungsmitteln, Nötigung anderer Fahrgäste). 4

V. Beispiele für die Gefährdung der Ordnung

Nach § 3 Abs. 2 BefBedV können im Obusverkehr und im Linienverkehr mit Kraftfahrzeugen ferner Kinder unter sechs Jahren ausgeschlossen werden, die nicht von Personen im Alter von mindestens sechs Jahren begleitet werden. Bei diesen Personen besteht ohne geeignete Vorkehrung mindestens die ordnungsrelevante Gefahr, dass sie nach Beendigung der Fahrt in eine hilflose Lage geraten. Die Beförderung von Schwerbehinderten, die nach einem Vermerk in ihrem Ausweis ständiger Begleitung bedürfen, darf dagegen nicht 5 allein deshalb abgelehnt werden, weil keine Begleitperson vorhanden ist; auch hier ist dem Unternehmer und seinem Personal die Abwägung zuzumuten, ob die Beförderung zu einer Gefährdung führen kann (OVG Lüneburg VRS 68, 73; vgl. VG Stade VRS 64, 77). Eine Gefahr für die Ordnung können Personen darstellen, die (unterhalb der Schwelle rechtswidrigen Handelns) andere Fahrgäste erheblich belästigen, oder ihren Sitzplatz nicht zugunsten eines anderen, erheblich in seiner Mobilität beeinträchtigten Fahrgastes räumen. Bedenklich (wegen des Ausgrenzungseffekts, der seinerseits von der öffentlichen Ordnung nicht gewollt ist) ist der Ausschluss von Personen, die an unheilbaren ekelerregenden Krankheiten leiden oder entsprechend entstellt sind.

VI. Unzumutbarkeit

6 Die Beförderungspflicht entfällt auch, wenn zwar die Voraussetzungen des S. 2 nicht vorliegen, die Beförderung dem Unternehmer oder dem Fahrpersonal aber aus anderen Gründen nicht zuzumuten ist. Das kann im Taxenverkehr der Fall sein, wenn ein telefonisch erteilter Fahrtauftrag mit hoher Wahrscheinlichkeit nur fingiert ist (vgl. BayObLG VRS 70, 64), oder die Bezahlung der Fahrt unsicher erscheint, oder entgegen des Wunsches des Fahrgasts unbar nicht möglich ist (vgl. OLG Hamburg VRS 119, 375), oder der Fahrgast sogar schon vor Fahrtantritt verlangt, dass der Fahrer nach Beendigung der Fahrt längere Zeit auf die Herbeischaffung des Fahrgeldes wartet (KG VRS 38, 379). Zweifelhaft ist der Ausschluss der Beförderung von Personen, die mit dem Fahrer verfeindet sind (vgl. OLG Köln NJW 1969, 65) – er dürfte nur im Taxen- und Mietwagenverkehr zulässig sein. Im Gelegenheitsverkehr mit Omnibussen kann das Problem durch geeignete Fahrerdisposition verhindert werden; im Obusverkehr und im Linienverkehr mit Kraftfahrzeugen scheitert ein Ausschluss wegen Verfeindung am Grundsatz der öffentlichen Zugänglichkeit und der besonderen Bedeutung des ÖPNV für die Mobilität der Bevölkerung. Bedenklich ist auch der (meist im Wege des Hausverbotes ausgesprochene) dauerhafte Ausschluss von Personen, die gegen Betriebseinrichtungen oder Betriebspersonale Straftaten oder wiederholte Ordnungsverstöße begangen haben. Im ÖPNV ist der dauerhafte Ausschluss schon zivilrechtlich unzulässig, wenn das Unternehmen eine Art Monopolstellung für die nachgefragte Beförderungsleistung hat, und die ausgeschlossene Person auf die Beförderung angewiesen ist, insbesondere also keine zumutbare Alternative hat. Im Übrigen ist die Beförderungspflicht nach § 22 PBefG und nach § 13 BOKraft eine öffentlich-rechtliche Pflicht. Ein dauerhafter Ausschluss unterliegt daher einer Verhältnismäßigkeitskontrolle durch die Genehmigungsbehörde, insbesondere hinsichtlich der Prüfung der Angemessenheit der zeitlichen Dauer des Ausschlusses im Hinblick auf die früheren Verfehlungen und Vergehen des Fahrgastes.

VII. Bußgeldbestimmung

7 Der Verstoß gegen die Beförderungspflicht nach § 22 PBefG kann nach § 61 Abs. 1 Nr. 3 Buchst. c PBefG mit Geldbuße geahndet werden. § 13 ist selbst nicht bußgeldbewehrt.

§ 14 Verhalten der Fahrgäste

(1) Die Fahrgäste haben sich bei der Benutzung der Betriebsanlagen und Fahrzeuge so zu verhalten, wie es die Sicherheit und Ordnung des Betriebes und die Rücksicht auf andere Personen gebieten. Anweisungen des Betriebspersonals ist zu folgen.

(2) Den Fahrgästen ist insbesondere untersagt,

1. **in Obussen und Kraftomnibussen sich mit dem Fahrzeugführer während der Fahrt zu unterhalten,**
2. **die Türen während der Fahrt eigenmächtig zu öffnen,**
3. **Sicherungseinrichtungen mißbräuchlich zu betätigen,**
4. **Gegenstände aus dem Fahrzeug zu werfen oder hinausragen zu lassen,**
5. **während der Fahrt auf- oder abzuspringen,**
6. **ein als besetzt bezeichnetes Fahrzeug zu betreten,**
7. **ein Fahrzeug zu betreten oder zu verlassen, wenn die bevorstehende Abfahrt angekündigt ist, oder die Türen geschlossen werden,**
8. ***(aufgehoben)***
9. **Tonrundfunk- oder Fernsehrundfunkempfänger sowie Tonwiedergabegeräte zu benutzen.**

(3) Im Obusverkehr sowie im Linienverkehr mit Kraftfahrzeugen sind die Fahrgäste außerdem verpflichtet,

1. **die Fahrzeuge nur an den Haltestellen zu betreten und zu verlassen; Ausnahmen bedürfen der Zustimmung des Betriebspersonals,**
2. **zügig ein- und auszusteigen und dabei die besonders gekennzeichneten Türen zu benutzen,**
3. **Durchgänge sowie Ein- und Ausstiege freizuhalten,**
4. **sich im Fahrzeug stets einen festen Halt zu verschaffen,**
5. **sie begleitende Kinder sorgfältig zu beaufsichtigen und dafür zu sorgen, daß Kinder nicht auf den Sitzplätzen knien oder stehen.**

(4) Verletzt ein Fahrgast trotz Ermahnung die ihm obliegenden Pflichten nach den Absätzen 1 bis 3, kann er von der Beförderung ausgeschlossen werden.

I. Fahrgäste

1 Dies sind alle Personen, die Betriebsanlagen oder Fahrzeuge zum Zwecke ihrer Beförderung benutzen. Betriebspersonal, das sich in Betriebsanlagen oder Fahrzeugen zu betrieblichen Zwecken aufhält (zB der Unternehmer, der Fahrzeugführer, die Fahrerablösung, Personal zur Bedienung von Fahrgästen,

Personal zur Beobachtung oder Beaufsichtigung des Fahrzeugs oder Fahrausweisprüfer) sind keine Fahrgäste in diesem Sinne. Ob die Beförderung gegen Entgelt oder unentgeltlich erfolgt, spielt keine Rolle. Auch Schwarzfahrer sind Fahr"gäste" (Bidinger BOKraft § 14 Rn. 21). § 14 gilt auch für die in § 1 Abs. 2 genannten freigestellten Beförderungen. Die Gebote und Verbote des § 14 entsprechen im Wesentlichen denen des § 4 BefBedV. Sie gelten anders als jene aber auch für den Gelegenheitsverkehr mit Kraftfahrzeugen (§§ 46 ff. PBefG) und die in § 1 Abs. 2 genannten freigestellten Beförderungen.

II. Sicherheit und Ordnung, Rücksichtnahme (Abs. 1 S. 1)

2 Abs. 1 S. 1 enthält die Generalklausel für das Verhalten der Fahrgäste. Zum Begriff der Sicherheit und Ordnung → § 13 Rn. 3 f. Anders als § 13 setzt § 14 allerdings keine konkrete Gefahrenlage voraus. Eigenständige Bedeutung kommt der Generalklausel zunächst im Gelegenheitsverkehr sowie im freigestellten Verkehr nach § 1 Abs. 2 zu (für die die Gebote und Verbote des Abs. 2 Nr. 1 und Abs. 3 nicht gelten). Außerdem können auch in Abs. 2 und 3 nicht genannte Verstöße oder ein rücksichtloses Verhalten des Fahrgastes nach Abs. 4 zum Ausschluss von der Beförderung führen.

III. Weisungsrecht und Folgepflicht (Abs. 1 S. 2)

3 Das Betriebspersonal darf den Fahrgästen Anweisungen erteilen (vgl. auch § 4 Abs. 1 S. 2 BefBedV). Eine hoheitliche Befugnis wird ihm dadurch allerdings nicht verliehen (BVerwG VRS 67, 314 = NVwZ 1985, 48). Die Anweisungen müssen sich im Rahmen dessen halten, wozu die Fahrgäste nach Abs. 1 bis 3 verpflichtet sind; Anweisungen anderer Art brauchen nicht befolgt zu werden (KG VRS 65, 213). Im Obusverkehr (§ 41 PBefG) und im Linienverkehr mit Kraftfahrzeugen (§§ 42, 43 PBefG) kann das Betriebspersonal, wenn es aus betrieblichen Gründen oder zur Erfüllung der Beförderungspflicht notwendig ist, die Fahrgäste auch auf bestimmte Wagen verweisen oder ihnen Plätze zuweisen (vgl. § 5 BefBedV).

IV. Verbote (Abs. 2)

1. Unterhaltung (Nr. 1)

4 Das Unterhaltungsverbot besteht nur im Obusverkehr (§ 41 PBefG) und im Linien- und Gelegenheitsverkehr mit Kraftomnibussen (§§ 42, 43, 48, 49 Abs. 1 PBefG), nicht aber bei der Beförderung mit Personenkraftwagen im Taxen- und Mietwagenverkehr. Es besteht nur gegenüber dem Fahrzeugführer, nicht auch gegenüber sonstigem Betriebspersonal. Das Verbot gilt während der Fahrt, also während der gesamten Zeit der Teilnahme am fließenden Verkehr. Das Unterhaltungsverbot gilt grundsätzlich nur für be-

triebsfremde Gespräche (Bidinger BOKraft § 14 Rn. 33). Kurze Fragen, die sich auf den Verkehr beziehen, sind also nicht verboten (auch → § 8 Rn. 8).

2. Türöffnen (Nr. 2)

Nach § 35e Abs. 7 StVZO (der sich allerdings nur an Halter und Fahrzeugführer richtet) müssen die Türen eines Kraftfahrzeugs während der Fahrt geschlossen sein. Abs. 2 Nr. 2 regelt ein dem entsprechendes Öffnungsverbot für Fahrgäste. Eigenmächtigkeit liegt vor, wenn der Fahrgast ohne oder gegen den Willen des Fahrpersonals handelt (Bidinger BOKraft § 14 Rn. 36; vgl. auch BGH VersR 1957, 363). 5

3. Missbräuchliche Betätigung von Sicherungseinrichtungen (Nr. 3)

Sicherungseinrichtungen im Fahrzeug sind Vorrichtungen zum Öffnen von Türen in Notfällen (§ 35e Abs. 3 S. 3 StVZO), Notausstiege und dazugehörende Hilfsmittel (§ 35f StVZO) sowie Feuerlöscher (§ 35g StVZO) in Kraftomnibussen, das Erste-Hilfe-Material (Verbandskasten; § 35h StVZO), Sicherungseinrichtung gegen unbefugte Benutzung und Wegfahrsperre in Personenkraftwagen (§ 38a StVZO), Feststell- und Dauerbremsen (§ 41 Abs. 5 und 15 StVZO) sowie Warndreieck, Warnleuchte und Warnblinkanlage (§ 53a StVZO). Sicherungseinrichtungen an Betriebsanlagen sind zB automatische oder manuell zu bedienende Notruf- und Alarmeinrichtungen. Missbräuchliche Betätigung heißt zweckentfremdetes oder nicht erforderliches Einsetzen, Verwenden und Betätigen (Bidinger BOKraft § 14 Rn. 11). Auch das Entwenden von Sicherungseinrichtungen ist missbräuchliche Betätigung. Auf den Willen des Fahrpersonals kommt es bei Nr. 3 nicht an; im Notfall handeln die Fahrgäste auch dann rechtmäßig, wenn das Personal ihnen die Betätigung der Einrichtungen verwehren will. 6

4. Gegenstände (Nr. 4)

Gegenstände dürfen weder aus dem Fahrzeug geworfen werden noch aus ihm herausragen. Die Vorschrift dient der Verkehrssicherheit und legt dem Fahrgast ähnliche Pflichten auf wie §§ 22, 32 StVO dem Verkehrsteilnehmer. 7

5. Auf- und Abspringen während der Fahrt (Nr. 5)

Da die Türen nach § 35e Abs. 4 StVZO während der Fahrt geschlossen sein müssen, hat das Verbot selbständige Bedeutung nur noch beim Einsatz von Oldtimern, bei einer verbotswidrigen Beförderung mit offener Tür, und nach dem eigenmächtigen Öffnen der Tür gemäß Nr. 2. 8

6. Betreten eines besetzten Fahrzeugs (Nr. 6)

Maßgebend ist nicht, ob das Fahrzeug tatsächlich besetzt ist, sondern ob das Personal das Fahrzeug als besetzt bezeichnet (s. aber auch § 13 BOKraft iVm § 61 Abs. 1 Nr. 3 Buchst. c PBefG). Die Bezeichnung kann mündlich oder durch ein akustisches oder optisches Zeichen erfolgen. Akustische und opti- 9 sche Zeichen müssen im Obusverkehr und im Linienverkehr mit Kraftfahrzeugen in den Besonderen Beförderungsbedingungen (§ 39 Abs. 6 S. 1 PBefG) verankert und durch Hinweisschilder im Inneren und Äußeren des Türbereichs erläutert werden (Bestimmtheitsgrundsatz).

7. Betreten oder Verlassen des Fahrzeugs (Nr. 7)

10 Dies ist nach Ankündigung der bevorstehenden Abfahrt oder beim Schließen der Türen verboten. Die Ankündigung der Abfahrt kann mündlich oder durch ein akustisches oder optisches Zeichen erfolgen. Akustische und optische Zeichen müssen im Obusverkehr und im Linienverkehr mit Kraftfahrzeugen in den Besonderen Beförderungsbedingungen (§ 39 Abs. 6 S. 1 PBefG) verankert und durch Hinweisschilder im Inneren und Äußeren des Türbereichs erläutert werden (Bestimmtheitsgrundsatz).

8. Rauchverbot

11 Das früher in Nr. 8 enthaltene Rauchverbot besteht fort. Es ist jetzt in § 1 Abs. 1 Nr. 2 BNichtrSchG (Anhang 2. b) geregelt.

12 Das **Verbot der Benutzung von Rundfunkempfängern und von Tonwiedergabegeräten (Nr. 9)** gilt in allen Beförderungsmitteln, aber nur für eigene Geräte des Fahrgasts (vgl. § 8 Abs. 3 Nr. 4). Da die Verkehrssicherheit und der Schutz der Fahrgäste vor Belästigungen insoweit kein Verbot erfordern, sind Kleingeräte mit Kopfhörern bei geringer Lautstärke allerdings zu tolerieren (ebenso Bidinger BOKraft § 14 Rn. 50).

V. Gebote für den Obusverkehr und den Linienverkehr (Abs. 3)

1. Betreten und Verlassen nur an Haltestellen (Nr. 1)

13 S. zum Begriff der Haltestelle § 32. Die Regelung dient der Verkehrssicherheit (auch des Fahrgastes), aber auch dem Verbot des Parallelverkehrs nach § 13 Abs. 2 Nr. 2 Buchst. c. Daher darf das Betriebspersonal dem Betreten oder Verlassen außerhalb einer Haltestelle nur in besonders gelagerten Einzelfällen zustimmen.

2. Zügiges Ein- und Aussteigen (Nr. 2)

14 Zügiges Ein- und Aussteigen erfordert die Anwendung der Eile, die dem Fahrgast nach seinen Fähigkeiten möglich und zuzumuten ist. Behinderte Menschen, Fahrgäste mit kleinen Kindern oder mit Gepäck können von dem Fahr- und Bedienungspersonal allerdings Rücksicht verlangen (vgl. § 8 Abs. 1). Die zum Ein- und Aussteigen bestimmten Türen müssen vom Unternehmer nach § 20 Abs. 1 Nr. 2 Buchst. a und b besonders bezeichnet werden.

3. Freihalten der Durchgänge sowie Ein- und Ausstiege (Nr. 3)

Durchgang ist der freie Raum zwischen den Sitzreihen, Ein- und Ausstiege sind der Raum vor den Türen. Die Pflicht zum Freihalten gilt insbesondere bei der Mitnahme von Handgepäck, Reisegepäck und Kinderwagen (vgl. § 15). 15

4. Verschaffen eines festen Halts (Nr. 4)

Geeignete Haltevorrichtungen für Stehplätze in ausreichender Anzahl sind nach § 30d Abs. 3 StVZO vorgeschrieben. Nr. 4 verpflichtet den Fahrgast dazu, diese auch zu benutzen, um nicht beim Anfahren oder bei Gefahrenbremsungen zu Fall zu kommen und sich zu verletzen. Für Schäden infolge fehlenden festen Halts haftet der Fahrgast in der Regel selbst (OLG Köln VRS 71, 96; 97, 81; BGH MDR 1972, 226; NJW 1986, 183; NJW 1993, 654; LG Berlin VRS 78, 258). Behinderte Menschen, Fahrgäste mit kleinen Kindern oder mit Gepäck, oder Personen, die Fahrausweisautomaten an Bord eines Omnibusses benutzen, können allerdings Rücksicht verlangen (vgl. § 8 Abs. 1). Besonderen Haftungsrisiken kann der Unternehmer insoweit bei der **Beförderung von Rollstuhlfahrern** unterliegen: § 30d Abs. 4 StVZO schreibt für sog. Stadt-Linienbusse zwar mindestens ein Rückhaltesystem für einen Rollstuhl vor. Seit dem 1.6.2008 dürfen (und im Rahmen der Beförderungspflicht: müssen) nach entsprechender Änderung von § 34a Abs. 4 StVZO allerdings auch mehr Rollstuhlfahrer befördert werden als Plätze für Rollstühle im Fahrzeug angeschrieben und Rückhaltesysteme vorhanden sind. 16

5. Beaufsichtigung von Kindern (Nr. 5)

Kind ist, wer nicht volljährig ist, also das 18. Lebensjahr noch nicht vollendet hat (vgl. § 2 BGB). Die Aufsichtspflicht besteht nur für den begleitenden Fahrgast, dieser muss nicht sorgeberechtigt und auch selbst nicht volljährig sein (vgl. § 3 Abs. 2 BefBedV). Das Verbot des Kniens oder Stehens soll sowohl Verschmutzungen der Sitze als auch Verletzungen beim Anfahren oder Bremsen vermeiden. 17

6. Ausschließen von der Beförderung (Abs. 4)

Dies setzt eine Pflichtverletzung des Fahrgastes, eine hieraus ausgesprochene Ermahnung durch das Betriebspersonal, und die Fortsetzung der Pflichtverletzung (auch einer anderen Pflicht) durch den Fahrgast voraus. Der Ausspruch des Ausschlusses steht im Ermessen des Betriebspersonals. Der ausgeschlossene Fahrgast ist verpflichtet, das Fahrzeug zu verlassen. Vollzogen wird der Ausschluss im Regelfall an einer Haltestelle oder an einer anderen Stelle, an der das Fahrzeug gefahrlos verlassen werden kann. Eine nach Ausschluss und Absetzen des Fahrgastes möglicherweise eintretende hilflose Lage ist ebenso zu berücksichtigen wie das Alter oder die Mobilitätsfähigkeiten des ausgeschlossenen Fahrgastes. Der Fahrgast, der einen Ausschluss nicht befolgt, 18 kann gewaltsam aus dem Fahrzeug entfernt werden; er begeht Hausfriedensbruch nach § 123 StGB.

VI. Bußgeldbestimmung

19 Verstöße des Fahrgasts gegen die Gebote und Verbote der Abs. 1–3 können nach § 45 Abs. 2 Nr. 7 mit Geldbuße geahndet werden.

§ 15 Beförderung von Sachen

(1) Der Fahrgast hat Sachen (Handgepäck, Reisegepäck, Kinderwagen) so unterzubringen und zu beaufsichtigen, daß die Sicherheit und Ordnung des Betriebes durch sie nicht gefährdet und andere Fahrgäste nicht belästigt werden können. Satz 1 gilt auch für Tiere; sie dürfen nicht auf Sitzplätzen untergebracht werden. Durchgänge sowie Ein- und Ausstiege sind freizuhalten.

(2) Von der Beförderung sind gefährliche Stoffe und gefährliche Gegenstände ausgeschlossen, insbesondere

1. explosionsfähige, leicht entzündliche, radioaktive, übelriechende oder ätzende Stoffe,

2. unverpackte oder ungeschützte Sachen, durch die Fahrgäste verletzt werden können,

3. Gegenstände, die über die Wagenumgrenzung hinausragen.

(3) § 14 Abs. 1 Satz 2 und Abs. 4 ist anzuwenden.

I. Mitnahmepflicht von Sachen und Tieren (Abs. 1)

1 S. zum Begriff der Sache § 90 BGB, zum Begriff des Tieres § 90a BGB. Ihre Mitnahme erfolgt in Erweiterung des Personenbeförderungsvertrags; es handelt sich daher um Personenbeförderung iS von § 1 PBefG (KG VRS 67, 276; VGH Mannheim GewArch 1993, 203; BVerwG NZV 1993, 247). Abs. 1 gilt daher auch nur, soweit Beförderungspflicht besteht, im übrigen richtet sich die Mitnahme von Sachen nach dem Beförderungsvertrag (vgl. §§ 11 und 12 BefBedV). Eine Mitnahmepflicht besteht nur bei gleichzeitiger Beförderung eines Fahrgasts. Eine freiwillige Durchführung von reinen Sachtransporten (zB Abholen von Medikamenten für erkrankte Personen oder Auslieferung einer eiligen Brief- oder Warensendung) verbietet das PBefG jedoch nicht (Bidinger BOKraft § 15 Rn. 22). Eine Mitnahmepflicht besteht nur im Rahmen dessen, was Fahrgäste bei einer Beförderung üblicherweise mit sich führen (also Handgepäck wie zB Handtaschen und Einkäufe, Reisegepäck in üblicher Größe und Anzahl, Kinderwagen und Krankenfahrstühle sowie Haustiere, nicht aber Umzugsgut, zu schwere Sachen – vgl. § 29 – oder Nutztiere). Im Fahrzeuginneren eines Personenkraftwagens zu befördernde Gepäckstücke dürfen Rucksackgröße nicht überschreiten; mit dem Einverständnis der Fahrgäste müssen sie auch dann mitbefördert werden, wenn dies

die Beweglichkeit der Fahrgäste einschränkt (OLG Düsseldorf VRS 92, 53 = NZV 1996, 377).

II. Unterbringung und Beaufsichtigung

Für das Unterbringen (also das Verstauen) ist der Fahrgast verantwortlich. Sie muss so erfolgen, dass durch die Mitnahme weder die Sicherheit und Ordnung des Betriebs gefährdet (dazu → § 13 Rn. 3) noch andere Fahrgäste belästigt werden. 2

III. Ausschluss von der Beförderung

Sachen, die ohne Gefährdung der Sicherheit und Ordnung oder ohne Belästigung anderer Fahrgäste nicht befördert werden können, sind nach Abs. 1 von der Beförderung ausgeschlossen. Tritt die Gefährdungslage erst während der Beförderung ein, führt dies zum Ausschluss von der Weiterbeförderung. Auch die Pflicht zur Mitbeförderung von Tieren (vgl. BayObLG VRS 70, 66 = MDR 1986, 77 = DÖV 1987, 155) besteht nicht uneingeschränkt. Sie besteht von vorneherein nicht für gefährliche, durchnässte oder stark verschmutzte, oder zu große Tiere (vgl. OLG Düsseldorf VRS 107, 136 = NStZ-RR 315 = NZV 2004, 597 – Dobermann). Ein Ausschluss insbesondere der Mitbeförderung eines Hundes ist aber auch dann zulässig, wenn der Fahrer infolge einer Allergie oder wegen Angst vor Hunden bei der Mitnahme bestimmter Tiere in seiner Fähigkeit beeinträchtigt werden würde, das Fahrzeug sicher zu steuern (BayObLG VRS 70, 66 = MDR 1986, 77 = DÖV 1987, 155). Im Obusverkehr (§ 41 PBefG) und im Linienverkehr mit Kraftfahrzeugen (§§ 42, 43 PBefG) ist der Anspruch auf die Mitnahme von Sachen und Tieren vertraglich eingeschränkt (§ 11 Abs. 1 S. 1, § 12 BefBedV). Das gilt insbesondere für sperrige Sachen wie Fahrräder, die entweder nur aufgrund einer Einzelfallentscheidung nach § 11 Abs. 5 BefBedV, oder aber aufgrund einer allgemeinen Regelung in den Beförderungsbedingungen (§ 39 Abs. 6 PBefG) oder in den Tarifbestimmungen (zB nur außerhalb gewisser Zeiten) zugelassen sind. 3

IV. Gefährliche Stoffe und Gegenstände (Abs. 2)

S. zum Begriff § 2 des Gefahrgutbeförderungsgesetzes idF vom 7.7.2009 (BGBl. I 3975) sowie § 2 Nr. 7 der Gefahrgutverordnung Straße, Eisenbahn und Binnenschiffahrt idF vom 26.3.2021 (BGBl. I 481). Sie sind stets von der Beförderung ausgeschlossen, dem Betriebspersonal ist insoweit kein Ermessen eingeräumt. Darüber hinaus ausgeschlossen sind übelriechende Sachen (Nr. 1), unverpackte oder ungeschützte Sachen, durch die Fahrgäste verletzt werden können (Nr. 2), und Gegenstände, die über die Wagenumgrenzung hinausragen (Nr. 3; vgl. § 22 Abs. 3 und 4 StVO). 4

V. Anweisungen des Betriebspersonals (Abs. 3)

5 Anweisungen des Betriebspersonals sind infolge des Verweises auf § 14 Abs. 1 S. 2 auch in Bezug auf Unterbringung oder Beaufsichtigung von mitbeförderten Sachen und Tieren zulässig. Das Nichtbefolgen solcher Anweisungen kann zum Ausschluss von der Beförderung führen (§ 14 Abs. 4).

VI. Bußgeldbestimmung

6 Der Verstoß des Fahrgasts gegen Abs. 1 kann nach § 45 Abs. 2 Nr. 7 mit Geldbuße geahndet werden.

3. Abschnitt. Ausrüstung und Beschaffenheit der Fahrzeuge

1. Titel. Bestimmungen für alle Fahrzeuge

§ 16 Anzuwendende Vorschriften

Für Bau, Ausrüstung und Beschaffenheit der Fahrzeuge gelten neben den auf Grund des Straßenverkehrsgesetzes erlassenen Verordnungen die Vorschriften dieser Verordnung. Für Fahrzeuge im grenzüberschreitenden Verkehr und Transitverkehr (§§ 52 und 53 des Personenbeförderungsgesetzes) mit Staaten außerhalb der Europäischen Union können abweichend von Satz 1 zur Verbesserung der Verkehrssicherheit und der Umweltverträglichkeit besondere Anforderungen gestellt werden, die den in der Europäischen Union geltenden Vorschriften entsprechen.

I. Bau, Ausrüstung und Beschaffenheit der Fahrzeuge (S. 1)

1 Dies ist grundsätzlich in den §§ 30 ff. StVZO geregelt. Die §§ 16 ff. BOKraft enthalten darüber hinausgehend zusätzliche Bestimmungen, die für die jeweiligen Verkehrsarten von besonderer Bedeutung sind. Die Vorschrift gilt auch für die in § 1 Abs. 2 genannten freigestellten Beförderungen.

II. Besondere Anforderungen (S. 2)

2 Die in der EU bestehenden Sicherheits- und Umweltstandards (zB Euro-Normen) gelten nur für Fahrzeuge aus den Mitgliedstaaten der EU oder des EWR-Abkommens. S. 2 ermöglicht es, Genehmigungen für den grenzüberschreitenden Verkehr (§ 52 PBefG) und den Transitverkehr (§ 53 PBefG) mit Bedingungen und Auflagen zu versehen, die die Einhaltung der EU-Standards

auch auf den Verkehr mit Staaten außerhalb der EU erstrecken. Der Zeitpunkt der Einführung sowie die Modalitäten des Nachweises müssen mit den betroffenen Staaten in zwischenstaatlichen Übereinkommen vereinbart werden.

§ 17 Zulässige Fahrzeuge

Die der Personenbeförderung dienenden Fahrzeuge müssen mindestens zwei Achsen und vier Räder haben.

Nach der StVZO sind zwar auch zweirädrige (Krafträder) und dreirädrige Fahrzeuge zum Straßenverkehr zugelassen. § 17 trägt jedoch dem besonderen Umstand Rechnung, dass die bei der Personenbeförderung verwendeten Fahrzeuge zur Beförderung einer idR größeren Zahl von Personen eingesetzt sind. § 17 gilt auch für die in § 1 Abs. 2 genannten freigestellten Beförderungen. Fahrzeuge, die § 17 nicht entsprechen, dürfen zur entgeltlichen oder geschäftsmäßigen Personenbeförderung also nicht verwendet werden. Nach § 43 Abs. 1 können aber Ausnahmegenehmigungen erteilt werden. 1

§ 18 Ausrüstung

Beim Einsatz der Fahrzeuge ist die Ausrüstung den jeweiligen Straßen- und Witterungsverhältnissen anzupassen. Wenn es die Umstände angezeigt erscheinen lassen, sind Winterreifen, Schneeketten, Spaten und Hacke sowie Abschleppseil oder -stange mitzuführen.

I. Anpassung an die jeweiligen Straßen- und Witterungsverhältnisse (S. 1)

Sie obliegt dem Unternehmer und dem Fahrzeugführer, ist aber nur bei Verstößen des Unternehmers bußgeldbewehrt (→ Rn. 3). Die Vorschrift gilt auch für die in § 1 Abs. 2 genannten freigestellten Beförderungen. 1

II. Ausrüstungsgegenstände (S. 2)

Ob Winterreifen, Schneeketten, Spaten und Hacke sowie Abschleppseil oder -stange mitgeführt werden müssen, ist eine Frage der Umstände. Abschleppseil oder -stange sind nur dann entbehrlich, wenn sichergestellt ist, dass der im Falle des Liegenbleibens zu rufende (eigene oder externe) Abschleppdienst auch mit diesen Gerätschaften ausgestattet ist. Spaten und Hacke sind erforderlich, wenn damit zu rechnen ist, dass das Fahrzeug zB in morastigem Boden oder in tiefem Schnee stecken bleiben könnte. Winterreifen und Schneeketten sind nur zur Winterzeit und insbesondere dann mitzuführen, wenn die Verwendung entlang der Fahrstrecke durch Verkehrszeichen oder 2 polizeiliche Anordnung vorgeschrieben ist, ansonsten auch immer dann, wenn eine nach dem Maßstab des § 2 sichere Beförderung ohne diese Ausrüstung nicht möglich ist. Im städtischen ÖPNV kann auf Winterreifen insgesamt verzichtet werden, wenn gewöhnlich nur wenig Schnee fällt, für den Winterdienst ausreichend gesorgt ist, und der Betrieb bei stärkerem Schneefall vorübergehend ausgesetzt wird (s. auch § 2 Abs. 3a StVO).

III. Bußgeldbestimmung

3 Der Verstoß des Unternehmers gegen § 18 kann nach § 45 Abs. 1 Nr. 5 Buchst. b mit Geldbuße geahndet werden, der Verstoß des Fahrzeugführers dagegen nicht.

§ 19 Beschaffenheit und Anbringung von Zeichen und Ausrüstungsgegenständen

Zeichen und Ausrüstungsgegenstände an oder im Fahrzeug müssen so beschaffen und angebracht sein, daß niemand gefährdet oder behindert wird.

I. Gefährdungs- und Behinderungsverbot. Vgl. § 30 StVZO

1 Dies richtet sich an den Unternehmer, und gilt auch für die in § 1 Abs. 2 genannten freigestellten Beförderungen. Ausnahmen können nach § 43 Abs. 1 genehmigt werden. Eine Gefährdung liegt insbesondere vor, wenn von Zeichen oder Ausrüstungsgegenständen nach ihrer Beschaffenheit oder Anbringung Verletzungsgefahr besteht. Eine Behinderung liegt zB vor, wenn Ausrüstungen erheblich in die Ein- und Ausstiege oder die Durchgänge hineinragen.

II. Zeichen und Ausrüstungsgegenstände

2 Zeichen sind zB Ziel-, Strecken- und Liniennummernschilder (§ 33 Abs. 1–3), Schulbusschilder (§ 33 Abs. 4), oder das Taxischild (§ 26 Abs. 1) und Ordnungsnummernschild (§ 27 Abs. 1). Ausrüstungsgegenstände sind u. a. Feuerlöscher, Zahltische und Fahrscheindrucker, Fahrpreisanzeiger und Wegstreckenzähler, Hacken, Spaten, Schneeketten, Trennwände, Verbandskästen.

III. Bußgeldbestimmung

3 Der Verstoß kann nach § 45 Abs. 1 Nr. 5 Buchst. c mit Geldbuße geahndet werden.

2. Titel. Obusse und Kraftomnibusse

§ 20 Beschriftung

(1) An den Außenseiten der Obusse und Kraftomnibusse sind anzubringen
1. auf den Längsseiten Name und Betriebssitz des Unternehmers; die Genehmigungsbehörde kann statt dessen Geschäftszeichen oder Wappen zulassen,
2. die Bezeichnung der Türen, wenn im Obusverkehr und im Linienverkehr mit Kraftomnibussen
a) an diesen Türen nur ein- oder nur ausgestiegen werden darf,
b) die Türen nur für bestimmte Fahrgastgruppen vorgesehen sind; die Bezeichnung kann auch durch ein Sinnbild erfolgen.

(2) Die Beschriftungen oder Sinnbilder müssen eindeutig, gut sichtbar und deutlich lesbar sein. Ihre Wirkung darf durch andere Aufschriften oder Bildzeichen nicht beeinträchtigt werden.

I. Name und Betriebssitz (Abs. 1 Nr. 1)

Name und Betriebssitz sollen den Fahrgast klar und schnell über die Identität **1** des Unternehmers unterrichten. Sie sind an beiden Längsseiten von Obussen (§ 4 Abs. 3 PBefG) und Kraftomnibussen (§ 4 Abs. 4 Nr. 2 PBefG) anzubringen. Mit Zustimmung der Genehmigungsbehörde (§ 11 PBefG) kann die Beschriftung durch Zeichen oder Wappen ersetzt werden. Das setzt voraus, dass die Ersatzzeichen allgemein bekannt oder aus sich heraus verständlich sind, außerdem muss ihr Informationsgehalt dem der Beschriftung entsprechen (vgl. Bidinger BOKraft § 20 Rn. 27 ff., der allerdings eine Zustimmung dann für entbehrlich hält). Die Zustimmung kann auch eine Kombinationen der Beschriftungsarten umfassen (Hole Anm. 1). Abs. 1 Nr. 1 gilt auch für die in § 1 Abs. 2 genannten freigestellten Beförderungen.

II. Bezeichnung der Türen (Abs. 1 Nr. 2)

Bezeichnung der Türen im Obusverkehr (§ 41 PBefG) und Linienverkehr mit **2** Kraftomnibussen (§§ 42, 43 PBefG) dient der Unterrichtung des Fahrgastes darüber, dass bestimmte Türen nur für den Ein- oder Ausstieg oder nur für bestimmte Fahrgastgruppen (zB Zeitfahrausweisinhaber) vorgesehen sind. Sie kann auch durch Sinnbilder (Symbole) erfolgen.

III. Lesbarkeit und Wirkung (Abs. 2)

Beschriftungen oder Sinnbilder müssen insbesondere gut sichtbar und lesbar **3** sein, ihre Wirkung darf durch andere Aufschriften oder Bildzeichen nicht beeinträchtigt werden. Das zwingt zu Beschränkungen, insbesondere zum Einhalten ausreichender Abstände bei der Anbringung von Außenwerbung (s. dazu auch § 26 Abs. 3 und 4 sowie § 33 Abs. 4 S. 2). Ausnahmen können nach § 43 Abs. 1 zugelassen werden. Für Beschriftungen oder Sinnbilder, welche nicht von der BOKraft gefordert werden, muss vor ihrer Anbringung die Zustimmung zu Besonderen Beförderungsbedingungen nach § 39 Abs. 5 S. 1 PBefG eingeholt werden.

IV. Bußgeldbestimmungen

4 Der Verstoß kann nach § 45 Abs. 1 Nr. 5 Buchst. d mit Geldbuße geahndet werden.

§ 21 Verständigung mit dem Fahrzeugführer

(1) Obusse und Kraftomnibusse des Linienverkehrs müssen deutlich hör- oder sichtbare Verständigungseinrichtungen haben

1. zur Erteilung von Fahr- oder Halteaufträgen durch das Betriebspersonal,

2. bei Ein-Mann-Betrieb zur Mitteilung des Haltewunsches der Fahrgäste an den Fahrzeugführer.

In Kraftomnibussen, die überwiegend im Gelegenheitsverkehr verwendet werden, sind diese Einrichtungen entbehrlich, wenn sichergestellt ist, daß die Verständigung des Fahrzeugführers in anderer Weise erfolgen kann.

(2) Kraftomnibusse, für die Sicherheitsgurte vorgeschrieben sind, müssen geeignete Informationseinrichtungen haben, die den Fahrgästen anzeigen, wann Sicherheitsgurte anzulegen sind.

I. Verständigungseinrichtungen (Abs. 1 S. 1)

1 Verständigungseinrichtungen zu den in der Vorschrift bezeichneten Zwecken müssen nur Obussen und Kraftomnibussen des Linienverkehrs (§§ 42, 43 PBefG) funktionsfähig vorhanden sein. Anlagen zur Übermittlung von Sprache sind nicht erforderlich. Eine Möglichkeit, beim Fahrer ein akustisches oder optisches Zeichen auszulösen (zB über im Bus montierte Drucktaster) genügt, wenn das damit ausgelöste Zeichen für den Fahrer deutlich hörbar oder sichtbar ist. Eine Verständigung setzt die Kommunikation auch in der Gegenrichtung voraus. Im Ein-Mann-Betrieb geschieht dies heute meist durch eine im ganzen Bus sichtbare optische Anzeige (zB „Wagen hält"). Die Vorschrift gilt auch für die in § 1 Abs. 2 genannten freigestellten Beförderungen.

II. Entbehrlichkeit (Abs. 1 S. 2)

Entbehrlichkeit gelten für Kraftomnibusse, die überwiegend im Gelegenheitsverkehr (§§ 46 ff. PBefG) verwendet werden. Das ist der Fall, wenn der Bus mehr als die Hälfte seiner Laufleistung im Gelegenheitsverkehr zurücklegt. Das Fahrzeug ist dann allerdings auch nicht von der Kraftfahrzeugsteuer gemäß § 3 Nr. 6 des Kraftfahrzeugsteuergesetzes befreit. Die Entbehrlichkeit setzt außerdem voraus, dass sichergestellt ist, dass die Verständigung des Fahrzeugführers durch Bedienungspersonal oder Fahrgäste auf andere Weise, insbesondere mündlich, erfolgen kann. Das ist (infolge der Beschränkung der Platzkapazität auf die vorhandenen Sitzplätze) regelmäßig nur im Gelegenheitsverkehr der Fall. 2

III. Informationseinrichtungen zur Gurtanlegepflicht (Abs. 2)

Für welche Kraftomnibusse Sicherheitsgurte vorgeschrieben sind, regelt § 35a StVZO (s. zum Inkrafttreten § 72 StVZO). Sobald Sicherheitsgurte vorgeschrieben sind, muss das Fahrzeug auch mit einer funktionierenden Informationseinrichtung nach Abs. 2 ausgestattet sein. Eine solche ist geeignet, wenn die Information, dass Sicherheitsgurte angelegt werden müssen, von jedem Platz aus deutlich wahrnehmbar ist. Ob die Information akustisch oder optisch übermittelt wird, spielt keine Rolle. Die Bedienungspflicht für den Fahrer regelt § 8 Abs. 2a (vgl. § 8 Rn. 3). Die Einrichtungspflicht gilt auch für die in § 1 Abs. 2 genannten freigestellten Beförderungen. 3

IV. Bußgeldvorschrift

Verstöße gegen Abs. 1 oder Abs. 2 können nach § 45 Abs. 1 Nr. 5 Buchst. e mit Geldbuße geahndet werden. 4

§ 22 Stehplätze

(1) Stehplätze sind nur zulässig, wenn das Fahrzeug im Obusverkehr oder im Linienverkehr mit Kraftomnibussen eingesetzt wird.

(2) Bei einem Linienverkehr mit Kraftomnibussen, der nicht Orts- oder Nachbarortslinienverkehr ist, kann die Genehmigungsbehörde die Zulässigkeit von Stehplätzen ganz oder teilweise ausschließen.

I. Stehplätze (Abs. 1)

Voraussetzung für das Befördern auf Stehplätzen ist zunächst einmal, dass das Fahrzeug überhaupt mit Stehplätzen zugelassen ist (dazu § 34a StVZO iVm Anlage XIII; die bloße Eignung genügt nicht, maßgeblich ist die Eintragung 1 im Fahrzeugschein). Voraussetzung für die Benutzung dieser Stehplätze ist weiter, dass die Beförderung im Obusverkehr (§ 41 PBefG) oder im Linienverkehr mit Kraftfahrzeugen (§§ 42, 43 PBefG) eingesetzt wird. Im Gelegenheitsverkehr mit Kraftfahrzeugen (§§ 46 ff. PBefG) ist die Beförderung von Fahrgästen auf Stehplätzen folglich untersagt; keinen Stehplatz nimmt allerdings das zur Bedienung eingesetzte Betriebspersonal ein. § 22 gilt auch für die in § 1 Abs. 2 genannten freigestellten Verkehrsarten.

II. Ausschluss im Überlandverkehr (Abs. 2)

2 Im Linienverkehr, der nicht Orts- oder Nachbarortslinienverkehr ist (also im Überland- und Fernlinienverkehr), können regelmäßig höhere Fahrgeschwindigkeiten erreicht werden als im Orts- und Nachbarortslinienverkehr. Überdies ist die zulässige Höchstgeschwindigkeit außerhalb geschlossener Ortschaften ist bei der Beförderung stehender Fahrgäste auf 60 km/h beschränkt (§ 3 Abs. 3 Nr. 2 Buchst. b StVO). Die Genehmigungsbehörde (§ 11 PBefG) ist daher ermächtigt, bei einem solchen Linienverkehr mit Kraftomnibussen entweder aus Gründen der Verkehrssicherheit oder zur Ermöglichung einer höheren zulässigen Höchstgeschwindigkeit das Stehplatzangebot ganz oder teilweise auszuschließen. Dies erfolgt idR zusammen mit der Zustimmung zum Fahrplan nach § 40 Abs. 2 PBefG.

III. Bußgeldbestimmungen

3 Verstöße gegen Abs. 1 und 2 können nach § 45 Abs. 1 Nr. 5 Buchst. f mit Geldbuße geahndet werden.

§ 23 *(aufgehoben)*

§ 24 *(aufgehoben)*

3. Titel. Taxen, Mietwagen und gebündelter Bedarfsverkehr

§ 25 Türen, Alarmanlage und Trennwand

(1) Taxen und Mietwagen müssen mindestens auf der rechten Längsseite zwei Türen haben.

(2) Taxen und Mietwagen müssen mit einer Alarmanlage versehen sein, die vom Sitz des Fahrzeugführers aus in Betrieb gesetzt werden kann. Die Alarmanlage muß die Hupe zum Tönen in Intervallen und die Scheinwerfer sowie die hinteren Fahrtrichtungsanzeiger zum Blinken bringen. Zusätzlich kann das Taxen-

schild nach § 26 Abs. 1 Nr. 2 – auch mittels eingebauter roter Leuchtdioden – zum Blinken gebracht werden.

(3) Taxen und Mietwagen können mit einer Trennwand ausgerüstet sein, die zum Schutz des Fahrzeugführers ausreichend kugelsicher ist. Die Trennwand soll entweder zwischen den Vorder- und Rücksitzen angebracht sein oder den Sitz des Fahrzeugführers von den Fahrgastplätzen abteilen; sie darf versenkbar oder so beschaffen sein, daß ein Teil seitlich verschoben werden kann.

I. Türen (Abs. 1)

S. zum Begriff des Taxenverkehrs § 47 Abs. 1 PBefG; zum Begriff des Mietwagenverkehrs § 49 Abs. 4 PBefG. Abs. 1 will aus Gründen der Verkehrssicherheit sicherstellen, dass wenigstens auf der üblicherweise zum Ein- und Aussteigen benutzten rechten Fahrzeugseite zwei Türen vorhanden sind. Zweitürige Fahrzeuge bedürfen zu ihrem Einsatz in den genannten Verkehrsformen einer Ausnahmegenehmigung nach § 43 Abs. 1 S. 1, die für ein zweisitziges Fahrzeug idR erteilt werden muss. Die Beschaffenheit der Türen und Türverschlüsse regelt § 35e StVZO. **1**

II. Alarmanlage (Abs. 2)

Die Ausrüstungspflicht dient dem Schutz der Taxi- und Mietwagenfahrer gegen Überfälle durch Fahrgäste. Die Alarmanlage muss vom Fahrersitz aus in Betrieb gesetzt werden können, und mindestens die Hupe zum Tönen in Intervallen, und die Scheinwerfer sowie die hinteren Fahrtrichtungsanzeiger zum Blinken bringen. Dies stellt nur Mindestvoraussetzungen dar, weitere Sicherheitseinrichtungen (wie automatische Kamera, Notruftaste am Funkgerät u. v. m.) sind zulässig. Die Mindestausstattung ersetzen sie allerdings nur im Wege einer Ausnahmegenehmigung nach § 43 Abs. 1. Die zusätzliche Ausstattung mit einem blinkenden Taxenschild (in dem abweichend von § 26 Abs. 2 iVm Anlage 1 auch rote blinkende Leuchtdioden erlaubt sind) steht im Ermessen des Unternehmers. Die Aufnahme dieses „stillen Alarms" in § 25 erfolgte auf ausdrücklichen Wunsch des Taxigewerbes (Bidinger BOKraft § 25 Rn. 35). Auch andere Sicherheitseinrichtungen stehen im Ermessen des Unternehmers. Das Mitführen einer Schusswaffe ist allerdings nur unter den Voraussetzungen des Waffengesetzes möglich, und daher regelmäßig ausgeschlossen. **2**

III. Trennwände (Abs. 3)

Trennwände sind nicht mehr zwingend vorgeschrieben. Ihr Einbau steht im Ermessen des Unternehmers. Für ihre Beschaffenheit gelten neben Abs. 3 die Richtlinien über die Ausführung und Anbringung von Trennwänden in Droschken und Mietwagen vom 1.7.1969 (VkBl. S. 372). **3**

IV. Bußgeldbestimmung

4 Verstöße gegen Abs. 2 können nach § 45 Abs. 1 Nr. 5 Buchst. g mit Geldbuße geahndet werden. Verstöße Abs. 1 und 3 sind keine Ordnungswidrigkeiten.

§ 26 Kenntlichmachung

(1) Taxen müssen kenntlich gemacht sein

1. durch einen hell-elfenbein-farbigen Anstrich; als Farbton ist zu wählen RAL 1015 des Farbtonregisters RAL 840 HR des Ausschusses für Lieferbedingungen und Gütesicherung (RAL) beim Deutschen Normenausschuß,

2. durch ein auf dem Dach der Taxe quer zur Fahrtrichtung angebrachtes, von innen beleuchtbares, auf der Vorderseite und auf der Rückseite mit der Aufschrift „TAXI" versehenes Schild (Taxischild) nach Anlage 1.

Vorbehaltlich des Absatzes 2 ist jede andere als die nach dieser Verordnung vorgeschriebene Kenntlichmachung oder Beschriftung unzulässig.

(2) Nach außen wirkende Werbung an Taxen und Mietwagen ist nur auf den seitlichen Fahrzeugtüren zulässig. Politische und religiöse Werbung an Taxen ist unzulässig.

I. Anstrich (Abs. 1 Nr. 1)

1 Aus der Betriebspflicht der Taxenunternehmer (§§ 21, 47 Abs. 3 PBefG) und zur Unterscheidung der Taxen von den Mietwagen folgt die Notwendigkeit der einheitlichen äußeren Kenntlichmachung der Taxen; sie müssen von jedermann als solche ohne weiteres zu erkennen sein. Andere Farben als hell-elfenbein-farbig dürfen nicht verwendet werden, auch wenn sie ähnlich sind (OVG Lüneburg VRS 43, 479). Die Farbgebung gilt für sämtliche Karosserieteile, lediglich Anbauteile, Verzierungen und Verblendungen dürfen farblich abweichen. Ausnahmen nach § 43 Abs. 1 sind heutzutage entweder als Einzelgenehmigungen oder durch Allgemeinverfügungen in einigen Bundesländern verbreitet. Für Mietwagen ist die Verwendung dieser Farbe nach § 49 Abs. 4 S. 6 PBefG verboten, ein Verstoß ist allerdings nicht zugleich ein Wettbewerbsverstoß gemäß § 1 UWG (BGH VRS 71, 121 = TranspR 1986, 246). S. zu Fahrzeugen mit Doppelgenehmigung oder Gemischtkonzession für den Taxen- und Mietwagenverkehr § 31 Abs. 1; auch für sie gilt Abs. 1 Nr. 1.

II. Taxischild (Abs. 1 Nr. 2)

2 Zur Kenntlichmachung gehört auch ein auf dem Dach der Taxe quer zur Fahrtrichtung angebrachtes, von innen beleuchtbares, auf der Vorderseite und auf der Rückseite mit der Aufschrift „TAXI" versehenes Schild (Taxischild).

Die in der Vorschrift näher geregelte Kenntlichmachung durch das Taxischild ist zwingend vorgeschrieben. Anlage 1 zur BOKraft regelt Größe, Farbgebung und Innenbeleuchtung des Taxischilds. Es muss nicht dauerhaft befestigt sein; auch umklappbare und abnehmbare Schilder sind zugelassen (Hole Anm. 3). Im Wege der Ausnahme nach § 43 Abs. 1 können auch zwei Taxischilder verwendet werden, die durch einen Dachwerbeträger verbunden sind (vgl. VG Gelsenkirchen 25.3.2009 – 7 K 696/08, BeckRS 2009, 33535). Ausnahmegenehmigungen sind nach § 43 Abs. 1 S. 3 hinsichtlich der Aufschrift und der Farbgebung nicht möglich. Für Mietwagen ist die Verwendung von Taxischildern verboten (§ 49 Abs. 4 S. 6 PBefG). Dies gilt im Hinblick auf die Verwechslungsgefahr auch für beleuchtete Dachwerbeträger (vgl. VGH München 28.1.2010 – 11 ZB 08.385, BeckRS 2010, 9926). S. zu Fahrzeugen mit Doppelgenehmigung oder Gemischtkonzession für den Taxen- und Mietwagenverkehr § 31 Abs. 1 S. 2; das Taxischild darf im Mietwagenverkehr nicht angezeigt werden.

III. Werbung (Abs. 2)

Werbung im Taxen- und Mietwagenverkehr ist jede Maßnahme, die geeignet **3** ist, allgemeine Aufmerksamkeit zu erregen und die Benutzung der derart gekennzeichneter Fahrzeuge oder die Benutzung der beworbenen Produkte oder Firmen anzuregen. Werbemaßnahmen sind auch Symbole oder. Zu unterscheiden sind Außen- und Innenwerbung. Die frühere Unterscheidung zwischen Eigen- und Fremdwerbung ist weggefallen, nachdem das BVerwG das Verbot der Eigenwerbung an Taxen nach § 26 Abs. 3 aF für verfassungswidrig erklärt hatte (BVerwGE 124, 26 = NJW 2005, 3510 = Buchholz 442.015 § 26 BOKraft Nr. 2). Die übriggebliebenen Werbeverbote und -beschränkungen des Abs. 2 sind jedoch verfassungsgemäß (so zur früheren Rechtslage BVerwG VRS 67, 306 = DÖV 1984, 1026; VRS 71, 479 = NJW 1987, 206 = DÖV 1987, 868).

IV. Nach außen wirkende Werbung (Abs. 2 S. 1)

Nach außen wirkende Werbung ist nach Abs. 2 S. 1 nur auf den seitlichen **4** Fahrzeugtüren zulässig, nicht aber auch auf dem Fahrzeugheck oder den Kotflügeln. Außenwerbung an anderen Stellen kann nur nach vorheriger Ausnahmegenehmigung nach § 43 Abs. 1 gestattet werden. Beleuchtete Dachwerbeträger sind wegen der Verwechslungsgefahr jedoch nur im Taxenverkehr (ablehnend OVG Hamburg VRS 115, 113, Rn. 21, 23), nicht aber auch im Mietwagenverkehr genehmigungsfähig (vgl. VGH München 28.1.2010 – 11 ZB 08.385, BeckRS 2010, 9926). Die Zulässigkeit von Außenwerbung enthebt nicht von der Anstrichpflicht nach Abs. 1 Nr. 1, dies ist bei der Gestaltung der Werbung zu beachten. Innenwerbung (zB Werbung auf Kopfstützen oder Aufklebern) wird durch Abs. 2 Satz 1 nicht eingeschränkt.

V. Politische und religiöse Werbung (Abs. 2 S. 2)

5 Politische und religiöse Werbung ist als Innen- wie auch als Außenwerbung unzulässig. Verbotsgrund ist die vermeintliche Identifikation von Fahrgästen mit Werbeaussagen und das Konfliktpotential an Taxiständen (BVerwG VRS 73, 239 = NJW 1999, 805; BVerfG NJW 2000, 1326 = DAR 2000, 112). Politische Werbung ist nicht nur parteipolitische, sondern auch allgemein- oder gesellschaftspolitische Werbung („Atomkraft – nein danke", vgl. KG VRS 67, 278; s. auch BVerwG VRS 71, 479 = NJW 1987, 206 = DÖV 1987, 868).

VI. Bußgeldbestimmungen

6 Verstöße des Unternehmers gegen Abs. 1 S. 1 Nr. 1 und 2, Abs. 1 S. 2 und Abs. 2 S. 2 können nach § 45 Abs. 1 Nr. 5 Buchst. h bis j mit Geldbuße geahndet werden.

§ 27 Ordnungsnummer, Unternehmeranschrift

(1) Bei Taxen ist an der rechten unteren Ecke der Heckscheibe ein nach außen und innen wirkendes Schild nach Anlage 3 mit der Ordnungsnummer, die die Genehmigungsbehörde erteilt hat, anzubringen.

(2) Bei Taxen ist im Wageninnern an einer für den Fahrgast gut sichtbaren Stelle ein Schild mit Namen und Betriebssitz des Unternehmers anzubringen.

(3) Bei Mietwagen ist an der rechten unteren Ecke der Heckscheibe ein nach außen und innen wirkendes Schild nach Anlage 3a mit der Ordnungsnummer, die die Genehmigungsbehörde erteilt hat, anzubringen.

(4) Bei Fahrzeugen des gebündelten Bedarfsverkehrs nach § 50 des Personenbeförderungsgesetzes ist an der rechten unteren Ecke der Heckscheibe ein nach außen und innen wirkendes Schild nach Anlage 3b mit der Ordnungsnummer, die die Genehmigungsbehörde erteilt hat, anzubringen.

1 Die **Ordnungsnummer (Abs. 1),** die dem Unternehmer für jedes Fahrzeug jeweils gesondert erteilen ist, dient dem Zweck, dem Fahrgast auf schnelle und einfache Weise die Feststellung des Fahrzeuginhabers oder -führers in den Fällen zu ermöglichen, in denen diese die Sicherheit und Ordnung des Betriebs gefährdet haben. Die Ordnungsnummer darf nur durch ein Schild an der rechten unteren Ecke der Heckscheibe erfolgen, und muss nach innen und außen wirken, also lesbar sein. Abmessungen, Farbgebung und Beschriftung des Schildes regelt Anlage 3. S. zu Fahrzeugen mit Doppelgenehmigung oder Gemischtkonzession für den Taxen- und Mietwagenverkehr § 31 Abs. 1; auch für sie gilt Abs. 1; die Ordnungsnummer darf im Mietwagenverkehr jedoch nicht angezeigt werden.

Name und Betriebssitz (Abs. 2) des Unternehmers sind auf einem Schild an einer für den Fahrgast gut sichtbaren Stelle anzubringen. Das Schild hat eine ähnliche Unterrichtungsfunktion wie die Ordnungsnummer; die Angabe ist aber auf das Informationsbedürfnis des Fahrgastes ausgerichtet. Zum Betriebssitz gehört außer dem Ort auch die postalische Anschrift. 2

Die Pflicht zur Anbringung einer **Ordnungsnummer im Mietwagen- und gebündelten Bedarfsverkehr** nach Abs. 3 und 4 wurde durch Art. 5 G. v. 16.4.2021 (BGBl. I 822, 831) angefügt. 3

Bußgeldbestimmung. Der Verstoß gegen Abs. 1 kann nach § 45 Abs. 1 Nr. 5 Buchst. k mit Geldbuße geahndet werden. Der Verstoß gegen Abs. 2 ist keine Ordnungswidrigkeit. 4

§ 28 Fahrpreisanzeiger

(1) Taxen müssen mit einem beleuchtbaren Fahrpreisanzeiger ausgerüstet sein. Abweichend von Satz 1 ist statt der Ausrüstung mit einem beleuchtbaren Fahrpreisanzeiger auch die Ausrüstung mit einem konformitätsbewerteten softwarebasierten System möglich. Die Vorschriften des Eichrechts finden Anwendung.

(2) Der Fahrpreisanzeiger muß anzeigen

1. das Beförderungsentgelt, getrennt nach Fahrpreis und Zuschlägen,

2. die gegebenenfalls anzuwendende Tarifstufe.

Die Anzeige muß leicht ablesbar und bei Dunkelheit beleuchtet sein.

I. Fahrpreisanzeiger (Abs. 1)

Die Pflicht zur Ausrüstung mit einem Fahrpreisanzeiger (Abs. 1) ist die notwendige Folge der sich aus § 51 Abs. 1 iVm § 37 Abs. 3 PBefG, § 37 BOKraft ergebenden Tarifpflicht der Taxenunternehmer (vgl. BVerfGE 7, 377). Der Fahrpreisanzeiger dient der Kontrolle durch den Fahrgast, erst in zweiter Linie dem Fahrer zur Erleichterung der Tarifanwendung. Der Fahrpreisanzeiger muss funktionstüchtig sein (vgl. § 37 Abs. 2). Mietwagen dürfen nicht mit Fahrpreisanzeigern ausgerüstet werden (vgl. § 49 Abs. 4 S. 6 PBefG). S. zu Fahrzeugen mit Doppelgenehmigung oder Gemischtkonzession für den Taxen- und Mietwagenverkehr § 31 Abs. 2; Abs. 1 Nr. 1 gilt auch für nur in geringem Umfang für den Mietwagenverkehr verwendete Fahrzeuge. Der Fahrpreisanzeiger muss beleuchtbar und geeicht sein. 1

II. Beschaffenheit (Abs. 2)

Der Fahrpreisanzeiger muss für die Abrechnung wesentliche Angaben zum Beförderungsentgelt nach § 51 Abs. 1 S. 2 PBefG anzeigen, gut lesbar und bei Dunkelheit beleuchtet sein. Nach § 19 muss der Fahrpreisanzeiger außerdem so eingebaut werden, dass Verletzungen der Fahrzeugführer und Fahrgäste ausgeschlossen sind. 2

III. Bußgeldbestimmung

3 Der Verstoß gegen § 28 kann nach § 45 Abs. 1 Nr. 5 Buchst. l mit Geldbuße geahndet werden.

§ 28a Navigationsgerät

Taxen müssen mit einem dem Stand der Technik entsprechenden Navigationsgerät ausgerüstet sein, welches mindestens nachfolgende Funktionen besitzen muss:
1. echtzeitdatenbasierte Streckenführung,
2. Echtzeit-Staumeldungen,
3. Stau- und Sperrungsumfahrungen und
4. umfassendes Sonderzieleverzeichnis.
Als ein dem Stand der Technik entsprechendes Navigationsgerät gilt auch ein softwarebasiertes System mit den oben genannten Funktionen auf einem entsprechenden Endgerät.

1 Der **Stand der Technik** wird im Allgemeinen verstanden als der Entwicklungsstand fortschrittlicher Verfahren, Einrichtungen und Betriebsweisen, der nach herrschender Auffassung führender Fachleute das Erreichen des vorgegebenen Zieles gesichert erscheinen lässt. Verfahren, Einrichtungen und Betriebsweisen oder vergleichbare Verfahren, Einrichtungen und Betriebsweisen müssen sich in der Praxis bewährt haben oder sollten – wenn dies noch nicht der Fall ist – möglichst im Betrieb mit Erfolg erprobt worden sein. Der Stand der Technik steht nach der vom Bundesverfassungsgerichts entwickelten Drei-Stufen-Theorie (Beschluss vom 8. August 1978 – 2 BvL 8/77) zwischen den bewährten anerkannten Regeln der Technik und dem weiter fortgeschrittenen Stand der Wissenschaft.

§ 29 Gepäck

Taxen müssen auch bei vollständiger Besetzung im Rahmen ihres zulässigen Gesamtgewichts mindestens 50 kg Gepäck befördern können.

1 S. zum Begriff Gepäck § 15; gemeint sind mitbeförderte Sachen. S. zu Fahrzeugen mit Doppelgenehmigung oder Gemischtkonzession für den Taxen- und Mietwagenverkehr § 31 Abs.

2 Das **zulässige Gesamtgewicht** ergibt sich aus dem Fahrzeugschein (vgl. § 34 StVZO).

3 **Bußgeldbestimmung.** Der Verstoß gegen § 29 ist keine Ordnungswidrigkeit.

§ 30 Wegstreckenzähler

(1) In Mietwagen ist ein leicht ablesbarer Wegstreckenzähler anzubringen. Anstelle des Wegstreckenzählers ist die Ausrüstung mit einem konformitätsbewerteten softwarebasierten System möglich. Die Vorschriften des Eichrechts finden Anwendung.

(2) Absatz 1 gilt auch für Mietomnibusse, wenn das Beförderungsentgelt nach den Angaben eines Wegstreckenzählers ermittelt wird.

I. Mietwagen (Abs. 1)

S. zum Begriff § 49 Abs. 4 S. 1 PBefG. Abs. 1 soll dem Fahrgast eine Nachprüfungsmöglichkeit hinsichtlich der zurückgelegten Strecke und die Höhe des Beförderungsentgelts schaffen. Die Ausrüstungspflicht gilt auch dann, wenn das Beförderungsentgelt pauschal berechnet wird. Erforderlich ist ein gesonderter Wegstreckenzähler, die im Tachometer integrierte Wegstreckenanzeige genügt nicht. Auch der Wegstreckenzähler muss geeicht sein (→ § 28 Rn. 1). Nach Satz 2 (eingefügt durch Art. 5 Gesetz v. 16.4.2021 (BGBl. I 822, 831) ist auch die Ausrüstung mit einem konformitätsbewerteten softwarebasierten System möglich. Von der Ausrüstungspflicht kann nach § 43 Abs. 1 eine Befreiung genehmigt werden. Dies kommt vor allem dann in Betracht, wenn mit dem Mietwagen ausschließlich Fahrten zu im Voraus feststehenden Pauschalpreisen durchgeführt werden. 1

II. Mietomnibusse (Abs. 2)

Mietomnibusse müssen nur dann einen Wegstreckenzähler haben, wenn das Beförderungsentgelt nicht (wie nahezu ausnahmslos üblich) pauschal berechnet, sondern nach Kilometerpreisen ermittelt wird. 2

III. Bußgeldbestimmung

Der Verstoß gegen § 29 kann nach § 45 Abs. 1 Nr. 5 Buchst. m. mit Geldbuße geahndet werden. 3

§ 31 Fahrzeuge mit einer Genehmigung für den Taxen-, Mietwagenverkehr und gebündelten Bedarfsverkehr

(1) Für Fahrzeuge, die für den Taxenverkehr und mindestens einen weiteren Gelegenheitsverkehr nach § 49 Absatz 4 oder § 50 des Personenbeförderungsgesetzes genehmigt sind, gelten die §§ 25 bis 30. Für Fahrzeuge, die für den Mietwagenverkehr und gebündelten Bedarfsverkehr genehmigt sind, gelten die §§ 25, 27 Absatz 3 und 4 und § 30. Wird Mietwagen- oder gebündelter Bedarfs-

verkehr ausgeführt, darf das Taxischild nach § 26 Absatz 1 Nummer 2 nicht gezeigt werden.

(2) Wird ein Fahrzeug nur in geringem Umfang für den Mietwagenverkehr verwendet, kann die Genehmigungsbehörde gestatten, daß das Fahrzeug nur mit einem Fahrpreisanzeiger ausgerüstet wird; in diesem Falle hat der Fahrzeugführer bei Durchführung von Mietwagenverkehr den Fahrgast auf das Fehlen eines besonderen Wegstreckenzählers und die Art der Berechnung des Beförderungsentgelts hinzuweisen.

I. Fahrzeuge mit Doppelgenehmigung oder Gemischtkonzession für den Taxen-, Mietwagen- und gebündelten Bedarfsverkehr (Abs. 1)

1 Abs. 1 wurde durch Art. 5 G. v. 16.4.2021 (BGBl. I 822, 831) um die Mischgenehmigung mit einem gebündelten Bedarfsverkehr erweitert. Nach § 46 Abs. 3 PBefG darf für denselben Personenkraftwagen eine Genehmigung sowohl für den Taxenverkehr als auch für den Mietwagen- oder gebündelten Bedarfsverkehr nur erteilt werden in Orten mit weniger als 50 000 Einwohner, nach näherer Bestimmung der höheren Verwaltungsbehörde auch nur in kleineren Orten erteilt werden. Dann gelten auch im Mietwagen- oder gebündelten Bedarfsverkehr die §§ 25 bis 30. Taxischild (§ 26 Abs. 1 Nr. 2) und Ordnungsnummer (§ 27 Abs. 1) dürfen allerdings nur gezeigt werden, wenn Taxenverkehr ausgeübt wird.

II. Ausnahmen (Abs. 2)

2 Wird das Fahrzeug nur in geringem Umfang für den Mietwagenverkehr verwendet (vgl. OVG Lüneburg VRS 43, 479), kann es nur mit einem Fahrpreisanzeiger (§ 28) ausgestattet sein. Die Genehmigung steht im Ermessen der Genehmigungsbehörde (§ 11 PBefG). Ist die Genehmigung erteilt, muss der Fahrer im Mietwagenverkehr den Fahrgast auf das Fehlen eines besonderen Wegstreckenzählers und die Art der Berechnung des Beförderungsentgelts hinweisen.

III. Bußgeldbestimmung

3 Der Verstoß gegen Abs. 1 kann nach § 45 Abs. 1 Nr. 5 Buchst. n, der Verstoß gegen Abs. 2 nach § 45 Abs. 2 Nr. 5 Buchst. c mit Geldbuße geahndet werden.

4. Abschnitt. Sondervorschriften

1. Titel. Obusverkehr und Linienverkehr mit Kraftfahrzeugen

§ 32 Haltestellen

(1) Bei der Bestimmung über die Anbringung der Haltestellenzeichen nach § 45 Abs. 3 StVO ist dem genehmigten Fahrplan entsprechend den Erfordernissen des Betriebes und des Verkehrs Rechnung zu tragen.

(2) Der Unternehmer hat neben den Angaben nach § 40 Abs. 4 PBefG

1. **an der Haltestelle die Liniennummer sowie den Namen des Unternehmers anzubringen; anstelle des Namens des Unternehmers kann bei Verkehrsverbünden und Verkehrsgemeinschaften deren Bezeichnung treten,**
2. **im Orts- und Nachbarortslinienverkehr an der Haltestelle deren Bezeichnung auf einem Zusatzschild deutlich sichtbar anzugeben,**
3. **an verkehrsreichen Haltestellen des Ortslinienverkehrs Behälter zum Abwerfen benutzter Fahrscheine anzubringen.**

I. Haltestellenzeichen (Abs. 1)

S. zu Begriff und Ausführung § 41 Abs. 2 Nr. 4 StVO iVm Zeichen 224. Das 1
Haltestellenzeichen ist ein Verkehrszeichen. Es kennzeichnet eine Haltestelle; seine Anbringung begründet die besonderen straßenverkehrsrechtlichen Pflichten und Rechte nach § 12 Abs. 3 Nr. 4 und § 20 StVO. Zusammen mit dem Zusatzschild „Schulbus (Angabe der tageszeitlichen Benutzung)" kennzeichnet das Haltestellenzeichen eine Schulbushaltestelle.

II. Haltestellen

Haltestellen gehören straßenrechtlich zum Straßenraum; ihre Benutzung 2
durch den öffentlichen Verkehr (also den Obusverkehr und den Linienverkehr mit Kraftfahrzeugen einschließlich Sonderlinienverkehr) ist vom Gemeingebrauch umfasst und daher ohne Sondernutzungsgebühren zulässig. Träger der Verkehrssicherungspflicht und damit verantwortlich für den verkehrssicheren Zustand der Haltestelle ist der Träger der Straßenbaulast, nicht der Unternehmer (vgl. BGH NJW 1970, 305; OLG Frankfurt/M. VersR 1975, 83; LG Hannover VersR 1989, 627). Der Unternehmer muss die Haltestelle jedoch kontrollieren und unterhalten (vgl. OLG Zweibrücken VRS 70, 84); hierzu gehört auch die Erfüllung der Räum- und Streupflicht bei Schneeglätte und Glatteis (vgl. BGH NJW 1953, 1506; 1967, 2199; LG Krefeld NZV 1989, 88).

III. Festsetzung der Straßenverkehrsbehörde

3 Die Lage der Haltestelle ergibt sich gemäß § 40 Abs. 1 und 2 PBefG aus dem Fahrplan, wird durch die eigenverantwortlich entscheidende Genehmigungsbehörde (§ 11 PBefG) festgelegt. Während nach § 45 Abs. 3 StVO die Straßenverkehrsbehörden bestimmen, wo und welche Verkehrszeichen und Verkehrseinrichtungen anzubringen und zu entfernen sind, ist dieses Ermessen durch Abs. 1 in zweifacher Hinsicht eingeschränkt. An Haltestellen im Obusverkehr (§ 41 PBefG) und im Linienverkehr mit Kraftfahrzeugen (§ 42 PBefG, gemäß § 36 BOKraft jedoch nicht im Sonderlinienverkehr nach § 43 PBefG) ist das Anbringen des Haltestellenzeichens zwingend. Außerdem ist die Straßenverkehrsbehörde an die Festlegung der Haltestelle durch die Genehmigungsbehörde grundsätzlich gebunden. Sie entscheidet nur noch über die konkrete Stelle der Anbringung innerhalb des gemäß § 40 Abs. 1 und 2 PBefG festgelegten örtlichen Bereichs. Hierbei ist den Erfordernissen des Betriebs und des Verkehrs Rechnung zu tragen (vgl. OVG Münster VRS 57, 396; OVG Saarland NJW 2004, 2995). Wird an einer Haltestelle aus beiden Richtungen angehalten, ist die Anbringung des Haltestellenzeichens auf beiden Straßenseiten erforderlich (OLG Celle VRS 15, 306). Bei den nicht von Abs. 1 erfassten Verkehrsformen (Sonderlinienverkehre nach § 43 PBefG und freigestellte Verkehre nach § 1 FreistellungsVO) entscheidet die Straßenverkehrsbehörde gemäß § 45 Abs. 3 StVO nach pflichtgemäßem Ermessen. Schulbusse sollen grundsätzlich die Haltestellen des Linienverkehrs nach Abs. 1 mitbenutzen. Sie sollen aber möglichst so halten, dass die Kinder die Fahrbahn nicht überqueren müssen (VwV zu § 20 Abs. 4 StVO; vgl. VGH Kassel NJW 1986, 2781). Im freigestellten Schülerverkehr ist die gefahrlose Einrichtung der Haltestellen außerdem eine dem Schulträger gegenüber den Schülern obliegende Amtspflicht (vgl. BGH DVBl. 1977, 283; DAR 1981, 318; OLG Koblenz NJW 1977, 60).

IV. Rechtsschutz

4 Das Anbringen des Haltestellenzeichens muss der Anlieger dulden (§ 32 Abs. 1 Nr. 2 PBefG). Der Anlieger kann verwaltungsgerichtlichen Rechtsschutz nur gegen die Festsetzung der Straßenverkehrsbehörde nach § 45 Abs. 3 StVO erlangen, da § 40 Abs. 2 PBefG Drittschutz gegen die Haltestellenfestlegung nur anderen Unternehmern einräumt. Da die Entscheidung nach § 40 Abs. 2 PBefG für die Straßenverkehrsbehörde bindend ist, ist eine Überprüfung der Festsetzung nur im Rahmen des der Straßenverkehrsbehörde nach Abs. 1 verbleibenden Ermessens möglich (vgl. VGH München VRS 56, 72; VG Bremen VRS 52, 398; VG Münster VRS 57, 396; VGH Kassel NJW 1986, 2781). Rechtsschutz gegen die Immissionen, die von der Haltestellenbenutzung ausgehen (Lärm), ist regelmäßig nur im Zivilrechtsweg gegen den Unternehmer möglich; eine Duldungspflicht löst insoweit weder die Zustimmung nach § 40 Abs. 2 PBefG noch die Festsetzung nach § 45 Abs. 3

StVO aus (vgl. BGH DVBl. 1984, 472). Entsprechend kann der Anlieger von dem Unternehmer nach § 1004 BGB auch Ersatz der Kosten für die Beseitigung der von Fahrgästen verursachten Verschmutzungen oder Beschädigungen verlangen (vgl. KG VRS 66, LG Essen NZV 1989, 195). Der Unternehmer kann gegen die Festsetzung der Straßenverkehrsbehörde den Verwaltungsrechtsweg beschreiten (vgl. OVG Lüneburg Der Städtetag 1976, 559).

V. Informations- und Ausstattungspflicht (Abs. 2)

An den Haltestellen sind nach § 40 Abs. 4 PBefG zunächst einmal die Abfahrtszeiten anzuzeigen (sog. Aushangfahrplan). Abs. 2 Nr. 1 erweitert dies um die Angabe der Liniennummer und des Namens des Unternehmers; anstelle des Namens des Unternehmers kann bei Verkehrsverbünden und Verkehrsgemeinschaften (s. zum Begriff die ÖPNV-Gesetze der Länder) deren Bezeichnung treten. Die Entscheidung hierüber obliegt vorbehaltlich vertraglicher Regelungen allein dem Unternehmer. Bei von mehreren Unternehmern benutzten Haltestellen (sog. Doppelhaltestellen) müssen diese Pflichten von sämtlichen Unternehmern erfüllt werden. Im Orts- und Nachbarortslinienverkehr ist an der Haltestelle nach Abs. 2 Nr. 2 außerdem deren Bezeichnung auf einem Zusatzschild deutlich sichtbar anzugeben. An verkehrsreichen Haltestellen des Ortslinienverkehrs sind nach Abs. 2 Nr. 3 Behälter zum Abwerfen benutzter Fahrscheine anzubringen. 5

VI. Kostentragung

Die Kosten für die Anbringung des Haltestellenzeichens trägt nach § 5b Abs. 2 Buchst. b StVG der Unternehmer. Mangels einer Kostenerstattungsregelung gilt dies auch für sämtliche Aufwendungen im Zusammenhang mit Abs. 2. 6

VII. Bußgeldbestimmung

Der Verstoß § 32 ist keine Ordnungswidrigkeit. 7

§ 33 Kennzeichnung und Beschilderung

(1) Jedes Fahrzeug ist an der Stirnseite mit einem Zielschild und an der rechten Längsseite mit einem Streckenschild zu kennzeichnen. Bei Fahrzeugen mit 9 bis 35 Fahrgastplätzen genügt die Kennzeichnung mit einem Zielschild an der Stirnseite des Fahrzeugs. An der Rückseite jedes Fahrzeugs ist die Liniennummer zu führen.

(2) Im Zielschild sind mindestens der Endpunkt der Linie (Zielort, Zielhaltestelle) und die Liniennummer anzugeben. Das Streckenschild soll Liniennummer, Ausgangs- und Endpunkt der Linie sowie wichtige Angaben über den Fahrweg

enthalten. Bestehen zwischen Ausgangs- und Endpunkt der Linie verschiedene Streckenführungen, so ist der Fahrweg im Ziel- und Streckenschild in geeigneter Weise kenntlich zu machen.

(3) Zielschild, Streckenschild und Liniennummer müssen auch bei Dunkelheit erkennbar sein. Farbiges Licht darf als Unterscheidungszeichen für Linien nicht verwendet werden.

(4) Fahrzeuge, die für Schülerbeförderungen besonders eingesetzt sind, müssen an Stirn- und Rückseite mit einem Schild nach Anlage 4 kenntlich gemacht sein; an der Stirnseite genügt auch eine Kennzeichnung im Zielschilderkasten mit dem Sinnbild nach Anlage 4 und einem Zusatzschild in der Farbgebung des Bilduntergrundes mit der Aufschrift „Schulbus". Die Wirkung des Schildes darf durch andere Aufschriften oder Bildzeichen nicht beeinträchtigt werden. Bei anderen Fahrten darf das Schild nicht gezeigt werden. Absatz 1 findet keine Anwendung.

(5) Für Fahrzeuge, die nach ihrer Bauart und Ausrüstung zur Beförderung von nicht mehr als sechs Personen (einschließlich Fahrzeugführer) geeignet und bestimmt sind, gilt Absatz 4 nicht.

I. Kennzeichnungspflicht (Abs. 1)

1 Zielschild, Streckenschild und Liniennummer dienen der schnellen und zuverlässigen Unterrichtung der Fahrgäste. Die Kennzeichnungspflicht nach Abs. 1 bis 3 gilt nur im Obusverkehr (§ 41 PBefG) und im Linienverkehr mit Kraftfahrzeugen nach § 42 PBefG, gemäß § 36 BOKraft nicht aber im Sonderlinienverkehr (§ 43 PBefG). Auch die in § 1 Abs. 2 genannten freigestellten Beförderungen unterliegen nicht der Kennzeichnungspflicht (s. aber Abs. 4). Soweit nicht Abs. 2 und 3 anderes regeln, sind Größe, Ausführung, Beschriftung, Farbgebung und konkreter Anbringungsort in das Ermessen des Unternehmers gestellt. Auf das Streckenschild kann in Fahrzeugen mit 9 bis 35 Fahrgastplätzen (einschließlich Stehplätzen) verzichtet werden. Da der Verzicht aus Platzgründen erfolgte, gilt er auch im (vom Verordnungsgeber offensichtlich vergessenen) Linienverkehr mit Personenkraftwagen (ebenso Bidinger BOKraft § 33 Rn. 52).

II. Mindestinhalte von Ziel- und Streckenschild (Abs. 2)

2 Das Zielschild (Abs. 2 S. 1) muss zwingend mindestens den Endpunkt der Linie (Zielort, Zielhaltestelle) und die Liniennummer bezeichnen, weitere Angaben stehen im Ermessen des Unternehmers. Die Angaben auf dem Streckenschild (nach Abs. 2 S. 2 Liniennummer, Ausgangs- und Endpunkt der Linie sowie wichtige Angaben über den Fahrweg) haben dagegen nur Sollcharakter. Ob insbesondere Angaben über den Fahrweg gemacht werden, liegt daher im Ermessen des Unternehmers, der allerdings auch das Informationsbedürfnis der Fahrgäste berücksichtigen muss. Kein Ermessen besteht insoweit nach Abs. 2 S. 3, wenn zwischen Ausgangs- und Endpunkt der Linie verschiedene Streckenführungen bestehen. Dann muss der Fahrweg sowohl

im Zielschild als auch im Streckenschild in geeigneter Weise kenntlich gemacht werden.

III. Erkennbarkeit (Abs. 3)

Zielschild, Streckenschild und Liniennummer müssen nach Abs. 3 S. 1 zunächst einmal erkennbar, also auch aus größerer Entfernung lesbar sein. Dies gilt auch bei Dunkelheit. Eine Beleuchtung ist dann entbehrlich, wenn die Schilder aufgrund des verwendeten Materials auch bei Dunkelheit gut lesbar sind. Farbiges Licht darf nach Abs. 3 S. 2 als Unterscheidungsmerkmal für Linien nicht verwendet werden. Grund ist die Verwechslungsgefahr mit verkehrsregelnden Lichtzeichen (Bidinger BOKraft § 33 Rn. 57). Ausnahmen können nach § 43 Abs. 1 genehmigt werden. 3

IV. Schülerbeförderung (Abs. 4)

Fahrzeuge sind für Schülerbeförderungen besonders eingesetzt bei Schülerfahrten nach § 43 S. 1 Nr. 2 PBefG, bei freigestellten Beförderungen von Schülern nach § 1 Nr. 4 Buchst. d Freistellungs-VO, und bei besonderen Schülerkursen (also nicht im Fahrplan veröffentlichten Fahrten) oder Verstärkerfahrten zu Schulanfangs- und Endzeiten im Rahmen eines nach § 42 PBefG genehmigten Verkehrs. Kraft ausdrücklicher Geltungsanordnung in § 1 Abs. 2 gehören hierzu aber auch die für freigestellte Beförderungen nach § 1 Nr. 4 Buchst. g und i eingesetzten Fahrzeuge. Das Schulbusschild darf nur bei Schülerfahrten verwendet werden (Abs. 4 S. 3), bei Fahrten zu anderen als zu schulischen Zwecken besteht keine Kennzeichnungspflicht (vgl. OLG Celle 27.2.2001 – 322 Ss 14/01 [OWi], 322 Ss 14/0). Darauf, ob tatsächlich Schüler in dem Fahrzeug befördert werden, kommt es nicht an. Entscheidend ist die Nutzung des Fahrzeugs zum Zwecke der Schülerbeförderung. Hierzu gehören auch Leerfahrten (OLG Koblenz VRS 80, 385 = NZV 1991, 205). Abmessung, Beschriftung und Farbgebung des Schulbusschildes ergeben sich aus Anlage 4. Es muss an Stirn- und Rückseite des Fahrzeugs geführt werden; an der Stirnseite darf das Sinnbild nach Anlage 4 auch im Zielschild geführt werden, wenn gleichzeitig ein Zusatzschild mit dem vorgeschriebenen Farbmuster und der Aufschrift „Schulbus“ verwendet wird. Die Wirkung sämtlicher Schilder darf durch andere Aufschriften oder Bildzeichen nicht beeinträchtigt werden (Abs. 4 S. 2). Es darf also weder schräg hinter der Windschutzscheibe aufgestellt noch durch Scheibenwischer verdeckt oder ausgeblichen sein (vgl. OLG Düsseldorf VRS 85, 391). S. zu weiteren Schutzmaßnahmen zur Erhöhung der Sicherheit im Schulbusverkehr auch § 16 Abs. 2 StVO (Warnblinklicht), § 20 Abs. 4 StVO (Vorbeifahren an Schulbussen) und § 54 Abs. 4 Nr. 4 StVZO (zusätzliche Blinkleuchten). 4

V. Ausnahme von der Schulbus-Schildpflicht (Abs. 5)

5 Die Pflicht zur Kenntlichmachung mit einem Schulbus-Schild nach Abs. 4 gilt nicht für Personenkraftwagen mit einem Fassungsvermögen von höchstens sechs Personen (einschließlich Fahrzeugführer). Das freiwillige Führen des Schulbus-Schildes auf solchen Fahrzeugen kann nach § 43 Abs. 1 genehmigt werden.

VI. Bußgeldbestimmungen

6 Der Verstoß gegen Abs. 1, Abs. 2 S. 1 und 3, Abs. 3 oder Abs. 4 kann beim Unternehmer nach § 45 Abs. 1 Nr. 5 Buchst. o, und beim Fahrzeugführer nach § 45 Abs. 2 Nr. 6 Buchst. d mit Geldbuße geahndet werden.

§ 34 Sitzplätze für behinderte und andere sitzplatzbedürftige Personen

Der Unternehmer hat Sitzplätze für Schwerbehinderte, in der Gehfähigkeit Beeinträchtigte, ältere oder gebrechliche Personen, werdende Mütter und für Fahrgäste mit kleinen Kindern vorzusehen. Diese Sitzplätze sind durch das Sinnbild nach Anlage 5 an gut sichtbarer Stelle kenntlich zu machen.

1 **Schwerbehinderte Menschen** sind nach § 2 Abs. 1 und 2 Sozialgesetzbuch – Neuntes Buch (SGB IX) vom 19.6.2001 (BGBl. I 1046, 1047) Menschen, deren körperliche Funktion, geistige Fähigkeit oder seelische Gesundheit länger als sechs Monate ihre Teilhabe am Leben in der Gesellschaft beeinträchtigen, wenn bei ihnen ein Grad von Behinderung von wenigstens 50 vorliegt. Ihnen sind nach § 2 Abs. 3 SGB IX gleichgestellt behinderte Menschen mit einem Grad von weniger als 50, aber wenigstens 30, bei denen die vorgenannten Voraussetzungen vorliegen, wenn sie infolge ihrer Behinderung ohne die Gleichstellung einen geeigneten Arbeitsplatz iSv § 156 SGB IX nicht erlangen oder nicht behalten können. Schwerbehinderte Menschen und die ihnen gleichgestellten Personen erhalten einen Ausweis (§ 152 Abs. 5 SGB IX).

2 **Andere sitzplatzbedürftige Personen** sind nach S. 1 die in der Gehfähigkeit (nach den ÖPNV-Gesetzen der Länder: in ihrer Mobilität) Beeinträchtigten wie ältere und gebrechliche Personen, werdende Mütter, (männliche oder weibliche) Fahrgäste mit kleinen Kindern, und auch Personen, die wegen körperlichen Gebrechen nur vorübergehend in ihrer Mobilität beeinträchtigt sind. Ihre Sitzplatzbedürftigkeit muss augenscheinlich sein.

3 **Sitzplätze.** Für den in S. 1 bezeichneten Personenkreis stellt die Benutzung öffentlicher Verkehrsmittel infolge der Zunahme des Verkehrs eine erhebliche Belastung dar; sie ist für sie auch mit erhöhten Gefahren verbunden. Die Fahrt im Stehen zu verbringen, kann ihnen nicht zugemutet werden. Daher sind im Obusverkehr (§ 41 PBefG) und im Linienverkehr mit

Kraftfahrzeugen (§§ 42, 43 PBefG) für sie Sitzplätze vorzusehen, die durch das Sinnbild nach Anlage 5 an gut sichtbarer Stelle kenntlich gemacht werden müssen. Die Sitzplätze dürfen von den übrigen Fahrgästen benutzt werden, solange sie von schwerbehinderten Menschen und den anderen in S. 1 genannten Personen nicht beansprucht werden. Andernfalls sind die Sitzplätze – bei zweckentsprechender Belegung darüber hinaus auch andere, nicht nach § 34 gekennzeichnete Sitzplätze – für sie freizugeben (vgl. § 5 Abs. 2 S. 2 BefBedV). Das Betriebspersonal hat insoweit ein Weisungsrecht; die Nichtbefolgung durch nicht privilegierte Fahrgäste kann zum Ausschluss von der (Weiter-)Beförderung führen (§ 14 Abs. 1 und 4).

Bußgeldbestimmung. Der Verstoß gegen die Kenntlichmachung von Sitzplätzen kann nach § 45 Abs. 1 Nr. 5 Buchst. p mit Geldbuße geahndet werden. 4

§ 35 Übersicht über Linienverlauf und Haltestellen

In Fahrzeugen, die im Orts- oder Nachbarortslinienverkehr eingesetzt sind, soll an gut sichtbarer Stelle eine Übersicht über den Linienverlauf und über die Haltestellen angebracht sein.

I. Informationspflicht

§ 35 dient dem umfassenden Informationsbedürfnis der Fahrgäste des Orts- 1
und Nachbarortslinienverkehrs im Obusverkehr (§ 41 PBefG) und im Linienverkehr mit Kraftfahrzeugen (§ 42 PBefG). Er gilt gemäß § 36 nicht für den Sonderlinienverkehr nach § 43 PBefG. Die Vorschrift hat Sollcharakter; das Anbringen einer Übersicht über den Linienverlauf und über die Haltestellen steht im Ermessen des Unternehmers, das allerdings auch das Informationsbedürfnis der Fahrgäste berücksichtigen muss.

II. Bußgeldbestimmung

Der Verstoß gegen § 35 ist keine Ordnungswidrigkeit. 2

§ 36 Ausnahmen für Sonderformen des Linienverkehrs

Die §§ 32, 33 Abs. 1 bis 3 und § 35 gelten nicht für die Sonderformen des Linienverkehrs (§ 43 PBefG).

I. Ausnahmen

Die Durchführung von Sonderformen des Linienverkehrs hat überwiegend 1
vertragliche Grundlagen, und ist auf die individuellen Bedürfnisse der beförderten Fahrgastgruppe zugeschnitten. § 36 befreit daher von den Vorschriften

über die Haltestellen (§ 32), die Kennzeichnung und Beschilderung der Fahrzeuge (§ 33 Abs. 1 bis 3, nicht aber über die Schulbus-Schilder) sowie über die Streckenübersicht (§ 35). § 36 gilt auch in Fällen des § 2 Abs. 6 PBefG, wenn die Genehmigung auf § 43 PBefG verweist.

II. Bußgeldbestimmung

2 Der Verstoß gegen § 36 ist keine Ordnungswidrigkeit.

2. Titel. Taxenverkehr

§ 37 Beförderungsentgelte

(1) Ein anderes als das vom Fahrpreisanzeiger angezeigte oder im Rahmen des Bestellvorgangs vereinbarte Beförderungsentgelt darf nicht gefordert werden.

(2) Bei Versagen des Fahrpreisanzeigers wird das Beförderungsentgelt nach der durchfahrenen Strecke berechnet; der Fahrzeugführer hat den Fahrgast hierauf unverzüglich hinzuweisen. Nach Beendigung der Fahrt hat der Fahrzeugführer dem Unternehmer eine Störung des Fahrpreisanzeigers unverzüglich anzuzeigen; der Unternehmer hat die Störung unverzüglich zu beheben.

(3) Bei Fahrten, deren Ziel außerhalb des Geltungsbereichs der festgesetzten Beförderungsentgelte liegt, hat der Fahrzeugführer den Fahrgast vor Fahrtbeginn darauf hinzuweisen, daß das Beförderungsentgelt für die gesamte Fahrtstrecke frei zu vereinbaren ist. Kommt keine Vereinbarung zustande, gelten die für den Pflichtfahrbereich festgesetzten Beförderungsentgelte als vereinbart.

I. Beförderungsentgelt (Abs. 1)

1 Abs. 1 wurde durch Art. 5 G. v. 16.4.2021 (BGBl. I 822, 831) geändert. Nach § 51 Abs. 1 S. 1 PBefG werden die Beförderungsentgelte und -bedingungen für den Taxenverkehr von den Landesregierungen oder von ihnen dazu ermächtigten Behörden durch Rechtsverordnung festgesetzt; §§ 14 Abs. 2 und 39 Abs. 2 PBefG gelten entsprechend. Es besteht Tarifbindung nach § 51 Abs. 5 iVm § 39 Abs. 2 PBefG (vgl. OLG Hamm VRS 61, 305). Das durch den geeichten Fahrpreisanzeiger (§ 28) ermittelte Beförderungsentgelt ist nach Abs. 1 Abrechnungsgrundlage für den Beförderungsvertrag. An seine Stelle kann ein im Rahmen des Bestellvorgangs vereinbartes Beförderungsentgelt treten. Ein Fahrgast, der meint, weniger Beförderungsentgelt zu schulden, trägt die Beweislast (Beweislastumkehr). Die vertragliche Einbeziehung der genehmigten Beförderungsentgelte und -bedingungen als Allgemeine Geschäftsbedingungen erfolgt kraft gesetzlicher Anordnung (vgl. § 305a Nr. 1 BGB).

II. Versagen des Fahrpreisanzeigers (Abs. 2 S. 1)

2 Bei Versagen des Fahrpreisanzeigers (Abs. 2 S. 1) muss das Beförderungsentgelt nach der durchfahrenen Strecke, dh nach der Fahrleistung in Kilometern berechnet werden. Versagen liegt vor, wenn der Fahrpreisanzeiger das Beförderungsentgelt nicht mehr ermittelt. Der Fahrzeugführer muss den Fahrgast hierauf unverzüglich hinweisen. Zum Ansatz kommen nur Grund- und Kilometerpreise und Zuschläge, nicht aber Zeitpreise (vgl. § 51 Abs. 1 Nr. 1 und 2 PBefG). Die Kilometerleistung kann mit Hilfe des Wegstreckenzählers oder nach der Sachkenntnis des Fahrers oder Fahrgasts bestimmt werden.

III. Anzeige- und Behebungspflicht (Abs. 2 S. 2)

3 Nach Beendigung der Fahrt muss der Fahrzeugführer jegliche Störung (nicht nur das Versagen) des Fahrpreisanzeigers unverzüglich dem Unternehmer anzuzeigen. Der Unternehmer muss die Störung unverzüglich beheben; weitere Fahrten darf er vor Behebung der Störung nicht ausführen oder ausführen lassen (§ 28 Abs. 1).

IV. Freie Vereinbarungen (Abs. 3)

4 Freie Vereinbarungen über den Fahrpreis sind nur zulässig, wenn das Fahrtziel außerhalb des Pflichtfahrbereiches liegt. Die freie Vereinbarung ist dann für die gesamte Fahrstrecke zulässig. Der Fahrzeugführer muss den Fahrgast vor Fahrtbeginn auf die Möglichkeit der freien Vereinbarung hinweisen. Dies dient dem Schutz des Fahrgastes, der anderenfalls nach § 623 Abs. 2 BGB die taxmäßige Vergütung schuldet. Abs. 3 S. 2 ordnet diese Folge auch für den Fall an, dass eine freie Vereinbarung mangels Einigung nicht zustande kommt. Abs. 3 gilt entsprechend für Fahrten mit einem Ausgangspunkt außerhalb des Pflichtfahrbereiches (Bidinger BOKraft § 38 Rn. 37).

V. Bußgeldbestimmung

5 Der Verstoß des Fahrzeugführers gegen die Berechnungs-, Anzeige- und Hinweispflichten nach Abs. 1, 2 und 3 kann nach § 45 Abs. 2 Nr. 6 Buchst. e bis g, der Verstoß des Unternehmers gegen die Behebungspflicht nach Abs. 2 S. 2 ist nach § 45 Abs. 1 Nr. 5 Buchst. q mit Geldbuße geahndet werden.

§ 38 Fahrweg

Sofern der Fahrgast nichts anderes bestimmt, hat der Fahrzeugführer den kürzesten Weg zum Fahrtziel zu wählen, es sei denn, daß ein anderer Weg verkehrs- oder preisgünstiger ist und mit dem Fahrgast vereinbart wird.

I. Kürzester Weg

1 Obwohl im Gelegenheitsverkehr nicht nur das Fahrtziel, sondern auch der Fahrweg vom Fahrgast bestimmt werden, verpflichtet § 38 den Fahrzeugführer zum Schutz des Fahrgasts, den kürzesten Weg zum Fahrziel zu wählen. Kürzester Weg bedeutet kürzeste Entfernung im Rahmen der StVO und des Grundsatzes des verkehrsgerechten Verhaltens (OLG Hamburg VerkMitt 1967, 38). Der kürzeste Weg braucht nicht der günstigste zu sein, zeitliche oder tarifliche Erwägungen (vgl. § 51 Abs. 1 Nr. 1 PBefG) hat der Fahrzeugführer in diesem Zusammenhang nicht anzustellen.

II. Bestimmungsrecht und Vereinbarung

2 Der Fahrgast hat (im Rahmen der StVO) jedoch ein einseitiges Bestimmungsrecht hinsichtlich des Fahrweges, dem der Fahrzeugführer Folge leisten muss. Im übrigen kann der Fahrzeugführer mit dem Fahrgast einen verkehrs- oder preisgünstigeren Weg vereinbaren. Die Beratung des Fahrgasts über derartige Alternativen ist Nebenpflicht aus dem Beförderungsvertrag.

III. Bußgeldbestimmung

3 Der Verstoß gegen § 38 kann nach § 45 Abs. 2 Nr. 6 Buchst. h mit Geldbuße geahndet werden.

§ 39 Benutzung des Taxischildes

Im Geltungsbereich der festgesetzten Beförderungsentgelte muß das Taxischild (§ 26 Abs. 1 Nr. 2) beleuchtet sein, wenn keine Fahrtaufträge ausgeführt werden; das gilt nicht bei der Bereitstellung von Taxen auf Taxenständen. Bei Durchführung eines Fahrtauftrages muß die Beleuchtung ausgeschaltet sein.

I. Beleuchtung des Taxischildes

1 S. zur Ausrüstungspflicht § 26 Abs. 1 Nr. 2. Im Pflichtfahrbereich muss das Taxischild beleuchtet sein, wenn keine Fahrtaufträge durchgeführt werden, damit der Fahrgast erkennen kann, dass das Taxi frei ist. Die Beleuchtungspflicht gilt nicht während des Bereithaltens auf Taxenständen (dazu → § 41 Abs. 2 Nr. 4 StVO – Zeichen 229). Während der Durchführung eines Fahrtauftrags muss die Beleuchtung dagegen ausgeschaltet sein. Zum Fahrauftrag gehört ggf. auch die Leerfahrt zur Abholung des Fahrgasts; die unentgeltliche Mitnahme eines Bekannten ist jedoch kein Fahrtauftrag iSv S. 2 (vgl. OLG Hamm VRS 61, 305, 307). Außerhalb des Pflichtfahrbereichs ist das Einschalten der Beleuchtung grundsätzlich freigestellt, da hier nach § 47 Abs. 4

PBefG auch keine Beförderungspflicht besteht. Das Einschalten der Beleuchtung ist aber unzulässig, soweit das Bereithalten nach § 47 Abs. 2 PBefG unzulässig ist.

II. Bußgeldbestimmung

Der Verstoß gegen § 39 kann nach § 45 Abs. 2 Nr. 6 Buchst. i mit Geldbuße geahndet werden. 2

3. Titel. Mietwagenverkehr

§ 40 Beförderungsentgelte

Im Mietwagenverkehr sind die Beförderungsentgelte nach der Anzeige des Wegstreckenzählers (§ 30 Abs. 1) zu berechnen, wenn nichts anderes vereinbart ist.

I. Beförderungsentgelte im Mietwagenverkehr

Im Mietwagenverkehr (s. zum Begriff § 49 Abs. 4 PBefG) besteht anders als im Taxenverkehr (vgl. § 51 PBefG) keine Tarifpflicht. Die Beförderungsentgelte müssen daher vereinbart werden (Hs. 2). Möglich ist sowohl die Vereinbarung eines Pauschalpreise als auch die Berechnung nach der mittels Wegstreckenzähler (dazu → § 30 Abs. 1) ermittelten Fahrtstrecke und eines vereinbarten Kilometerpreises. Bei Fehlen einer Vereinbarung werden die Beförderungsentgelte nach Hs. 1 immer nach der mittels Wegstreckenzähler ermittelten Fahrtstrecke berechnet; an die Stelle eines vereinbarten Kilometerpreises tritt der ortsübliche Preis (vgl. § 632 Abs. 2 BGB). Die Beweislast für die ortsübliche Vergütung trifft den Unternehmer. Im Fahrzeug aushängende Kilometerpreise werden nur dann Vertragsinhalt, wenn der Fahrgast sie vor Vertragsschluss zur Kenntnis nehmen kann (vgl. § 305 Abs. 2 BGB; das Privileg des § 305a Nr. 1 BGB gilt für die frei zu vereinbarenden Preise im Mietwagenverkehr nicht). Wegen des Erfordernisses der Auftragserteilung am Betriebssitz oder in der Wohnung des Unternehmers (§ 49 Abs. 4 S. 2 PBefG) wird der Beförderungsvertrag aber meist schon vor dem Betreten des Fahrzeugs abgeschlossen. 1

II. Bußgeldbestimmung

Der Verstoß des Fahrzeugführers kann nach § 45 Abs. 2 Nr. 6 Buchst. j mit Geldbuße geahndet werden. 2

5. Abschnitt. Sondervorschriften über die Untersuchungen der Fahrzeuge

§ 41 Hauptuntersuchungen

(1) Bei den Hauptuntersuchungen der Fahrzeuge nach § 29 StVZO ist auch festzustellen, ob die Fahrzeuge den Vorschriften dieser Verordnung entsprechen.

(2) Nach Hauptuntersuchungen hat der Unternehmer eine Ausfertigung des Untersuchungsberichts, bei Kraftomnibussen das Prüfbuch, unverzüglich der Genehmigungsbehörde oder der von der Landesregierung bestimmten Behörde vorzulegen.

I. Hauptuntersuchungen (Abs. 1)

1 Art und Gegenstand der Hauptuntersuchungen ergeben sich aus Ziff. 1 der Anlage VIII zu § 29 StVZO. Abs. 1 erweitert den Umfang der Untersuchung um die Einhaltung der Sondervorschriften der §§ 16 bis 36 BOKraft (vgl. Ziff. 4.9 der Anlage VIIIa zu § 29 StVZO). Die Prüfplakette wird nach § 29 Abs. 3 StVZO nur erteilt, wenn das Fahrzeug auch den Vorschriften der BOKraft entspricht. § 41 gilt auch für Fahrzeuge, die bei den in § 1 Abs. 2 genannten freigestellten Beförderungen eingesetzt werden.

II. Vorlagepflicht (Abs. 2)

2 S. zum Untersuchungsbericht und (nur bei Kraftomnibussen) zum Prüfbuch § 29 Abs. 9 und 11 StVZO. Ihre Vorlage soll der Genehmigungsbehörde (§ 11 PBefG) Kenntnis vor allem über etwaige bei der Hauptuntersuchung festgestellten Mängel verschaffen, damit sie die erforderlichen Maßnahmen treffen, insbesondere notfalls die Genehmigung widerrufen kann (§ 25 PBefG).

III. Bußgeldbestimmung

3 Der Verstoß des Unternehmers gegen Abs. 2 kann nach § 45 Abs. 1 Nr. 5 Buchst. r mit Geldbuße geahndet werden.

§ 42 Außerordentliche Hauptuntersuchungen

(1) Vor der ersten Inbetriebnahme in einem Unternehmen hat der Unternehmer auf seine Kosten eine außerordentliche Hauptuntersuchung des Fahrzeugs zu ver-

anlassen und der Genehmigungsbehörde darüber unverzüglich den Untersuchungsbericht, bei Kraftomnibussen das Prüfbuch, vorzulegen.

(2) Besteht für ein fabrikneues Fahrzeug eine Allgemeine Betriebserlaubnis, so kann die außerordentliche Hauptuntersuchung nach Absatz 1 auf die Feststellung beschränkt werden, ob die Vorschriften dieser Verordnung erfüllt sind. Ist für einen Kraftomnibus die Übereinstimmung mit dieser Verordnung bei Erteilung der Allgemeinen Betriebserlaubnis festgestellt worden und bestätigt deren Inhaber dies durch Vermerk im Prüfbuch, kann die außerordentliche Hauptuntersuchung unterbleiben.

I. Außerordentliche Hauptuntersuchung

Die Pflicht zur außerordentlichen, weil nach § 29 StVZO nicht vorgesehenen **1**
Hauptuntersuchung nach Abs. 1 hat praktische Bedeutung nur bei der Inbetriebnahme gebraucht erworbener Fahrzeuge oder bei der erneuten Inbetriebnahme stillgelegter Fahrzeuge. Bei fabrikneuen Personenkraftwagen mit Allgemeiner Betriebserlaubnis (vgl. § 20 StVZO) ist ihr Prüfumfang nach Abs. 2 S. 1 auf die Übereinstimmung mit den §§ 16 bis 36 BOKraft beschränkt (vgl. § 41 Rn. 1). Bei fabrikneuen Kraftomnibussen (s. zum Begriff § 4 Abs. 4 Nr. 2 PBefG) kann die außerordentliche Hauptuntersuchung unterbleiben, wenn die Übereinstimmung mit den §§ 16 bis 36 BOKraft schon bei der Erteilung der Allgemeinen Betriebserlaubnis festgestellt und dies im Prüfbuch vermerkt worden ist. Fabrikneu sind Fahrzeuge, die erstmals in den Verkehr kommen, und nur geringe Standzeiten aufweisen (Bidinger BOKraft § 42 Rn. 27). § 42 gilt grundsätzlich auch für **Leihfahrzeuge,** in der Praxis sind jedoch insbesondere im Taxiverkehr Ausnahmen nach § 43 Abs. 1 S. 1 üblich. § 42 gilt auch für Fahrzeuge, die bei den in § 1 Abs. 2 genannten freigestellten Beförderungen eingesetzt werden.

II. Vorlagepflicht

Die Vorlagepflicht für den Untersuchungsbericht oder das Prüfbuch entspricht § 41 Abs. 2 (dazu → § 41 Rn. 2). **2**

III. Bußgeldbestimmung

Der Verstoß gegen die Vorlagepflicht nach Abs. 1 kann nach § 45 Abs. 1 Nr. 5 Buchst. s mit Geldbuße geahndet werden. **3**

6. Abschnitt. Schluß- und Übergangsvorschriften

§ 43 Ausnahmen

(1) Die zuständigen obersten Landesbehörden oder die von ihnen bestimmten oder nach Landesrecht zuständigen Stellen können in bestimmten Einzelfällen oder allgemein für bestimmte Antragsteller von allen Vorschriften dieser Verordnung Ausnahmen genehmigen. Von der Vorschrift des § 26 Abs. 1 Satz 2 und Abs. 2 Satz 1 können sie für den Bereich einzelner Genehmigungsbehörden Ausnahmen auch allgemein für die Unternehmer, die im Besitze einer Genehmigung für den Taxen- oder Mietwagenverkehr sind, genehmigen. Ausnahmen von der Vorschrift der Anlage 1 sind hinsichtlich der Aufschrift und der Farbgebung nicht möglich.

(2) Allgemeine Ausnahmen regelt das Bundesministerium für Verkehr und digitale Infrastruktur durch Rechtsverordnung mit Zustimmung des Bundesrates nach Anhören der zuständigen obersten Landesbehörden.

(3) Die Ausnahmegenehmigung kann unter dem Vorbehalt des Widerrufs erteilt werden und mit Nebenbestimmungen (Bedingungen, Befristungen, Auflagen) versehen werden. Erforderlichenfalls kann die zuständige Behörde die Beibringung eines Sachverständigengutachtens auf Kosten des Antragstellers verlangen. Der Bescheid ist mitzuführen und auf Verlangen zuständigen Personen auszuhändigen.

I. Ausnahmegenehmigungen (Abs. 1)

1 Oberste Landesbehörden sind die für Verkehr zuständigen Landesministerien, von diesen bestimmte oder nach Landesrecht zuständige Stellen sind die Genehmigungsbehörden oder deren Fachaufsichtsbehörden.

2 **Ausnahmen** können unter Beachtung der Grundregel des § 2 von nahezu allen Vorschriften der BOKraft zugelassen werden; ausgeschlossen sind nach Abs. 1 S. 3 nur Ausnahmen von den Bestimmungen der Anlage 1 über die Aufschrift und die Farbgebung. Ausnahmen können nur den Verzicht auf die Anwendung einer Vorschrift zum Inhalt haben, eine Verschärfung der Anforderungen der BOKraft ist nicht zulässig.

3 Ausnahmen **in bestimmten Einzelfällen sowie allgemeine Ausnahmen für bestimmte Antragsteller** werden nur auf entsprechenden Antrag eines oder mehrerer Unternehmer genehmigt. Sie können räumlich oder zeitlich beschränkt sein. Die Genehmigung ist Verwaltungsakt, gegen ihre Versagung ist der Verwaltungsrechtsweg eröffnet.

4 Ausnahmegenehmigungen **für Unternehmer des Taxen- und Mietwagenverkehrs von den Werbeverboten** des § 26 Abs. 3 (dazu → § 26 Rn. 4 und 5) können auch als allgemeingültig und von Amts wegen erteilt werden; eine solche Genehmigung ist Allgemeinverfügung (vgl. BVerwG VRS 67, 306; KG VRS 67, 278, 282).

II. Allgemeine Ausnahmegenehmigungen (Abs. 2)

Allgemeine Ausnahmegenehmigungen kann nur das Bundesministerium für Verkehr, Bau- und Stadtentwicklung durch Rechtsverordnung im vorgeschriebenen Verfahren erlassen. Hiervon wurde bislang kein Gebrauch gemacht. 5

III. Verfahren (Abs. 3)

Genehmigungen für Ausnahmen können nach Abs. 3 S. 1 unter dem Vorbehalt des Widerrufs erteilt oder mit Nebenbestimmungen (Bedingungen, Befristungen und Auflagen; s. dazu auch § 36 Abs. 2 VwVfG und die entsprechenden Landesgesetze) versehen werden (vgl. BVerwG VRS 67, 306 = DÖV 1984, 1026). Zulässig sind sie jedenfalls dann, wenn anderenfalls die Genehmigung versagt werden müsste (VG Freiburg DAR 1981, 30). Nach Abs. 3 S. 2 kann die zuständige Behörde die Beibringung eines Sachverständigengutachtens auf Kosten des Antragstellers verlangen, wenn dies zum Nachweis der Verzichtbarkeit der Einhaltung einer Vorschrift oder der Gleichwertigkeit einer abweichenden Ausrüstung oder Beschaffenheit eines Fahrzeugs erforderlich ist. Nach Abs. 3 S. 3 muss die Ausnahmegenehmigung mitgeführt und auf Verlangen zuständigen Personen ausgehändigt werden. 6

IV. Bußgeldbestimmung

Der Verstoß gegen § 43 ist keine Ordnungswidrigkeit. 7

§ 44 *(aufgehoben)*

§ 45 Ordnungswidrigkeiten

(1) Ordnungswidrig im Sinne des § 61 Abs. 1 Nr. 4 PBefG handelt, wer vorsätzlich oder fahrlässig als Unternehmer

1. die Instandhaltungspflicht nach § 3 Abs. 1 Satz 2 verletzt,

2. den Betrieb des Unternehmens entgegen § 3 Abs. 1 Satz 3 anordnet oder zuläßt,

3. eine vollziehbare schriftliche Anordnung der Genehmigungsbehörde zur Bestellung eines Betriebsleiters nach § 4 Abs. 1 Satz 3 bis 5 oder eines Vertreters nach § 5 Abs. 1 nicht oder nicht innerhalb der von der Genehmigungsbehörde gesetzten Frist befolgt,

4. der in § 6 Nr. 2 oder 3 genannten Meldepflicht nicht unverzüglich nachkommt,

5. ein Kraftfahrzeug unter Verstoß gegen eine der folgenden Vorschriften einsetzt:

a) § 10 Satz 1 über das Mitführen von Vorschriften oder Fahrplänen,

b) § 18 über das Mitführen der vorgeschriebenen Ausrüstung,

c) § 19 über die Beschaffenheit und Anbringung von Zeichen und Ausrüstungsgegenständen,
d) § 20 über die Beschriftung,
e) § 21 über Verständigungseinrichtungen und Informationseinrichtungen über das Anlegen von Sicherheitsgurten,
f) § 22 über Stehplätze,
g) § 25 Abs. 2 über Alarmanlagen,
h) § 26 Abs. 1 Nr. 1 über Farbanstrich,
i) § 26 Abs. 1 Nr. 2 über das Taxischild,
j) § 26 Abs. 1 Satz 2 oder Abs. 2 Satz 2 über Werbung, Kenntlichmachung oder Beschriftung an Taxen oder Mietwagen,
k) § 27 Abs. 1 über das Führen der Ordnungsnummer,
l) § 28 über Fahrpreisanzeiger,
m) § 30 über Wegstreckenzähler,
n) § 31 über die Benutzung von Fahrzeugen mit einer Genehmigung für den Taxen- und Mietwagenverkehr,
o) § 33 Abs. 1, Abs. 2 Satz 1 und 3, Abs. 3 oder 4 über Kennzeichnung und Beschilderung,
p) § 34 über die Kenntlichmachung von Sitzplätzen für Schwerbehinderte,
q) § 37 Abs. 2 Satz 2 über das Beheben einer Störung des Fahrpreisanzeigers,
r) § 41 Abs. 2 über die Vorlage einer Ausfertigung des Untersuchungsberichts oder des Prüfbuches,
s) § 42 Abs. 1 über die Vorlage des Nachweises.

(2) Ordnungswidrig im Sinne des § 61 Abs. 1 Nr. 4 PBefG handelt auch, wer vorsätzlich oder fahrlässig

1. im Verkehr mit Kraftomnibussen als Fahrzeugführer entgegen § 8 Abs. 2a Satz 1 nicht dafür sorgt, dass den Fahrgästen durch Informationseinrichtungen (§ 21 Abs. 2) angezeigt wird, wann Sicherheitsgurte anzulegen sind,
2. im Obusverkehr sowie im Linienverkehr mit Kraftfahrzeugen als Mitglied des im Fahrdienst eingesetzten Betriebspersonals entgegen § 8 Abs. 3
   a) während des Dienstes und der Dienstbereitschaft alkoholische Getränke oder andere die dienstliche Tätigkeit beeinträchtigende Mittel zu sich nimmt oder die Fahrt antritt, obwohl er unter der Wirkung solcher Getränke oder Mittel steht,
   b) (aufgehoben)
   c) beim Lenken des Fahrzeugs Fernsehrundfunkempfänger benutzt,
   d) während der Beförderung von Fahrgästen Übertragungsanlagen, Tonrundfunkempfänger oder Tonwiedergabegeräte zu anderen als betrieblichen oder Verkehrsfunk-Hinweisen benutzt oder
   e) sich beim Lenken des Fahrzeugs unterhält,
3. im Gelegenheitsverkehr mit Kraftomnibussen als Mitglied des im Fahrdienst eingesetzten Betriebspersonals entgegen § 8 Abs. 4 in Verbindung mit § 8 Abs. 3
   a) während des Dienstes und der Dienstbereitschaft alkoholische Getränke oder andere die dienstliche Tätigkeit beeinträchtigende Mittel zu sich nimmt oder die Fahrt antritt, obwohl er unter der Wirkung solcher Getränke oder Mittel steht,

b) (aufgehoben)
c) beim Lenken des Fahrzeugs Fernsehrundfunkempfänger benutzt oder
d) sich beim Lenken des Fahrzeugs unterhält,

4. im Taxen- und Mietwagenverkehr sowie im sonstigen Gelegenheitsverkehr mit Personenkraftwagen als Mitglied des im Fahrdienst eingesetzten Betriebspersonals entgegen § 8 Abs. 5 in Verbindung mit § 8 Abs. 3
a) während des Dienstes und der Dienstbereitschaft alkoholische Getränke oder andere die dienstliche Tätigkeit beeinträchtigende Mittel zu sich nimmt oder die Fahrt antritt, obwohl er unter der Wirkung solcher Getränke oder Mittel steht oder
b) (aufgehoben)
c) beim Lenken des Fahrzeugs Fernsehrundfunkempfänger benutzt,

5. als Mitglied des im Fahrdienst oder zur Bedienung von Fahrgästen eingesetzten Betriebspersonals trotz einer Krankheit nach § 9 Abs. 1 an Fahrten teilnimmt oder entgegen Abs. 3 eine Erkrankung nicht unverzüglich anzeigt,

6. als Fahrzeugführer entgegen
a) § 9 Abs. 2 Fahrten ausführt, obwohl er durch Krankheit in seiner Eignung beeinträchtigt ist, ein Fahrzeug sicher im Verkehr zu führen,
b) § 10 Satz 2 einem Fahrgast auf dessen Verlangen Einsicht in die mitzuführenden Vorschriften und Fahrpläne nicht gewährt,
c) § 31 Abs. 2 den dort vorgeschriebenen Hinweis unterläßt,
d) § 33 Abs. 1, Abs. 2 Satz 1 und 3, Abs. 3 oder 4 ein nicht ordnungsgemäß gekennzeichnetes oder beschildertes Fahrzeug führt,
e) § 37 Abs. 1 oder 2 im Taxenverkehr Beförderungsentgelt fordert oder berechnet,
f) § 37 Abs. 2 Satz 2 eine Störung des Fahrpreisanzeigers nicht nach Beendigung der Fahrt dem Unternehmer unverzüglich anzeigt,
g) § 37 Abs. 2 Satz 1 Halbsatz 2 oder Abs. 3 Satz 1 die dort vorgeschriebenen Hinweise unterläßt,
h) § 38 nicht den kürzesten Weg zum Fahrtziel wählt,
i) § 39 das Taxischild nicht beleuchtet oder bei Ausführung eines Fahrtauftrages die Beleuchtung nicht ausschaltet,
j) § 40 im Mietwagenverkehr Beförderungsentgelt berechnet,

7. als Fahrgast den in § 14 Abs. 1 bis 3 oder § 15 Abs. 1 aufgeführten Verpflichtungen nicht nachkommt.

I. Ordnungswidrigkeit

Ordnungswidrigkeit ist nach § 1 Abs. 1 OWiG eine rechtswidrige und vorwerfbare Handlung, die den Tatbestand eines Gesetzes verwirklicht, das die Ahndung mit einer Geldbuße zulässt. § 45 enthält in Abs. 1 für den Unternehmer und in Abs. 2 für jeweils unterschiedlich abgegrenztes Betriebspersonal sowie Fahrgäste solche Tatbestände. Die Zulässigkeit der Ahndung von Verstößen gegen die BOKraft mit einer Geldbuße ergibt sich aus § 61 Abs. 1 Nr. 4 PBefG. Kurz umrissen stellen sich die Voraussetzungen der Ahndung mit Geldbuße wie folgt dar: 1

II. Tatbestandsmäßige Handlung

2 Erste Voraussetzung des Begehens einer Ordnungswidrigkeit ist die tatbestandsmäßige Handlung, also die Verwirklichung der im Tatbestand der Ordnungswidrigkeit beschriebenen Handlung. Die Tat kann in einem aktiven Tun oder in einem pflichtwidrigen Unterlassen (§ 8 OWiG) bestehen. Soweit die Tat nur für bestimmte Personen (zB Fahrzeugführer) Ordnungswidrigkeit ist, muss außerdem Zugehörigkeit des Täters zu diesem Personenkreis bestehen. Dem Unternehmer iSv § 3 BOKraft sind nach § 9 OWiG allerdings Personen mit erhöhter Verantwortung gleichgestellt. Eine Ordnungswidrigkeit als Unternehmer können daher grundsätzlich auch zB der Betriebsleiter, sein Stellvertreter oder der Vertreter des auswärtigen Unternehmers begehen (s. dazu §§ 4 und 5). Andere Personen können als Teilnehmer (Mittäter, Anstifter oder Beihilfeleistende; vgl. § 14 OWiG) an einer Ordnungswidrigkeit eines Unternehmers mitwirken; ihre Tat kann dann nach § 45 Abs. 1 selbständig mit Geldbuße geahndet werden.

III. Rechtswidrigkeit

3 Zweite Voraussetzung ist die rechtswidrige Tatbegehung. Sie ist durch den Verstoß gegen die von der BOKraft angeordneten Pflichten indiziert, sodass meist nur Rechtfertigungsgründe (wie zB Notwehr oder rechtfertigender Notstand nach §§ 15, 16 OWiG) zu prüfen sind.

IV. Vorwerfbarkeit

4 Vorwerfbar handelt, wer mindestens 14 Jahre alt und schuldfähig ist (§ 12 OWiG), und die Tat vorsätzlich (also mit Wissen und Wollen der Tatbegehung) oder fahrlässig (also in pflichtwidriger Unkenntnis der Tatbegehung) begeht. Ein Tatbestands- oder Verbotsirrtum (§ 11 OWiG) ist nur selten geeignet, die Vorwerfbarkeit entfallen zu lassen.

V. Geldbuße

5 Der Bußgeldrahmen reicht nach § 61 Abs. 2 PBefG iVm § 17 OWiG von mindestens 5,– EUR bis 5.000,– bzw. 10.000,– EUR bei fahrlässigem Handeln und bis 10.000,– bzw. 20.000,– EUR bei vorsätzlichem Handeln. Die Bemessung richtet sich sowohl nach der Schwere des Verstoßes und des Verschuldens als auch nach den wirtschaftlichen Verhältnissen des Betroffenen (§ 17 Abs. 3 OWiG).

VI. Verjährung

Ordnungswidrigkeiten nach § 45 verjähren abhängig vom Höchstmaß der jeweiligen Geldbuße in drei bzw. in in zwei Jahren (§ 31 Abs. 2 Nr. 1 und 2 OWiG). 6

VII. Verfahren

Zuständig für die Verfolgung ist nach § 36 Abs. 1 Nr. 1 OWiG die in § 61 Abs. 3 PBefG bestimmte Behörde, idR also die Genehmigungsbehörde. Die Verfolgung von Ordnungswidrigkeiten liegt im pflichtgemäßen Ermessen der Verwaltungsbehörde (sog. Opportunitätsgrundsatz, vgl. § 47 Abs. 1 OWiG und § 61 Abs. 2 PBefG). Dem Betroffenen muss Gelegenheit gegeben werden, sich zu der Beschuldigung zu äußern (§ 55 OWiG). Der Bußgeldbescheid muss durch Zustellung bekannt gemacht werden (§§ 50, 51 OWiG). 7

VIII. Rechtsmittel

Gegen den Bußgeldbescheid kann der Betroffene innerhalb von zwei Wochen nach Zustellung Einspruch einlegen (§ 67 OWiG). Über den Einspruch entscheidet das Amtsgericht (§§ 68, 71, 72 OWiG). Gegen die Entscheidung ist nach Maßgabe von § 79 OWiG die Rechtsbeschwerde statthaft. 8

§ 46 (gegenstandslos)

§ 47 Inkrafttreten, Aufhebung von Vorschriften

Anlage 1[1]
(§ 26 Abs. 1)

Abmessungen, Aufschrift und Beleuchtung des Taxischildes

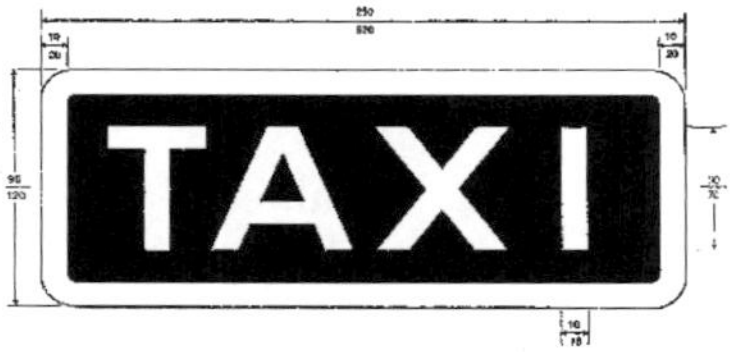

Rand und Schrift Gelb

Breite	mindestens 250 mm, höchstens 520 mm
Höhe	mindestens 75 mm, höchstens 120 mm
Schrifthöhe	mindestens 50 mm
Schriftstärke	mindestens 10 mm, höchstens 15 mm
Farbe der Aufschrift	gelb
Farbe des Schriftuntergrundes	schwarz

Abweichungen bei der Schrifthöhe und der Strichstärke sind nicht zulässig. Der Schriftuntergrund muss eine rechteckige Form haben. Das Schild kann an den Ecken abgerundet oder in einen Dachaufsetzer eingearbeitet sein; es darf nicht spiegeln. Die nach vorn und hinten wirkenden Flächen des Schildes (Schriftuntergrund) können innerhalb der zulässigen Abmessungen von einem Randstreifen in der Farbe der Aufschrift bis 20 mm Breite umgeben sein.

Die Innenbeleuchtung des Schildes darf durch die Aufschrift, durch den Randstreifen sowie nach oben und zur Seite gelbes Dauerlicht abstrahlen, das nicht blenden darf und die lichtdurchlässigen Teile des Schildes gleichmäßig ausleuchten soll. Die Leistungsaufnahme der Innenbeleuchtung darf insgesamt nicht mehr als 30 Watt betragen.

Anlage 2
(aufgehoben)

[1] Anlage 1 geändert durch VO v. 30.6.1989 (BGBl. I S. 1273).

Anlage 3
(§ 27 Abs. 1)

Abmessungen und Beschriftung des Ordnungsnummern-Schildes

Grund in Gelb

Breite	150 mm
Höhe	70 mm
Schrifthöhe	50 mm
Strichstärke	6 mm
Waagrechter Abstand der Ziffern voneinander	5 mm
Farbe der Schrift	schwarz
Farbe des Untergrundes	gelb

Anlage 3a
(zu § 27 Absatz 3)

Abmessungen und Beschriftung des Ordnungsnummern-Schildes für Mietwagen

Breite	150 mm
Höhe	70 mm
Schrifthöhe	50 mm
Strichstärke	6 mm
Waagerechter Abstand der Ziffern voneinander	5 mm
Farbe der Schrift	weiß
Farbe des Untergrunds	blau

(Inhalt: nicht darstellbares Ordnungsnummern-Schild)

Anlage 3b[1]
(zu § 27 Absatz 4)

Abmessungen und Beschriftung des Ordnungsnummern-Schildes für gebündelte Bedarfsverkehre

Breite	150 mm
Höhe	70 mm
Schrifthöhe	50 mm
Strichstärke	6 mm
Waagerechter Abstand der Ziffern voneinander	5 mm
Farbe der Schrift	weiß
Farbe des Untergrunds	grün

(Inhalt: nicht darstellbares Ordnungsnummern-Schild)

Anlage 4
(§ 33 Abs. 4)

Abmessungen und Beschriftung des Schulbus-Schildes

Grund in Orange

Das Schild hat die Form eines Quadrats.

Seitenlänge für das an der Rückseite anzubringende Schild 600 mm

[1] Anlage 3b eingefügt durch Art. 5 G. v. 16.4.2021 (BGBl. I S. 822, 832).

Stärke der Bildumrandung für das an der Rückseite anzubringende Schild	50 mm
Seitenlänge für das an der Stirnseite anzubringende Schild	600 mm,
mindestens jedoch	400 mm
Stärke der Bildumrandung für das an der Stirnseite anzubringende Schild	35 mm
Farbe des Sinnbildes und der Bildumrandung	schwarz
Farbe des Untergrundes	orange

Die Farbe des Bilduntergrundes ist der Farbreihe F 7 des Ausschusses für Lieferbedingungen und Gütesicherung (RAL) beim Deutschen Normenausschuss zu entnehmen, und zwar ist als Farbton zu wählen die retroreflektierende Aufsichtfarbe RAL 2006 „Reflexorange". Die Farbe des Sinnbildes und der Bildumrandung ist der Farbreihe F 81 des Ausschusses für Lieferbedingungen und Gütesicherung (RAL) beim Deutschen Normenausschuss zu entnehmen, und zwar ist als Farbton zu wählen die nicht retroreflektierende Aufsichtfarbe RAL 9017 „Verkehrsschwarz".

Bei Kraftfahrzeugen, die nach Art und Ausstattung zur Beförderung von mehr als sechs, jedoch nicht mehr als neun Personen (einschließlich Fahrzeugführer) geeignet und bestimmt sind, kann auch auf der Rückseite ein Schulbusschild mit einer Seitenlänge von mindestens 400 mm und mit einer Stärke der Bildumrandung von 35 mm verwendet werden.

Anlage 5
(§ 34 Satz 2)

Sinnbild zur Kenntlichmachung von Sitzplätzen für behinderte und andere sitzplatzbedürftige Personen (§ 34 Satz 2)

Farbe des Sinnbildes und der Bildumrandung	schwarz
Farbe des Untergrundes	weiß

4. Berufszugangsverordnung für den Straßenpersonenverkehr (PBZugV)[1]

Vom 15.6.2000 (BGBl. I 851)
FNA 9240-1-15
Zuletzt geändert durch Art. 125 Gesetz vom 10.8.2021 (BGBl. I 3436)

– ohne Anlagen –

§ 1 Persönliche Zuverlässigkeit

(1) Der Unternehmer und die zur Führung der Geschäfte bestellten Personen gelten als zuverlässig im Sinne des § 13 Abs. 1 Nr. 2 des Personenbeförderungsgesetzes, wenn keine hinreichenden Anhaltspunkte dafür vorliegen, dass bei der Führung des Unternehmens die für den Straßenpersonenverkehr geltenden Vorschriften missachtet oder die Allgemeinheit bei dem Betrieb des Unternehmens geschädigt oder gefährdet werden. Anhaltspunkte für die Unzuverlässigkeit des Unternehmers oder der für die Führung der Geschäfte bestellten Person sind insbesondere

1. rechtskräftige Verurteilungen wegen schwerer Verstöße gegen strafrechtliche Vorschriften,

2. schwere Verstöße gegen

a) Vorschriften des Personenbeförderungsgesetzes oder der auf diesem Gesetz beruhenden Rechtsverordnungen,

b) arbeits- oder sozialrechtliche Pflichten, insbesondere gegen die Vorschriften über die Lenk- und Ruhezeiten des Fahrpersonals,

c) Vorschriften, die im Interesse der Verkehrs- und Betriebssicherheit erlassen wurden, insbesondere gegen die Vorschriften des Straßenverkehrsgesetzes, der Straßenverkehrs-Ordnung oder der Straßenverkehrs-Zulassung-Ordnung,

d) die abgabenrechtlichen Pflichten, die sich aus unternehmerischer Tätigkeit ergeben,

---

[1] **Amtl. Anm.:** Die Neufassung dieser Verordnung dient der Umsetzung der Richtlinie 96/26/EG des Rates vom 29. April 1996 über den Zugang zum Beruf des Güter- und Personenkraftverkehrsunternehmers im innerstaatlichen und grenzüberschreitenden Verkehr sowie über die gegenseitige Anerkennung der Diplome, Prüfungszeugnisse und sonstigen Befähigungsnachweise für die Beförderung von Gütern und die Beförderung von Personen im Straßenverkehr und über Maßnahmen zur Förderung der tatsächlichen Inanspruchnahme der Niederlassungsfreiheit der betreffenden Verkehrsunternehmer (ABl. EG Nr. L 124 S. 1), zuletzt geändert durch Richtlinie 98/76/EG des Rates vom 1. Oktober 1998 (ABl. EG Nr. L 277 S. 17).

e) § 1 des Pflichtversicherungsgesetzes vom 5. April 1965 (BGBl. I S. 213) in der jeweils geltenden Fassung,
f) umweltschützende Vorschriften, dabei insbesondere des Bundes-Immissionsschutzgesetzes oder solche der Straßenverkehrs-Zulassungs-Ordnung in ihren jeweils geltenden Fassungen.

(2) Beim Verkehr mit Kraftomnibussen sind der Unternehmer und der Verkehrsleiter im Sinne des Artikels 4 der Verordnung (EG) Nr. 1071/2009 des Europäischen Parlaments und des Rates vom 21. Oktober 2009 zur Festlegung gemeinsamer Regeln für die Zulassung zum Beruf des Kraftverkehrsunternehmers und zur Aufhebung der Richtlinie 96/26/EG des Rates (ABl. L 300 vom 14.11.2009, S. 51) zuverlässig im Sinne des Artikels 6 der Verordnung (EG) Nr. 1071/2009, wenn keine Tatsachen dafür vorliegen, dass
1. bei der Führung des Unternehmens gegen gesetzliche Bestimmungen verstoßen oder
2. bei dem Betrieb des Unternehmens die Allgemeinheit geschädigt oder gefährdet wird.

Die erforderliche Zuverlässigkeit besitzen der Unternehmer und der Verkehrsleiter in der Regel nicht, wenn sie wegen eines schwersten Verstoßes gegen Gemeinschaftsvorschriften im Sinne des Anhangs IV der Verordnung (EG) Nr. 1071/2009
1. rechtskräftig verurteilt worden sind oder
2. ein gegen sie ergangener Bußgeldbescheid unanfechtbar geworden ist.

Darüber hinaus können der Unternehmer und der Verkehrsleiter insbesondere dann unzuverlässig sein, wenn eine rechtskräftige Verurteilung oder ein unanfechtbarer Bußgeldbescheid vorliegt
1. wegen eines schwerwiegenden Verstoßes gegen Gemeinschaftsvorschriften im Sinne des Artikels 6 Absatz 1 Unterabsatz 3 Buchstabe b der Verordnung (EG) Nr. 1071/2009 in einem oder mehreren Mitgliedstaaten der Europäischen Union,
2. wegen eines schweren Verstoßes gegen strafrechtliche Vorschriften oder
3. wegen eines schweren Verstoßes gegen
   a) Vorschriften des Personenbeförderungsgesetzes oder der auf diesem Gesetz beruhenden Rechtsverordnungen,
   b) arbeits- oder sozialrechtliche Pflichten,
   c) Vorschriften, die im Interesse der Verkehrs- und Betriebssicherheit erlassen wurden, insbesondere gegen die Vorschriften des Straßenverkehrsgesetzes, der Straßenverkehrs-Ordnung oder der Straßenverkehrs-Zulassungs-Ordnung,
   d) die abgabenrechtlichen Pflichten, die sich aus unternehmerischer Tätigkeit ergeben,
   e) § 1 des Pflichtversicherungsgesetzes vom 5. April 1965 (BGBl. I S. 213) in der jeweils geltenden Fassung,
   f) umweltschützende Vorschriften, insbesondere des Abfall- und Immissionsschutzrechts oder
   g) Vorschriften des Handels- und Insolvenzrechts.

(3) Zur Prüfung, ob Verstöße vorliegen, kann die Genehmigungsbehörde Bescheinigungen in Steuersachen der Finanzämter sowie Unbedenklichkeitsbescheinigungen anderer öffentlicher Stellen und Auszüge aus Registern, in denen der-

artige Verstöße registriert sind, von dem Antragsteller verlangen oder mit dessen Einverständnis anfordern.

I. Grundlage

1 Unionsrechtliche Grundlage der PBZugV ist zwischenzeitlich die Verordnung (EG) Nr. 1071/2009 des Europäischen Parlaments und des Rates vom 21. Oktober 2009 zur Festlegung gemeinsamer Regeln für die Zulassung zum Beruf des Kraftverkehrsunternehmers und zur Aufhebung der Richtlinie 96/26/EG des Rates (s. Anhang 1. b)).

II. Grundregel (Abs. 1)

2 Die Grundregel (Abs. 1) definiert, unter welchen Voraussetzungen das Unternehmen und die zur Führung der Geschäfte bestellten Personen als zuverlässig gelten. Hinreichende Anhaltspunkte dafür, dass bei der Führung des Unternehmens (dazu → § 3 Abs. 1 BOKraft) die für den Straßenpersonenverkehr geltenden Vorschriften missachtet oder die Allgemeinheit bei dem Betrieb des Unternehmens geschädigt oder gefährdet werden, bestehen regelmäßig nur in den in Abs. 2 S. 1 geregelten Fällen. Die Prüfung bezieht sich auf alle Personen, die rechtlich oder faktisch auf die Führung der Geschäfte bestimmenden Einfluss nehmen können, bei Gesellschaften also auch auf die Gesellschafter. Befinden sich darunter Personen, deren Zuverlässigkeit nach Abs. 2 auszuschließen ist, muss für diese nachgewiesen werden, dass sie ihren Einfluss für die Dauer der Eintragung in die einschlägigen Register (vgl. Abs. 2 S. 2) zB aufgrund Stimmrechtsverzicht oder wegen Entzug der Geschäftsführerstellung nicht ausüben können.

III. Ausschluss der Zuverlässigkeit (Abs. 2 S. 1)

3 Zum Ausschluss der Zuverlässigkeit (Abs. 2 S. 1) führen zum einen schwere Verstöße gegen strafrechtliche Vorschriften (Nr. 1), zum anderen auch schwere Verstöße gegen die im Zusammenhang mit der gewerblichen Personenbeförderung mit Straßenbahnen, Obussen und Kraftfahrzeugen stehenden Bestimmungen, aus denen auf die mangelnde Eignung für den Beruf des Straßenpersonenverkehrsunternehmers zu schließen ist (Nr. 2).

IV. Rechtskräftige Verurteilungen wegen schwerer Verstöße gegen strafrechtliche Vorschriften (Abs. 2 S. 1 Nr. 1)

4 Rechtskräftig ist ein strafgerichtliches (auch ausländisches) Urteil dann, wenn es mit Rechtsmitteln (Einspruch, Berufung, Revision) nicht mehr angefochten werden kann, sei es, weil der Rechtsweg erschöpft oder die Rechtsmittelfrist verstrichen ist, oder weil Rechtsmittelverzicht erklärt wurde. Verurtei-

lung in diesem Sinne ist auch der Strafbefehl nach §§ 407 ff. StPO. Auch Verurteilungen, die nicht die unternehmerische Tätigkeit betreffen, können von Bedeutung sein (VG Hamburg 8.2.2011 – 15 E 3269/10). Schwer ist ein Verstoß, wenn die Verurteilung in das Führungszeugnis nach §§ 30 ff. BZRG aufzunehmen ist, also zB schon bei einer Verurteilung, durch die auf Geldstrafe von mehr als neunzig Tagessätzen erkannt worden ist (vgl. § 32 Abs. 2 Nr. 5 Buchst. a BZRG; s. dazu OVG Hamburg GewArch 2007, 253 = VRS 112, 384). Ein schwerer Verstoß kann aber auch unterhalb dieser Schwelle vorliegen (Einreichung einer gefälschten Fachkundebescheinigung, vgl. VG Hamburg 9.11.2011 – 5 K 775/11, BeckRS 2012, 47253; mehrere Beleidigungen im Zusammenhang mit der Teilnahme am Straßenverkehr und 11 Punkte im Verkehrszentralregister, vgl. OVG Hamburg NordÖR 2010, 460). 35 Tagessätze wegen einer fahrlässigen Trunkenheitsfahrt genügen für die Annahme der Unzuverlässigkeit allerdings nicht (vgl. OVG Magdeburg NVwZ-RR 2011, 979 = LKV 2012, 44 = VD 2012, 95). Jugenstrafen kommt eine geringere Bedeutung zu (vgl. OVG Hamburg 3.11.2011 – 3 Bs 182/11, BeckRS 2012, 45640). Gleiches gilt trotz eines erheblichen Strafmaßes für lange zurückliegende Verurteilungen (VG Augsburg 26.2.2008 – Au 3 K 07.1024, BeckRS 2008, 44252). Trotz Verwendung der Pluralform in Abs. 2 S. 2 Nr. 1 genügt eine einmalige Verurteilung (vgl. Art. 3 Abs. 2 Buchst. b der Richtlinie 96/26/EG idF der Richtlinie 98/76/EG).

V. Schwere Verstöße gegen nicht strafbewehrte Vorschriften (Abs. 2 S. 1 Nr. 2)

5 Neben Verstößen gegen das PBefG kommen insbesondere die BOKraft (vgl. VGH München 8.10.2009 – 11 CS 09.680, BeckRS 2009, 43838: schwere Fahrzeugmängel), die Vorschriften über die Lenk- und Ruhezeiten des Fahrpersonals, die StVO und StVZO, und die sich aus unternehmerischer Tätigkeit ergebenden abgabenrechtlichen Pflichten (Erklärungs-, Anmeldungs- und Zahlungspflichten gegenüber den Steuerbehörden und sozialversicherungsrechtlichen Einzugsstellen) in Betracht, aber auch Verstöße gegen die Versicherungspflicht und gegen umweltschützende Vorschriften. Schwer ist Verstoß, wenn er als Ordnungswidrigkeit rechtskräftig mit Geldbuße geahndet wurde. Es müssen mehrere (also mindestens zwei) Verstöße vorliegen, die aber nicht notwendig gegen dieselbe Norm oder denselben Normenkomplex begangen wurden. Bei erheblichen Häufungen kann Unzuverlässigkeit auch bei Verstößen gegen nicht mit oder nur mit einer geringen Geldbuße geahndete Ordnungswidrigkeiten angenommen werden (vgl. OVG Hamburg 3.11.2011 – 3 Bs 182/11, BeckRS 2012, 45640); VG Saarland 13.2.2012 – 10 L 72/12, BeckRS 2012, 47824). Ein einmaliger Verstoß gegen die Rückkehr- und Dokumentationspflicht nach § 49 Abs. 4 S. 3 und 4 PBefG erlaubt dagegen keine negative Prognose (VG Freiburg 31.1.2012 – 2 K 78/12, BeckRS 2012, 47824). Eine **Verurteilung oder bestandskräftige Feststellung der Verstöße** ist **nicht** in jedem Falle **erforderlich,** wenn eine erdrückende Indizienlast besteht (vgl. VG Hamburg

NVwZ-RR 2010, 651: unerklärlich hohe Anzahl mit einer Taxe privat gefahrener Kilometer bei schwacher Ertragslage; OVG Hamburg GewArch 2009, 363 = VRS 117, 235: Anhaltspunkte für Verstöße gegen steuerrechtliche Aufzeichnungs- und Aufbewahrungspflichten; OVG Hamburg VRS 113, 156: unglaubwürdig hohe Kilometerleistung bei Privatfahrten).

Nachweis der Zuverlässigkeit (Abs. 2 S. 2). Der Nachweis der Zuver- 6
lässigkeit (Abs. 2 S. 2) erfolgt durch Unbedenklichkeitsbescheinigungen (dazu → § 2 Rn. 3) und Auszüge aus Registern, in denen Verstöße nach Abs. 2 S. 1 registriert sind (zB Bundeszentralregister gemäß § 4 BZRG oder Gewerbezentralregister gemäß § 149 GewO). Die Genehmigungsbehörde (§ 11 PBefG) kann solche Bescheinigungen von dem Antragsteller verlangen oder mit dessen Einverständnis anfordern. Bei Zweifeln an vorgelegten Unbedenklichkeitsbescheinigungen ist die Genehmigungsbehörde gehalten, eine gezielte Anfrage an die ausstellende Stelle zu richten (vgl. OVG Hamburg GewArch 2009, 363 = VRS 117, 235).

VI. Juristische Personen des öffentlichen Rechts (§ 13 Abs. 6 PBefG)

Der Verzicht auf Prüfung und Nachweis der Zuverlässigkeit bei juristischen 7
Personen des öffentlichen Rechts (→ § 13 PBefG Rn. 21) verstößt gegen Art. 6 Abs. 1 der VO (EG) Nr. 1071/2009.

§ 2 Finanzielle Leistungsfähigkeit

(1) Die finanzielle Leistungsfähigkeit im Sinne des § 13 Abs. 1 Nr. 1 des Personenbeförderungsgesetzes ist als gewährleistet anzusehen, wenn die finanziellen Mittel verfügbar sind, die zur Aufnahme und ordnungsgemäßen Führung des Betriebes erforderlich sind. Sie ist zu verneinen, wenn

1. die Zahlungsfähigkeit nicht gewährleistet ist oder erhebliche Rückstände an Steuern oder an Beiträgen zur Sozialversicherung bestehen, die aus unternehmerischer Tätigkeit geschuldet werden;

2. beim Verkehr mit Taxen und Mietwagen das Eigenkapital und die Reserven des Unternehmens weniger betragen als ein Viertel der in Artikel 7 Absatz 1 Satz 2 der Verordnung (EG) Nr. 1071/2009 genannten Beträge je eingesetztem Fahrzeug.

(2) Die finanzielle Leistungsfähigkeit wird durch Vorlage folgender Bescheinigungen nachgewiesen:

1. von Bescheinigungen in Steuersachen des Finanzamtes sowie Unbedenklichkeitsbescheinigungen der Gemeinde, der Träger der Sozialversicherung und der Berufsgenossenschaft, wobei die Stichtage dieser Bescheinigungen zum Zeitpunkt der Antragstellung nicht länger als drei Monate zurückliegen dürfen, sowie

2. einer Eigenkapitalbescheinigung eines Wirtschaftsprüfers, vereidigten Buchprüfers, Steuerberaters, Steuerbevollmächtigten, Fachanwalts für Steuerrecht, einer Wirtschaftsprüfungs-, Buchprüfungs- oder Berufsausübungsgesellschaft im Sinne des Steuerberatungsgesetzes oder eines Kreditinstituts nach dem Muster der

Anlage 1. Ist das Unternehmen nach § 316 Abs. 1 des Handelsgesetzbuchs von einem Abschlussprüfer geprüft worden, bedarf es der Bescheinigung des Abschlussprüfers, der den Jahresabschluss geprüft hat. Bei Unternehmen des Taxen- und Mietwagenverkehrs, die keinen Jahresabschluss vorlegen können, ist eine von den vorgenannten Stellen bestätigte Vermögensübersicht vorzulegen. Der Stichtag der Eigenkapitalbescheinigung oder der Vermögensübersicht darf zum Zeitpunkt der Antragstellung nicht länger als ein Jahr zurückliegen.

Der Zeitpunkt der Antragstellung im Sinne der Nummern 1 und 2 ist der Zeitpunkt, zu dem der Behörde sämtliche Antragsunterlagen einschließlich der erforderlichen Nachweise vorliegen.

(3) Als Reserven können dem nach Absatz 2 Nr. 2 nachgewiesenen Eigenkapital hinzugerechnet werden:

1. die nicht realisierten Reserven in Höhe des Unterschiedsbetrages zwischen ihrem Buch- und ihrem Verkehrswert,
2. Darlehen sowie Bürgschaften, soweit sie in einer Krise des Unternehmens nach der Überschuldungsbilanz wie Eigenkapital zur Befriedigung der Unternehmensgläubiger zur Verfügung stehen, insbesondere Darlehen oder Bürgschaften, soweit für sie ein Rangrücktritt erklärt worden ist,
3. der Verkehrswert der im Privatvermögen eines persönlich haftenden Unternehmers vorhandenen Vermögensgegenstände, soweit sie unbelastet sind, und
4. die zu Gunsten des Unternehmens beliehenen Gegenstände des Privatvermögens der Gesellschafter von *[Fassung ab 1.1.2024: rechtsfähigen]* Personengesellschaften in Höhe der Beleihung.

Der Nachweis über das Vorliegen der Nummern 1 bis 4 ist zu erbringen durch Vorlage einer Bescheinigung eines Wirtschaftsprüfers, vereidigten Buchprüfers, Steuerberaters, Steuerbevollmächtigten, Fachanwalts für Steuerrecht, einer Wirtschaftsprüfungs-, Buchprüfungs- oder Berufsausübungsgesellschaft im Sinne des Steuerberatungsgesetzes oder eines Kreditinstituts nach dem Muster der Anlage 2 (Zusatzbescheinigung). Absatz 2 Nr. 2 Satz 2 und 3 gilt entsprechend.

(4) Im Zweifelsfall kann die zuständige Behörde verlangen, dass der Antragsteller ihr diejenigen Unterlagen vorlegt, auf Grund derer die Eigenkapitalbescheinigung oder die Vermögensübersicht im Sinne des Absatzes 2 Nr. 2 und die Zusatzbescheinigung im Sinne des Absatzes 3 Satz 2 erstellt wurden.

(5) Beim Verkehr mit Kraftomnibussen besitzt der Unternehmer die erforderliche finanzielle Leistungsfähigkeit, wenn er die Voraussetzungen des Artikels 7 der Verordnung (EG) Nr. 1071/2009 erfüllt.

I. Finanzielle Leistungsfähigkeit (Abs. 1)

1 Die finanzielle Leistungsfähigkeit (Abs. 1) iSv § 13 Abs. 1 Nr. 1 PBefG ist nach S. 1 gewährleistet, wenn die finanziellen Mittel verfügbar sind, die zur Aufnahme und ordnungsgemäßen Führung des Betriebes erforderlich sind. Sie ist nach S. 2 Nr. 1 zum einen zu verneinen, wenn die Zahlungsfähigkeit nicht gewährleistet ist (zB Insolvenzanmeldung oder Eintragung in das Schuldnerverzeichnis gemäß § 915 ZPO nach Abgabe der eidesstattlichen Versicherung, vgl. OVG Münster 1.12.2010 – 13 B 1382/10, BeckRS 2012,

47824). Sie ist außerdem zu verneinen, wenn erhebliche Rückstände an Steuern oder an Beiträgen zur Sozialversicherung aus unternehmerischer Tätigkeit bestehen, wobei die materielle Rechtmäßigkeit der der Abgabenfestsetzung zugrunde liegenden Bescheide nicht zu prüfen ist (vgl. BVerwG NVwZ-RR 1997, 284). Die Erheblichkeit hängt von der sonstigen finanziellen Lage des Unternehmens ab, sodass schon Rückstände von 10 % einer Jahresabgabenschuld zur Verneinung der Leistungsfähigkeit führen können. Hinzukommen muss allerdings eine (negative) Prognose, welche auch zwischenzeitlich vorgenommene Tilgungen in den Blick nehmen muss (vgl. OVG Münster 15.7.2011 – 13 B 644/11, BeckRS 2011, 52807). Gleiches gilt, wenn das Eigenkapital zuzüglich Reserven die Wertgrenzen des S. 2 Nr. 2 oder 3 unterschreitet. Für die Berechnung ist nach S. 3 ist die Zahl der Fahrzeuge üblicherweise eingesetzten Fahrzeuge maßgeblich; Fahrzeuge im Einsatz von Sub- oder Anmietunternehmern, die mit der bloßen Betriebsdurchführung betraut sind, also den Verkehr nicht selbst iSv § 3 Abs. 2 PBefG betreiben (→ PBefG § 2 Rn. 7), zählen nicht hinzu. Darüber hinausgehende Anforderungen an das Eigenkapital und die Reserven (wie zB ein angemessener Eigenfinanzierungsanteil) können nur dann gestellt werden, wenn das Unternehmen überwiegend in anderen Gewerbszweigen als der Straßenpersonenbeförderung tätig ist.

II. Nachweis (Abs. 2)

Der Nachweis (Abs. 2) der finanziellen Leistungsfähigkeit wird durch mehrere Bescheinigungen nachgewiesen: 2

- **Unbedenklichkeitsbescheinigungen** des Finanzamtes, der Gemeinde, der Träger der Sozialversicherung und der Berufsgenossenschaft, die diese Stellen auf Antrags des Unternehmens und bei Vorliegen der Voraussetzungen erteilen. Die Stichtage dieser Bescheinigungen dürfen zum Zeitpunkt der Antragstellung (s. dazu S. 2) nicht länger als drei Monate zurückliegen. Bestehen Zweifel an der Richtigkeit der vorgelegten Unbedenklichkeitsbescheinigung, kann die Genehmigungsbehörde weitergehende Unterlagen verlangen (vgl. OVG Lüneburg 1.9.2003 – 7 ME 156/03, BeckRS 2003, 24657). 3
- **Eigenkapitalbescheinigung und Vermögensübersicht.** Das Eigenkapital muss von einem Angehörigen eines qualifizierten steuerberatenden Berufs oder eines Kreditinstituts nach vorgegebenem Muster bescheinigt werden. Bei Unternehmen, die gemäß § 316 Abs. 1 HGB von einem Abschlussprüfer geprüft werden (sog. mittelgroße und große Kapitalgesellschaften; vgl. § 267 HGB), muss die Bescheinigung von dem Abschlussprüfer stammen, der auch den Jahresabschluss geprüft hat. Der Jahresabschluss selbst muss allerdings nicht vorgelegt werden (vgl. aber Abs. 4), sondern nur der Eigenkapitalbescheinigung zugrunde gelegen haben. Bei Unternehmen des Taxen- und Mietwagenverkehrs, die keinen Jahresabschluss vorlegen können, ist statt der Eigenkapitalbescheinigung eine ebenfalls bestätigte Vermögensübersicht vorzulegen. Der Stichtag der Eigenkapitalbescheinigung oder der Ver- 4

mögensübersicht darf zum Zeitpunkt der Antragstellung (s. dazu S. 2) nicht länger als ein Jahr zurückliegen. Der Wert eines sicherungsübereigneten Fahrzeugs darf dem Eigenkapital nicht hinzugerechnet werden (vgl. OVG Hamburg NordÖR 2012, 460; OVG Hamburg GewArch 2009, 363 = VRS 117, 235). Gleiches gilt für Vermögen der Ehefrau (VG Augsburg 31.3.2009 – Au 3 K 08.1511, BeckRS 2009, 47626). Bestehen Zweifel an der vorgelegten Eigenkapitalbescheinigung, kann die Behörde weitergehend prüfen (OVG Hamburg VRS 109, 319 = NVwZ-RR 2006, 358).

III. Zusatzbescheinigung (Abs. 3)

5 Nach Abs. 3 können dem Eigenkapital als Reserven hinzugerechnet werden die sog. stillen Reserven (Nr. 1); dem Unternehmen gewährte (vgl. OVG Münster VRS 85, 317 = DÖV 1993, 380) Darlehen sowie Bürgschaften, soweit sie in einer Krise des Unternehmens nach der Überschuldungsbilanz wie Eigenkapital zur Befriedigung der Unternehmensgläubiger zur Verfügung stehen (insbesondere Darlehen oder Bürgschaften, soweit für sie ein Rangrücktritt erklärt worden ist, Nr. 2); der Verkehrswert der im Privatvermögen eines persönlich haftenden Unternehmers vorhandenen unbelasteten Vermögensgegenstände, soweit sie unbelastet sind (Nr. 3), und die zu Gunsten des Unternehmens beliehenen Gegenstände des Privatvermögens der Gesellschafter von Personengesellschaften in Höhe der Beleihung (Nr. 4). Der Nachweis hierüber ist durch Vorlage einer sog. Zusatzbescheinigung eines Angehörigen eines qualifizierten steuerberatenden Berufs oder eines Kreditinstituts nach vorgegebenem Muster zu erbringen; die näheren Vorschriften über die Eigenkapitalbescheinigung gelten entsprechend.

IV. Vorlage weiterer Unterlagen (Abs. 4)

6 Die Vorlage weiterer Unterlagen (Abs. 4) darf die Genehmigungsbehörde nur bei Zweifeln verlangen, die sich aus den vorgelegten Bescheinigungen selbst oder aus ihr bekannten externen Umständen ergeben. Die Zweifel müssen entscheidungserheblich sein, ihre Ausräumung muss also zur Vermeidung der anderenfalls zwingenden Verneinung der Leistungsfähigkeit erforderlich sein. Außerdem müssen die Zweifel begründbar sein, bloße Vermutungen der Genehmigungsbehörde genügen nicht. Die Vorlagepflicht erstreckt sich auf diejenigen Unterlagen, auf deren Grundlage die Eigenkapitalbescheinigung oder die Vermögensübersicht sowie die Zusatzbescheinigung erstellt wurden. Im Normalfall (Eigenkapitalbescheinigung sowie ggf. Zusatzbescheinigung) ist dies der Jahresabschluss. Die Vorlage der Unterlagen, auf deren Grundlage der Jahresabschluss erstellt wurde, kann die Genehmigungsbehörde dagegen nicht verlangen. Bei der Vermögensübersicht kommen dagegen als weitere Unterlagen in Betracht zB Konto- und Grundbuchauszüge, Steuerbescheide, Verträge u.ä., soweit darin enthaltene Angaben in die Vermögensübersicht eingeflossen sind.

V. Karenzfrist

§ 9 Abs. 3 ist nach seinem Wortlaut zwar nur bei der wiederkehrenden Überwachung der Berufszugangsvoraussetzungen anwendbar. Auch Art. 7 VO (EG) Nr. 1071/2009 steht aber einer entsprechenden Anwendung bei der Wiedererteilung einer nach § 16 PBefG auslaufenden Genehmigung nicht entgegen. 7

VI. Auskunftspflicht und Schutz des Betriebsgeheimnisses

Die Reichweite der Auskunftspflicht bleibt bei der Eigenkapitalbescheinigung hinter den bisherigen Offenbarungspflichten zurück, und ist daher in jeder Hinsicht rechtlich unbedenklich. Die Auskunftspflichten bei der Zusatzbescheinigung gehen dagegen sehr weit. Sie sind aber verfassungsrechtlich unbedenklich, wenn man berücksichtigt, dass die Zusatzbescheinigung nur dann erforderlich ist, wenn das Unternehmen eigentlich schon nicht mehr finanziell leistungsfähig ist. Dennoch genießt jedenfalls die Zusatzbescheinigung den Schutz des Betriebsgeheimnisses. Ein Angehöriger der Genehmigungsbehörde, der Inhalte der Zusatzbescheinigung an Dritte weitergibt, kann sich nach § 203 Abs. 2 Nr. 1 StGB strafbar machen. Auch das Akteneinsichtsrecht Dritter (zB im Konkurrentenstreit) erstreckt sich nach § 29 Abs. 2 VwVfG und der entsprechenden Landesgesetze nicht auf die Zusatzbescheinigung; sie muss daher vor der Akteneinsicht entnommen und getrennt aufbewahrt werden. Bei der Eigenkapitalbescheinigung ist dagegen zu unterscheiden. Ein schützenswertes Betriebsgeheimnis fehlt, soweit das Unternehmen ohnehin zur Veröffentlichung oder Hinterlegung seines Jahresabschlusses verpflichtet ist, da die Angaben in der Eigenkapitalbescheinigung hinter den Mindestangaben eines Jahresabschlusses weit zurückbleiben. 8

VII. Juristische Personen des öffentlichen Rechts (§ 13 Abs. 6 PBefG)

Der Verzicht auf Prüfung und Nachweis der Leistungsfähigkeit bei juristischen Personen des öffentlichen Rechts (vgl. § 13 PBefG Rn. 21) verstößt gegen Art. 7 Abs. 1 der VO (EG) Nr. 1071/2009. 9

VIII. Übergangsbestimmung (Abs. 5)

Soweit Unternehmern eine Genehmigung für den Straßenpersonenverkehr vor dem 1. Oktober 1999 erteilt wurde, müssen sie ohne besondere Aufforderung die Anforderungen an die Leistungsfähigkeit spätestens seit dem 1. Oktober 2001 erfüllen. Die Vermutung, dass die Anforderungen bei dem Unternehmen vorliegen, hat zur Folge, dass die Genehmigungsbehörde nur in 10 begründeten Ausnahmefällen einen weiteren Nachweis verlangen darf (s. aber § 9).

§ 3 Fachliche Eignung

(1) Beim Verkehr mit Kraftomnibussen ist fachlich geeignet im Sinne des Artikels 3 Absatz 1 Buchstabe d der Verordnung (EG) Nr. 1071/2009, wer über die Kenntnisse verfügt, die zur ordnungsgemäßen Führung eines Straßenpersonenverkehrsunternehmens erforderlich sind, und zwar auf den jeweiligen Sachgebieten, die im Anhang I Teil I der Verordnung (EG) Nr. 1071/2009 in der jeweils geltenden Fassung aufgeführt sind.

(2) Für die fachliche Eignung nach § 13 Absatz 1 Nummer 3 des Personenbeförderungsgesetzes gilt Absatz 1 im Hinblick auf die Vorschriften zum Personenkraftverkehr entsprechend. Abweichend davon ergeben sich die für den Taxen- und Mietwagenverkehr erforderlichen Kenntnisse aus Anlage 3.

I. Erforderliche Kenntnisse

1 Fachlich geeignet iSv § 13 Abs. 1 Nr. 3 PBefG ist nach S. 1, wer für den allgemeinen Straßenpersonenverkehr über die zur ordnungsgemäßen Führung eines Unternehmens des Straßenpersonenverkehrs erforderlichen Kenntnisse auf den Sachgebieten des Anhang I der (jetzt maßgeblichen) VO (EG) Nr. 1071/2009 verfügt. Im Taxen- und Mietwagenverkehr gilt nach S. 2 und 3 statt dessen der (weniger anspruchsvolle) Katalog der Anlage 3. Der Unternehmer kann zur fachlichen Eignung auf eine andere Person verweisen. Allerdings muss diese das Unternehmen dann auch tatsächlich führen (VG München 2.3.2009 – M 23 S 09.256, BeckRS 2009, 48311).

II. Nachweis

2 Der Nachweis erfolgt nach §§ 4, 6–8.

§ 4 Fachkundeprüfung

(1) Die fachliche Eignung im Sinne des § 3 wird durch eine Prüfung nachgewiesen, die sich aus zwei schriftlichen und gegebenenfalls einem ergänzenden mündlichen Prüfungsteil zusammensetzt.

(2) Die schriftlichen Teilprüfungen bestehen aus Multiple-Choice-Fragen und schriftlichen Fragen mit direkter Antwort sowie aus schriftlichen Übungen/Fallstudien. Die Mindestdauer für jede schriftliche Teilprüfung beträgt zwei Stunden. Die Mindestdauer für jede schriftliche Teilprüfung für den Taxen- und Mietwagenverkehr beträgt abweichend von Satz 2 eine Stunde.

(3) Es ist eine Gesamtpunktezahl zu bilden, die wie folgt auf die Prüfungsteile aufzuteilen ist:

– schriftliche Fragen zu 40 Prozent
– schriftliche Übungen/Fallstudien zu 35 Prozent
– mündliche Prüfung zu 25 Prozent.

(4) Die Prüfung ist bestanden, wenn der Bewerber mindestens 60 Prozent der möglichen Gesamtpunktezahl erreicht hat, wobei der in jeder Teilprüfung erzielte Punkteanteil nicht unter 50 Prozent der jeweils möglichen Punktezahl liegen darf. Anderenfalls ist die Prüfung nicht bestanden.

(5) Die mündliche Prüfung entfällt, wenn die schriftliche Prüfung nicht bestanden ist. Sie entfällt ebenfalls, wenn der Bewerber bereits in den schriftlichen Teilprüfungen mindestens 60 Prozent der möglichen Gesamtpunktezahl erzielt hat.

(6) Bewerbern, die die Prüfung bestanden haben, wird eine Bescheinigung nach dem Muster des Anhangs III der Verordnung (EG) Nr. 1071/2009 in der jeweils geltenden Fassung erteilt. Diese Bescheinigung ist auf Papier mit Spezialfasern, die unter UV-Licht sichtbar werden, zu erteilen, sowie mit einer Seriennummer und einer Ausgabenummer zu versehen. Die Bescheinigung für den Taxen- und Mietwagenverkehr wird nach dem Muster der Anlage 5 erteilt.

(7) Die Prüfung und die Bewertung der Prüfungsleistungen erfolgen durch die Industrie- und Handelskammern auf Grund einer Prüfungsordnung unter Beachtung der Verordnung (EG) Nr. 1071/2009 in der jeweils geltenden Fassung, insbesondere von Teil II des Anhangs I dieser Verordnung.

(8) Beim Verkehr mit Kraftomnibussen ist Artikel 8 der Verordnung (EG) Nr. 1071/2009 die maßgebliche Vorschrift für die Anforderungen an die fachliche Eignung. Die Absätze 2 bis 5 und 7 gelten mit Ausnahme des Absatzes 2 Satz 3 entsprechend. Die Bescheinigung nach dem Muster des Anhangs III der Verordnung (EG) Nr. 1071/2009 in der jeweils geltenden Fassung, die Bewerbern, die die Prüfung bestanden haben, erteilt wird, ist auf Papier mit Spezialfasern, die unter UV-Licht sichtbar werden, zu erteilen, sowie mit einer Seriennummer und einer Ausgabenummer zu versehen.

I. Fachkundeprüfung (Abs. 1)

Der Nachweis der Fachkunde wird im Regelfall (s. zu den Ausnahmen aber **1**
§§ 6–8) durch die sog. Fachkundeprüfung erbracht.

II. Prüfungsverfahren

Das Prüfungsverfahren setzt sich aus zwei schriftlichen und gegebenenfalls **2**
einem ergänzenden mündlichen Prüfungsteil zusammen.

III. Schriftliche Teilprüfungen (Abs. 2)

Schriftliche Teilprüfungen bestehen aus schriftlichen Fragen, die entweder **3**
Multiple-choice-Fragen mit vier Antworten zur Auswahl oder Fragen mit direkter Antwort oder eine Kombination beider Systeme umfassen, und aus

schriftlichen Übungen/Fallstudien. Die Mindestdauer für jede schriftliche Teilprüfung beträgt zwei Stunden, für den Taxen- und Mietwagenverkehr jedoch nur eine Stunde.

IV. Bewertung und Bestehen (Abs. 3 und 4)

4 Nach Abs. 3 ist eine Gesamtpunktezahl zu bilden, wobei die erzielten Einzelpunktzahlen bei den schriftlichen Fragen zu 40 Prozent, bei der schriftlichen Übung/Fallstudie zu 35 Prozent und bei der mündlichen Prüfung zu 25 Prozent zählen. Die Prüfung ist nach Abs. 4 bestanden, wenn der Bewerber mindestens 60 Prozent der möglichen Gesamtpunktezahl erreicht hat. Außerdem muss das in jeder Teilprüfung erzielte Einzelergebnis mindestens 50 Prozent der jeweils möglichen Punktezahl betragen. Anderenfalls ist die Prüfung nicht bestanden. Noten werden nicht vergeben; Abs. 4 kennt nur „bestanden" und „nicht bestanden". Die Mitteilung über das Nichtbestehen ist Verwaltungsakt. Er kann dem Prüfling in Ermangelung besonderer Bestimmungen mündlich oder schriftlich bekannt gegeben werden (vgl. § 41 VwVfG und die entsprechenden Landeregelungen). Aus Gründen der Rechtssicherheit empfiehlt sich jedoch die förmliche Zustellung eines schriftlichen Bescheids mit Rechtsmittelbelehrung (s. dazu auch Rn. 5).

V. Mündliche Prüfung (Abs. 5)

5 Die mündliche Prüfung (Abs. 5) entfällt, wenn die schriftliche Prüfung nicht bestanden ist. Sie entfällt außerdem, wenn der Bewerber bereits in den schriftlichen Teilprüfungen mindestens 60 Prozent der möglichen Gesamtpunktezahl erzielt hat. Zeitliche Vorgaben für die Dauer der mündlichen Prüfung gibt es nicht.

VI. Rechtsstaatliche Anforderungen an das Prüfungsverfahren; Rechtsschutz

6 Die Fachkundeprüfung unterliegt als sog. berufsqualifizierende Prüfung den besonderen Anforderungen, die das Grundrecht auf freie Berufswahl aus Art. 12 Abs. 1 GG bei subjektiven Berufszugangsbeschränkungen stellt. Insbesondere haben die Bewerber Anspruch auf ein faires, äußerlich wie inhaltlich dem Grundsatz der Chancengleichheit bei staatlichen Prüfungen genügendes Prüfungsverfahren. Die zur Durchführung von Prüfungen und zur Bewertung von Prüfungsleistungen von der Rspr. entwickelten Grundsätze können auf die Fachkundeprüfung daher uneingeschränkt übertragen werden. Gegen das Nichtbestehen steht dem Bewerber der Widerspruch offen; im Rahmen des Widerspruchsverfahrens findet dann das sog. Nachprüfungsverfahren statt, in dem die Prüfer auf substantiiertes Vorbringen des Bewerbers gegen das Verfahren oder den Inhalt der Prüfung oder die Bewertung der Prüfungsleistung ihre Bewertung der Prüfungsleistung überprüfen und ggf.

Abhilfe schaffen müssen. Nachfolgend steht dem Prüfling der Rechtsweg zu den Verwaltungsgerichten offen.

VII. Bescheinigung (Abs. 6)

7 Bewerbern, die die Prüfung bestanden haben, wird eine Bescheinigung nach dem Muster der Anlage 4 (allgemeiner Straßenpersonenverkehr) oder Anlage 5 (Taxen- und Mietwagenverkehr) erteilt.

VIII. Zuständigkeit der Industrie- und Handelskammern (Abs. 7)

8 Die Prüfung und die Bewertung der Prüfungsleistungen erfolgen durch die Prüfungsausschüsse (§ 5 Abs. 1) der Industrie- und Handelskammern auf Grund von Prüfungsordnungen, die der jetzt geltenden VO (EG) Nr. 1071/2009 Rechnung tragen müssen. Die Prüfungsordnung darf lediglich die sich aus der PBZugV und der VO (EG) Nr. 1071/2009 ergebenden Vorgaben näher ausgestalten. Weitergehende Regelungen wie zB die Beschränkung der Zahl der Wiederholungsversuche sind nicht zulässig, da sie inhaltlich von der Ermächtigung zum Erlass der Prüfungsordnung nicht gedeckt sind und als berufszugangsbeschränkende Regelung weder den Vorgaben des Art. 19 Abs. 1 GG noch des Art. 80 Abs. 1 GG genügen.

§ 5 Prüfungsausschuss

(1) Die Prüfung wird vor der zuständigen Industrie- und Handelskammer abgelegt, die einen Prüfungsausschuss errichtet.

(2) Der Prüfungsausschuss besteht aus einem Vorsitzenden und mindestens einem Beisitzer. Für jedes Mitglied soll mindestens ein Vertreter bestellt werden. Ein Beisitzer soll in einem Unternehmen des Straßenpersonenverkehrs der jeweiligen Prüfungssparte tätig sein.

(3) Die Industrie- und Handelskammer bestellt die Mitglieder des Prüfungsausschusses und ihre Vertreter. Der Vorsitzende des Prüfungsausschusses und sein Vertreter sollen zur Vollversammlung der Industrie- und Handelskammer wählbar oder bei einer Industrie- und Handelskammer beschäftigt sein. Beisitzer und ihre Vertreter sollen auf Vorschlag der Fachverbände des Verkehrsgewerbes bestellt werden. Die Fachverbände sollen zu Beisitzern und deren Vertretern mindestens doppelt so viele Personen vorschlagen, wie bestellt werden.

(4) Bei Bedarf muss der Prüfungsausschuss der Industrie- und Handelskammer mindestens einmal im Vierteljahr einen Prüfungstermin festsetzen. Zuständig ist der Prüfungsausschuss, in dessen Zuständigkeitsbereich der Bewerber seinen Wohnsitz hat. Hat der Bewerber seinen Wohnsitz im Ausland, ist die nächstgelegene Industrie- und Handelskammer zuständig. Abweichend von Satz 3 ist beim Verkehr mit Kraftomnibussen die Industrie- und Handelskammer zuständig, in deren Zuständigkeitsbereich der Bewerber arbeitet. Der Bewerber kann mit seiner Zustimmung an den Prüfungsausschuss einer anderen Industrie- und Han-

delskammer verwiesen werden, wenn innerhalb eines Vierteljahres weniger als drei Bewerber zur Prüfung anstehen oder dem Bewerber andernfalls wirtschaftliche Nachteile entstehen.

I. Prüfungsausschuss (Abs. 1 bis 3)

1 § 5 regelt die Einrichtung (Abs. 1) und Zusammensetzung des Prüfungsausschusses (Abs. 2 S. 1 und 2) und die Qualifikation seiner Mitglieder (Abs. 2 S. 3 und Abs. 3 Satz 2 und 3). Die Mitglieder des Prüfungsausschusses werden durch die Industrie- und Handelskammer bestellt (Abs. 3 S. 1), wobei die Fachverbände des Verkehrsgewerbes ein Vorschlagsrecht haben (Abs. 3 S. 3 und 4). In Ermangelung gesetzlicher Mitwirkungspflichten müssen die Bestellten mit der Übernahme ihres Amtes einverstanden sein. Der Wortlaut von Abs. 1 erlaubt es zwar nicht, mehr als einen Prüfungsausschuss einzurichten. Mit Rücksicht auf die Freiwilligkeit der Mitwirkung im Prüfungsausschuss und die damit verbundene zeitliche Belastung für die Vorbereitung und Durchführung der Prüfungen können daher auch weitere Prüfungsausschüsse eingerichtet werden (auch getrennt für den allgemeinen Straßenpersonenverkehr und den Taxen- und Mietwagenverkehr), soweit Bedarf besteht (vgl. Abs. 4). Auch ein gemeinsamer Prüfungsausschuss benachbarter Industrie- und Handelskammer ist nach Abs. 1 nicht ausgeschlossen.

II. Prüfungstermine und örtliche Zuständigkeit (Abs. 4 S. 1)

2 Die Prüfungstermine werden nach Bedarf festgesetzt (S. 1). Ein Bedarf an vierteljährlichen Prüfungsterminen besteht, wenn mindestens drei Bewerber pro Quartal die Fachkundeprüfung ablegen wollen (arg. ex S. 4). Obergenzen für die Bewerberanzahl nennt Abs. 4 zwar nicht. Berücksichtigt man die Möglichkeit von mündlichen Prüfungen für alle Bewerber (vgl. § 4 Rn. 4), einen Zeitbedarf pro Bewerber von mindestens einer Stunde und das Bestreben, sämtliche mündlichen Prüfungen an einem Tag abzuhalten, ergibt sich eine Obergrenze von sechs bis acht Bewerbern pro Prüfungskampagne. Dies ist bei der Festsetzung der Prüfungstermine zu beachten.

III. Zuständigkeit, Verweisung (Abs. 4 S. 2 und 3)

3 Zuständig ist der Prüfungsausschuss, in dessen Industrie- und Handelskammerbezirk der Bewerber seinen Wohnsitz hat. Für Bewerber mit Wohnsitz im Ausland ist die nächstgelegene Industrie- und Handelskammer zuständig. Mit seiner Zustimmung kann der Bewerber an den Prüfungsausschuss einer anderen Industrie- und Handelskammer verwiesen werden, wenn innerhalb eines Vierteljahres weniger als drei Bewerber zur Prüfung anstehen, oder dem Bewerber andernfalls wirtschaftliche Nachteile entstehen. Die wirtschaftlichen Nachteile sind von dem Bewerber glaubhaft zu machen.

§ 6 Gleichwertige Abschlussprüfungen

(1) Die nach Landesrecht zuständige Behörde kann nach Anhörung der übrigen nach Landesrecht zuständigen Behörden und des Deutschen Industrie- und Handelskammertages andere Abschlussprüfungen als Fachkundeprüfungen nach § 4 anerkennen, wenn die erforderlichen Kenntnisse auf den Sachgebieten, die sich aus § 3 ergeben, Gegenstand der Abschlussprüfung sind. Das Bundesministerium für Verkehr und digitale Infrastruktur gibt die Bezeichnung der anerkannten Abschlussprüfung auf Antrag der nach Landesrecht zuständigen Behörde im Verkehrsblatt bekannt.

(2) Als Fachkundeprüfung gelten auch die in Anlage 6 der bis zum Ablauf des 4. März 2013 geltenden Fassung aufgeführten Abschlussprüfungen, wenn die Ausbildung vor dem 4. Dezember 2011 begonnen worden ist. Als Fachkundeprüfung gelten auch Abschlussprüfungen, die von einer nach Landesrecht zuständigen Behörde nach § 6 Absatz 2 in der bis zum Ablauf des 4. März 2013 geltenden Fassung bis zum 4. Dezember 2011 anerkannt worden sind, wenn die Ausbildung vor dem 4. Dezember 2011 begonnen worden ist.

(3) Die nach § 5 Absatz 4 zuständige Industrie- und Handelskammer stellt dem Inhaber eines nach Absatz 1 oder 2 anerkannten Abschlusses auf Antrag eine Bescheinigung nach dem Muster des Anhangs III der Verordnung (EG) Nr. 1071/2009 in der jeweils geltenden Fassung aus. § 4 Absatz 6 Satz 2 und 3 gilt entsprechend.

I. Gleichwertige Abschlussprüfungen kraft Geltung (Abs. 1)

Als Prüfungen der fachlichen Eignung (§ 4 Abs. 1) gelten folgende Abschlussprüfungen nach Anlage 6: 1
- Abschlussprüfungen zum Kaufmann/zur Kauffrau im Eisenbahn- und Straßenverkehr, Schwerpunkt: Personenverkehr,
- Abschlussprüfung zur Fortbildung zum Verkehrsfachwirt/zur Verkehrsfachwirtin,
- Abschlussprüfung als Betriebswirt/Betriebswirtin (DAV), abgelegt bei der Deutschen Außenhandels- und Verkehrsakademie in Bremen,
- Abschlussprüfung als Diplom-Betriebswirt/Diplom-Betriebswirtin im Fachbereich Wirtschaft I Studiengang Verkehrsbetriebswirtschaft und Logistik an der Fachhochschule Heilbronn, und
- Abschluss als Diplom-Verkehrswirtschaftler/Diplom-Verkehrswirtschaftlerin an der Technischen Universität Dresden.

Die Geltung als Prüfung der fachlichen Eignung ist unwiderleglich; der Inhaber des jeweiligen Zeugnisses hat ohne weitere Prüfungen nach entsprechendem Antrag Anspruch auf Erteilung einer Fachkundebescheinigung (s. dazu Abs. 3). Bachelor-Abschlüsse verleihen grundsätzlich dieselben Berechtigungen wie Diplomabschlüsse an Fachhochschulen. Soweit die vorgenannten Hochschulen die Diplomabschlüsse durch Bachelor-Abschlüsse ersetzt haben, gelten auch sie als Prüfung der fachlichen Eignung. Die nach früherem Recht vom Nachweis der fachlichen Eignung ebenfalls befreiten und im

Besitz einer Fachkundebescheinigung befindlichen Reiseverkehrskaufleute (§ 6 Berufszugangs-VO PBefG a.F.) genießen Bestandsschutz.

II. Gleichwertige Abschlussprüfung kraft Anerkennung (Abs. 2)

2 Andere Abschlussprüfungen können von der obersten Landesverkehrsbehörde, also dem für Verkehr zuständigen Ministerium nach Anhörung der übrigen obersten Landesverkehrsbehörden und der Industrie- und Handelskammern als Prüfungen der fachlichen Eignung anerkannt werden, wenn die erforderlichen Kenntnisse auf den Sachgebieten nach § 3 Gegenstand der Abschlussprüfung sind. Die Bezeichnungen der solchermaßen anerkannten Abschlussprüfungen werden vom Bundesministerium für Verkehr, Bau und Stadtentwicklung auf Antrag der obersten Landesverkehrsbehörde im Verkehrsblatt bekannt gegeben. Durch die Bekanntgabe erlangt die Anerkennung auch in den Zuständigkeitsbereichen der anderen obersten Landesverkehrsbehörden Verbindlichkeit.

III. Fachkundebescheinigung

3 Die zuständige Industrie- und Handelskammer (vgl. § 5 Abs. 4) stellt dem Inhaber eines nach Abs. 1 oder 2 anerkannten Abschlusses auf Antrag eine Fachkundebescheinigung aus nach dem Muster der Anlage 4 oder 5 aus.

§ 7 Anerkennung leitender Tätigkeit

(1) Die fachliche Eignung kann auch durch eine mindestens fünfjährige leitende Tätigkeit in einem inländischen Unternehmen nachgewiesen werden, das Straßenpersonenverkehr betreibt. Zur Führung eines Unternehmens des Taxen- und Mietwagenverkehrs ist eine mindestens dreijährige leitende Tätigkeit in einem solchen Unternehmen nachzuweisen. Die Tätigkeit muss die zur ordnungsgemäßen Führung eines Straßenpersonenverkehrsunternehmens erforderlichen Kenntnisse auf den Sachgebieten vermittelt haben, die sich aus § 3 ergeben. Das Ende dieser Tätigkeit darf zum Zeitpunkt der Antragstellung nicht länger als zwei Jahre zurückliegen.

(2) Abweichend von Absatz 1 werden beim Verkehr mit Kraftomnibussen Personen, die nachweisen können, dass sie in dem Zeitraum von zehn Jahren vor dem 4. Dezember 2009 ohne Unterbrechung ein Straßenpersonenverkehrsunternehmen in einem oder mehreren Mitgliedstaaten der Europäischen Union geleitet haben, von der in Artikel 8 Absatz 1 der Verordnung (EG) Nr. 1071/2009 genannten Prüfung befreit. Die Tätigkeit muss die zur ordnungsgemäßen Führung eines Straßenpersonenverkehrsunternehmens erforderlichen Kenntnisse auf den jeweiligen Sachgebieten vermittelt haben, die sich aus dem Anhang I Teil I der Verordnung (EG) Nr. 1071/2009 in der jeweils geltenden Fassung ergeben.

(3) Die Prüfung der in den Absätzen 1 und 2 genannten Voraussetzungen obliegt der Industrie- und Handelskammer, in deren Zuständigkeitsbereich der

Bewerber seinen Wohnsitz hat. Hat der Bewerber seinen Wohnsitz im Ausland, ist die nächstgelegene Industrie- und Handelskammer zuständig. Abweichend von Satz 2 ist beim Verkehr mit Kraftomnibussen die Industrie- und Handelskammer zuständig, in deren Zuständigkeitsbereich der Bewerber arbeitet. Der Bewerber hat der Kammer hierzu die zur Prüfung nach Satz 1 erforderlichen Unterlagen vorzulegen. Reichen die Unterlagen zum Nachweis der fachlichen Eignung nicht aus, so kann die Kammer mit dem Bewerber ein ergänzendes Beurteilungsgespräch führen. Hält die Kammer den Bewerber für fachlich geeignet, so stellt sie eine Bescheinigung nach dem Muster des Anhangs III der Verordnung (EG) Nr. 1071/2009 in der jeweils geltenden Fassung aus. § 4 Absatz 6 Satz 2 und 3 gilt entsprechend.

I. Anerkennung leitender Tätigkeit (Abs. 1)

Außer durch Prüfung (§ 4 Abs. 1) kann die fachliche Eignung auch durch eine mindestens fünfjährige, im Taxen- und Mietwagenverkehr dreijährige leitende Tätigkeit in einem Unternehmen nachgewiesen werden, das Straßenpersonenverkehr bzw. Taxen- und Mietwagenverkehr betreibt. S. zum Begriff der leitenden Tätigkeit § 3 Abs. 1 BOKraft. Die Tätigkeit muss die zur ordnungsgemäßen Führung eines Straßenpersonenverkehrsunternehmens erforderlichen Kenntnisse auf den Sachgebieten nach § 3 vermittelt haben, und dies in leitender Funktion in allen Sachgebieten. Dies kommt im Grunde nur für ehemalige Unternehmer iSv § 3 Abs. 1 BOKraft sowie für Betriebsleiter, deren ständig und tatsächlich mit dieser Aufgabe betraute Stellvertreter und die Vertreter auswärtiger Unternehmer nach §§ 4 und 5 BOKraft in Betracht. Das Ende dieser Tätigkeit darf zum Zeitpunkt der Antragstellung nicht länger als zwei Jahre zurückliegen. 1

II. Prüfung und Bescheinigung (Abs. 2)

Die Prüfung der Voraussetzungen nach Abs. 1 obliegt der Industrie- und Handelskammer, in deren Zuständigkeitsbereich das Unternehmen seinen Sitz hat. Der Bewerber hat der Kammer (nicht dem Prüfungsausschuss nach § 5) hierzu aussagefähige Unterlagen (zB qualifizierte Zeugnisse, Genehmigungsurkunden zur Unternehmereigenschaft, Bestätigungen der Bestellung als Betriebsleiter oder Vertreter des auswärtigen Unternehmers) vorzulegen, und erforderlichenfalls auch Beweis über die Inhalte seiner Tätigkeit anzubieten. Reichen die Unterlagen zum Nachweis der fachlichen Eignung nicht aus, kann die Kammer mit dem Bewerber ein ergänzendes Beurteilungsgespräch führen. Hält die Kammer den Bewerber für fachlich geeignet, stellt sie eine Fachkundebescheinigung nach dem Muster der Anlage 4 oder 5 aus. 2

III. Rechtsschutz

3 Die Versagung der Anerkennung ist Verwaltungsakt, und kann mit Widerspruch und nachfolgender verwaltungsgerichtlicher Klage angefochten werden.

§ 8 *(aufgehoben)*

§ 9 Überwachung

(1) Die zuständigen Behörden vergewissern sich regelmäßig und mindestens alle fünf Jahre, dass das Unternehmen die Berufszugangsvoraussetzungen nach § 13 Abs. 1 des Personenbeförderungsgesetzes in Verbindung mit dieser Verordnung noch erfüllt. Zu diesem Zweck kann sie die in den §§ 1 und 2 bezeichneten Auskünfte erneut einholen. Im Bereich des Taxen- und Mietwagenverkehrs vergewissern sich die zuständigen Behörden über das Vorliegen der Berufszugangsvoraussetzungen in den Fällen, in denen Zweifel daran angezeigt sind, dass die Voraussetzungen noch vorliegen.

(2) Die Behörde teilt dem Unternehmen das Ergebnis der Überprüfung nach Absatz 1 schriftlich mit.

(3) Sollte die finanzielle Leistungsfähigkeit nach § 2 zum Zeitpunkt der Beurteilung nicht gegeben sein, die wirtschaftliche Lage des Unternehmens jedoch annehmen lassen, dass sie in absehbarer Zukunft auf der Grundlage eines Finanzplans erneut auf Dauer erfüllt werden kann, kann die zuständige Behörde eine Frist für den Nachweis der finanziellen Leistungsfähigkeit einräumen, die die Dauer von sechs Monaten nicht überschreiten darf.

(4) Verfahren auf Erneuerung einer Genehmigung nach dem Personenbeförderungsgesetz ersetzen die Kontrolle nach Absatz 1, soweit dabei zugleich der Nachweis geführt wird, dass die Berufszulassungsvoraussetzungen insgesamt erfüllt sind.

(5) Beim Verkehr mit Kraftomnibussen gelten die Artikel 12 und 13 der Verordnung (EG) Nr. 1071/2009. Absatz 1 Satz 2 und Absatz 2 gelten entsprechend. Verfahren auf Erneuerung der Gemeinschaftslizenz nach Artikel 4 oder 6 der Verordnung (EG) Nr. 1073/2009 ersetzen die Kontrolle nach Artikel 12 der Verordnung (EG) Nr. 1071/2009, soweit dabei zugleich der Nachweis geführt wird, dass die Berufszulassungsvoraussetzungen insgesamt erfüllt sind.

I. Überwachung (Abs. 1)

1 Mindestens alle fünf Jahre muss sich die Genehmigungsbehörde (§ 11 PBefG) vergewissern, dass das Unternehmen die Berufszugangsvoraussetzungen nach § 13 Abs. 1 iVm der PBZugV noch erfüllt. Auf welchem Weg sich die Genehmigungsbehörde Gewissheit verschafft, lässt Abs. 1 offen. Auch die Einholung der in §§ 1 und 2 vorgesehenen Auskünfte ist nach S. 2 in das pflichtgemäße Ermessen der Genehmigungsbehörde gestellt. Im Gelegen-

heitsverkehr beträgt die Geltungsdauer der Genehmigungen nach § 16 Abs. 3 PBefG ohnehin höchstens vier Jahre, sodass besonderer Aufwand auch durch § 9 nicht veranlasst ist. Bei einem Taxen- oder Mietwagenverkehr können sich die Genehmigungsbehörden nach S. 3 aber auch außerhalb der 5-Jahres-Frist bei berechtigten (angezeigten) Zweifeln über das Vorliegen der Berufszugangsvoraussetzungen vergewissern; diese Befugnis geht über die Möglichkeiten nach § 25 Abs. 3 PBefG, die auf die Zuverlässigkeit beschränkt sind, hinaus.

II. Mitteilungspflicht (Abs. 2)

Das Ergebnis der Überprüfung nach Abs. 1 ist dem Unternehmen schriftlich **2**
mitzuteilen. Die Mitteilung setzt nach dem Zweck von Abs. 1 eine neue 5-Jahres-Frist in Gang; zwischenzeitlich anstehende Wiedererteilungen von Genehmigungen sind daher im Regelfall ohne Prüfung der Voraussetzungen nach § 13 Abs. 1 PBefG vorzunehmen (aA Fielitz/Grätz Rn. 4).

III. Karenzfrist (Abs. 3)

Ist die finanzielle Leistungsfähigkeit nach § 2 zum Zeitpunkt der Beurteilung **3**
nicht gegeben, und lässt aber die wirtschaftliche Lage des Unternehmens annehmen, dass sie in absehbarer Zukunft auf der Grundlage eines Finanzplans erneut auf Dauer erfüllt werden kann, kann die zuständige Behörde eine Frist für den Nachweis der finanziellen Leistungsfähigkeit, längstens für ein Jahr einräumen. Die Frist ist so zu bemessen, dass sie für die Einleitung und Umsetzung der erforderlichen Maßnahmen (zB Abschluss eines verbindlichen Tilgungsplans oder von Umschuldungs- und Investorenverträgen) ausreichend ist.

§ 10 Anerkennung von ausländischen Berufsqualifikationen

(1) Berufsqualifikationen, die in anderen Mitgliedstaaten der Europäischen Union oder des Europäischen Wirtschaftsraumes erworben wurden, sind von der Genehmigungsbehörde in unmittelbarer Anwendung der Artikel 19 bis 21 der Verordnung (EG) Nr. 1071/2009 in der jeweils geltenden Fassung und der Richtlinie 2005/36/EG des Europäischen Parlaments und des Rates vom 7. September 2005 über die Anerkennung von Berufsqualifikationen (ABl. EU Nr. L 255 S. 22), insbesondere der Artikel 4, 5, 8, 10 bis 16, 19, 50, 51 und 56, anzuerkennen.

(2) Wird in einem anderen Mitgliedstaat der Europäischen Union oder des Europäischen Wirtschaftsraumes die Anerkennung einer im Inland erworbenen Berufsqualifikation beantragt, so arbeitet die Genehmigungsbehörde mit den zuständigen Behörden des anderen Staates zusammen und leistet Amtshilfe. Sie teilt diesen Behörden auf deren Ersuchen mit, ob im Inland eine rechtmäßige Niederlassung besteht oder bestanden hat und ob strafrechtliche Verurteilungen

oder andere Tatsachen vorliegen, die geeignet sind, Zweifel an der Zuverlässigkeit zu begründen.

(3) Das Bundesamt für Güterverkehr unterrichtet die zuständigen Behörden anderer Mitgliedstaaten der Europäischen Union oder des Europäischen Wirtschaftsraumes gemäß Artikel 23 Absatz 1 der Verordnung (EG) Nr. 1073/2009 über die ihm bekannt gewordenen Verstöße gegen die Vorschriften für das Personenkraftverkehrsgewerbe und gemäß Artikel 56 Abs. 2 der Richtlinie 2005/36/EG über die ihm bekannt gewordenen strafrechtlichen Verurteilungen und andere Tatsachen, die geeignet sind, Zweifel an der Zuverlässigkeit des Unternehmens zu begründen.

I. Gegenseitige Anerkennung von Berufsqualifikationen (Abs. 1 und 2)

1 Die entgeltliche oder geschäftsmäßige Beförderung von Personen mit Straßenbahnen, mit Oberleitungsomnibussen und mit Kraftfahrzeugen gehören zu den reglementierten Berufen iSd Richtlinie 2005/36/EG. Sie sieht die Anerkennung einer in einem anderen Mitgliedstaat der Europäischen Union oder des Europäischen Wirtschaftsraums vor, wenn entweder gleichwertige Befähigungs- und Ausbildungsnachweise vorgelegt werden (Art. 13 Abs. 1) oder eine angemessene Berufserfahrung nachgewiesen wird (Art. 19). Abs. 1 verpflichtet die Genehmigungsbehörden, die entsprechenden Regelungen zu beachten. Abs. 2 sieht Mitwirkungspflichten vor, wenn im Ausland die Anerkennung einer in Deutschland erworbenen Berufsqualifikation beantragt wird.

II. Unterrichtung anderer Mitgliedstaaten der EU (Abs. 3)

2 Art. 19 ff. VO (EG) Nr. 1071/2009 und Art. 56 Abs. 2 der Richtlinie 2005/36/EG verpflichten zur Unterrichtung eines EU-Mitgliedstaates über Verstöße der dort ansässigen Unternehmen, die zum Entzug der Genehmigung für die Berufsausübung führen können, und über die zur Ahndung getroffenen Maßnahmen. Abs. 3 überträgt diese Aufgabe dem Bundesamt für Güterverkehr.

§ 11 Inkrafttreten, Außerkrafttreten

(nicht abgedruckt bzw. gegenstandslos)

Anhang

1. EU-Vorschriften

a) Verordnung (EG) Nr. 1370/2007 des Europäischen Parlaments und des Rates vom 23. Oktober 2007 über öffentliche Personenverkehrsdienste auf Schiene und Straße und zur Aufhebung der Verordnungen (EWG) Nr. 1191/69 und (EWG) Nr. 1107/70 des Rates

(ABl. 2007 L 315, 1)

Geändert durch Verordnung (EU) 2016/2338 des Europäischen Parlaments und des Rates, vom 14.12.2016 (ABl. 2016 L 354, 22)

Art. 1. Zweck und Anwendungsbereich

(1) Zweck dieser Verordnung ist es, festzulegen, wie die zuständigen Behörden unter Einhaltung des Gemeinschaftsrechts im Bereich des öffentlichen Personenverkehrs tätig werden können, um die Erbringung von Dienstleistungen von allgemeinem Interesse zu gewährleisten, die unter anderem zahlreicher, sicherer, höherwertig oder preisgünstiger sind als diejenigen, die das freie Spiel des Marktes ermöglicht hätte.

Hierzu wird in dieser Verordnung festgelegt, unter welchen Bedingungen die zuständigen Behörden den Betreibern eines öffentlichen Dienstes eine Ausgleichsleistung für die ihnen durch die Erfüllung der gemeinwirtschaftlichen Verpflichtungen verursachten Kosten und/oder ausschließliche Rechte im Gegenzug für die Erfüllung solcher Verpflichtungen gewähren, wenn sie ihnen gemeinwirtschaftliche Verpflichtungen auferlegen oder entsprechende Aufträge vergeben.

(2) Diese Verordnung gilt für den innerstaatlichen und grenzüberschreitenden Personenverkehr mit der Eisenbahn und andere Arten des Schienenverkehrs sowie auf der Straße, mit Ausnahme von Verkehrsdiensten, die hauptsächlich aus Gründen historischen Interesses oder zu touristischen Zwecken betrieben werden. Die Mitgliedstaaten können diese Verordnung auf den öffentlichen Personenverkehr auf Binnenschifffahrtswegen und, unbeschadet der Verordnung (EWG) Nr. 3577/92 des Rates vom 7. Dezember 1992 zur Anwendung des Grundsatzes des freien Dienstleistungsverkehrs auf den Seeverkehr zwischen den Mitgliedstaaten (Seekabotage)[1], auf das Meer innerhalb der Hoheitsgewässer anwenden. Vorbehaltlich der Zustimmung der zuständigen Behörden der Mitgliedstaaten, in deren Hoheitsgebiet die Dienst-

[1] ABl. L 364 vom 12.12.1992, S. 7.

leistungen erbracht werden, dürfen sich gemeinwirtschaftliche Verpflichtungen auf öffentliche Verkehrsdienste auf grenzüberschreitender Ebene erstrecken, einschließlich jener, die örtliche und regionale Verkehrsbedürfnisse erfüllen.

(3) Diese Verordnung gilt nicht für öffentliche Baukonzessionen im Sinne von Artikel 1 Absatz 3 Buchstabe a der Richtlinie 2004/17/EG oder im Sinne von Artikel 1 Absatz 3 der Richtlinie 2004/18/EG.

Art. 2 Begriffsbestimmungen

Im Sinne dieser Verordnung bezeichnet der Ausdruck

a) „öffentlicher Personenverkehr“ Personenbeförderungsleistungen von allgemeinem wirtschaftlichem Interesse, die für die Allgemeinheit diskriminierungsfrei und fortlaufend erbracht werden;
   aa) „öffentliche Schienenpersonenverkehrsdienste“ den öffentlichen Schienenpersonenverkehr mit Ausnahme des Personenverkehrs auf anderen schienengestützten Verkehrsträgern wie Untergrund- oder Straßenbahnen;
b) „zuständige Behörde“ jede Behörde oder Gruppe von Behörden eines oder mehrerer Mitgliedstaaten, die zur Intervention im öffentlichen Personenverkehr in einem bestimmten geografischen Gebiet befugt ist, oder jede mit einer derartigen Befugnis ausgestattete Einrichtung;
c) „zuständige örtliche Behörde“ jede zuständige Behörde, deren geografischer Zuständigkeitsbereich sich nicht auf das gesamte Staatsgebiet erstreckt;
d) „Betreiber eines öffentlichen Dienstes“ jedes privat- oder öffentlich-rechtliche Unternehmen oder jede Gruppe von privat- oder öffentlich-rechtlichen Unternehmen, das/die öffentliche Personenverkehrsdienste betreibt, oder eine öffentliche Einrichtung, die öffentliche Personenverkehrsdienste durchführt;
e) „gemeinwirtschaftliche Verpflichtung“ eine von der zuständigen Behörde festgelegte oder bestimmte Anforderung im Hinblick auf die Sicherstellung von im allgemeinen Interesse liegenden öffentlichen Personenverkehrsdiensten, die der Betreiber unter Berücksichtigung seines eigenen wirtschaftlichen Interesses nicht oder nicht im gleichen Umfang oder nicht zu den gleichen Bedingungen ohne Gegenleistung übernommen hätte;
f) „ausschließliches Recht“ ein Recht, das einen Betreiber eines öffentlichen Dienstes berechtigt, bestimmte öffentliche Personenverkehrsdienste auf einer bestimmten Strecke oder in einem bestimmten Streckennetz oder Gebiet unter Ausschluss aller anderen solchen Betreiber zu erbringen;
g) „Ausgleichsleistung für gemeinwirtschaftliche Verpflichtungen“ jeden Vorteil, insbesondere finanzieller Art, der mittelbar oder unmittelbar von einer zuständigen Behörde aus öffentlichen Mitteln während des Zeitraums der Erfüllung einer gemeinwirtschaftlichen Verpflichtung oder in Verbindung mit diesem Zeitraum gewährt wird;

h) „Direktvergabe" die Vergabe eines öffentlichen Dienstleistungsauftrags an einen bestimmten Betreiber eines öffentlichen Dienstes ohne Durchführung eines vorherigen wettbewerblichen Vergabeverfahrens;

i) „öffentlicher Dienstleistungsauftrag" einen oder mehrere rechtsverbindliche Akte, die die Übereinkunft zwischen einer zuständigen Behörde und einem Betreiber eines öffentlichen Dienstes bekunden, diesen Betreiber eines öffentlichen Dienstes mit der Verwaltung und Erbringung von öffentlichen Personenverkehrsdiensten zu betrauen, die gemeinwirtschaftlichen Verpflichtungen unterliegen; gemäß der jeweiligen Rechtsordnung der Mitgliedstaaten können diese rechtsverbindlichen Akte auch in einer Entscheidung der zuständigen Behörde bestehen:
   – die die Form eines Gesetzes oder einer Verwaltungsregelung für den Einzelfall haben kann oder
   – die Bedingungen enthält, unter denen die zuständige Behörde diese Dienstleistungen selbst erbringt oder einen internen Betreiber mit der Erbringung dieser Dienstleistungen betraut;

j) „interner Betreiber" eine rechtlich getrennte Einheit, über die eine zuständige örtliche Behörde – oder im Falle einer Gruppe von Behörden wenigstens eine zuständige örtliche Behörde – eine Kontrolle ausübt, die der Kontrolle über ihre eigenen Dienststellen entspricht;

k) „Wert" den Wert eines Verkehrsdienstes, einer Strecke, eines öffentlichen Dienstleistungsauftrags oder einer Ausgleichsregelung des öffentlichen Personenverkehrs, der den Gesamteinnahmen – ohne Mehrwertsteuer – des Betreibers oder der Betreiber eines öffentlichen Dienstes entspricht, einschließlich der Ausgleichsleistung der Behörden gleich welcher Art und aller Einnahmen aus dem Fahrscheinverkauf, die nicht an die betroffene zuständige Behörde abgeführt werden;

l) „allgemeine Vorschrift" eine Maßnahme, die diskriminierungsfrei für alle öffentlichen Personenverkehrsdienste derselben Art in einem bestimmten geografischen Gebiet, das im Zuständigkeitsbereich einer zuständigen Behörde liegt, gilt;

m) „integrierte öffentliche Personenverkehrsdienste" Beförderungsleistungen, die innerhalb eines festgelegten geografischen Gebiets im Verbund erbracht werden und für die ein einziger Informationsdienst, eine einzige Fahrausweisregelung und ein einziger Fahrplan besteht.

Art. 2a. Spezifikation der gemeinwirtschaftlichen Verpflichtungen

(1) Die zuständige Behörde legt Spezifikationen der gemeinwirtschaftlichen Verpflichtungen für die Erbringung öffentlicher Personenverkehrsdienste und den Anwendungsbereich dieser gemeinwirtschaftlichen Verpflichtungen gemäß Artikel 2 Buchstabe e fest. Dies schließt die Möglichkeit ein, kostendeckende Dienste mit nicht kostendeckenden Diensten zusammenzufassen.

Bei der Festlegung dieser Spezifikationen und ihres Anwendungsbereichs trägt die zuständige Behörde dem Grundsatz der Verhältnismäßigkeit im Einklang mit dem Unionsrecht gebührend Rechnung.

Diese Spezifikationen müssen mit den politischen Zielen, die in den Strategiepapieren für den öffentlichen Verkehr in den Mitgliedstaaten aufgeführt sind, im Einklang stehen.

Inhalt und Format der Strategiepapiere für den öffentlichen Verkehr und die Verfahren für die Konsultation der einschlägigen Interessengruppen werden nach Maßgabe der nationalen Rechtsvorschriften festgelegt.

(2) Mit den Spezifikationen gemeinwirtschaftlicher Verpflichtungen und der entsprechenden Ausgleichsleistung für finanzielle Nettoauswirkungen gemeinwirtschaftlicher Verpflichtungen sollen

a) die Ziele der Politik für den öffentlichen Verkehr auf kostenwirksame Weise erreicht werden und

b) die finanzielle Nachhaltigkeit der Erbringung öffentlicher Personenverkehrsdienste gemäß den in der Politik für den öffentlichen Verkehr festgelegten Anforderungen langfristig gesichert werden.

Art. 3. Öffentliche Dienstleistungsaufträge und allgemeine Vorschriften

(1) Gewährt eine zuständige Behörde dem ausgewählten Betreiber ausschließliche Rechte und/oder Ausgleichsleistungen gleich welcher Art für die Erfüllung gemeinwirtschaftlicher Verpflichtungen, so erfolgt dies im Rahmen eines öffentlichen Dienstleistungsauftrags.

(2) Abweichend von Absatz 1 können gemeinwirtschaftliche Verpflichtungen zur Festsetzung von Höchsttarifen für alle Fahrgäste oder bestimmte Gruppen von Fahrgästen auch Gegenstand allgemeiner Vorschriften sein. Die zuständige Behörde gewährt den Betreibern eines öffentlichen Dienstes gemäß den in den Artikeln 4 und 6 und im Anhang festgelegten Grundsätzen eine Ausgleichsleistung für die – positiven oder negativen – finanziellen Auswirkungen auf die Kosten und Einnahmen, die auf die Erfüllung der in den allgemeinen Vorschriften festgelegten tariflichen Verpflichtungen zurückzuführen sind; dabei vermeidet sie eine übermäßige Ausgleichsleistung. Dies gilt ungeachtet des Rechts der zuständigen Behörden, gemeinwirtschaftliche Verpflichtungen zur Festsetzung von Höchsttarifen in öffentliche Dienstleistungsaufträge aufzunehmen.

(3) Unbeschadet der Artikel 73, 86, 87 und 88 des Vertrags können die Mitgliedstaaten allgemeine Vorschriften über die finanzielle Abgeltung von gemeinwirtschaftlichen Verpflichtungen, die dazu dienen, Höchsttarife für Schüler, Studenten, Auszubildende und Personen mit eingeschränkter Mobilität festzulegen, aus dem Anwendungsbereich dieser Verordnung ausnehmen. Diese allgemeinen Vorschriften sind nach Artikel 88 des Vertrags mitzuteilen. Jede Mitteilung enthält vollständige Informationen über die Maßnahme, insbesondere Einzelheiten zur Berechnungsmethode.

Art. 4. Obligatorischer Inhalt öffentlicher Dienstleistungsaufträge und allgemeiner Vorschriften

(1) In den öffentlichen Dienstleistungsaufträgen und den allgemeinen Vorschriften

a) sind die vom Betreiber eines öffentlichen Dienstes zu erfüllenden gemeinwirtschaftlichen Verpflichtungen, die in dieser Verordnung definiert und gemäß Artikel 2a dieser Verordnung spezifiziert sind, und die betreffenden geografischen Geltungsbereiche klar festzulegen;
b) sind zuvor in objektiver und transparenter Weise aufzustellen:
   i) die Parameter, anhand deren gegebenenfalls die Ausgleichsleistung berechnet wird, und
   ii) die Art und der Umfang der gegebenenfalls gewährten Ausschließlichkeit; dabei ist eine übermäßige Ausgleichsleistung zu vermeiden.

   Bei öffentlichen Dienstleistungsaufträgen, die nicht gemäß Artikel 5 Absatz 1, Absatz 3 oder Absatz 3b vergeben werden, werden diese Parameter so bestimmt, dass die Ausgleichsleistung den Betrag nicht übersteigen kann, der erforderlich ist, um die finanziellen Nettoauswirkungen auf die Kosten und Einnahmen zu decken, die auf die Erfüllung der gemeinwirtschaftlichen Verpflichtungen zurückzuführen sind, wobei die vom Betreiber eines öffentlichen Dienstes erzielten und einbehaltenen Einnahmen und ein angemessener Gewinn berücksichtigt werden;
c) sind die Durchführungsvorschriften für die Aufteilung der Kosten, die mit der Erbringung von Dienstleistungen in Verbindung stehen, festzulegen. Diese Kosten können insbesondere Personalkosten, Energiekosten, Infrastrukturkosten, Wartungs- und Instandsetzungskosten für Fahrzeuge des öffentlichen Personenverkehrs, das Rollmaterial und für den Betrieb der Personenverkehrsdienste erforderliche Anlagen sowie die Fixkosten und eine angemessene Kapitalrendite umfassen.

(2) In den öffentlichen Dienstleistungsaufträgen und den allgemeinen Vorschriften sind die Durchführungsvorschriften für die Aufteilung der Einnahmen aus dem Fahrscheinverkauf festzulegen, die entweder beim Betreiber eines öffentlichen Dienstes verbleiben, an die zuständige Behörde übergehen oder unter ihnen aufgeteilt werden.

(3) Die öffentlichen Dienstleistungsaufträge sind befristet und haben eine Laufzeit von höchstens zehn Jahren für Busverkehrsdienste und von höchstens 15 Jahren für Personenverkehrsdienste mit der Eisenbahn oder anderen schienengestützten Verkehrsträgern. Die Laufzeit von öffentlichen Dienstleistungsaufträgen, die mehrere Verkehrsträger umfassen, ist auf 15 Jahre beschränkt, wenn der Verkehr mit der Eisenbahn oder anderen schienengestützten Verkehrsträgern mehr als 50 % des Werts der betreffenden Verkehrsdienste ausmacht.

(4) Falls erforderlich kann die Laufzeit des öffentlichen Dienstleistungsauftrags unter Berücksichtigung der Amortisierungsdauer der Wirtschaftsgüter um höchstens 50 % verlängert werden, wenn der Betreiber eines öffentlichen Dienstes einen wesentlichen Anteil der für die Erbringung der Personenverkehrsdienste, die Gegenstand des öffentlichen Dienstleistungsauftrags sind, insgesamt erforderlichen Wirtschaftsgüter bereitstellt und diese vorwiegend an die Personenverkehrsdienste gebunden sind, die von dem Auftrag erfasst werden.

Falls dies durch Kosten, die aus der besonderen geografischen Lage entstehen, gerechtfertigt ist, kann die Laufzeit der in Absatz 3 beschriebenen öffentlichen Dienstleistungsaufträge in den Gebieten in äußerster Randlage um höchstens 50 % verlängert werden.

Falls dies durch die Abschreibung von Kapital in Verbindung mit außergewöhnlichen Investitionen in Infrastruktur, Rollmaterial oder Fahrzeuge gerechtfertigt ist und der öffentliche Dienstleistungsauftrag in einem fairen wettbewerblichen Vergabeverfahren vergeben wurde, kann ein öffentlicher Dienstleistungsauftrag eine längere Laufzeit haben. Zur Gewährleistung der Transparenz in diesem Fall muss die zuständige Behörde der Kommission innerhalb von einem Jahr nach Abschluss des Vertrags den öffentlichen Dienstleistungsauftrag und die Elemente, die seine längere Laufzeit rechtfertigen, übermitteln.

(4a) Bei der Ausführung von öffentlichen Dienstleistungsaufträgen halten Betreiber eines öffentlichen Dienstes die nach dem Unionsrecht, dem nationalen Recht oder Tarifverträgen geltenden sozial- und arbeitsrechtlichen Verpflichtungen ein.

(4b) Die Richtlinie 2001/23/EG findet Anwendung auf den Wechsel des Betreibers eines öffentlichen Dienstes, wenn ein solcher Wechsel einen Unternehmensübergang im Sinne jener Richtlinie darstellt.

(5) Unbeschadet des nationalen Rechts und des Gemeinschaftsrechts, einschließlich Tarifverträge zwischen den Sozialpartnern, kann die zuständige Behörde den ausgewählten Betreiber eines öffentlichen Dienstes verpflichten, den Arbeitnehmern, die zuvor zur Erbringung der Dienste eingestellt wurden, die Rechte zu gewähren, auf die sie Anspruch hätten, wenn ein Übergang im Sinne der Richtlinie 2001/23/EG erfolgt wäre. Verpflichtet die zuständige Behörde die Betreiber eines öffentlichen Dienstes, bestimmte Sozialstandards einzuhalten, so werden in den Unterlagen des wettbewerblichen Vergabeverfahrens und den öffentlichen Dienstleistungsaufträgen die betreffenden Arbeitnehmer aufgeführt und transparente Angaben zu ihren vertraglichen Rechten und zu den Bedingungen gemacht, unter denen sie als in einem Verhältnis zu den betreffenden Diensten stehend gelten.

(6) Verpflichtet die zuständige Behörde die Betreiber eines öffentlichen Dienstes im Einklang mit nationalem Recht dazu, bestimmte Qualitäts- und Sozialstandards einzuhalten, oder stellt sie soziale und qualitative Kriterien auf, so werden diese Standards und Kriterien in die Unterlagen des wettbewerblichen Vergabeverfahrens und die öffentlichen Dienstleistungsaufträge aufgenommen. Derartige Unterlagen des wettbewerblichen Vergabeverfahrens und öffentliche Dienstleistungsaufträge müssen gegebenenfalls auch Angaben zu den Rechten und Pflichten in Bezug auf die Übernahme von Personal, das vom vorherigen Betreiber eingestellt worden war, enthalten, unter gleichzeitiger Wahrung der Richtlinie 2001/23/EG.

(7) In den Unterlagen des wettbewerblichen Vergabeverfahrens und den öffentlichen Dienstleistungsaufträgen ist transparent anzugeben, ob und in welchem Umfang eine Vergabe von Unteraufträgen in Frage kommt. Werden Unteraufträge vergeben, so ist der mit der Verwaltung und Erbringung von öffentlichen Personenverkehrsdiensten nach Maßgabe dieser Verordnung betraute Betreiber verpflichtet, einen bedeutenden Teil der öffentlichen Personenverkehrsdienste selbst zu erbringen. Ein öffentlicher Dienstleistungsauf-

trag, der gleichzeitig Planung, Aufbau und Betrieb öffentlicher Personenverkehrsdienste umfasst, kann eine vollständige Übertragung des Betriebs dieser Dienste an Unterauftragnehmer vorsehen. Im öffentlichen Dienstleistungsauftrag werden entsprechend dem nationalen Recht und dem Gemeinschaftsrecht die für eine Vergabe von Unteraufträgen geltenden Bedingungen festgelegt.

(8) Öffentliche Dienstleistungsaufträge müssen den Betreiber verpflichten, der zuständigen Behörde alle für die Vergabe der öffentlichen Dienstleistungsaufträge wesentlichen Informationen zur Verfügung zu stellen; hierbei ist der legitime Schutz vertraulicher Geschäftsinformationen zu gewährleisten. Die zuständigen Behörden stellen allen interessierten Parteien relevante Informationen für die Vorbereitung eines Angebots im Rahmen eines wettbewerblichen Vergabeverfahrens zur Verfügung und gewährleisten dabei den legitimen Schutz vertraulicher Geschäftsinformationen. Dazu gehören Informationen über Fahrgastnachfrage, Tarife, Kosten und Einnahmen im Zusammenhang mit den öffentlichen Personenverkehrsdiensten, die Gegenstand des wettbewerblichen Vergabeverfahrens sind, sowie Einzelheiten der Infrastrukturspezifikationen, die für den Betrieb der erforderlichen Fahrzeuge bzw. des erforderlichen Rollmaterials relevant sind, um interessierten Parteien die Abfassung fundierter Geschäftspläne zu ermöglichen. Die Schieneninfrastrukturbetreiber unterstützen die zuständigen Behörden bei der Bereitstellung aller einschlägigen Infrastrukturspezifikationen. Die Nichteinhaltung der oben genannten Bestimmungen ist Gegenstand einer rechtlichen Überprüfung im Sinne von Artikel 5 Absatz 7.

Art. 5. Vergabe öffentlicher Dienstleistungsaufträge

(1) Öffentliche Dienstleistungsaufträge werden nach Maßgabe dieser Verordnung vergeben. Dienstleistungsaufträge oder öffentliche Dienstleistungsaufträge gemäß der Definition in den Richtlinien 2004/17/EG oder 2004/18/EG für öffentliche Personenverkehrsdienste mit Bussen und Straßenbahnen werden jedoch gemäß den in jenen Richtlinien vorgesehenen Verfahren vergeben, sofern die Aufträge nicht die Form von Dienstleistungskonzessionen im Sinne jener Richtlinien annehmen. Werden Aufträge nach den Richtlinien 2004/17/EG oder 2004/18/EG vergeben, so sind die Absätze 2 bis 6 des vorliegenden Artikels nicht anwendbar.

(2) Sofern dies nicht nach nationalem Recht untersagt ist, kann jede zuständige örtliche Behörde — unabhängig davon, ob es sich dabei um eine einzelne Behörde oder eine Gruppe von Behörden handelt, die integrierte öffentliche Personenverkehrsdienste anbietet — entscheiden, selbst öffentliche Personenverkehrsdienste zu erbringen oder öffentliche Dienstleistungsaufträge direkt an eine rechtlich getrennte Einheit zu vergeben, über die die zuständige örtliche Behörde — oder im Falle einer Gruppe von Behörden wenigstens eine zuständige örtliche Behörde — eine Kontrolle ausübt, die der Kontrolle über ihre eigenen Dienststellen entspricht.

Im Falle öffentlicher Schienenpersonenverkehrsdienste kann die im ersten Unterabsatz genannte Gruppe von Behörden ausschließlich aus zuständigen örtlichen Behörden bestehen, deren geografischer Zuständigkeitsbereich sich nicht auf das gesamte Staatsgebiet erstreckt. Der in Unterabsatz 1 genannte öffentliche Personenverkehrsdienst oder öffentliche Dienstleistungsauftrag darf nur den Verkehrsbedarf städtischer Ballungsräume und ländlicher Gebiete oder beides decken.

Fasst eine zuständige örtliche Behörde diesen Beschluss, so gilt Folgendes

a) Um festzustellen, ob die zuständige örtliche Behörde diese Kontrolle ausübt, sind Faktoren zu berücksichtigen, wie der Umfang der Vertretung in Verwaltungs-, Leitungs- oder Aufsichtsgremien, diesbezügliche Bestimmungen in der Satzung, Eigentumsrechte, tatsächlicher Einfluss auf und tatsächliche Kontrolle über strategische Entscheidungen und einzelne Managemententscheidungen. Im Einklang mit dem Gemeinschaftsrecht ist zur Feststellung, dass eine Kontrolle im Sinne dieses Absatzes gegeben ist, – insbesondere bei öffentlich-privaten Partnerschaften – nicht zwingend erforderlich, dass die zuständige Behörde zu 100 % Eigentümer ist, sofern ein beherrschender öffentlicher Einfluss besteht und aufgrund anderer Kriterien festgestellt werden kann, dass eine Kontrolle ausgeübt wird.

b) Die Voraussetzung für die Anwendung dieses Absatzes ist, dass der interne Betreiber und jede andere Einheit, auf die dieser Betreiber einen auch nur geringfügigen Einfluss ausübt, ihre öffentlichen Personenverkehrsdienste innerhalb des Zuständigkeitsgebiets der zuständigen örtlichen Behörde ausführen – ungeachtet der abgehenden Linien oder sonstiger Teildienste, die in das Zuständigkeitsgebiet benachbarter zuständiger örtlicher Behörden führen – und nicht an außerhalb des Zuständigkeitsgebiets der zuständigen örtlichen Behörde organisierten wettbewerblichen Vergabeverfahren für die Erbringung von öffentlichen Personenverkehrsdiensten teilnehmen.

c) Ungeachtet des Buchstabens b kann ein interner Betreiber frühestens zwei Jahre vor Ablauf des direkt an ihn vergebenen Auftrags an fairen wettbewerblichen Vergabeverfahren teilnehmen, sofern endgültig beschlossen wurde, die öffentlichen Personenverkehrsdienste, die Gegenstand des Auftrags des internen Betreibers sind, im Rahmen eines fairen wettbewerblichen Vergabeverfahrens zu vergeben und der interne Betreiber nicht Auftragnehmer anderer direkt vergebener öffentlicher Dienstleistungsaufträge ist.

d) Gibt es keine zuständige örtliche Behörde, so gelten die Buchstaben a, b und c für die nationalen Behörden in Bezug auf ein geografisches Gebiet, das sich nicht auf das gesamte Staatsgebiet erstreckt, sofern der interne Betreiber nicht an wettbewerblichen Vergabeverfahren für die Erbringung von öffentlichen Personenverkehrsdiensten teilnimmt, die außerhalb des Gebiets, für das der öffentliche Dienstleistungsauftrag erteilt wurde, organisiert werden.

e) Kommt eine Unterauftragsvergabe nach Artikel 4 Absatz 7 in Frage, so ist der interne Betreiber verpflichtet, den überwiegenden Teil des öffentlichen Personenverkehrsdienstes selbst zu erbringen.

(3) Werden die Dienste Dritter, die keine internen Betreiber sind, in Anspruch genommen, so müssen die zuständigen Behörden die öffentlichen Dienstleistungsaufträge außer in den in den Absätzen 3a, 4, 4a, 4b, 5 und 6 vorgesehenen Fällen im Wege eines wettbewerblichen Vergabeverfahrens ver-

geben. Das für die wettbewerbliche Vergabe angewandte Verfahren muss allen Betreibern offenstehen, fair sein und den Grundsätzen der Transparenz und Nichtdiskriminierung genügen. Nach Abgabe der Angebote und einer eventuellen Vorauswahl können in diesem Verfahren unter Einhaltung dieser Grundsätze Verhandlungen geführt werden, um festzulegen, wie der Besonderheit oder Komplexität der Anforderungen am besten Rechnung zu tragen ist.

(3a) Sofern dies nicht nach nationalem Recht untersagt ist, kann bei öffentlichen Dienstleistungsaufträgen für öffentliche Schienenpersonenverkehrsdienste, die im Wege eines wettbewerblichen Vergabeverfahrens vergeben werden, die zuständige Behörde entscheiden, vorübergehend neue Aufträge direkt zu vergeben, wenn sie der Auffassung ist, dass die direkte Vergabe durch außergewöhnliche Umstände gerechtfertigt ist. Derartige außergewöhnliche Umstände umfassen auch Fälle, in denen

- eine Reihe wettbewerblicher Vergabeverfahren bereits von der zuständigen Behörde oder anderen zuständigen Behörden durchgeführt werden, die die Zahl und die Qualität der Angebote beeinträchtigen könnten, welche voraussichtlich eingehen, wenn der Auftrag im Wege eines wettbewerblichen Vergabeverfahrens vergeben würde, oder
- Änderungen am Umfang eines oder mehrerer öffentlicher Dienstleistungsaufträge erforderlich sind, um die Erbringung öffentlicher Dienste zu optimieren.

Die zuständige Behörde erlässt eine mit Gründen versehene Entscheidung und unterrichtet die Kommission unverzüglich hiervon.

Die Laufzeit der gemäß diesem Absatz vergebenen Aufträge muss in einem angemessenen Verhältnis zu dem jeweiligen außergewöhnlichen Umstand stehen und darf in keinem Fall fünf Jahre überschreiten.

Die zuständige Behörde veröffentlicht solche Aufträge, wobei sie den legitimen Schutz vertraulicher Geschäftsinformationen und geschäftlicher Interessen berücksichtigt.

Der nachfolgende Auftrag für dieselben gemeinwirtschaftlichen Verpflichtungen wird nicht auf der Grundlage dieser Bestimmung vergeben.

(3b) Bei der Anwendung von Absatz 3 können die zuständigen Behörden die Anwendung des folgenden Verfahrens beschließen:

Die zuständigen Behörden können die von ihnen beabsichtigte Vergabe eines öffentlichen Dienstleistungsauftrags für öffentliche Schienenpersonenverkehrsdienste durch Veröffentlichung einer Bekanntmachung im Amtsblatt der Europäischen Union bekannt geben.

Diese Bekanntmachung muss eine ausführliche Beschreibung der Dienstleistungen, die Gegenstand des zu vergebenden Auftrags sind, sowie Angaben zur Art und Laufzeit des Auftrags enthalten.

Die Betreiber können ihr Interesse innerhalb einer von der zuständigen Behörde festgesetzten Frist bekunden, die mindestens 60 Tage ab Veröffentlichung der Bekanntmachung betragen muss.

Wenn nach Ablauf dieser Frist

a) nur ein Betreiber Interesse bekundet hat, an dem Verfahren zur Vergabe des öffentlichen Dienstleistungsauftrags teilzunehmen,

b) dieser Betreiber ordnungsgemäß nachgewiesen hat, dass er tatsächlich in der Lage sein wird, die Verkehrsdienstleistung unter Einhaltung der im öffentlichen Dienstleistungsauftrag festgelegten Verpflichtungen zu erbringen,
c) der mangelnde Wettbewerb nicht das Ergebnis einer künstlichen Einschränkung der Parameter der Auftragsvergabe ist und
d) keine vernünftige Alternative besteht,

können die zuständigen Behörden mit diesem Betreiber Verhandlungen aufnehmen, um den Auftrag ohne weitere Veröffentlichung eines offenen Verfahrens zu vergeben.

(4) Sofern dies nicht nach nationalem Recht untersagt ist, kann die zuständige Behörde entscheiden, öffentliche Dienstleistungsaufträge direkt zu vergeben, wenn

a) ihr Jahresdurchschnittswert auf weniger als 1 000 000 EUR bzw. – im Fall eines öffentlichen Dienstleistungsauftrags, der öffentliche Schienenpersonenverkehrsdienste beinhaltet – weniger als 7 500 000 EUR geschätzt wird oder
b) sie eine jährliche öffentliche Personenverkehrsleistung von weniger als 300 000 km bzw. – im Fall eines öffentlichen Dienstleistungsauftrags, der öffentliche Schienenpersonenverkehrsdienste beinhaltet – von weniger als 500 000 km aufweisen.

Im Falle von öffentlichen Dienstleistungsaufträgen, die direkt an kleine oder mittlere Unternehmen vergeben werden, die nicht mehr als 23 Straßenfahrzeuge betreiben, können diese Schwellen entweder auf einen geschätzten Jahresdurchschnittswert von weniger als 2 000 000 EUR oder auf eine jährliche öffentliche Personenverkehrsleistung von weniger als 600 000 km erhöht werden.

(4a) Sofern dies nicht nach nationalem Recht untersagt ist, kann die zuständige Behörde entscheiden, öffentliche Dienstleistungsaufträge für öffentliche Schienenpersonenverkehrsdienste direkt zu vergeben, wenn

a) ihres Erachtens die Direktvergabe aufgrund der jeweiligen strukturellen und geografischen Merkmale des Marktes und des betreffenden Netzes, und insbesondere der Größe, Nachfragemerkmale, Netzkomplexität, technischen und geografischen Abgeschnitten- bzw. Abgeschiedenheit sowie der von dem Auftrag abgedeckten Dienste gerechtfertigt ist und
b) ein derartiger Auftrag zu einer Verbesserung der Qualität der Dienste oder der Kosteneffizienz oder beidem im Vergleich zu dem zuvor vergebenen öffentlichen Dienstleistungsauftrag führen würde.

Auf dieser Grundlage veröffentlicht die zuständige Behörde eine mit Gründen versehene Entscheidung und unterrichtet die Kommission innerhalb eines Monats nach der Veröffentlichung hiervon. Die zuständige Behörde kann die Vergabe des Auftrags fortsetzen.

Bei den Mitgliedstaaten, bei denen am 24. Dezember 2017 das maximale jährliche Verkehrsaufkommen weniger als 23 Mio. Zugkilometer beträgt und auf nationaler Ebene nur eine zuständige Behörde und nur ein Dienstleistungsauftrag für öffentliche Personenverkehrsdienste besteht, der das gesamte Netz umfasst, wird davon ausgegangen, dass sie die Bedingungen gemäß Buchstabe a erfüllen. Wenn eine zuständige Behörde aus einem dieser Mitgliedstaaten beschließt, einen öffentlichen Dienstleistungsauftrag direkt zu vergeben, so unterrichtet der betreffende Mitgliedstaat die Kommission hiervon. Das Vereinigte Königreich kann beschließen, diesen Unterabsatz auf Nordirland anzuwenden.

Wenn die zuständige Behörde beschließt, einen öffentlichen Dienstleistungsauftrag direkt zu vergeben, legt sie messbare, transparente und überprüfbare Leistungsanforderungen fest. Diese Anforderungen werden in den Auftrag aufgenommen.

Die Leistungsanforderungen erstrecken sich insbesondere auf folgende Aspekte: Pünktlichkeit der Dienste, Frequenz des Zugbetriebs, Qualität des Rollmaterials und Personenbeförderungskapazität.

Der Auftrag muss spezifische Leistungsindikatoren beinhalten, die der zuständigen Behörde regelmäßige Bewertungen ermöglichen. Der Auftrag muss außerdem wirksame und abschreckende Maßnahmen beinhalten, die zu verhängen sind, wenn das Eisenbahnunternehmen die Leistungsanforderungen nicht erfüllt.

Die zuständige Behörde führt regelmäßig Bewertungen durch, ob das Eisenbahnunternehmen seine Ziele hinsichtlich der Erfüllung der im Auftrag festgelegten Leistungsanforderungen erreicht hat, und gibt ihre Erkenntnisse öffentlich bekannt. Diese regelmäßigen Bewertungen finden mindestens alle fünf Jahre statt. Die zuständige Behörde ergreift rechtzeitig angemessene Maßnahmen, einschließlich der Verhängung wirksamer und abschreckender Vertragsstrafen, falls die erforderlichen Verbesserungen bei der Qualität der Dienste oder der Kosteneffizienz oder beidem nicht verwirklicht werden. Die zuständige Behörde kann den nach dieser Bestimmung vergebenen Auftrag jederzeit ganz oder teilweise aussetzen oder kündigen, wenn der Betreiber die Leistungsanforderungen nicht erfüllt.

(4b) Sofern dies nicht nach nationalem Recht untersagt ist, kann die zuständige Behörde entscheiden, öffentliche Dienstleistungsaufträge für öffentliche Schienenpersonenverkehrsdienste direkt zu vergeben, wenn diese nur den Betrieb von Schienenpersonenverkehrsdiensten durch einen Betreiber betreffen, der gleichzeitig die gesamte Eisenbahninfrastruktur, auf der die Dienstleistungen erbracht werden, oder den größten Teil davon verwaltet, wenn diese Eisenbahninfrastruktur gemäß Artikel 2 Absatz 3 Buchstabe a oder b der Richtlinie 2012/34/EU des Europäischen Parlaments und des Rates[1] von der Anwendung der Artikel 7, 7a, 7b, 7c, 7d, 8 und 13 sowie des Kapitels IV jener Richtlinie ausgenommen ist.

Abweichend von Artikel 4 Absatz 3 darf die Laufzeit der gemäß diesem Absatz und gemäß Absatz 4a direkt vergebenen Aufträge zehn Jahre nicht überschreiten, es sei denn, Artikel 4 Absatz 4 findet Anwendung.

Die gemäß diesem Absatz und gemäß Absatz 4a vergebenen Aufträge werden veröffentlicht, wobei der legitime Schutz vertraulicher Geschäftsinformationen und geschäftlicher Interessen zu berücksichtigen ist.

---

[1] Richtlinie 2012/34/EU des Europäischen Parlaments und des Rates vom 21. November 2012 zur Schaffung eines einheitlichen europäischen Eisenbahnraums (ABl. L 343 vom 14.12.2012, S. 32).

(5) Die zuständige Behörde kann im Fall einer Unterbrechung des Verkehrsdienstes oder bei unmittelbarer Gefahr des Eintretens einer solchen Situation Notmaßnahmen ergreifen.

Die Notmaßnahmen bestehen in der Direktvergabe oder einer förmlichen Vereinbarung über die Ausweitung eines öffentlichen Dienstleistungsauftrags oder einer Auflage, bestimmte gemeinwirtschaftliche Verpflichtungen zu übernehmen. Der Betreiber eines öffentlichen Dienstes hat das Recht, gegen den Beschluss zur Auferlegung der Übernahme bestimmter gemeinwirtschaftlicher Verpflichtungen Widerspruch einzulegen. Der Zeitraum, für den ein öffentlicher Dienstleistungsauftrag als Notmaßnahme vergeben, ausgeweitet oder dessen Übernahme auferlegt wird, darf zwei Jahre nicht überschreiten.

(6) Sofern dies nicht nach nationalem Recht untersagt ist, können die zuständigen Behörden entscheiden, öffentliche Dienstleistungsaufträge im Eisenbahnverkehr – mit Ausnahme anderer schienengestützter Verkehrsträger wie Untergrund- oder Straßenbahnen – direkt zu vergeben. Abweichend von Artikel 4 Absatz 3 haben diese Aufträge eine Höchstlaufzeit von zehn Jahren, soweit nicht Artikel 4 Absatz 4 anzuwenden ist.

(6a) Um den Wettbewerb zwischen den Eisenbahnunternehmen zu steigern, können die zuständigen Behörden entscheiden, dass Aufträge für öffentliche Schienenpersonenverkehrsdienste, die Teile desselben Netzes oder Streckenpakets betreffen, an unterschiedliche Eisenbahnunternehmen zu vergeben sind. Zu diesem Zweck können die zuständigen Behörden vor Beginn des wettbewerblichen Vergabeverfahrens entscheiden, die Zahl der Aufträge zu begrenzen, die an ein und dasselbe Eisenbahnunternehmen vergeben werden.

(7) Die Mitgliedstaaten treffen die erforderlichen Maßnahmen, um sicherzustellen, dass die gemäß den Absätzen 2 bis 6 getroffenen Entscheidungen wirksam und rasch auf Antrag einer Person überprüft werden können, die ein Interesse daran hat bzw. hatte, einen bestimmten Auftrag zu erhalten, und die angibt, durch einen Verstoß dieser Entscheidungen gegen Gemeinschaftsrecht oder nationale Vorschriften zur Durchführung des Gemeinschaftsrechts geschädigt zu sein oder geschädigt werden zu können.

Für Fälle gemäß den Absätzen 4a und 4b beinhalten diese Maßnahmen die Möglichkeit, eine Bewertung der von der zuständigen Behörde getroffenen und mit Gründen versehenen Entscheidung durch eine von dem betreffenden Mitgliedstaat benannte unabhängige Stelle zu verlangen. Das Ergebnis dieser Bewertung wird im Einklang mit nationalem Recht öffentlich zugänglich gemacht.

Sind die für die Nachprüfungsverfahren zuständigen Stellen keine Gerichte, so sind ihre Entscheidungen stets schriftlich zu begründen. In einem solchem Fall ist ferner zu gewährleisten, dass Beschwerden aufgrund rechtswidriger Handlungen der Nachprüfungsstellen oder aufgrund fehlerhafter Ausübung der diesen übertragenen Befugnisse der gerichtlichen Überprüfung oder der Überprüfung durch andere Stellen, die Gerichte im Sinne von Artikel 234 des Vertrags und unabhängig von der vertragsschließenden Behörde und der Nachprüfungsstellen sind, unterzogen werden können.

Art. 5a. Eisenbahn-Rollmaterial

(1) Im Hinblick auf die Einleitung eines wettbewerblichen Vergabeverfahrens prüfen die zuständigen Behörden, ob Maßnahmen getroffen werden müssen, um einen effektiven und diskriminierungsfreien Zugang zu geeignetem Rollmaterial zu gewährleisten. Bei dieser Prüfung wird berücksichtigt, ob es auf dem betreffenden Markt Leasing-Unternehmen für Rollmaterial oder sonstige Marktteilnehmer, die das Leasing von Rollmaterial anbieten, gibt. Der Prüfungsbericht wird öffentlich zugänglich gemacht.

(2) Die zuständigen Behörden können im Einklang mit dem nationalen Recht und unter Einhaltung der Vorschriften über staatliche Beihilfen entscheiden, angemessene Maßnahmen zur Gewährleistung eines effektiven und diskriminierungsfreien Zugangs zu geeignetem Rollmaterial zu ergreifen. Diese Maßnahmen können Folgendes umfassen:

a) den Erwerb des für die Ausführung des öffentlichen Dienstleistungsauftrags zu verwendenden Rollmaterials durch die zuständige Behörde im Hinblick auf die Bereitstellung für den ausgewählten Betreiber des öffentlichen Dienstes zu Marktpreisen oder als Teil des öffentlichen Dienstleistungsauftrags gemäß Artikel 4 Absatz 1 Buchstabe b, Artikel 6 und gegebenenfalls dem Anhang,

b) die Übernahme einer Bürgschaft durch die zuständige Behörde für die Finanzierung des für die Ausführung des öffentlichen Dienstleistungsauftrags zu verwendenden Rollmaterials zu Marktpreisen oder als Teil des öffentlichen Dienstleistungsauftrags gemäß Artikel 4 Absatz 1 Buchstabe b, Artikel 6 und, soweit er anzuwenden ist, dem Anhang, einschließlich einer Bürgschaft zur Abdeckung des Restwertrisikos,

c) das Eingehen einer Verpflichtung der zuständigen Behörde in dem öffentlichen Dienstleistungsauftrag, das Rollmaterial zu vorab definierten finanziellen Konditionen am Ende der Laufzeit des Auftrags zu Marktpreisen zu übernehmen, oder

d) die Zusammenarbeit mit anderen zuständigen Behörden, um einen größeren Rollmaterialpark zu schaffen.

(3) Wenn einem neuen Betreiber eines öffentlichen Verkehrsdienstes Rollmaterial zur Verfügung gestellt wird, nimmt die zuständige Behörde alle verfügbaren Informationen über die Kosten für die Instandhaltung des Rollmaterials und seinen physischen Zustand in die Vergabeunterlagen auf.

Art. 6. Ausgleichsleistung für gemeinwirtschaftliche Verpflichtungen

(1) Jede Ausgleichsleistung im Zusammenhang mit einer allgemeinen Vorschrift oder einem öffentlichen Dienstleistungsauftrag entspricht unabhängig von den Vergabemodalitäten dem Artikel 4. Jede wie auch immer beschaffene Ausgleichsleistung im Zusammenhang mit einem öffentlichen Dienstleistungsauftrag, der nicht gemäß Artikel 5 Absatz 1, Absatz 3 oder Absatz 3b vergeben wurde oder im Zusammenhang mit einer allgemeinen Vorschrift steht, unterliegt darüber hinaus den Bestimmungen des Anhangs.

(2) Die Mitgliedstaaten übermitteln der Kommission auf deren schriftliche Aufforderung binnen drei Monaten oder einer anderen in der Aufforderung

gesetzten längeren Frist alle Informationen, die diese für erforderlich hält, um festzustellen, ob eine gewährte Ausgleichsleistung mit dieser Verordnung vereinbar ist.

Art. 7. Veröffentlichung

(1) Jede zuständige Behörde macht einmal jährlich einen Gesamtbericht über die in ihren Zuständigkeitsbereich fallenden gemeinwirtschaftlichen Verpflichtungen öffentlich zugänglich. Dieser Bericht beinhaltet den Beginn und die Laufzeit der öffentlichen Dienstleistungsaufträge, die ausgewählten Betreiber öffentlicher Dienste sowie die diesen Betreibern zur Abgeltung gewährten Ausgleichsleistungen und ausschließlichen Rechte. Der Bericht unterscheidet nach Busverkehr und schienengebundenem Verkehr, er muss eine Kontrolle und Beurteilung der Leistungen, der Qualität und der Finanzierung des öffentlichen Verkehrsnetzes ermöglichen und gegebenenfalls Informationen über Art und Umfang der gewährten Ausschließlichkeit enthalten. Der Bericht muss ferner die politischen Ziele, wie sie in den Strategiepapieren für den öffentlichen Verkehr in dem betreffenden Mitgliedstaat aufgeführt sind, berücksichtigen. Die Mitgliedstaaten erleichtern den Zugang zu diesen Berichten, zum Beispiel über ein gemeinsames Internet-Portal.

(2) Jede zuständige Behörde ergreift die erforderlichen Maßnahmen, um sicherzustellen, dass spätestens ein Jahr vor Einleitung des wettbewerblichen Vergabeverfahrens oder ein Jahr vor der Direktvergabe mindestens die folgenden Informationen im Amtsblatt der Europäischen Union veröffentlicht werden:

a) der Name und die Anschrift der zuständigen Behörde;
b) die Art des geplanten Vergabeverfahrens;
c) die von der Vergabe möglicherweise betroffenen Dienste und Gebiete.
d) der geplante Beginn und die geplante Laufzeit des öffentlichen Dienstleistungsauftrags.

Die zuständigen Behörden können beschließen, diese Informationen nicht zu veröffentlichen, wenn der öffentliche Dienstleistungsauftrag eine jährliche öffentliche Personenverkehrsleistung von weniger als 50 000 km aufweist.

Sollten sich diese Informationen nach ihrer Veröffentlichung ändern, so hat die zuständige Behörde so rasch wie möglich eine Berichtigung zu veröffentlichen. Diese Berichtigung erfolgt unbeschadet des Zeitpunkts der Einleitung der Direktvergabe oder des wettbewerblichen Vergabeverfahrens.

Dieser Absatz findet keine Anwendung auf Artikel 5 Absatz 5.

(3) Bei der Direktvergabe von öffentlichen Dienstleistungsaufträgen im Eisenbahnverkehr nach Artikel 5 Absatz 6 macht die zuständige Behörde innerhalb eines Jahres nach der Auftragsvergabe folgende Informationen öffentlich zugänglich:

a) den Namen des Auftraggebers, seine Eigentümer sowie gegebenenfalls den/die Namen der Partei oder Parteien, die eine rechtliche Kontrolle ausübt/ausüben;
b) die Dauer des öffentlichen Dienstleistungsauftrags;
c) eine Beschreibung der zu erbringenden Personenverkehrsdienste;

d) eine Beschreibung der Parameter für die finanzielle Ausgleichsleistung;
e) Qualitätsziele wie beispielsweise in Bezug auf Pünktlichkeit und Zuverlässigkeit und anwendbare Prämien und Sanktionen;
f) Bedingungen in Bezug auf die wichtigsten Wirtschaftsgüter.

(4) Die zuständige Behörde übermittelt jeder interessierten Partei auf entsprechenden Antrag ihre Gründe für die Entscheidung über die Direktvergabe eines öffentlichen Dienstleistungsauftrags.

Art. 8. Übergangsregelung

(1) Öffentliche Dienstleistungsaufträge werden nach Maßgabe dieser Verordnung vergeben. Dienstleistungsaufträge oder öffentliche Dienstleistungsaufträge gemäß der Definition in den Richtlinien 2004/17/EG oder 2004/18/EG für öffentliche Personenverkehrsdienste mit Bussen und Straßenbahnen werden jedoch gemäß den in jenen Richtlinien vorgesehenen Verfahren vergeben, sofern die Aufträge nicht die Form von Dienstleistungskonzessionen im Sinne jener Richtlinien annehmen. Werden Aufträge nach den Richtlinien 2004/17/EG oder 2004/18/EG vergeben, so sind die Absätze 2 bis 4 des vorliegenden Artikels nicht anwendbar.

(2) Unbeschadet des Absatzes 3

i) gilt Artikel 5 ab dem 3. Dezember 2019 für die Vergabe öffentlicher Dienstleistungsaufträge für Personenverkehrsdienste auf der Straße und auf anderen schienengestützten Verkehrsträgern als der Eisenbahn, wie Untergrund- oder Straßenbahnen;
ii) gilt Artikel 5 ab dem 3. Dezember 2019 für öffentliche Schienenpersonenverkehrsdienste;
iii) finden Artikel 5 Absatz 6 und Artikel 7 Absatz 3 ab dem 25. Dezember 2023 keine Anwendung mehr.

Die Laufzeit von Aufträgen, die gemäß Artikel 5 Absatz 6 zwischen dem 3. Dezember 2019 und dem 24. Dezember 2023 vergeben werden, beträgt höchstens zehn Jahre.

Bis zum 2. Dezember 2019 treffen die Mitgliedstaaten Maßnahmen, um Artikel 5 schrittweise anzuwenden und ernste strukturelle Probleme insbesondere hinsichtlich der Transportkapazität zu vermeiden.

Binnen sechs Monaten nach dem 25. Dezember 2020 legen die Mitgliedstaaten der Kommission einen Fortschrittsbericht vor, in dem die Umsetzung der Vergabe von öffentlichen Dienstleistungsaufträgen, die mit Artikel 5 im Einklang stehen, dargelegt wird. Die Kommission führt auf der Grundlage der Fortschrittsberichte der Mitgliedstaaten eine Überprüfung durch und unterbreitet gegebenenfalls Gesetzgebungsvorschläge.

(2a) Öffentliche Dienstleistungsaufträge für öffentliche Schienenpersonenverkehrsdienste, die auf der Grundlage eines anderen als eines fairen wettbewerblichen Vergabeverfahrens ab dem 24. Dezember 2017 bis zum 2. Dezember 2019 direkt vergeben werden, können für ihre vorgesehene Laufzeit gültig bleiben. Abweichend von Artikel 4 Absatz 3 darf die Laufzeit dieser Aufträge zehn Jahre nicht überschreiten, es sei denn, Artikel 4 Absatz 4 findet Anwendung.

(3) Von Absatz 2 ausgenommen sind öffentliche Dienstleistungsaufträge, die gemäß dem Gemeinschaftsrecht und nationalem Recht wie folgt vergeben wurden:

a) vor dem 26. Juli 2000 nach einem fairen wettbewerblichen Vergabeverfahren;
b) vor dem 26. Juli 2000 nach einem anderen Verfahren als einem fairen wettbewerblichen Vergabeverfahren;
c) ab dem 26. Juli 2000 und vor dem 3. Dezember 2009 nach einem fairen wettbewerblichen Vergabeverfahren;
d) ab dem 26. Juli 2000 und vor dem 24. Dezember 2017 nach einem anderen Verfahren als einem fairen wettbewerblichen Vergabeverfahren.

Die unter Buchstabe a genannten Aufträge können für ihre vorgesehene Laufzeit gültig bleiben. Die unter den Buchstaben b und c genannten Aufträge können für ihre vorgesehene Laufzeit gültig bleiben, jedoch nicht länger als 30 Jahre. Die unter Buchstabe d genannten Aufträge können für ihre vorgesehene Laufzeit gültig bleiben, sofern ihre Laufzeit begrenzt und mit den Laufzeiten gemäß Artikel 4 vergleichbar ist.

Öffentliche Dienstleistungsaufträge können für ihre vorgesehene Laufzeit gültig bleiben, wenn ihre Beendigung unangemessene rechtliche oder wirtschaftliche Auswirkungen hätte, vorausgesetzt dass die Kommission der Weiterführung zugestimmt hat.

(4) Unbeschadet des Absatzes 3 können die zuständigen Behörden während der zweiten Hälfte des in Absatz 2 genannten Übergangszeitraums diejenigen Betreiber eines öffentlichen Dienstes von der Teilnahme an wettbewerblichen Vergabeverfahren ausschließen, die nicht nachweisen können, dass der Wert der öffentlichen Verkehrsdienste, für die sie gemäß dieser Verordnung eine Ausgleichsleistung erhalten oder ausschließliche Rechte genießen, mindestens 50 % des Werts aller von ihnen erbrachten öffentlichen Verkehrsdienste, für die sie eine Ausgleichsleistung erhalten oder ausschließliche Rechte genießen, ausmacht. Betreiber eines öffentlichen Dienstes, die die auszuschreibenden Dienste erbringen, können nicht ausgeschlossen werden. Dieses Kriterium gilt nicht für öffentliche Dienstleistungsaufträge, die als Notmaßnahme gemäß Artikel 5 Absatz 5 vergeben wurden.

Machen die zuständigen Behörden von der in Unterabsatz 1 genannten Möglichkeit Gebrauch, so hat dies ohne Diskriminierung zu erfolgen; in diesem Fall schließen sie alle potenziellen Betreiber eines öffentlichen Dienstes aus, die dieses Kriterium erfüllen, und unterrichten potenzielle Betreiber zu Beginn des Vergabeverfahrens für öffentliche Dienstleistungsaufträge von ihrer Entscheidung.

Die betroffenen zuständigen Behörden teilen der Kommission ihre Absicht, diese Vorschrift anzuwenden, mindestens zwei Monate vor der Veröffentlichung des wettbewerblichen Vergabeverfahrens mit.

Art. 9. Vereinbarkeit mit dem Vertrag

(1) Eine gemäß dieser Verordnung gewährte Ausgleichsleistung für gemeinwirtschaftliche Verpflichtungen beim Betrieb öffentlicher Personenver-

kehrsdienste oder für die Einhaltung von in allgemeinen Vorschriften festgelegten tariflichen Verpflichtungen muss mit dem Gemeinsamen Markt vereinbar sein. Diese Ausgleichsleistungen sind von der Pflicht zur vorherigen Unterrichtung nach Artikel 88 Absatz 3 des Vertrags befreit.

(2) Unbeschadet der Artikel 73, 86, 87 und 88 des Vertrags können die Mitgliedstaaten weiterhin andere als die von dieser Verordnung erfassten Beihilfen für den Verkehrssektor nach Artikel 73 des Vertrags gewähren, die den Erfordernissen der Koordinierung des Verkehrs oder der Abgeltung bestimmter, mit dem Begriff des öffentlichen Dienstes zusammenhängender Leistungen entsprechen, und zwar insbesondere

a) bis zum Inkrafttreten gemeinsamer Vorschriften über die Zuordnung der Infrastrukturkosten, wenn die Beihilfe Unternehmen gewährt wird, die Kosten für die von ihnen benutzte Infrastruktur zu tragen haben, während andere Unternehmen derartigen Belastungen nicht unterworfen sind. Bei der Festlegung des entsprechenden Beihilfebetrags werden die Infrastrukturkosten berücksichtigt, die konkurrierende Verkehrsträger nicht zu tragen haben;
b) wenn mit der Beihilfe die Erforschung oder die Entwicklung von für die Gemeinschaft insgesamt wirtschaftlicheren Verkehrssystemen und -technologien gefördert werden soll.

Solche Beihilfen sind auf das Forschungs- und Entwicklungsstadium zu beschränken und dürfen nicht für die kommerzielle Nutzung dieser Verkehrssysteme und -technologien gewährt werden.

Art. 10. Aufhebung

(1) Die Verordnung (EWG) Nr. 1191/69 wird aufgehoben. Sie gilt jedoch während eines Zeitraums von drei Jahren nach Inkrafttreten der vorliegenden Verordnung weiterhin für Güterbeförderungsdienste.

(2) Die Verordnung (EWG) Nr. 1107/70 wird aufgehoben.

Art. 11 Berichte

Die Kommission legt nach Ende des in Artikel 8 Absatz 2 vorgesehenen Übergangszeitraums einen Bericht über die Durchführung dieser Verordnung und über die Entwicklung der Erbringung öffentlicher Personenverkehrsdienste in der Gemeinschaft vor, in dem insbesondere die Entwicklung der Qualität der öffentlichen Personenverkehrsdienste und die Auswirkungen der Direktvergabe bewertet werden und dem erforderlichenfalls geeignete Vorschläge zur Änderung dieser Verordnung beigefügt sind.

Art. 12. Inkrafttreten

Diese Verordnung tritt am 3. Dezember 2009 in Kraft.

Diese Verordnung ist in allen ihren Teilen verbindlich und gilt unmittelbar in jedem Mitgliedstaat.

ANHANG
Regeln für die Gewährung einer Ausgleichsleistung in den in Artikel 6 Absatz 1 genannten Fällen

1. Ausgleichsleistungen im Zusammenhang mit direkt vergebenen öffentlichen Dienstleistungsaufträgen gemäß Artikel 5 Absätze 2, 4, 5 oder 6 oder Ausgleichsleistungen im Zusammenhang mit einer allgemeinen Vorschrift sind nach den Regeln dieses Anhangs zu berechnen.
2. Die Ausgleichsleistung darf den Betrag nicht überschreiten, der dem finanziellen Nettoeffekt der Summe aller (positiven oder negativen) Auswirkungen der Erfüllung gemeinwirtschaftlicher Verpflichtungen auf die Kosten und Einnahmen des Betreibers eines öffentlichen Dienstes entspricht. Die Auswirkungen werden beurteilt anhand des Vergleichs der Situation bei Erfüllung der gemeinwirtschaftlichen Verpflichtung mit der Situation, die vorläge, wenn die gemeinwirtschaftliche Verpflichtung nicht erfüllt worden wäre. Für die Berechnung des finanziellen Nettoeffekts geht die zuständige Behörde nach dem folgenden Modell vor:
   – Kosten, die in Verbindung mit einer gemeinwirtschaftlichen Verpflichtung oder einem Paket gemeinwirtschaftlicher Verpflichtungen entstehen, die von einer oder mehreren zuständigen Behörden auferlegt wurden und die in einem öffentlichen Dienstleistungsauftrag und/oder in einer allgemeinen Vorschrift enthalten sind,
   – abzüglich aller positiven finanziellen Auswirkungen, die innerhalb des Netzes entstehen, das im Rahmen der betreffenden gemeinwirtschaftlichen Verpflichtung(en) betrieben wird,
   – abzüglich Einnahmen aus Tarifentgelten oder aller anderen Einnahmen, die in Erfüllung der betreffenden gemeinwirtschaftlichen Verpflichtung(en) erzielt werden,
   – zuzüglich eines angemessenen Gewinns,

   ergeben den finanziellen Nettoeffekt.
3. Die Erfüllung der gemeinwirtschaftlichen Verpflichtung kann Auswirkungen auf mögliche Beförderungstätigkeiten eines Betreibers haben, die über die betreffende(n) gemeinwirtschaftliche(n) Verpflichtung(en) hinausgehen. Zur Vermeidung von übermäßigen oder unzureichenden Ausgleichsleistungen werden daher bei der Berechnung des finanziellen Nettoeffekts alle quantifizierbaren finanziellen Auswirkungen auf die betroffenen Netze des Betreibers berücksichtigt.
4. Die Berechnung der Kosten und Einnahmen erfolgt anhand der geltenden Rechnungslegungs- und Steuervorschriften.
5. Führt ein Betreiber eines öffentlichen Dienstes neben den Diensten, die Gegenstand einer Ausgleichsleistung sind und gemeinwirtschaftlichen Verpflichtungen unterliegen, auch andere Tätigkeiten aus, so muss die Rechnungslegung für diese öffentlichen Dienste zur Erhöhung der Transparenz und zur Vermeidung von Quersubventionen getrennt erfolgen, wobei zumindest die folgenden Voraussetzungen erfüllt sein müssen:
   – Die Konten für jede dieser betrieblichen Tätigkeiten werden getrennt geführt, und der Anteil der zugehörigen Aktiva sowie die Fixkosten

werden gemäß den geltenden Rechnungslegungs- und Steuervorschriften umgelegt.
- alle variablen Kosten, ein angemessener Beitrag zu den Fixkosten und ein angemessener Gewinn im Zusammenhang mit allen anderen Tätigkeiten des Betreibers eines öffentlichen Dienstes dürfen auf keinen Fall der betreffenden öffentlichen Dienstleistung zugerechnet werden.
- Die Kosten für die öffentliche Dienstleistung werden durch die Betriebseinnahmen und die Zahlungen staatlicher Behörden ausgeglichen, ohne dass eine Übertragung der Einnahmen in einen anderen Tätigkeitsbereich des Betreibers eines öffentlichen Dienstes möglich ist.

6. Unter angemessenem Gewinn ist eine in dem betreffenden Sektor in einem bestimmten Mitgliedstaat übliche angemessene Kapitalrendite zu verstehen, wobei das aufgrund des Eingreifens der Behörde vom Betreiber eines öffentlichen Dienstes eingegangene Risiko oder für ihn entfallende Risiko zu berücksichtigen ist.
7. Das Verfahren zur Gewährung der Ausgleichsleistung muss einen Anreiz geben zur Aufrechterhaltung oder Entwicklung
   - einer wirtschaftlichen Geschäftsführung des Betreibers eines öffentlichen Dienstes, die objektiv nachprüfbar ist, und
   - der Erbringung von Personenverkehrsdiensten ausreichend hoher Qualität.

b) Verordnung (EG) Nr. 1071/2009 des Europäischen Parlaments und des Rates vom 21. Oktober 2009 zur Festlegung gemeinsamer Regeln für die Zulassung zum Beruf des Kraftverkehrsunternehmers und zur Aufhebung der Richtlinie 96/26/EG des Rates

(Text von Bedeutung für den EWR)
(ABl. L 300/51 vom 14.11.2009)
Zuletzt geändert durch VO (EU) 2020/1055 vom 15.7.2020 (ABl. L 249, 17)

– ohne Anhänge –

DAS EUROPÄISCHE PARLAMENT UND DER RAT DER EUROPÄISCHEN UNION –

gestützt auf den Vertrag zur Gründung der Europäischen Gemeinschaft, insbesondere auf Artikel 71 Absatz 1,

auf Vorschlag der Kommission,

nach Stellungnahme des Europäischen Wirtschafts- und Sozialausschusses[1],

nach Stellungnahme des Europäischen Datenschutzbeauftragten[2],

nach Anhörung des Ausschusses der Regionen,

gemäß dem Verfahren des Artikels 251 des Vertrags[3],

in Erwägung nachstehender Gründe:

(1) Zur Verwirklichung des Kraftverkehrsbinnenmarkts unter lauteren Wettbewerbsbedingungen ist die einheitliche Anwendung gemeinsamer Regeln für die Zulassung zum Beruf des Güter- und Personenkraftverkehrsunternehmers („Beruf des Kraftverkehrsunternehmers") erforderlich. Diese gemeinsamen Regeln können zu einer besseren Berufsqualifikation der Kraftverkehrsunternehmer, zur Rationalisierung des Marktes, zur qualitativen Verbesserung der Dienstleistungen im Interesse der Kraftverkehrsunternehmer, ihrer Kunden und der gesamten Wirtschaft sowie zur größeren Sicherheit im Straßenverkehr beitragen. Durch sie wird ferner die tatsächliche Inanspruchnahme der Niederlassungsfreiheit der Kraftverkehrsunternehmer gefördert.

(2) In der Richtlinie 96/26/EG des Rates vom 29. April 1996 über den Zugang zum Beruf des Güter- und Personenkraftverkehrsunternehmers im innerstaatlichen und grenzüberschreitenden Verkehr sowie über die gegenseitige Anerkennung der Diplome, Prüfungszeugnisse und sonstigen Befähi-

---

[1] ABl. C 151 vom 17.6.2008, S. 16.

[2] ABl. C 14 vom 19.1.2008, S. 1.

[3] Stellungnahme des Europäischen Parlaments vom 21. Mai 2008 (noch nicht im Amtsblatt veröffentlicht), Gemeinsamer Standpunkt des Rates vom 9. Januar 2009 (ABl. C 62 E vom 17.3.2009, S. 1), Standpunkt des Europäischen Parlaments vom 23. April 2009 (noch nicht im Amtsblatt veröffentlicht) und Beschluss des Rates vom 24. September 2009.

gungsnachweise für die Beförderung von Gütern und die Beförderung von Personen im Straßenverkehr und über Maßnahmen zur Förderung der tatsächlichen Inanspruchnahme der Niederlassungsfreiheit der betreffenden Verkehrsunternehmer[1] sind die Mindestbedingungen für den Zugang zum Beruf des Verkehrsunternehmers sowie die gegenseitige Anerkennung der hierfür erforderlichen Dokumente festgelegt. Wie die Erfahrung, eine Folgenabschätzung und verschiedene Studien zeigen, wird diese Richtlinie jedoch von den Mitgliedstaaten sehr uneinheitlich angewandt. Diese Unterschiede haben verschiedene negative Auswirkungen, insbesondere Wettbewerbsverfälschung und fehlende Markttransparenz und ein unterschiedliches Maß an Kontrollen sowie die Gefahr, dass Unternehmen, die Mitarbeiter mit geringer fachlicher Eignung beschäftigen, nachlässig sind im Hinblick auf die Vorschriften zur Sicherheit im Straßenverkehr und zum Sozialschutz oder diese weniger genau einhalten, was dem Bild der gesamten Branche abträglich sein kann.

(3) Diese Auswirkungen sind umso negativer, als sie das reibungslose Funktionieren des Kraftverkehrsbinnenmarkts beeinträchtigen können, da der Markt des grenzüberschreitenden Güterkraftverkehrs und zu bestimmten Kabotagetätigkeiten Unternehmen aus der gesamten Gemeinschaft zugänglich ist. Einzige Bedingung für diese Unternehmen ist der Besitz einer Gemeinschaftslizenz, die sie erhalten können, wenn sie die Bedingungen für die Zulassung zum Beruf des Kraftverkehrsunternehmers gemäß der Verordnung (EG) Nr. 1072/2009 des Europäischen Parlaments und des Rates vom 21. Oktober 2009 über gemeinsame Regeln für den Zugang zum Markt des grenzüberschreitenden Güterkraftverkehrs[2] und der Verordnung (EG) Nr. 1073/2009 des Europäischen Parlaments und des Rates vom 21. Oktober 2009 über gemeinsame Regeln für den Zugang zum grenzüberschreitenden Personenkraftverkehrsmarkt[3] erfüllen.

(4) Daher ist es erforderlich, die geltenden Vorschriften für die Zulassung zum Beruf des Kraftverkehrsunternehmers zu modernisieren, um deren einheitlichere und wirksamere Anwendung zu gewährleisten. Da die Einhaltung dieser Vorschriften die wichtigste Voraussetzung für den Zugang zum Gemeinschaftsmarkt ist und auf diesem Gebiet das Gemeinschaftsinstrument der Verordnung Anwendung findet, ist eine Verordnung das geeignetste Instrument für die Regelung des Zugangs zum Beruf des Kraftverkehrsunternehmers.

(5) Die Mitgliedstaaten sollten die Möglichkeit haben, die Voraussetzungen für die Zulassung zum Beruf des Kraftverkehrsunternehmers in den in Artikel 299 Absatz 2 des Vertrags genannten Gebieten in äußerster Randlage aufgrund der besonderen Merkmale von und der Zwänge in diesen Gebieten anzupassen. Jedoch sollten die in diesen Gebieten niedergelassenen Unternehmen, die die Voraussetzungen für die Zulassung zum Beruf des Kraftverkehrsunternehmers nur aufgrund dieser Anpassung erfüllen, keine Gemeinschafts-

---

[1] ABl. L 124 vom 23.5.1996, S. 1.
[2] Siehe Seite 72 dieses Amtsblatts.
[3] Siehe Seite 88 dieses Amtsblatts.

lizenz erhalten können. Die Anpassung der Voraussetzungen für die Zulassung zum Beruf des Kraftverkehrsunternehmers sollte nicht bedeuten, dass Unternehmen, die unter Einhaltung aller in dieser Verordnung genannten allgemeinen Voraussetzungen zum Beruf des Kraftverkehrsunternehmers zugelassen worden wären, daran gehindert werden, Beförderungen in den Gebieten äußerster Randlage durchzuführen.

(6) Im Hinblick auf einen lauteren Wettbewerb sollten die gemeinsamen Regeln für die Zulassung zum Beruf des Kraftverkehrsunternehmers so weit wie möglich für alle Unternehmen gelten. Es ist jedoch nicht erforderlich, in den Anwendungsbereich dieser Verordnung Unternehmen einzubeziehen, deren Verkehrstätigkeit sich nur in geringem Maße auf den Verkehrsmarkt auswirkt.

(7) Es sollte dem Niederlassungsmitgliedstaat obliegen, die dauerhafte Einhaltung der Vorschriften in dieser Verordnung durch ein Unternehmen zu überwachen, damit die zuständigen Behörden des Mitgliedstaats gegebenenfalls entscheiden können, die dem Unternehmen erteilten Zulassungen für Tätigkeiten auf dem Markt auszusetzen oder zu entziehen. Für die Einhaltung und zuverlässige Kontrolle der Voraussetzungen für den Zugang zum Beruf des Kraftverkehrsunternehmers ist eine tatsächliche und dauerhafte Niederlassung des Unternehmens erforderlich.

(8) Die natürlichen Personen, die die geforderte Zuverlässigkeit und fachliche Eignung besitzen, sollten klar bestimmt und den zuständigen Behörden benannt werden. Diese Personen („Verkehrsleiter") sollten ihren ständigen Aufenthalt in einem Mitgliedstaat haben und die Verkehrstätigkeiten der Kraftverkehrsunternehmen tatsächlich und dauerhaft leiten. Es sollte deshalb klargestellt werden, unter welchen Bedingungen davon auszugehen ist, dass eine Person die Verkehrstätigkeiten eines Unternehmens tatsächlich und dauerhaft leitet.

(9) Hinsichtlich der Zuverlässigkeit des Verkehrsleiters gilt die Anforderung, dass er nicht wegen schwerwiegender Straftaten verurteilt worden sein darf und gegen ihn keine Sanktionen verhängt worden sein dürfen wegen eines schwerwiegenden Verstoßes, insbesondere gegen Gemeinschaftsvorschriften im Bereich des Kraftverkehrs. Eine Verurteilung eines Verkehrsleiters oder eines Kraftverkehrsunternehmens in einem oder mehreren Mitgliedstaaten oder gegen sie verhängte Sanktionen aufgrund schwerster Verstöße gegen Gemeinschaftsvorschriften sollten zur Aberkennung der Zuverlässigkeit führen, sofern die zuständige Behörde sich vergewissert hat, dass vor ihrer endgültigen Entscheidung ein ordnungsgemäß abgeschlossenes und dokumentiertes Ermittlungsverfahren, in dem die wesentlichen Verfahrensrechte eingeräumt waren, stattgefunden hat und angemessene Rechte zur Einlegung von Rechtsbehelfen gewährleistet waren.

(10) Es ist notwendig, dass ein Kraftverkehrsunternehmen über ein Mindestmaß an finanzieller Leistungsfähigkeit verfügt, um die ordnungsgemäße Gründung und Führung des Unternehmens gewährleisten zu können. Eine Bankbürgschaft oder eine Berufshaftpflichtversicherung könnte für die Unternehmen ein einfaches und kostengünstiges Verfahren darstellen, um die finanzielle Leistungsfähigkeit nachzuweisen.

(11) Durch eine hohe Berufsqualifikation kann die gesamtwirtschaftliche Effizienz des Kraftverkehrssektors erhöht werden. Daher sollten Personen, die die Funktion eines Verkehrsleiters ausüben wollen, qualitativ hochwertige berufliche Kenntnisse besitzen. Um eine größere Einheitlichkeit der Prüfungen zu gewährleisten und eine hohe Ausbildungsqualität zu fördern, sollte vorgesehen werden, dass die Mitgliedstaaten nach von ihnen festzulegenden Kriterien Prüfungs- und Ausbildungseinrichtungen zulassen können. Die Verkehrsleiter sollten die nötigen Kenntnisse haben, um sowohl innerstaatliche wie grenzüberschreitende Verkehre zu leiten. Der Umfang der Kenntnisse, die für den Erhalt der Bescheinigung der fachlichen Eignung nachzuweisen sind, und die Prüfungsmodalitäten dürften sich mit dem technischen Fortschritt weiterentwickeln, so dass Vorkehrungen getroffen werden sollten, um sie auf den neuesten Stand zu bringen. Es sollte den Mitgliedstaaten möglich sein, Personen, die eine durchgehende Erfahrung auf dem Gebiet der Verkehrsleitung nachweisen können, von der Prüfung zu befreien.

(12) Ein lauterer Wettbewerb und ein in vollem Umfang vorschriftsmäßiger Kraftverkehr erfordern ein einheitliches Niveau der Überwachung in den Mitgliedstaaten. Den einzelstaatlichen Behörden, die mit der Überwachung der Unternehmen und der Gültigkeit ihrer Zulassungen betraut sind, kommt in dieser Hinsicht eine entscheidende Rolle zu, und es sollte sichergestellt werden, dass sie erforderlichenfalls geeignete Maßnahmen ergreifen, insbesondere indem sie in den schwerwiegendsten Fällen Zulassungen aussetzen oder entziehen, oder Verkehrsleiter, die wiederholt fahrlässig oder vorsätzlich Fehlhandlungen begehen, für ungeeignet erklären. Dem muss eine ordnungsgemäße Prüfung der Maßnahme im Hinblick auf den Grundsatz der Verhältnismäßigkeit vorausgehen. Vor der Ergreifung solcher Sanktionen sollte das betreffende Unternehmen jedoch verwarnt werden, und es sollte ihm eine angemessene Frist eingeräumt werden, um Abhilfe zu schaffen.

(13) Eine besser organisierte Verwaltungszusammenarbeit der Mitgliedstaaten würde die Wirksamkeit der Überwachung der Unternehmen, die in mehreren Mitgliedstaaten tätig sind, erhöhen und wäre geeignet, die Verwaltungskosten in Zukunft zu verringern. Gemeinschaftsweit vernetzte elektronische Unternehmensregister, die den gemeinschaftlichen Regeln für den Schutz personenbezogener Daten Rechnung tragen, sind geeignet, diese Zusammenarbeit zu erleichtern und die mit Kontrollen verbundenen Kosten sowohl für die Unternehmen als auch die Verwaltungen zu verringern. Einzelstaatliche Register bestehen bereits in mehreren Mitgliedstaaten. Infrastrukturen zur Vernetzung zwischen Mitgliedstaaten bestehen ebenfalls bereits. Der systematischere Rückgriff auf elektronische Register könnte daher wesentlich dazu beitragen, die Verwaltungskosten von Kontrollen bei gleichzeitig höherer Wirksamkeit zu senken.

(14) Bestimmte in einzelstaatlichen elektronischen Registern enthaltene Daten über Verstöße und Sanktionen sind personenbezogen. Die Mitgliedstaaten sollten daher die erforderlichen Maßnahmen treffen, damit die Richtlinie 95/46/EG des Europäischen Parlaments und des Rates vom 24. Oktober 1995 zum Schutz natürlicher Personen bei der Verarbeitung personenbezoge-

ner Daten und zum freien Datenverkehr[1] eingehalten wird, insbesondere in Bezug auf die Kontrolle der Verarbeitung dieser personenbezogenen Daten durch Behörden, das Informationsrecht der betroffenen Personen, ihr Auskunftsrecht und ihr Widerspruchsrecht. Für die Zwecke dieser Verordnung erscheint es notwendig, Daten dieser Art mindestens zwei Jahre lang zu speichern, um zu verhindern, dass disqualifizierte Unternehmen sich in anderen Mitgliedstaaten niederlassen.

(15) Um die Transparenz zu verbessern und es den Kunden eines Kraftverkehrsunternehmens zu ermöglichen, zu prüfen, ob dieses Unternehmen im Besitz der entsprechenden Zulassung ist, sollten bestimmte Daten des einzelstaatlichen elektronischen Registers öffentlich zugänglich gemacht werden, sofern die einschlägigen Datenschutzbestimmungen eingehalten werden.

(16) Die stufenweise Vernetzung der einzelstaatlichen elektronischen Register ist wesentliche Voraussetzung für einen schnellen und effizienten Informationsaustausch zwischen Mitgliedstaaten und um zu verhindern, dass die Kraftverkehrsunternehmer versucht sind, schwerwiegende Verstöße in einem anderen Mitgliedstaat als dem Mitgliedstaat ihrer Niederlassung zu begehen oder zu riskieren. Für diese Vernetzung ist die genaue Festlegung eines gemeinsamen Formats der auszutauschenden Daten sowie der technischen Verfahren des Austauschs erforderlich.

(17) Für einen wirksamen Informationsaustausch zwischen den Mitgliedstaaten sollten einzelstaatliche Kontaktstellen benannt und bestimmte gemeinsame Verfahren zumindest hinsichtlich der Frist und der Art der zu übermittelnden Informationen festgelegt werden.

(18) Zur Erleichterung der Inanspruchnahme der Niederlassungsfreiheit sollte die Vorlage entsprechender Unterlagen, die von einer zuständigen Behörde des Mitgliedstaats, in dem der Verkehrsleiter zuvor seinen Wohnsitz hatte, ausgestellt wurden, als ausreichender Nachweis der Zuverlässigkeit für den Zugang zum Beruf des Kraftverkehrsunternehmers im Niederlassungsmitgliedstaat zugelassen werden, sofern die betreffenden Personen in anderen Mitgliedstaaten nicht für ungeeignet zur Ausübung dieses Berufs erklärt wurden.

(19) Hinsichtlich der fachlichen Eignung sollte eine Bescheinigung nach einem einheitlichen Muster, die gemäß dieser Verordnung erteilt wird, als ausreichender Nachweis durch den Niederlassungsmitgliedstaat anerkannt werden, um die Inanspruchnahme der Niederlassungsfreiheit zu erleichtern.

(20) Eine strengere Kontrolle der Durchführung der Bestimmungen dieser Verordnung ist auf Ebene der Gemeinschaft erforderlich. Dies setzt die Übermittlung regelmäßiger, anhand der einzelstaatlichen Register erstellter Berichte an die Kommission über die Zuverlässigkeit, finanzielle Leistungsfähigkeit und fachliche Eignung der Unternehmer des Kraftverkehrssektors voraus.

(21) Die Mitgliedstaaten sollten Sanktionen für Verstöße gegen diese Verordnung vorsehen. Diese Sanktionen sollten wirksam, verhältnismäßig und abschreckend sein.

---

[1] ABl. L 281 vom 23.11.1995, S. 31.

(22) Da das Ziel dieser Verordnung, nämlich die Modernisierung der Regeln für die Zulassung zum Beruf des Kraftverkehrsunternehmers, um eine einheitlichere und besser vergleichbare Anwendung in den Mitgliedstaaten zu gewährleisten, auf Ebene der Mitgliedstaaten nicht ausreichend verwirklicht werden kann und daher wegen des Umfangs oder der Wirkungen der Maßnahme besser auf Gemeinschaftsebene zu verwirklichen ist, kann die Gemeinschaft im Einklang mit dem in Artikel 5 des Vertrags niedergelegten Subsidiaritätsprinzip tätig werden. Entsprechend dem in demselben Artikel genannten Grundsatz der Verhältnismäßigkeit geht diese Verordnung nicht über das zur Erreichung dieses Ziels erforderliche Maß hinaus.

(23) Die zur Durchführung dieser Verordnung erforderlichen Maßnahmen sollten gemäß dem Beschluss 1999/468/EG des Rates vom 28. Juni 1999 zur Festlegung der Modalitäten für die Ausübung der der Kommission übertragenen Durchführungsbefugnisse[1] erlassen werden.

(24) Insbesondere sollte die Kommission die Befugnis erhalten, eine Liste der Verstöße nach Kategorie, Art und Schweregrad aufzustellen, die zur Aberkennung der Zuverlässigkeit der Kraftverkehrsunternehmer führen; ferner sollte sie ermächtigt werden, die Anhänge I, II und III dieser Verordnung betreffend die Kenntnisse, die bei der Anerkennung der fachlichen Eignung durch die Mitgliedstaaten zu berücksichtigen sind sowie das Muster der Bescheinigung der fachlichen Eignung an den technischen Fortschritt anzupassen; sie sollte weiter die Befugnis erhalten, eine Liste der Verstöße festzulegen, die zusätzlich zu den in Anhang IV dieser Verordnung aufgeführten Verstößen zur Aberkennung der Zuverlässigkeit führen können. Da es sich hierbei um Maßnahmen von allgemeiner Tragweite handelt, die eine Änderung nicht wesentlicher Bestimmungen der vorliegenden Verordnung, auch durch Ergänzung um neue nicht wesentliche Bestimmungen, bewirken, sind diese Maßnahmen nach dem Regelungsverfahren mit Kontrolle des Artikels 5a des Beschlusses 1999/468/EG zu erlassen.

(25) Die Richtlinie 96/26/EG sollte aufgehoben werden –

HABEN FOLGENDE VERORDNUNG ERLASSEN:

Kapitel I. Allgemeine Bestimmungen

Art. 1 Gegenstand und Anwendungsbereich

(1) Diese Verordnung regelt den Zugang zum Beruf des Kraftverkehrsunternehmers und dessen Ausübung.

(2) Diese Verordnung gilt für alle in der Gemeinschaft niedergelassenen Unternehmen, die den Beruf des Kraftverkehrsunternehmers ausüben. Sie gilt ferner für Unternehmen, die beabsichtigen, den Beruf des Kraftverkehrsunternehmers auszuüben. Bezugnahmen auf Unternehmen, die den Beruf des Kraftverkehrsunternehmers ausüben, gelten gegebenenfalls auch als Bezugnahmen auf Unternehmen, die beabsichtigen, diesen Beruf auszuüben.

---

[1] ABl. L 184 vom 17.7.1999, S. 23.

(3) Was die in Artikel 299 Absatz 2 des Vertrags genannten Gebiete anbelangt, so können die betreffenden Mitgliedstaaten die Voraussetzungen für die Ausübung des Berufs des Kraftverkehrsunternehmers insoweit anpassen, als die betreffenden Tätigkeiten vollständig in diesen Gebieten von dort niedergelassenen Unternehmen durchgeführt werden.

(4) Abweichend von Absatz 2 gilt diese Verordnung – sofern im innerstaatlichen Recht nichts anderes bestimmt ist – nicht für

a) Unternehmen, die den Beruf des Güterkraftverkehrsunternehmers ausschließlich mit Kraftfahrzeugen oder Fahrzeugkombinationen ausüben, deren zulässige Gesamtmasse 3,5 t nicht überschreitet, und die ausschließlich innerstaatliche Beförderungen in ihrem Niederlassungsmitgliedstaat vornehmen;

aa) Unternehmen, die den Beruf des Güterkraftverkehrsunternehmers ausschließlich mit Kraftfahrzeugen oder Fahrzeugkombinationen ausüben, deren zulässige Gesamtmasse 2,5 t nicht überschreitet;

b) Unternehmen, die Beförderungen von Reisenden mit Kraftfahrzeugen ausschließlich zu nichtgewerblichen Zwecken durchführen oder deren Haupttätigkeit nicht die Ausübung des Berufs des Personenkraftverkehrsunternehmers ist;

c) Unternehmen, die den Beruf des Kraftverkehrsunternehmers ausschließlich mit Kraftfahrzeugen mit einer zulässigen Höchstgeschwindigkeit von nicht mehr als 40 km/h ausüben.

Für die Zwecke des Unterabsatzes 1 Buchstabe b gilt jede Beförderung im Straßenverkehr, bei der es sich nicht um eine gewerbliche Beförderung oder eine Beförderung im Werkverkehr handelt, die weder direkt noch indirekt entlohnt und durch die weder direkt noch indirekt ein Einkommen für den Fahrer des Fahrzeugs oder für Dritte erzielt wird und die nicht im Zusammenhang mit einer beruflichen Tätigkeit steht, als Beförderung ausschließlich zu nichtgewerblichen Zwecken.

(5) Die Mitgliedstaaten können Kraftverkehrsunternehmer, die ausschließlich innerstaatliche Beförderungen durchführen, nur dann ganz oder teilweise von den Bestimmungen dieser Verordnung ausnehmen, wenn sich diese Beförderungen nur geringfügig auf den Kraftverkehrsmarkt auswirken aufgrund

a) der Art der beförderten Ware oder

b) der geringen Entfernungen.

Art. 2 Begriffsbestimmungen

Im Sinne dieser Verordnung bezeichnet der Ausdruck

1. „Beruf des Güterkraftverkehrsunternehmers“ die Tätigkeit jedes Unternehmens, das im gewerblichen Verkehr die Güterbeförderung mit Kraftfahrzeugen oder mit Fahrzeugkombinationen ausführt;
2. „Beruf des Personenkraftverkehrsunternehmers“ die Tätigkeit jedes Unternehmens, das eine der Öffentlichkeit oder bestimmten Benutzergruppen angebotene Personenbeförderung gegen Entgelt der beförderten Person oder des Veranstalters der Beförderung ausführt, und zwar mit Kraftfahr-

zeugen, welche nach ihrer Bauart und ihrer Ausstattung geeignet und dazu bestimmt sind, einschließlich des Fahrers mehr als neun Personen zu befördern;
3. „Beruf des Kraftverkehrsunternehmers" den Beruf des Personen- oder Güterkraftverkehrsunternehmers;
4. „Unternehmen" entweder jede natürliche Person, jede juristische Person mit oder ohne Erwerbszweck, jede Vereinigung oder jeder Zusammenschluss von Personen ohne Rechtspersönlichkeit und mit oder ohne Erwerbszweck sowie jede amtliche Stelle – unabhängig davon, ob diese über eine eigene Rechtspersönlichkeit verfügt oder von einer Behörde mit Rechtspersönlichkeit abhängt –, die bzw. der die Beförderung von Personen durchführt, oder jede natürliche oder juristische Person, die die Beförderung von Gütern zu gewerblichen Zwecken durchführt;
5. „Verkehrsleiter" eine von einem Unternehmen beschäftigte natürliche Person oder, falls es sich bei diesem Unternehmen um eine natürliche Person handelt, diese Person selbst oder gegebenenfalls eine von diesem Unternehmen vertraglich beauftragte andere natürliche Person, die tatsächlich und dauerhaft die Verkehrstätigkeiten dieses Unternehmens leitet;
6. „Zulassung zum Beruf des Kraftverkehrsunternehmers" eine Verwaltungsentscheidung, durch die einem Unternehmen, das die in dieser Verordnung geregelten Voraussetzungen erfüllt, gestattet wird, den Beruf des Kraftverkehrsunternehmers auszuüben;
7. „zuständige Behörde" eine einzelstaatliche, regionale oder kommunale Behörde in einem Mitgliedstaat, die zum Zwecke der Zulassung zum Beruf des Kraftverkehrsunternehmers prüft, ob ein Unternehmen die in dieser Verordnung geregelten Voraussetzungen erfüllt, und die befugt ist, eine Zulassung zum Beruf des Kraftverkehrsunternehmers zu erteilen, auszusetzen oder zu entziehen;
8. „Niederlassungsmitgliedstaat" den Mitgliedstaat, in dem ein Unternehmen niedergelassen ist, ungeachtet des Umstandes, ob der Verkehrsleiter aus einem anderen Land stammt.

Art. 3 Anforderungen für die Ausübung des Berufs des Kraftverkehrsunternehmers

Unternehmen, die den Beruf des Kraftverkehrsunternehmers ausüben, müssen:

a) über eine tatsächliche und dauerhafte Niederlassung in einem Mitgliedstaat verfügen;
b) zuverlässig sein;
c) eine angemessene finanzielle Leistungsfähigkeit besitzen und
d) die geforderte fachliche Eignung besitzen.

Art. 4 Verkehrsleiter

(1) Ein Unternehmen, das den Beruf des Kraftverkehrsunternehmers ausübt, benennt mindestens eine natürliche Person, den Verkehrsleiter, die die Anforderungen nach Artikel 3 Absatz 1 Buchstaben b und d erfüllt und die:

a) die Verkehrstätigkeiten des Unternehmens tatsächlich und dauerhaft leitet,
b) in einer echten Beziehung zu dem Unternehmen steht, beispielsweise als Angestellter, Direktor, Eigentümer oder Anteilseigner, oder die Verwaltungsgeschäfte des Unternehmens führt oder, wenn das Unternehmen eine natürliche Person ist, selbst diese Person ist und
c) ihren ständigen Aufenthalt in der Gemeinschaft hat.

(2) Falls ein Unternehmen die Anforderung der fachlichen Eignung nach Artikel 3 Absatz 1 Buchstabe d nicht erfüllt, kann die zuständige Behörde ihm die Zulassung zum Beruf des Kraftverkehrsunternehmers ohne Benennung eines Verkehrleiters nach Absatz 1 des vorliegenden Artikels unter folgenden Bedingungen erteilen:
a) Das Unternehmen benennt eine natürliche Person mit ständigem Aufenthalt in der Gemeinschaft, die die Anforderungen nach Artikel 3 Absatz 1 Buchstaben b und d erfüllt und vertraglich beauftragt ist, Aufgaben als Verkehrsleiter für das Unternehmen auszuführen;
b) im Vertrag zwischen dem Unternehmen und der unter Buchstabe a genannten Person sind die von diesem tatsächlich und dauerhaft durchzuführenden Aufgaben sowie ihre Verantwortlichkeiten als Verkehrsleiter genau zu regeln. Zu den zu regelnden Aufgaben zählen insbesondere das Instandhaltungsmanagement für die Fahrzeuge, die Prüfung der Beförderungsverträge und -dokumente, die grundlegende Rechnungsführung, die Zuweisung der Ladung oder die Fahrdienste an die Fahrer und Fahrzeuge sowie die Prüfung der Sicherheitsverfahren;
c) in ihrer Eigenschaft als Verkehrsleiter darf die unter Buchstabe a genannte Person die Verkehrstätigkeiten von höchstens vier Unternehmen mit einer Flotte von zusammengenommen höchstens 50 Fahrzeugen leiten. Die Mitgliedstaaten können beschließen, die Zahl von Unternehmen und/oder die Gesamtgröße der Fahrzeugflotte, die diese Person leiten darf, zu verringern und
d) die unter Buchstabe a genannte Person erfüllt die festgelegten Aufgaben ausschließlich im Interesse des Unternehmens, und ihre Verantwortlichkeiten werden unabhängig von anderen Unternehmen wahrgenommen, für die das Unternehmen Beförderungen durchführt.

(3) Die Mitgliedstaaten können entscheiden, dass ein nach Absatz 1 benannter Verkehrsleiter keine zusätzliche Zulassung im Sinne von Absatz 2 oder lediglich eine Zulassung für eine geringere Zahl von Unternehmen oder für eine kleinere Fahrzeugflotte als gemäß Absatz 2 Buchstabe c erhalten darf.

(4) Das Unternehmen meldet der zuständigen Behörde die Person(en), die als Verkehrsleiter benannt wurde(n).

Kapitel II. Voraussetzungen zur Erfüllung der Anforderungen von Art. 3

Art. 5 Voraussetzungen für die Anforderung der Niederlassung

(1) Um die Anforderung des Artikels 3 Absatz 1 Buchstabe a zu erfüllen, muss ein Unternehmen im Niederlassungsmitgliedstaat

a) über Räumlichkeiten verfügen, in denen es auf die Originale seiner wichtigsten Unternehmensunterlagen entweder in elektronischer oder sonstiger Form zugreifen kann, insbesondere seine Beförderungsverträge, Unterlagen zu den Fahrzeugen, über die das Unternehmen verfügt, Buchführungsunterlagen, Personalverwaltungsunterlagen, Arbeitsverträge, Sozialversicherungsunterlagen, Dokumente mit den Daten über den Einsatz und die Entsendung von Fahrern, Dokumente mit den Daten über Kabotage, Lenk- und Ruhezeiten sowie alle sonstigen Unterlagen, zu denen die zuständige Behörde Zugang haben muss, um überprüfen zu können, ob das Unternehmen die in dieser Verordnung festgelegten Voraussetzungen erfüllt;
b) die Nutzung seiner Fahrzeugflotte so organisieren, dass sichergestellt ist, dass Fahrzeuge, die dem Unternehmen zur Verfügung stehen und in der grenzüberschreitenden Beförderung eingesetzt werden, spätestens acht Wochen nach Verlassen des Mitgliedstaats zu einer der Betriebsstätten in diesem Mitgliedstaat zurückkehren;
c) im Unternehmensregister des betreffenden Mitgliedstaats oder in einem ähnlichen Register eingetragen sein, wenn das nach innerstaatlichem Recht vorgeschrieben ist;
d) der Einkommenssteuer unterliegen und, wenn das nach innerstaatlichem Recht vorgeschrieben ist, über eine gültige Mehrwertsteuernummer verfügen;
e) nach Erhalt der Zulassung über ein oder mehrere Fahrzeuge verfügen, die entsprechend den Rechtsvorschriften dieses Mitgliedstaats zugelassen sind oder in Betrieb genommen wurden und eingesetzt werden dürfen, unabhängig davon, ob sie sein ausschließliches Eigentum sind oder beispielsweise aufgrund eines Mietkauf- oder Miet- oder Leasingvertrags in seinem Besitz sind;
f) seine administrativen und gewerblichen Tätigkeiten mittels der angemessenen Ausstattung und Einrichtung in Räumlichkeiten im Sinne des Buchstaben a, die in diesem Mitgliedstaat gelegen sind, tatsächlich und dauerhaft ausüben und seine Beförderungstätigkeit mit den Fahrzeugen nach Buchstabe g mittels der in diesem Mitgliedstaat vorhandenen angemessenen technischen Ausstattung tatsächlich und dauerhaft betreiben;
g) gewöhnlich und dauerhaft über eine – im Verhältnis zum Umfang der Verkehrstätigkeit des Unternehmens angemessene – Zahl an Fahrzeugen, die den Anforderungen des Buchstaben e genügen, sowie an Fahrern, die normalerweise einer Betriebsstätte in diesem Mitgliedstaat zugeordnet sind, verfügen.

(2) Zusätzlich zu den Anforderungen des Absatzes 1 können die Mitgliedstaaten verlangen, dass ein Unternehmen im Niederlassungsmitgliedstaat über

a) dem Umfang der Tätigkeit des Unternehmens angemessene ordnungsgemäß qualifizierte Verwaltungsmitarbeiter in den Räumlichkeiten des Unternehmens oder einen zu den üblichen Geschäftszeiten erreichbaren Verkehrsleiter verfügt;
b) eine dem Umfang der Tätigkeit des Unternehmens angemessene operative Infrastruktur zusätzlich zu der in Absatz 1 Buchstabe f genannten tech-

nischen Ausstattung im Hoheitsgebiet dieses Mitgliedstaats verfügt, einschließlich einer zu den üblichen Geschäftszeiten geöffneten Geschäftsstelle.

Art. 6 Voraussetzungen bezüglich der Anforderung der Zuverlässigkeit

(1) Vorbehaltlich Absatz 2 des vorliegenden Artikels legen die Mitgliedstaaten fest, welche Voraussetzungen ein Unternehmen und ein Verkehrsleiter erfüllen müssen, damit die Anforderung der Zuverlässigkeit nach Artikel 3 Absatz 1 Buchstabe b erfüllt ist.

Bei der Entscheidung darüber, ob ein Unternehmen diese Anforderung erfüllt hat, berücksichtigen die Mitgliedstaaten das Verhalten des Unternehmens, seiner Verkehrsleiter, seiner geschäftsführenden Direktoren und gegebenenfalls anderer vom jeweiligen Mitgliedstaat bestimmter maßgeblicher Personen. Jede Bezugnahme in diesem Artikel auf Verurteilungen, Sanktionen oder Verstöße schließt die Verurteilungen und Sanktionen gegen bzw. die Verstöße durch das Unternehmen selbst, seine Verkehrsleiter, seine geschäftsführenden Direktoren und gegebenenfalls andere vom jeweiligen Mitgliedstaat bestimmte maßgebliche Personen ein.

Die in Unterabsatz 1 genannten Voraussetzungen umfassen mindestens Folgendes:

a) Die Zuverlässigkeit des Verkehrsleiters oder des Verkehrsunternehmens darf nicht zwingend in Frage gestellt sein, etwa durch Verurteilungen oder Sanktionen aufgrund eines schwerwiegenden Verstoßes gegen geltende einzelstaatliche Vorschriften in folgenden Bereichen:
   i) Handelsrecht,
   ii) Insolvenzrecht,
   iii) Entgelt- und Arbeitsbedingungen der Branche,
   iv) Straßenverkehr,
   v) Berufshaftpflicht,
   vi) Menschen- oder Drogenhandel,
   vii) Steuerrecht, und
b) gegen den Verkehrsleiter oder das Verkehrsunternehmen darf in keinem Mitgliedstaat ein Urteil wegen einer schwerwiegenden Straftat oder eine Sanktion verhängt worden sein wegen eines schwerwiegenden Verstoßes gegen Gemeinschaftsvorschriften, insbesondere in folgenden Bereichen:
   i) Lenk- und Ruhezeiten der Fahrer, Arbeitszeit sowie Einbau und Nutzung der Kontrollgeräte,
   ii) höchstzulässiges Gewicht und Abmessungen der Nutzfahrzeuge im grenzüberschreitenden Verkehr,
   iii) Grundqualifikation und Weiterbildung der Fahrer,
   iv) Verkehrstüchtigkeit der Nutzfahrzeuge einschließlich der vorgeschriebenen technischen Überwachung der Kraftfahrzeuge,
   v) Zugang zum Markt des grenzüberschreitenden Güterkraftverkehrs oder gegebenenfalls Zugang zum Markt des grenzüberschreitenden Personenkraftverkehrs,
   vi) Sicherheit beim Transport gefährlicher Güter auf der Straße,

vii) Einbau und Benutzung von Geschwindigkeitsbegrenzern in bestimmten Fahrzeugklassen,
viii) Führerscheine,
ix) Zugang zum Beruf,
x) Tiertransporte,
xi) Entsendung von Arbeitnehmern im Kraftverkehr;
xii) auf vertragliche Schuldverhältnisse anzuwendendes Recht;
xiii) Kabotage.

(2) Für die Zwecke des Absatzes 1 Unterabsatz 3 Buchstabe b gilt Folgendes: Wurde gegen den Verkehrsleiter oder das Verkehrsunternehmen in einem oder mehreren Mitgliedstaaten ein Urteil wegen einer schwerwiegenden Straftat oder eine Sanktion wegen schwerster Verstöße gegen Unionsvorschriften gemäß Anhang IV in einem oder mehreren Mitgliedstaaten verhängt, so führt die zuständige Behörde des Niederlassungsmitgliedstaats rechtzeitig auf geeignete Art und Weise ein Verwaltungsverfahren, gegebenenfalls einschließlich einer Kontrolle vor Ort in den Räumlichkeiten des betreffenden Unternehmens, durch und schließt dieses ab.

Während des Verwaltungsverfahrens erhalten der Verkehrsleiter oder gegebenenfalls andere rechtliche Vertreter des Verkehrsunternehmens das Recht, ihre Argumente und Erläuterungen darzulegen.

Im Rahmen des Verwaltungsverfahrens bewertet die zuständige Behörde, ob in Anbetracht der speziellen Gegebenheiten die Aberkennung der Zuverlässigkeit im konkreten Fall eine unverhältnismäßige Reaktion darstellen würde. Bei dieser Bewertung berücksichtigt die zuständige Behörde die Anzahl schwerwiegender Verstöße gegen die nationalen und Unionsvorschriften gemäß Absatz 1 Unterabsatz 3 sowie die Zahl der schwersten Verstöße gegen die Unionsvorschriften gemäß Anhang IV, deretwegen gegen den Verkehrsleiter oder das Verkehrsunternehmen ein Urteil oder Sanktionen verhängt worden sind. 3Alle Feststellungen sind angemessen zu begründen und zu rechtfertigen.

Ist die Aberkennung der Zuverlässigkeit nach Auffassung der zuständigen Behörde unverhältnismäßig, so entscheidet sie, dass das betreffende Unternehmen die Anforderung der Zuverlässigkeit weiterhin erfüllt. Die Begründung für diese Entscheidung wird in das einzelstaatliche Register aufgenommen. Die Zahl solcher Entscheidungen wird in dem in Artikel 26 Absatz 1 genannten Bericht aufgeführt.

Ist die Aberkennung der Zuverlässigkeit nach Auffassung der zuständigen Behörde nicht unverhältnismäßig, so führt die Verurteilung oder Sanktion zur Aberkennung der Zuverlässigkeit.

(2a) Die Kommission erlässt Durchführungsrechtsakte zur Erstellung einer Liste der Kategorien, Arten und Schweregrade der gegen die Unionsvorschriften begangenen schwerwiegenden Verstöße nach Absatz 1 Unterabsatz 3 Buchstabe b, die neben den in Anhang IV aufgeführten Verstößen zur Aberkennung der Zuverlässigkeit führen können. Die Mitgliedstaaten tragen den Informationen über solche Verstöße, auch den von anderen Mitgliedstaaten erhaltenen Informationen, Rechnung, wenn sie die Prioritäten für die Kontrollen nach Artikel 12 Absatz 1 festlegen.

Zu diesem Zweck handelt die Kommission wie folgt:

a) Sie legt die Kategorien und Arten von Verstößen fest, die am häufigsten festgestellt werden;
b) sie definiert die Schwere der Verstöße nach der von ihnen ausgehenden Gefahr von tödlichen oder schweren Verletzungen oder Wettbewerbsverfälschungen im Güterkraftverkehrsmarkt, auch durch Beeinträchtigung der Arbeitsbedingungen der Beschäftigten im Verkehrssektor;
c) sie setzt die Häufigkeit der Verstöße fest, bei deren Überschreiten wiederholte Verstöße als schwerwiegendere Verstöße eingestuft werden, und zwar unter Berücksichtigung der Zahl der Fahrzeuge, die vom Verkehrsleiter für die Verkehrstätigkeit eingesetzt werden.

Diese Durchführungsrechtsakte werden gemäß dem in Artikel 25 Absatz 3 genannten Prüfverfahren erlassen.

(3) Die Anforderung nach Artikel 3 Absatz 1 Buchstabe b gilt so lange als nicht erfüllt, wie eine Rehabilitierungsmaßnahme oder eine andere Maßnahme gleicher Wirkung gemäß den einschlägigen einzelstaatlichen Vorschriften nicht erfolgt ist.

Art. 7 Voraussetzungen bezüglich der Anforderung der finanziellen Leistungsfähigkeit

(1) Um die Anforderung des Artikels 3 Absatz 1 Buchstabe c zu erfüllen, muss ein Unternehmen jederzeit in der Lage sein, im Verlauf des Geschäftsjahres seinen finanziellen Verpflichtungen nachzukommen. Zu diesem Zweck muss das Unternehmen anhand der von einem Rechnungsprüfer oder einer ordnungsgemäß akkreditierten Person geprüften Jahresabschlüsse für jedes Jahr nachweisen, dass es über Kapital und Reserven in mindestens folgender Höhe verfügt:

a) 9 000 EUR für das erste genutzte Kraftfahrzeug,
b) 5 000 EUR für jedes weitere genutzte Kraftfahrzeug oder jede weitere genutzte Fahrzeugkombination, das/die eine zulässige Gesamtmasse von über 3,5 t hat, und
c) 900 EUR für jedes weitere genutzte Kraftfahrzeug oder für jede weitere genutzte Fahrzeugkombination, dessen/deren zulässige Gesamtmasse 2,5t, jedoch nicht 3,5 t überschreitet;

Unternehmen, die den Beruf des Güterkraftverkehrsunternehmers ausschließlich mit Kraftfahrzeugen oder Fahrzeugkombinationen ausüben, deren zulässige Gesamtmasse 2,5 t, jedoch nicht 3,5 t überschreitet, weisen für jedes Jahr anhand der von einem Rechnungsprüfer oder einer ordnungsgemäß akkreditierten Person geprüften Jahresabschlüsse nach, dass sie über Kapital und Reserven in mindestens folgender Höhe verfügt:

a) 1 800 EUR für das erste genutzte Fahrzeug und
b) 900 EUR für jedes weitere genutzte Fahrzeug.

Die Mitgliedstaaten können verlangen, dass die in ihrem Gebiet niedergelassenen Unternehmen nachweisen, dass sie für diese Fahrzeuge über Kapital und Reserven in gleicher Höhe wie für die Fahrzeuge gemäß Unterabsatz 1 verfügen. In diesen Fällen unterrichtet die zuständige Behörde des betreffenden Mitgliedstaats die Kommission entsprechend, und die Kommission macht diese Informationen öffentlich zugänglich.

Für die Zwecke dieser Verordnung wird der Wert des Euro in den Landeswährungen der nicht an der dritten Stufe der Wirtschafts- und Währungsunion teilnehmenden Mitgliedstaaten jährlich festgesetzt. 2Dabei werden die am ersten Arbeitstag im Oktober geltenden und im *Amtsblatt der Europäischen Union* veröffentlichten Wechselkurse zugrunde gelegt. Sie treten am 1. Januar des darauf folgenden Kalenderjahres in Kraft.

Für die in Unterabsatz 1 genannten Buchungsposten gelten die Definitionen der Vierten Richtlinie 78/660/EWG des Rates vom 25. Juli 1978 aufgrund von Artikel 54 Absatz 3 Buchstabe g des Vertrags über den Jahresabschluss von Gesellschaften bestimmter Rechtsformen[1].

(1a) Zusätzlich zu den Anforderungen des Absatzes 1 können die Mitgliedstaaten verlangen, dass das Unternehmen, der Verkehrsleiter oder eine andere von den Mitgliedstaaten bestimmte maßgebliche Person keine nichtprivaten ausstehenden Verbindlichkeiten gegenüber Einrichtungen des öffentlichen Rechts haben darf und weder zahlungsunfähig sein noch sich in einem Insolvenzverfahren oder in Liquidation befinden darf.

(2) Abweichend von Absatz 1 kann die zuständige Behörde als Nachweis der finanziellen Leistungsfähigkeit eines Unternehmens eine – von der zuständigen Behörde festgelegte – Bescheinigung wie etwa eine Bankbürgschaft oder eine Versicherung, einschließlich einer Berufshaftpflichtversicherung einer oder mehrerer Banken oder anderer Finanzinstitute einschließlich von Versicherungsunternehmen, oder ein anderes rechtlich bindendes Dokument, das eine selbstschuldnerische Bürgschaft für das Unternehmen für die in Absatz 1 genannten Beträge darstellt, gelten lassen oder verlangen.

(2a) Abweichend von Absatz 1 lässt die zuständige Behörde in Ermangelung geprüfter Jahresabschlüsse für das Jahr der Eintragung des Unternehmens als Nachweis der finanziellen Leistungsfähigkeit eines Unternehmens eine Bescheinigung wie etwa eine Bankbürgschaft, ein von einem Finanzinstitut ausgestelltes Dokument, das im Namen des Unternehmens Zugang zu Krediten gewährt, oder ein – von der zuständigen Behörde festgelegtes – anderes rechtlich bindendes Dokument, mit dem nachgewiesen wird, dass das Unternehmen über die in Absatz 1 genannten Beträge verfügt, gelten.

(3) Bei den in Absatz 1 genannten Jahresabschlüssen bzw. der in Absatz 2 genannten Bürgschaft, die zu überprüfen sind, handelt es sich um jene der wirtschaftlichen Einheit, die im Mitgliedstaat, in der die Zulassung beantragt worden ist, niedergelassen ist und nicht um jene eventueller anderer, in einem anderen Mitgliedstaat niedergelassener Einheiten.

Art. 8 Voraussetzungen bezüglich der Anforderung der fachlichen Eignung

(1) Um die Anforderung nach Artikel 3 Absatz 1 Buchstabe d zu erfüllen, müssen die betreffenden Personen in den in Anhang I Teil I aufgeführten

[1] **[Amtl. Anm.:]** ABl. L 222 vom 14.8.1978, S. 11.

Sachgebieten Kenntnisse besitzen, die dem dort vorgesehenen Niveau entsprechen. Diese Kenntnisse werden durch eine obligatorische schriftliche Prüfung und – falls ein Mitgliedstaat dies verfügt – gegebenenfalls durch eine ergänzende mündliche Prüfung nachgewiesen. Diese Prüfungen werden gemäß Anhang I Teil II abgenommen. Zu diesem Zweck können die Mitgliedstaaten beschließen, dass die Prüfung von der Teilnahme an einer Ausbildung abhängig gemacht wird.

(2) Die betreffenden Personen legen die Prüfung in dem Mitgliedstaat, in dem sie ihren gewöhnlichen Aufenthalt haben, oder in dem Mitgliedstaat, in dem sie arbeiten, ab.

„Gewöhnlicher Aufenthalt" bezeichnet den Ort, an dem sich eine Person aufgrund persönlicher Bindungen, die eine enge Verbindung zwischen dieser Person und dem Ort, an dem sie sich aufhält, zeigen, normalerweise, d. h. mindestens an 185 Tagen pro Kalenderjahr, aufhält.

Jedoch gilt als gewöhnlicher Aufenthalt einer Person, deren berufliche Bindungen an einem anderen Ort als dem ihrer persönlichen Bindungen liegen und die daher veranlasst ist, sich abwechselnd an verschiedenen Orten in zwei oder mehr Mitgliedstaaten aufzuhalten, der Ort ihrer persönlichen Bindungen, sofern sie regelmäßig dorthin zurückkehrt. Letzteres ist nicht erforderlich, wenn sich die Person zur Ausführung eines Auftrags von bestimmter Dauer in einem Mitgliedstaat aufhält. Der Universitäts- oder Schulbesuch hat keine Verlegung des gewöhnlichen Aufenthalts zur Folge.

(3) Nur die Behörden oder Stellen, die von einem Mitgliedstaat nach von diesem festgelegten Kriterien hierfür gebührend ermächtigt sind, können die in Absatz 1 genannten schriftlichen und mündlichen Prüfungen abnehmen und bescheinigen. Die Mitgliedstaaten prüfen regelmäßig, ob die Bedingungen, unter denen die Behörden oder Stellen die Prüfungen abnehmen, mit Anhang I konform sind.

(4) Die Mitgliedstaaten können nach von ihnen festgelegten Kriterien die Einrichtungen zulassen, die geeignet sind, den Bewerbern eine qualitativ hochwertige Ausbildung im Hinblick auf die effiziente Vorbereitung auf die Prüfung sowie denjenigen Verkehrsleitern, die es wünschen, eine Weiterbildung zur Auffrischung ihrer Kenntnisse zu bieten. In diesem Fall prüfen die Mitgliedstaaten regelmäßig, ob diese Einrichtungen noch die Kriterien erfüllen, aufgrund deren sie zugelassen wurden.

(5) Die Mitgliedstaaten können eine in dreijährigen Abständen erfolgende regelmäßige Weiterbildung in den in Anhang I aufgelisteten Sachgebieten fördern, um sicherzustellen, dass die in Absatz 1 genannten Person(en) hinreichend über die Entwicklungen auf dem Sektor informiert ist (sind).

(6) Die Mitgliedstaaten können verlangen, dass Personen, die zwar über eine Bescheinigung der fachlichen Eignung verfügen, die jedoch in den letzten fünf Jahren kein Personen- oder Güterkraftverkehrsunternehmen geleitet haben, ihre Kenntnisse auffrischen, um ihr Wissen in Bezug auf die aktuellen Entwicklungen bei den in Anhang I Teil I genannten Rechtsvorschriften auf den neuesten Stand zu bringen.

(7) Ein Mitgliedstaat kann die Inhaber bestimmter Hochschul- oder Fachschulabschlüsse, die in dem jeweiligen Mitgliedstaat erworben wurden, zu

diesem Zweck eigens bezeichnet worden sind und Kenntnisse der in der Liste in Anhang I aufgeführten Sachgebiete beinhalten, von den Prüfungen in den von den Abschlüssen abgedeckten Sachgebieten befreien. Die Befreiung gilt nur für die Abschnitte von Teil I von Anhang I, für die der Abschluss alle in der Überschrift jedes Abschnitts aufgeführten Sachgebiete abdeckt.

Ein Mitgliedstaat kann die Inhaber von Bescheinigungen über die fachliche Eignung, die für innerstaatliche Beförderungen in diesem Mitgliedstaat gültig sind, von bestimmten Teilen der Prüfung befreien.

(8) Als Nachweis der fachlichen Eignung wird eine Bescheinigung vorgelegt, die von der in Absatz 3 genannten Behörde oder Stelle ausgestellt worden ist. Diese Bescheinigung darf auf keine andere Person übertragbar sein. Die Bescheinigung wird nach den Sicherheitsmerkmalen und dem Muster der Anhänge II und III erstellt und trägt Dienstsiegel und Unterschrift der bevollmächtigten Behörde oder Stelle, die sie ausgestellt hat.

(9) Der Kommission wird die Befugnis übertragen, gemäß Artikel 24a delegierte Rechtsakte zur Änderung der Anhänge I, II und III zu erlassen, um diese an die Marktentwicklung und den technischen Fortschritt anzupassen.

(10) Der Erfahrungs- und Informationsaustausch zwischen den Mitgliedstaaten in Ausbildungs-, Prüfungs- und Zulassungsfragen wird von der Kommission – auch durch jede von ihr gegebenenfalls benannte Einrichtung – gefördert und unterstützt.

Art. 9 Prüfungsbefreiung

(1) Die Mitgliedstaaten können beschließen, Personen, die nachweisen können, dass sie in dem Zeitraum von 10 Jahren vor dem 4. Dezember 2009 ohne Unterbrechung ein Personen- oder Güterkraftverkehrsunternehmen in einem oder mehreren Mitgliedstaaten geleitet haben, von der in Artikel 8 Absatz 1 genannten Prüfung zu befreien.

(2) Zum Zwecke der Erteilung einer Lizenz an ein Güterkraftverkehrsunternehmen, das nur Kraftfahrzeuge oder Fahrzeugkombinationen mit einer zulässigen Gesamtmasse von höchstens 3,5t nutzt, können die Mitgliedstaaten beschließen, die Personen von der in Artikel 8 Absatz 1 genannten Prüfung zu befreien, die nachweisen können, dass sie in dem Zeitraum von 10 Jahren vor dem 20. August 2020 ohne Unterbrechung ein Unternehmen derselben Art geleitet haben.

Kapitel III. Zulassung und Überwachung

Art. 10 Zuständige Behörden

(1) Jeder Mitgliedstaat benennt eine oder mehrere Behörden, welche für die ordnungsgemäße Durchführung dieser Verordnung zuständig sind. Die zuständigen Behörden sind befugt,

a) die von den Unternehmen eingereichten Anträge zu prüfen,
b) die Zulassung zum Beruf des Kraftverkehrsunternehmers zu erteilen, auszusetzen oder zu entziehen,

c) eine natürliche Person für ungeeignet zu erklären, als Verkehrsleiter die Verkehrstätigkeit eines Unternehmens zu leiten,
d) die erforderlichen Kontrollen durchzuführen, um zu überprüfen, ob das Unternehmen die Anforderungen nach Artikel 3 erfüllt.

(2) Die zuständigen Behörden veröffentlichen alle gemäß dieser Verordnung zu erfüllenden Voraussetzungen, gegebenenfalls weitere einzelstaatliche Bestimmungen, die von den Antragstellern einzuhaltenden Verfahren und die entsprechenden Erläuterungen.

Art. 11 Einreichung und Registrierung der Anträge

(1) Ein Verkehrsunternehmen, das die Anforderungen nach Artikel 3 erfüllt, erhält auf Antrag die Zulassung zum Beruf des Kraftverkehrsunternehmers. Die zuständige Behörde vergewissert sich, dass das Unternehmen, das einen Antrag einreicht, die Anforderungen nach dem genannten Artikel erfüllt.

(2) Die zuständige Behörde trägt die in Artikel 16 Absatz 2 Unterabsatz 1 Buchstaben a bis d aufgeführten Daten über die von ihr zugelassenen Unternehmen in das in Artikel 16 genannte einzelstaatliche elektronische Register ein.

(3) Die Frist für die Bearbeitung eines Zulassungsantrags durch die zuständige Behörde ist so kurz wie möglich und überschreitet nicht drei Monate ab dem Zeitpunkt, zu dem die zuständige Behörde alle für die Prüfung des Antrags erforderlichen Unterlagen erhalten hat. Die zuständige Behörde kann diese Frist in hinreichend begründeten Fällen um einen weiteren Monat verlängern.

(4) Bis zum 31. Dezember 2012 prüft die zuständige Behörde im Falle von Zweifeln bei der Beurteilung der Zuverlässigkeit eines Unternehmens, ob der bzw. die benannten Verkehrsleiter zum Zeitpunkt der Antragstellung nicht nach Artikel 14 in einem Mitgliedstaat für ungeeignet erklärt wurden, die Verkehrstätigkeit eines Unternehmens zu leiten.

Ab dem 1. Januar 2013 prüft die zuständige Behörde bei der Beurteilung der Zuverlässigkeit eines Unternehmens durch sicheren Direktzugriff auf den einschlägigen Teil der einzelstaatlichen elektronischen Register oder im Wege eines Ersuchens anhand der Daten gemäß Artikel 16 Absatz 2 Buchstabe f, ob der bzw. die benannten Verkehrsleiter zum Zeitpunkt der Antragstellung nicht nach Artikel 14 in einem Mitgliedstaat für ungeeignet erklärt wurden, die Verkehrstätigkeit eines Unternehmens zu leiten.

(5) Unternehmen, die über eine Zulassung zum Beruf des Kraftverkehrsunternehmers verfügen, teilen der zuständigen Behörde, die die Zulassung erteilt hat, Änderungen der in Absatz 2 genannten Daten innerhalb einer von dem betreffenden Niederlassungsmitgliedstaat festgelegten Frist von höchstens 28 Tagen mit.

Art. 12 Kontrollen

(1) Die zuständigen Behörden wachen regelmäßig darüber, ob die Unternehmen, denen sie die Zulassung zum Beruf des Kraftverkehrsunternehmers

erteilt haben, die Anforderungen des Artikels 3 der vorliegenden Verordnung dauerhaft erfüllen. Zu diesem Zweck nehmen die Mitgliedstaaten gezielte Kontrollen von Unternehmen vor, die als Unternehmen mit erhöhtem Risiko eingestuft wurden, gegebenenfalls einschließlich Kontrollen vor Ort in den Räumlichkeiten des betreffenden Unternehmens. Hierzu erweitern die Mitgliedstaaten das nach Artikel 9 der Richtlinie 2006/22/EG des Europäischen Parlaments und des Rates[1] errichtete Risikoeinstufungssystem auf alle in Artikel 6 dieser Verordnung genannten Verstöße.

(2) Bis zum 31. Dezember 2014 müssen die Mitgliedstaaten die Kontrollen mindestens alle fünf Jahre durchführen, um sich zu vergewissern, dass die Unternehmen alle Anforderungen nach Artikel 3 erfüllen.

(3) Auf Aufforderung der Kommission in gebührend begründeten Fällen nimmt ein Mitgliedstaat Einzelkontrollen vor, um zu überprüfen, ob ein Unternehmen die Voraussetzungen für die Zulassung zum Beruf des Kraftverkehrsunternehmers weiterhin erfüllt. Der Mitgliedstaat teilt der Kommission das Ergebnis dieser Kontrollen sowie gegebenenfalls die ergriffenen Maßnahmen mit, falls festgestellt wird, dass das Unternehmen die Voraussetzungen dieser Verordnung nicht mehr erfüllt.

Art. 13 Verfahren für Aussetzung und Entzug von Zulassungen

(1) Wenn eine zuständige Behörde feststellt, dass das Unternehmen möglicherweise die Anforderungen nach Artikel 3 nicht mehr erfüllt, teilt sie dies dem Unternehmen mit. Stellt eine zuständige Behörde fest, dass eine oder mehrere dieser Anforderungen nicht mehr erfüllt sind, so kann sie dem Unternehmen eine Frist folgender Dauer zur Behebung des vorschriftswidrigen Zustands einräumen:

a) höchstens sechs Monate für die Einstellung eines Nachfolgers des Verkehrsleiters, falls der Verkehrsleiter die Anforderungen der Zuverlässigkeit oder der fachlichen Eignung nicht mehr erfüllt, verlängerbar um drei Monate im Fall des Todes oder des gesundheitlich bedingten Ausfalls des Verkehrsleiters;
b) höchstens sechs Monate, falls das Unternehmen zur Behebung des vorschriftswidrigen Zustands nachweisen muss, dass es über eine tatsächliche und dauerhafte Niederlassung verfügt;
c) höchstens sechs Monate, falls die Anforderung der finanziellen Leistungsfähigkeit nicht erfüllt wurde, um nachzuweisen, dass diese Anforderung erneut dauerhaft erfüllt ist.

(2) Die zuständige Behörde kann Unternehmen, deren Zulassung ausgesetzt oder entzogen wurde, auferlegen, dass ihre Verkehrsleiter die in Artikel 8 Absatz 1 genannte Prüfung bestanden haben müssen, bevor eine Rehabilitierungsmaßnahme erfolgt.

---

[1] **[Amtl. Anm.:]** Richtlinie 2006/22/EG des Europäischen Parlaments und des Rates vom 15. März 2006 über Mindestbedingungen für die Durchführung der Verordnungen (EG) Nr. 561/2006 und (EU) Nr. 165/2014 und der Richtlinie 2002/15/EG über Sozialvorschriften für Tätigkeiten im Kraftverkehr sowie zur Aufhebung der Richtlinie 88/599/EWG des Rates (ABl. L 102 vom 11.4.2006, S. 35).

(3) Stellt die zuständige Behörde fest, dass das Unternehmen eine oder mehrere Anforderungen nach Artikel 3 nicht mehr erfüllt, so setzt sie die Zulassung zum Beruf des Kraftverkehrsunternehmers aus oder entzieht sie, und zwar innerhalb der in Absatz 1 genannten Fristen.

Art. 14 Erklärung der Nichteignung des Verkehrsleiters

(1) Wird einem Verkehrsleiter die Zuverlässigkeit nach Artikel 6 aberkannt, so erklärt die zuständige Behörde diesen Verkehrsleiter für ungeeignet, die Verkehrstätigkeiten eines Unternehmens zu leiten.

Die zuständige Behörde rehabilitiert den Verkehrsleiter frühestens ein Jahr nach dem Tag der Aberkennung der Zuverlässigkeit, und jedenfalls nicht, bevor der Verkehrsleiter nachgewiesen hat, dass er über einen Zeitraum von mindestens drei Monaten eine geeignete Weiterbildung absolviert oder eine Prüfung zu den in Anhang I Teil I dieser Verordnung aufgeführten Sachgebieten bestanden hat.

(2) Sofern und solange keine Rehabilitierungsmaßnahme nach Maßgabe der einschlägigen einzelstaatlichen Vorschriften und nach Absatz 1 des vorliegenden Artikels ergriffen wurde, ist die in Artikel 8 Absatz 8 genannte Bescheinigung der fachlichen Eignung des Verkehrsleiters, der für ungeeignet erklärt wurde, in keinem Mitgliedstaat mehr gültig.

Art. 15 Entscheidungen der zuständigen Behörden und Rechtsbehelfe

(1) Nach dieser Verordnung getroffene abschlägige Entscheidungen der zuständigen Behörden der Mitgliedstaaten, einschließlich der Ablehnung eines Antrags, sowie die Aussetzung oder der Entzug einer bereits erteilten Zulassung oder die Erklärung der Nichteignung eines Verkehrsleiters sind zu begründen.

Bei solchen Entscheidungen werden verfügbare Informationen über die von diesem Unternehmen oder dem Verkehrsleiter begangenen Verstöße, die geeignet sind, die Zuverlässigkeit des Unternehmens zu beeinträchtigen, sowie alle sonstigen Informationen berücksichtigt, über die die zuständige Behörde verfügt. In Entscheidungen, durch die eine Zulassung ausgesetzt oder eine Nichteignung erklärt wird, werden die einschlägigen Rehabilitationsmaßnahmen angegeben.

(2) Die Mitgliedstaaten sorgen dafür, dass die betreffenden Unternehmen und Personen die in Absatz 1 genannten Entscheidungen vor mindestens einer unabhängigen, unparteiischen Stelle oder vor Gericht anfechten können.

Kapitel IV. Verwaltungsvereinfachung und -zusammenarbeit

Art. 16 Einzelstaatliche elektronische Register

(1) Zur Durchführung dieser Verordnung, insbesondere der Artikel 11 bis 14 und Artikel 26, führt jeder Mitgliedstaat ein einzelstaatliches elektronisches Register der Kraftverkehrsunternehmen, die von einer von ihm benannten zuständigen Behörde zur Ausübung des Berufs des Kraftverkehrsunternehmers

zugelassen wurden. Die Verarbeitung der in diesem Register enthaltenen Daten erfolgt unter der Aufsicht der zu diesem Zweck benannten Behörde. Die in dem einzelstaatlichen elektronischen Register enthaltenen einschlägigen Daten sind allen zuständigen Behörden dieses Mitgliedstaats zugänglich.

Bis zum 31. Dezember 2009 erlässt die Kommission eine Entscheidung über die Mindestanforderungen an die Daten, die in die einzelstaatlichen elektronischen Register vom Zeitpunkt ihrer Einrichtung an einzugeben sind, um den späteren Registerverbund zu erleichtern. Sie kann empfehlen, über die in Absatz 2 genannten Daten hinaus auch die amtlichen Fahrzeugkennzeichen zu erfassen.

(2) Die einzelstaatlichen elektronischen Register enthalten mindestens folgende Daten:

a) Name und Rechtsform des Unternehmens;
b) Anschrift der Niederlassung;
c) Namen der Verkehrsleiter, die anerkanntermaßen die Anforderungen an Zuverlässigkeit und fachliche Eignung nach Artikel 3 erfüllen, oder gegebenenfalls Name eines rechtlichen Vertreters;
d) Art der Zulassung, Zahl der erfassten Fahrzeuge und gegebenenfalls laufende Nummer der Gemeinschaftslizenz und der beglaubigten Kopien;
e) Zahl, Kategorie und Art der in Artikel 6 Absatz 1 Buchstabe b genannten schwerwiegenden Verstöße, die in den vorangehenden zwei Jahren zu einer Verurteilung oder einer Sanktion geführt haben;
f) Namen der Personen, die für ungeeignet erklärt wurden, die Verkehrstätigkeiten eines Unternehmens zu leiten, solange die Zuverlässigkeit der betreffenden Person nicht nach Artikel 6 Absatz 3 wiederhergestellt ist, sowie einschlägige Rehabilitationsmaßnahmen;
g) amtliche Kennzeichen der Fahrzeuge, über die das Unternehmen gemäß Artikel 5 Absatz 1 Buchstabe g verfügt;
h) die Anzahl der am 31. Dezember des Vorjahres im Unternehmen beschäftigten Personen, wobei diese bis zum 31. März jedes Jahres in das einzelstaatliche Register aufzunehmen ist;
i) Risikoeinstufung des Unternehmens nach Artikel 9 Absatz 1 der Richtlinie 2006/22/EG.

Nach Maßgabe der einschlägigen Datenschutzbestimmungen sind die Daten, auf die in Unterabsatz 1 Buchstaben a bis d Bezug genommen wird, öffentlich zugänglich.

Es steht den Mitgliedstaaten frei, die in Unterabsatz 1 Buchstaben e bis i genannten Daten in separate Register aufzunehmen. In solchen Fällen sind die in den Buchstaben e und f genannten Daten allen zuständigen Behörden des betreffenden Mitgliedstaats auf Anfrage oder direkt zugänglich zu machen. Die gewünschten Informationen werden innerhalb von fünf Arbeitstagen nach Eingang der Anfrage zur Verfügung gestellt.

Spätestens 12 Monate nach Inkrafttreten des gemäß Absatz 6 erlassenen Durchführungsrechtsakts zur Festlegung der Funktionen, die den zuständigen Behörden bei Straßenkontrollen den Datenzugriff ermöglichen, müssen die in Unterabsatz 1 Buchstaben g, h und i genannten Daten den zuständigen Behörden bei Straßenkontrollen zugänglich sein.

Die in Unterabsatz 1 Buchstaben e bis i genannten Daten sind anderen Behörden als den zuständigen Behörden nur zugänglich, wenn diese Behörden ordnungsgemäß zu Kontrollen und zur Verhängung von Bußgeldern im Straßenverkehr bevollmächtigt und ihre Beamten zur Verschwiegenheit verpflichtet sind oder einer förmlichen Geheimhaltungspflicht unterliegen.

(3) Die Daten zu einem Unternehmen, dessen Zulassung ausgesetzt oder entzogen wurde, bleiben zwei Jahre nach Ablauf der Aussetzung oder des Entzugs der Lizenz im einzelstaatlichen elektronischen Register gespeichert und werden danach unverzüglich gelöscht.

Die Daten zu einer Person, die für ungeeignet erklärt wurde, den Beruf des Kraftverkehrsunternehmers auszuüben, bleiben solange im einzelstaatlichen elektronischen Register gespeichert, wie die Zuverlässigkeit dieser Person nicht gemäß Artikel 6 Absatz 3 wiederhergestellt ist. Nach Durchführung der Rehabilitierungsmaßnahme oder einer anderen Maßnahme gleicher Wirkung werden die Daten unverzüglich gelöscht.

Die in den Unterabsätzen 1 und 2 genannten Daten umfassen die Angabe der Gründe für die Aussetzung oder den Entzug der Zulassung oder der Erklärung der Nichteignung und die jeweilige Dauer.

(4) Die Mitgliedstaaten stellen durch alle erforderlichen Maßnahmen sicher, dass alle Daten des einzelstaatlichen elektronischen Registers auf dem aktuellen Stand gehalten werden und sachlich richtig sind.

(5) Unbeschadet der Absätze 1 und 2 treffen die Mitgliedstaaten alle erforderlichen Maßnahmen, damit die einzelstaatlichen elektronischen Register vernetzt werden und gemeinschaftsweit über die in Artikel 18 genannten einzelstaatlichen Kontaktstellen zugänglich sind. Der Zugang über die einzelstaatlichen Kontaktstellen und die Vernetzung sind bis zum 31. Dezember 2012 so zu gestalten, dass eine zuständige Behörde eines jeden Mitgliedstaats das einzelstaatliche elektronische Register aller Mitgliedstaaten abfragen kann.

(6) Die gemeinsamen Regeln für die Umsetzung des Absatzes 5, wie beispielsweise das Format der ausgetauschten Daten, die technischen Verfahren zur elektronischen Abfrage der einzelstaatlichen elektronischen Register der anderen Mitgliedstaaten und die Förderung der Interoperabilität dieser Register mit anderen einschlägigen Datenbanken, werden von der Kommission nach dem in Artikel 25 Absatz 2 genannten Beratungsverfahren und zum ersten Mal vor dem 31. Dezember 2010 angenommen. Diese gemeinsamen Regeln legen fest, welche Behörde für den Zugriff auf die Daten sowie ihre Weiterverwendung und die Aktualisierung der Daten nach einem Zugriff zuständig ist; sie beinhalten zu diesem Zweck Regeln für die Protokollierung und Überwachung der Daten.

Spätestens 14 Monate nach dem Erlass eines Durchführungsrechtsakts über eine gemeinsame Formel für die Berechnung der Risikoeinstufung gemäß Artikel 9 Absatz 1 der Richtlinie 2006/22/EG legt die Kommission im Wege eines Durchführungsrechtsakts die Funktionen fest, die den zuständigen Behörden bei Straßenkontrollen den Zugriff auf die in Absatz 2 Unterabsatz 1 Buchstaben g, h und i genannten Daten ermöglichen.

Diese Durchführungsrechtsakte werden gemäß dem in Artikel 25 Absatz 2 genannten Prüfverfahren erlassen.

Art. 17 Schutz personenbezogener Daten

Bezüglich der Richtlinie 95/46/EG sorgen die Mitgliedstaaten insbesondere für Folgendes:

a) jede Person wird davon unterrichtet, wenn sie betreffende Daten gespeichert werden oder deren Übermittlung an Dritte beabsichtigt ist. Dabei werden die für die Verarbeitung der Daten verantwortliche Behörde, die Art der verarbeiteten Daten und die Gründe für eine solche Handlung genau angegeben;
b) jede Person hat ein Auskunftsrecht zu den sie betreffenden Daten gegenüber der für die Verarbeitung dieser Daten verantwortlichen Behörde. Dieses Recht gilt frei und ungehindert in angemessenen Abständen ohne unzumutbare Verzögerung oder übermäßige Kosten für den Antragsteller;
c) jede Person, deren Daten unvollständig oder unrichtig sind, hat das Recht auf Berichtigung, Löschung oder Sperrung dieser Daten;
d) jede Person hat das Recht, aus schutzwürdigen und zwingenden Gründen Widerspruch gegen die Verarbeitung der sie betreffenden Daten einzulegen. Im Fall eines berechtigten Widerspruchs kann sich die Verarbeitung nicht mehr auf diese Daten beziehen;
e) Unternehmen halten, falls anwendbar, die einschlägigen Bestimmungen zum Schutz personenbezogener Daten ein.

Art. 18 Verwaltungszusammenarbeit zwischen den Mitgliedstaaten

(1) Die Mitgliedstaaten benennen eine einzelstaatliche Kontaktstelle, die für den Informationsaustausch mit den anderen Mitgliedstaaten über die Anwendung dieser Verordnung zuständig ist. Die Mitgliedstaaten übermitteln der Kommission Namen und Anschrift dieser einzelstaatlichen Kontaktstelle bis spätestens 4. Dezember 2011. 3Die Kommission erstellt ein Verzeichnis aller einzelstaatlichen Kontaktstellen und übermittelt es den Mitgliedstaaten.

(2) Die zuständigen Behörden der Mitgliedstaaten arbeiten eng zusammen, leisten einander zügig Amtshilfe und übermitteln einander alle sonstigen einschlägigen Informationen, um die Durchführung und die Durchsetzung dieser Verordnung zu erleichtern.

(3) Die zuständigen Behörden der Mitgliedstaaten tauschen Informationen über Verurteilungen und Sanktionen für schwerwiegende Verstöße gemäß Artikel 6 Absatz 2 aus. Ein Mitgliedstaat, der über einen schwerwiegenden Verstoß gemäß Artikel 6 Absatz 2 informiert wird, der in einem anderen Mitgliedstaat in den vorangegangenen zwei Jahren zu einer Verurteilung oder einer Sanktion geführt hat, speichert diesen Verstoß in seinem einzelstaatlichen elektronischen Register.

(4) Die Mitgliedstaaten antworten auf Auskunftsersuchen der zuständigen Behörden aus anderen Mitgliedstaaten und führen Kontrollen, Inspektionen und Untersuchungen der Erfüllung der Anforderung nach Artikel 3 Absatz 1 Buchstabe a durch in ihrem Hoheitsgebiet niedergelassene Kraftverkehrsunternehmen durch. Solche Auskunftsersuchen können auch den Zugang zu Dokumenten umfassen, die erforderlich sind, um nachzuweisen, dass die Bedingungen des Artikels 5 erfüllt sind. Auskunftsersuchen der zuständigen

Behörden der Mitgliedstaaten sind ordnungsgemäß zu rechtfertigen und zu begründen. Zu diesem Zweck enthalten Auskunftsersuchen glaubhafte Hinweise auf mögliche Verstöße gegen Artikel 3 Absatz 1 Buchstabe a sowie Angaben zum Zweck des Ersuchens und hinreichend detaillierte Angaben zu den angeforderten Informationen und Dokumenten.

(5) Die Mitgliedstaaten übermitteln die von anderen Mitgliedstaaten gemäß Absatz 4 angeforderten Informationen binnen 30 Arbeitstagen ab Eingang des Ersuchens. Die Mitgliedstaaten können untereinander eine kürzere Frist vereinbaren.

(6) Ist das Ersuchen nach Ansicht des ersuchten Mitgliedstaats unzureichend begründet, so teilt er das dem ersuchenden Mitgliedstaat binnen 10 Arbeitstagen ab Eingang des Ersuchens mit. Der ersuchende Mitgliedstaat begründet das Ersuchen ausführlicher. Wenn der ersuchende Mitgliedstaat nicht in der Lage ist, das Ersuchen ausführlicher zu begründen, kann der ersuchte Mitgliedstaat das Ersuchen ablehnen.

(7) Ist es schwierig, einem Auskunftsersuchen nachzukommen oder Kontrollen, Inspektionen oder Untersuchungen durchzuführen, so teilt der ersuchte Mitgliedstaat das dem ersuchenden Mitgliedstaat binnen 10 Arbeitstagen ab Eingang des Ersuchens unter Angabe der Gründe für die Schwierigkeiten mit. Die beteiligten Mitgliedstaaten erörtern gemeinsam die Angelegenheit, um eine Lösung für aufgetretene Schwierigkeiten zu finden. Bei anhaltenden Verzögerungen bei der Übermittlung von Informationen an den ersuchenden Mitgliedstaat wird die Kommission unterrichtet, die geeignete Maßnahmen ergreift.

(8) Der Informationsaustausch gemäß Absatz 3 erfolgt über das mit der Verordnung (EU) Nr. 1213/2010 der Kommission[1] eingerichtete Benachrichtigungssystem, insbesondere das Europäische Register der Kraftverkehrsunternehmen (European Registers of Road Transport Undertakings, im Folgenden „ERRU"). Die Verwaltungszusammenarbeit und die gegenseitige Amtshilfe zwischen den zuständigen Behörden der Mitgliedstaaten gemäß den Absätzen 4 bis 7 erfolgt durch das mit der Verordnung (EU) Nr. 1024/2012 des Europäischen Parlaments und des Rates[2] eingerichtete Binnenmarkt-Informationssystem (IMI). Zu diesem Zweck kann jeder Mitgliedstaat die Kontaktstelle gemäß Absatz 1 als zuständige Behörde benennen; die Mitgliedstaaten unterrichten die Kommission über das IMI hierüber.

(9) Die Mitgliedstaaten gewährleisten, dass die Informationen, die ihnen gemäß dieses Artikels übermittelt werden, nur im Zusammenhang mit der/den Angelegenheit(en) verwendet werden, für die sie angefordert wurden. Die personenbezogenen Daten werden lediglich zum Zwecke der Einhaltung

---

[1] **[Amtl. Anm.:]** der Kommission vom 16. Dezember 2010 zur Festlegung gemeinsamer Regeln für die Vernetzung der einzelstaatlichen elektronischen Register der Kraftverkehrsunternehmen (ABl. L 335 vom 18.12.2010, S. 21).

[2] **[Amtl. Anm.:]** des Europäischen Parlaments und des Rates vom 25. Oktober 2012 über die Verwaltungszusammenarbeit mit Hilfe des Binnenmarkt-Informationssystems und zur Aufhebung der Entscheidung 2008/49/EG der Kommission („IMI-Verordnung") (ABl. L 316 vom 14.11.2012, S. 1).

der vorliegenden Verordnung und gemäß der Verordnung (EU) 2016/679 des Europäischen Parlaments und des Rates[1] verarbeitet.

(10) Verwaltungszusammenarbeit und gegenseitige Amtshilfe erfolgen unentgeltlich.

(11) Ein Auskunftsersuchen hindert die zuständigen Behörden nicht daran, nach Maßgabe des einschlägigen nationalen Rechts und des Unionsrechts Maßnahmen zu ergreifen, um mutmaßliche Verstöße gegen diese Verordnung zu ermitteln und ihnen vorzubeugen.

Kapitel V. Gegenseitige Anerkennung von Bescheinigungen und anderen Dokumenten

Art. 19 Bescheinigungen und gleichwertige Dokumente über die Zuverlässigkeit

(1) Unbeschadet des Artikels 11 Absatz 4 erkennt der Niederlassungsmitgliedstaat hinsichtlich des Zugangs zum Beruf des Kraftverkehrsunternehmers als ausreichenden Nachweis für die Zuverlässigkeit einen Strafregisterauszug oder, in Ermangelung dessen, ein gleichwertiges Dokument, das von einer hierfür zuständigen Justiz- oder Verwaltungsbehörde des Mitgliedstaats, in dem der Verkehrsleiter oder eine andere relevante Person zuvor seinen bzw. ihren Wohnsitz hatte, ausgestellt wurde.

(2) Bestehen in einem Mitgliedstaat für die eigenen Staatsangehörigen bestimmte Voraussetzungen in Bezug auf die Zuverlässigkeit, deren Nachweis aus den in Absatz 1 genannten Dokumenten nicht hervorgeht, so erkennt dieser Mitgliedstaat als ausreichenden Nachweis für die Staatsangehörigen der anderen Mitgliedstaaten die Bescheinigung einer zuständigen Justiz- oder Verwaltungsbehörde des Mitgliedstaats, in dem der Verkehrsleiter oder eine andere relevante Person zuvor seinen bzw. ihren Wohnsitz hatte, an, mit der die Erfüllung dieser Voraussetzungen bestätigt wird. Diese Bescheinigung bezieht sich auf die konkreten Angaben, die im Niederlassungsmitgliedstaat für die Zulassung erheblich sind.

(3) Wird das in Absatz 1 genannte Dokument oder die in Absatz 2 genannte Bescheinigung in dem oder den Mitgliedstaaten, in dem oder denen der Verkehrsleiter oder eine andere relevante Person zuvor seinen bzw. ihren Wohnsitz hatte, nicht erteilt, so kann das Dokument oder die Bescheinigung durch eine eidesstattliche Erklärung oder durch eine förmliche Erklärung ersetzt werden, die der Verkehrsleiter oder eine andere relevante Person vor einer hierfür zuständigen Justiz- oder Verwaltungsbehörde, oder gegebenenfalls bei einem Notar des Mitgliedstaats, in dem der Verkehrsleiter oder eine andere relevante Person zuvor seinen bzw. ihren Wohnsitz hatte, abgegeben

---

[1] **[Amtl. Anm.:]** des Europäischen Parlaments und des Rates vom 27. April 2016 zum Schutz natürlicher Personen bei der Verarbeitung personenbezogener Daten, zum freien Datenverkehr und zur Aufhebung der Richtlinie 95/46/EG (Datenschutz-Grundverordnung) (ABl. L 119 vom 4.5.2016, S. 1).

hat. Die betreffende Behörde bzw. der betreffende Notar stellt eine beglaubigte Bescheinigung dieser eidesstattlichen oder förmlichen Erklärung aus.

(4) Ein in Absatz 1 genanntes Dokument oder eine in Absatz 2 genannte Bescheinigung dürfen bei ihrer Vorlage nicht älter als drei Monate sein. Dies gilt auch für eine gemäß Absatz 3 abgegebene Erklärung.

Art. 20 Bescheinigungen bezüglich der finanziellen Leistungsfähigkeit

Bestehen in einem Mitgliedstaat für die eigenen Staatsangehörigen bestimmte Voraussetzungen in Bezug auf die finanzielle Leistungsfähigkeit, die über die Voraussetzungen nach Artikel 7 hinausgehen, so erkennt dieser Mitgliedstaat als ausreichenden Nachweis für die Staatsangehörigen der anderen Mitgliedstaaten die Bescheinigung einer zuständigen Behörde des oder der Mitgliedstaaten, in denen der Verkehrsleiter oder eine andere relevante Person zuvor seinen bzw. ihren Wohnsitz hatte, an, mit der die Erfüllung dieser Voraussetzungen bestätigt wird. Diese Bescheinigung bezieht sich auf die konkreten Angaben, die im Niederlassungsmitgliedstaat für die Zulassung erheblich sind.

Art. 21 Bescheinigung der fachlichen Eignung

(1) Die Mitgliedstaaten erkennen als ausreichenden Nachweis der fachlichen Eignung eine Bescheinigung an, die dem Muster der Bescheinigung in Anhang III entspricht und von hierfür ermächtigten Behörden oder Stellen erteilt wird.

(2) Eine vor dem 4. Dezember 2011 zum Nachweis der fachlichen Eignung auf der Grundlage der bis zu diesem Zeitpunkt geltenden Bestimmungen erteilte Bescheinigung wird einer Bescheinigung gleichgestellt, die dem in Anhang III wiedergegebenen Muster entspricht, und werden als Nachweis der fachlichen Eignung in allen Mitgliedstaaten anerkannt. Die Mitgliedstaaten können verlangen, dass Inhaber von Bescheinigungen über die fachliche Eignung, die nur für innerstaatliche Beförderungen gültig sind, die gesamte Prüfung oder eine Teilprüfung gemäß Artikel 8 Absatz 1 ablegen.

Kapitel VI. Schlussbestimmungen

Art. 22 Sanktionen

(1) Die Mitgliedstaaten legen die Regeln für Sanktionen bei Verstößen gegen die Bestimmungen dieser Verordnung fest und treffen alle erforderlichen Maßnahmen für deren Anwendung. Die vorgesehenen Sanktionen müssen wirksam, verhältnismäßig und abschreckend sein. Die Mitgliedstaaten teilen der Kommission diese Vorschriften *spätestens 4. Dezember 2011*[1] mit und unterrichten sie unverzüglich über alle sie betreffenden späteren Änderungen. Die Mitgliedstaaten gewährleisten, dass alle diese Maßnahmen ohne

[1] Richtig wohl: „spätestens bis/zum 4. Dezember 2011".

Diskriminierung aufgrund der Staatsangehörigkeit oder des Ortes der Niederlassung des Unternehmens angewandt werden.

(2) Die in Absatz 1 genannten Sanktionen umfassen insbesondere die Aussetzung der Zulassung zum Beruf des Kraftverkehrsunternehmers, den Entzug dieser Zulassung und eine Erklärung der Nichteignung des Verkehrsleiters.

Art. 23 Übergangsbestimmungen

(1) Unternehmen, die vor dem 4. Dezember 2009 bereits die Zulassung zum Beruf des Kraftverkehrsunternehmers erhalten haben, müssen den Bestimmungen dieser Verordnung bis zum 4. Dezember 2011 genügen.

(2) Abweichend von Artikel 1 Absatz 2 sind Güterkraftverkehrsunternehmen, die grenzüberschreitende Verkehrstätigkeiten ausschließlich mit Kraftfahrzeugen oder Fahrzeugkombinationen ausüben, deren zulässige Gesamtmasse 3,5t nicht überschreitet, bis 21. Mai 2022 von den Bestimmungen dieser Verordnung ausgenommen, sofern in den Rechtsvorschriften des Niederlassungsmitgliedstaats nichts anderes vorgesehen ist.

(3) Abweichend von Artikel 16 Absatz 2 gilt die Anforderung der Einbeziehung der Risikoeinstufung der Unternehmen in die einzelstaatlichen elektronischen Register nach Ablauf von 14 Monaten nach dem Inkrafttreten des Durchführungsrechtsakts über eine gemeinsame Formel für die Risikoeinstufung gemäß Artikel 9 Absatz 1 der Richtlinie 2006/22/EG.

Art. 24 *[aufgehoben]*

Art. 24a Ausübung der Befugnisübertragung

(1) Die Befugnis zum Erlass delegierter Rechtsakte wird der Kommission unter den in diesem Artikel festgelegten Bedingungen übertragen.

(2) Die Befugnis zum Erlass delegierter Rechtsakte gemäß Artikel 8 Absatz 9 wird der Kommission auf unbestimmte Zeit ab dem 20. August 2020 übertragen.

(3) Die Befugnisübertragung gemäß Artikel 8 Absatz 9 kann vom Europäischen Parlament oder vom Rat jederzeit widerrufen werden. Der Beschluss über den Widerruf beendet die Übertragung der in diesem Beschluss angegebenen Befugnis. Er wird am Tag nach seiner Veröffentlichung im *Amtsblatt der Europäischen Union* oder zu einem im Beschluss über den Widerruf angegebenen späteren Zeitpunkt wirksam. Die Gültigkeit von delegierten Rechtsakten, die bereits in Kraft sind, wird von dem Beschluss über den Widerruf nicht berührt.

(4) Vor dem Erlass eines delegierten Rechtsakts konsultiert die Kommission die von den einzelnen Mitgliedstaaten benannten Sachverständigen im Einklang mit den in der Interinstitutionellen Vereinbarung vom 13. April 2016 über bessere Rechtsetzung[1] enthaltenen Grundsätzen.

---

[1] **[Aml. Anm.:]** ABl. L 123 vom 12.5.2016, S. 1.

(5) Sobald die Kommission einen delegierten Rechtsakt erlässt, übermittelt sie ihn gleichzeitig dem Europäischen Parlament und dem Rat.

(6) Ein delegierter Rechtsakt, der gemäß Artikel 8 Absatz 9 erlassen wurde, tritt nur in Kraft, wenn weder das Europäische Parlament noch der Rat innerhalb von zwei Monaten nach Übermittlung dieses Rechtsakts an das Europäische Parlament und den Rat Einwände erhoben haben oder wenn vor Ablauf dieser Frist sowohl das Europäische Parlament als auch der Rat der Kommission mitgeteilt haben, dass sie keine Einwände erheben werden. Auf Initiative des Europäischen Parlaments oder des Rates wird diese Frist um zwei Monate verlängert.

Art. 25 Ausschussverfahren

(1) Die Kommission wird von dem durch Artikel 18 Absatz 1 der Verordnung (EWG) Nr. 3821/85 des Rates vom 20. Dezember 1985 über das Kontrollgerät im Straßenverkehr[1] eingesetzten Ausschuss unterstützt.

(2) Wird auf diesen Absatz Bezug genommen, so gilt Artikel 4 der Verordnung (EU) Nr. 182/2011 des Europäischen Parlaments und des Rates[2].

(3) Wird auf diesen Absatz Bezug genommen, so gilt Artikel 5 der Verordnung (EU) Nr. 182/2011.

Art. 26 Berichterstattung und Überprüfung

(1) Die Mitgliedstaaten erstellen alle zwei Jahre einen Bericht über die Tätigkeit der zuständigen Behörden und übermitteln diesen der Kommission. Dieser Bericht umfasst

a) eine Übersicht über den Sektor in Bezug auf Zuverlässigkeit, finanzielle Leistungsfähigkeit und fachliche Eignung,
b) die nach Jahr und Art aufgeschlüsselte Zahl der nach der vorliegenden Verordnung erteilten, der ausgesetzten und der entzogenen Zulassungen, die Zahl der Erklärungen der Nichteignung sowie die jeweiligen Gründe, auf welche diese Entscheidungen gestützt wurden. In den Berichten über den Zeitraum nach dem 21. Mai 2022 sind diese Punkte auch nach
   i) Personenkraftverkehrsunternehmern,
   ii) Güterkraftverkehrsunternehmern, die ausschließlich Kraftfahrzeuge oder Fahrzeugkombinationen mit einer zulässigen Gesamtmasse von höchstens 3,5 t nutzen, und
   iii) allen anderen Güterkraftverkehrsunternehmern aufzuschlüsseln;
c) die Zahl der jedes Jahr erteilten Bescheinigungen der fachlichen Eignung,
d) die Kernstatistiken über die einzelstaatlichen elektronischen Register und deren Nutzung durch die zuständigen Behörden und

---

[1] **[Aml. Anm.:]** ABl. L 370 vom 31.12.1985, S. 8.

[2] **[Aml. Anm.:]** Verordnung (EU) Nr. 182/2011 des Europäischen Parlaments und des Rates vom 16. Februar 2011 zur Festlegung der allgemeinen Regeln und Grundsätze, nach denen die Mitgliedstaaten die Wahrnehmung der Durchführungsbefugnisse durch die Kommission kontrollieren (ABl. L 55 vom 28.2.2011, S. 3).

e) eine Übersicht über den Informationsaustausch mit den anderen Mitgliedstaaten gemäß Artikel 18 Absatz 2, die insbesondere die Zahl der jährlich festgestellten und einem anderen Mitgliedstaat mitgeteilten Verstöße sowie die eingegangenen Antworten sowie die Zahl der jährlich eingegangenen Anfragen und Antworten gemäß Artikel 18 Absatz 3 umfasst.

(2) Auf der Grundlage der in Absatz 1 genannten Berichte übermittelt die Kommission dem Europäischen Parlament und dem Rat alle zwei Jahre einen Bericht über die Ausübung des Berufs des Kraftverkehrsunternehmers. Dieser Bericht enthält insbesondere eine Bewertung des Funktionierens des Informationsaustauschs zwischen den Mitgliedstaaten und eine Beurteilung des Funktionierens der einzelstaatlichen elektronischen Register und darin enthaltenen Daten. Der Bericht wird gleichzeitig mit dem Bericht gemäß Artikel 17 der Verordnung (EG) Nr. 561/2006 des Europäischen Parlaments und des Rates vom 15. März 2006 zur Harmonisierung bestimmter Sozialvorschriften im Straßenverkehr[1] veröffentlicht.

(3) Die Mitgliedstaaten erstatten der Kommission alle zwei Jahre Bericht über die Ersuchen, die sie nach Artikel 18 Absätze 4 bis 9 gestellt haben, die von anderen Mitgliedstaaten erhaltenen Antworten und die Maßnahmen, die sie auf der Grundlage der übermittelten Informationen ergriffen haben.

(4) Auf der Grundlage der von der Kommission nach Absatz 3 gesammelten Informationen und weiterer Nachweise legt die Kommission bis spätestens 21. August 2023 dem Europäischen Parlament und dem Rat einen ausführlichen Bericht über das Ausmaß der Verwaltungszusammenarbeit zwischen den Mitgliedstaaten, über etwaige Mängel in diesem Bereich und über Möglichkeiten zur Verbesserung der Zusammenarbeit vor. Auf der Grundlage dieses Berichts prüft sie, ob es notwendig ist, zusätzliche Maßnahmen vorzuschlagen.

(5) Die Kommission überprüft die Umsetzung dieser Verordnung bis zum 21. August 2023 und erstattet dem Europäischen Parlament und dem Rat Bericht über die Anwendung dieser Verordnung.

(6) Nach Vorlage des Berichts nach Absatz 5 überprüft die Kommission diese Verordnung regelmäßig und legt die Ergebnisse ihrer Überprüfung dem Europäischen Parlament und dem Rat vor.

(7) Den in den Absätzen 5 und 6 genannten Berichten werden gegebenenfalls geeignete Gesetzgebungsvorschläge beigefügt.

Art. 27 Liste der zuständigen Behörden

Jeder Mitgliedstaat übermittelt der Kommission bis 4. Dezember 2011 die Liste der zuständigen Behörden, die er für die Zulassung zum Beruf des Kraftverkehrsunternehmers benannt hat, sowie die Liste der zur Abnahme der in Artikel 8 Absatz 1 genannten Prüfungen und Ausstellung der Bescheinigungen ermächtigten Behörden oder Stellen. Die konsolidierte Liste dieser Behörden oder Stellen der gesamten Gemeinschaft wird von der Kommission im *Amtsblatt der Europäischen Union* veröffentlicht.

---

[1] **[Aml. Anm.:]** ABl. L 102 vom 11.4.2006, S. 1.

Art. 28 Mitteilung der innerstaatlichen Vorschriften

Die Mitgliedstaaten teilen der Kommission den Wortlaut der innerstaatlichen Rechts- und Verwaltungsvorschriften mit, die sie auf dem unter diese Verordnung fallenden Gebiet erlassen, und zwar spätestens 30 Tage nach dem Tag ihrer Annahme und erstmals bis 4. Dezember 2011.

Art. 29 Aufhebung

Die Richtlinie 96/26/EG wird aufgehoben.

Art. 30 Inkrafttreten

(1) Diese Verordnung tritt am zwanzigsten Tag nach ihrer Veröffentlichung im *Amtsblatt der Europäischen Union* in Kraft.

(2) Sie gilt mit Wirkung vom 4. Dezember 2011.

c) Verordnung (EG) Nr. 1073/2009 des Europäischen Parlaments und des Rates vom 21. Oktober 2009 über gemeinsame Regeln für den Zugang zum grenzüberschreitenden Personenkraftverkehrsmarkt und zur Änderung der Verordnung (EG) Nr. 561/2006

(Neufassung)
(Text von Bedeutung für den EWR)
ABl. 2009 L 300, 88, ber. 2015 L 272, 15
Zuletzt geändert durch VO (EU) 517/2013 vom 13.5.2013 (ABl. L 158, 1)

– ohne Anhänge –

DAS EUROPÄISCHE PARLAMENT UND DER RAT DER EUROPÄISCHEN UNION –

gestützt auf den Vertrag zur Gründung der Europäischen Gemeinschaft, insbesondere auf Artikel 71,

auf Vorschlag der Kommission,

nach Stellungnahme des Europäischen Wirtschafts- und Sozialausschusses[1],

nach Anhörung des Ausschusses der Regionen,

gemäß dem Verfahren des Artikels 251 des Vertrags[2],

in Erwägung nachstehender Gründe:

(1) Die Verordnung (EWG) Nr. 684/92 des Rates vom 16. März 1992 zur Einführung gemeinsamer Regeln für den grenzüberschreitenden Personenverkehr mit Kraftomnibussen[3] und die Verordnung (EG) Nr. 12/98 des Rates vom 11. Dezember 1997 über die Bedingungen für die Zulassung von Verkehrsunternehmern zum Personenkraftverkehr innerhalb eines Mitgliedstaats, in dem sie nicht ansässig sind[4], sind in wesentlichen Punkten zu ändern. Aus Gründen der Klarheit und Vereinfachung empfiehlt es sich, eine Neufassung dieser Verordnungen vorzunehmen und sie in einer einzigen Verordnung zusammenzufassen.

(2) Zur Schaffung einer gemeinsamen Verkehrspolitik gehört unter anderem die Aufstellung gemeinsamer Regeln für den grenzüberschreitenden Personenverkehr auf der Straße sowie die Festlegung der Bedingungen für die Zulassung von Verkehrsunternehmern zum Verkehr innerhalb eines Mitgliedstaats, in dem sie nicht ansässig sind.

---

[1] ABl. C 10 vom 15.1.2008, S. 44.

[2] Stellungnahme des Europäischen Parlaments vom 5. Juni 2008 (noch nicht im Amtsblatt veröffentlicht), Gemeinsamer Standpunkt des Rates vom 9. Januar 2009 (ABl. C 62 E vom 17.3.2009, S. 25), Standpunkt des Europäischen Parlaments vom 23. April 2009 (noch nicht im Amtsblatt veröffentlicht) und Beschluss des Rates vom 24. September 2009.

[3] ABl. L 74 vom 20.3.1992, S. 1.

[4] ABl. L 4 vom 8.1.1998, S. 10.

(3) Um einen einheitlichen Rahmen für die grenzüberschreitende Personenbeförderung mit Kraftomnibussen in der gesamten Gemeinschaft zu gewährleisten, sollte diese Verordnung für alle grenzüberschreitenden Beförderungen innerhalb der Gemeinschaft gelten. Beförderungen von Mitgliedstaaten nach Drittländern werden noch weitgehend durch bilaterale Abkommen zwischen den Mitgliedstaaten und den betreffenden Drittländern geregelt. Diese Verordnung sollte daher nicht für die in dem Mitgliedstaat der Aufnahme oder des Absetzens zurückgelegte Wegstrecke gelten, solange die erforderlichen Abkommen zwischen der Gemeinschaft und den betreffenden Drittländern nicht geschlossen wurden. Innerhalb der im Transit durchquerten Mitgliedstaaten sollte diese Verordnung jedoch gelten.

(4) Die Dienstleistungsfreiheit ist ein Grundprinzip der gemeinsamen Verkehrspolitik; danach müssen die Märkte des grenzüberschreitenden Verkehrs den Verkehrsunternehmen aller Mitgliedstaaten ohne Diskriminierung aus Gründen der Staatsangehörigkeit oder des Niederlassungsorts offenstehen.

(5) Voraussetzung für die Ausübung des grenzüberschreitenden Personenverkehrs mit Kraftomnibussen sollte der Besitz einer Gemeinschaftslizenz sein. Die Verkehrsunternehmer sollten zur Mitführung einer beglaubigten Kopie der Gemeinschaftslizenz in jedem ihrer Fahrzeuge verpflichtet sein, um die wirksame Kontrolle durch Aufsichtsbehörden, insbesondere durch solche außerhalb des Mitgliedstaats, in dem der Verkehrsunternehmer niedergelassen ist, zu erleichtern. Die Bedingungen für die Ausstellung und den Entzug der Gemeinschaftslizenzen, ihre Gültigkeitsdauer und die Einzelbestimmungen für ihre Anwendung sollten festgelegt werden. Es ist auch notwendig, detaillierte Spezifikationen für die Gestaltung und andere Merkmale der Gemeinschaftslizenz und deren beglaubigte Kopien festzulegen.

(6) Straßenseitige Kontrollen sollten ohne unmittelbare oder mittelbare Diskriminierung aufgrund der Staatsangehörigkeit des Kraftverkehrsunternehmers, des Niederlassungsstaats des Kraftverkehrsunternehmers oder des Zulassungsstaats des Fahrzeugs durchgeführt werden.

(7) Es ist zweckmäßig, unter bestimmten Bedingungen für Sonderformen des Linienverkehrs und für bestimmte Arten des Gelegenheitsverkehrs eine flexible Regelung vorzusehen, um den Markterfordernissen gerecht zu werden.

(8) Der Linienverkehr muss weiterhin genehmigungspflichtig bleiben, wobei jedoch bestimmte Regeln und insbesondere die Genehmigungsverfahren zu ändern sind.

(9) Die Genehmigung des Linienverkehrs sollte künftig nach einem Genehmigungsverfahren erteilt werden, sofern keine eindeutig spezifizierten Gründe für die Ablehnung vorliegen, die dem Antragsteller zuzurechnen sind. Gründe für die Ablehnung im Zusammenhang mit dem relevanten Markt sollten entweder sein, dass der beantragte Dienst die Lebensfähigkeit eines vergleichbaren Dienstes, der im Rahmen eines oder mehrerer öffentlicher Dienstleistungsaufträge mit gemeinwirtschaftlichen Verpflichtungen durchgeführt wird, auf den unmittelbar betroffenen Abschnitten ernsthaft beeinträchtigt oder dass der Hauptzweck des Verkehrsdienstes nicht darin besteht, Fahrgäste zwischen Haltestellen in verschiedenen Mitgliedstaaten zu befördern.

(10) Es ist dafür Sorge zu tragen, dass nicht ansässige Verkehrsunternehmer zu innerstaatlichen Personenkraftverkehrsdiensten Zugang erhalten, wobei den besonderen Merkmalen jeder einzelnen Verkehrsart Rechnung zu tragen ist. Werden derartige Kabotagebeförderungen durchgeführt, sollten sie den Rechtsvorschriften der Gemeinschaft wie der Verordnung (EG) Nr. 561/ 2006 des Europäischen Parlaments und des Rates vom 15. März 2006 zur Harmonisierung bestimmter Sozialvorschriften im Straßenverkehr[1] und dem in bestimmten Bereichen geltenden einzelstaatlichen Recht des Aufnahmemitgliedstaats unterliegen.

(11) Die Richtlinie 96/71/EG des Europäischen Parlaments und des Rates vom 16. Dezember 1996 über die Entsendung von Arbeitnehmern im Rahmen der Erbringung von Dienstleistungen[2] gilt für Verkehrsunternehmen, die Kabotagebeförderungen durchführen.

(12) Was den Linienverkehr betrifft, so sind unter bestimmten Voraussetzungen und insbesondere unter Anwendung der Rechtsvorschriften des Aufnahmestaats lediglich diejenigen Beförderungen im Linienverkehr durch nicht ansässige Verkehrsunternehmer zuzulassen, die im Rahmen eines grenzüberschreitenden Linienverkehrs unter Ausschluss des Stadt- oder Vorortlinienverkehrs erfolgen.

(13) Die Mitgliedstaaten sollten sich im Hinblick auf eine ordnungsgemäße Anwendung dieser Verordnung gegenseitig Amtshilfe leisten.

(14) Die Verwaltungsformalitäten sollten so weit wie möglich verringert werden, ohne dabei auf die Kontrollen und Sanktionen zu verzichten, die die ordnungsgemäße Anwendung und wirksame Durchsetzung dieser Verordnung gewährleisten. Zu diesem Zweck sollten die bestehenden Vorschriften für den Entzug der Gemeinschaftslizenz präzisiert und gestärkt werden. Die aktuellen Vorschriften sollten angepasst werden, damit gegen schwerwiegende Verstöße, die in dem Aufnahmemitgliedstaat begangen wurden, wirksame Sanktionen verhängt werden können. Die Sanktionen dürfen nicht diskriminierend sein und müssen verhältnismäßig zur Schwere des Verstoßes sein. Es sollte die Möglichkeit vorgesehen werden, einen Rechtsbehelf gegen verhängte Sanktionen einzulegen.

(15) Die Mitgliedstaaten sollten in ihr einzelstaatliches elektronisches Register der Verkehrsunternehmen sämtliche schwerwiegenden Verstöße eintragen, die Verkehrsunternehmen zuzurechnen sind und zur Verhängung einer Sanktion geführt haben.

(16) Um den Informationsaustausch zwischen den einzelstaatlichen Behörden zu erleichtern und zu verstärken, sollten die Mitgliedstaaten die sachdienlichen Informationen über die einzelstaatlichen Kontaktstellen austauschen, die gemäß der Verordnung (EG) Nr. 1071/2009 des Europäischen Parlaments und des Rates vom 21. Oktober 2009 zur Festlegung gemeinsamer Regeln für die Zulassung zum Beruf des Kraftverkehrsunternehmers[3] eingerichtet werden.

---

[1] ABl. L 102 vom 11.4.2006, S. 1.
[2] ABl. L 18 vom 21.1.1997, S. 1.
[3] Siehe Seite 51 dieses Amtsblatts.

(17) Die zur Durchführung dieser Verordnung erforderlichen Maßnahmen sollten gemäß dem Beschluss 1999/468/EG des Rates vom 28. Juni 1999 zur Festlegung der Modalitäten für die Ausübung der der Kommission übertragenen Durchführungsbefugnisse[1] erlassen werden.

(18) Insbesondere sollte die Kommission die Befugnis erhalten, die Gestaltung bestimmter Dokumente festzulegen, die zur Durchführung dieser Verordnung verwendet werden, und die Anhänge I und II dieser Verordnung an den technischen Fortschritt anzupassen. Da es sich hierbei um Maßnahmen von allgemeiner Tragweite handelt, die eine Änderung nicht wesentlicher Bestimmungen dieser Verordnung durch Ergänzung um neue nicht wesentliche Bestimmungen bewirken, sind diese Maßnahmen nach dem Regelungsverfahren mit Kontrolle des Artikels 5a des Beschlusses 1999/468/EG zu erlassen.

(19) Die Mitgliedstaaten sollten die zur Durchführung dieser Verordnung notwendigen Maßnahmen ergreifen, insbesondere in Bezug auf wirksame, verhältnismäßige und abschreckende Sanktionen.

(20) Um den Fremdenverkehr und die Verwendung eines umweltfreundlichen Verkehrsträgers zu fördern, sollte die Verordnung (EG) Nr. 561/2006 so geändert werden, dass Fahrer, die für einen einzelnen Gelegenheitsdienst im grenzüberschreitenden Personenverkehr eingesetzt werden, ihre wöchentliche Ruhezeit um bis zu 12 aufeinander folgende 24-Stunden-Zeiträume verschieben dürfen, sofern sie an Personenverkehrstätigkeiten beteiligt sind, die in der Regel keine kontinuierlichen und langen Lenkzeiten beinhalten. Eine solche Verschiebung sollte nur unter sehr strengen Voraussetzungen gestattet sein, die die Sicherheit des Straßenverkehrs aufrechterhalten und den Arbeitsbedingungen der Fahrer Rechnung tragen, unter anderem der Verpflichtung, unmittelbar vor und nach dem Dienst wöchentliche Ruhezeiten einzulegen. Die Kommission sollte die Inanspruchnahme dieser Ausnahmeregelung genau überwachen. Wenn sich die Sachlage, die die Verwendung dieser Ausnahmeregelung rechtfertigt, erheblich verändert und die Ausnahmeregelung eine Verschlechterung der Sicherheit im Straßenverkehr zur Folge hat, sollte die Kommission geeignete Maßnahmen ergreifen.

(21) Da das Ziel dieser Verordnung, nämlich einen einheitlichen Rahmen für die grenzüberschreitende Personenbeförderung mit Kraftomnibussen in der gesamten Gemeinschaft zu gewährleisten, auf Ebene der Mitgliedstaaten nicht ausreichend verwirklicht werden kann und daher wegen ihres Umfangs und ihrer Wirkungen besser auf Gemeinschaftsebene zu verwirklichen ist, kann die Gemeinschaft im Einklang mit dem in Artikel 5 des Vertrags niedergelegten Subsidiaritätsprinzip tätig werden. Entsprechend dem in demselben Artikel genannten Grundsatz der Verhältnismäßigkeit geht die vorliegende Verordnung nicht über das zur Erreichung dieses Ziels erforderliche Maß hinaus –

HAT FOLGENDE VERORDNUNG ERLASSEN:

---

[1] ABl. L 184 vom 17.7.1999, S. 23.

Kapitel I. Allgemeine Bestimmungen

Art. 1. Anwendungsbereich

(1) Diese Verordnung gilt für den grenzüberschreitenden Personenverkehr mit Kraftomnibussen im Gebiet der Gemeinschaft, der von in einem Mitgliedstaat gemäß dessen Rechtsvorschriften niedergelassenen Unternehmen gewerblich oder im Werkverkehr mit Fahrzeugen durchgeführt wird, die in diesem Mitgliedstaat zugelassen und die nach ihrer Bauart und Ausstattung geeignet und dazu bestimmt sind, mehr als neun Personen – einschließlich des Fahrers – zu befördern, sowie für Leerfahrten im Zusammenhang mit diesem Verkehr.

Wird die Beförderung durch eine Wegstrecke unterbrochen, die mit einem anderen Verkehrsträger zurückgelegt wird, oder wird bei dieser Beförderung das Fahrzeug gewechselt, so berührt dies nicht die Anwendung dieser Verordnung.

(2) Bei Beförderungen aus einem Mitgliedstaat nach einem Drittland und umgekehrt gilt diese Verordnung für die in den Mitgliedstaaten, die im Transit durchfahren werden, zurückgelegte Wegstrecke. Sie gilt nicht für die im Hoheitsgebiet des Mitgliedstaats der Aufnahme oder des Absetzens zurückgelegte Wegstrecke, solange das hierfür erforderliche Abkommen zwischen der Gemeinschaft und dem betreffenden Drittland nicht geschlossen wurde.

(3) Bis zum Abschluss der Abkommen gemäß Absatz 2 werden die in bilateralen Abkommen zwischen Mitgliedstaaten und den jeweiligen Drittländern enthaltenen Vorschriften über die Beförderungen aus einem Mitgliedstaat nach einem Drittland und umgekehrt von dieser Verordnung nicht berührt.

(4) Diese Verordnung gilt für innerstaatliche gewerbliche Personenkraftverkehrsdienste, die von einem nicht ansässigen Kraftverkehrsunternehmer gemäß Kapitel V zeitweilig durchgeführt werden.

Art. 2. Begriffsbestimmungen

Im Sinne dieser Verordnung bezeichnet der Ausdruck

1. „grenzüberschreitender Verkehr“
   a) eine Fahrt eines Fahrzeugs mit oder ohne Transit durch einen oder mehrere Mitgliedstaaten oder ein oder mehrere Drittländer, bei der sich Ausgangspunkt und Bestimmungsort in zwei verschiedenen Mitgliedstaaten befinden,
   b) eine Fahrt eines Fahrzeugs, bei der sich Ausgangspunkt und Bestimmungsort in ein und demselben Mitgliedstaat befinden, wobei das Aufnehmen und Absetzen von Fahrgästen in einem anderen Mitgliedstaat oder in einem Drittland stattfindet,
   c) eine Fahrt eines Fahrzeugs von einem Mitgliedstaat in ein Drittland oder umgekehrt, mit oder ohne Transit durch einen oder mehrere Mitgliedstaaten oder ein oder mehrere Drittländer oder

d) eine Fahrt eines Fahrzeugs zwischen Drittländern mit Transit durch das Hoheitsgebiet eines oder mehrerer Mitgliedstaaten;

2. „Linienverkehr" die regelmäßige Beförderung von Fahrgästen auf einer bestimmten Verkehrsstrecke, wobei Fahrgäste an vorher festgelegten Haltestellen aufgenommen oder abgesetzt werden können;
3. „Sonderformen des Linienverkehrs" Dienste im Linienverkehr unabhängig davon, wer Veranstalter der Fahrten ist, zur Beförderung bestimmter Gruppen von Fahrgästen unter Ausschluss anderer Fahrgäste;
4. „Gelegenheitsverkehr" den Verkehrsdienst, der nicht der Begriffsbestimmung des Linienverkehrs, einschließlich der Sonderformen des Linienverkehrs, entspricht und dessen Hauptmerkmal die Beförderung vorab gebildeter Fahrgastgruppen auf Initiative eines Auftraggebers oder des Verkehrsunternehmers selbst ist;
5. „Werkverkehr" den nicht kommerziellen Verkehrsdienst ohne Erwerbszweck, den eine natürliche oder juristische Person unter folgenden Bedingungen durchführt:
   - bei der Beförderungstätigkeit handelt es sich lediglich um eine Nebentätigkeit der natürlichen oder juristischen Person und
   - die eingesetzten Fahrzeuge sind Eigentum der natürlichen oder juristischen Person oder wurden von dieser Person im Rahmen eines Abzahlungsgeschäfts gekauft oder sind Gegenstand eines Langzeitleasing-Vertrags und werden von einem Angehörigen des Personals der natürlichen oder juristischen Person oder von der natürlichen Person selbst oder von Personal geführt, das bei dem Unternehmen beschäftigt ist oder ihm im Rahmen einer vertraglichen Verpflichtung zur Verfügung gestellt wurde;
6. „Aufnahmemitgliedstaat" einen Mitgliedstaat, in dem der Kraftverkehrsunternehmer tätig ist und der ein anderer als sein Niederlassungsmitgliedstaat ist;
7. „Kabotage" entweder
   - den gewerblichen innerstaatlichen Personenkraftverkehr, der zeitweilig von einem Kraftverkehrsunternehmer in einem Aufnahmemitgliedstaat durchgeführt wird, oder
   - das Aufnehmen und Absetzen von Fahrgästen im gleichen Mitgliedstaat im grenzüberschreitenden Linienverkehr gemäß den Bestimmungen dieser Verordnung, sofern dies nicht der Hauptzweck des Verkehrsdienstes ist;
8. „schwerwiegender Verstoß gegen Gemeinschaftsvorschriften im Bereich des Straßenverkehrs" einen Verstoß, der zur Aberkennung der Zuverlässigkeit gemäß Artikel 6 Absätze 1 und 2 der Verordnung (EG) Nr. 1071/2009 und/oder zum befristeten oder dauerhaften Entzug einer Gemeinschaftslizenz führen kann.

Art. 3. Freier Dienstleistungsverkehr

(1) Jeder gewerbliche Verkehrsunternehmer im Sinne des Artikels 1 ist ohne Diskriminierung aufgrund der Staatsangehörigkeit oder des Niederlassungsorts des Verkehrsunternehmens gemäß dieser Verordnung zum Linien-

verkehr einschließlich der Sonderformen des Linienverkehrs und zum Gelegenheitsverkehr mit Kraftomnibussen zugelassen, wenn er

a) im Niederlassungsmitgliedstaat die Genehmigung für Personenbeförderungen mit Kraftomnibussen im Linienverkehr, einschließlich der Sonderformen des Linienverkehrs, oder im Gelegenheitsverkehr gemäß den Bedingungen für den Marktzugang nach innerstaatlichem Recht erhalten hat;
b) die Voraussetzungen der gemeinschaftlichen Rechtsvorschriften über die Zulassung zum Beruf des Personenkraftverkehrsunternehmers im innerstaatlichen und grenzüberschreitenden Verkehr erfüllt und
c) die Rechtsvorschriften für Fahrer und Fahrzeuge erfüllt, die insbesondere in der Richtlinie 92/6/EWG des Rates vom 10. Februar 1992 über Einbau und Benutzung von Geschwindigkeitsbegrenzern für bestimmte Kraftfahrzeugklassen in der Gemeinschaft[1], der Richtlinie 96/53/EG des Rates vom 25. Juli 1996 zur Festlegung der höchstzulässigen Abmessungen für bestimmte Straßenfahrzeuge im innerstaatlichen und grenzüberschreitenden Verkehr in der Gemeinschaft sowie zur Festlegung der höchstzulässigen Gewichte im grenzüberschreitenden Verkehr[2] und der Richtlinie 2003/59/EG des Europäischen Parlaments und des Rates vom 15. Juli 2003 über die Grundqualifikation und Weiterbildung der Fahrer bestimmter Kraftfahrzeuge für den Güter- oder Personenkraftverkehr[3] niedergelegt sind.

(2) Jeder im Werkverkehr tätige Verkehrsunternehmer im Sinne des Artikels 1 ist ohne Diskriminierung aufgrund der Staatsangehörigkeit oder des Niederlassungsorts des Verkehrsunternehmens zu Verkehrsdiensten nach Artikel 5 Absatz 5 zugelassen, wenn er

a) im Niederlassungsmitgliedstaat nach den Bedingungen für den Zugang zum Markt, die in den einzelstaatlichen Rechtsvorschriften festgelegt sind, die Genehmigung für die Personenbeförderungen mit Kraftomnibussen erhalten hat, und
b) die Rechtsvorschriften für Fahrer und Fahrzeuge erfüllt, die insbesondere in den Richtlinien 92/6/EWG, 96/53/EG, und 2003/59/EG niedergelegt sind.

Kapitel II. Gemeinschaftslizenz und Marktzugang

Art. 4. Gemeinschaftslizenz

(1) Der grenzüberschreitende Personenverkehr mit Kraftomnibussen wird nach Maßgabe des Besitzes einer Gemeinschaftslizenz durchgeführt, die von den zuständigen Behörden des Niederlassungsmitgliedstaats nach dem im Anhang enthaltenen Muster ausgestellt wurde.

(2) Die zuständigen Behörden des Niederlassungsmitgliedstaats stellen dem Inhaber der Gemeinschaftslizenz die Originallizenz aus, die von dem Verkehrsunternehmer aufbewahrt wird, sowie beglaubigte Kopien davon in einer

---

[1] ABl. L 57 vom 2.3.1992, S. 27.
[2] ABl. L 235 vom 17.9.1996, S. 59.
[3] ABl. L 226 vom 10.9.2003, S. 4.

Anzahl, die der Zahl der für den grenzüberschreitenden Personenverkehr eingesetzten Fahrzeuge entspricht, über die der Inhaber der Gemeinschaftslizenz entweder als Eigentümer oder anderweitig verfügt, insbesondere aufgrund eines Abzahlungskauf-, Miet- oder Leasingvertrags.

Die Gemeinschaftslizenz und deren beglaubigte Kopien entsprechen dem Muster in Anhang II. Sie weisen mindestens zwei der in Anhang I genannten Sicherheitsmerkmale auf.

Die Kommission passt die Anhänge I und II an den technischen Fortschritt an. Diese Maßnahmen zur Änderung nicht wesentlicher Bestimmungen dieser Verordnung werden nach dem in Artikel 26 Absatz 2 genannten Regelungsverfahren mit Kontrolle erlassen.

Die Gemeinschaftslizenz und deren beglaubigte Kopien tragen das Dienstsiegel der ausstellenden Behörde sowie eine Unterschrift und eine Seriennummer. Die Seriennummer der Gemeinschaftslizenz und deren beglaubigte Kopien wird im einzelstaatlichen elektronischen Register der Kraftverkehrsunternehmen gemäß Artikel 16 der Verordnung (EG) Nr. 1071/2009 als Teil der Daten des Unternehmens gespeichert.

(3) Die Gemeinschaftslizenz wird auf den Namen des Verkehrsunternehmers ausgestellt und ist nicht übertragbar. Eine beglaubigte Kopie der Gemeinschaftslizenz wird in jedem Fahrzeug des Verkehrsunternehmens mitgeführt und ist jedem Kontrollberechtigten auf Verlangen vorzuzeigen.

(4) Die Gemeinschaftslizenz wird für verlängerbare Zeiträume von bis zu zehn Jahren ausgestellt.

Gemeinschaftslizenzen und deren beglaubigte Kopien, die vor dem Beginn der Anwendung dieser Verordnung ausgestellt wurden, bleiben bis zum Ablauf ihrer Gültigkeitsdauer gültig.

(5) Die zuständigen Behörden des Niederlassungsmitgliedstaats prüfen bei der Einreichung eines Antrags auf Erteilung einer Gemeinschaftslizenz oder bei Verlängerung einer Gemeinschaftslizenz gemäß Absatz 4 dieses Artikels, ob der Verkehrsunternehmer die Bedingungen des Artikels 3 Absatz 1 erfüllt bzw. weiterhin erfüllt.

(6) Sind die Bedingungen des Artikels 3 Absatz 1 nicht erfüllt, so verweigern die zuständigen Behörden des Niederlassungsmitgliedstaats die Ausstellung oder die Verlängerung der Gemeinschaftslizenz oder entziehen die Gemeinschaftslizenz, und zwar durch eine mit Gründen versehene Entscheidung.

(7) Die Mitgliedstaaten gewährleisten, dass Verkehrsunternehmer, die eine Gemeinschaftslizenz beantragt haben oder innehaben, gegen die Verweigerung oder den Entzug dieser Lizenz durch die zuständigen Behörden des Niederlassungsmitgliedstaats Widerspruch erheben können.

(8) Die Mitgliedstaaten können beschließen, dass die Gemeinschaftslizenz auch für die Beförderung im innerstaatlichen Verkehr gilt.

Art. 5. Zugang zum Markt

(1) Linienverkehr ist ungeachtet einer etwaigen Verpflichtung zur Buchung für jedermann zugänglich.

Dieser Verkehr ist gemäß den Bestimmungen von Kapitel III genehmigungspflichtig.

Linienverkehr von einem Mitgliedstaat nach einem Drittland und umgekehrt ist gemäß dem bilateralen Abkommen zwischen dem Mitgliedstaat und dem Drittland und gegebenenfalls dem Transitmitgliedstaat genehmigungspflichtig, solange das erforderliche Abkommen zwischen der Gemeinschaft und dem betreffenden Drittland noch nicht geschlossen ist.

Eine Anpassung der Beförderungsbedingungen eines solchen Verkehrsdienstes beeinträchtigt nicht seinen Charakter als Linienverkehr.

Die Durchführung von parallelen oder zeitlich befristeten Verkehrsdiensten, die auf die Benutzer der bestehenden Liniendienste ausgerichtet sind, der Einsatz zusätzlicher Fahrzeuge und die Durchführung von außerplanmäßigen Zusatzfahrten, die Nichtbedienung bestimmter Haltestellen oder die Bedienung zusätzlicher Haltestellen durch bestehende Liniendienste unterliegen den gleichen Regeln wie die bestehenden Liniendienste.

(2) Zu den Sonderformen des Linienverkehrs zählen insbesondere

a) die Beförderung von Arbeitnehmern zwischen Wohnort und Arbeitsstätte,
b) die Beförderung von Schülern und Studenten zwischen Wohnort und Lehranstalt.

Die Regelmäßigkeit der Sonderformen des Linienverkehrs wird nicht dadurch berührt, dass der Ablauf wechselnden Bedürfnissen der Nutzer angepasst wird.

Die Sonderformen des Linienverkehrs sind nicht genehmigungspflichtig nach Kapitel III, sofern sie zwischen dem Veranstalter und dem Verkehrsunternehmer vertraglich geregelt sind.

(3) Gelegenheitsverkehr ist nicht genehmigungspflichtig nach Kapitel III.

Die Durchführung von parallelen oder zeitlich befristeten Verkehrsdiensten, die bestehenden Liniendiensten vergleichbar und auf deren Benutzer ausgerichtet sind, unterliegt jedoch der Pflicht zur Genehmigung nach dem in Kapitel III festgelegten Verfahren.

Dienste des Gelegenheitsverkehrs verlieren die Eigenschaft des Gelegenheitsverkehrs auch dann nicht, wenn sie mit einer gewissen Häufigkeit durchgeführt werden.

Gelegenheitsverkehr kann von einer Gruppe von Beförderungsunternehmen durchgeführt werden, die für Rechnung desselben Auftraggebers tätig sind; die Fahrgäste können bei einem anderen Beförderungsunternehmen derselben Gruppe eine Anschlussverbindung auf der Strecke im Hoheitsgebiet eines Mitgliedstaats nehmen.

Die Kommission legt die Verfahren fest, nach denen den zuständigen Behörden der betreffenden Mitgliedstaaten die Namen solcher Verkehrsunternehmer und die Anschlusspunkte auf der Strecke mitgeteilt werden. Diese Maßnahmen zur Änderung nicht wesentlicher Bestimmungen dieser Verordnung durch Ergänzung werden nach dem in Artikel 26 Absatz 2 genannten Regelungsverfahren mit Kontrolle erlassen.

(4) Leerfahrten im Zusammenhang mit dem Verkehr gemäß Absatz 2 Unterabsatz 3 und Absatz 3 Unterabsatz 1 sind ebenfalls nicht genehmigungspflichtig.

(5) Beförderungen im Werkverkehr fallen unter keine Genehmigungsregelung; für sie gilt eine Bescheinigungsregelung.

Die Bescheinigungen werden von den zuständigen Behörden des Mitgliedstaats ausgestellt, in dem das Fahrzeug zugelassen ist, und gelten für die gesamte Fahrtstrecke einschließlich des Transits.

Die Kommission legt die Gestaltung der Bescheinigungen fest. Diese Maßnahmen zur Änderung nicht wesentlicher Bestimmungen dieser Verordnung durch Ergänzung werden nach dem in Artikel 26 Absatz 2 genannten Regelungsverfahren mit Kontrolle erlassen.

Kapitel III. Genehmigungspflichtiger Linienverkehr

Art. 6. Art der Genehmigung

(1) Die Genehmigung wird auf den Namen des Verkehrsunternehmens ausgestellt und ist nicht übertragbar. Ein Unternehmen, das eine Genehmigung erhalten hat, kann den Verkehrsdienst jedoch mit Einverständnis der zuständigen Behörde des Mitgliedstaats, in dessen Hoheitsgebiet sich der Ausgangspunkt befindet – nachstehend „zuständige Behörde" genannt –, durch einen Unterauftragnehmer durchführen lassen. In diesem Fall müssen der Name des Unterauftragnehmers und seine Stellung in der Genehmigung angegeben werden. Der Unterauftragnehmer muss die Anforderungen des Artikels 3 Absatz 1 erfüllen. Im Sinne dieses Absatzes bezeichnet der Ausgangspunkt eine der Endhaltestellen des Verkehrsdienstes.

Bei für den Betrieb von Linienverkehr gebildeten Unternehmensvereinigungen wird die Genehmigung auf den Namen aller Unternehmen ausgestellt; sie gibt die Namen sämtlicher Betreiber an. Sie wird dem geschäftsführenden Unternehmen mit Durchschrift für die anderen Unternehmen erteilt.

(2) Die maximale Gültigkeitsdauer der Genehmigungen beträgt fünf Jahre. Sie kann auf Ersuchen des Antragstellers oder im gegenseitigen Einvernehmen der zuständigen Behörden der Mitgliedstaaten, in deren Hoheitsgebiet Fahrgäste aufgenommen oder abgesetzt werden, auf einen kürzeren Zeitraum festgesetzt werden.

(3) In der Genehmigung ist Folgendes festzulegen:

a) Art des Verkehrsdienstes;
b) die Streckenführung, insbesondere Ausgangspunkt und Bestimmungsort;
c) die Gültigkeitsdauer der Genehmigung;
d) die Haltestellen und der Fahrplan.

(4) Die Kommission legt die Gestaltung der Genehmigungen fest. Diese Maßnahmen zur Änderung nicht wesentlicher Bestimmungen dieser Verordnung durch Ergänzung werden nach dem in Artikel 26 Absatz 2 genannten Regelungsverfahren mit Kontrolle erlassen.

(5) Die Genehmigung berechtigt den oder die Genehmigungsinhaber zu Beförderungen im Rahmen des Linienverkehrs im Hoheitsgebiet aller Mitgliedstaaten, das durch die Streckenführung des Verkehrs berührt wird.

(6) Der Betreiber eines Linienverkehrsdienstes darf zusätzliche Fahrzeuge einsetzen, um einer vorübergehenden oder außergewöhnlichen Situation zu begegnen. Diese zusätzlichen Fahrzeuge können nur unter den gleichen Bedingungen eingesetzt werden wie in der in Absatz 3 genannten Genehmigung dargelegt.

In diesem Fall hat der Verkehrsunternehmer dafür zu sorgen, dass folgende Dokumente in den Fahrzeugen mitgeführt werden:

a) eine Kopie der Genehmigung für den Linienverkehr;
b) eine Kopie des Vertrags zwischen dem Betreiber des Linienverkehrsdienstes und dem Unternehmen, das die zusätzlichen Fahrzeuge bereitstellt, oder ein gleichwertiges Dokument;
c) eine beglaubigte Kopie der Gemeinschaftslizenz, die dem Betreiber ausgestellt wurde, der die zusätzlichen Fahrzeuge für den Dienst bereitstellt.

Art. 7. Genehmigungsanträge

(1) Die Genehmigungsanträge für Linienverkehr sind bei der zuständigen Behörde zu stellen.

(2) Die Kommission legt die Gestaltung der Anträge fest. Diese Maßnahmen zur Änderung nicht wesentlicher Bestimmungen dieser Verordnung durch Ergänzung werden nach dem in Artikel 26 Absatz 2 genannten Regelungsverfahren mit Kontrolle erlassen.

(3) Der Antragsteller erteilt zur Begründung seines Genehmigungsantrags alle zusätzlichen Angaben, die er für zweckdienlich hält oder um die die Genehmigungsbehörde ersucht, insbesondere einen Fahrplan, anhand dessen die Einhaltung der gemeinschaftlichen Rechtsvorschriften über die Lenk- und Ruhezeiten überprüft werden kann, sowie eine Kopie der Gemeinschaftslizenz.

Art. 8. Genehmigungsverfahren

(1) Die Genehmigung wird im Einvernehmen mit den Behörden aller Mitgliedstaaten erteilt, in deren Hoheitsgebiet Fahrgäste aufgenommen oder abgesetzt werden. Die Genehmigungsbehörde übermittelt diesen Behörden – sowie den zuständigen Behörden der Mitgliedstaaten, deren Hoheitsgebiet durchfahren wird, ohne dass Fahrgäste aufgenommen oder abgesetzt werden – zusammen mit ihrer Beurteilung eine Kopie des Antrags sowie aller sonstigen zweckdienlichen Unterlagen.

(2) Die zuständigen Behörden der Mitgliedstaaten, um deren Zustimmung ersucht wurde, teilen der Genehmigungsbehörde binnen zwei Monaten ihre Entscheidung mit. Diese Frist berechnet sich ab dem Zeitpunkt des Eingangs des Ersuchens um Zustimmung, der auf der Empfangsbestätigung angegeben ist. Eine ablehnende Entscheidung der zuständigen Behörden der Mitgliedstaaten, um deren Zustimmung ersucht wurde, ist angemessen zu begründen. Erhält die Genehmigungsbehörde innerhalb von zwei Monaten keine Antwort, so gilt dies als Zustimmung der ersuchten Behörden, und die Genehmigungsbehörde kann die Genehmigung erteilen.

Die Behörden der Mitgliedstaaten, deren Hoheitsgebiet durchfahren wird, ohne dass Fahrgäste aufgenommen oder abgesetzt werden, können der Genehmigungsbehörde innerhalb der in Unterabsatz 1 genannten Frist ihre Bemerkungen mitteilen.

(3) Die Genehmigungsbehörde entscheidet binnen vier Monaten nach Einreichung des Antrags durch den Verkehrsunternehmer.

(4) Die Genehmigung wird erteilt, es sei denn,

a) der Antragsteller kann den Verkehr, für den der Antrag gestellt wurde, nicht mit ihm unmittelbar zur Verfügung stehenden Fahrzeugen durchführen;
b) der Antragsteller hat die einzelstaatlichen oder internationalen Rechtsvorschriften über die Beförderungen im Straßenverkehr, insbesondere die Bedingungen und Anforderungen im Zusammenhang mit Genehmigungen für den grenzüberschreitenden Personenverkehr, nicht eingehalten, oder er hat schwerwiegende Verstöße gegen die Gemeinschaftsvorschriften im Bereich des Straßenverkehrs, insbesondere die Bestimmungen betreffend die Fahrzeuge und die Lenk- und Ruhezeiten der Fahrer, begangen;
c) im Fall eines Antrags auf Erneuerung einer Genehmigung wurden die Bedingungen für die Genehmigung nicht erfüllt;
d) ein Mitgliedstaat entscheidet aufgrund einer eingehenden Analyse, dass der betreffende Verkehrsdienst ernsthaft die Funktionsfähigkeit eines vergleichbaren Dienstes, der im Rahmen eines oder mehrerer öffentlicher Dienstleistungsaufträge mit gemeinwirtschaftlichen Verpflichtungen im Einklang mit dem geltenden Gemeinschaftsrecht durchgeführt wird, auf den betreffenden direkten Teilstrecken beeinträchtigen würde. In einem solchen Fall legt der Mitgliedstaat nicht diskriminierende Kriterien fest, mit denen ermittelt wird, ob der betreffende Verkehrsdienst die Funktionsfähigkeit des oben genannten vergleichbaren Dienstes ernsthaft beeinträchtigen würde, und teilt sie der Kommission auf Anforderung mit;
e) ein Mitgliedstaat entscheidet aufgrund einer eingehenden Analyse, dass der Hauptzweck des Verkehrsdienstes nicht darin besteht, Fahrgäste zwischen Haltestellen in verschiedenen Mitgliedstaaten zu befördern.

Ein Mitgliedstaat kann mit Zustimmung der Kommission sechs Monate nach Unterrichtung des Verkehrsunternehmers die Genehmigung für den Betrieb des grenzüberschreitenden Verkehrsdienstes mit Kraftomnibussen aussetzen oder entziehen, falls ein bestehender grenzüberschreitender Verkehrsdienst mit Kraftomnibussen aus außergewöhnlichen Gründen, die zum Zeitpunkt der Erteilung der Genehmigung nicht absehbar waren, ernsthaft die Funktionsfähigkeit eines vergleichbaren Dienstes der im Rahmen eines oder mehrerer öffentlicher Dienstleistungsaufträge mit gemeinwirtschaftlichen Verpflichtungen im Einklang mit dem Gemeinschaftsrecht durchgeführt wird, auf den betreffenden direkten Teilstrecken beeinträchtigt.

Bietet ein Verkehrsunternehmen niedrigere Preise als andere Kraftverkehrsunternehmen an oder wird die betreffende Verbindung bereits von anderen Kraftverkehrsunternehmen bedient, so rechtfertigt dies allein noch keine Ablehnung des Antrags.

(5) Die Genehmigungsbehörde und die zuständigen Behörden aller Mitgliedstaaten, die sich am Zustandekommen eines Einvernehmens gemäß Absatz 1 beteiligen müssen, dürfen Anträge nur aus Gründen ablehnen, die in dieser Verordnung vorgesehen sind.

(6) Nach Abschluss des in den Absätzen 1 bis 5 vorgesehenen Verfahrens erteilt die Genehmigungsbehörde die Genehmigung oder lehnt den Antrag förmlich ab.

Die Ablehnung eines Antrags ist zu begründen. Die Mitgliedstaaten gewährleisten den Verkehrsunternehmen die Möglichkeit, im Fall einer Ablehnung ihres Antrags ihre Rechte geltend zu machen.

Die Genehmigungsbehörde unterrichtet alle in Absatz 1 genannten Behörden von ihrer Entscheidung und übermittelt ihnen eine Kopie der Genehmigung.

(7) Gestattet das Verfahren zur Erzielung des in Absatz 1 genannten Einvernehmens der Genehmigungsbehörde nicht, über den Antrag zu entscheiden, so kann die Kommission innerhalb von zwei Monaten ab dem Zeitpunkt der Mitteilung einer ablehnenden Entscheidung eines oder mehrerer der gemäß Absatz 1 ersuchten Mitgliedstaaten damit befasst werden.

(8) Die Kommission entscheidet nach Anhörung der beteiligten Mitgliedstaaten binnen vier Monaten nach Erhalt der Mitteilung der Genehmigungsbehörde; diese Entscheidung tritt 30 Tage nach ihrer Bekanntgabe an die beteiligten Mitgliedstaaten in Kraft.

(9) Die Entscheidung der Kommission bleibt bis zum Zustandekommen eines Einvernehmens zwischen den beteiligten Mitgliedstaaten in Kraft.

Art. 9. Erneuerung und Änderung der Genehmigung

Artikel 8 gilt sinngemäß für Anträge auf Erneuerung einer Genehmigung oder auf Änderung der Bedingungen für den Betrieb genehmigungspflichtiger Verkehrsdienste.

Bei geringfügigen Änderungen der Beförderungsbedingungen, insbesondere bei Anpassungen des Einsatzes der Verkehrsdienste, der Fahrpreise und der Fahrpläne, genügt eine Unterrichtung der übrigen betroffenen Mitgliedstaaten über die Änderung durch die Genehmigungsbehörde.

Die betreffenden Mitgliedstaaten können übereinkommen, dass die Genehmigungsbehörde allein über Änderungen der Bedingungen für den Betrieb eines Verkehrsdienstes entscheidet.

Art. 10. Erlöschen einer Genehmigung

(1) Unbeschadet der Bestimmungen der Verordnung (EG) Nr. 1370/2007 des Europäischen Parlaments und des Rates vom 23. Oktober 2007 über öffentliche Personenverkehrsdienste auf Schiene und Straße[1] erlischt die Genehmigung eines Linienverkehrs mit Ablauf der Geltungsdauer der Genehmigung oder drei Monate nach dem Zeitpunkt, zu dem die Genehmigungsbehörde eine Mitteilung des Genehmigungsinhabers mit der Ankündigung

[1] ABl. L 315 vom 3.12.2007, S. 1.

erhält, den Betrieb des Verkehrsdienstes einzustellen. Die Mitteilung ist zu begründen.

(2) Besteht kein Verkehrsbedarf mehr, so beträgt die nach Absatz 1 einzuhaltende Frist einen Monat.

(3) Die Genehmigungsbehörde unterrichtet die zuständigen Behörden der anderen Mitgliedstaaten vom Erlöschen der Genehmigung.

(4) Der Genehmigungsinhaber hat die Benutzer durch eine geeignete Bekanntmachung einen Monat im Voraus von der Einstellung des Verkehrsdienstes zu unterrichten.

Art. 11. Pflichten des Beförderungsunternehmens

(1) Der Betreiber eines Linienverkehrs muss – außer im Fall höherer Gewalt – während der Geltungsdauer der Genehmigung alle Maßnahmen zur Sicherstellung einer Verkehrsbedienung treffen, die den Regeln der Regelmäßigkeit, Pünktlichkeit und Beförderungskapazität sowie den übrigen von der zuständigen Behörde gemäß Artikel 6 Absatz 3 festgelegten Anforderungen entspricht.

(2) Der Verkehrsunternehmer muss die Streckenführung, die Haltestellen, den Fahrplan, die Fahrpreise und die sonstigen Beförderungsbedingungen für alle Benutzer leicht zugänglich anzeigen.

(3) Unbeschadet der Verordnung (EG) Nr. 1370/2007 haben die betroffenen Mitgliedstaaten die Möglichkeit, im gegenseitigen Einvernehmen und im Einvernehmen mit dem Genehmigungsinhaber die Bedingungen für den Betrieb eines Linienverkehrs zu ändern.

Kapitel IV. Gelegenheitsverkehr und andere nicht genehmigungspflichtige Verkehrsdienste

Art. 12. Kontrollpapiere

(1) Bei Verkehrsdiensten im Gelegenheitsverkehr ist ein Fahrtenblatt mitzuführen, ausgenommen bei Diensten nach Artikel 5 Absatz 3 Unterabsatz 2.

(2) Verkehrsunternehmer, die Beförderungen im Gelegenheitsverkehr durchführen, müssen vor Antritt jeder Fahrt das Fahrtenblatt ausfüllen.

(3) Das Fahrtenblatt enthält mindestens folgende Angaben:

a) Art des Verkehrsdienstes;
b) Hauptstreckenführung,
c) den oder die beteiligten Verkehrsunternehmer.

(4) Die Fahrtenblatthefte werden von den zuständigen Behörden des Mitgliedstaats, in dem der Verkehrsunternehmer ansässig ist, oder von durch sie benannten Stellen ausgegeben.

(5) Die Kommission legt die Gestaltung des Fahrtenblatts, des Fahrtenblatthefts und die Einzelheiten ihrer Verwendung fest. Diese Maßnahmen zur Änderung nicht wesentlicher Bestimmungen dieser Verordnung durch Ergänzung werden nach dem in Artikel 26 Absatz 2 genannten Regelungsverfahren mit Kontrolle erlassen.

(6) Im Fall der Sonderformen des Linienverkehrs nach Artikel 5 Absatz 2 Unterabsatz 3 dient der Vertrag oder eine beglaubigte Kopie desselben als Kontrollpapier.

Art. 13. Örtliche Ausflüge

Im Rahmen des grenzüberschreitenden Gelegenheitsverkehrs ist ein Verkehrsunternehmer zum Gelegenheitsverkehr (örtliche Ausflüge) in einem anderen Mitgliedstaat als dem, in dem er niedergelassen ist, zugelassen.

Bei solchen Verkehrsdiensten, die für gebietsfremde Fahrgäste bestimmt sind, die zuvor von denselben Verkehrsunternehmen mittels eines grenzüberschreitenden Verkehrsdienstes gemäß Unterabsatz 1 befördert wurden, wird dasselbe Fahrzeug oder ein Fahrzeug desselben Unternehmens bzw. derselben Unternehmensgruppe eingesetzt.

Kapitel V. Kabotage

Art. 14. Allgemeiner Grundsatz

Jeder gewerbliche Personenkraftverkehrsunternehmer, der Inhaber einer Gemeinschaftslizenz ist, ist unter den in diesem Kapitel festgelegten Bedingungen und ohne Diskriminierung aufgrund seiner Staatsangehörigkeit oder seines Niederlassungsorts zur Kabotage gemäß Artikel 15 berechtigt.

Art. 15. Zugelassene Kabotage

Die Kabotage ist für folgende Verkehrsformen zugelassen:

a) die Sonderformen des Linienverkehrs, sofern hierfür ein Vertrag zwischen dem Veranstalter und dem Verkehrsunternehmer besteht;
b) den Gelegenheitsverkehr;
c) den Linienverkehr, der von einem im Aufnahmemitgliedstaat nicht ansässigen Verkehrsunternehmer im Rahmen eines grenzüberschreitenden Linienverkehrsdienstes entsprechend dieser Verordnung durchgeführt wird, ausgenommen Verkehrsdienste, die die Verkehrsbedürfnisse sowohl in einem Stadtgebiet oder einem Ballungsraum als auch zwischen einem Stadtgebiet und seinem Umland befriedigen. Die Kabotage darf nicht unabhängig von diesem grenzüberschreitenden Verkehrsdienst durchgeführt werden.

Art. 16. Vorschriften für die Kabotage

(1) Vorbehaltlich der Anwendung der Gemeinschaftsvorschriften unterliegt die Durchführung der Kabotage den Rechts- und Verwaltungsvorschriften des Aufnahmemitgliedstaats im Hinblick auf Folgendes:

a) für den Beförderungsvertrag geltende Bedingungen;
b) Fahrzeuggewichte und -abmessungen;
c) Vorschriften für die Beförderung bestimmter Personengruppen, und zwar Schulkinder, Kinder und Körperbehinderte;

d) Lenk- und Ruhezeiten;
e) Mehrwertsteuer (MwSt.) auf die Beförderungsdienstleistungen.
Die in Unterabsatz 1 Buchstabe b genannten Gewichte und Abmessungen dürfen gegebenenfalls die im Niederlassungsmitgliedstaat des Verkehrsunternehmers geltenden Gewichte und Abmessungen, keinesfalls aber die vom Aufnahmemitgliedstaat für den innerstaatlichen Verkehr festgelegten Höchstwerte oder die technischen Merkmale überschreiten, die in den Nachweisen nach Artikel 6 Absatz 1 der Richtlinie 96/53/EG vermerkt sind.

(2) Für die Durchführung der Kabotage bei den Diensten gemäß Artikel 15 Buchstabe c gelten vorbehaltlich der Anwendung gemeinschaftlicher Rechtsvorschriften die Rechts- und Verwaltungsvorschriften des Aufnahmemitgliedstaats über die Erteilung der Genehmigungen, die Ausschreibungsverfahren, die zu bedienenden Verbindungen, die Regelmäßigkeit, Beständigkeit und Häufigkeit des Verkehrs sowie über die Streckenführung.

(3) Für die bei der Kabotage eingesetzten Fahrzeuge gelten dieselben technischen Bau- und Ausrüstungsnormen wie für die zum grenzüberschreitenden Verkehr zugelassenen Fahrzeuge.

(4) Die in den Absätzen 1 und 2 genannten einzelstaatlichen Rechts- und Verwaltungsvorschriften werden auf die nicht ansässigen Verkehrsunternehmer unter denselben Bedingungen wie gegenüber Verkehrsunternehmen, die im Aufnahmemitgliedstaat niedergelassen sind, angewandt, damit jede Diskriminierung aufgrund der Staatsangehörigkeit oder des Niederlassungsorts ausgeschlossen ist.

Art. 17. Kontrollpapiere für die Kabotage

(1) Kabotage im Gelegenheitsverkehr wird unter Verwendung des in Artikel 12 genannten Fahrtenblattes, das an Bord des Fahrzeugs mitgeführt werden muss und jedem Kontrollberechtigten auf Verlangen vorzuzeigen ist, durchgeführt.

(2) Folgende Angaben sind im Fahrtenblatt einzutragen:
a) Ausgangspunkt und Bestimmungsort des Verkehrsdienstes,
b) Tag des Beginns und Tag der Beendigung des Verkehrsdienstes.

(3) Die Fahrtenblätter werden in den in Artikel 12 genannten Heften ausgegeben, die einen amtlichen Vermerk der zuständigen Behörde oder Stelle des Niederlassungsmitgliedstaats tragen.

(4) Bei den Sonderformen des Linienverkehrs gilt der Vertrag zwischen dem Verkehrsunternehmer und dem Veranstalter des Verkehrsdienstes oder eine beglaubigte Abschrift als Kontrollpapier.

Es ist jedoch ein Fahrtenblatt in Form einer monatlichen Aufstellung auszufüllen.

(5) Die verwendeten Fahrtenblätter sind an die zuständige Behörde oder Stelle des Niederlassungsmitgliedstaats gemäß den von dieser festzulegenden Bedingungen zurückzusenden.

Kapitel VI. Überwachungsverfahren und Ahndung von Verstößen

Art. 18. Fahrausweise

(1) Verkehrsunternehmer, die einen Linienverkehr – mit Ausnahme der Sonderformen des Linienverkehrs – durchführen, stellen Einzel- oder Sammelfahrausweise aus, die folgende Angaben enthalten:
a) Ausgangspunkt und Bestimmungsort sowie gegebenenfalls die Rückfahrt;
b) die Gültigkeitsdauer des Fahrausweises;
c) den Beförderungstarif.

(2) Die Fahrausweise nach Absatz 1 sind jedem Kontrollberechtigten auf Verlangen vorzuzeigen.

Art. 19. Kontrollen auf der Straße und in den Unternehmen

(1) Die Genehmigung oder das Kontrollpapier sind im Fahrzeug mitzuführen und jedem Kontrollberechtigten auf Verlangen vorzuzeigen.

(2) Verkehrsunternehmer, die Beförderungen im grenzüberschreitenden Personenverkehr mit Kraftomnibussen durchführen, lassen Kontrollen zur Feststellung der ordnungsgemäßen Durchführung der Beförderungen, insbesondere der Lenk- und Ruhezeiten der Fahrer, zu. Im Rahmen der Durchführung dieser Verordnung sind die Kontrollberechtigten befugt,
a) die Bücher und sonstigen Geschäftsunterlagen des Unternehmens zu prüfen;
b) an Ort und Stelle Kopien oder Auszüge der Bücher und Unterlagen anzufertigen;
c) sich Zugang zu allen Gebäuden, Grundstücken und Fahrzeugen des Unternehmens zu verschaffen;
d) sich sämtliche Auskünfte aus Büchern, Unterlagen und Datenbanken zugänglich machen zu lassen.

Art. 20. Gegenseitige Amtshilfe

Die Mitgliedstaaten leisten einander Amtshilfe bei der Durchführung und Überwachung dieser Verordnung. Sie tauschen Informationen über die gemäß Artikel 18 der Verordnung (EG) Nr. 1071/2009 eingerichteten einzelstaatlichen Kontaktstellen aus.

Art. 21. Entzug der Gemeinschaftslizenzen und Genehmigungen

(1) Die zuständigen Behörden des Mitgliedstaats, in dem der Verkehrsunternehmer ansässig ist, entziehen die Gemeinschaftslizenz, wenn
a) der Inhaber die Bedingungen des Artikels 3 Absatz 1 nicht mehr erfüllt oder
b) die für die Erteilung der Gemeinschaftslizenz wesentlichen Angaben des Inhabers unrichtig waren.

(2) Die Genehmigungsbehörde widerruft insbesondere auf Verlangen des Mitgliedstaats, in dem der Verkehrsunternehmer ansässig ist, die aufgrund dieser Verordnung erteilte Genehmigung, sofern der Inhaber die Vorausset-

zungen, die für deren Erteilung ausschlaggebend waren, nicht mehr erfüllt. Diese Behörde unterrichtet davon unverzüglich die zuständigen Behörden des betreffenden Mitgliedstaats.

Art. 22. Ahndung von Verstößen durch den Niederlassungsmitgliedstaat

(1) Bei einem schwerwiegenden Verstoß gegen die Gemeinschaftsvorschriften im Bereich des Straßenverkehrs in einem Mitgliedstaat bzw. bei Feststellung solcher Verstöße in einem Mitgliedstaat, insbesondere bei Verstößen gegen die Bestimmungen betreffend die Fahrzeuge, die Lenk- und Ruhezeiten der Fahrer sowie die Durchführung von parallelen oder zeitlich befristeten Verkehrsdiensten nach Artikel 5 Absatz 1 Unterabsatz 5 ohne entsprechende Genehmigung, treffen die zuständigen Behörden des Niederlassungsmitgliedstaats des Verkehrsunternehmers, der den Verstoß begangen hat, die für diesen Fall geeigneten Maßnahmen, die eine Verwarnung einschließen können, falls diese vom einzelstaatlichen Recht vorgesehen ist. Dies kann unter anderem zur Verhängung der folgenden Verwaltungssanktionen führen:

a) dem befristeten oder dauerhaften Entzug einiger oder aller beglaubigten Kopien der Gemeinschaftslizenz;
b) dem befristeten oder dauerhaften Entzug der Gemeinschaftslizenz.

Diese Sanktionen können nach der endgültigen Entscheidung in der Angelegenheit bestimmt werden; sie richten sich nach der Schwere des vom Inhaber der Gemeinschaftslizenz begangenen Verstoßes und der Gesamtzahl der beglaubigten Kopien dieser Lizenz, über die dieser für seine grenzüberschreitenden Verkehrsdienste verfügt.

(2) Die zuständigen Behörden des Niederlassungsmitgliedstaats teilen den zuständigen Behörden des Mitgliedstaats, in dessen Hoheitsgebiet die Verstöße festgestellt wurden, schnellstmöglich, spätestens jedoch sechs Wochen nach ihrer endgültigen Entscheidung in der Angelegenheit mit, welche der in Absatz 1 vorgesehenen Sanktionen gegebenenfalls verhängt wurden.

Falls keine Sanktionen verhängt wurden, geben die zuständigen Behörden des Niederlassungsmitgliedstaats die Gründe hierfür an.

(3) Die zuständigen Behörden achten darauf, dass die gegen den betreffenden Verkehrsunternehmer verhängten Sanktionen insgesamt in einem angemessenen Verhältnis zu dem bzw. zu den zugrunde liegenden Verstößen stehen, und berücksichtigen dabei etwaige Sanktionen für denselben Verstoß, die in dem Mitgliedstaat, in dessen Hoheitsgebiet der Verstoß festgestellt wurde, verhängt wurden.

(4) Dieser Artikel lässt den zuständigen Behörden des Niederlassungsmitgliedstaats des Verkehrsunternehmers unbenommen, ein Verfahren vor einem zuständigen einzelstaatlichen Gericht einzuleiten. In diesem Fall unterrichtet die fragliche zuständige Behörde die zuständigen Behörden der Mitgliedstaaten, in denen der Verstoß festgestellt wurde.

(5) Die Mitgliedstaaten stellen sicher, dass die Verkehrsunternehmer gegen jede verwaltungsrechtliche Sanktion, die aufgrund dieses Artikels gegen sie verhängt wurde, einen Rechtsbehelf einlegen können.

Art. 23. Ahndung von Verstößen durch den Aufnahmemitgliedstaat

(1) Erhalten die zuständigen Behörden eines Mitgliedstaats davon Kenntnis, dass ein nicht ansässiger Verkehrsunternehmer einen schwerwiegenden Verstoß gegen diese Verordnung oder gegen Gemeinschaftsvorschriften im Bereich des Straßenverkehrs begangen hat, so übermittelt der Mitgliedstaat, in dessen Hoheitsgebiet der Verstoß festgestellt worden ist, den zuständigen Behörden des Niederlassungsmitgliedstaats des Verkehrsunternehmers so bald wie möglich, spätestens jedoch sechs Wochen nach ihrer endgültigen Entscheidung die folgenden Informationen:

a) eine Beschreibung des Verstoßes mit Datums- und Zeitangabe;
b) Kategorie, Art und Schwere des Verstoßes und
c) die verhängten und vollzogenen Sanktionen.

Die zuständigen Behörden des Aufnahmemitgliedstaats können die zuständigen Behörden des Niederlassungsmitgliedstaats ersuchen, den Verstoß durch Verwaltungssanktionen gemäß Artikel 22 zu ahnden.

(2) Unbeschadet einer etwaigen strafrechtlichen Verfolgung sind die zuständigen Behörden des Aufnahmemitgliedstaats befugt, gegen einen nicht ansässigen Verkehrsunternehmer, der anlässlich einer Kabotage in ihrem Hoheitsgebiet gegen diese Verordnung oder gegen einzelstaatliche oder Gemeinschaftsvorschriften im Bereich des Straßenverkehrs verstoßen hat, Sanktionen zu verhängen. Diese Sanktionen dürfen keine Diskriminierung beinhalten und können insbesondere in einer Verwarnung oder, bei einem schwerwiegenden Verstoß, in einem zeitweiligen Verbot der Kabotage in dem Aufnahmemitgliedstaat, in dem der Verstoß begangen wurde, bestehen.

(3) Die Mitgliedstaaten stellen sicher, dass die Verkehrsunternehmer gegen jede verwaltungsrechtliche Sanktion, die aufgrund dieses Artikels gegen sie verhängt wird, einen Rechtsbehelf einlegen können.

Art. 24. Eintrag in die einzelstaatlichen elektronischen Register

Die Mitgliedstaaten stellen sicher, dass schwerwiegende Verstöße gegen Gemeinschaftsvorschriften im Bereich des Straßenverkehrs, die in ihrem Hoheitsgebiet niedergelassenen Verkehrsunternehmern zuzurechnen sind und die in einem Mitgliedstaat zur Verhängung von Sanktionen geführt haben, sowie jeder befristete oder dauerhafte Entzug der Gemeinschaftslizenz oder deren beglaubigter Kopie in das einzelstaatliche elektronische Register der Kraftverkehrsunternehmen eingetragen werden. Einträge im Register, die einen befristeten oder dauerhaften Entzug einer Gemeinschaftslizenz betreffen, bleiben mindestens zwei Jahre in der Datenbank gespeichert; die Zweijahresfrist wird im Falle eines befristeten Entzugs ab dem Ablauf des Entzugszeitraums oder im Falle eines dauerhaften Entzugs ab dem Zeitpunkt des Entzugs berechnet.

Kapitel VII. Durchführung

Art. 25. Vereinbarungen zwischen Mitgliedstaaten

(1) Die Mitgliedstaaten können bilaterale oder multilaterale Vereinbarungen über eine weiter gehende Liberalisierung der unter diese Verordnung fallenden Verkehrsdienste treffen, insbesondere hinsichtlich der Genehmigungsregelung sowie der Vereinfachung der Kontrollpapiere oder der Befreiung davon, besonders in Grenzregionen.

(2) Die Mitgliedstaaten unterrichten die Kommission über alle aufgrund von Absatz 1 getroffenen Vereinbarungen.

Art. 26. Ausschussverfahren

(1) Die Kommission wird von dem gemäß Artikel 18 Absatz 1 der Verordnung (EWG) Nr. 3821/85 des Rates vom 20. Dezember 1985 über das Kontrollgerät im Straßenverkehr[1] eingesetzten Ausschuss unterstützt.

(2) Wird auf diesen Absatz Bezug genommen, so gelten Artikel 5a Absatz 1 bis 4 und Absatz 5 Buchstabe b sowie Artikel 7 des Beschlusses 1999/468/EG unter Beachtung von dessen Artikel 8.

Art. 27. Sanktionen

Die Mitgliedstaaten legen die Sanktionen fest, die bei einem Verstoß gegen Bestimmungen dieser Verordnung zu verhängen sind, und treffen alle geeigneten Maßnahmen, um deren Durchsetzung zu gewährleisten. Die Sanktionen müssen wirksam, verhältnismäßig und abschreckend sein. Die Mitgliedstaaten teilen diese Vorschriften der Kommission spätestens bis zum 4. Dezember 2011 mit und teilen ihr alle sie betreffenden nachfolgenden Änderungen unverzüglich mit.

Die Mitgliedstaaten gewährleisten, dass diese Maßnahmen ohne Diskriminierung aufgrund der Staatsangehörigkeit oder des Niederlassungsorts des Verkehrsunternehmens durchgeführt werden.

Art. 28. Berichterstattung

(1) Die Mitgliedstaaten teilen der Kommission alle zwei Jahre die Zahl der im Vorjahr erteilten Genehmigungen im Linienverkehr und die Gesamtzahl der am Ende dieses Berichtszeitraums gültigen Genehmigungen im Linienverkehr mit. Diese Angaben sind getrennt für jedes Bestimmungsland des Linienverkehrsdienstes zu machen. Die Mitgliedstaaten teilen der Kommission auch Daten zur Kabotage mit, die als Sonderform des Linienverkehrs und als Gelegenheitsverkehr während des Berichtszeitraums von ansässigen Verkehrsunternehmern durchgeführt wurde.

(2) Die zuständigen Behörden des Aufnahmemitgliedstaats übermitteln der Kommission alle zwei Jahre eine statistische Übersicht über die Zahl der

[1] ABl. L 370 vom 31.12.1985, S. 8.

Genehmigungen für Kabotagedienste, die als Linienverkehr nach Artikel 15 Buchstabe c durchgeführt werden.

(3) Die Kommission legt die Gestaltung der für die Übermittlung dieser statistischen Angaben zu verwendenden Übersichten fest. Diese Maßnahmen zur Änderung nicht wesentlicher Bestimmungen dieser Verordnung durch Ergänzung werden nach dem in Artikel 26 Absatz 2 genannten Regelungsverfahren mit Kontrolle erlassen.

(4) Die Mitgliedstaaten übermitteln der Kommission spätestens am 31. Januar jedes Jahres die Anzahl der Verkehrsunternehmer, die am 31. Dezember des Vorjahres Inhaber einer Gemeinschaftslizenz waren, und die Anzahl der beglaubigten Genehmigungen, die der Anzahl der zu diesem Zeitpunkt zugelassenen Fahrzeuge entspricht.

Art. 29. Änderung der Verordnung (EG) Nr. 561/2006

In Artikel 8 der Verordnung (EG) Nr. 561/2006 wird folgender Absatz eingefügt:

„(6a) Abweichend von Absatz 6 darf ein Fahrer, der für einen einzelnen Gelegenheitsdienst im grenzüberschreitenden Personenverkehr im Sinne der Verordnung (EG) Nr. 1073/2009 des Europäischen Parlaments und des Rates vom 21. Oktober 2009 über gemeinsame Regeln für den Zugang zum Markt des grenzüberschreitenden Personenkraftverkehrs[1] eingesetzt wird, die wöchentliche Ruhezeit auf bis zu 12 aufeinander folgende 24-Stunden-Zeiträume nach einer vorhergehenden regelmäßigen wöchentlichen Ruhezeit unter folgenden Voraussetzungen verschieben:

a) der Dienst dauert mindestens 24 aufeinander folgende Stunden in einem anderen Mitgliedstaat oder unter diese Verordnung fallenden Drittstaat als demjenigen, in dem jeweils der Dienst begonnen wurde;
b) nach der Inanspruchnahme der Ausnahmeregelung nimmt der Fahrer
   i) entweder zwei regelmäßige wöchentliche Ruhezeiten oder
   ii) eine regelmäßige wöchentliche Ruhezeit und eine reduzierte wöchentliche Ruhezeit von mindestens 24 Stunden. Dabei wird jedoch die Reduzierung durch eine gleichwertige Ruhepause ausgeglichen, die ohne Unterbrechung vor dem Ende der dritten Woche nach dem Ende des Ausnahmezeitraums genommen werden muss;
c) ab dem 1. Januar 2014 ist das Fahrzeug mit einem Kontrollgerät entsprechend den Anforderungen des Anhangs IB der Verordnung (EWG) Nr. 3821/85 ausgestattet und
d) ab dem 1. Januar 2014, sofern das Fahrzeug bei Fahrten während des Zeitraums von 22.00 Uhr bis 6.00 Uhr mit mehreren Fahrern besetzt ist oder die Lenkdauer nach Artikel 7 auf drei Stunden vermindert wird.

Die Kommission überwacht die Inanspruchnahme dieser Ausnahmeregelung genau, um die Aufrechterhaltung der Sicherheit im Straßenverkehr unter sehr strengen Voraussetzungen sicherzustellen, insbesondere indem sie darauf achtet, dass die summierte Gesamtlenkzeit während des unter die Ausnahme-

[1] ABl. L 300 vom 14.11.2009, S. 88.

regelung fallenden Zeitraums nicht zu lang ist. Bis zum 4. Dezember 2012 erstellt die Kommission einen Bericht, in dem sie die Folgen der Ausnahmeregelung in Bezug auf die Sicherheit im Straßenverkehr sowie soziale Aspekte bewertet. Wenn sie es für sinnvoll erachtet, schlägt die Kommission diesbezügliche Änderungen der vorliegenden Verordnung vor."

Kapitel VIII. Schlussbestimmungen

Art. 30. Aufhebungen

Die Verordnungen (EWG) Nr. 684/92 und (EG) Nr. 12/98 werden aufgehoben.

Verweisungen auf die aufgehobenen Verordnungen gelten als Verweisungen auf die vorliegende Verordnung und sind nach Maßgabe der Entsprechungstabelle in Anhang III zu lesen.

Art. 31. Inkrafttreten

Diese Verordnung tritt am zwanzigsten Tag nach ihrer Veröffentlichung im Amtsblatt der Europäischen Union in Kraft.

Sie gilt ab dem 4. Dezember 2011 mit Ausnahme des Artikels 29, der ab dem 4. Juni 2010 gilt.

Diese Verordnung ist in allen ihren Teilen verbindlich und gilt unmittelbar in jedem Mitgliedstaat.

d) Übereinkommen über die Personenbeförderung im grenzüberschreitenden Gelegenheitsverkehr mit Omnibussen (Interbus-Übereinkommen)

Vom 26.11.2002 (ABl. 2002 L 321, 13)

Geändert durch Beschl. Nr. 1/2011 des Gemeinsamen Ausschusses vom 11.11.2011 (ABl. L 8/2012, 38)

– ohne Anhänge –

DIE VERTRAG SCHLIESSENDEN PARTEIEN –

in dem Bestreben, die Entwicklung des grenzüberschreitenden Verkehrs in Europa zu fördern und insbesondere seine Organisation und Durchführung zu erleichtern,

in dem Bestreben, den Fremdenverkehr und den kulturellen Austausch zwischen den Vertragsparteien zu erleichtern,

in Erwägung nachstehender Gründe:

Das am 26. Mai 1982 in Dublin unterzeichnete Übereinkommen über die grenzüberschreitende Personenbeförderung im Gelegenheitsverkehr mit Kraftomnibussen (ASOR) enthält keine Bestimmungen für den Beitritt weiterer Parteien.

Die mit dem vorgenannten Übereinkommen gemachten Erfahrungen und die erzielte Liberalisierung sollten erhalten bleiben.

Es ist wünschenswert, für eine harmonisierte Liberalisierung bestimmter grenzüberschreitender Gelegenheitsverkehre mit Omnibussen und der damit verbundenen Transitverkehre zu sorgen.

Es ist wünschenswert, für den nicht liberalisierten grenzüberschreitenden Gelegenheitsverkehr, der weiterhin genehmigungspflichtig bleibt, bestimmte harmonisierte Verfahrensregeln vorzusehen.

Im Interesse der Sicherheit im Straßenverkehr und des Umweltschutzes ist es notwendig, eine weit gehende Harmonisierung der technischen Anforderungen vorzusehen, die an die im grenzüberschreitenden Gelegenheitsverkehr mit Omnibussen zwischen den Vertragsparteien eingesetzten Fahrzeuge gestellt werden.

Es ist notwendig, dass die Vertragsparteien hinsichtlich der Arbeit des im internationalen Straßenverkehr beschäftigten Fahrpersonals von Omnibussen einheitliche Bestimmungen anwenden.

Es ist wünschenswert, die Bedingungen für den Zugang zum Gewerbe der Personenbeförderung auf der Straße zu harmonisieren,

Der Grundsatz der Nichtdiskriminierung aufgrund der Staatsangehörigkeit oder des Geschäftssitzes des Transportunternehmers und des Herkunfts- oder Bestimmungslandes des Omnibusses ist als Grundvoraussetzung für die Erbringung grenzüberschreitender Verkehrsleistungen anzusehen.

Zur Erleichterung und Vereinfachung der Kontrollverfahren ist es notwendig, für die Begleitpapiere wie das Kontrolldokument für den liberalisierten Gelegenheitsverkehr und die Genehmigung und das Antragsformular im nicht liberalisierten Verkehr einheitliche Muster vorzusehen.

Zur Durchsetzung dieses Übereinkommens sind bestimmte harmonisierte Maßnahmen vorzusehen, insbesondere hinsichtlich der Kontrollverfahren, der Strafbestimmungen und der gegenseitigen Amtshilfe.

Um die ordnungsgemäße Umsetzung dieses Übereinkommens sicherzustellen und eine gewisse technische Anpassung der Anhänge zu ermöglichen, ist es angebracht, bestimmte Verfahren für die Verwaltung des Übereinkommens festzulegen.

Der Beitritt zu diesem Übereinkommen sollte allen zukünftigen Mitgliedstaaten der Europäischen Konferenz der Verkehrsminister und bestimmten anderen europäischen Ländern offen stehen –

HABEN BESCHLOSSEN, einheitliche Regeln für die Personenbeförderung im grenzüberschreitenden Gelegenheitsverkehr mit Omnibussen aufzustellen, und

SIND WIE FOLGT ÜBEREINGEKOMMEN:

Abschnitt I. Geltungsbereich und Begriffsbestimmungen

Art. 1. Geltungsbereich

(1) Dieses Übereinkommen gilt für

a) die grenzüberschreitende Beförderung von Fahrgästen gleich welcher Nationalität auf der Straße, und zwar im Gelegenheitsverkehr
   - zwischen den Gebieten zweier Vertragsparteien oder von und nach dem Gebiet der gleichen Vertragspartei und, soweit im Rahmen solcher Verkehre erforderlich, im Transit durch das Gebiet einer anderen Vertragspartei oder das Gebiet eines diesem Übereinkommen nicht beigetretenen Staates;
   - durch auf Miet- oder Entgeltbasis arbeitende Verkehrsunternehmer, die in einer der Vertragsparteien nach deren Recht niedergelassen sind und eine Erlaubnis zur Beförderung von Fahrgästen im grenzüberschreitenden Gelegenheitsverkehr mit Omnibussen besitzen;
   - mit Omnibussen, die in der Vertragspartei zugelassen sind, in deren Gebiet der Transportunternehmer niedergelassen ist;

b) Leerfahrten der für diese Verkehre eingesetzten Omnibusse.

(2) Keine der Bestimmungen dieses Übereinkommens darf dahin gehend ausgelegt werden, dass sie den im Gebiet einer der Vertragsparteien niedergelassenen Transportunternehmern die Möglichkeit gewähren würde, nationale Gelegenheitsverkehre im Hoheitsgebiet einer anderen Vertragspartei durchzuführen.

(3) Die Verwendung von nach ihrer Bauart für den Personentransport bestimmten Omnibussen für die Beförderung von Gütern für gewerbliche Zwecke ist vom Geltungsbereich dieses Übereinkommens ausgeschlossen.

(4) Dieses Übereinkommen betrifft nicht auf eigene Rechnung durchgeführte Gelegenheitsverkehre.

Art. 2. Diskriminierungsverbot

Die Vertragsparteien sind verpflichtet sicherzustellen, dass der Grundsatz des Verbots jeglicher Diskriminierung aufgrund der Nationalität oder des Geschäftssitzes des Transportunternehmers oder des Herkunfts- oder Bestimmungslandes des Omnibusses eingehalten wird, insbesondere im Hinblick auf die Steuerbestimmungen nach Abschnitt VI und die Kontroll- und Strafbestimmungen nach Abschnitt IX.

Art. 3. Begriffsbestimmungen

Für die Zwecke dieses Übereinkommens gelten die folgenden Definitionen:

1. „Omnibusse" sind Kraftfahrzeuge, die nach ihrer Bauart und Ausrüstung geeignet und dazu bestimmt sind, mehr als neun Personen einschließlich des Fahrers zu befördern.
2. „Grenzüberschreitender Gelegenheitsverkehr" ist ein auf dem Gebiet von mindestens zwei Vertragsparteien erfolgender Verkehr, der weder der Definition des Linienverkehrs oder einer Sonderform des Linienverkehrs noch der des Pendelverkehrs entspricht. Die im Rahmen eines solchen Verkehrs anfallenden Fahrten dürfen mit einer gewissen Häufigkeit ausgeführt werden, ohne dadurch den Charakter des Gelegenheitsverkehrs zu verlieren.
3. „Linienverkehr" ist die regelmäßige Beförderung von Personen in einer bestimmten Verkehrsverbindung, bei der Fahrgäste an zuvor festgelegten Haltestellen aufgenommen oder abgesetzt werden können. Der Linienverkehr kann der Verpflichtung unterworfen werden, im Voraus festgelegte Fahrpläne und Tarife zu befolgen.
4. Als „Sonderform des Linienverkehrs" gilt – unabhängig davon, wer den Ablauf der Fahrten bestimmt – die Beförderung bestimmter Kategorien von Personen unter Ausschluss anderer Fahrgäste, soweit die in Nummer 3 genannten Merkmale gegeben sind. Sonderformen des Linienverkehrs sind insbesondere
   - die Beförderung von Arbeitnehmern zwischen Wohnung und Arbeitsstätte;
   - die Beförderung von Schülern und Studenten zwischen Wohnung und Lehranstalt.

   Die Regelmäßigkeit solcher Verkehre und ihre Einstufung als Linienverkehr wird nicht dadurch berührt, dass der Ablauf der Fahrten den Bedürfnissen der Benutzer angepasst wird.
5. 1. „Pendelverkehr" ist ein Verkehr, bei dem auf mehreren Hin- und Rückfahrten zwischen demselben Ausgangsort und demselben Zielort Personen befördert werden, die zuvor in Gruppen zusammengefasst wurden. Jede Reisegruppe, dh die Personen, die die Hinfahrt gemeinsam zurückgelegt haben, wird bei einer späteren Fahrt von dem gleichen Transportunternehmer an den Ausgangsort zurückbefördert.

Als „Ausgangsort“ und „Zielort“ gelten die Orte, an denen die Reise beginnt bzw. endet, jeweils einschließlich ihrer Umgebung im Umkreis von 50 km.

2. Bei Pendelfahrten dürfen unterwegs Fahrgäste weder aufgenommen noch abgesetzt werden.
3. Die erste Rückfahrt und die letzte Hinfahrt einer Reihe von Pendelfahrten sind Leerfahrten.
4. Die Einordnung eines Verkehrs als Pendelverkehr wird jedoch nicht dadurch berührt, dass mit Zustimmung der zuständigen Behörden in der betreffenden Vertragspartei oder in den betreffenden Vertragsparteien
   - Reisende abweichend von Ziffer 1 die Rückfahrt mit einer anderen Reisegruppe oder mit einem anderen Transportunternehmer vornehmen;
   - Reisende abweichend von Ziffer 2 unterwegs aufgenommen oder abgesetzt werden;
   - abweichend von Ziffer 3 die erste Hin- und die letzte Rückfahrt einer Reihe von Pendelfahrten Leerfahrten sind.

6. „Vertragsparteien“ sind die Unterzeichnerstaaten, die ihren Willen bekundet haben, sich durch dieses Übereinkommen zu binden, und für die dieses Übereinkommen in Kraft getreten ist.
   Dieses Übereinkommen gilt für die Gebiete, in denen der Vertrag zur Gründung der Europäischen Gemeinschaft angewendet wird, und nach Maßgabe jenes Vertrags, und außerdem für BOSNIEN-HERZEGOWINA, BULGARIEN, ESTLAND, KROATIEN, LETTLAND, LITAUEN, die REPUBLIK MOLDAU, POLEN, RUMÄNIEN, die SLOWAKEI, SLOWENIEN, die TSCHECHISCHE REPUBLIK, die TÜRKEI und UNGARN, soweit diese Länder dieses Übereinkommen abgeschlossen haben.
7. „Zuständige Behörden“ sind die Behörden, die von den Mitgliedstaaten der Gemeinschaft und den anderen Vertragsparteien benannt werden, um die in den Abschnitten V, VI, VII, VIII und IX dieses Übereinkommens dargelegten Aufgaben wahrzunehmen.
8. „Transit“ ist der Teil einer Verkehrsleistung, der durch das Gebiet einer Vertragspartei führt, ohne dass dort Fahrgäste aufgenommen oder abgesetzt werden.

Abschnitt II. Anforderungen an die Personenverkehrsunternehmer

Art. 4

(1) Soweit noch nicht geschehen, erlassen die Vertragsparteien Vorschriften, die den Bestimmungen der im Anhang 1 genannten Richtlinie der Europäischen Gemeinschaft entsprechen.

(2) Hinsichtlich der in Artikel 3 Absatz 3 jener Richtlinie genannten Anforderungen an die finanzielle Leistungsfähigkeit können die Vertragsparteien bis zum 1. Januar 2003 als nachzuweisendes Mindestkapital (einschließlich Reserven) einen geringeren als den in dem genannten Absatz 3 Buchstabe c)

festgelegten Betrag vorsehen; unbeschadet der Bestimmungen des jeweiligen Europa-Abkommens zur Gründung einer Assoziation zwischen den Europäischen Gemeinschaften und ihren Mitgliedstaaten und bestimmten Vertragsparteien dieses Übereinkommens verlängert sich die genannte Frist bis zum 1. Januar 2005, wenn bei der Ratifizierung dieses Übereinkommens eine entsprechende Erklärung abgegeben wird.

Abschnitt III. Technische Anforderungen an die Fahrzeuge

Art. 5

Die im Rahmen dieses Übereinkommens im grenzüberschreitenden Gelegenheitsverkehr eingesetzten Omnibusse müssen den in Anhang 2 niedergelegten technischen Normen genügen.

Abschnitt IV. Marktzugang

Art. 6. Liberalisierter Gelegenheitsverkehr

Die folgenden Gelegenheitsverkehre, die im Gebiet einer anderen Vertragspartei als derjenigen erfolgen, in der der Verkehrsunternehmer niedergelassen ist, sind von der Genehmigungspflicht befreit:

1. Rundfahrten „mit geschlossenen Türen", d. h. Fahrten, die mit dem gleichen Omnibus ausgeführt werden, der die gleiche Reisegruppe über die gesamte Fahrtstrecke befördert und an den Ausgangsort zurückbringt. Der Ausgangsort liegt im Gebiet der Vertragspartei, in der der Verkehrsunternehmer niedergelassen ist.
2. Beförderung von Fahrgästen auf der Hinfahrt mit leerer Rückfahrt. Der Ausgangsort liegt im Gebiet der Vertragspartei, in der der Verkehrsunternehmer niedergelassen ist.
3. Fahrten mit leerer Hinfahrt, bei denen alle Fahrgäste am gleichen Ort aufgenommen werden, sofern eine der nachstehenden Bedingungen erfüllt ist:
   a) Die Fahrgäste bilden im Gebiet einer Nichtvertragspartei oder einer Vertragspartei, die weder diejenige ist, in der der Verkehrsunternehmer niedergelassen ist, noch diejenige, in der die Fahrgäste aufgenommen werden, Gruppen, die durch Beförderungsverträge zusammengefasst sind, die vor ihrer Ankunft in der letztgenannten Vertragspartei abgeschlossen wurden. Die Fahrgäste werden in das Gebiet der Vertragspartei gebracht, in der der Verkehrsunternehmer niedergelassen ist.
   b) Die Fahrgäste sind zuvor vom gleichen Verkehrsunternehmer unter den unter Nummer 2 dargelegten Umständen in das Gebiet der Vertragspartei gebracht worden, in der sie wieder aufgenommen werden, um in das Gebiet der Vertragspartei befördert zu werden, in der der Verkehrsunternehmer niedergelassen ist.
   c) Die Fahrgäste sind eingeladen worden, sich in das Gebiet einer anderen Vertragspartei zu begeben, wobei die Fahrtkosten von der einladenden

Person getragen werden. Die Fahrgäste müssen eine homogene Gruppe sein, die nicht nur zum Zweck dieser Fahrt gebildet wurde und in das Gebiet der Vertragspartei gebracht wird, in der der Verkehrsunternehmer niedergelassen ist.

Ferner sind folgende Fahrten von der Genehmigungspflicht befreit:

4. Transitfahrten durch das Gebiet von Vertragsparteien im Zusammenhang mit genehmigungsfreien Gelegenheitsverkehren.
5. Leerfahrten von Omnibussen, die lediglich als Ersatz von Omnibussen dienen sollen, die bei einer unter dieses Übereinkommen fallenden grenzüberschreitenden Verkehrsleistung beschädigt worden oder ausgefallen sind.

Bei Verkehren, die von in der Europäischen Gemeinschaft niedergelassenen Verkehrsunternehmern ausgeführt werden, kann der Ausgangs- und/oder Zielort des Verkehrs in jedem Mitgliedstaat der Europäischen Gemeinschaft liegen, unabhängig davon, in welchem Mitgliedstaat der Omnibus zugelassen oder der Verkehrsunternehmer niedergelassen ist.

Art. 7. Nicht liberalisierter Gelegenheitsverkehr

(1) Für Gelegenheitsverkehre, die nicht den in Artikel 6 genannten Bedingungen entsprechen, ist eine Genehmigung gemäß Artikel 15 erforderlich.

(2) Bei Verkehren, die von in der Europäischen Gemeinschaft niedergelassenen Verkehrsunternehmern ausgeführt werden, kann der Ausgangs- und/oder Zielort des Verkehrs in jedem Mitgliedstaat der Europäischen Gemeinschaft liegen, unabhängig davon, in welchem Mitgliedstaat der Omnibus zugelassen oder der Verkehrsunternehmer niedergelassen ist.

Abschnitt V. Sozialbestimmungen

Art. 8

Die Vertragsparteien dieses Übereinkommens werden, soweit noch nicht geschehen, dem überarbeiteten Europäischen Übereinkommen über die Arbeit des im internationalen Straßenverkehr beschäftigten Fahrpersonals (AETR) vom 1. Juli 1970 beitreten oder die bei Inkrafttreten dieses Übereinkommens geltende Fassung der Gemeinschaftsverordnungen.

- Verordnung (EG) Nr.561/2006 des Europäischen Parlaments und des Rates vom 15. März 2006 zur Harmonisierung bestimmter Sozialvorschriften im Straßenverkehr und zur Änderung der Verordnungen (EWG) Nr. 3821/85 und (EG) Nr. 2135/98 des Rates sowie zur Aufhebung der Verordnung (EWG) Nr. 3820/85 des Rates (ABl. L 102 vom 11.4.2006, S. 1), zuletzt geändert durch die Verordnung (EG) Nr. 1073/2009 (ABl. L 300 vom 14.11.2009, S. 88).
- Verordnung (EWG) Nr. 3821/85 des Rates vom 20. Dezember 1985 über das Kontrollgerät im Straßenverkehr (ABl. L 370 vom 31.12.1985, S. 8), zuletzt geändert durch die Verordnung (EU) Nr. 1266/2009 der Kommission (ABl. L 339 vom 22.12.2009, S. 3).

– Richtlinie 2006/22/EG des Europäischen Parlaments und des Rates vom 15. März 2006 über Mindestbedingungen für die Durchführung der Verordnungen (EWG) Nr. 3820/85 und (EWG) Nr. 3821/85 des Rates über Sozialvorschriften für Tätigkeiten im Kraftverkehr sowie zur Aufhebung der Richtlinie 88/599/EWG des Rates (ABl. L 102 vom 11.4.2006, S. 35), zuletzt geändert durch die Richtlinie 2009/5/EG der Kommission (ABl. L 29 vom 31.1.2009, S. 45).
– Richtlinie 2003/88/EG des Europäischen Parlaments und des Rates vom 4. November 2003 über bestimmte Aspekte der Arbeitszeitgestaltung (ABl. L 299 vom 18.11.2003, S. 9).
– Richtlinie 2002/15/EG des Europäischen Parlaments und des Rates vom 11. März 2002 zur Regelung der Arbeitszeit von Personen, die Fahrtätigkeiten im Bereich des Straßentransports ausüben (ABl. L 80 vom 23.3.2002, S. 35).
– Richtlinie 2003/59/EG des Europäischen Parlaments und des Rates vom 15. Juli 2003 über die Grundqualifikation und Weiterbildung der Fahrer bestimmter Kraftfahrzeuge für den Güter- oder Personenkraftverkehr und zur Änderung der Verordnung (EWG) Nr. 3820/85 und der Richtlinie 91/439/EWG des Rates sowie zur Aufhebung der Richtlinie 76/914/EWG des Rates (ABl. L 226 vom 10.9.2003, S. 4).

anwenden.

Abschnitt VI. Steuer- und Zollbestimmungen

Art. 9

(1) Omnibusse, die bei nach diesem Übereinkommen durchgeführten Fahrten eingesetzt werden, sind im Gebiet der anderen Vertragsparteien von allen Fahrzeugsteuern und allen auf den Betrieb oder Besitz von Fahrzeugen erhobenen Abgaben sowie von allen speziell auf Verkehrsleistungen erhobenen Steuern und Abgaben befreit.

Diese Befreiung von Omnibussen gilt nicht für die Steuern und Abgaben auf Kraftstoffe, die auf Verkehrsleistungen erhobene Mehrwertsteuer, Straßenbenutzungsgebühren und sonstige von den Verkehrsnutzern für die Nutzung der Infrastruktur erhobene Gebühren.

(2) Die Vertragsparteien stellen sicher, dass Straßenbenutzungsgebühren und andere von den Verkehrsnutzern zu zahlende Abgaben nicht gleichzeitig für das Befahren eines bestimmten Straßenabschnitts erhoben werden können. Die Vertragsparteien können jedoch Gebühren für Straßennetze erheben, auf denen Benutzungsgebühren für Brücken, Tunnel und Passstraßen zu zahlen sind.

(3) Der von den Omnibussen in den hierfür herstellerseitig vorgesehenen Behältern mitgeführte Kraftstoff bis zur Höchstmenge von 600 l sowie die in den Fahrzeugen ausschließlich für Betriebszwecke befindlichen Schmierstoffe sind von allen in den anderen Vertragsparteien erhobenen Einfuhrzöllen und sonstigen Steuern und Abgaben befreit.

(4) Der nach Artikel 23 gebildete Gemeinsame Ausschuss erstellt eine Liste der in den einzelnen Vertragsparteien auf den Straßenpersonenverkehr mit Omnibussen erhobenen Steuern. In dieser Liste ist anzugeben, welche Steuern unter die Bestimmungen von Absatz 1 Unterabsatz 1 dieses Artikels fallen und demnach nur in der Vertragspartei erhoben werden können, in der das Fahrzeug zugelassen ist. Daneben ist in dieser Liste anzugeben, welche Steuern unter die Bestimmungen von Absatz 1 Unterabsatz 2 dieses Artikels fallen und demnach auch in den anderen Vertragsparteien als der Vertragspartei, in der das Fahrzeug zugelassen ist, erhoben werden können. Vertragsparteien, die eine der in diesen Listen aufgeführten Steuern durch eine andere gleich- oder andersartige Steuer ersetzen, melden dies dem Gemeinsamen Ausschuss, damit dieser die Listen entsprechend aktualisieren kann.

(5) Die Ersatzteile und Werkzeuge für die Instandsetzung eines bei einer internationalen Verkehrsleistung beschädigten Omnibusses sind bei ihrer Einfuhr in das Gebiet der anderen Vertragspartei zu den in deren Bestimmungen für die vorübergehende Einfuhr solcher Gegenstände festgelegten Bedingungen von Einfuhrzöllen und allen Steuern und Abgaben befreit. Die ersetzten Teile sind wieder auszuführen oder unter Aufsicht der zuständigen Zollbehörde der anderen Vertragspartei zu vernichten.

Abschnitt VII. Kontrolldokumente für den genehmigungsfreien Gelegenheitsverkehr

Art. 10

Die in Artikel 6 genannten Verkehre erfolgen unter einem Kontrolldokument, das von den zuständigen Behörden oder einer anderen hierzu ermächtigten Stelle der Vertragspartei ausgestellt wird, in der der Verkehrsunternehmer niedergelassen ist.

Art. 11

(1) Das Kontrolldokument besteht aus abtrennbaren Fahrtenblättern in doppelter Ausfertigung, die in Fahrtenheften zu je 25 Fahrtenblättern enthalten sind. Das Kontrolldokument muss dem in Anhang 3 dieses Übereinkommens wiedergegebenen Muster entsprechen.

(2) Jedes Fahrtenheft und die in ihm enthaltenen Fahrtenblätter werden mit einer Kennnummer versehen. Die einzelnen Fahrtenblätter werden zusätzlich von 1 bis 25 durchnummeriert.

(3) Der Text auf dem Deckblatt des Fahrtenheftes und auf den Fahrtenblättern wird in der Amtssprache oder in mehreren Amtssprachen der Vertragspartei gedruckt, in der der Verkehrsunternehmer niedergelassen ist.

Art. 12

(1) Das in Artikel 11 vorgesehene Fahrtenheft wird auf den Namen des Verkehrsunternehmers ausgestellt; es ist nicht übertragbar.

(2) Das Original des Fahrtenblatts ist während der ganzen Fahrt, für die es ausgestellt wurde, im Omnibus mitzuführen.

(3) Der Verkehrsunternehmer ist für die ordnungsgemäße Führung der Fahrtenblätter verantwortlich.

Art. 13

(1) Das Fahrtenblatt ist vom Verkehrsunternehmer für jede Fahrt vor deren Antritt in doppelter Ausfertigung auszufüllen.

(2) Zur Angabe der Namen der Fahrgäste kann der Verkehrsunternehmer eine im Voraus auf einem gesonderten Blatt erstellte Liste verwenden, die dem Fahrtenblatt beizufügen ist. Der Stempel des Verkehrsunternehmers und gegebenenfalls die Unterschriften des Verkehrsunternehmers und des Omnibusfahrers sind sowohl auf dieser Liste als auch auf dem Fahrtenblatt anzubringen.

(3) Wenn die Hinfahrt gemäß Artikel 6 Absatz 3 als Leerfahrt erfolgt, kann die Liste der Fahrgäste zu den in Absatz 2 genannten Bedingungen zum Zeitpunkt der Aufnahme der Fahrgäste erstellt werden.

Art. 14

Die zuständigen Behörden in zwei oder mehr Vertragsparteien können vereinbaren, dass die Erstellung der Fahrgastliste nicht erforderlich ist. In diesem Fall ist im Kontrolldokument die Zahl der Fahrgäste anzugeben.

Der nach Artikel 23 gebildete Gemeinsame Ausschuss ist von solchen Vereinbarungen in Kenntnis zu setzen.

Abschnitt VIII. Genehmigung nicht liberalisierter Gelegenheitsverkehre

Art. 15

(1) Genehmigungen für Gelegenheitsverkehre, die nicht nach Artikel 6 liberalisiert sind, werden in gegenseitigem Einvernehmen zwischen den zuständigen Behörden der Vertragsparteien, in deren Gebiet Fahrgäste aufgenommen oder abgesetzt werden sollen, und den zuständigen Behörden der im Transit zu durchfahrenden Vertragsparteien erteilt. Wenn sowohl der Ausgangs- als auch der Zielort der Fahrt in einem Mitgliedstaat der Europäischen Gemeinschaft liegt, ist der Transit durch andere Mitgliedstaaten der Gemeinschaft nicht genehmigungspflichtig.

(2) Die Genehmigung entspricht dem in Anhang 5 wiedergegebenen Muster.

Art. 16. Antrag auf Genehmigung

(1) Der Antrag auf Genehmigung ist vom Verkehrsunternehmer an die zuständigen Behörden der Vertragspartei zu richten, in deren Gebiet der Ausgangsort liegt.

Das Antragsformular entspricht dem in Anhang 4 wiedergegebenen Muster.

(2) Dem vom Verkehrsunternehmer auszufüllenden Antrag ist der Nachweis beizufügen, dass der Antragsteller die in Artikel 1 Absatz 1 Buchstabe a) zweiter Gedankenstrich genannte Erlaubnis zur Beförderung von Fahrgästen im grenzüberschreitenden Gelegenheitsverkehr mit Omnibussen besitzt.

(3) Die zuständigen Behörden der Vertragspartei, in deren Gebiet der Ausgangsort liegt, prüfen den Antrag auf Genehmigung des betreffenden Verkehrsdienstes und leiten ihn im Genehmigungsfall weiter an die zuständigen Behörden der Vertragspartei(en), in deren Gebiet(en) der oder die Zielort(e) liegt bzw. liegen, sowie an die zuständigen Behörden der im Transit zu durchfahrenden Vertragsparteien.

(4) Abweichend von Artikel 15 Absatz 1 können Vertragsparteien, deren Gebiete im Transit durchfahren werden, beschließen, dass ihre Zustimmung zu den in diesem Abschnitt behandelten Verkehren nicht mehr erforderlich ist. Der nach Artikel 23 gebildete Gemeinsame Ausschuss ist von einem solchen Beschluss in Kenntnis zu setzen.

(5) Die zuständigen Behörden der Vertragspartei(en), deren Zustimmung beantragt wurde, erteilen die Genehmigung innerhalb eines Monats, und zwar ohne Diskriminierung aufgrund der Staatsangehörigkeit oder des Geschäftssitzes der Verkehrsunternehmers. Wenn diese Behörden den Bedingungen der Genehmigung nicht zustimmen, informieren sie die zuständigen Behörden der betroffenen Vertragspartei(en) unter Angabe der hierfür maßgebenden Gründe.

Art. 17

Die zuständigen Behörden von zwei oder mehr Vertragsparteien können vereinbaren, das Genehmigungsverfahren, das Muster des Antrags auf Genehmigung und das Muster der Genehmigung für zwischen diesen Vertragsparteien durchgeführte Gelegenheitsverkehre zu vereinfachen. Der nach Artikel 23 gebildete Gemeinsame Ausschuss ist von einer solchen Vereinbarung in Kenntnis zu setzen.

Abschnitt IX. Kontroll- und Strafbestimmungen, gegenseitige Amtshilfe

Art. 18

Das in Artikel 10 vorgesehene Kontrolldokument und die in Artikel 15 vorgesehenen Genehmigungen sind im Omnibus mitzuführen und den kontrollierenden Beamten auf Verlangen vorzulegen.

Art. 19

Die zuständigen Behörden in den Vertragsparteien treffen die erforderlichen Maßnahmen um sicherzustellen, dass die Verkehrsunternehmer die Bestimmungen dieses Übereinkommens befolgen.

Art. 20

Eine amtlich beglaubigte Kopie der in Artikel 1 Absatz 1 Buchstabe a) zweiter Gedankenstrich genannten Erlaubnis zur Beförderung von Fahrgästen im grenzüberschreitenden Gelegenheitsverkehr mit Omnibussen ist im Omnibus mitzuführen und den kontrollierenden Beamten auf Verlangen vorzulegen.

Dem nach Artikel 23 gebildeten Gemeinsamen Ausschuss sind Muster dieser von den zuständigen Behörden der Vertragsparteien ausgestellten Dokumente zu übergeben.

Art. 21

Die zuständigen Behörden der Vertragsparteien erstellen ein System von Strafbestimmungen für die Verletzung dieses Übereinkommens. Die darin vorgesehenen Strafen sollen wirksam, angemessen und abschreckend sein.

Art. 22

(1) Wenn ein nicht ansässiger Verkehrsunternehmer schwere oder wiederholte Verstöße gegen die Straßenverkehrsvorschriften, insbesondere gegen die Bestimmungen über Fahr- und Ruhezeiten und die Sicherheit im Straßenverkehr begangen hat, die zum Entzug der Erlaubnis zur Ausübung des Berufs eines Personenverkehrsunternehmers führen könnten, übermitteln die zuständigen Behörden der betreffenden Vertragspartei den zuständigen Behörden der Vertragspartei, in der der Verkehrsunternehmer niedergelassen ist, alle in ihrem Besitz befindlichen Informationen über diese Verstöße und über die gegen ihn verhängten Strafen.

(2) Die zuständigen Behörden der Vertragspartei, in deren Gebiet die schweren oder wiederholten Verstöße gegen die Straßenverkehrsvorschriften, insbesondere gegen die Bestimmungen über Fahr- und Ruhezeiten und die Sicherheit im Straßenverkehr begangen wurden, können dem betreffenden Verkehrsunternehmer vorübergehend den Zugang zum Gebiet dieser Vertragspartei verweigern.

Innerhalb der Europäischen Gemeinschaft können die zuständigen Behörden eines Mitgliedstaats den Zugang zu diesem Mitgliedstaat nur vorübergehend verweigern. Die zuständigen Behörden der Vertragspartei, in der der Verkehrsunternehmer niedergelassen ist, sowie der nach Artikel 23 gebildete Gemeinsame Ausschuss sind von derartigen Maßnahmen in Kenntnis zu setzen.

(3) Wenn ein Verkehrsunternehmer schwere oder wiederholte Verstöße gegen die Straßenverkehrsvorschriften, insbesondere gegen die Bestimmungen über Fahr- und Ruhezeiten und die Sicherheit im Straßenverkehr begangen

hat, treffen die zuständigen Behörden der Vertragsparteien, in der der Verkehrsunternehmer niedergelassen ist, geeignete Maßnahmen, um eine Wiederholung derartiger Verstöße zu vermeiden; diese Maßnahmen können in der Aussetzung oder dem Entzug der Erlaubnis zur Ausübung des Berufs eines Personenverkehrsunternehmers bestehen. Der nach Artikel 23 gebildete Gemeinsame Ausschuss ist von einer derartigen Maßnahme in Kenntnis zu setzen.

(4) Die Vertragsparteien garantieren den Verkehrsunternehmern das Recht, gegen die verhängten Strafmaßnahmen Rechtsmittel einzulegen.

Abschnitt X. Der Gemeinsame Ausschuss

Art. 23

(1) Zur Erleichterung der Durchführung dieses Übereinkommens wird hiermit ein Gemeinsamer Ausschuss gebildet. Dieser Ausschuss besteht aus Vertretern der Vertragsparteien.

(2) Der Gemeinsame Ausschuss hält innerhalb von sechs Monaten nach Inkrafttreten dieses Übereinkommens eine erste Sitzung ab.

(3) Der Gemeinsame Ausschuss gibt sich eine Geschäftsordnung.

(4) Der Gemeinsame Ausschuss tritt auf Verlangen mindestens einer Vertragspartei zusammen.

(5) Der Gemeinsame Ausschuss fasst Beschlüsse nur, wenn zwei Drittel der Vertragsparteien, darunter die Europäische Gemeinschaft, in den Sitzungen des Gemeinsamen Ausschusses vertreten sind.

(6) Für die von dem Gemeinsamen Ausschuss zu fassenden Beschlüsse ist die Einstimmigkeit der vertretenen Vertragsparteien erforderlich. Wenn diese Einstimmigkeit nicht erzielt werden kann, kommen auf Verlangen einer oder mehrerer betroffener Vertragsparteien die zuständigen Behörden innerhalb von sechs Wochen zu Konsultationen zusammen.

Art. 24

(1) Der Gemeinsame Ausschuss sorgt für die ordnungsgemäße Durchführung dieses Übereinkommens. Der Ausschuss wird über alle Maßnahmen unterrichtet, die zur Umsetzung der Bestimmungen dieses Übereinkommens getroffen wurden oder getroffen werden sollen.

(2) Der Gemeinsame Ausschuss soll insbesondere

a) aufgrund der ihm von den Vertragsparteien zugeleiteten Informationen eine Liste der für die Aufgaben nach den Abschnitten V, VI, VII, VIII und IX zuständigen Behörden der Vertragsparteien aufstellen;
b) die in den Anhängen zu diesem Übereinkommen wiedergegebenen Kontrolldokumente und sonstigen Dokumentenmuster ändern oder anpassen;
c) die Anhänge über die auf Omnibusse anzuwendenden technischen Normen sowie den Anhang 1 über die Anforderungen an die Personenverkehrsunternehmer nach Artikel 4 ändern oder anpassen, um zukünftige innerhalb der Europäischen Gemeinschaft beschlossene Maßnahmen zu berücksichtigen;

d) anhand der von den Vertragsparteien übermittelten Angaben eine zur Information dienende Liste über die in Artikel 9 Absätze 4 und 5 genannten Zölle, Steuern und Abgaben erstellen;
e) die in Artikel 8 genannten Anforderungen an die Sozialbestimmungen ändern oder anpassen, um zukünftige, innerhalb der Europäischen Gemeinschaft beschlossene Maßnahmen zu berücksichtigen;
f) gegebenenfalls auftretende Streitfragen über die Durchführung und Auslegung dieses Übereinkommens klären;
g) weitere Schritte zur Liberalisierung der weiterhin genehmigungspflichtigen Gelegenheitsverkehre vorschlagen.

(3) Die Vertragsparteien treffen die notwendigen Maßnahmen, um die Beschlüsse des Gemeinsamen Ausschusses nötigenfalls entsprechend ihren jeweiligen internen Verfahrensweisen umzusetzen.

(4) Wenn zu einer Streitfrage gemäß Absatz 2 Buchstabe f) dieses Artikels keine Einigkeit erzielt werden kann, können die betroffenen Vertragsparteien den Fall einem Schiedsgericht vorlegen. Dabei benennt jede der betroffenen Vertragsparteien ein Mitglied des Schiedsgerichts. Auch der Gemeinsame Ausschuss selbst benennt ein Mitglied dieses Schiedsgerichts.

Die Schiedsrichter treffen eine Mehrheitsentscheidung.

Die von der Streitfrage betroffenen Vertragsparteien müssen die notwendigen Maßnahmen zur Umsetzung der Entscheidung des Schiedsgerichts treffen.

Abschnitt XI. Allgemeine und Schlussbestimmungen

Art. 25. Zweiseitige Vereinbarungen

(1) Die Bestimmungen dieses Übereinkommens ersetzen die einschlägigen Bestimmungen der zwischen einzelnen Vertragsparteien geschlossenen Übereinkommen. Im Fall der Europäischen Gemeinschaft gilt dies für auch für Übereinkommen zwischen einzelnen Mitgliedstaaten und anderen Vertragsparteien.

(2) Einzelne Vertragsparteien mit Ausnahme der Europäischen Gemeinschaft können vereinbaren, auf Omnibusse, die im Gelegenheitsverkehr zwischen ihren Gebieten und bei Transitfahrten durch ihre Gebiete eingesetzt werden, anstelle von Artikel 5 und Anhang 2 dieses Übereinkommens andere technische Normen anzuwenden.

(3) Unbeschadet der Bestimmungen von Anhang 2 Artikel 6 ersetzen die Bestimmungen dieses Übereinkommens die einschlägigen Bestimmungen der zwischen den Mitgliedstaaten der Europäischen Gemeinschaft und anderen Vertragsparteien abgeschlossenen Übereinkommen.

Die in bestehenden bilateralen Übereinkommen zwischen Mitgliedstaaten der Europäischen Gemeinschaft und anderen Vertragsparteien über den Gelegenheitsverkehr nach Artikel 7 enthaltenen Bestimmungen über Befreiungen von der Genehmigungspflicht können jedoch beibehalten und erneuert werden. In diesem Fall sind die betreffenden Vertragsparteien gehalten, den nach Artikel 23 eingesetzten Gemeinsamen Ausschuss unverzüglich zu unterrichten.

Art. 26. Unterzeichnung

Dieses Übereinkommen wird in Brüssel vom 14. April 2000 bis zum 30. Juni 2001 beim Generalsekretariat des Rats der Europäischen Union, das als Hinterlegungsstelle für dieses Übereinkommen dient, zur Unterzeichnung aufgelegt.

Art. 27. Ratifizierung bzw. Genehmigung dieses Übereinkommens und Hinterlegung

Dieses Übereinkommen muss von den unterzeichnenden Parteien nach ihren jeweiligen Verfahrensregeln genehmigt bzw. ratifiziert werden. Die Genehmigungs- oder Ratifizierungsurkunden sind beim Generalsekretariat des Rats der Europäischen Union zu hinterlegen, das alle anderen Unterzeichner entsprechend benachrichtigt.

Art. 28. Inkrafttreten

(1) Dieses Übereinkommen tritt für diejenigen Vertragsparteien, die es genehmigt oder ratifiziert haben, in Kraft, nachdem es von insgesamt vier Vertragsparteien, darunter die Europäische Gemeinschaft, genehmigt oder ratifiziert wurde; das Inkrafttreten erfolgt am ersten Tag des dritten auf das Datum der Hinterlegung der vierten Genehmigungs- oder Ratifizierungsurkunde folgenden Monats oder, wenn zum Zeitpunkt der Ratifizierung des Übereinkommens eine entsprechende Erklärung abgegeben wurde, erst am ersten Tag des sechsten Monats.

(2) Für Vertragsparteien, die dieses Übereinkommen nach dessen Inkrafttreten gemäß Absatz 1 genehmigen oder ratifizieren, tritt es am ersten Tag des dritten Monats in Kraft, der auf den Tag folgt, an dem die betreffende Vertragspartei ihre Genehmigungs- oder Ratifizierungsurkunde hinterlegt.

Art. 29. Laufzeit des Übereinkommens – Bewertung seiner Wirksamkeit

(1) Dieses Übereinkommen wird für einen Zeitraum von fünf Jahren geschlossen, der mit seinem Inkrafttreten beginnt.

(2) Die Laufzeit dieses Übereinkommens wird für diejenigen Vertragsparteien, die sich nicht dagegen aussprechen, automatisch um weitere Zeiträume von jeweils fünf Jahren verlängert. Vertragsparteien, die das Übereinkommen nicht zu verlängern wünschen, notifizieren dies der Hinterlegungsstelle nach dem in Artikel 31 vorgesehenen Verfahren.

(3) Vor Ablauf eines jeden Fünfjahreszeitraums erstellt der Gemeinsame Ausschuss eine Bewertung der Wirksamkeit dieses Übereinkommens.

Art. 30. Beitritt

(1) Nach dem Inkrafttreten ist dieses Übereinkommen offen für den Beitritt von Ländern, die Vollmitglieder der Europäischen Konferenz der Verkehrsminister (CEMT) sind. Im Fall des Beitritts von Ländern, die Mitglieder des Übereinkommens über den Europäischen Wirtschaftsraums sind, gilt dieses Übereinkommen nicht für den Verkehr zwischen den Vertragsparteien des Übereinkommens über den Europäischen Wirtschaftsraum.

(2) Dieses Übereinkommen ist auch offen für den Beitritt der Republik San Marino, des Fürstentums Andorra und des Fürstentums Monaco.

(3) Für jeden diesem Übereinkommen nach dessen Inkrafttreten gemäß Artikel 28 beitretenden Staat tritt es am ersten Tag des dritten Monats in Kraft, der auf die Hinterlegung der Beitrittsurkunde dieses Staates folgt.

(4) Jedem diesem Übereinkommen nach dessen Inkrafttreten gemäß Artikel 28 beitretenden Staat kann für die Einführung von Bestimmungen, die der (den) in Anhang 1 genannten Richtlinie(n) entsprechen, ein Zeitraum von höchstens drei Jahren eingeräumt werden. Der Gemeinsame Ausschuss ist von den getroffenen Maßnahmen zu unterrichten.

Art. 31. Kündigung

Jede Vertragspartei kann dieses Übereinkommen für sich unter Einhaltung einer einjährigen Kündigungsfrist durch gleichzeitige Notifizierung der anderen Vertragsparteien über die Hinterlegungsstelle des Übereinkommens kündigen. Ferner ist der Gemeinsame Ausschuss über die Gründe für die Kündigung zu unterrichten. Während der ersten vier Jahre nach seinem Inkrafttreten gemäß Artikel 28 ist eine Kündigung dieses Übereinkommens jedoch nicht möglich.

Wenn das Übereinkommen durch eine oder mehrere Vertragspartei(en) gekündigt wurde und die Zahl der Vertragsparteien unter die für das ursprüngliche Inkrafttreten gemäß Artikel 28 vereinbarte Mindestzahl fällt, bleibt das Übereinkommen in Kraft, es sei denn, der die verbleibenden Vertragsparteien umfassende Gemeinsame Ausschuss entscheidet anders.

Art. 32. Ausscheiden einer Vertragspartei

Eine Vertragspartei, die der Europäischen Union beitritt, gilt vom Tage dieses Beitritts an nicht mehr als Vertragspartei.

Artikel 33. Anhänge

Die beigefügten Anhänge sind Bestandteil dieses Übereinkommens.

Art. 34. Sprachen

Dieses Übereinkommen wird in englischer, französischer und deutscher Sprache abgefasst, wobei diese Fassungen als verbindlich anzusehen sind; es wird im Archiv des Generalsekretariats des Rats der Europäischen Union hinterlegt, das allen Vertragsparteien eine beglaubigte Kopie des Übereinkommens übermittelt.

Jede Vertragspartei besorgt eine eigene Übersetzung dieses Übereinkommens in seiner (seinen) Amtssprache(n). Eine Kopie dieser Übersetzung(en) ist im Archiv des Generalsekretariats des Rats der Europäischen Union zu hinterlegen.

Die Hinterlegungsstelle übermittelt allen Vertragsparteien Kopien sämtlicher Übersetzungen des Übereinkommens und der Anhänge.

e) Verordnung (EU) Nr. 361/2014 der Kommission vom 9. April 2014 mit Durchführungsvorschriften zur Verordnung (EG) Nr. 1073/2009 hinsichtlich der Beförderungsdokumente für den grenzüberschreitenden Personenverkehr mit Kraftomnibussen und zur Aufhebung der Verordnung (EG) Nr. 2121/98 der Kommission

(ABl. 2014 L 107, 39)

– ohne Anhänge –

DIE EUROPÄISCHE KOMMISSION –

gestützt auf den Vertrag über die Arbeitsweise der Europäischen Union,

gestützt auf die Verordnung (EG) Nr. 1073/2009 des Europäischen Parlaments und des Rates vom 21. Oktober 2009 über gemeinsame Regeln für den Zugang zum grenzüberschreitenden Personenkraftverkehrsmarkt und zur Änderung der Verordnung (EG) Nr. 561/2006[1], insbesondere auf Artikel 5 Absätze 3 und 5, Artikel 6 Absatz 4, Artikel 7 Absatz 2, Artikel 12 Absatz 5 und Artikel 28 Absatz 3,

in Erwägung nachstehender Gründe:

(1) Nach Artikel 5 der Verordnung (EG) Nr. 1073/2009 sind der Linienverkehr und bestimmte Sonderformen des Linienverkehrs genehmigungspflichtig.

(2) Artikel 12 Absatz 1 derselben Verordnung sieht vor, dass bei dem in Artikel 2 Nummer 4 definierten Gelegenheitsverkehr ein Fahrtenblatt mitzuführen ist.

(3) Nach Artikel 5 Absatz 5 derselben Verordnung gilt für die in Artikel 2 Nummer 5 genannten Beförderungen im Werkverkehr eine Bescheinigungsregelung.

(4) Darüber hinaus sollte die Verwendung der in Artikel 12 derselben Verordnung genannten Kontrolldokumente sowie die Mitteilung der Namen der Verkehrsunternehmer, die Beförderungen im grenzüberschreitenden Gelegenheitsverkehr durchführen, und der Anschlussverbindungen auf der Strecke an die betreffenden Mitgliedstaaten geregelt werden.

(5) Zur Vereinfachung ist es notwendig, das Fahrtenblatt für den grenzüberschreitenden Gelegenheitsverkehr und die Kabotagebeförderung im Gelegenheitsverkehr zu vereinheitlichen.

(6) Das Fahrtenblatt, das bei der Kabotagebeförderung in Sonderformen des Linienverkehrs als Kontrolldokument verwendet wird, ist in Form einer monatlichen Aufstellung auszufüllen.

(7) Die Formulare, die von den Mitgliedstaaten verwendet werden, um der Kommission statistische Daten zur Anzahl der für Linienverkehrsdienste und

---

[1] ABl. L 300 vom 14.11.2009, S. 88.

Kabotagebeförderungen erteilten Genehmigungen mitzuteilen, müssen vereinheitlicht werden.

(8) Im Interesse der Transparenz und der Klarheit sollten sämtliche Musterdokumente, die durch die Verordnung (EG) Nr. 2121/98 vom 2. Oktober 1998 mit Durchführungsvorschriften zu den Verordnungen (EWG) Nr. 684/92 und (EG) Nr. 12/98 des Rates hinsichtlich der Beförderungsdokumente für den Personenverkehr mit Kraftomnibussen[1] festgelegt sind, an die Verordnung (EG) Nr. 1073/2009 für den grenzüberschreitenden Verkehr mit Kraftomnibussen angepasst werden.

(9) Die Verordnung (EG) Nr. 2121/98 sollte daher aufgehoben werden.

(10) Die Mitgliedstaaten benötigen für Druck und Verteilung der Dokumente einige Zeit. In der Zwischenzeit sollten die Verkehrsunternehmen weiterhin die in der Verordnung (EG) Nr. 2121/98 der Kommission vorgesehenen Dokumente verwenden können, auf denen anzugeben ist, dass sie den Vorschriften der Verordnung (EG) Nr. 1073/2009 Rechnung tragen.

(11) Die in dieser Verordnung vorgesehenen Maßnahmen entsprechen der Stellungnahme des Ausschusses für den Straßenverkehr –

HAT FOLGENDE VERORDNUNG ERLASSEN:

Abschnitt I. Kontrollpapiere

Art. 1

(1) Das Kontrollpapier (Fahrtenblatt) für den Gelegenheitsverkehr nach Artikel 2 Nummer 4 der Verordnung (EG) Nr. 1073/2009 muss dem Muster in Anhang I dieser Verordnung entsprechen.

(2) Die Fahrtenblätter sind in Heften zu jeweils 25 abtrennbaren Exemplaren in doppelter Ausfertigung zusammengefasst. Jedes Heft ist nummeriert. Die Fahrtenblätter sind zusätzlich von 1 bis 25 durchnummeriert. Das Deckblatt des Heftes muss dem Muster in Anhang II entsprechen. Die Mitgliedstaaten treffen die erforderlichen Vorkehrungen, um diese Anforderungen an die computergestützte Bearbeitung der Fahrtenblätter anzupassen.

Art. 2

(1) Das Heft nach Artikel 1 wird auf den Namen des Verkehrsunternehmers ausgestellt; es ist nicht übertragbar.

(2) Das Fahrtenblatt ist entweder vom Verkehrsunternehmer oder vom Fahrer vor Beginn einer jeden Fahrt in doppelter Ausfertigung in leserlicher und dauerhafter Schrift auszufüllen. Das Fahrtenblatt gilt für die gesamte Fahrtstrecke.

(3) Das Original des abgetrennten Fahrtenblattes muss sich während der gesamten Dauer der Fahrt, für die es ausgestellt wurde, in dem betreffenden Fahrzeug befinden. Eine Durchschrift des Fahrtenblattes verbleibt am Sitz des Unternehmens.

---

[1] ABl. L 268 vom 3.10.1998, S. 10.

(4) Der Verkehrsunternehmer ist für die Führung der Fahrtenblätter verantwortlich.

Art. 3

Wird ein Gelegenheitsverkehr von einer Gruppe von Verkehrsunternehmen betrieben, die für Rechnung desselben Auftraggebers tätig sind, und nehmen die Fahrgäste dabei gegebenenfalls bei einem anderen Verkehrsunternehmen derselben Gruppe eine Anschlussverbindung auf der Strecke wahr, muss sich das Original des Fahrtenblattes in dem diesen Dienst ausführenden Fahrzeug befinden. Eine Durchschrift dieses Fahrtenblattes befindet sich am Sitz jedes Unternehmens.

Artikel 4

(1) Die bei Kabotagebeförderungen im Gelegenheitsverkehr gemäß Artikel 15 Buchstabe b der Verordnung (EG) Nr. 1073/2009 als Kontrollpapiere verwendeten Fahrtenblätter sind vom Verkehrsunternehmer an die zuständige Behörde oder Stelle des Niederlassungsmitgliedstaats gemäß den von dieser festzulegenden Bedingungen zurückzusenden.

(2) Bei der Durchführung von Kabotagebeförderungen in Sonderformen des Linienverkehrs gemäß Artikel 15 Buchstabe a der Verordnung (EG) Nr. 1073/2009 ist das Fahrtenblatt gemäß dem Muster in Anhang I in Form einer monatlichen Aufstellung auszufüllen und vom Verkehrsunternehmer an die zuständige Behörde oder Stelle des Niederlassungsmitgliedstaats gemäß den von dieser festzulegenden Bedingungen zurückzusenden.

Art. 5

Das Fahrtenblatt berechtigt seinen Inhaber im Rahmen eines grenzüberschreitenden Gelegenheitsverkehrs zur Durchführung von örtlichen Ausflügen in einem anderen Mitgliedstaat als dem, in dem das Verkehrsunternehmen niedergelassen ist, wenn die in Artikel 13 der Verordnung (EG) Nr. 1073/2009 genannten Voraussetzungen erfüllt sind. Örtliche Ausflüge müssen vor Abfahrt des Fahrzeugs zu dem entsprechenden Ausflug im Fahrtenblatt eingetragen werden. Das Original des Fahrtenblattes muss sich während des gesamten örtlichen Ausflugs im Fahrzeug befinden.

Art. 6

Das Kontrollpapier ist jedem Kontrollberechtigten auf Verlangen vorzuzeigen.

Abschnitt II. Genehmigungen

Art. 7

(1) Der Genehmigungsantrag für Linienverkehrsdienste und genehmigungspflichtige Sonderformen des Linienverkehrs muss dem Muster in Anhang III entsprechen.

(2) Der Genehmigungsantrag muss folgende Angaben enthalten:

a) den Fahrplan;
b) die Fahrpreistabelle;
c) eine beglaubigte Kopie der Gemeinschaftslizenz für den grenzüberschreitenden Personenkraftverkehr gemäß Artikel 4 der Verordnung (EG) Nr. 1073/2009;
d) detaillierte Angaben zu Art und Umfang des Verkehrsdienstes, den der Antragsteller betreiben will, falls es sich um einen Antrag auf Einrichtung eines Dienstes handelt, bzw. den er betrieben hat, falls es sich um einen Antrag auf Erneuerung der Genehmigung handelt;
e) eine Karte in geeignetem Maßstab, auf der die Fahrtstrecke sowie die Orte eingezeichnet sind, an denen Fahrgäste aufgenommen oder abgesetzt werden;
f) einen Fahrplan, anhand dessen die Einhaltung der Rechtsvorschriften der Union über die Lenk- und Ruhezeiten überprüft werden kann.

(3) Der Antragsteller übermittelt zur Begründung seines Antrags alle zusätzlichen Angaben, die er für zweckdienlich hält oder um die die Genehmigungsbehörde ersucht.

Art. 8

(1) Die Genehmigungen müssen dem Muster in Anhang IV entsprechen.

(2) Jedes Fahrzeug, das im Rahmen eines genehmigungspflichtigen Verkehrsdienstes eingesetzt wird, muss eine Genehmigung oder eine von der Genehmigungsbehörde beglaubigte Kopie davon mitführen.

(3) Die Genehmigung ist höchstens fünf Jahre gültig.

Abschnitt III. Bescheinigungen

Art. 9

(1) Bescheinigungen für den Werkverkehr gemäß Artikel 2 Nummer 5 der Verordnung (EG) Nr. 1073/2009 müssen dem Muster in Anhang V dieser Verordnung entsprechen.

(2) Das antragstellende Unternehmen muss der Genehmigungsbehörde nachweisen oder glaubhaft versichern, dass die in Artikel 2 Nummer 5 der Verordnung (EG) Nr. 1073/2009 genannten Voraussetzungen erfüllt sind.

(3) Jedes Fahrzeug, das im Rahmen eines Verkehrsdienstes eingesetzt wird, für den eine Bescheinigungsregelung gilt, muss eine Bescheinigung oder eine

beglaubigte Kopie davon während der gesamten Dauer der Fahrt mitführen, die jedem Kontrollberechtigten auf Verlangen jederzeit vorzuzeigen ist.

(4) Die Bescheinigung ist höchstens fünf Jahre gültig.

Abschnitt IV. Übermittlung statistischer Daten

Art. 10

Die Übermittlung von Daten über Kabotagebeförderungen gemäß Artikel 28 Absatz 2 der Verordnung (EG) Nr. 1073/2009 erfolgt mittels einer Übersicht nach dem Muster in Anhang VI.

Abschnitt V. Übergangs- und Schlussbestimmungen

Art. 11

(1) Die Mitgliedstaaten können die Verwendung von Restbeständen der Vordrucke für Fahrtenblätter, Genehmigungsanträge, Genehmigungen und Bescheinigungen, die noch der Verordnung (EG) Nr. 2121/98 entsprechen, bis zum 31. Dezember 2015 gestatten.

(2) Die anderen Mitgliedstaaten sind gehalten, diese Fahrtenblätter und Genehmigungsanträge bis zum 31. Dezember 2015 in ihrem Gebiet anzuerkennen.

(3) Vor dem 31. Dezember 2015 im Einklang mit der Verordnung (EG) Nr. 2121/98 der Kommission ausgestellte Genehmigungen und Bescheinigungen bleiben bis zum Ablauf ihrer Geltungsdauer gültig.

Art. 12

Die Verordnung (EG) Nr. 2121/98 der Kommission wird aufgehoben.

Art. 13

Diese Verordnung tritt am zwanzigsten Tag nach ihrer Veröffentlichung im Amtsblatt der Europäischen Union in Kraft.

f) Verordnung (EU) Nr. 181/2011 des Europäischen Parlaments und des Rates vom 16. Februar 2011 über die Fahrgastrechte im Kraftomnibusverkehr und zur Änderung der Verordnung (EG) Nr. 2006/2004

(Text von Bedeutung für den EWR)
(ABl. 2011 L 55, 1)

DAS EUROPÄISCHE PARLAMENT UND DER RAT DER EUROPÄISCHEN UNION –

gestützt auf den Vertrag über die Arbeitsweise der Europäischen Union, insbesondere auf Artikel 91 Absatz 1,

auf Vorschlag der Europäischen Kommission,

nach Stellungnahme des Europäischen Wirtschafts- und Sozialausschusses[1],

nach Anhörung des Ausschusses der Regionen,

gemäß dem ordentlichen Gesetzgebungsverfahren, aufgrund des vom Vermittlungsausschuss am 24. Januar 2011 gebilligten gemeinsamen Entwurfs[2],

in Erwägung nachstehender Gründe:

(1) Die Maßnahmen der Union im Bereich des Kraftomnibusverkehrs sollten unter anderem darauf abzielen, überall ein hohes, dem Standard anderer Verkehrsträger vergleichbares Schutzniveau für die Fahrgäste sicherzustellen. Ferner sollte den allgemeinen Erfordernissen des Verbraucherschutzes in vollem Umfang Rechnung getragen werden.

(2) Da die Busfahrgäste im Beförderungsvertrag die schwächere Partei sind, sollte allen Fahrgästen ein Mindestmaß an Schutz gewährt werden.

(3) Die Maßnahmen der Union zur Verbesserung der Fahrgastrechte im Kraftomnibusverkehr sollten den Besonderheiten dieses überwiegend von kleinen und mittleren Unternehmen geprägten Sektors Rechnung tragen.

(4) Die Fahrgäste und zumindest diejenigen Personen, für die diese kraft Gesetzes unterhaltspflichtig waren oder zukünftig unterhaltspflichtig geworden wären, sollten nach Maßgabe der Richtlinie 2009/103/EG des Europäischen Parlaments und des Rates vom 16. September 2009 über die Kraftfahrzeug-Haftpflichtversicherung und die Kontrolle der entsprechenden Versicherungspflicht[3] im Falle eines aus der Nutzung des Kraftomnibusses resultierenden Unfalls angemessen geschützt sein.

---

[1] ABl. C 317 vom 23.12.2009, S. 99.

[2] Standpunkt des Europäischen Parlaments vom 23. April 2009 (ABl. C 184 E vom 8.7.2010, S. 312), Standpunkt des Rates in erster Lesung vom 11. März 2010 (ABl. C 122 E vom 11.5.2010, S. 1), Standpunkt des Europäischen Parlaments vom 6. Juli 2010 (noch nicht im Amtsblatt veröffentlicht), Beschluss des Rates vom 31. Januar 2011 und legislative Entschließung des Europäischen Parlaments vom 15. Februar 2011 (noch nicht im Amtsblatt veröffentlicht).

[3] ABl. L 263 vom 7.10.2009, S. 11.

(5) Bei der Bestimmung des nationalen Rechts, das für die Entschädigung bei Tod – einschließlich angemessener Kosten für die Bestattung – oder Körperverletzung oder bei Verlust oder Beschädigung von Gepäck infolge eines aus der Nutzung des Kraftomnibusses resultierenden Unfalls anwendbar ist, sollten die Verordnung (EG) Nr. 864/2007 des Europäischen Parlaments und des Rates vom 11. Juli 2007 über das auf außervertragliche Schuldverhältnisse anzuwendende Recht („Rom II")[1] und die Verordnung (EG) Nr. 593/2008 des Europäischen Parlaments und des Rates vom 17. Juni 2008 über das auf vertragliche Schuldverhältnisse anzuwendende Recht (Rom I)[2] berücksichtigt werden.

(6) Die Fahrgäste sollten – abgesehen von der in den anwendbaren nationalen Rechtsvorschriften vorgesehenen Entschädigung bei Tod oder Körperverletzung oder bei Verlust oder Beschädigung von Gepäck infolge eines aus der Nutzung des Kraftomnibusses resultierenden Unfalls – Anspruch auf Unterstützung in Bezug auf ihre unmittelbaren praktischen Bedürfnisse nach einem Unfall haben. Diese Unterstützung sollte erforderlichenfalls erste Hilfe, Unterbringung, Verpflegung, Kleidung und Beförderung umfassen.

(7) Busverkehrsdienste sollten den Bürgern allgemein zugute kommen. Daher sollten behinderte Menschen und Personen mit eingeschränkter Mobilität unabhängig von der Ursache der Beeinträchtigung Busreisemöglichkeiten haben, die denen anderer Bürger vergleichbar sind. Behinderte Menschen und Personen mit eingeschränkter Mobilität haben das gleiche Recht auf Freizügigkeit, Entscheidungsfreiheit und Nichtdiskriminierung wie alle anderen Bürger.

(8) Um behinderten Menschen und Personen mit eingeschränkter Mobilität Busreisemöglichkeiten zu eröffnen, die denen anderer Bürger vergleichbar sind, sollten vor dem Hintergrund von Artikel 9 des Übereinkommens der Vereinten Nationen über die Rechte von Menschen mit Behinderungen Regeln für die Gleichstellung dieser Personen und für ihre Unterstützung während der Reise festgelegt werden. Die Beförderung dieser Personen sollte daher akzeptiert und nicht wegen ihrer Behinderung oder eingeschränkten Mobilität verweigert werden, abgesehen von bestimmten Ausnahmen, die aus Gründen der Sicherheit oder wegen der Fahrzeugkonstruktion oder der Infrastruktur gerechtfertigt sind. Im Rahmen der einschlägigen Rechtsvorschriften über den Schutz der Arbeitnehmer sollten behinderte Menschen und Personen mit eingeschränkter Mobilität Anspruch auf Hilfe an Busbahnhöfen und in den Fahrzeugen haben. Im Interesse der sozialen Integration sollten die Betroffenen diese Hilfe kostenlos erhalten. Die Beförderer sollten Zugangsbedingungen festlegen, vorzugsweise unter Verwendung des europäischen Normungssystems.

(9) Bei der Entscheidung über die Gestaltung neuer Busbahnhöfe und bei umfassenden Renovierungsarbeiten sollten die Busbahnhofbetreiber bemüht sein, den Bedürfnissen von behinderten Menschen und Personen mit eingeschränkter Mobilität entsprechend den Anforderungen einer Konzeption für

[1] ABl. L 199 vom 31.7.2007, S. 40.
[2] ABl. L 177 vom 4.7.2008, S. 6.

alle Verwendungsarten („Design for all") Rechnung zu tragen. In jedem Fall sollten die Busbahnhofbetreiber Kontaktstellen angeben, bei denen die Betroffenen ihre Ankunft und ihren Bedarf an Hilfeleistung anmelden können.

(10) Entsprechend sollten Beförderer unbeschadet bestehender oder künftiger Rechtsvorschriften über technische Anforderungen für Kraftomnibusse bei der Entscheidung über die Ausrüstung neuer und neu einzurichtender Fahrzeuge solche Bedürfnisse, soweit möglich, berücksichtigen.

(11) Die Mitgliedstaaten sollten bemüht sein, die bestehende Infrastruktur zu verbessern, wo dies notwendig ist, um Beförderer in die Lage zu versetzen, den Zugang für behinderte Menschen oder Personen mit eingeschränkter Mobilität zu gewährleisten und geeignete Hilfestellungen anzubieten.

(12) Damit das Personal auf die Bedürfnisse von behinderten Menschen und Personen mit eingeschränkter Mobilität eingehen kann, sollte es angemessen geschult werden. Um die gegenseitige Anerkennung der nationalen Ausbildungsnachweise der Fahrer zu erleichtern, könnten Fahrer im Rahmen der Grundqualifikation und Weiterbildung im Sinne der Richtlinie 2003/59/EG des Europäischen Parlaments und des Rates vom 15. Juli 2003 über die Grundqualifikation und Weiterbildung der Fahrer bestimmter Kraftfahrzeuge für den Güter- oder Personenkraftverkehr[1] auch im Hinblick auf die Sensibilisierung für Behinderungen geschult werden. Damit sich die Einführung der Schulungsanforderungen mit den in jener Richtlinie vorgegebenen Fristen vereinbaren lässt, sollte für einen begrenzten Zeitraum eine Ausnahme gewährt werden können.

(13) Organisationen, die behinderte Menschen oder Personen mit eingeschränkter Mobilität vertreten, sollten bei der inhaltlichen Vorbereitung der Schulungen in Behindertenfragen konsultiert oder in diese Arbeit einbezogen werden.

(14) Zu den Rechten der Busfahrgäste sollte ein Anspruch auf Informationen über den Verkehrsdienst sowohl vor als auch während der Fahrt gehören. Alle wesentlichen Informationen für Busfahrgäste sollten auf Verlangen auch in alternativen, behinderten Menschen und Personen mit eingeschränkter Mobilität zugänglichen Formen bereitgestellt werden, wie zum Beispiel in großen Buchstaben, einfacher Sprache, Blindenschrift, mit Hilfe von Adaptionstechnik zugänglichen Mitteilungen in elektronischer Form oder als Tonbänder.

(15) Diese Verordnung sollte die Möglichkeiten der Beförderer, nach dem anwendbaren nationalen Recht Ausgleichsansprüche gegen andere Personen – auch Dritte – geltend zu machen, nicht einschränken.

(16) Die Unannehmlichkeiten, die den Fahrgästen durch Annullierung oder erhebliche Verspätung von Fahrten entstehen, sollten verringert werden. Deshalb sollten die Fahrgäste, die von einem Busbahnhof abreisen, in angemessener Weise betreut und in für alle Fahrgäste zugänglicher Form informiert werden. Sie sollten zudem die Möglichkeit haben, ihre Fahrt zu stornieren und sich den Fahrpreis erstatten zu lassen oder ihre Reise fortzusetzen oder eine Weiterreise mit geänderter Streckenführung zu annehmbaren Be-

[1] ABl. L 226 vom 10.9.2003, S. 4.

dingungen in Anspruch zu nehmen. Versäumen die Beförderer die Leistung der notwendigen Hilfe, sollten die Fahrgäste Anspruch auf finanzielle Entschädigung haben.

(17) Die Beförderer sollten unter Beteiligung der interessierten Kreise, der Berufsverbände und der Verbände von Verbrauchern, Fahrgästen, behinderten Menschen und Personen mit eingeschränkter Mobilität zusammenarbeiten, um auf nationaler oder europäischer Ebene Vereinbarungen zu treffen. Diese Vereinbarungen sollten auf die Verbesserung der Information, Betreuung und Unterstützung der Fahrgäste bei Fahrtunterbrechung ausgerichtet sein, insbesondere bei großer Verspätung oder Fahrtannullierung, wobei besonders Fahrgäste mit besonderen Bedürfnissen wegen Behinderungen, eingeschränkter Mobilität, Krankheit, fortgeschrittenem Alter und Schwangerschaft sowie begleitende Fahrgäste und Fahrgäste, die mit Kleinkindern reisen, im Mittelpunkt stehen sollten. Nationale Durchsetzungsstellen sollten von diesen Vereinbarungen in Kenntnis gesetzt werden.

(18) Diese Verordnung sollte die Rechte der Fahrgäste, die in der Richtlinie 90/314/EWG des Rates vom 13. Juni 1990 über Pauschalreisen[1] begründet sind, nicht berühren. Diese Verordnung sollte nicht in Fällen gelten, in denen eine Pauschalreise aus anderen Gründen als der Annullierung des Busverkehrsdienstes annulliert wird.

(19) Die Fahrgäste sollten umfassend über ihre Rechte nach dieser Verordnung informiert werden, damit sie diese Rechte auch tatsächlich wahrnehmen können.

(20) Die Fahrgäste sollten ihre Rechte durch geeignete Beschwerdeverfahren der Beförderer wahrnehmen können und indem sie gegebenenfalls Beschwerde bei den vom betreffenden Mitgliedstaat hierzu benannten Stellen erheben.

(21) Die Mitgliedstaaten sollten die Einhaltung dieser Verordnung sicherstellen und eine oder mehrere zuständige Stellen zur Wahrnehmung der Überwachungs- und Durchsetzungsaufgaben benennen. Das Recht der Fahrgäste, Forderungen nach nationalem Recht gerichtlich geltend zu machen, wird dadurch nicht berührt.

(22) Unter Berücksichtigung der von den Mitgliedstaaten festgelegten Beschwerdeverfahren sollte eine Beschwerde über die Hilfeleistung vorzugsweise an die Stelle bzw. Stellen gerichtet werden, die zur Durchsetzung dieser Verordnung in dem Mitgliedstaat benannt wurde(n), in dem der Abfahrtsort bzw. der Ankunftsort liegt.

(23) Die Mitgliedstaaten sollten für die Benutzung öffentlicher Verkehrsmittel und die Benutzung integrierter Informationen und integrierter Fahrscheine werben, um bestmögliche Ergebnisse hinsichtlich der Benutzung und der Interoperabilität der verschiedenen Verkehrsträger und Betreiber zu erzielen.

(24) Die Mitgliedstaaten sollten für Verstöße gegen diese Verordnung Sanktionen festlegen und deren Anwendung sicherstellen. Diese Sanktionen sollten wirksam, verhältnismäßig und abschreckend sein.

---

[1] ABl. L 158 vom 23.6.1990, S. 59.

(25) Da das Ziel dieser Verordnung, nämlich zu gewährleisten, dass Busfahrgäste in allen Mitgliedstaaten Schutz und Unterstützung auf gleichwertigem Niveau genießen, auf Ebene der Mitgliedstaaten nicht ausreichend verwirklicht werden kann und daher wegen des Umfangs und der Wirkungen der Maßnahme besser auf Unionsebene zu verwirklichen ist, kann die Union im Einklang mit dem in Artikel 5 des Vertrags über die Europäische Union niedergelegten Subsidiaritätsprinzip tätig werden. Entsprechend dem in demselben Artikel genannten Grundsatz der Verhältnismäßigkeit geht diese Verordnung nicht über das zur Erreichung dieses Ziels erforderliche Maß hinaus.

(26) Diese Verordnung sollte die Richtlinie 95/46/EG des Europäischen Parlaments und des Rates vom 24. Oktober 1995 zum Schutz natürlicher Personen bei der Verarbeitung personenbezogener Daten und zum freien Datenverkehr[1] unberührt lassen.

(27) Die Durchsetzung dieser Verordnung sollte sich auf die Verordnung (EG) Nr. 2006/2004 des Europäischen Parlaments und des Rates vom 27. Oktober 2004 über die Zusammenarbeit zwischen den für die Durchsetzung der Verbraucherschutzgesetze zuständigen nationalen Behörden („Verordnung über die Zusammenarbeit im Verbraucherschutz")[2] stützen. Daher sollte die genannte Verordnung entsprechend geändert werden.

(28) Die Verordnung steht im Einklang mit den Grundrechten und Grundsätzen, die insbesondere mit der in Artikel 6 des Vertrags über die Europäische Union genannten Charta der Grundrechte der Europäischen Union anerkannt wurden, wobei auch die Richtlinie 2000/43/EG des Rates vom 29. Juni 2000 zur Anwendung des Gleichbehandlungsgrundsatzes ohne Unterschied der Rasse oder der ethnischen Herkunft[3] sowie die Richtlinie 2004/113/EG des Rates vom 13. Dezember 2004 zur Verwirklichung des Grundsatzes der Gleichbehandlung von Männern und Frauen beim Zugang zu und bei der Versorgung mit Gütern und Dienstleistungen[4] zu berücksichtigen sind –

HABEN FOLGENDE VERORDNUNG ERLASSEN:

Kapitel I. Allgemeine Bestimmungen

Art. 1. Gegenstand

Diese Verordnung enthält Vorschriften für den Kraftomnibusverkehr, die Folgendes betreffen:

a) das Verbot der Diskriminierung von Fahrgästen hinsichtlich der Beförderungsbedingungen der Beförderer;
b) die Rechte der Fahrgäste bei Tod oder Körperverletzung oder bei Verlust oder Beschädigung von Gepäck infolge von aus der Nutzung des Kraftomnibusses resultierenden Unfällen;

---

[1] ABl. L 281 vom 23.11.1995, S. 31.
[2] ABl. L 364 vom 9.12.2004, S. 1.
[3] ABl. L 180 vom 19.7.2000, S. 22.
[4] ABl. L 373 vom 21.12.2004, S. 37.

c) das Verbot der Diskriminierung und die obligatorische Unterstützung von behinderten Menschen und Personen mit eingeschränkter Mobilität;
d) die Rechte der Fahrgäste bei Annullierung und Verspätung;
e) die Informationen, die den Fahrgästen mindestens verfügbar zu machen sind;
f) den Umgang mit Beschwerden;
g) allgemeine Durchsetzungsvorschriften.

Art. 2. Geltungsbereich

(1) Diese Verordnung gilt für Fahrgäste von Linienverkehrsdiensten für nicht näher bestimmte Gruppen von Fahrgästen, bei denen der Abfahrts- oder der Ankunftsort des Fahrgastes im Hoheitsgebiet eines Mitgliedstaats liegt und bei denen die planmäßige Wegstrecke 250 km oder mehr beträgt.

(2) Bezüglich der Verkehrsdienste gemäß Absatz 1, bei denen die planmäßige Wegstrecke weniger als 250 km beträgt, gelten Artikel 4 Absatz 2, Artikel 9, Artikel 10 Absatz 1, Artikel 16 Absatz 1 Buchstabe b und Artikel 16 Absatz 2, Artikel 17 Absätze 1 und 2 sowie die Artikel 24 bis 28.

(3) Zudem gilt diese Verordnung mit Ausnahme der Artikel 9 bis 16, des Artikels 17 Absatz 3 und der Kapitel IV, V und VI für Passagiere von Gelegenheitsverkehrsdiensten, wenn der ursprüngliche Abfahrtsort oder der endgültige Ankunftsort des Fahrgastes im Hoheitsgebiet eines Mitgliedstaats liegt.

(4) Mit Ausnahme von Artikel 4 Absatz 2, Artikel 9, Artikel 10 Absatz 1, Artikel 16 Absatz 1 Buchstabe b und Artikel 16 Absatz 2, Artikel 17 Absätze 1 und 2 sowie Artikel 24 bis 28 kann ein Mitgliedstaat inländische Linienverkehrsdienste in transparenter und nichtdiskriminierender Weise von der Anwendung dieser Verordnung ausnehmen. Diese Ausnahmen können ab dem Beginn der Anwendung dieser Verordnung für einen Zeitraum von höchstens vier Jahren gewährt werden, der einmal verlängert werden kann.

(5) Ein Mitgliedstaat kann in transparenter und nichtdiskriminierender Weise für einen Zeitraum von höchstens vier Jahren ab dem Beginn der Anwendung dieser Verordnung bestimmte Linienverkehrsdienste von der Anwendung dieser Verordnung ausnehmen, weil ein erheblicher Teil dieser Linienverkehrsdienste, der mindestens einen planmäßigen Halt umfasst, außerhalb der Union betrieben wird. Diese Ausnahmen können einmal verlängert werden.

(6) Die Mitgliedstaaten setzen die Kommission von den Ausnahmen, die sie für einzelne Arten von Diensten gemäß den Absätzen 4 und 5 gewähren, in Kenntnis. Die Kommission ergreift die geeigneten Maßnahmen, wenn sie der Auffassung ist, dass eine solche Ausnahme nicht mit diesem Artikel im Einklang steht. Die Kommission legt dem Europäischen Parlament und dem Rat spätestens bis zum 8. März 2018 einen Bericht über die gemäß den Absätzen 4 und 5 gewährten Ausnahmen vor.

(7) Die Bestimmungen dieser Verordnung sind nicht als gegenläufig zu oder als Einführung zusätzlicher Anforderungen zu denen in bestehenden Rechtsvorschriften über die technischen Anforderungen für Kraftomnibusse oder Infrastruktur oder Einrichtungen an den Bushaltestellen und Busbahnhöfen auszulegen.

(8) Diese Verordnung berührt nicht die Fahrgastrechte nach der Richtlinie 90/314/EWG und gilt nicht für Fälle, in denen eine Pauschalreise gemäß der genannten Richtlinie aus anderen Gründen als der Annullierung eines Linienverkehrsdienstes annulliert wird.

Art. 3. Begriffsbestimmungen

Im Sinne dieser Verordnung bezeichnet der Begriff

a) „Linienverkehrsdienste" Dienste zur Beförderung von Fahrgästen mit Kraftomnibussen in festgelegten Abständen auf einer bestimmten Verkehrsstrecke, wobei Fahrgäste an vorher festgelegten Haltestellen aufgenommen oder abgesetzt werden;

b) „Gelegenheitsverkehrsdienste" Verkehrsdienste, die nicht der Begriffsbestimmung der Linienverkehrsdienste entsprechen und deren Hauptmerkmal die Beförderung vorab gebildeter Fahrgastgruppen mit Kraftomnibussen auf Initiative eines Auftraggebers oder des Verkehrsunternehmers selbst ist;

c) „Beförderungsvertrag" einen Vertrag zwischen einem Beförderer und einem Fahrgast über die Erbringung eines oder mehrerer Linien- oder Gelegenheitsverkehrsdienste;

d) „Fahrschein" ein gültiges Dokument oder einen anderen Nachweis für einen Beförderungsvertrag;

e) „Beförderer" eine natürliche oder juristische Person, die kein Reiseveranstalter, kein Reisevermittler und kein Fahrscheinverkäufer ist und die im Rahmen eines Linien- oder Gelegenheitsverkehrsdienstes Beförderungen für die allgemeine Öffentlichkeit anbietet;

f) „ausführender Beförderer" eine andere natürliche oder juristische Person als den Beförderer, die die Beförderung tatsächlich ganz oder teilweise durchführt;

g) „Fahrscheinverkäufer" jeden Vermittler, der im Namen eines Beförderers Beförderungsverträge schließt;

h) „Reisevermittler" jeden Vermittler, der im Namen eines Fahrgasts Beförderungsverträge schließt;

i) „Reiseveranstalter" einen Veranstalter oder Vermittler im Sinne des Artikels 2 Nummern 2 und 3 der Richtlinie 90/314/EWG, der kein Beförderer ist;

j) „behinderter Mensch" oder „Person mit eingeschränkter Mobilität" eine Person, deren Mobilität bei der Benutzung von Beförderungsmitteln wegen einer körperlichen (sensorischen oder motorischen, dauerhaften oder zeitweiligen) Behinderung, einer geistigen Behinderung oder Beeinträchtigung, wegen anderer Behinderungen oder aufgrund des Alters eingeschränkt ist und deren Zustand angemessene Unterstützung und eine Anpassung der für alle Fahrgäste bereitgestellten Dienstleistungen an ihre besonderen Bedürfnisse erfordert;

k) „Zugangsbedingungen" die einschlägigen Normen, Leitlinien und Informationen betreffend die Zugänglichkeit von Kraftomnibussen und/oder bestimmten Busbahnhöfen einschließlich ihrer Einrichtungen für behinderte Menschen oder Personen mit eingeschränkter Mobilität;

l) „Reservierung" die Buchung eines Sitzplatzes in einem Kraftomnibus eines Linienverkehrsdienstes für eine bestimmte Abfahrtszeit;
m) „Busbahnhof" einen mit Personal besetzten Busbahnhof, an dem ein Linienverkehrsdienst auf einer bestimmten Strecke planmäßig hält, um Fahrgäste aufzunehmen oder abzusetzen, und der mit Einrichtungen wie Abfertigungsschaltern, Warteräumen oder Fahrscheinschaltern ausgestattet ist;
n) „Bushaltestelle" jede Stelle, die kein Busbahnhof ist und an der ein Linienverkehrsdienst auf einer bestimmten Strecke planmäßig hält, um Fahrgäste aufzunehmen oder abzusetzen;
o) „Busbahnhofbetreiber" eine Stelle in einem Mitgliedstaat, die für den Betrieb eines bestimmten Busbahnhofs verantwortlich ist;
p) „Annullierung" die Nichtdurchführung eines geplanten Linienverkehrsdienstes;
q) „Verspätung" eine Differenz zwischen der planmäßigen Abfahrtszeit des Linienverkehrsdienstes gemäß dem veröffentlichten Fahrplan und dem Zeitpunkt seiner tatsächlichen Abfahrt.

Art. 4. Fahrscheine und nichtdiskriminierende Beförderungsbedingungen

(1) Die Beförderer stellen dem Fahrgast einen Fahrschein aus, sofern nicht andere Dokumente den Beförderungsanspruch begründen. Ein Fahrschein kann in elektronischer Form ausgestellt werden.

(2) Unbeschadet der Sozialtarife werden die von Beförderern angewandten Vertragsbedingungen und Tarife der Allgemeinheit ohne jegliche unmittelbare oder mittelbare Diskriminierung aufgrund der Staatsangehörigkeit des Endkunden oder des Ortes der Niederlassung des Beförderers oder Fahrscheinverkäufers in der Union angeboten.

Art. 5. Andere ausführende Parteien

(1) Wurde die Erfüllung der Verpflichtungen nach dieser Verordnung einem ausführenden Beförderer, einem Fahrscheinverkäufer oder einer anderen Person übertragen, so haftet der Beförderer, Reisevermittler, Reiseveranstalter oder Busbahnhofbetreiber, der diese Verpflichtungen übertragen hat, dennoch für Handlungen und Unterlassungen dieser ausführenden Partei.

(2) Außerdem unterliegt die Partei, der der Beförderer, Reisevermittler, Reiseveranstalter oder Busbahnhofbetreiber die Erfüllung einer Verpflichtung übertragen hat, in Bezug auf die ihr übertragene Verpflichtung den Bestimmungen dieser Verordnung.

Art. 6. Ausschluss des Rechtsverzichts und der Rechtsbeschränkung

(1) Die Verpflichtungen gegenüber den Fahrgästen gemäß dieser Verordnung dürfen nicht eingeschränkt oder aufgehoben werden, insbesondere nicht durch abweichende oder einschränkende Bestimmungen im Beförderungsvertrag.

(2) Die Beförderer können Vertragsbedingungen anbieten, die für den Fahrgast günstiger sind als die in dieser Verordnung festgelegten Bedingungen.

Kapitel II. Entschädigung und Hilfeleistung bei Unfällen

Art. 7. Tod oder Körperverletzung von Fahrgästen und Verlust oder Beschädigung von Gepäck

(1) Die Fahrgäste haben gemäß den geltenden nationalen Rechtsvorschriften Anspruch auf Entschädigung bei Tod – einschließlich angemessener Kosten für die Bestattung – oder Körperverletzung sowie bei Verlust oder Beschädigung von Gepäck bei aus der Nutzung des Kraftomnibusses resultierenden Unfällen. Beim Tod eines Fahrgasts gilt dieses Recht mindestens für Personen, für die der Fahrgast kraft Gesetzes unterhaltspflichtig war oder zukünftig unterhaltspflichtig geworden wäre.

(2) Die Höhe der Entschädigung wird gemäß den geltenden nationalen Rechtsvorschriften berechnet. Darin vorgesehene Höchstgrenzen für die Entschädigung bei Tod oder Körperverletzung sowie bei Verlust oder Beschädigung von Gepäck dürfen pro Schadensfall nicht weniger betragen als

a) 220 000 EUR je Fahrgast;
b) 1 200 EUR je Gepäckstück. Die Entschädigung im Falle einer Beschädigung von Rollstühlen und anderen Mobilitätshilfen oder Hilfsgeräten entspricht stets dem Wiederbeschaffungswert oder den Reparaturkosten der verloren gegangenen oder beschädigten Ausrüstung.

Art. 8. Unmittelbare praktische Bedürfnisse von Fahrgästen

Bei aus der Nutzung des Kraftomnibusses resultierenden Unfällen leistet der Beförderer angemessene und verhältnismäßige Hilfe im Hinblick auf die unmittelbaren praktischen Bedürfnisse der Fahrgäste nach dem Unfall. Diese Hilfe umfasst erforderlichenfalls Unterbringung, Verpflegung, Kleidung, Beförderung und die Bereitstellung erster Hilfe. Hilfeleistung stellt in keinem Fall eine Haftungsanerkennung dar.

Der Beförderer kann die Gesamtkosten der Unterbringung je Fahrgast auf 80 EUR pro Nacht und auf höchstens zwei Nächte beschränken.

Kapitel III. Rechte von behinderten Menschen und Personen mit eingeschränkter Mobilität

Art. 9. Anspruch auf Beförderung

(1) Beförderer, Reisevermittler und Reiseveranstalter dürfen sich nicht allein aufgrund der Behinderung oder der eingeschränkten Mobilität einer Person weigern, eine Reservierung vorzunehmen, einen Fahrschein auszustellen oder auf sonstige Weise zur Verfügung zu stellen oder die Person an Bord des Fahrzeugs zu nehmen.

(2) Reservierungen und Fahrscheine sind für behinderte Menschen und Personen mit eingeschränkter Mobilität ohne Aufpreis anzubieten.

Art. 10. Ausnahmen und besondere Bedingungen

(1) Unbeschadet des Artikels 9 Absatz 1 können Beförderer, Reisevermittler und Reiseveranstalter sich aufgrund der Behinderung oder eingeschränkten Mobilität einer Person weigern, eine Reservierung vorzunehmen, einen Fahrschein auszustellen oder auf sonstige Weise zur Verfügung zu stellen oder die Person an Bord des Fahrzeugs zu nehmen,

a) um geltenden Sicherheitsanforderungen nachzukommen, die durch Vorschriften des internationalen Rechts, des Unionsrechts oder des nationalen Rechts festgelegt sind, oder um Gesundheits- und Sicherheitsanforderungen nachzukommen, die von den zuständigen Behörden erlassen wurden;
b) wenn es wegen der Bauart des Fahrzeugs oder der Infrastruktur, einschließlich der Busbahnhöfe und Bushaltestellen, physisch nicht möglich ist, den Einstieg, den Ausstieg oder die Beförderung des behinderten Menschen oder der Person mit eingeschränkter Mobilität auf sichere und operationell durchführbare Weise vorzunehmen.

(2) Weigert sich ein Beförderer, Reisevermittler oder Reiseveranstalter aus den in Absatz 1 angeführten Gründen, eine Reservierung vorzunehmen oder einen Fahrschein auszustellen oder auf sonstige Weise zur Verfügung zu stellen, so unterrichtet er die betreffende Person über jede annehmbare Beförderungsalternative mit einem Dienst des Beförderers.

(3) Wird einer Person, die eine Reservierung oder einen Fahrschein besitzt und die Anforderungen des Artikels 14 Absatz 1 Buchstabe a erfüllt hat, die Beförderung aufgrund ihrer Behinderung oder eingeschränkten Mobilität dennoch verweigert, so wird dieser Person und allen Begleitpersonen im Sinne des Absatzes 4 des vorliegenden Artikels Folgendes zur Auswahl angeboten:

a) die Erstattung des Fahrpreises und gegebenenfalls zum frühest möglichen Zeitpunkt die kostenlose Rückfahrt zum ersten Ausgangspunkt wie im Beförderungsvertrag angegeben und
b) sofern machbar, die Fortsetzung der Fahrt oder die Weiterreise mit geänderter Streckenführung durch einen angemessenen alternativen Verkehrsdienst zum im Beförderungsvertrag angegebenen Bestimmungsort.

Der Anspruch auf Erstattung des für den Fahrschein entrichteten Entgelts wird nicht dadurch berührt, dass keine Meldung gemäß Artikel 14 Absatz 1 Buchstabe a erfolgt ist.

(4) Weigert sich ein Beförderer, Reisevermittler oder Reiseveranstalter aus den in Absatz 1 genannten Gründen aufgrund der Behinderung oder der eingeschränkten Mobilität einer Person, eine Buchung vorzunehmen, einen Fahrschein auszustellen oder auf sonstige Weise zur Verfügung zu stellen oder die Person an Bord des Fahrzeugs zu nehmen, so kann diese Person verlangen, von einer anderen Person ihrer Wahl begleitet zu werden, die in der Lage ist, die von dem behinderten Menschen oder der Person mit eingeschränkter Mobilität benötigte Hilfe zu leisten, damit die in Absatz 1 angeführten Gründe nicht mehr zutreffen.

Eine solche Begleitperson wird kostenlos befördert; sofern machbar, wird ihr ein Sitzplatz neben dem behinderten Menschen oder der Person mit eingeschränkter Mobilität zugewiesen.

(5) Machen Beförderer, Reisevermittler oder Reiseveranstalter von der Ausnahmeregelung nach Absatz 1 Gebrauch, so unterrichten sie den behinderten Menschen oder die Person mit eingeschränkter Mobilität unverzüglich – und auf Verlangen schriftlich innerhalb von fünf Arbeitstagen nach dem Antrag – über die entsprechenden Gründe.

Art. 11. Zugänglichkeit und Information

(1) Die Beförderer und Busbahnhofbetreiber müssen über nicht diskriminierende Zugangsbedingungen für die Beförderung von behinderten Menschen und Personen mit eingeschränkter Mobilität verfügen oder solche – gegebenenfalls über ihre Organisationen – in Zusammenarbeit mit Interessenverbänden von behinderten Menschen oder Personen mit eingeschränkter Mobilität aufstellen.

(2) Die Beförderer und Busbahnhofbetreiber bringen der Öffentlichkeit die in Absatz 1 vorgesehenen Zugangsbedingungen – einschließlich den Text internationaler Rechtsvorschriften, Rechtsvorschriften der Union sowie einzelstaatlicher Rechtsvorschriften, die die Sicherheitsanforderungen festlegen, auf denen diese nicht diskriminierenden Zugangsbedingungen beruhen – physisch oder im Internet, auf Verlangen in zugänglicher Form, in denselben Sprachen zur Kenntnis, in denen Informationen in der Regel allen Fahrgästen zugänglich gemacht werden. Bei der Bereitstellung dieser Informationen wird den Bedürfnissen von behinderten Menschen und Personen mit eingeschränkter Mobilität besonders Rechnung getragen.

(3) Reiseveranstalter geben die in Absatz 1 vorgesehenen Zugangsbedingungen bekannt, die für Fahrten im Rahmen der von ihnen veranstalteten, verkauften oder zum Verkauf angebotenen Pauschalreisen gelten.

(4) Die Information über die Zugangsbedingungen nach den Absätzen 2 und 3 wird auf Verlangen des Fahrgasts physisch zur Verfügung gestellt.

(5) Beförderer, Reisevermittler und Reiseveranstalter gewährleisten, dass alle wesentlichen allgemeinen Informationen – einschließlich Online-Buchung und -Information – in Bezug auf die Fahrt und die Beförderungs-

bedingungen in einer für behinderte Menschen und Personen mit eingeschränkter Mobilität geeigneten und zugänglichen Form verfügbar sind. Auf Verlangen des Fahrgasts wird die Information physisch zur Verfügung gestellt.

Art. 12. Benennung von Busbahnhöfen

Die Mitgliedstaaten benennen die Busbahnhöfe, an denen Hilfeleistung für behinderte Menschen und Personen mit eingeschränkter Mobilität vorzusehen ist. Die Mitgliedstaaten unterrichten die Kommission hierüber. Die Kommission macht eine Liste der benannten Busbahnhöfe über das Internet zugänglich.

Art. 13. Anspruch auf Hilfeleistung an benannten Busbahnhöfen und an Bord von Kraftomnibussen

(1) Vorbehaltlich der Zugangsbedingungen gemäß Artikel 11 Absatz 1 bieten Beförderer und Busbahnhofbetreiber innerhalb ihres jeweiligen Zuständigkeitsbereichs behinderten Menschen und Personen mit eingeschränkter Mobilität an den von den Mitgliedstaaten benannten Busbahnhöfen kostenlos zumindest in dem in Anhang I Abschnitt a beschriebenen Umfang Hilfe an.

(2) Vorbehaltlich der Zugangsbedingungen gemäß Artikel 11 Absatz 1 bieten Beförderer behinderten Menschen und Personen mit eingeschränkter Mobilität in Kraftomnibussen kostenlos zumindest in dem in Anhang I Abschnitt b beschriebenen Umfang Hilfe an.

Art. 14. Voraussetzungen für das Erbringen von Hilfeleistungen

(1) Beförderer und Busbahnhofbetreiber arbeiten zusammen, um behinderten Menschen und Personen mit eingeschränkter Mobilität unter der Voraussetzung Hilfe zu leisten, dass

a) der Hilfsbedarf dem Beförderer, Busbahnhofbetreiber, Reisevermittler oder Reiseveranstalter spätestens 36 Stunden vor dem Zeitpunkt, zu dem die Hilfeleistung benötigt wird, gemeldet wurde und
b) sich der Betreffende an der benannten Stelle einfindet, und zwar
   i) zu einem im Voraus vom Beförderer festgelegten Zeitpunkt, der höchstens 60 Minuten vor der veröffentlichten Abfahrtszeit liegt, es sei denn, eine kürzere Frist wird zwischen dem Beförderer und dem Fahrgast vereinbart, oder
   ii) falls keine Zeit angegeben wurde, spätestens 30 Minuten vor der veröffentlichten Abfahrtszeit.

(2) Zusätzlich zu Absatz 1 müssen behinderte Menschen oder Personen mit eingeschränkter Mobilität dem Beförderer, Reisevermittler oder Reiseveranstalter zum Zeitpunkt der Reservierung oder des Vorauskaufs des Fahrscheins spezifische Bedürfnisse bezüglich Sitzgelegenheiten melden, sofern die Bedürfnisse ihnen zu diesem Zeitpunkt bekannt sind.

(3) Beförderer, Busbahnhofbetreiber, Reisevermittler und Reiseveranstalter treffen alle erforderlichen Maßnahmen, um den Erhalt der Meldungen von Hilfsbedarf von behinderten Menschen und Personen mit eingeschränkter Mobilität zu erleichtern. Diese Verpflichtung gilt an allen benannten Busbahnhöfen und Verkaufsstellen, auch beim Vertrieb per Telefon und über das Internet.

(4) Ist keine Meldung gemäß Absatz 1 Buchstabe a oder Absatz 2 erfolgt, unternehmen die Beförderer, Busbahnhofbetreiber, Reisevermittler und Reiseveranstalter alle zumutbaren Anstrengungen, um zu gewährleisten, dass die Hilfeleistung derart erfolgt, dass behinderte Menschen oder Personen mit eingeschränkter Mobilität in abfahrende Verkehrsdienste einsteigen, zu Anschlussverkehrsdiensten umsteigen und aus ankommenden Verkehrsdiensten aussteigen können, für die sie einen Fahrschein erworben haben.

(5) Die Busbahnhofbetreiber legen innerhalb oder außerhalb des Busbahnhofs eine Anlaufstelle fest, an der behinderte Menschen oder Personen mit eingeschränkter Mobilität ihre Ankunft melden und um Hilfe ersuchen können. Diese Anlaufstelle muss klar ausgeschildert sein und in zugänglicher Form grundlegende Auskünfte über den Busbahnhof und die angebotene Hilfeleistung bieten.

Art. 15. Mitteilungen an Dritte

Erhalten Reisevermittler oder Reiseveranstalter eine Meldung nach Artikel 14 Absatz 1 Buchstabe a, so leiten sie diese innerhalb ihrer normalen Bürozeiten so bald wie möglich an den Beförderer oder den Busbahnhofbetreiber weiter.

Art. 16. Schulung

(1) Beförderer und gegebenenfalls Busbahnhofbetreiber legen Verfahren für Schulungen in Behindertenfragen einschließlich entsprechender Instruktionen fest und stellen sicher,

a) dass ihre Mitarbeiter, bei denen es sich nicht um Fahrer handelt, einschließlich der Mitarbeiter aller anderen ausführenden Parteien, die behinderten Menschen und Personen mit eingeschränkter Mobilität unmittelbar Hilfe leisten, eine Schulung oder Instruktionen gemäß Anhang II Abschnitte a und b erhalten haben; und

b) dass ihre Mitarbeiter einschließlich der Fahrer, die unmittelbar mit den Fahrgästen oder deren Belangen in Kontakt kommen, eine Schulung oder Instruktionen gemäß Anhang II Abschnitt a erhalten haben.

(2) Ein Mitgliedstaat kann für einen Zeitraum von höchstens fünf Jahren ab dem 1. März 2013 eine Ausnahme von der Anwendung des Absatzes 1 Buchstabe b in Bezug auf die Schulung der Fahrer gewähren.

Art. 17. Entschädigung für Rollstühle und andere Mobilitätshilfen

(1) Beförderer und Busbahnhofbetreiber haften für von ihnen verursachte Verluste oder Beschädigungen von Rollstühlen und anderen Mobilitätshilfen

oder Hilfsgeräten. Die Entschädigungspflicht trifft den Beförderer oder Busbahnhofbetreiber, der für diesen Verlust oder diese Beschädigung haftet.

(2) Die Entschädigung gemäß Absatz 1 muss dem Wiederbeschaffungswert oder den Reparaturkosten der verloren gegangenen oder beschädigten Ausrüstung oder Geräte entsprechen.

(3) Erforderlichenfalls wird jede Anstrengung unternommen, um rasch vorübergehenden Ersatz zu beschaffen. Die technischen und funktionellen Merkmale der Rollstühle und anderen Mobilitätshilfen oder Hilfsgeräte entsprechen nach Möglichkeit denjenigen der verloren gegangenen oder beschädigten Rollstühle und anderen Mobilitätshilfen oder Hilfsgeräte.

Art. 18. Ausnahmen

(1) Unbeschadet von Artikel 2 Absatz 2 können die Mitgliedstaaten nationale Linienverkehrsdienste von der Anwendung aller oder einiger der Bestimmungen dieses Kapitels ausnehmen, sofern sie sicherstellen, dass das Schutzniveau für behinderte Menschen und Personen mit eingeschränkter Mobilität im Rahmen ihrer nationalen Rechtsvorschriften dem dieser Verordnung mindestens entspricht.

(2) Die Mitgliedstaaten setzen die Kommission von den gemäß Absatz 1 gewährten Ausnahmen in Kenntnis. Die Kommission ergreift geeignete Maßnahmen, wenn sie der Auffassung ist, dass eine solche Ausnahme nicht mit diesem Artikel im Einklang steht. Die Kommission legt dem Europäischen Parlament und dem Rat bis zum 2. März 2018 einen Bericht über die gemäß Absatz 1 gewährten Ausnahmen vor.

Kapitel IV. Fahrgastrechte bei Annullierung oder Verspätung

Art. 19. Fortsetzung der Fahrt, Weiterreise mit geänderter Streckenführung und Fahrpreiserstattung

(1) Muss ein Beförderer vernünftigerweise davon ausgehen, dass die Abfahrt eines Linienverkehrsdienstes von einem Busbahnhof annulliert wird oder sich um mehr als 120 Minuten verzögert, oder im Fall einer Überbuchung bietet er den Fahrgästen unverzüglich Folgendes zur Auswahl an:

a) zum frühest möglichen Zeitpunkt Fortsetzung der Fahrt oder Weiterreise mit geänderter Streckenführung zum im Beförderungsvertrag festgelegten Zielort ohne Aufpreis und unter vergleichbaren Bedingungen wie im Beförderungsvertrag angegeben;
b) Erstattung des Fahrpreises und gegebenenfalls zum frühest möglichen Zeitpunkt kostenlose Rückfahrt mit dem Bus zum im Beförderungsvertrag festgelegten Abfahrtsort.

(2) Bietet der Beförderer dem Fahrgast nicht die in Absatz 1 genannte Auswahl an, so hat der Fahrgast zusätzlich zu der Erstattung des Fahrpreises nach Absatz 1 Buchstabe b einen Anspruch auf Entschädigung in Höhe von 50 % des Fahrpreises. Der Beförderer zahlt diesen Betrag innerhalb eines Monats nach Einreichung des Antrags auf Entschädigung.

(3) Wird der Kraftomnibus während der Fahrt betriebsunfähig, bietet der Beförderer entweder die Fortsetzung des Verkehrsdienstes mit einem anderen Fahrzeug von dem Ort, an dem sich das betriebsunfähige Fahrzeug befindet, oder die Beförderung von dem Ort, an dem sich das betriebsunfähige Fahrzeug befindet, zu einem geeigneten Wartepunkt oder Busbahnhof, von dem aus die Fortsetzung der Reise möglich ist, an.

(4) Wird ein Linienverkehrsdienst annulliert oder verzögert sich seine Abfahrt von einer Bushaltestelle um mehr als 120 Minuten, so haben die Fahrgäste Anspruch auf Fortsetzung der Fahrt oder Weiterreise mit geänderter Streckenführung oder auf Erstattung des Fahrpreises durch den Beförderer nach Absatz 1.

(5) Die in Absatz 1 Buchstabe b und Absatz 4 genannte Erstattung des Fahrpreises erfolgt binnen 14 Tagen, nachdem das Angebot gemacht worden oder der Erstattungsantrag eingegangen ist. Die Erstattung des vollen Fahrpreises in der entrichteten Höhe erfolgt für die nicht durchgeführten Teile der Fahrt sowie für bereits durchgeführte Teile, falls die Fahrt nach den ursprünglichen Reiseplänen des Fahrgastes zwecklos geworden ist. Die Kosten für Zeitfahrkarten werden anteilsmäßig erstattet. Die Erstattung erfolgt in Geld, es sei denn, der Fahrgast ist mit einer anderen Erstattungsform einverstanden.

Art. 20. Informationen

(1) Bei Annullierung oder Verspätung der Abfahrt eines Linienverkehrsdienstes informiert der Beförderer oder gegebenenfalls der Busbahnhofbetreiber die Fahrgäste, die von einem Busbahnhof abfahren, so rasch wie möglich, jedoch spätestens 30 Minuten nach der fahrplanmäßigen Abfahrtszeit, über die Lage und, sobald diese Informationen vorliegen, über die voraussichtliche Abfahrtszeit.

(2) Versäumen Fahrgäste nach Maßgabe des Fahrplans aufgrund einer Annullierung oder Verspätung einen Anschluss an einen Verkehrsdienst, so unternimmt der Beförderer oder gegebenenfalls der Busbahnhofbetreiber alle zumutbaren Anstrengungen, um die betreffenden Fahrgäste über alternative Anschlüsse zu unterrichten.

(3) Der Beförderer oder gegebenenfalls der Busbahnhofbetreiber sorgt dafür, dass behinderte Menschen oder Personen mit eingeschränkter Mobilität die nach den Absätzen 1 und 2 vorgeschriebenen Informationen in zugänglicher Form erhalten.

(4) Sofern machbar, werden die in den Absätzen 1 und 2 geforderten Informationen allen Fahrgästen, auch denen, die von einer Bushaltestelle abreisen, innerhalb der in Absatz 1 genannten Frist auf elektronischem Wege bereitgestellt, falls der Fahrgast dies verlangt und dem Beförderer die erforderlichen Kontaktangaben zur Verfügung gestellt hat.

Art. 21. Hilfeleistung bei Annullierung oder Verzögerung der Abfahrt

Bei Annullierung einer Fahrt sowie bei einer Verzögerung der Abfahrt von einem Busbahnhof von mehr als 90 Minuten bei Fahrten mit einer planmäßigen Dauer von über drei Stunden bietet der Beförderer den Fahrgästen kostenlos Folgendes an:

a) Imbisse, Mahlzeiten oder Erfrischungen in angemessenem Verhältnis zur Wartezeit oder Verspätung, sofern sie im Bus oder im Busbahnhof verfügbar oder in zumutbarer Weise zu beschaffen sind;
b) ein Hotelzimmer oder eine andere Unterbringungsmöglichkeit sowie Beistand bei der Organisation der Beförderung zwischen dem Busbahnhof und dem Ort der Unterbringung, sofern ein Aufenthalt von einer Nacht oder mehr erforderlich ist. Der Beförderer kann die Gesamtkosten der Unterbringung – ohne die Kosten der Beförderung zwischen dem Busbahnhof und der Unterkunft – je Fahrgast auf 80 EUR pro Nacht und auf höchstens zwei Nächte beschränken.

Bei der Anwendung dieses Artikels richtet der Beförderer besonderes Augenmerk auf die Bedürfnisse von behinderten Menschen und Personen mit eingeschränkter Mobilität und etwaigen Begleitpersonen.

Art. 22. Weitergehende Ansprüche

Keine Bestimmung dieses Kapitels schließt das Recht der Fahrgäste aus, gemäß den nationalen Rechtsvorschriften vor nationalen Gerichten Ansprüche aufgrund von Nachteilen zu verfolgen, die sie wegen Annullierung oder Verspätung von Linienverkehrsdiensten erlitten haben.

Art. 23. Ausnahmen

(1) Die Artikel 19 und 21 gelten nicht für Fahrgäste mit Fahrscheinen mit offenen Reisedaten, solange keine Abfahrtszeit festgelegt ist, mit Ausnahme von Fahrgästen, die eine Zeitfahrkarte besitzen.

(2) Artikel 21 Buchstabe b kommt nicht zur Anwendung, wenn der Beförderer nachweist, dass die Annullierung oder Verspätung durch widrige Wetterbedingungen oder schwere Naturkatastrophen, die den sicheren Betrieb des Busverkehrsdienstes beeinträchtigen, verursacht wurde.

Kapitel V. Allgemeine Regeln zu Informationen und Beschwerden

Art. 24. Recht auf Reiseinformationen

Beförderer und Busbahnhofbetreiber sorgen innerhalb ihres jeweiligen Zuständigkeitsbereichs während der gesamten Fahrt für eine angemessene Information der Fahrgäste. Sofern machbar, wird diese Information auf Verlangen in zugänglicher Form bereitgestellt.

Art. 25. Unterrichtung über Fahrgastrechte

(1) Beförderer und Busbahnhofbetreiber gewährleisten in ihrem jeweiligen Zuständigkeitsbereich, dass die Fahrgäste spätestens bei der Abfahrt geeignete und verständliche Informationen über ihre Rechte nach dieser Verordnung erhalten. Diese Informationen werden an den Busbahnhöfen und gegebenen-

falls im Internet bereitgestellt. Behinderten Menschen oder Personen mit eingeschränkter Mobilität werden diese Informationen auf Verlangen in zugänglicher Form bereitgestellt, wenn dies machbar ist. Diese Informationen müssen die zur Kontaktaufnahme notwendigen Angaben zu der Durchsetzungsstelle oder den Durchsetzungsstellen umfassen, die von den Mitgliedstaaten gemäß Artikel 28 Absatz 1 benannt wurden.

(2) Um der Informationspflicht gemäß Absatz 1 nachzukommen, können die Beförderer und Busbahnhofbetreiber eine Zusammenfassung der Bestimmungen dieser Verordnung verwenden, die die Kommission in allen Amtssprachen der Organe der Europäischen Union erstellt und ihnen zur Verfügung stellt.

Art. 26. Beschwerden

Die Beförderer errichten oder unterhalten ein System zur Bearbeitung von Beschwerden im Zusammenhang mit den in der vorliegenden Verordnung festgelegten Rechten und Pflichten.

Art. 27. Einreichung von Beschwerden

Unbeschadet von Schadenersatzforderungen gemäß Artikel 7 muss ein Fahrgast, wenn er im Rahmen dieser Verordnung eine Beschwerde an den Beförderer richten will, diese innerhalb von drei Monaten nach der tatsächlichen oder geplanten Durchführung des Linienverkehrsdienstes einreichen. Der Beförderer muss dem Fahrgast innerhalb eines Monats nach Eingang der Beschwerde mitteilen, ob seiner Beschwerde stattgegeben wurde, ob sie abgelehnt wurde oder ob sie noch bearbeitet wird. Die Frist für die endgültige Beantwortung darf drei Monate ab Eingang der Beschwerde nicht überschreiten.

Kapitel VI. Durchsetzung und nationale Durchsetzungsstellen

Art. 28. Nationale Durchsetzungsstellen

(1) Jeder Mitgliedstaat benennt eine oder mehrere neue oder bestehende Stellen, die für die Durchsetzung dieser Verordnung in Bezug auf Linienverkehrsdienste von in seinem Hoheitsgebiet gelegenen Orten und in Bezug auf Linienverkehrsdienste von einem Drittland zu diesen Orten zuständig sind. Jede dieser Stellen trifft die notwendigen Maßnahmen, um sicherzustellen, dass diese Verordnung eingehalten wird.

Jede Stelle muss in Aufbau, Finanzierungsentscheidungen, Rechtsstruktur und Entscheidungsfindung von den Beförderern, Reiseveranstaltern und Busbahnhofbetreibern unabhängig sein.

(2) Die Mitgliedstaaten unterrichten die Kommission über die gemäß diesem Artikel benannte Stelle oder benannten Stellen.

(3) Jeder Fahrgast kann bei der nach Absatz 1 benannten entsprechenden Stelle oder jeder anderen von einem Mitgliedstaat benannten entsprechenden

Stelle gemäß den nationalen Rechtsvorschriften eine Beschwerde über einen mutmaßlichen Verstoß gegen diese Verordnung einreichen.

Ein Mitgliedstaat kann beschließen, dass der Fahrgast als ersten Schritt eine Beschwerde an den Beförderer zu richten hat; in diesem Fall dient die nationale Durchsetzungsstelle oder eine andere von dem Mitgliedstaat benannte geeignete Stelle als Beschwerdeinstanz für Beschwerden, für die keine Lösung gemäß Artikel 27 gefunden wurde.

Art. 29. Berichterstattung über die Durchsetzung

Die gemäß Artikel 28 Absatz 1 benannten Durchsetzungsstellen veröffentlichen bis zum 1. Juni 2015 und danach alle zwei Jahre einen Bericht über ihre Tätigkeiten in den zwei vorangegangenen Kalenderjahren, der insbesondere eine Beschreibung der Maßnahmen, die zur Durchführung dieser Verordnung getroffen wurden, und Statistiken über Beschwerden und verhängte Sanktionen enthält.

Art. 30. Zusammenarbeit der Durchsetzungsstellen

Die in Artikel 28 Absatz 1 genannten nationalen Durchsetzungsstellen tauschen, wann immer dies zweckmäßig ist, Informationen über ihre Arbeit, ihre Entscheidungsgrundsätze und ihre Entscheidungspraxis aus. Die Kommission unterstützt sie bei dieser Aufgabe.

Art. 31. Sanktionen

Die Mitgliedstaaten legen die Sanktionen fest, die bei einem Verstoß gegen diese Verordnung zu verhängen sind, und treffen alle erforderlichen Maßnahmen, um deren Durchsetzung zu gewährleisten. Die Sanktionen müssen wirksam, verhältnismäßig und abschreckend sein. Die Mitgliedstaaten melden der Kommission diese Regeln und Maßnahmen bis zum 1. März 2013 und melden ihr unverzüglich alle späteren Änderungen.

Kapitel VII. Schlussbestimmungen

Art. 32. Bericht

Bis zum 2. März 2016 erstattet die Kommission dem Europäischen Parlament und dem Rat Bericht über die Anwendung und Wirkung dieser Verordnung. Dem Bericht sind erforderlichenfalls Gesetzgebungsvorschläge beizufügen, mit denen die Bestimmungen dieser Verordnung weiter ausgestaltet oder geändert werden sollen.

Art. 33. Änderung der Verordnung (EG) Nr. 2006/2004

Im Anhang der Verordnung (EG) Nr. 2006/2004 wird die folgende Nummer angefügt:

„(19) Verordnung (EU) Nr. 181/2011 des Europäischen Parlaments und des Rates vom 16. Februar 2011 über die Fahrgastrechte im Kraftomnibusverkehr[1]“

Art. 34. Inkrafttreten

Diese Verordnung tritt am zwanzigsten Tag nach ihrer Veröffentlichung im Amtsblatt der Europäischen Union in Kraft.

Sie gilt ab dem 1. März 2013.

Diese Verordnung ist in allen ihren Teilen verbindlich und gilt unmittelbar in jedem Mitgliedstaat.

[1] ABl. L 55 vom 28.2.2011, S. 1.

2. Nationale Vorschriften

a) Sozialgesetzbuch Neuntes Buch (SGB IX) – Rehabilitation und Teilhabe von Menschen mit Behinderung –

Vom 23.12.2016 (BGBl. I 3234)
FNA 860-9-3
Zuletzt geändert durch Art. 2 Gesetz vom 23.5.2022 (BGBl. I 760)

– Auszug –

Kapitel 13. Unentgeltliche Beförderung schwerbehinderter Menschen im öffentlichen Personenverkehr

§ 228 Unentgeltliche Beförderung, Anspruch auf Erstattung der Fahrgeldausfälle

(1) Schwerbehinderte Menschen, die infolge ihrer Behinderung in ihrer Bewegungsfähigkeit im Straßenverkehr erheblich beeinträchtigt oder hilflos oder gehörlos sind, werden von Unternehmern, die öffentlichen Personenverkehr betreiben, gegen Vorzeigen eines entsprechend gekennzeichneten Ausweises nach § 152 Absatz 5 im Nahverkehr im Sinne des § 230 Absatz 1 unentgeltlich befördert; die unentgeltliche Beförderung verpflichtet zur Zahlung eines tarifmäßigen Zuschlages bei der Benutzung zuschlagpflichtiger Züge des Nahverkehrs. Voraussetzung ist, dass der Ausweis mit einer gültigen Wertmarke versehen ist.

(2) Die Wertmarke wird gegen Entrichtung eines Betrages von 80 Euro für ein Jahr oder 40 Euro für ein halbes Jahr ausgegeben. Der Betrag erhöht sich in entsprechender Anwendung des § 160 Absatz 3 jeweils zu dem Zeitpunkt, zu dem die nächste Neubestimmung der Beträge der Ausgleichsabgabe erfolgt. Liegt dieser Zeitpunkt innerhalb der Gültigkeitsdauer einer bereits ausgegebenen Wertmarke, ist der höhere Betrag erst im Zusammenhang mit der Ausgabe der darauffolgenden Wertmarke zu entrichten. Abweichend von § 160 Absatz 3 Satz 4 sind die sich ergebenden Beträge auf den nächsten vollen Eurobetrag aufzurunden. Das Bundesministerium für Arbeit und Soziales gibt den Erhöhungsbetrag und die sich nach entsprechender Anwendung des § 160 Absatz 3 Satz 3 ergebenden Beträge im Bundesanzeiger bekannt.

(3) Wird die für ein Jahr ausgegebene Wertmarke vor Ablauf eines halben Jahres ihrer Gültigkeitsdauer zurückgegeben, wird auf Antrag die Hälfte der Gebühr erstattet. Entsprechendes gilt für den Fall, dass der schwerbehinderte Mensch vor Ablauf eines halben Jahres der Gültigkeitsdauer der für ein Jahr ausgegebenen Wertmarke verstirbt.

(4) Auf Antrag wird eine für ein Jahr gültige Wertmarke, ohne dass der Betrag nach Absatz 2 in seiner jeweiligen Höhe zu entrichten ist, an schwerbehinderte Menschen ausgegeben,

1. die blind im Sinne des § 72 Absatz 5 des Zwölften Buches oder entsprechender Vorschriften oder hilflos im Sinne des § 33b des Einkommensteuergesetzes oder entsprechender Vorschriften sind oder
2. die Leistungen zur Sicherung des Lebensunterhalts nach dem Zweiten Buch oder für den Lebensunterhalt laufende Leistungen nach dem Dritten und Vierten Kapitel des Zwölften Buches, dem Achten Buch oder den §§ 27a und 27d des Bundesversorgungsgesetzes *[Fassung ab 1.1.2024: dem Vierzehnten Buch]* erhalten oder
3. die am 1. Oktober 1979 die Voraussetzungen nach § 2 Absatz 1 Nummer 1 bis 4 und Absatz 3 des Gesetzes über die unentgeltliche Beförderung von Kriegs- und Wehrdienstbeschädigten sowie von anderen Behinderten im Nahverkehr vom 27. August 1965 (BGBl. I S. 978), das zuletzt durch Artikel 41 des Zuständigkeitsanpassungs-Gesetzes vom 18. März 1975 (BGBl. I S. 705) geändert worden ist, erfüllten, solange ein Grad der Schädigungsfolgen von mindestens 70 festgestellt ist oder von mindestens 50 festgestellt ist und sie infolge der Schädigung erheblich gehbehindert sind; das Gleiche gilt für schwerbehinderte Menschen, die diese Voraussetzungen am 1. Oktober 1979 nur deshalb nicht erfüllt haben, weil sie ihren Wohnsitz oder ihren gewöhnlichen Aufenthalt zu diesem Zeitpunkt in dem in Artikel 3 des Einigungsvertrages genannten Gebiet hatten.

(5) Die Wertmarke wird nicht ausgegeben, solange eine Kraftfahrzeugsteuerermäßigung nach § 3a Absatz 2 des Kraftfahrzeugsteuergesetzes in Anspruch genommen wird. Die Ausgabe der Wertmarken erfolgt auf Antrag durch die nach § 152 Absatz 5 zuständigen Behörden. Die Landesregierung oder die von ihr bestimmte Stelle kann die Aufgaben nach den Absätzen 2 bis 4 ganz oder teilweise auf andere Behörden übertragen. Für Streitigkeiten in Zusammenhang mit der Ausgabe der Wertmarke gilt § 51 Absatz 1 Nummer 7 des Sozialgerichtsgesetzes entsprechend.

(6) Absatz 1 gilt im Nah- und Fernverkehr im Sinne des § 230, ohne dass die Voraussetzung des Absatzes 1 Satz 2 erfüllt sein muss, für die Beförderung

1. einer Begleitperson eines schwerbehinderten Menschen im Sinne des Absatzes 1, wenn die Berechtigung zur Mitnahme einer Begleitperson nachgewiesen und dies im Ausweis des schwerbehinderten Menschen eingetragen ist, und
2. des Handgepäcks, eines mitgeführten Krankenfahrstuhles, soweit die Beschaffenheit des Verkehrsmittels dies zulässt, sonstiger orthopädischer Hilfsmittel und eines Führhundes; das Gleiche gilt für einen Hund, den ein schwerbehinderter Mensch mitführt, in dessen Ausweis die Berechtigung zur Mitnahme einer Begleitperson nachgewiesen ist, sowie für einen nach § 12e Absatz 4 des Behindertengleichstellungsgesetzes gekennzeichneten Assistenzhund.

(7) Die durch die unentgeltliche Beförderung nach den Absätzen 1 bis 6 entstehenden Fahrgeldausfälle werden nach Maßgabe der §§ 231 bis 233 erstattet. Die Erstattungen sind aus dem Anwendungsbereich der Verordnung

(EG) Nr. 1370/2007 des Europäischen Parlaments und des Rates vom 23. Oktober 2007 über öffentliche Personenverkehrsdienste auf Schiene und Straße und zur Aufhebung der Verordnungen (EWG) Nr. 1191/69 und (EWG) Nr. 1107/70 des Rates (ABl. L 315 vom 3.12.2007, S. 1) ausgenommen.

§ 229 Persönliche Voraussetzungen

(1) In seiner Bewegungsfähigkeit im Straßenverkehr erheblich beeinträchtigt ist, wer infolge einer Einschränkung des Gehvermögens (auch durch innere Leiden oder infolge von Anfällen oder von Störungen der Orientierungsfähigkeit) nicht ohne erhebliche Schwierigkeiten oder nicht ohne Gefahren für sich oder andere Wegstrecken im Ortsverkehr zurückzulegen vermag, die üblicherweise noch zu Fuß zurückgelegt werden. Der Nachweis der erheblichen Beeinträchtigung in der Bewegungsfähigkeit im Straßenverkehr kann bei schwerbehinderten Menschen mit einem Grad der Behinderung von wenigstens 80 nur mit einem Ausweis mit halbseitigem orangefarbenem Flächenaufdruck und eingetragenem Merkzeichen „G“ geführt werden, dessen Gültigkeit frühestens mit dem 1. April 1984 beginnt, oder auf dem ein entsprechender Änderungsvermerk eingetragen ist.

(2) Zur Mitnahme einer Begleitperson sind schwerbehinderte Menschen berechtigt, die bei der Benutzung von öffentlichen Verkehrsmitteln infolge ihrer Behinderung regelmäßig auf Hilfe angewiesen sind. Die Feststellung bedeutet nicht, dass die schwerbehinderte Person, wenn sie nicht in Begleitung ist, eine Gefahr für sich oder für andere darstellt.

(3) Schwerbehinderte Menschen mit außergewöhnlicher Gehbehinderung sind Personen mit einer erheblichen mobilitätsbezogenen Teilhabebeeinträchtigung, die einem Grad der Behinderung von mindestens 80 entspricht. Eine erhebliche mobilitätsbezogene Teilhabebeeinträchtigung liegt vor, wenn sich die schwerbehinderten Menschen wegen der Schwere ihrer Beeinträchtigung dauernd nur mit fremder Hilfe oder mit großer Anstrengung außerhalb ihres Kraftfahrzeuges bewegen können. Hierzu zählen insbesondere schwerbehinderte Menschen, die auf Grund der Beeinträchtigung der Gehfähigkeit und Fortbewegung – dauerhaft auch für sehr kurze Entfernungen – aus medizinischer Notwendigkeit auf die Verwendung eines Rollstuhls angewiesen sind. Verschiedenste Gesundheitsstörungen (insbesondere Störungen bewegungsbezogener, neuromuskulärer oder mentaler Funktionen, Störungen des kardiovaskulären oder Atmungssystems) können die Gehfähigkeit erheblich beeinträchtigen. Diese sind als außergewöhnliche Gehbehinderung anzusehen, wenn nach versorgungsärztlicher Feststellung die Auswirkung der Gesundheitsstörungen sowie deren Kombination auf die Gehfähigkeit dauerhaft so schwer ist, dass sie der unter Satz 1 genannten Beeinträchtigung gleich kommt.

§ 230 Nah- und Fernverkehr

(1) Nahverkehr im Sinne dieses Gesetzes ist der öffentliche Personenverkehr mit

1. Straßenbahnen und Obussen im Sinne des Personenbeförderungsgesetzes,
2. Kraftfahrzeugen im Linienverkehr nach den §§ 42 und 43 des Personenbeförderungsgesetzes auf Linien, bei denen die Mehrzahl der Beförderungen eine Strecke von 50 Kilometern nicht übersteigt, es sei denn, dass bei den Verkehrsformen nach § 43 des Personenbeförderungsgesetzes die Genehmigungsbehörde auf die Einhaltung der Vorschriften über die Beförderungsentgelte gemäß § 45 Absatz 3 des Personenbeförderungsgesetzes ganz oder teilweise verzichtet hat,
3. S-Bahnen in der 2. Wagenklasse,
4. Eisenbahnen in der 2. Wagenklasse in Zügen und auf Strecken und Streckenabschnitten, die in ein von mehreren Unternehmern gebildetes, mit den unter Nummer 1, 2 oder 7 genannten Verkehrsmitteln zusammenhängendes Liniennetz mit einheitlichen oder verbundenen Beförderungsentgelten einbezogen sind,
5. Eisenbahnen des Bundes in der 2. Wagenklasse in Zügen, die überwiegend dazu bestimmt sind, die Verkehrsnachfrage im Nahverkehr zu befriedigen (Züge des Nahverkehrs),
6. sonstigen Eisenbahnen des öffentlichen Verkehrs im Sinne von § 2 Absatz 1 und § 3 Absatz 1 des Allgemeinen Eisenbahngesetzes in der 2. Wagenklasse auf Strecken, bei denen die Mehrzahl der Beförderungen eine Strecke von 50 Kilometern nicht überschreitet,
7. Wasserfahrzeugen im Linien-, Fähr- und Übersetzverkehr, wenn dieser der Beförderung von Personen im Orts- und Nachbarschaftsbereich dient und Ausgangs- und Endpunkt innerhalb dieses Bereiches liegen; Nachbarschaftsbereich ist der Raum zwischen benachbarten Gemeinden, die, ohne unmittelbar aneinander grenzen zu müssen, durch einen stetigen, mehr als einmal am Tag durchgeführten Verkehr wirtschaftlich und verkehrsmäßig verbunden sind.

(2) Fernverkehr im Sinne dieses Gesetzes ist der öffentliche Personenverkehr mit
1. Kraftfahrzeugen im Linienverkehr nach § 42a Satz 1 des Personenbeförderungsgesetzes,
2. Eisenbahnen, ausgenommen der Sonderzugverkehr,
3. Wasserfahrzeugen im Fähr- und Übersetzverkehr, sofern keine Häfen außerhalb des Geltungsbereiches dieses Buches angelaufen werden, soweit der Verkehr nicht Nahverkehr im Sinne des Absatzes 1 ist.

(3) Die Unternehmer, die öffentlichen Personenverkehr betreiben, weisen im öffentlichen Personenverkehr nach Absatz 1 Nummer 2, 5, 6 und 7 im Fahrplan besonders darauf hin, inwieweit eine Pflicht zur unentgeltlichen Beförderung nach § 228 Absatz 1 nicht besteht.

§ 231 Erstattung der Fahrgeldausfälle im Nahverkehr

(1) Die Fahrgeldausfälle im Nahverkehr werden nach einem Prozentsatz der von den Unternehmern oder den Nahverkehrsorganisationen im Sinne des § 233 Absatz 2 nachgewiesenen Fahrgeldeinnahmen im Nahverkehr erstattet.

(2) Fahrgeldeinnahmen im Sinne dieses Kapitels sind alle Erträge aus dem Fahrkartenverkauf. Sie umfassen auch Erträge aus der Beförderung von Handgepäck, Krankenfahrstühlen, sonstigen orthopädischen Hilfsmitteln, Tieren sowie aus erhöhten Beförderungsentgelten.

(3) Werden in einem von mehreren Unternehmern gebildeten zusammenhängenden Liniennetz mit einheitlichen oder verbundenen Beförderungsentgelten die Erträge aus dem Fahrkartenverkauf zusammengefasst und dem einzelnen Unternehmer anteilmäßig nach einem vereinbarten Verteilungsschlüssel zugewiesen, so ist der zugewiesene Anteil Ertrag im Sinne des Absatzes 2.

(4) Der Prozentsatz im Sinne des Absatzes 1 wird für jedes Land von der Landesregierung oder der von ihr bestimmten Behörde für jeweils ein Jahr bekannt gemacht. Bei der Berechnung des Prozentsatzes ist von folgenden Zahlen auszugehen:

1. der Zahl der in dem Land in dem betreffenden Kalenderjahr ausgegebenen Wertmarken und der Hälfte der in dem Land am Jahresende in Umlauf befindlichen gültigen Ausweise im Sinne des § 228 Absatz 1 von schwerbehinderten Menschen, die das sechste Lebensjahr vollendet haben und bei denen die Berechtigung zur Mitnahme einer Begleitperson im Ausweis eingetragen ist; Wertmarken mit einer Gültigkeitsdauer von einem halben Jahr und Wertmarken für ein Jahr, die vor Ablauf eines halben Jahres ihrer Gültigkeitsdauer zurückgegeben werden, werden zur Hälfte gezählt,
2. der in den jährlichen Veröffentlichungen des Statistischen Bundesamtes zum Ende des Vorjahres nachgewiesenen Zahl der Wohnbevölkerung in dem Land abzüglich der Zahl der Kinder, die das sechste Lebensjahr noch nicht vollendet haben, und der Zahlen nach Nummer 1.

Der Prozentsatz ist nach folgender Formel zu berechnen:

$$\frac{\text{Nach Nummer 1 errechnete Zahl}}{\text{Nach Nummer 2 errechnete Zahl}} \times 100$$

Bei der Festsetzung des Prozentsatzes sich ergebende Bruchteile von 0,005 und mehr werden auf ganze Hundertstel aufgerundet, im Übrigen abgerundet.

(5) Weist ein Unternehmen durch Verkehrszählung nach, dass das Verhältnis zwischen den nach diesem Kapitel unentgeltlich beförderten Fahrgästen und den sonstigen Fahrgästen den nach Absatz 4 festgesetzten Prozentsatz um mindestens ein Drittel übersteigt, wird neben dem sich aus der Berechnung nach Absatz 4 ergebenden Erstattungsbetrag auf Antrag der nachgewiesene, über dem Drittel liegende Anteil erstattet. Die Länder können durch Rechtsverordnung bestimmen, dass die Verkehrszählung durch Dritte auf Kosten des Unternehmens zu erfolgen hat.

(6) Absatz 5 gilt nicht in Fällen des § 233 Absatz 2.

§ 232 Erstattung der Fahrgeldausfälle im Fernverkehr

(1) Die Fahrgeldausfälle im Fernverkehr werden nach einem Prozentsatz der von den Unternehmern nachgewiesenen Fahrgeldeinnahmen im Fernverkehr erstattet.

(2) Der maßgebende Prozentsatz wird vom Bundesministerium für Arbeit und Soziales im Einvernehmen mit dem Bundesministerium der Finanzen und dem Bundesministerium für Verkehr und digitale Infrastruktur für jeweils zwei Jahre bekannt gemacht. Bei der Berechnung des Prozentsatzes ist von folgenden, für das letzte Jahr vor Beginn des Zweijahreszeitraumes vorliegenden Zahlen auszugehen:

1. der Zahl der im Geltungsbereich dieses Gesetzes am Jahresende in Umlauf befindlichen gültigen Ausweise nach § 228 Absatz 1, auf denen die Berechtigung zur Mitnahme einer Begleitperson eingetragen ist, abzüglich 25 Prozent,
2. der in den jährlichen Veröffentlichungen des Statistischen Bundesamtes zum Jahresende nachgewiesenen Zahl der Wohnbevölkerung im Geltungsbereich dieses Gesetzes abzüglich der Zahl der Kinder, die das vierte Lebensjahr noch nicht vollendet haben, und der nach Nummer 1 ermittelten Zahl.

Der Prozentsatz ist nach folgender Formel zu berechnen:

$$\frac{\text{Nach Nummer 1 errechnete Zahl}}{\text{Nach Nummer 2 errechnete Zahl}} \times 100$$

§ 231 Absatz 4 letzter Satz gilt entsprechend.

§ 233 Erstattungsverfahren

(1) Die Fahrgeldausfälle werden auf Antrag des Unternehmers erstattet. Bei einem von mehreren Unternehmern gebildeten zusammenhängenden Liniennetz mit einheitlichen oder verbundenen Beförderungsentgelten können die Anträge auch von einer Gemeinschaftseinrichtung dieser Unternehmer für ihre Mitglieder gestellt werden. Der Antrag ist innerhalb von drei Jahren nach Ablauf des Abrechnungsjahres zu stellen, und zwar für den Nahverkehr nach § 234 Satz 1 Nummer 1 und für den Fernverkehr an das Bundesverwaltungsamt, für den übrigen Nahverkehr bei den in Absatz 4 bestimmten Behörden.

(2) Haben sich in einem Bundesland mehrere Aufgabenträger des öffentlichen Personennahverkehrs auf lokaler oder regionaler Ebene zu Verkehrsverbünden zusammengeschlossen und erhalten die im Zuständigkeitsbereich dieser Aufgabenträger öffentlichen Personennahverkehr betreibenden Verkehrsunternehmen für ihre Leistungen ein mit diesen Aufgabenträgern vereinbartes Entgelt (Bruttoprinzip), können anstelle der antrags- und erstattungsberechtigten Verkehrsunternehmen auch die Nahverkehrsorganisationen Antrag auf Erstattung der in ihrem jeweiligen Gebiet entstandenen Fahrgeldausfälle stellen, sofern die Verkehrsunternehmen hierzu ihr Einvernehmen erteilt haben.

(3) Die Unternehmer oder die Nahverkehrsorganisationen im Sinne des Absatzes 2 erhalten auf Antrag Vorauszahlungen für das laufende Kalenderjahr in Höhe von insgesamt 80 Prozent des zuletzt für ein Jahr festgesetzten Erstattungsbetrages. Die Vorauszahlungen werden je zur Hälfte am 15. Juli und am 15. November gezahlt. Der Antrag auf Vorauszahlungen gilt zugleich als Antrag im Sinne des Absatzes 1. Die Vorauszahlungen sind zurückzuzahlen, wenn Unterlagen, die für die Berechnung der Erstattung erforderlich sind, nicht bis zum 31. Dezember des dritten auf die Vorauszahlung folgenden Kalenderjahres vorgelegt sind. In begründeten Ausnahmefällen kann die Rückforderung der Vorauszahlungen ausgesetzt werden.

(4) Die Landesregierung oder die von ihr bestimmte Stelle legt die Behörden fest, die über die Anträge auf Erstattung und Vorauszahlung entscheiden und die auf den Bund und das Land entfallenden Beträge auszahlen. § 11 Absatz 2 bis 4 des Personenbeförderungsgesetzes gilt entsprechend.

(5) Erstreckt sich der Nahverkehr auf das Gebiet mehrerer Länder, entscheiden die nach Landesrecht zuständigen Landesbehörden dieser Länder darüber, welcher Teil der Fahrgeldeinnahmen jeweils auf den Bereich ihres Landes entfällt.

(6) Die Unternehmen im Sinne des § 234 Satz 1 Nummer 1 legen ihren Anträgen an das Bundesverwaltungsamt den Anteil der nachgewiesenen Fahrgeldeinnahmen im Nahverkehr zugrunde, der auf den Bereich des jeweiligen Landes entfällt; für den Nahverkehr von Eisenbahnen des Bundes im Sinne des § 230 Absatz 1 Satz 1 Nummer 5 bestimmt sich dieser Teil nach dem Anteil der Zugkilometer, die von einer Eisenbahn des Bundes mit Zügen des Nahverkehrs im jeweiligen Land erbracht werden.

(7) Hinsichtlich der Erstattungen gemäß § 231 für den Nahverkehr nach § 234 Satz 1 Nummer 1 und gemäß § 232 sowie der entsprechenden Vorauszahlungen nach Absatz 3 wird dieses Kapitel in bundeseigener Verwaltung ausgeführt. Die Verwaltungsaufgaben des Bundes erledigt das Bundesverwaltungsamt nach fachlichen Weisungen des Bundesministeriums für Arbeit und Soziales in eigener Zuständigkeit.

(8) Für das Erstattungsverfahren gelten das Verwaltungsverfahrensgesetz und die entsprechenden Gesetze der Länder. Bei Streitigkeiten über die Erstattungen und die Vorauszahlungen ist der Verwaltungsrechtsweg gegeben.

§ 234 Kostentragung

Der Bund trägt die Aufwendungen für die unentgeltliche Beförderung

1. im Nahverkehr, soweit Unternehmen, die sich überwiegend in der Hand des Bundes oder eines mehrheitlich dem Bund gehörenden Unternehmens befinden (auch in Verkehrsverbünden), erstattungsberechtigte Unternehmer sind sowie
2. im Fernverkehr für die Begleitperson und die mitgeführten Gegenstände im Sinne des § 228 Absatz 6.

Die Länder tragen die Aufwendungen für die unentgeltliche Beförderung im übrigen Nahverkehr.

§ 235 Einnahmen aus Wertmarken

Von den durch die Ausgabe der Wertmarken erzielten jährlichen Einnahmen erhält der Bund einen Anteil von 27 Prozent. Dieser ist unter Berücksichtigung der in der Zeit vom 1. Januar bis 30. Juni eines Kalenderjahres eingegangenen Einnahmen zum 15. Juli und unter Berücksichtigung der vom 1. Juli bis 31. Dezember eines Kalenderjahres eingegangenen Einnahmen zum 15. Januar des darauffolgenden Kalenderjahres an den Bund abzuführen.

§ 236 Erfassung der Ausweise

Die für die Ausstellung der Ausweise nach § 152 Absatz 5 zuständigen Behörden erfassen
1. die am Jahresende im Umlauf befindlichen gültigen Ausweise, getrennt nach Art und besonderen Eintragungen,
2. die im Kalenderjahr ausgegebenen Wertmarken, unterteilt nach der jeweiligen Gültigkeitsdauer und die daraus erzielten Einnahmen

als Grundlage für die nach § 231 Absatz 4 Satz 2 Nummer 1 und § 232 Absatz 2 Satz 2 Nummer 1 zu ermittelnde Zahl der Ausweise und Wertmarken. Die zuständigen obersten Landesbehörden teilen dem Bundesministerium für Arbeit und Soziales das Ergebnis der Erfassung nach Satz 1 spätestens bis zum 31. März des Jahres mit, in dem die Prozentsätze festzusetzen sind.

§ 237 Verordnungsermächtigungen

(1) Die Bundesregierung wird ermächtigt, in der Rechtsverordnung auf Grund des § 153 Absatz 1 nähere Vorschriften über die Gestaltung der Wertmarken, ihre Verbindung mit dem Ausweis und Vermerke über ihre Gültigkeitsdauer zu erlassen.

(2) Das Bundesministerium für Arbeit und Soziales und das Bundesministerium für Verkehr und digitale Infrastruktur werden ermächtigt, durch Rechtsverordnung festzulegen, welche Zuggattungen von Eisenbahnen des Bundes zu den Zügen des Nahverkehrs im Sinne des § 230 Absatz 1 Nummer 5 und zu den zuschlagpflichtigen Zügen des Nahverkehrs im Sinne des § 228 Absatz 1 Satz 1 zweiter Halbsatz zählen.

b) Gesetz zur Einführung eines Rauchverbotes in Einrichtungen des Bundes und öffentlichen Verkehrsmitteln (Bundesnichtraucherschutzgesetz – BNichtrSchG)

Vom 20.7.2007 (BGBl. I 1595)
FNA 212-3
Zuletzt geändert durch Art. 2 Gesetz vom 9.6.2021 (BGBl. I 1730)

§ 1 Rauchverbot

(1) Das Rauchen ist nach Maßgabe der Absätze 2 und 3 verboten
1. in Einrichtungen des Bundes sowie der Verfassungsorgane des Bundes,
2. in Verkehrsmitteln des öffentlichen Personenverkehrs,
3. in Personenbahnhöfen der öffentlichen Eisenbahnen.

(2) Das Rauchverbot nach Absatz 1 gilt in Gebäuden und sonstigen vollständig umschlossenen Räumen; es gilt nicht für Räume, die Wohn- oder Übernachtungszwecken dienen und den Bewohnerinnen und Bewohnern zur alleinigen Nutzung überlassen sind.

(3) Abweichend von Absatz 1 und 2 erster Halbsatz können in den dort genannten Einrichtungen, Verkehrsmitteln und Personenbahnhöfen gesonderte und entsprechend gekennzeichnete Räume vorgehalten werden, in denen das Rauchen gestattet ist, wenn insgesamt eine ausreichende Anzahl von Räumen zur Verfügung steht. Satz 1 gilt nicht für die in § 2 Nr. 2 Buchstabe b genannten Verkehrsmittel.

(4) Die Bundesregierung wird ermächtigt, durch Rechtsverordnung ohne Zustimmung des Bundesrates nähere Bestimmungen zur Einrichtung und Kennzeichnung von Raucherräumen nach Absatz 3, insbesondere zu den baulichen Anforderungen an die Größe, Lage, Gestaltung sowie zur Art und Weise ihrer Belüftung, zu erlassen.

§ 2 Begriffsbestimmungen

1. Einrichtungen des Bundes im Sinne dieses Gesetzes sind
   a) Behörden, Dienststellen, Gerichte und sonstige öffentliche Einrichtungen des Bundes,
   b) bundesunmittelbare Körperschaften, Anstalten und Stiftungen.
2. Verkehrsmittel des öffentlichen Personenverkehrs im Sinne dieses Gesetzes sind
   a) die zur Beförderung von Personen benutzten Eisenbahnfahrzeuge der öffentlichen Eisenbahnen nach § 3 Abs. 1 des Allgemeinen Eisenbahngesetzes,
   b) zur Beförderung von Personen eingesetzte Straßenbahnen, Oberleitungsomnibusse und Kraftfahrzeuge, soweit die Beförderung den Vorschriften des Personenbeförderungsgesetzes oder § 1 Nr. 4 Buchstabe d, g oder Buchstabe i der Freistellungs-Verordnung unterliegt,

c) Luftfahrzeuge, die für die gewerbsmäßige oder entgeltliche Beförderung von Personen oder für gewerbsmäßige Rundflüge eingesetzt werden,
d) Fahrgastschiffe, die Fahrgäste im Linienverkehr befördern.

3. Personenbahnhöfe der öffentlichen Eisenbahnen im Sinne dieses Gesetzes sind solche nach § 3 Absatz 1 des Allgemeinen Eisenbahngesetzes in Verbindung mit Anlage 2 (zu den §§ 10 bis 14) Nummer 2 Satz 1 Buchstabe a des Eisenbahnregulierungsgesetzes.
4. Räume im Sinne dieses Gesetzes sind
   a) baulich abgetrennte Einheiten eines Gebäudes,
   b) räumlich abgetrennte Einheiten eines Verkehrsmittels.

§ 3 Hinweispflicht

Auf das Rauchverbot nach § 1 ist in geeigneter Weise hinzuweisen.

§ 4 Verantwortlichkeit

Die Einrichtung der Raucherbereiche und die Erfüllung der Hinweispflicht nach § 3 obliegen dem Inhaber des Hausrechts oder dem Betreiber des Verkehrsmittels.

§ 5 Bußgeldvorschrift

(1) Ordnungswidrig handelt, wer entgegen § 1 Abs. 1 raucht.

(2) Die Ordnungswidrigkeit kann mit einer Geldbuße geahndet werden.

(3) Verwaltungsbehörden im Sinne des § 36 Abs. 1 Nr. 1 des Gesetzes über Ordnungswidrigkeiten sind, soweit dieses Gesetz vom Bund ausgeführt wird, die obersten Bundesbehörden jeweils für sich und ihren Geschäftsbereich sowie für die Verfassungsorgane des Bundes die jeweils zur Ausübung des Hausrechts Berechtigten; § 36 Abs. 3 des Gesetzes über Ordnungswidrigkeiten gilt entsprechend.

c) Verordnung über die Allgemeinen Beförderungsbedingungen für den Straßenbahn- und Obusverkehr sowie den Linienverkehr mit Kraftfahrzeugen (BefBedV)

Vom 27.2.1970 (BGBl. I 230)
FNA 9240-2-5
Zuletzt geändert durch Art. 5a Gesetz vom 16.4.2021 (BGBl. I 822)

§ 1 Geltungsbereich

(1) Die Allgemeinen Beförderungsbedingungen gelten für die Beförderung im Straßenbahn- und Obusverkehr sowie im Linienverkehr mit Kraftfahrzeugen. Die zuständige Genehmigungsbehörde kann in Berücksichtigung besonderer Verhältnisse Anträgen auf Abweichungen von den Bestimmungen dieser Verordnung zustimmen (Besondere Beförderungsbedingungen).

(2) *(aufgehoben)*

§ 2 Anspruch auf Beförderung

Anspruch auf Beförderung besteht, soweit nach den Vorschriften des Personenbeförderungsgesetzes und den auf Grund dieses Gesetzes erlassenen Rechtsvorschriften eine Beförderungspflicht gegeben ist. Sachen werden nur nach Maßgabe der §§ 11 und 12 befördert.

§ 3 Von der Beförderung ausgeschlossene Personen

(1) Personen, die eine Gefahr für die Sicherheit oder Ordnung des Betriebes oder für die Fahrgäste darstellen, sind von der Beförderung ausgeschlossen. Soweit diese Voraussetzungen vorliegen, sind insbesondere ausgeschlossen

1. Personen, die unter dem Einfluß geistiger Getränke oder anderer berauschender Mittel stehen,
2. Personen mit ansteckenden Krankheiten,
3. Personen mit geladenen Schußwaffen, es sei denn, daß sie zum Führen von Schußwaffen berechtigt sind.

(2) Nicht schulpflichtige Kinder vor Vollendung des 6. Lebensjahres können von der Beförderung ausgeschlossen werden, sofern sie nicht auf der ganzen Fahrstrecke von Personen begleitet werden, die mindestens das 6. Lebensjahr vollendet haben; die Vorschriften des Absatzes 1 bleiben unberührt.

§ 4 Verhalten der Fahrgäste

(1) Fahrgäste haben sich bei Benutzung der Betriebsanlagen und Fahrzeuge so zu verhalten, wie es die Sicherheit und Ordnung des Betriebes, ihre eigene Sicherheit und die Rücksicht auf andere Personen gebieten. Anweisungen des Betriebspersonals ist zu folgen.

(2) Fahrgäste ist insbesondere untersagt,
1. sich mit dem Fahrzeugführer während der Fahrt zu unterhalten,
2. die Türen während der Fahrt eigenmächtig zu öffnen,
3. Gegenstände aus den Fahrzeugen zu werfen oder hinausragen zu lassen,
4. während der Fahrt auf- oder abzuspringen,
5. ein als besetzt bezeichnetes Fahrzeug zu betreten,
6. die Benutzbarkeit der Betriebseinrichtungen, der Durchgänge und der Ein- und Ausstiege durch sperrige Gegenstände zu beeinträchtigen,
7. auf unterirdischen Bahnsteiganlagen zu rauchen,
8. Tonwiedergabegeräte oder Tonrundfunkempfänger zu benutzen.

(3) Die Fahrgäste dürfen die Fahrzeuge nur an den Haltestellen betreten und verlassen; Ausnahmen bedürfen der Zustimmung des Betriebspersonals. Soweit besonders gekennzeichnete Eingänge oder Ausgänge vorhanden sind, sind diese beim Betreten oder Verlassen der Fahrzeuge zu benutzen. Es ist zügig ein- und auszusteigen sowie in das Wageninnere aufzurücken. Wird die bevorstehende Abfahrt angekündigt oder schließt sich eine Tür, darf das Fahrzeug nicht mehr betreten oder verlassen werden. Jeder Fahrgast ist verpflichtet, sich im Fahrzeug stets einen festen Halt zu verschaffen.

(4) Die Beaufsichtigung von Kindern obliegt den Begleitern. Sie haben insbesondere dafür zu sorgen, dass die Kinder nicht auf den Sitzplätzen knien oder stehen und nach Maßgabe der straßenverkehrsrechtlichen Vorschriften Sicherheitsgurte angelegt haben oder in einer Rückhalteeinrichtung für Kinder gesichert sind.

(5) Verletzt ein Fahrgast trotz Ermahnung die ihm obliegenden Pflichten nach den Absätzen 1 bis 4, so kann er von der Beförderung ausgeschlossen werden.

(6) Bei Verunreinigung von Fahrzeugen oder Betriebsanlagen werden vom Unternehmer festgesetzte Reinigungskosten erhoben; weitergehende Ansprüche bleiben unberührt.

(7) Beschwerden sind – außer in den Fällen des § 6 Abs. 7 und des § 7 Abs. 3 – nicht an das Fahr-, sondern an das Aufsichtspersonal zu richten. Soweit die Beschwerden nicht durch das Aufsichtspersonal erledigt werden können, sind sie unter Angabe von Datum, Uhrzeit, Wagen- und Linienbezeichnung sowie möglichst unter Beifügung des Fahrausweises an die Verwaltung des Unternehmers zu richten.

(8) Wer mißbräuchlich die Notbremse oder andere Sicherungseinrichtungen betätigt, hat – unbeschadet einer Verfolgung im Straf- oder Bußgeldverfahren und weitergehender zivilrechtlicher Ansprüche – einen Betrag von 15 Euro zu zahlen. Dasselbe gilt, wenn gegen die Untersagung nach Absatz 2 Nr. 3 oder Nr. 7 verstoßen wird.

§ 5 Zuweisen von Wagen und Plätzen

(1) Das Betriebspersonal kann Fahrgäste auf bestimmte Wagen verweisen, wenn dies aus betrieblichen Gründen oder zur Erfüllung der Beförderungspflicht notwendig ist.

(2) Das Betriebspersonal ist berechtigt, Fahrgästen Plätze zuzuweisen; Anspruch auf einen Sitzplatz besteht nicht. Sitzplätze sind für Schwerbehinderte,

in der Gehfähigkeit Beeinträchtigte ältere oder gebrechliche Personen, werdende Mütter und für Fahrgäste mit kleinen Kindern freizugeben.

§ 6 Beförderungsentgelte, Fahrausweise

(1) Für die Beförderung sind die festgesetzten Beförderungsentgelte zu entrichten.

(2) Ist der Fahrgast beim Betreten des Fahrzeugs nicht mit einem für diese Fahrt gültigen Fahrausweis versehen, hat er unverzüglich und unaufgefordert den erforderlichen Fahrausweis zu lösen.

(3) Ist der Fahrgast beim Betreten des Fahrzeugs mit einem Fahrausweis versehen, der zu entwerten ist, hat er diesen dem Betriebspersonal unverzüglich und unaufgefordert zur Entwertung auszuhändigen; in Fahrzeugen mit Entwertern hat der Fahrgast den Fahrausweis entsprechend der Beförderungsstrecke unverzüglich zu entwerten und sich von der Entwertung zu überzeugen.

(4) Der Fahrgast hat den Fahrausweis bis zur Beendigung der Fahrt aufzubewahren und ihn dem Betriebspersonal auf Verlangen zur Prüfung vorzuzeigen oder auszuhändigen.

(5) Kommt der Fahrgast einer Pflicht nach den Absätzen 2 bis 4 trotz Aufforderung nicht nach, kann er von der Beförderung ausgeschlossen werden; die Pflicht zur Zahlung eines erhöhten Beförderungsentgelts nach § 9 bleibt unberührt.

(6) Wagen oder Wagenteile im schaffnerlosen Betrieb dürfen nur von Fahrgästen, mit hierfür gültigen Fahrausweisen benutzt werden.

(7) Beanstandungen des Fahrausweises sind sofort vorzubringen. Spätere Beanstandungen werden nicht berücksichtigt.

§ 7 Zahlungsmittel

(1) Das Fahrgeld soll abgezählt bereitgehalten werden. Das Fahrpersonal ist nicht verpflichtet, Geldbeträge über 5 Euro zu wechseln und Eincentstücke im Betrag von mehr als 10 Cent sowie erheblich beschädigte Geldscheine und Münzen anzunehmen.

(2) Soweit das Fahrpersonal Geldbeträge über 5 Euro nicht wechseln kann, ist dem Fahrgast eine Quittung über den zurückbehaltenen Betrag auszustellen. Es ist Sache des Fahrgastes, das Wechselgeld unter Vorlage der Quittung bei der Verwaltung des Unternehmers abzuholen. Ist der Fahrgast mit dieser Regelung nicht einverstanden, hat er die Fahrt abzubrechen.

(3) Beanstandungen des Wechselgeldes oder der vom Fahrpersonal ausgestellten Quittung müssen sofort vorgebracht werden.

(4) Die besonderen Beförderungsbedingungen können vorsehen, dass das Verkehrsunternehmen nicht verpflichtet ist, an der Haltestelle oder im Fahrzeug einen Fahrausweiserwerb mit Bargeld zu ermöglichen, sofern auf andere Weise ein Fahrausweiserwerb angeboten wird.

§ 8 Ungültige Fahrausweise

(1) Fahrausweise, die entgegen den Vorschriften der Beförderungsbedingungen oder des Beförderungstarifs benutzt werden, sind ungültig und werden eingezogen; dies gilt auch für Fahrausweise, die
1. nicht vorschriftsmäßig ausgefüllt sind und trotz Aufforderung nicht sofort ausgefüllt werden,
2. nicht mit aufgeklebter Wertmarkte versehen sind,
3. zerrissen, zerschnitten oder sonst stark beschädigt, stark beschmutzt oder unleserlich sind, so daß sie nicht mehr geprüft werden können,
4. eigenmächtig geändert sind,
5. von Nichtberechtigten benutzt werden,
6. zu anderen als den zulässigen Fahrten benutzt werden,
7. wegen Zeitablaufs oder aus anderen Gründen verfallen sind,
8. ohne das erforderliche Lichtbild benutzt werden.

Fahrgeld wird nicht erstattet.

(2) Ein Fahrausweis, der nur in Verbindung mit einem Antrag oder einem im Beförderungstarif vorgesehenen Personenausweis zur Beförderung berechtigt, gilt als ungültig und kann eingezogen werden, wenn der Antrag oder Personenausweis auf Verlangen nicht vorgezeigt wird.

§ 9 Erhöhtes Beförderungsentgelt

(1) Ein Fahrgast ist zur Zahlung eines erhöhten Beförderungsentgelts verpflichtet, wenn er
1. sich keinen gültigen Fahrausweis beschafft hat,
2. sich einen gültigen Fahrausweis beschafft hat, diesen jedoch bei einer Überprüfung nicht vorzeigen kann,
3. den Fahrausweis nicht oder nicht unverzüglich im Sinne des § 6 Abs. 3 entwertet hat oder entwerten ließ oder
4. den Fahrausweis auf Verlangen nicht zur Prüfung vorzeigt oder aushändigt.

Eine Verfolgung im Straf- oder Bußgeldverfahren bleibt unberührt. Die Vorschriften unter den Nummern 1 und 3 werden nicht angewendet, wenn das Beschaffen oder die Entwertung des Fahrausweises aus Gründen unterblieben ist, die der Fahrgast nicht zu vertreten hat.

(2) In den Fällen des Absatzes 1 kann der Unternehmer ein erhöhtes Beförderungsentgelt bis zu 60 Euro erheben. Er kann jedoch das Doppelte des Beförderungsentgelts für einfache Fahrt auf der vom Fahrgast zurückgelegten Strecke erheben, sofern sich hiernach ein höherer Betrag als nach Satz 1 ergibt; hierbei kann das erhöhte Beförderungsentgelt nach dem Ausgangspunkt der Linie berechnet werden, wenn der Fahrgast die zurückgelegte Strecke nicht nachweisen kann.

(3) Das erhöhte Beförderungsentgelt ermäßigt sich im Falle von Absatz 1 Nr. 2 auf 7 Euro, wenn der Fahrgast innerhalb einer Woche ab dem Feststellungstag bei der Verwaltung des Unternehmers nachweist, daß er im Zeitpunkt der Feststellung Inhaber einer gültigen persönlichen Zeitkarte war.

(4) Bei Verwendung von ungültigen Zeitkarten bleiben weitergehende Ansprüche des Unternehmers unberührt.

§ 10 Erstattung von Beförderungsentgelt

(1) Wird ein Fahrausweis nicht zur Fahrt benutzt, so wird das Beförderungsentgelt auf Antrag gegen Vorlage des Fahrausweises erstattet. Beweispflichtig für die Nichtbenutzung des Fahrausweises ist der Fahrgast.

(2) Wird ein Fahrausweis nur auf einem Teil der Strecke zur Fahrt benutzt, so wird der Unterschied zwischen dem gezahlten Beförderungsentgelt und dem für die zurückgelegte Strecke erforderlichen Beförderungsentgelt auf Antrag gegen Vorlage des Fahrausweises erstattet. Beweispflichtig für die nur teilweise Benutzung des Fahrausweises ist der Fahrgast.

(3) Wird eine Zeitkarte nicht oder nur teilweise benutzt, so wird das Beförderungsentgelt für die Zeitkarte unter Anrechnung des Beförderungsentgelts für die durchgeführten Einzelfahrten auf Antrag gegen Vorlage des Fahrausweises erstattet. Für die Feststellung des Zeitpunkts, bis zu dem Einzelfahrten – je Tag zwei Fahrten – als durchgeführt gelten, ist der Tag der Rückgabe oder Hinterlegung der Zeitkarte oder das Datum des Poststempels der Übersendung der Zeitkarte mit der Post maßgeblich. Ein früherer Zeitpunkt kann nur berücksichtigt werden, wenn die Bescheinigung eines Arztes, eines Krankenhauses oder einer Krankenkasse über Krankheit, Unfall oder Tod des Fahrgastes vorgelegt wird. Bei der Anrechnung des Beförderungsentgelts für die durchgeführten Einzelfahrten wird eine Ermäßigung nur bei Vorliegen der hierfür erforderlichen Voraussetzungen, im übrigen das Beförderungsentgelt für einfache Fahrt zugrunde gelegt.

(4) Anträge nach den Absätzen 1 bis 3 sind unverzüglich, spätestens innerhalb einer Woche nach Ablauf der Gültigkeit des Fahrausweises bei der Verwaltung des Unternehmers zu stellen.

(5) Von dem zu erstattenden Betrag wird ein Bearbeitungsentgelt in Höhe von 2 Euro sowie eine etwaige Überweisungsgebühr abgezogen. Das Bearbeitungsentgelt und eine etwaige Überweisungsgebühr werden nicht abgezogen, wenn die Erstattung auf Grund von Umständen beantragt wird, die der Unternehmer zu vertreten hat.

(6) Bei Ausschluß von der Beförderung besteht, ausgenommen § 3 Abs. 1 Satz 2 Nr. 2, kein Anspruch auf Erstattung des entrichteten Entgelts.

§ 11 Beförderung von Sachen

(1) Ein Anspruch auf Beförderung von Sachen besteht nicht. Handgepäck und sonstige Sachen werden bei gleichzeitiger Mitfahrt des Fahrgastes und nur dann befördert, wenn dadurch die Sicherheit und Ordnung des Betriebes nicht gefährdet und andere Fahrgäste nicht belästigt werden können.

(2) Von der Beförderung sind gefährliche Stoffe und gefährliche Gegenstände ausgeschlossen, insbesondere

1. explosionsfähige, leicht entzündliche, radioaktive, übelriechende oder ätzende Stoffe,
2. unverpackte oder ungeschützte Sachen, durch die Fahrgäste verletzt werden können,
3. Gegenstände, die über die Wagenumgrenzung hinausragen.

(3) Die Pflicht zur Beförderung von Kleinkindern in Kinderwagen richtet sich nach den Vorschriften des § 2 Satz 1. Nach Möglichkeit soll das Betriebspersonal dafür sorgen, daß Fahrgäste mit Kind im Kinderwagen nicht zurückgewiesen werden. Die Entscheidung über die Mitnahme liegt beim Betriebspersonal.

(4) Der Fahrgast hat mitgeführte Sachen so unterzubringen und zu beaufsichtigen, daß die Sicherheit und Ordnung des Betriebes nicht gefährdet und andere Fahrgäste nicht belästigt werden können.

(5) Das Betriebspersonal entscheidet im Einzelfall, ob Sachen zur Beförderung zugelassen werden und an welcher Stelle sie unterzubringen sind.

§ 12 Beförderung von Tieren

(1) Auf die Beförderung von Tieren ist § 11 Abs. 1, 4 und 5 anzuwenden.

(2) Hunde werden nur unter Aufsicht einer hierzu geeigneten Person befördert. Hunde, die Mitreisende gefährden können, müssen einen Maulkorb tragen.

(3) Blindenführhunde, die einen Blinden begleiten, sind zur Beförderung stets zugelassen.

(4) Sonstige Tiere dürfen nur in geeigneten Behältern mitgenommen werden.

(5) Tiere dürfen nicht auf Sitzplätzen untergebracht werden.

§ 13 Fundsachen

Fundsachen sind gemäß § 978 BGB unverzüglich dem Betriebspersonal abzuliefern. Eine Fundsache wird an den Verlierer durch das Fundbüro des Unternehmers gegen Zahlung eines Entgelts für die Aufbewahrung zurückgegeben. Sofortige Rückgabe an den Verlierer durch das Betriebspersonal ist zulässig, wenn er sich einwandfrei als Verlierer ausweisen kann. Der Verlierer hat den Empfang der Sache schriftlich zu bestätigen.

§ 14 Haftung

Der Unternehmer haftet für die Tötung oder Verletzung eines Fahrgastes und für Schäden an Sachen, die der Fahrgast an sich trägt oder mit sich führt, nach den allgemein geltenden Bestimmungen. Für Sachschäden haftet der Unternehmer gegenüber jeder beförderten Person nur bis zum Höchstbetrag von 1 000 Euro; die Begrenzung der Haftung gilt nicht, wenn die Sachschäden auf Vorsatz oder grobe Fahrlässigkeit zurückzuführen sind.

§ 15 *(aufgehoben)*

§ 16 Ausschluß von Ersatzansprüchen

Abweichungen von Fahrplänen durch Verkehrsbehinderungen, Betriebsstörungen oder -unterbrechungen sowie Platzmangel begründen keine Ersatzansprüche; insoweit wird auch keine Gewähr für das Einhalten von Anschlüssen übernommen.

§ 17 Gerichtsstand

Der Gerichtsstand für alle Streitigkeiten, die sich aus dem Beförderungsvertrag ergeben, ist der Sitz des Unternehmens.

§ 18 Inkrafttreten

Diese Verordnung tritt 6 Monate nach ihrer Verkündung in Kraft.

d) Verordnung über den Ausgleich gemeinwirtschaftlicher Leistungen im Straßenpersonenverkehr (PBefAusglV)

Vom 2.8.1977 (BGBl. I 1460)
FNA 9240-1-4
Zuletzt geändert durch Art. 124 Gesetz vom 10.8.2021 (BGBl. I 3436)

– ohne Anlage –

§ 1 Auszubildende

(1) Auszubildende im Sinne des § 45a Abs. 1 des Personenbeförderungsgesetzes sind
1. schulpflichtige Personen bis zur Vollendung des 15. Lebensjahres;
2. nach Vollendung des 15. Lebensjahres
   a) Schüler und Studenten öffentlicher, staatlich genehmigter oder staatlich anerkannter privater
      – allgemeinbildender Schulen,
      – berufsbildender Schulen,
      – Einrichtungen des zweiten Bildungsweges,
      – Hochschulen, Akademien
      mit Ausnahme der Verwaltungsakademien, Volkshochschulen, Landvolkhochschulen;
   b) Personen, die private Schulen oder sonstige Bildungseinrichtungen, die nicht unter Buchstabe a fallen, besuchen, sofern sie auf Grund des Besuchs dieser Schulen oder Bildungseinrichtungen von der Berufsschulpflicht befreit sind oder sofern der Besuch dieser Schulen und sonstigen privaten Bildungseinrichtungen nach dem Bundesausbildungsförderungsgesetz förderungsfähig ist;
   c) Personen, die an einer Volkshochschule oder einer anderen Einrichtung der Weiterbildung Kurse zum nachträglichen Erwerb des Hauptschul- oder Realschulabschlusses besuchen;
   d) Personen, die in einem Berufsausbildungsverhältnis im Sinne des Berufsbildungsgesetzes oder in einem anderen Vertragsverhältnis im Sinne des § 26 des Berufsbildungsgesetzes stehen, sowie Personen, die in einer Einrichtung außerhalb der betrieblichen Berufsausbildung im Sinne des § 43 Abs. 2 des Berufsbildungsgesetzes, § 36 Abs. 2 der Handwerksordnung, ausgebildet werden;
   e) Personen, die einen staatlich anerkannten Berufsvorbereitungslehrgang besuchen;
   f) Praktikanten und Volontäre, sofern die Ableistung eines Praktikums oder Volontariats vor, während oder im Anschluß an eine staatlich geregelte Ausbildung oder ein Studium an einer Hochschule nach den für Ausbildung und Studium geltenden Bestimmungen vorgesehen ist;

g) Beamtenanwärter des einfachen und mittleren Dienstes sowie Praktikanten und Personen, die durch Besuch eines Verwaltungslehrgangs die Qualifikation für die Zulassung als Beamtenanwärter des einfachen oder mittleren Dienstes erst erwerben müssen, sofern sie keinen Fahrtkostenersatz von der Verwaltung erhalten;

h) Teilnehmer an einem freiwilligen sozialen Jahr oder an einem freiwilligen ökologischen Jahr oder vergleichbaren sozialen Diensten.

(2) Die Berechtigung zum Erwerb von Zeitfahrausweisen des Ausbildungsverkehrs hat sich der Verkehrsunternehmer vom Auszubildenden nachweisen zu lassen. In den Fällen des Absatzes 1 Nr. 2 Buchstaben a bis g geschieht dies durch Vorlage einer Bescheinigung der Ausbildungsstätte oder des Ausbildenden, in den Fällen des Absatzes 1 Nr. 2 Buchstabe h durch Vorlage einer Bescheinigung des Trägers der jeweiligen sozialen Dienste. In der Bescheinigung ist zu bestätigen, daß die Voraussetzung des Absatzes 1 Nr. 2 gegeben ist. Die Bescheinigung gilt längstens ein Jahr.

§ 2 Kostenbestandteile für die Festlegung der Kostensätze

Für die Festlegung der pauschalen Kostensätze durch Rechtsverordnung nach § 45a Abs. 2 Satz 2 des Gesetzes gelten die in der Anlage aufgeführten Kostenbestandteile. Soweit in der Anlage nichts anderes festgelegt ist, ist in Zweifelsfällen sinngemäß nach den Leitsätzen für die Preisermittlung auf Grund von Selbstkosten, Anlage zur Verordnung PR Nr. 30/53 über die Preise bei öffentlichen Aufträgen vom 21. November 1953 (BAnz. Nr. 244 vom 18. Dezember 1953) zu verfahren; hierbei bleiben kalkulatorische Kosten, soweit sie in der Anlage nicht ausdrücklich aufgeführt sind, außer Ansatz.

§ 3 Ermittlung der Personen-Kilometer für die Berechnung des Ausgleichs

(1) Personen-Kilometer werden durch Multiplikation der Beförderungsfälle mit der mittleren Reiseweite ermittelt.

(2) Die Zahl der Beförderungsfälle ist nach den verkauften Wochen-, Monats- und Jahreszeitfahrausweisen im Ausbildungsverkehr zu errechnen. Für die Ausnutzung der Zeitfahrausweise sind 2,3 Fahrten je Gültigkeitstag zugrunde zu legen. Dabei ist die Woche mit höchstens 6 Tagen, der Monat mit höchstens 26 Tagen und das Jahr mit höchstens 240 Tagen anzusetzen; diese Werte können unterschritten werden, soweit Fahrplanangebote nicht vorhanden sind oder tarifliche Einschränkungen bestehen oder nur ausbildungsnotwendige Tage berücksichtigt werden sollen. Jeder Beförderungsfall ist nur einmal zu zählen, auch wenn mit einem Zeitfahrausweis mehrere Verkehrsmittel benutzt werden.

(3) Besteht ein von mehreren Unternehmern gebildetes zusammenhängendes Liniennetz mit einheitlichen oder verbundenen Beförderungsentgelten und wird je beförderte Person nur ein Fahrausweis ausgegeben, ist die nach Absatz 2 errechnete Zahl der Beförderungsfälle um 10 vom Hundert zu erhöhen. In dem in Artikel 3 des Einigungsvertrages bezeichneten Gebiet wird ergänzend zu Satz 1 der Zuschlag von 10 vom Hundert an Unterneh-

men gewährt, die ohne eigene Liniengenehmigungen aufgrund eines Kooperationsvertrages Verkehrsleistungen erbringen. An solchen Kooperationen sollen private Verkehrsunternehmen ausreichend und gleichberechtigt beteiligt sein.

(4) Für die mittlere Reiseweite sind die folgenden Durchschnittswerte zugrunde zu legen:

5 Kilometer, wenn überwiegend Orts- und Nachbarortslinienverkehr,

8 Kilometer, wenn überwiegend sonstiger Linienverkehr (Überlandlinienverkehr)

betrieben wird. Nachbarortslinienverkehr ist der Verkehr zwischen Nachbarorten oder Teilen von ihnen, wenn diese wirtschaftlich und verkehrsmäßig so miteinander verbunden sind, daß der Verkehr nach der Tarifgestaltung und nach gegenwärtiger oder in naher Zukunft zu erwartender Häufigkeit einem Ortslinienverkehr vergleichbar ist. Die Verbindung mehrerer Nachbarortslinien fällt nicht unter den Begriff „Nachbarortslinienverkehr".

(5) Wird nachgewiesen, dass von den Durchschnittswerten für die Ausnutzung der Zeitfahrausweise nach Absatz 2 Satz 2 oder die Erhöhung der Beförderungsfälle um 10 vom Hundert nach Absatz 3 oder die mittlere Reiseweite im Ausbildungsverkehr nach Absatz 4 jeweils um mehr als 25 vom Hundert abgewichen wird, sind der Berechnung des Ausgleichsbetrags die nachgewiesenen Werte zugrunde zu legen. Die Abweichungen von dem Durchschnittswert für die Ausnutzung der Zeitfahrausweise und von der Erhöhung der Beförderungsfälle sind durch Verkehrszählung oder in anderer geeigneter Weise nachzuweisen. Die Abweichung von dem Durchschnittswert für die mittlere Reiseweite ist nachzuweisen

1. auf Grund der verkauften Streckenzeitfahrausweise nach den erfaßten tatsächlichen Entfernungen oder nach den mittleren Werten der Entfernungsstufen der genehmigten Beförderungsentgelte oder
2. durch Verkehrszählung oder
3. in sonstiger geeigneter Weise.

§ 4 Ermittlung der Erträge

Als Erträge im Sinne von § 45a Abs. 1 und 2 des Gesetzes sind die Fahrgeldeinnahmen aus dem Verkauf von Zeitfahrausweisen im Ausbildungsverkehr und die Einnahmen aus erhöhten Beförderungsentgelten anzusetzen.

§ 5 Sonderregelung bei Einnahmeaufteilungsverträgen

(1) Werden in einem von mehreren Unternehmen gebildeten zusammenhängenden Liniennetz mit einheitlichen oder verbundenen Beförderungsentgelten die Erträge aus dem Verkauf von Zeitfahrausweisen zusammengefaßt und dem einzelnen Unternehmer anteilmäßig nach einem vereinbarten Verteilungsschlüssel zugewiesen, so ist der zugewiesene Anteil als Ertrag im Sinne von § 45a Abs. 2 des Gesetzes anzugeben. Bei der Ermittlung der von dem einzelnen Unternehmer geleisteten Personen-Kilometer ist diejenige Zahl der verkauften Wochen-, Monats- und Jahreszeitfahrausweise im Ausbildungsverkehr anzugeben, die sich nach Anwendung des in Satz 1 genann-

ten Verteilungsschlüssels auf die Gesamtzahl der von allen Unternehmern verkauften Wochen-, Monats- und Jahreszeitfahrausweise im Ausbildungsverkehr ergibt.

(2) Abweichend von Absatz 1 können die beteiligten Unternehmer eine andere geeignete Schlüsselung vereinbaren. Die Vereinbarung bedarf der Zustimmung der Genehmigungsbehörde.

§ 6 Länderüberschreitender Verkehr

(1) Erstreckt sich die Beförderung von Auszubildenden mit Zeitfahrausweisen auf das Gebiet mehrerer Länder, sind deren Anteilen an der Ausgleichsleistung die Personen-Kilometer und Erträge zugrunde zu legen, die in dem jeweiligen Land erbracht werden.

(2) Abweichend von Absatz 1 können die Länder einvernehmlich die auf sie entfallenden Anteile an der Ausgleichsleistung nach den im jeweiligen Land erbrachten Wagen-Kilometern oder nach einer anderen geeigneten Schlüsselung aufteilen.

(3) Für die Antragstellung nach § 7 und für die Entscheidung nach § 8 gilt § 11 Abs. 1, 3 und 4 des Gesetzes entsprechend.

§ 7 Antrag

(1) Der Antrag auf Gewährung eines Ausgleichs ist vom Unternehmer bis zum 31. Mai jeden Jahres für das vorangegangene Kalenderjahr bei der zuständigen Genehmigungsbehörde zu stellen. Der Antrag ist in dreifacher Ausfertigung nach einem bundeseinheitlichen Muster zu stellen. Bei einem von mehreren Unternehmern gebildeten zusammenhängenden Liniennetz mit einheitlichen oder verbundenen Beförderungsentgelten kann auch eine Gemeinschaftseinrichtung dieser Unternehmer die Anträge für ihre Mitglieder stellen.

(2) Der Antragsteller hat im Antrag den sich nach § 45a des Gesetzes und nach den Vorschriften dieser Verordnung ergebenden Ausgleichsbetrag zu errechnen.

(3) Der Antragsteller hat in zweifacher Ausfertigung die Bescheinigung eines Wirtschaftsprüfers oder einer von der Genehmigungsbehörde anerkannten Stelle oder Person über die Richtigkeit der Angaben und Ausgleichsberechnungen beizubringen. Bestehen Zweifel an der Richtigkeit der Angaben und Ausgleichsberechnungen, kann die Genehmigungsbehörde weitere Nachweise verlangen.

§ 8 Entscheidung

Die Entscheidung ist schriftlich zu erlassen und dem Antragsteller zuzustellen. Wird dem Antrag nicht oder nicht in vollem Umfang entsprochen, ist die Entscheidung schriftlich zu begründen und mit einer Rechtsbehelfsbelehrung zu versehen.

§ 9 Änderung der Voraussetzungen

Jede Änderung der Tatsachen, die der Berechnung des Ausgleichs zugrunde liegen, ist unverzüglich der Genehmigungsbehörde anzuzeigen.

§ 10 Vorauszahlungen

(1) Die Unternehmer erhalten auf den Ausgleichsbetrag auf Antrag für das laufende Kalenderjahr Vorauszahlungen in Höhe von insgesamt 80 vom Hundert des zuletzt für ein Jahr festgesetzten Ausgleichsbetrages; sie werden je zur Hälfte bis zum 15. Juli und bis zum 15. November geleistet.

(2) und (3) *(aufgehoben)*

§ 11 Inkrafttreten

Diese Verordnung tritt mit Wirkung vom 1. Januar 1977 in Kraft.

e) Verordnung zur Durchführung von Verordnungen und Abkommen der Europäischen Gemeinschaft über den Personenverkehr mit Kraftomnibussen (EG-Bus-Durchführungsverordnung – EGBusDV)

Vom 4.5.2012 (BGBl. I 1038)
FNA 9240-1-17
Zuletzt geändert durch Art. 485 VO vom 31.8.2015 (BGBl. I 1474)

– ohne Anlage –

§ 1 Anwendungsbereich

Diese Verordnung regelt die Durchführung

1. der Verordnung (EG) Nr. 1073/2009 des Europäischen Parlaments und des Rates vom 21. Oktober 2009 über gemeinsame Regeln für den Zugang zum grenzüberschreitenden Personenkraftverkehrsmarkt und zur Änderung der Verordnung (EG) Nr. 561/2006 (Neufassung) (ABl. L 300 vom 14.11.2009, S. 88),
2. der Verordnung (EG) Nr. 2121/98 der Kommission vom 2. Oktober 1998 mit Durchführungsvorschriften zu den Verordnungen (EWG) Nr. 684/92 und (EG) Nr. 12/98 des Rates hinsichtlich der Beförderungsdokumente für den Personenverkehr mit Kraftomnibussen (ABl. L 268 vom 3.10.1998, S. 10),
3. des Abkommens zwischen der Europäischen Gemeinschaft und der Schweizerischen Eidgenossenschaft über den Güter- und Personenverkehr auf Schiene und Straße (ABl. L 114 vom 30.4.2002, S. 91) (Abkommen EG/Schweiz) und
4. des Übereinkommens über die Personenbeförderung im grenzüberschreitenden Gelegenheitsverkehr mit Omnibussen (Interbus-Übereinkommen) (ABl. L 321 vom 26.11.2002, S. 13).

§ 2 Zuständige Behörden

(1) Für die Erteilung der Gemeinschaftslizenz nach Artikel 4 der Verordnung (EG) Nr. 1073/2009 ist die Genehmigungsbehörde im Sinne des § 11 Absatz 1 und 2 des Personenbeförderungsgesetzes zuständig. Sofern hiernach die Zuständigkeit mehrerer Behörden gegeben ist, wird die Gemeinschaftslizenz von der Behörde erteilt, in deren Bezirk das Unternehmen seinen Sitz oder seine Niederlassung im Sinne des Handelsrechts hat.

(2) Für die Erteilung einer Genehmigung für den Linienverkehr oder eine genehmigungspflichtige Sonderform des Linienverkehrs nach Artikel 5 Absatz 1 und 2 der Verordnung (EG) Nr. 1073/2009 oder Artikel 18 Absatz 4 und 5 des Abkommens EG/Schweiz sowie für die nach Artikel 8 Absatz 2 der Verordnung (EG) Nr. 1073/2009 und Anhang 7 Artikel 4 Absatz 2 des

Abkommens EG/Schweiz erforderliche Prüfung von Genehmigungsanträgen, die in anderen Mitgliedstaaten oder der Schweiz gestellt wurden, sind § 52 Absatz 2 und § 53 Absatz 2 des Personenbeförderungsgesetzes entsprechend anzuwenden.

(3) Für die Durchführung von Maßnahmen gegen einen in Deutschland niedergelassenen Verkehrsunternehmer nach Artikel 22 Absatz 3 des Interbus-Übereinkommens ist die Genehmigungsbehörde im Sinne des § 11 Absatz 2 Nummer 2 des Personenbeförderungsgesetzes zuständig.

(4) Das Bundesministerium für Verkehr und digitale Infrastruktur ist zuständig für

1. die Mitteilungen an die Kommission über die Zahl der erteilten Genehmigungen und die Gesamtzahl der gültigen Genehmigungen im Linienverkehr und die Daten zur Kabotage, die als Sonderform des Linienverkehrs und als Gelegenheitsverkehr von in Deutschland niedergelassenen Verkehrsunternehmern durchgeführt wurde, nach Artikel 28 Absatz 1 der Verordnung (EG) Nr. 1073/2009,
2. die Übermittlung der statistischen Übersicht über die Zahl der Genehmigungen für Kabotagedienste, die als Linienverkehr nach Artikel 15 Buchstabe c der Verordnung (EG) Nr. 1073/2009 durchgeführt werden, an die Kommission nach Artikel 28 Absatz 2 der Verordnung (EG) Nr. 1073/2009,
3. die Übermittlung der Anzahl der Verkehrsunternehmer, die Inhaber einer Gemeinschaftslizenz waren, und die Anzahl der beglaubigten Genehmigungen nach Artikel 28 Absatz 4 der Verordnung (EG) Nr. 1073/2009,
4. die Mitteilung über schwere oder wiederholte Verstöße eines nichtansässigen Verkehrsunternehmers an die zuständigen Behörden des Vertragsstaates, in dem der Verkehrsunternehmer niedergelassen ist, nach Artikel 22 Absatz 1 des Interbus-Übereinkommens.

§ 3 Antragstellung

(1) Der Antrag auf Erteilung einer Genehmigung nach Artikel 7 der Verordnung (EG) Nr. 1073/2009 in Verbindung mit Artikel 7 der Verordnung (EG) Nr. 2121/98 oder einer Genehmigung nach Anhang 7 Artikel 3 des Abkommens EG/Schweiz ist in doppelter Ausfertigung einzureichen. Die Genehmigungsbehörde kann weitere Ausfertigungen anfordern.

(2) Kommt der Antragsteller oder die Antragstellerin einer Aufforderung der Genehmigungsbehörde, fehlende Angaben nachzuholen oder fehlende Unterlagen nachzureichen, innerhalb einer gesetzten angemessenen Frist nicht nach, so gilt der Antrag als zurückgenommen.

(3) Die Frist nach Artikel 8 Absatz 3 der Verordnung (EG) Nr. 1073/2009 oder Anhang 7 Artikel 4 Absatz 3 des Abkommens EG/Schweiz beginnt zu laufen, wenn ein vollständiger Antrag vorliegt.

§ 4 Anhörungsverfahren

Die nach § 2 Absatz 2 zuständige Behörde hat vor ihrer Entscheidung in folgenden Fällen ein Anhörungsverfahren entsprechend § 14 Absatz 1 bis 4 des Personenbeförderungsgesetzes durchzuführen:

1. bei einem Antrag auf Erteilung einer Genehmigung für den Linienverkehr oder eine genehmigungspflichtige Sonderform des Linienverkehrs nach Artikel 5 Absatz 1 und 2 der Verordnung (EG) Nr. 1073/2009 oder nach Artikel 18 Absatz 4 und 5 des Abkommens EG/Schweiz,
2. bei einem Antrag auf Erneuerung der Genehmigung oder auf Änderung der Bedingungen für den Betrieb genehmigungspflichtiger Verkehrsdienste nach Artikel 9 der Verordnung (EG) Nr. 1073/2009 oder nach Anhang 7 Artikel 5 Absatz 3 des Abkommens EG/Schweiz,
3. bei der nach Artikel 8 Absatz 2 der Verordnung (EG) Nr. 1073/2009 oder nach Anhang 7 Artikel 4 Absatz 2 des Abkommens EG/Schweiz erforderlichen Prüfung von Genehmigungsanträgen, die in anderen Mitgliedstaaten oder in der Schweiz gestellt werden.

§ 5 Pflichten des Unternehmers und des Fahrzeugführers oder der Fahrzeugführerin

(1) Der Unternehmer hat die Fahrtenblätter gemäß Artikel 17 Absatz 5 der Verordnung (EG) Nr. 1073/2009 unverzüglich jeweils nach Ablauf des Monats, in dem die Kabotagebeförderungen durchgeführt wurden, an das Bundesministerium für Verkehr und digitale Infrastruktur zu übersenden. Dieses teilt nach Artikel 28 Absatz 1 Satz 3 der Verordnung (EG) Nr. 1073/2009 der Kommission in nicht personenbezogener Form die Daten zur Kabotage mit, die als Sonderform des Linienverkehrs und als Gelegenheitsverkehr während des Berichtszeitraums von in Deutschland ansässigen Verkehrsunternehmern durchgeführt wurde.

(2) Der Unternehmer hat dafür zu sorgen, dass nach Maßgabe der nachfolgenden Vorschriften die jeweils erforderlichen Dokumente während der gesamten Fahrt mitgeführt werden:

1. nach Artikel 4 Absatz 3 Satz 2, Artikel 12 Absatz 1, Artikel 17 Absatz 1 oder Artikel 19 Absatz 1, auch in Verbindung mit Artikel 12 Absatz 6 oder Artikel 17 Absatz 4, der Verordnung (EG) Nr. 1073/2009 in Verbindung mit Artikel 2 Absatz 3 Satz 1 und Artikel 8 Absatz 2 der Verordnung (EG) Nr. 2121/98 eine beglaubigte Kopie der Gemeinschaftslizenz, die Genehmigung oder eine von der Genehmigungsbehörde beglaubigte Durchschrift der Genehmigung, das Kontrollpapier (Fahrtenblatt), der Vertrag oder eine beglaubigte Abschrift des Vertrages,
2. nach Artikel 9 Absatz 3 der Verordnung (EG) Nr. 2121/98 die Bescheinigung für den Werkverkehr oder eine beglaubigte Durchschrift der Bescheinigung,
3. nach Anhang 7 Artikel 11 Absatz 1 des Abkommens EG/Schweiz eine beglaubigte Kopie der Gemeinschaftslizenz oder der schweizerischen Lizenz, die Genehmigung oder eine beglaubigte Kopie der Genehmigung, das Fahrtenblatt, die Bescheinigung oder eine beglaubigte Kopie der Bescheinigung, der Vertrag oder eine beglaubigte Kopie des Vertrages,
4. nach Artikel 18, auch in Verbindung mit Artikel 12 Absatz 2 des Interbus-Übereinkommens, das Fahrtenblatt oder die Genehmigung,

5. nach Artikel 20 Satz 1 des Interbus-Übereinkommens eine amtlich beglaubigte Kopie der Erlaubnis zur Beförderung von Fahrgästen im grenzüberschreitenden Gelegenheitsverkehr mit Omnibussen oder
6. nach Anhang 2 Artikel 7 des Interbus-Übereinkommens das zum Nachweis der Erstzulassung erforderliche Dokument oder das Dokument für den neuen Motor.

(3) Der Fahrzeugführer oder die Fahrzeugführerin hat nach Maßgabe der nachfolgenden Vorschriften die jeweils erforderlichen Dokumente im Fahrzeug mitzuführen und den Kontrollberechtigten auf Verlangen vorzuzeigen:

1. nach Anhang 7 Artikel 11 Absatz 1 Unterabsatz 1 des Abkommens EG/Schweiz eine beglaubigte Kopie der Gemeinschaftslizenz oder der schweizerischen Lizenz,
2. nach Anhang 7 Artikel 11 Absatz 1 Unterabsatz 1 und 3 des Abkommens EG/Schweiz die Genehmigung oder eine beglaubigte Kopie der Genehmigung, das Fahrtenblatt, den Vertrag oder eine beglaubigte Kopie des Vertrages oder
3. nach Anhang 7 Artikel 11 Absatz 1 Unterabsatz 2 des Abkommens EG/Schweiz die Bescheinigung für den Werkverkehr oder eine beglaubigte Kopie der Bescheinigung.

§ 6 Aufsicht, Amtshilfe gegenüber ausländischen Behörden

(1) Der Unternehmer unterliegt hinsichtlich der Erfüllung der Vorschriften dieser Verordnung sowie der in § 1 genannten Verordnungen und Abkommen

1. soweit er Linienverkehr oder genehmigungspflichtigen Sonderlinienverkehr nach Artikel 5 Absatz 1 und 2 der Verordnung (EG) Nr. 1073/2009 oder nach Artikel 18 Absatz 4 und 5 des Abkommens EG/Schweiz betreibt, der Aufsicht der nach § 2 Absatz 2 zuständigen Behörde oder
2. wenn der Unternehmer in Deutschland niedergelassen ist, in allen anderen Fällen der Aufsicht der Behörde, die dem Unternehmer die Gemeinschaftslizenz ausgestellt hat oder hierfür zuständig wäre.

(2) Die Durchführung der Aufsicht richtet sich nach den §§ 54 und 54a des Personenbeförderungsgesetzes.

(3) Sofern das Unternehmen nicht in Deutschland niedergelassen ist und kein Fall des Absatzes 1 vorliegt, hat das Bundesamt für Güterverkehr unter Beachtung der §§ 4b und 4c des Bundesdatenschutzgesetzes

1. Rechtsverstöße, die geeignet sind, die Begrenzung oder den Entzug des Marktzugangs des Unternehmens zu begründen, nach Artikel 23 Absatz 1 der Verordnung (EG) Nr. 1073/2009 der zuständigen Behörde des Niederlassungsstaates sowie
2. Verstöße und deren Ahndung nach Anhang 7 Artikel 12 Absatz 1 des Abkommens EG/Schweiz der zuständigen Behörde der Vertragspartei auf deren Ersuchen mitzuteilen.

§ 7 Maßnahmen der Kontrolle

Kontrollberechtigte können die Fortsetzung der Fahrt untersagen, wenn

1. der Fahrzeugführer oder die Fahrzeugführerin
   a) entgegen Artikel 4 Absatz 3 Satz 2 der Verordnung (EG) Nr. 1073/2009 eine beglaubigte Kopie der Gemeinschaftslizenz oder entgegen Anhang 7 Artikel 11 Absatz 1 Unterabsatz 1 des Abkommens EG/Schweiz eine beglaubigte Kopie der entsprechenden schweizerischen Lizenz,
   b) entgegen Artikel 20 Satz 1 des Interbus-Übereinkommens eine amtlich beglaubigte Kopie der Erlaubnis zur Beförderung von Fahrgästen im grenzüberschreitenden Gelegenheitsverkehr mit Omnibussen,
   c) entgegen Artikel 19 Absatz 1 der Verordnung (EG) Nr. 1073/2009 in Verbindung mit deren Artikel 12 Absatz 1 und 6 und Artikel 17 Absatz 1 und 4, Artikel 2 Absatz 3 Satz 1 und Artikel 8 Absatz 2 der Verordnung (EG) Nr. 2121/98, Anhang 7 Artikel 11 Absatz 1 Unterabsatz 1 und 3 des Abkommens EG/Schweiz oder Artikel 18, auch in Verbindung mit Artikel 12 Absatz 2 des Interbus-Übereinkommens, die Genehmigung oder eine beglaubigte Abschrift der Genehmigung, das Kontrollpapier (Fahrtenblatt) oder den Vertrag oder eine beglaubigte Kopie des Vertrages,
   d) entgegen Artikel 6 Absatz 6 der Verordnung (EG) Nr. 1073/2009 oder Anhang 7 Artikel 2 Absatz 6 des Abkommens EG/Schweiz eine Kopie der Genehmigung, eine Kopie des Vertrages oder ein gleichwertiges Dokument oder eine beglaubigte Kopie der Gemeinschaftslizenz für Verkehrsunternehmen der Gemeinschaft oder der entsprechenden schweizerischen Lizenz für schweizerische Verkehrsunternehmen, oder
   e) entgegen Artikel 9 Absatz 3 der Verordnung (EG) Nr. 2121/98 oder Anhang 7 Artikel 11 Absatz 1 Unterabsatz 2 des Abkommens EG/Schweiz die Bescheinigung für den Werkverkehr oder eine beglaubigte Kopie der Bescheinigung nicht zur Prüfung vorlegen,
2. eine Beförderung durchgeführt wird, die nicht den Bestimmungen der Genehmigung oder nicht dem Inhalt des Fahrtenblattes, des Vertrages oder der Bescheinigung entspricht,
3. das Fahrtenblatt unvollständig ausgefüllt ist, oder
4. der Kraftomnibus nicht den Anforderungen nach Anhang 2 Artikel 1 bis 3 des Interbus-Übereinkommens entspricht.

§ 8 Ordnungswidrigkeiten

(1) Ordnungswidrig im Sinne des § 61 Absatz 1 Nummer 4 des Personenbeförderungsgesetzes handelt, wer vorsätzlich oder fahrlässig

1. entgegen § 5 Absatz 1 ein Fahrtenblatt nicht oder nicht rechtzeitig übersendet,
2. entgegen § 5 Absatz 2 nicht dafür sorgt, dass ein erforderliches Dokument mitgeführt wird oder
3. entgegen § 5 Absatz 3 ein erforderliches Dokument nicht mitführt oder einem Kontrollberechtigten nicht oder nicht rechtzeitig vorzeigt.

(2) Ordnungswidrig im Sinne des § 61 Absatz 1 Nummer 5 Buchstabe a des Personenbeförderungsgesetzes handelt, wer gegen die Verordnung (EG) Nr. 1073/2009 des Europäischen Parlaments und des Rates vom 21. Oktober 2009 über gemeinsame Regeln für den Zugang zum grenzüberschreitenden Personenkraftverkehrsmarkt und zur Änderung der Verordnung (EG) Nr. 561/2006 (ABl. L 300 vom 14.11.2009, S. 88) verstößt, indem er vorsätzlich oder fahrlässig als Unternehmer

1. ohne Gemeinschaftslizenz nach Artikel 4 Absatz 1 grenzüberschreitenden Personenverkehr mit Kraftomnibussen durchführt,
2. ohne Genehmigung nach Artikel 5 Absatz 1 Satz 2 oder Satz 3 Linienverkehr betreibt oder
3. ohne Berechtigung nach Artikel 14 Kabotage betreibt.

(3) Ordnungswidrig im Sinne des § 61 Absatz 1 Nummer 5 Buchstabe b des Personenbeförderungsgesetzes handelt, wer gegen die Verordnung (EG) Nr. 1073/2009 verstößt, indem er vorsätzlich oder fahrlässig

1. als Unternehmer
   a) entgegen Artikel 6 Absatz 6 Unterabsatz 2 nicht dafür sorgt, dass in den zusätzlich eingesetzten Fahrzeugen ein dort genanntes Dokument mitgeführt wird,
   b) entgegen Artikel 11 Absatz 1 eine Maßnahme zur Sicherstellung der Verkehrsbedienung nicht trifft oder
   c) ohne Bescheinigung nach Artikel 5 Absatz 5 Satz 1 Werkverkehr betreibt oder
2. als Fahrzeugführer entgegen Artikel 4 Absatz 3 Satz 2, Artikel 12 Absatz 1, Artikel 17 Absatz 1 oder Artikel 19 Absatz 1, auch in Verbindung mit Artikel 12 Absatz 6 oder Artikel 17 Absatz 4 eine beglaubigte Kopie der Gemeinschaftslizenz, ein Fahrtenblatt, eine Genehmigung oder ein Kontrollpapier nicht mitführt oder einem Kontrollberechtigten nicht oder nicht rechtzeitig vorzeigt.

(4) Ordnungswidrig im Sinne des § 61 Absatz 1 Nummer 5 Buchstabe b des Personenbeförderungsgesetzes handelt, wer gegen die Verordnung (EG) Nr. 2121/98 der Kommission vom 2. Oktober 1998 mit Durchführungsvorschriften zu den Verordnungen (EWG) Nr. 684/92 und (EG) Nr. 12/98 des Rates hinsichtlich der Beförderungsdokumente für den Personenverkehr mit Kraftomnibussen (ABl. L 268 vom 3.10.1998, S. 10) verstößt, indem er vorsätzlich oder fahrlässig

1. als Unternehmer entgegen Artikel 2 Absatz 2 Satz 1 ein Fahrtenblatt nicht, nicht richtig, nicht vollständig oder nicht rechtzeitig ausfüllt oder
2. als Fahrzeugführer
   a) entgegen Artikel 8 Absatz 2 ein dort genanntes Dokument nicht mitführt oder
   b) entgegen Artikel 9 Absatz 3 ein dort genanntes Dokument nicht mitführt oder einem Kontrollberechtigten nicht oder nicht rechtzeitig vorzeigt.

(5) Ordnungswidrig im Sinne des § 61 Absatz 1 Nummer 5 Buchstabe a des Personenbeförderungsgesetzes handelt, wer gegen das Abkommen zwischen der Europäischen Gemeinschaft und der Schweizerischen Eidgenossen-

schaft über den Güter- und Personenverkehr auf Schiene und Straße (ABl. L 114 vom 30.4.2002, S. 91) verstößt, indem er vorsätzlich oder fahrlässig als Unternehmer

1. ohne Gemeinschaftslizenz für Verkehrsunternehmer der Gemeinschaft oder eine schweizerische Lizenz für schweizerische Verkehrsunternehmer nach Artikel 17 Absatz 3 Unterabsatz 1 grenzüberschreitenden Personenverkehr mit Kraftomnibussen betreibt oder
2. ohne Genehmigung nach Artikel 18 Absatz 4 Linienverkehr betreibt.

(6) Ordnungswidrig im Sinne des § 61 Absatz 1 Nummer 5 Buchstabe b des Personenbeförderungsgesetzes handelt, wer gegen das Abkommen EG/ Schweiz verstößt, indem er vorsätzlich oder fahrlässig als Unternehmer

1. ohne Bescheinigung nach Artikel 18 Absatz 6 Werkverkehr betreibt,
2. entgegen Anhang 7 Artikel 2 Absatz 6 Unterabsatz 2 nicht dafür sorgt, dass in einem zusätzlich eingesetzten Fahrzeug ein dort genanntes Dokument mitgeführt wird,
3. entgegen Anhang 7 Artikel 7 Absatz 1 eine Maßnahme zur Sicherstellung der Verkehrsbedienung nicht trifft oder
4. entgegen Anhang 7 Artikel 8 Absatz 2 ein Fahrtenblatt nicht, nicht richtig, nicht vollständig oder nicht rechtzeitig ausfüllt.

(7) Ordnungswidrig im Sinne des § 61 Absatz 1 Nummer 5 Buchstabe b des Personenbeförderungsgesetzes handelt, wer gegen das Übereinkommen über die Personenbeförderung im grenzüberschreitenden Gelegenheitsverkehr mit Omnibussen (Interbus-Übereinkommen) (ABl. L 321 vom 26.11.2002, S. 13) verstößt, indem er vorsätzlich oder fahrlässig

1. als Unternehmer
   a) ohne Genehmigung nach Artikel 7 Absatz 1 Gelegenheitsverkehr betreibt,
   b) entgegen Artikel 13 Absatz 1 in Verbindung mit Artikel 11 Absatz 1 Satz 2 ein Fahrtenblatt nicht, nicht richtig, nicht vollständig oder nicht rechtzeitig ausfüllt oder
   c) entgegen Anhang 2 Artikel 1, 2 oder 3 einen Omnibus einsetzt, der den dort genannten Anforderungen nicht entspricht, oder
2. als Fahrzeugführer entgegen Artikel 18 in Verbindung mit Artikel 12 Absatz 2 oder Artikel 20 Unterabsatz 1 oder Anhang 2 Artikel 7 Absatz 1 Satz 1 oder Absatz 2 ein dort genanntes Dokument nicht mitführt oder einem Kontrollberechtigten nicht oder nicht rechtzeitig vorlegt.

§ 9 Inkrafttreten, Außerkrafttreten

Diese Verordnung tritt am Tag nach der Verkündung in Kraft. Gleichzeitig tritt die EG-Bus-Durchführungsverordnung vom 11. August 2004 (BGBl. I S. 2169), die zuletzt durch Artikel 479 der Verordnung vom 31. Oktober 2006 (BGBl. I S. 2407) geändert worden ist, außer Kraft.

f) Mobilitätsdatenverordnung (MDV)

Vom 20.10.2021 (BGBl. I 4728)
FNA 9240-1-18
Zuletzt geändert durch Art. 1 Verordnung vom 1.7.2022 (BGBl. I 1039)

– ohne Anlage –

§ 1 Gegenstand der Rechtsverordnung

Diese Verordnung konkretisiert:
1. die Pflichten der Unternehmer und der Vermittler nach § 3a Absatz 1 des Personenbeförderungsgesetzes zur Bereitstellung der in der Anlage aufgeführten Daten über den im Auftrag des Bundesministeriums für Verkehr und digitale Infrastruktur durch die Bundesanstalt für Straßenwesen betriebenen Nationalen Zugangspunkt – auch unter Einbeziehung von in den Ländern und Gemeinden betriebenen Systemen –, die einzusetzenden Datenformate, die technischen Anforderungen an den Datenaustausch und die Datenweitergabe;
2. die Anforderungen an die Registrierung von Erbringern bedarfsgesteuerter Mobilitätsdienstleistungen oder multimodaler Reiseinformationsdienste für Endnutzer nach Artikel 2 Nummer 12 der Delegierten Verordnung (EU) 2017/1926 der Kommission vom 31. Mai 2017 zur Ergänzung der Richtlinie 2010/40/EU des Europäischen Parlaments und des Rates hinsichtlich der Bereitstellung EU-weiter multimodaler Reiseinformationsdienste (ABl. L 272 vom 21.10.2017, S. 1; L 125 vom 14.5.2019, S. 24) (Dritte) beim Nationalen Zugangspunkt sowie die Anforderungen an die Weiterverwendung von Daten insbesondere durch Dritte.

§ 2 Zusammenarbeit mit dem Nationalen Zugangspunkt; Erfüllungsgehilfe

(1) Unternehmer und Vermittler haben gegenüber dem Nationalen Zugangspunkt anzugeben:
1. den Namen, eine zustellungsfähige Anschrift im Inland, die Telefonnummer und E-Mail-Adresse sowie eine Kontaktperson und die Telefonnummer sowie die E-Mail-Adresse dieser Person,
2. bei juristischen Personen auch den Firmennamen, den Namen einer vertretungsberechtigen Person und die Telefonnummer sowie die E-Mail-Adresse dieser Person.

Im Fall der freiwilligen Bereitstellung von in § 3a Absatz 1 des Personenbeförderungsgesetzes bezeichneten Daten durch einen Einzelunternehmer ist nach § 3a Absatz 3 des Personenbeförderungsgesetzes ein Nachweis über die Einwilligung zur Verwendung personenbezogener Daten im Sinne des Artikels 4 Nummer 11 der Verordnung (EU) 2016/679 des Europäischen Parlaments und des Rates vom 27. April 2016 zum Schutz natürlicher Personen bei der Verarbeitung personenbezogener Daten, zum freien Datenverkehr und zur Aufhebung der Richtlinie 95/46/EG (Datenschutz-Grundverordnung) (ABl. L 119 vom 4.5.2016, S. 1; L 314 vom 22.11.2016, S. 72; L 127 vom 23.5.2018, S. 2; L 74 vom 4.3.2021, S. 35) gegenüber dem Nationalen Zugangspunkt zu erbringen.

(2) Wird zur Bereitstellung der Daten nach § 3a Absatz 1 des Personenbeförderungsgesetzes ein Erfüllungsgehilfe nach § 3a Absatz 4 des Personenbeförderungsgesetzes eingesetzt, hat dieser gegenüber dem Nationalen Zugangspunkt anzugeben:

1. den Namen und eine zustellungsfähige Anschrift sowie eine Kontaktperson unter Angabe von deren Telefonnummer und E-Mail-Adresse,
2. die Erklärung, dass die Daten nach § 3a Absatz 1 des Personenbeförderungsgesetzes ausschließlich über den Erfüllungsgehilfen an den Nationalen Zugangspunkt übermittelt werden.

Der Erfüllungsgehilfe hat gegenüber dem Nationalen Zugangspunkt einen Nachweis zu erbringen, für wen die Daten nach § 3a Absatz 1 des Personenbeförderungsgesetzes bereitgestellt werden und dass der Erfüllungsgehilfe ermächtigt ist, alle Rückmeldungen des Nationalen Zugangspunktes zur Bereitstellung dieser Daten für den Unternehmer und Vermittler entgegenzunehmen. Im Fall der freiwilligen Bereitstellung von in § 3a Absatz 1 des Personenbeförderungsgesetzes bezeichneten Daten durch einen Einzelunternehmer nach § 3a Absatz 3 des Personenbeförderungsgesetzes hat der Erfüllungsgehilfe ferner den Nachweis über die in Absatz 1 Satz 2 bezeichnete Einwilligung des Unternehmers zu erbringen.

(3) Die nach den Absätzen 1 und 2 geforderten Angaben, Nachweise und Erklärungen durch Unternehmer, Vermittler und den Erfüllungsgehilfen sind elektronisch zu übermitteln.

(4) Die Absätze 1, 2 und 3 sind entsprechend anzuwenden, soweit Daten nach § 3a Absatz 1 des Personenbeförderungsgesetzes vorrangig über Systeme bereitgestellt werden, die in den Ländern, Gemeinden oder Gemeindeverbänden einzeln oder in einem gemeinsamen Systemverbund betrieben werden. Der Nationale Zugangspunkt hat auf seiner Website Informationen zu den Betreibern dieser Systeme und zu der Beschaffenheit der Systeme vorzuhalten. Hierzu stellen die Betreiber dieser Systeme dem Nationalen Zugangspunkt die notwendigen Informationen zur Verfügung.

§ 3 Datenformate; Feststellung der tatsächlichen oder prognostizierten Auslastung im Linienverkehr

(1) Bei der Bereitstellung von Daten nach § 3a Absatz 1 Nummer 1 Buchstabe a und c sowie Nummer 2 Buchstabe a des Personenbeförderungsgesetzes sind die in der Anlage bezeichneten elektronischen Formate und Datenmodelle sowie die bereitzuhaltenden Schnittstellen zu verwenden. Reiseinformationen im Sinne der Delegierten Verordnung (EU) 2017/1926 sind auf der Grundlage der in dieser Verordnung vorgesehenen Datenformate bereitzustellen.

(2) Für Kraftfahrzeuge, Obusse und Straßenbahnen im Linienverkehr sind die Daten zur prognostizierten oder tatsächlichen Auslastung unter der Angabe der gewählten Alternative für jede Linienfahrt bereitzustellen.

(3) Die Auslastung ist auf einer der drei folgenden Auslastungsstufen anzugeben:

1. geringe Auslastung: Belegung von weniger als 50 Prozent aller Sitz- und Stehplätze,
2. moderate Auslastung: Belegung von zwischen 50 Prozent und 75 Prozent aller Sitz- und Stehplätze,
3. hohe Auslastung: Belegung von mehr als 75 Prozent aller Sitz- und Stehplätze.

(4) Zur Ermittlung der Auslastungsstufe für eine Linienfahrt ist der Quotient aus den zur Verfügung stehenden Sitz- und Stehplätzen und den tatsächlich belegten Sitz- und Stehplätzen oder den prognostizierten belegten Sitz- und Stehplätzen im jeweiligen Fahrzeug zugrunde zu legen. Abweichend von Satz 1 ist im Linienverkehr mit Fernbussen bei der Ermittlung der Auslastungsstufe für eine Linienfahrt der Quotient aus den zur Verfügung stehenden Sitzplätzen und den tatsächlich belegten Sitzplätzen oder den prognostizierten belegten Sitzplätzen zugrunde zu legen.

§ 4 Allgemeine Anforderungen an die Datenbereitstellung zur Gewährleistung eines funktionsfähigen Datenabrufs

(1) Unternehmer und Vermittler haben bei dem Aufbau ihrer Dienste und Systeme sicherzustellen, dass die Interoperabilität gewährleistet ist, insbesondere, dass die bereitzustellenden Daten zu den in § 3b des Personenbeförderungsgesetzes genannten Zwecken verwendet werden können. Unternehmer und Vermittler müssen die Funktionsfähigkeit der Schnittstellen regelmäßig überprüfen sowie technische Störungen unverzüglich beheben. Soweit ein Erfüllungsgehilfe eingesetzt wird, gelten die Pflichten für diesen entsprechend.

(2) § 6 des Intelligente Verkehrssysteme Gesetzes vom 11. Juni 2013 (BGBl. I S. 1553), das zuletzt durch Artikel 1 des Gesetzes vom 17. Juli 2017 (BGBl. I S. 2640) geändert worden ist, ist anzuwenden.

§ 5 Datenweitergabe

(1) Behörden des Bundes, der Länder und der Gemeinden und Gemeindeverbände sowie nach § 6 registrierte Dritte erhalten über den Nationalen Zugangspunkt Zugang zu den in der Anlage genannten Daten zu den in § 3b Absatz 1 und 2 des Personenbeförderungsgesetzes genannten Zwecken. Der Zugang nach Satz 1 erfolgt diskriminierungsfrei über eine vom Nationalen Zugangspunkt nach § 8 angebotene Standardschnittstelle, die einen dauerhaften elektronischen Abruf ermöglicht.

(2) Der Nationale Zugangspunkt hat über die Abrufe Aufzeichnungen anzufertigen, die Informationen enthalten zu den abgerufenen Daten, dem Anlass des Abrufs, dem Tag und der Uhrzeit der Abrufe, der Kennung der datengebenden und datenabrufenden Stelle, die die Feststellung der für den

Abruf verantwortlichen Personen ermöglichen. Die protokollierten Daten dürfen nur für Zwecke der Datenschutzkontrolle, der Datensicherung oder zur Sicherstellung eines ordnungsgemäßen Betriebs der Datenverarbeitungsanlage verwendet werden. Die Protokolldaten sind durch geeignete Vorkehrungen gegen zweckfremde Verwendung und gegen sonstigen Missbrauch zu schützen und nach sechs Monaten zu löschen.

(3) Sofern ein registrierter Dritter die Daten zu anderen Zwecken als den in § 3b Absatz 1 Nummer 3 des Personenbeförderungsgesetzes genannten verwendet oder gegen die Vorgaben nach § 7 Nummer 2 oder 4 verstößt, muss der Nationale Zugangspunkt unmittelbar nach Kenntniserlangen dem Dritten den Zugang zu den Daten nach Absatz 1 entziehen. Sofern ein registrierter Dritter gegen die Vorgaben in § 6 Absatz 1 Satz 4 oder nach § 7 Nummer 1 oder 3 verstößt, kann der Nationale Zugangspunkt nach Kenntniserlangen dem Dritten den Zugang zu den Daten nach Absatz 1 entziehen.

§ 6 Registrierung von Dritten

(1) Dritte haben sich beim Nationalen Zugangspunkt zu registrieren. Für die Registrierung sind die folgenden Angaben erforderlich:
1. der Name und eine zustellungsfähige Anschrift, die Telefonnummer sowie die E-Mail-Adresse,
2. bei juristischen Personen zusätzlich der Firmenname, der Name einer vertretungsberechtigten Person sowie die Telefonnummer und die E-Mail-Adresse dieser Person,
3. der Name einer Kontaktperson sowie die Telefonnummer und die E-Mail-Adresse dieser Person.

Der Nationale Zugangspunkt ist befugt, die in Satz 2 genannten Registrierungsdaten zu erheben, zu speichern und zu verwenden, soweit dies für seine Aufgabenerfüllung nach dieser Verordnung erforderlich ist. Änderungen der Angaben nach Absatz 1 Satz 2 sind vom Dritten unverzüglich mitzuteilen.

(2) Die Registrierung sowie die Übermittlung von Änderungsmitteilungen erfolgen elektronisch.

§ 7 Verwendung von Daten durch Dritte

Für Dritte gilt in Bezug auf die nach § 5 Absatz 1 abgerufenen Daten, dass
1. die Daten unter Zuordnung zum jeweiligen Unternehmer oder Vermittler und dessen jeweiligem Beförderungsangebot zu verwenden sind;
2. die Daten bei der Integration in den jeweiligen elektronischen, insbesondere appbasierten Mobilitäts- oder Reiseinformationsdienst, nicht verfälscht oder in anderer Weise als zu dem in § 3b Absatz 1 Nummer 3 des Personenbeförderungsgesetzes bestimmten Zweck verwendet werden;
3. in den Fällen, in denen sie die Daten um zusätzliche Informationen ergänzen, die Daten, die über den Nationalen Zugangspunkt bezogen wurden, durch eindeutige Angabe der Quelle kenntlich zu machen sind;
4. sie die Mobilitäts- oder Reiseinformationen so zu veröffentlichen haben, dass die Darstellung nicht irreführend ist und die Entscheidungsfreiheit der

Endnutzer bei der Auswahl von Mobilitäts- oder Reisewegen nicht beeinträchtigt wird.

§ 8 Vorgaben zur technischen Ausgestaltung

(1) Der Betreiber des Nationalen Zugangspunktes kann die technische Ausgestaltung der Datenbereitstellung sowie der Datenweitergabe nach Anhörung der Beteiligten und Branchenverbände näher bestimmen. Im Hinblick auf die IT-Sicherheit sind dabei die Vorgaben und Empfehlungen des Bundesamtes für Sicherheit in der Informationstechnik zu berücksichtigen.

(2) Erfolgt die elektronische Datenbereitstellung nach § 3a Absatz 1 des Personenbeförderungsgesetzes über Systeme, die in den Ländern, Gemeinden oder Gemeindeverbänden einzeln oder in einem gemeinsamen Systemverbund betrieben werden, bestimmen diese die technische Ausgestaltung der elektronischen Datenbereitstellung gegenüber dem Unternehmer oder dem Vermittler. Absatz 1 Satz 2 gilt entsprechend. Die Systeme der Länder, Gemeinden oder Gemeindeverbände müssen jederzeit gewährleisten, dass eine Datenweitergabe an den Nationalen Zugangspunkt auch in Echtzeit möglich ist.

§ 9 Inkrafttreten

Diese Verordnung tritt am Tag nach der Verkündung in Kraft.

Sachverzeichnis

Die fett gedruckten Zahlen bedeuten die Paragraphen des PBefG oder der sonst jeweils zusätzlich angegebenen Verordnung, die mager gedruckten Zahlen die Randnummer.